中国社会科学院学部委员专题文集
ZHONGGUOSHEHUIKEXUEYUAN XUEBUWEIYUAN ZHUANTI WENJI

史学理论:起步与进程

陈启能◎著

中国社会科学出版社

图书在版编目（CIP）数据

史学理论：起步与进程／陈启能著. —北京：中国社会科学出版社，
2023. 11

（中国社会科学院学部委员专题文集）

ISBN 978 - 7 - 5227 - 2207 - 8

Ⅰ. ①史…　Ⅱ. ①陈…　Ⅲ. ①史学理论—文集　Ⅳ. ①K0 - 53

中国国家版本馆 CIP 数据核字（2023）第 123077 号

出 版 人	赵剑英
责任编辑	安　芳
责任校对	冯英爽
责任印制	戴　宽

出　　　版	中国社会科学出版社
社　　　址	北京鼓楼西大街甲 158 号
邮　　　编	100720
网　　　址	http://www.csspw.cn
发 行 部	010 - 84083685
门 市 部	010 - 84029450
经　　　销	新华书店及其他书店

印刷装订	北京君升印刷有限公司
版　　　次	2023 年 11 月第 1 版
印　　　次	2023 年 11 月第 1 次印刷

开　　　本	710×1000　1/16
印　　　张	31. 75
字　　　数	506 千字
定　　　价	199. 00 元

前　言

哲学社会科学是人们认识世界、改造世界的重要工具，是推动历史发展和社会进步的重要力量。哲学社会科学的研究能力和成果是综合国力的重要组成部分。在全面建成小康社会、开创中国特色社会主义事业新局面、实现中华民族伟大复兴的历史进程中，哲学社会科学具有不可替代的作用。繁荣发展哲学社会科学事关党和国家事业发展的全局，对建设和形成有中国特色、中国风格、中国气派的哲学社会科学事业，具有重大的现实意义和深远的历史意义。

中国社会科学院在贯彻落实党中央《关于进一步繁荣发展哲学社会科学的意见》的进程中，根据党中央关于把中国社会科学院建设成为马克思主义的坚强阵地、中国哲学社会科学最高殿堂、党中央和国务院重要的思想库和智囊团的职能定位，努力推进学术研究制度、科研管理体制的改革和创新，2006 年建立的中国社会科学院学部是践行"三个定位"、改革创新的产物。

中国社会科学院学部是一项学术制度，是在中国社会科学院党组领导下依据《中国社会科学院学部章程》运行的高端学术组织，常设领导机构为学部主席团，设立文哲、历史、经济、国际研究、社会政法、马克思主义研究学部。学部委员是中国社会科学院的最高学术称号，为终生荣誉。2010 年中国社会科学院学部主席团主持进行了学部委员增选、荣誉学部委员增补，现有学部委员 57 名（含已故）、荣誉学部委员 133 名（含已故），均为中国社会科学院学养深厚、贡献突出、成就卓著的学者。编辑出版《中国社会科学院学部委员专题文集》，即从侧面展示这些学者治学之道的一个重要举措。

《中国社会科学院学部委员专题文集》（下称《专题文集》），是中国社会科学院学部主席团主持编辑的学术论著汇集，作者均为中国社会科学院学部委员、荣誉学部委员，内容集中反映学部委员、荣誉学部委员在相关学科、专业方向中的专题性研究成果。《专题文集》体现了著作者在科学研究实践中长期关注的某一专业方向或研究主题，历时动态地展现了著作者在这一专题中不断深化的研究路径和学术心得，从中不难体味治学道路之铢积寸累、循序渐进、与时俱进、未有穷期的孜孜以求，感知学问有道之修养理论、注重实证、坚持真理、服务社会的学者责任。

2011 年，中国社会科学院启动了哲学社会科学创新工程，中国社会科学院学部作为实施创新工程的重要学术平台，需要在聚集高端人才、发挥精英才智、推出优质成果、引领学术风尚等方面起到强化创新意识、激发创新动力、推进创新实践的作用。因此，中国社会科学院学部主席团编辑出版这套《专题文集》，不仅在于展示"过去"，更重要的是面对现实和展望未来。

这套《专题文集》列为中国社会科学院创新工程学术出版资助项目，体现了中国社会科学院对学部工作的高度重视和对这套《专题文集》给予的学术评价。在这套《专题文集》付梓之际，我们感谢各位学部委员、荣誉学部委员对《专题文集》征集给予的支持，感谢学部工作局及相关同志为此所做的组织协调工作，特别要感谢中国社会科学出版社为这套《专题文集》的面世做出的努力。

《中国社会科学院学部委员专题文集》编辑委员会
2012 年 8 月

目　　录

上　篇

中　篇

下　篇

上　篇

让马克思主义史学理论之花迎风怒放

党的十一届三中全会以来，我国的史学研究取得了很大的发展，呈现出一派欣欣向荣的可喜景象。在党的十二大路线指引下，为了开创史学研究的新局面，史学工作者普遍感到，必须大力加强马克思主义史学理论的研究，更好地发挥它的指导作用。

加强史学理论的研究，首先是时代的要求，现实生活的需要，国内外现实生活中出现的许多新情况，提出的许多新问题，如当代资本主义发展的特点、东西方历史发展的不平衡、无产阶级专政的历史经验、经济落后国家如何建设社会主义、当代资本主义国家资产阶级的劳工政策和工人运动、前殖民地国家独立后的社会性质和发展道路等，都迫切要求史学工作者掌握马克思主义史学理论，给予历史的解答。

密切联系现实，努力解答现实提出的历史课题，正是我国马克思主义史学的优秀传统。中华人民共和国成立前我国老一辈的马克思主义史学家是回答了他们所处的那个时代提出的重大历史课题的。例如，他们对中国社会的性质问题、中华民族的前途问题、中国抗日战争能否胜利的问题、中国革命能否胜利的问题等，都从史学理论上作了论证。总之，他们是交了卷的。今天，我们20世纪80年代的史学工作者又面临着能否交卷的问题，也就是说能不能回答当代提出的历史课题，尤其是与建设具有中国特色的社会主义有关的问题。可以肯定地说，如果不抓史学理论，这张答卷是交不了的。

其次，加强马克思主义史学理论的研究，也是建设社会主义精神文明，对群众进行爱国主义与国际主义相结合的共产主义教育的需要。建设社会主义的物质文明和精神文明，迫切需要向群众普及科学文化知识，发展各类文化教育事业，但同时不可忽略，而且在某种意义上说更为重要的，是要通过各种形式，进行正确的世界观的教育。在这方面，史学理论的指导，有其特殊的作用。例如，用历史辩证法向一代一代的新人进行教育，使人们懂得人类社会发展的历史进程及其规律就很重要。这使人们开阔视野，满怀信心地面对未来，精神焕发地为国家建设和社会进步而做出贡献，同时，有利于克服长期以来在"左"的指导思想影响下盛行的诸如形而上学、一窝蜂、一刀切、简单化、绝对化等毛病，这样做，将会有助于逐步提高我国人民的理论素养。这是一件影响深远的大事。可是我们目前研究自然辩证法的还有不少人，而研究历史辩证法的却寥寥无几。

最后，加强马克思主义史学理论的研究，也是历史科学本身发展的需要。党的十一届三中全会以后，历史学科逐步摆脱"左"的束缚，无论在成果的数量、新人的涌现、学术上的争鸣等方面，都出现了空前繁荣的局面。但从学科发展的角度来看，这还只是开始。如何扎扎实实地进一步深入研究，提高学术水平，真正解决一些重大理论问题，是学科发展的当务之急。从目前的情况看，埋头于史料考证，局限于具体历史过程的阐述而缺乏理论概括的论文还是大量存在的，一些文章表现出对马克思主义理论的指导作用重视不够；在学术问题的争论中，有时看起来很热闹，但缺少真正的突破，缺乏那种在充分掌握史料的基础上做出具有相当深度的理论概括的成果；有的甚至只是简单地引述国外学者的看法，或重复过去早被批评过的论点。这些情况说明加强学习马克思主义，用历史唯物主义指导我们的历史研究是何等迫切的需要。

加强马克思主义史学理论的研究既然如此重要，那么，应该如何进行呢？首先一个问题是，马克思主义史学理论究竟包括哪些内容？它同历史唯物主义又是什么关系？

关于马克思主义史学理论的范围，是一个需要专门研究的问题。在这个问题上还存在的一些不同认识，看来不是短期内可以解决的，恐怕需要经过相当时间的研究和讨论才有可能取得一致的看法。但是，有一点可以肯定，即不能把历史唯物主义的一般原理等同于马克思主义史学理论。无疑，辩证唯物主义和历史唯物主义是马克思主义史学理论的基础，是我们进行史学研究的指南，但它终究不能代替后者，正像马克思主义哲学不能代替任何一门自然科学学科本身的理论、方法论一样。历史科学如果本身没有理论和方法论，那它就很难成为一门独立的学科。

那么，为了加强马克思主义史学理论的研究，目前可以进行哪些工作呢？最好是从具体研究一些有关理论、方法论的问题着手，而且研究涉及的面不妨广阔一些。通过这样的理论研究，我们的认识必然会不断深入，我们的理论水平会不断提高，不同的看法也就易于趋向一致。从我们史学工作当前的情况出发，我们感到至少下面几个方面的工作我们是可以努力开展起来的。

第一，研究现实生活中提出的史学课题。史学研究从来离不开现实。马克思主义史学理论的研究，首先应该从现实中寻找课题。像《历史科学与社会主义建设》《历史与现实》《历史科学与群众教育》等这样一些与我国社会主义建设有密切关系的题目，就很值得研究。显然，不解决现实提出的问题，任何理论都不可能有生命力。这是一个史学研究的根本方向问题。

第二，研究马克思主义经典作家的著作，特别是有关历史的著作。只有切实弄懂它们的原意，我们才能正确理解马克思主义的基本原理和观点以及这些原理和观点是在什么样的历史条件下提出的，以后又是如何发展演变的。此外，还可以研究一些著名的马克思主义理论家，如普列汉诺夫、卢森堡、梅林、葛兰西等的著作。我们对这些著作过去研究得很少，而如今像葛兰西、卢森堡等人的著作在西方国家研究者中引起很大注意。我们不能老是漠然视之，起码应该了解其原因。

第三，清理、总结中国史学的传统，尤其要总结中国马克思主义史学的发展和传统。我们的马克思主义史学理论，必须具有中国的特色。因此，从司马迁《史记》以来的重要史学著作，我们都要进行认真的研究。在梳理、总结我国史学传统，尤其是马克思主义史学传统的基础上，才有可能创立具有中国特色的马克思主义史学。

第四，研究近年来历史科学研究中提出的或者争论的许多理论问题。例如，历史发展的统一性和多样性、单线说和多线说、"亚细亚生产方式"、历史发展的动力、历史的进步与倒退、农民战争的作用、"皇权主义"、封建主义向资本主义过渡和资本主义萌芽、资产阶级革命与改革的作用、评价历史人物和历史事件的标准、历史分期等问题，都需要在充分掌握史料的基础上，从理论的高度进行探讨。

第五，研究国外马克思主义的和非马克思主义的（资产阶级的）史学理论、方法论的历史和现状。在这方面，我们还相对闭塞，所知甚少。事实上，国外对史学理论和方法论的探讨普遍比较活跃，尤其在运用自然科学的先进方法研究历史方面更是如此。在一些西方国家，系统讲授历史研究方法已列入大学的正规课程。苏联自 20 世纪 60 年代开始，现在已有一批人从事这方面的研究，出了不少专著。我们不能只顾埋头搞自己的。不注意批判地吸收人类文化所创造的一切有用的养料，马克思主义就不能发展，马克思主义史学理论也是这样。长期以来，由于"左"的影响而造成一种偏向，对国外的著作往往未认真研究就轻率地予以否定，一笔抹杀。这种情况目前在一些场合依然存在。问题的关键是必须首先认真地进行研究，未经研究不要先下结论，更不要简单地否定。对外国的史学理论、方法论，我们要批判地吸收，辩证地否定，在这样的基础上，发展我们马克思主义的理论。

第六，史学研究手段的现代化。在国外，运用数学计量方法、控制论等来研究历史的著作已出版了不少。我们自然不能夸大这些现代科学手段的作用。它们毕竟不能代替史学研究，更不能取代马克思主义理论指导下的史学研究。但是，我们也不应忽视这些手段，应当了解和研究它们在哪些方面是可取的，哪些方面是应该扬弃的。研究手段的现代化无法推动学科本身的发展。我们长期沿袭的是以个人为单位、以单个课题为对象的研究方法，集体协作也是建立在这样的基础之上。如果辅之以像计量学方法这样一些能迅速处理大量数据的手段，至少便于在大得多的范围内开展对某些由大量因素构成的大规模历史事件的研究。

加强马克思主义史学理论的研究，从纷繁复杂的历史现象的剖析中揭示社会发展的规律，特别是揭示公有制必然代替私有制，社会主义必然取代资本主义的规律，以增强我们坚持四项基本原则的信念，使我们的历史科学的研究更好地为社会主义服务，在这方面我们要做的工作是很多的。可是这同我们的现状之间存在着很大的矛盾。国内从事这方面研究的人太少，研究成果不多。这种状况不能再继续下去了。现在，马克思主义史学理论已经作为一个重要项目列入国家第六个五年计划的史学发展规划，这是我国史学界的一件大事。我们希望，在马克思主义史学理论的研究方面，能加强领导，密切协作，制定规划，采取措施，以期在短期内取得明显的进展。为了推动这方面的研究，我们史学工作者还应注意加强同其他有关学科（如哲学、社会学、经济学、政治学等）以及自然科学工作者的合作。我们相信，在各方面的共同努力下，马克思主义史学理论之花必然会迎风怒放，争奇斗艳。

（本文原载《世界历史》1983 年第 3 期）

历史理论与史学理论

　　历史理论与史学理论，虽然只有一字之差，但其内涵却是不同的。前者是指客观历史过程的理论问题。譬如历史发展的动力、历史的统一性与多样性、历史人物的评价、历史的创造者，以及亚细亚生产方式等问题均属这一类。有些问题虽然涉及的范围小一些，只同某个专业或专门领域有关，如农民战争史中的皇权主义、让步政策，封建社会中的清官、贪官，乃至近来比较热门的文化史、现代化比较等，所探讨的也无一不是客观历史发展中的问题。后者则是指同历史学有关的理论问题。我们把这两者加以区分，并不因此否认它们之间的联系，也丝毫没有想说明孰轻孰重的意思。但作这样的区分却是十分必要的。单单这样的区分本身就清楚地告诉我们：近年来我国史学界对理论问题的研讨虽然相当活跃，但却有一个很大的不足，那就是所讨论的问题大都属于历史理论的范围，而很少涉及史学理论，因此，为了填补这一空白，从而促进历史科学理论水平的提高和整个学科的发展，大力提倡加强史学理论研究，实属必要。

　　马克思早在19世纪40年代中期就已指出，以前的一切旧的唯物主义的主要缺点是："对事物、现实、感性，只是从客体的或者直观的形式去理解，而不是把它们当作人的感性活动，当作实践去理解，不是从主观方面去理解。"[①] 马克思的这句话表明，要科学地认识事物，必须辩证地处理好主体和客体、理论和实践的相互关系。如果说，这在任何一种认识活动中都是如此的话，那么，在对社会、历史问题的认识中则尤为显著。因为，与自然科学的研究不同，历史研究固然要反映客体，然而，作为历史研究结果的历史著作却不可能重现或复制客体。我们应该承认历史认识的

---

　　① 《马克思恩格斯选集》第1卷，人民出版社1972年版，第16页。

相对性。一般说来，马克思主义并不否认相对主义，只是反对把相对主义作为归结，反对不可知论。

历史认识相对性的一个重要表现，就是在认识的结果中，主观的成分比较显著。这是历史学同自然科学以及其他一些社会科学（例如经济学）不同的地方。这也就说明，如果在任何一种认识活动中，主体的作用都不能否定的话，那么在历史认识中，这个问题更应该得到重视。既然对历史客体的认识、解释、评述都离不开主体的作用；既然历史研究的成果不仅是客体的某种反映，而且也是主体意识的某种表现，那么，如果我们只停留在对客体的研究，而不同时研究主体，研究主体如何才能更好地认识客体，我们的历史认识就必然会受到限制，更进一步说，我们的历史学的发展也必然会遇到障碍。

历史学不能只是对史实的叙述和描绘，还必须对之进行理论的研究，或者说理论的反思。这是大家都承认的。现在需要说明的是，这里所说的理论的研究，就是指本文开头部分提到的历史理论。如果说，历史理论是史学对史实的理论反思，它的对象是客体的话，那么，史学理论则是对史学的理论反思，其中包括对历史的理论反思，它的对象是主体以及主体和客体的关系。前面已经说过，这两者不能也不必要从重要性上来加以区分，但应该看到它们在所处的层次上是有不同的。更要指出的是，鉴于我们过去很少对主体以及主体和客体的关系进行研究，因此很有必要对史学理论的重要性加以强调。

下面我们换一个角度来看开展史学理论研究的必要性，就是从国外史学思想的发展演变来看。先说西方，西方的史学思想一般称为历史哲学。从西方历史哲学的发展来看，可以看到一种趋向。这个趋向就是把研究的对象，或者说把理论反思对象从客体转为主体，简单地说，也就是从研究客观历史规律转到探讨主体的认识能力。这个变化大体发端于20世纪初，到现在还是如此。当然这不是唯一的趋势，在不同国家的影响也不一样，特别明显的表现是在英美，有人把这种以研究主体的认识为主的历史哲学称为分析的历史哲学，而把以前的称为思辨的历史哲学。

西方的分析历史哲学，总的说来，毫无疑问，是唯心主义的，而且它在发展中越来越走向极端。也就是说，它只是孤立地探讨人的认识问题，不仅否认客观历史规律的存在，而且甚至否认历史事实的客观存在，这自然是不足取的。问题是，我们不能因为它的唯心主义性质，而否认或忽视它的合理成分及其积极因素，有意思的是，在我们前面引用的马克思关于旧唯物主义的主要缺点的话之后，马克思紧接着指出，这个缺点造成的结果竟是："和唯物主义相反，唯心主义却发展了能动的方面，但只是抽象地发展了。"① 马克思主义本来是十分重视历史认识论的，但是长期以来主要是由于"左"的思想的影响和对马克思主义的教条主义的态度，忽视了这方面的深入研究。有一种错误的看法相当流行，似乎马克思主义同关于人的问题的研究是不相容的。似乎马克思主义只讲阶级不讲人，只讲客观存在不讲主观认识，因而只要同人有关的一切问题的研究都成了资产阶级的"专利"了。这个教训是深刻的。

下面再说苏联。用苏联学者自己的说法，大约从 20 世纪 50 年代末 60 年代初开始，苏联出现了研究史学理论和方法论的高潮。他们很快突破了用历史唯物主义代替史学本身的方法论的框框，从而使对这个问题的研究获得蓬勃的发展，近二十多年来出版了大量的著作。然而，近年来已有学者指出，这些理论著作中很多是探讨历史过程的理论问题的。这个提法大体上等同于我们前面所说的历史理论，但已在一定程度上转向对历史认识特点的探讨。② 这里所说的历史认识的理论问题就有点像我们前面说的史学理论。可见这个变化在苏联也是存在的。只是有一点要补充说明，苏联在一开始（60 年代初）就强调要研究历史认识的理论问题，他们所说的史学方法论的一个重要的内容就是历史认识理论。上面所说的变化是指具体研究成果。一种思想、一个提法要成为现实，化成研究作品，总是需要一个过程的。

从以上关于西欧和苏联史学思想发展的简单叙述中，我们可以看到一个明显的现象，那就是这种理论思维聚集的焦点总是由客体逐渐转向主体的认识问题。这是很值得深思的，也有不少问题需要进一步去研究，譬如这种变化是不是必然的，为什么会出现等。这里我们只想再次强调一下，

---

① 《马克思恩格斯选集》第 1 卷，第 16 页。
② 参见 B. B. 伊凡诺夫《史学方法论》，莫斯科 1985 年版，第 16 页。

结合我国史学界的现状，我们也是到了需要大力加强史学理论研究的时候了。

那么，史学理论应该包括哪些内容呢？我考虑，史学理论是不是可以包括以下五个方面的内容：第一，历史学的对象、范畴、概念、功能、与现实的关系等问题；第二，对主体（史家）的研究，如主体的认识能力、知识结构、环境等问题；第三，对主体和客体关系的研究，也就是历史认识论问题；第四，史学方法论；第五，历史学与其他学科（首先是社会科学学科）的关系以及历史学新分支（如历史心理学、历史人口学）的建立和发展问题。

这些想法只是初步的。但有一点可以肯定，史学理论研究的开展不仅十分必要，而且是异常艰巨的，需要许多人（尤其是年青一代）作出长期的努力。值得庆幸的是，已经有越来越多的人重视和关心这个问题，并已开始取得一些初步的成果。我们相信，经过大家的不懈努力，我国的史学理论研究以及整个历史学的发展将出现一个新的局面。

（本文原载《光明日报》1986 年 12 月 3 日）

时代·历史·理论

——《史学理论》代发刊词*

　　生活在每一个特定时代的人，他所从事的每一桩事业，都会打上时代的烙印。一方面，他会受到时代的限制和约束，无法超越时代所提供的条件，去随心所欲地创造什么。这种时代的局限性，不管本人是否察觉，始终是存在着的。即使是钻进所谓象牙之塔，钻研距离现实很远的问题，这种做法其实也不过是上述局限性的一种表现而已。另一方面，任何人要想搞好自己的事业，必须努力了解自己所处的时代，弄明白时代的要求，站到时代的高度去观察和处理问题。这虽然不易完全做到，可是事实上，人们都在或多或少地、自觉不自觉地按照各自的理解去做。

　　根据以上想法，我们虽然只是在办一个专门的历史学科的理论刊物，但要把这件事办好，同样也应该根据现时代的要求去考虑如何办好这个刊物。

　　这样，我们就应该看一看我们所处的是怎样的一个时代，我们所研究的历史学科又是处在怎样的状态。

　　历史犹如一条连绵不断、长流不息的大河。它的每一瞬间，既是昨天，又是今天，也是明天。历史是由时代构成的，时代的内容也就是历史的内容。时代也是由历史构成的，它既是历史的产物，又是历史本身。因此，要了解时代，必须了解历史；要了解每一个特定的时代，必须了解它的历史。而时代的要求，也就是历史的要求，或者更确切些说，也就是历史发展的要求。

---

　　*《史学理论》系 1987—1989 年由中国社会科学院世界历史研究所主办的学术刊物。

由此看来，历史学绝不是可有可无的，而应该是一门最基础的科学。马克思和恩格斯曾经说，他们所知道的唯一一门科学就是历史科学。

现在许多人在谈论"史学危机"，也有人说不是"危机"，而是"转机"。究竟是"危机"还是"转机"？尽管众说纷纭，但大家的愿望却是一致的，就是希望我们的史学能有个大发展。有一点也是肯定的，就是我们眼前所处的时代为这种大发展的出现提供了空前的好条件。

我们的时代是改革的时代，开放的时代，改革和开放，是我们时代的最突出的特征，最主要的要求，最强大的潮流。

我们的社会要改革，我们的史学也要改革。改革，就不是修修补补，更不是旧瓶装新酒，史学改革也是如此。它应该是全面的。从史学思想、史学方法、史学手段、史学人才培养到史学研究体制、文风，都有一个改革的问题。其中，理论的发展占据举足轻重的重要地位。

理论，是任何一门学科的灵魂。任何一门学科都应该有自己的理论和方法论体系。长期以来，历史学这门理论性十分强的学科，却没有自己的理论、方法论体系。历史唯物主义取代了史学理论。一般哲学体系取代了具体学科的理论体系。毫无疑问，历史唯物主义是要指导史学研究的，就像它要指导其他社会科学研究一样。但是，指导不等于取代。

历史学不能停留在对文献资料的考据训诂，不能满足于对事件人物的单纯描述，不能把自己的研究对象囿于政治史和阶级斗争，也不能把自己封闭起来不和外界接触，而必须不断更新自己的研究手段和扩大自己的史料范围，必须同其他社会科学学科和自然科学发生横向联系，以求回答现实生活中的问题和时代的需求。而要这样做，理论上的突破便是关键。

改革和开放是为了我们国家的现代化。我们搞的是社会主义的现代化。社会主义是我们的方向。马克思主义基本原理是指导我们思想的理论基础。这是我们办刊物首先必须坚持的。

我们要坚持马克思主义，就必须同时发展它。马克思主义是行动的指南，绝不是死的教条。马克思主义不是"什么必须普遍遵行的哲学历史公式"，否则它就会"变成一种片面的、畸形的、死死的东西"（列宁语）。

应该看到，长期以来，由于"左"的思想和个人迷信，马克思主义在很大程度上受到教条主义、封建主义的歪曲。这种危害造成的影响至今仍未肃清。同时我们必须坚决反对资产阶级自由化，必须始终坚持四项基本原则。我们必须坚持马克思主义的基本原理，坚持它的立场、观点、方法，坚持具体问题具体分析这个马克思主义的活的灵魂。用这种生动活泼的马克思主义去研究各种新问题，通过不断地探索和讨论，丰富和发展马克思主义自身。那种认为马克思主义已经"过时"，可以用某种西方学说取代的看法，与把马克思主义教条化的做法，同样是错误的。

改革的时代，必然是创新的时代，探索、开拓、创新，便是我们的时代精神。改革必须除旧，必须破除长期形成的旧传统的樊篱，冲破旧习惯的重重阻力，因而没有一点勇敢精神、牺牲的精神是不行的；改革也要创新，要去探索前人未曾涉猎的新领域，要冒失败的危险，因而没有一点不怕挫折的精神也是办不到的。实践领域如此，在理论领域也同样如此。

应该说，理论上的开拓创新困难要更大些。因为理论上的是非不是一下子就能分清的，往往需要较长期的实践的检验。历史已经证明，过去受到批判的一些作品，实际上却是批错了。因此，对于理论上的探索，应该采取一种更为谨慎的态度，不要轻易下断语，更不能对不同的意见一棍子打死，真理的发展是一个永无止境的过程。不可能要求每一种新的观点百分之百都是正确的。正像历史已经表明的那样，理论的发展，必须要有一个平等和谐的环境，要有一种严肃讨论、自由争鸣的气氛，要提倡在学术真理面前人人平等的精神。

有鉴于此，本刊特别欢迎在理论上大胆探索、言之有理的具有创新精神的作品，并且努力贯彻"百花齐放、百家争鸣"的政策和平等讨论的精神。欢迎广大作者、读者来稿，需要在这里声明的是，本刊所发稿件不代表编辑部的观点，文责概由作者自负。

在内容的安排上，本刊也力求有所创新。一方面，注意保持内容的多样化，也就是各种层次的有关理论问题都应该包括。但对过去已经多次讨论过的理论问题，除文章确有新意者外，一般不再考虑。另一方面，过去较少涉及或者是空白的薄弱领域，比如，历史认识论、历史方法论、对国外史学理论和方法论的研究，对中国传统史学的理论反思、与历史学有关的交叉学科、边缘学科以及新兴学科的研究等，本刊将力求作为重点加以提倡。

要改革，必须要开放，要开放，就要"引进"，要吸收和借鉴国外一切有用的东西。

战后几十年来，国外的历史学有很大的发展变化，这在史学理论和方法论上表现得尤其明显。西方的史学理论思想，同哲学思想一样，已经并正在经由研究客体向主体转变，注意对认识论问题的研究；西方历史学研究的整体化趋势，同社会科学其他学科以及自然科学、技术科学的愈益融合、渗透和交叉，许多交叉学科、边缘学科、新兴学科，诸如历史人口学、历史人类学、心理史学、历史地理学、计量史学等的兴起；史学研究同现实生活的紧密结合，研究手段的革新等，所有这些我们都所知不多，缺乏研究，就连在 20 世纪 50 年代对我国史学影响甚大的苏联史学，自 60 年代以来，在史学理论和方法论方面也有巨大的变化，对此我们同样缺乏了解，更谈不上研究了。这种情况应该引起重视。

不把大门敞开，脱离国外史学的发展，不参考借鉴它们的经验教训，不汲取它们一切有益的养分，我们的史学要改革，要发展，是很困难的。对此我们需要有一个科学的态度，绝不能因为西方史学理论大体上是唯心主义的，因而简单地一概否定，应该看到，西方史学尽管有唯心主义或其他方面的缺陷，但在吸收自然科学成果、反映发达社会物质文明成就和人类文化知识积累方面有许多可贵的有益的内容。这些都是人类共同的财富，我们不能轻率地加以摒弃，同时也不能简单地照搬，不能认为西方的一切都是好的，拜倒在它们的脚下；而是应该采取马克思主义的科学的分析批判态度。对苏联史学理论方面的成果，同样应该采取科学的态度。

为此，本刊将用相当多的篇幅翻译介绍外国史学理论和方法论的文章、资料。这种介绍一方面配有必要的评述和分析，另一方面又是有目的、有选择的。介绍本身不是目的。介绍必须和我国历史科学的传统和发展现状相结合，使外来的思想和方法能够植根于我国的土壤，在我国的土地上开花结果。我们的目的是要使真正具有特色的、符合我国情况的马克思主义的史学理论蓬勃发展起来。

在今天改革和开放的时代，信息具有十分重要的意义。本刊将力求以注重信息、及时报道国内外史学理论的研究动态和消息作为自己的一大特色。为此，本刊已在一些国家（美国、法国、日本、波兰等）聘请特约记者，并设立了一些栏目。我们希望通过这些努力能提供尽可能大的信息量，为改变过去比较闭塞的状况、改善研究工作的信息环境做些工作。我们更期待在这方面得到广大作者和读者的支持。

改革和开放，是一桩前人没有做过的大事业，也是一桩十分艰巨复杂、困难重重的大事业，必然会遇到各式各样的阻力。这里需要的是坚忍不拔、实事求是的科学精神。这种科学精神，同样也是我们的时代精神。

本刊是一个学术刊物。学术、科学，是最实际的东西。本刊愿在工作中努力遵循这种实事求是的科学精神。无论是对理论问题的探索，还是对国外史学理论的评介，都努力以此作为准绳。

在形式上，本刊则力求做到生动活泼，使严肃的学术性的内容与尽可能生动的形式相结合。除了大块的学术性文章外，本刊还拟发表一些精悍的短文。在不长的篇幅里，努力向读者提供足以启迪智慧的、闪烁思想火花的真知灼见。

我们正处在一个新旧交替的伟大的改革时代，这个充满着艰难和考验的时代，同时也是理论家大显身手，人才辈出的时代。我们对改革的前途充满信心，对新人的涌现充满希望。

本刊力求踏踏实实地做点工作，愿意在史学的改革和发展中，贡献出我们的一分力量。

（本文原载《史学理论》1987 年第 1 期）

史学理论与史学改革

1979 年以来，随着历史学的复兴，史学界对理论问题表现出浓厚的兴趣，从数量众多的论文到各种规模的学术讨论会，从专题论文集的编辑到多种《史学概论》的出版，都能说明这一点。总的说来，这几年的史学理论研究，表现得比较活跃，有生气。无论从讨论问题的面或者讨论的深度上，也无论从发表作品的数量或者质量上，都比以前扩大和提高。在新方法的运用和新领域的开拓方面，出现了初步的尝试。这些都是积极的方面，但另一方面，研究还不够深入，很多问题还停留在一般的或概念的讨论上，缺乏对理论问题本身的具体研究和运用新的理论、方法研究具体历史问题的著作，尤其缺乏有突破性的力作。比起经济学界、文学界、哲学界，史学界在理论上的探索和开拓，显得相对逊色。反映在整个历史研究上，传统的束缚和影响还比较明显，选题和方法比较陈旧，对国外史学发展的情况了解不多，还没有根本打破隔绝、闭塞的状况。史学的这种现状已经引起学者们的注意和不满，尤其是年青一代的史学工作者。尽管在是否存在"史学危机"和怎样取得突破的问题上众说纷纭，莫衷一是，但有一点似乎比较一致：必须加强史学理论的研究，这至少是一个重要的突破口。

为了加强今后的研究，必须回顾已经走过的路程。这里初步谈点不成熟的看法，供讨论时参考。

任何理论的发展，除了学科本身的需要以外，根本的还在于现实生活的推动，马克思早就说过："理论在一个国家的实现程度，决定于理论满足这个国家的需要的程度。"[①] 党的十一届三中全会以后，我国进入了新的

---

① 《马克思恩格斯选集》第 1 卷，人民出版社 1972 年版，第 10 页。

历史发展时期。从根本上说，正是新时期的需要推动了史学理论的发展；反过来也一样，史学理论发展的不足，正是由于没有很好满足新时期的发展需要。

在新时期的初期，重要的任务是拨乱反正，对"文化大革命"和过去"左"的错误从理论上进行反思。这在史学理论的研究上也有反映。一个突出的表现是对中国封建社会长期延续问题的争论。"文化大革命"中，封建主义影响触目惊心的暴露及其造成的严重后果，擦亮了人们的眼睛，提高了人们对这个问题严重性的认识。因而，从理论上追溯中国历史上的封建主义尤其是中国封建社会长期延续问题，就是很自然的了。这个时期，围绕这个问题进行了一系列的争论，从各个角度作了探讨。内容有中国封建社会长期延续与农民战争的关系，与外部游牧民族侵扰的关系，与地理条件的关系，与小农经济的关系，与地主经济的关系，与封建经济结构的关系，与封建专制主义的关系，与封建意识形态的关系以及中国封建社会是否完成封建化的问题等。可以说，在每一个具体问题上都存在着不同的或者对立的观点，又都无法达成一致。除了中国封建社会长期延续问题展开的讨论比较充分、比较集中以外，还有一些别的争论问题，虽然与现实的关系看起来不这么直接，实际上至少也是一种曲折的反映，如亚细亚生产方式问题。可惜关于这个问题，自从1981年4月举行过学术讨论会以后，没有再进行有组织的集中讨论。

随着社会主义现代化建设的全面开展和经济改革的提上日程，史学与现实的关系问题就变得更为突出和尖锐。这个问题本身成了争论的对象。1984年11月，武汉史学理论讨论会上就曾专门讨论这个问题。虽然在这个问题上也存在着不同的意见，但还是有一些共同的认识的。大家普遍感觉到，像过去那样简单、机械地理解史学为政治服务是不可取的，至于"四人帮"别有用心地搞"影射史学"则完全应该推倒；可是，另一方面，史学又必须适应我国现代化建设的现实需要，必须适应社会和人的现代化过程所带来的种种变化，并尽力满足随之而来的新的需求。很难设想，如果不改变以阶级斗争为主的传统的题材范围，如果不革新单纯地叙事、描绘的传统方法，史学能够在新的历史时期继续繁荣昌盛。这种认识由于随开放政策而来的对国外史学发展情况介绍的增多而得以深化。由此而出现了关于"史学危机"的争论，关于历史科学社会功能、社会价值的讨论，关于史学与"三论"的关系乃至关于一般史学方法论问题的探讨等。这些似应看作广大史学工作者对目前史学状况不满足和努力寻求改善办法的一个反映。另一个反映是，同现代化建设直接有关的一些理论问题得到了重视，有的甚至争论得很热烈。其中最突出的是两个问题，一个是关于文化史的争论。争论的焦点实际上是中国传统文化在今天现代化建设中的价值和作用以及所谓"国民性"的问题。另一个是各国现代化史的比较研究，特别是中外现代化史的比较研究。这个问题在国外研究得比较多，在我国才刚刚起步。这里面有不少理论问题。

　　然而，总的说来，史学如何更好地满足新时期现代化建设的需要，还是一个有待在认识上和实践中进一步解决的问题。有人提出来要强调研究同现实有关的问题，要创造条件鼓励进行这样的研究；也有人提出要开拓新领域，研究新问题；另外一些人特别强调要革新研究方法，特别是要引进自然科学方法；等等。所有这些主张和做法都是可取的，尽管在具体实践中还会存在许多问题。不过，应该指出，仅仅这些方面看来还不能完全解决史学适应现实需求的问题，这里还有一个重要的方面，那就是史学本身的改革，或者说史学本身的现代化问题。这是一个需要深入探讨的大问题，这里只简单地说几句。

　　史学本身的改革或现代化，并不只是一个引进自然科学方法（譬如"三论"）的问题，而应该是全面的。这里顺便说一句，国内把"三论"问题提得这么突出，给人的印象似乎是：用不用"三论"几乎就是新旧史学唯一的至少是主要的分界线。对此我总觉得不甚妥当。我并不是反对"三论"，但觉得如果太突出"三论"，反而把史学的改革问题简单化了，而且这同国外的史学发展情况并不相符。

　　史学的改革或现代化，是社会和人的现代化的必然结果，反过来又促进后者。社会和人的现代化，经济的现代化，是一个极其深刻的变革过程。邓小平同志把这次的改革称为"第二次革命"，这话的意义是十分深远的。在现代化建设和改革的过程中，社会和人的各个方面都会发生深刻的变化，出现许多新的问题。在我国进行社会主义现代化建设的过程中，又会出现许多适合我国情况的特有的新问题，有别于资本主义发达国家和其他社会主义国家的问题。这就决定了我国的史学自身必须变革；而它为了适应改革中的种种变化并满足其需要，也只有改革。这种改革应该是全面的，包括史学思想、课题领域、理论方法、研究手段等；但又必须是渐进的、稳妥的，不能简单地否定过去的史学传统。

在这个改革的过程中，借鉴国外发达国家史学发展的得失是很有必要的。譬如，在国外史学的演变中，我们可以看到一个明显的现象：史学和其他学科（尤其是社会科学学科）日益渗透、融合、交叉，出现了许多新的分支学科。这个趋势同社会本身的发展以及现实生活中许多新问题的涌现是密切相关的。例如，由于社会问题、人口问题、生态问题、心理问题的日益尖锐化，人们在考察这些问题时必然要追溯它们的历史。然而，在这里，单靠社会学、人口学、生态学、心理学是不够的，而单靠史学同样也无能为力。因此，两者的结合、渗透就势在必行，从而就产生了社会历史学、历史人口学、生态史和心态史。这个过程在近二十多年来的苏联史学发展中也已经出现，可以预料，在我国同样是避免不了的。不过，我们目前还存在着许多困难，别的不说，单单科研体制就很不适应这种综合研究的开展。因而，谈到学科的改革，也必须包括科研体制的改革在内。

历史学要进行改革，就离不开对它自身的理论问题的研究，而这恰恰是我们的一个薄弱环节。回顾一下 1979 年以来我国史学界的理论研究状况，就可以说明这一点。这几年争论的问题，除了前面提到的以外，很多都同历史唯物主义有关，譬如社会形态问题、历史动力问题、历史创造者问题、地理环境对历史发展的影响问题等。这些问题的提出讨论，虽然未能取得一致意见，但说明了理论思想的活跃，并表明过去对历史唯物主义比较机械、教条的理解有所突破。例如关于历史发展动力问题的讨论，历时两年多，总共发表讨论文章两百多篇，涉及的问题相当广泛，围绕的中心问题是：阶级斗争是不是社会发展的"唯一"动力，历史发展的"终极原因"和诸因素的"相互作用"的关系如何，在这个问题和其他问题的讨论中，都提出了许多有启发性的新思想，至少说明在对问题的理解上比过去大大前进了一步。另外，关于历史唯物主义与历史学理论的关系问题，在多次讨论会上也有涉及。比较一致的意见是，历史唯物主义是指导历史学（和其他社会科学）的理论基础，但不能代替历史学本身的理论。

这在认识上比起过去是一大进步。我们注意到，苏联史学理论的发展也是在 20 世纪 60 年代明确了这个问题以后而获得迅速发展的。然而，仅仅停留在这一认识上是不够的，还必须进一步解决历史唯物主义与历史学理论之间的关系，特别是历史学理论应包含哪些内容的问题，并在具体研究上取得成果，这有待我国史学界作出努力。

这些年来，除了同历史唯物主义有关的问题以外，对别的一些理论问题也展开了讨论。如历史人物评价问题，中国历史上的民族关系问题，历史研究方法问题，劳动者生产生活状况史问题等。在这些讨论中，同样提出了许多新鲜的看法，这些无疑是应该肯定的。但从整体来看，这些年来史学界的理论问题的讨论也有不足之处，比较显著的一个不足是，所有讨论的问题，不管是同历史唯物主义有关的问题，或者其他问题，大都是人类社会客观发展过程中的理论问题。苏联有称之为历史过程的理论问题的，我们权且称为历史理论问题，然而关于历史学本身的理论问题，也就是把历史学作为研究对象的理论问题，却很少涉及。这类问题在苏联称为历史认识的理论问题，我们暂且叫作史学理论问题。也就是说，近些年来我们主要研究的是历史理论问题，而不是史学理论问题。

当然，今后我们对历史理论问题还需要继续加强研究，但与此同时，为了填补空白，对史学理论的研究应给予特别的重视。这里面的困难可以想见是不会少的，有许多工作等待我们去做。譬如，首先就要弄清楚史学理论包括哪些内容，同历史理论的关系如何，研究工作应该怎样开展等。此外，还要注意把史学理论的研究与批判继承我国史学的传统结合起来，还有一个批判吸收国外史学理论的问题。这里有必要强调一下，从西方发达国家来说，对历史学本身的理论，对历史认识论、方法论的研究很早就已开始，尽管其中有许多唯心主义的糟粕，但应该承认也有许多有益的养分。过去，我们对国外的史学理论介绍得比较零碎，缺乏研究，这对我国的史学的发展是不利的，也不能适应当前开放、改革的形势要求。

我国史学界在理论问题的研究方面已经出现了好的势头，有了可喜的开端。我们相信，在发扬现有成绩和注意弥补不足的基础上，今后一定会取得更大成绩。这里有两点似乎有必要强调一下，一是要特别注意对新生力量的培养和扶植，具体措施能跟上；二是要多做具体的研究工作，尽快从概念的探讨、重要性的议论转到对具体问题的研究上来，多出成果，快出成果。这样才有利于史学理论研究蓬勃开展的新局面早日到来。

（本文原载《史学情报》1987 年第 1 期）

新时期史学理论研究的特点[*]

我国新时期历史学的发展中，有一个引人注目的现象，那就是对史学理论和方法论的重视。这是一个十分喜人的现象。这正说明历史学为了满足时代的需要、我国四化建设的需要和自身发展的需要，在自觉地作出努力，这也显示着它正面临着新的突破和发展。

新时期的史学理论研究，比起前一时期来，除了在质和量上的提高以外，还有一些显著的特点。限于篇幅，这里只谈两点。

一是新时期的史学理论研究，与前一时期不同，并不仅仅局限于个别问题的探讨或争论，而是同整个史学的发展、改革（或革新）紧紧联系在一起的。这种情况的出现并非偶然。这首先是由新时期对史学提出的要求决定的。新时期伊始，理论上的拨乱反正、正本清源是重要任务。对"四人帮""影射史学"的清算。对过去"左"的影响的批判和对所走过道路的反思，都把理论和方法论问题提到突出的重要地位。随着工作重心的转移，现代化建设的开展，特别是改革开放的实行，史学如何与之适应的问题便被尖锐地提了出来。人们对史学的现状和不少传统做法已感到不满足，普遍在考虑史学应如何突破、如何革新、如何发展的问题。这个时候冒出来的"史学危机"的刺耳呼声，可以说正是这种状况的一种曲折的反映，而对理论兴趣的大大高涨，则是必然的归宿。问题越来越明显，史学本身要突破和提高，必须首先在理论和方法论上取得突破和提高。也就是说，史学要革新、发展，固然需要发掘新的史料、开拓新的课题、填补薄弱环节和空白等，但更重要的则是史学理论和方法论的建设。这是涉及全局的问题，是关系到整个史学发展的大局。切不可以为这只是少数人的

＊　本文系为《世界史研究动态》"百期笔谈"专栏而作。

事，研究任何一个历史问题的学者，都有一个理论和方法论的问题，即使是沿用传统方法也是如此。当然，不可能也不必要所有人都把理论和方法论本身作为对象去研究，但理论和方法论的建设必然和每个人的研究工作有关。

从近几年关于史学理论问题的探讨和争论中，也可以看出新时期史学理论发展的上述特点。许多牵涉史学整体发展的重大理论问题被提了出来，并引起人们极大的重视。诸如，历史唯物主义与史学理论的关系、史学与现实的关系、历史发展的多样性与一般性、中西方比较史学、历史认识论、史学方法论、自然科学方法与其他新方法在史学研究中的运用、史学的功能、对中国传统史学的理论反思、对外国史学理论的研究等。当然，很多问题的研究仅仅还是起步，但这毕竟是一个良好的开端，正如西方谚语所说："一个好的开始是成功的一半。"

新时期史学理论研究的第二个特点是摆脱了自我封闭的状态，开始面向国际史学，从而使自身的发展获得新的活力。

在任何时候，马克思主义及在马克思主义指导下的史学要想获得发展，都不能离开世界文明发展大道，都不能把自己隔离封闭起来，故步自封。这是我们必须吸取的历史教训。可以说，我们真正重视这个问题，并开始以一种比较客观、清醒、科学的态度来对待国外的史学发展，只是在新时期开始以后。只是在实现开放改革的今天，我们对国外史学发展的情况才有了比较多的了解。我们才看到，战后以来，尤其是最近 20 年来，国外的史学，不论是西方或者苏联东欧，都有了惊人的变化和发展。这种变化和发展可以列举很多，但其中最引人注目的正是史学理论和方法论的发展，以及由此带来的整个史学的变化（例如由于各学科的渗透而形成的一系列交叉学科、边缘学科的兴起等）。有人说现在国外有些历史书已经看不懂了或者说史学的概念本身都发生了变化，也有人说史学已经理论化了，或者说新史学已在很大程度上取代传统史学等。在这种情势下，我国史学的发展问题自然引起广泛的思考，而理论和方法论问题自然首先被提上日程。

由此可见，新时期的史学理论研究同我国史学回到世界文明发展大道，回到国际史学发展道路是密不可分的。我们对此应有充分的认识。与此同时，必须看到，我国史学的发展虽然不能同国际史学的发展相隔离，但毕竟必须立足于自身的基础，因此同样不能脱离自己的传统和国情。简单的模仿、单纯的照搬，既是不科学的，归根到底也是行不通的。对我国悠久的史学传统和目前的史学现状，不能采取简单的虚无主义的态度，而应像对待外国史学一样，采取科学的态度，这是我们唯一应取的态度。我们需要借鉴和吸取国外史学中一切有用的东西，加强认真的科学研究工作，这正是我们今天需要特别强调的。如果说，在新时期的前10年，由于一切刚刚开始，因而出现一些不科学、不成熟的做法是难以避免的话，那么今天就不能满足于这种状况，就要不断克服简单批判或盲目崇拜的幼稚做法，努力从不成熟趋向日益成熟。这里面的关键，就是实事求是的科学态度和扎扎实实的研究工作。

要开展好我们所需要的研究工作，就必须坚持马克思主义的指导。马克思主义的基本精神就是实事求是。没有这种精神，我们是寸步难行的。

《世界史研究动态》出版至今已经100期了。这个刊物问世本身就是新时期史学发展的一个反映。在过去的100期中，它很注意史学理论和方法论问题，辟有不少栏目发表这方面的文章。这正反映了新时期史学的特点，并使这个刊物带有时代的特色。如果说在过去的史学理论建设中，它已经做出了自己的贡献的话，那么希望它在今后百尺竿头更进一步，为史学理论的新发展做出更大的贡献，希望它发表更多的研究性更强、质量更高的史学理论文章。

（本文原载《世界史研究动态》1987年第6期"百期笔谈"专栏）

加强历史认识问题研究[*]

这次会议很快就要结束了，谈一点个人看法。先从这个会议说起。从各小组的汇报发言和会下的反映看，大家对会议还是比较满意的。会议的议题（历史认识论）比较集中，小组会上的发言和讨论比较热烈，提出了许多问题和见解，有些问题的讨论有一定深度，整个会议的学术气氛和畅所欲言、平等讨论的气氛都比较好。特别是这次会议的开法，吸取了国际会议的办法，由报告人在小组会上作扼要的说明，接着是提问和评议。这种面对面的对话形式，可以使问题深入。同时与会者又有自由选组的主动机会，可以根据自己的兴趣和准备情况参加讨论。虽然这次会议只是尝试，在组织工作方面还存在一些缺点，例如有的发言在议程表上列了，但发言者未能列会而又未及时更正，会前论文没有收齐，在会上发得也不够及时等，但这种开法总的来说却受到大多数代表的欢迎，被认为是成功的。据悉，明年的全国史学理论讨论会决定继续采用这种开法，并加以进一步地完善。

看到会议取得的成绩是完全必要的，也是符合实际的。但同时对会议取得的具体成果却要保持冷静的头脑，不能估计过高，诚然，一般说来，任何学术讨论会都不大可能取得大致相同的看法，更不要说取得权威性的结论。但这次会议的情况不仅如此，会前收到的论文比较少，有些论文和发言不甚切题，讨论的"论域"（Universe of discourse）不够确定，对历史认识以及一般认识论缺乏一致的共同理解，对国外研究历史认识的情况缺少了解等，这些现象说明：在我国史学界对历史认识论的研究才刚刚开始，这还是一个有待深入开拓的领域。在这种情况下，自然不能要求通过

＊　本文系根据作者 1987 年 9 月 6 日在第四届全国史学理论讨论会（成都）上的发言写成。

一次讨论会取得多少具体成果。但这丝毫也不能减低这次会议的重要意义。

这次会议的重要意义，恰恰在于提出并初步讨论了历史认识论这个问题，而这个问题的提出本身应看作同整个史学的变革（或改革）紧紧联系在一起的。也就是说，历史认识论问题的提出和讨论，是史学为了适应新时期现实生活发展的需要而要实行自身改革的一种反映。中华人民共和国成立以后，我国马克思主义史学的发展所取得的成绩是有目共睹、不容置疑的。但毋庸讳言，它在发展中同时存在着严重的问题：一是由于"左"的指导思想所造成的教条主义、公式化和僵化，二是长期封闭（尤其是"文化大革命"时期）所造成的与国际史学发展、与世界文明发展大道的隔膜。这些严重的缺陷随着新时期的到来，特别是随着改革开放的实行，而变得越来越尖锐和突出。我们只要想一想改革开放对我国社会所必然带来的极其深刻的变化以及由此出现的种种新的需求，就会意识到史学要适应这种形势而必须改革的必要性和迫切性。这种必要性和迫切性主要并不是由史学过去存在的严重缺陷决定的，根本上来说是由现实生活发展的需要决定的，但这些缺陷的存在则使史学的改革变得更加必要、更加迫切。

史学改革自然包含多方面的内容，但其中一个根本的方面恐怕应是对史学本身许多理论问题的探讨。其中历史认识论占据极为重要的地位。史学研究的对象是客观存在的历史现实。过去，我们往往致力于研究客观历史过程本身，力图恢复历史的本来面目，探索客观历史规律。这本来是没有错的。可是我们却忽略了问题的另一个方面，即怎样才能更好地认识客观历史现实。我们往往有一种不自觉的观念：我们现有的方法和现有的史料已足够揭示历史的真实、恢复历史的真相，因而根本不去或者很少考虑研究主体对客体的认识问题，似乎这个问题压根儿就不存在似的。然而，事实并非如此。新时期的到来以及改革开放的实行，使这个矛盾明显地暴露出来。我国拥有世界上最丰富的史料宝库，我国的史料考订以及历史编纂方法有着悠久的传统，中华人民共和国成立后的史学研究取得了可观的成绩，这些都是没有疑问的。问题是，我们不能满足于此。事实上，我们通过现有的方法和现有的史料，并不像我们过去自信的那样，能够如实地认识丰富的历史现实，而往往是丢掉了其中的许多方面，把丰富的历史现实贫乏化了、简单化了，因而也就不能满足现实生活提出来的多方面的需要。譬如，我们运用现有的方法，往往是通过史料的搜集和考订，阐述具体事件的来龙去脉或具体人物的活动（包括思想观点），而且更多的是政治事件和政治人物。可是，历史的内容比这要丰富得多，历史不应只归结为政治事件和政治人物，也不能只归结为一系列具体事件和具体人物。历史应包括更多的内容，譬如不同历史时期、地域、社区群众的生活、风俗、观念、情绪的变化，社会的制度、机构、机制的演变，生态环境、人口问题、科学技术等对历史发展的影响，除政治史外还应该有社会史、文化史、制度史、心态史、思想史等。总之，社会生活的一切方面都应是历史的内容，也就是史学研究的对象。对历史作这种深层的、多面的研究，不仅可以使史学著作显得丰满、深刻，而且可以更好地揭示历史现象的实质，加深对历史发展的全面认识。譬如，经过"文化大革命"，人们认识到封建主义的影响在我们今天的社会中还相当严重。过去，我们对我国的封建主义作过许多研究，对封建社会里的大小事件、各类人物、农民反抗斗争的历史以及各种规章制度等都作过论述，对有关封建主义的许多理论问题也有过多次讨论，这些工作自然都是有益的，今后无疑还应该继续做下去。但同时不能不看到，仅仅有这些研究还是不够的，还不可能深刻地认识到长期的封建社会在民众的日常生活、思想观念、深层心理、风俗习惯等各方面的深刻影响，这些影响即使在今天的社会里还很容易见到。因此，不难设想，如果我们的历史研究能扩大而探究封建社会里各阶层的日常生活、思想观念、深层心理、风俗习惯等方面，恐怕会帮助我们加深对封建主义的全面认识，从而有助于清除它在今天的影响。这仅仅是一个例子。但它可以说明，我们原有的史学研究领域的狭窄、方法的单一、史料的局限，已不能满足现实社会发展的需要，特别是今天改革开放新时期的迫切需要。这样，我们的史学就必然不能很好地发挥它的社会功能，特别是它的认识功能，就不能在我国社会主义现代化的伟大事业中更好地发挥它的作用。因此，我们的史学必须对自身作深刻的理论反思，特别要思考如何更好地发挥史学的认识功能，也就是要考虑史学如何才能更好地认识客观实际，研究主体正确认识客体的各种途径和可能性。这样，历史认识问题就被提到了极为重要的地位。姜义华同志在上午的发言中强调历史认识在研究过去、认识现在、预测未来中的作用越来越大，这是很正确的。

如果我们把眼光转向国外，就会看到，史学的这种变化在国外早已开始。过去我们由于闭关自守，对此不甚了了，就是现在也还缺乏研究。大体说来，20 世纪以来，西方随着历史哲学从思辨的到分析的转变，研究的重点从历史本身转到历史认识，然而，这种分析的历史哲学往往否认历史研究是科学，只强调主观思想的功能，否定或忽视客观存在和客观规律，虽然在对历史文献的诠释与研究，在语言的和逻辑的分析等方面都有贡献，但对于具体的历史研究实践毕竟是隔靴搔痒，隔了一层。这种纯粹哲学理论上的探讨，对历史学的影响，在第二次世界大战以后不是越来越大，而是越来越小了。而且分析的历史哲学的影响主要是在英美。当然，对于分析的历史哲学，我们还是要研究的，也不能完全否定它的作用。但至少，我们在谈到加强历史认识论的研究时，不能只狭隘地理解为这种纯哲学的理论探讨，尽管这样的探讨也是必要的。

我想，我们对历史认识问题的理解和研究不妨更广泛一些，不仅要从理论上探究主体对客体的认识问题以及主客体关系问题，包括主体的认识能力、知识结构、社会环境等，而且应该结合具体的历史研究实践探讨主体认识客体的各种途径、手段和可能性。这方面，欧洲的史学发展更值得我们重视。我觉得，有两个国家最引人注目。一个是西欧的法国。法国的年鉴派可以说是把历史认识问题的探讨与历史研究实践很好结合起来的一个典范，其特点就是跨学科研究。他们尽力扩大史学认识实际的各种途径和手段，办法是同其他的社会科学和人文科学学科相结合，从中吸取一切能用的理论和方法，并通过这种结合吸收自然科学的方法。这种结合在第二次世界大战后（尤其是 20 世纪 60 年代后）有了更大的发展，也就是有更多的新学科参加了进来。这样就解决了史学单纯运用自己传统的固有的方法不能穷尽丰富的客观社会生活的矛盾，譬如史学不同社会心理学、精神分析学结合就不可能研究群体或个体心理、心态发展的历史。另外，这种结合也开拓了新的史料领域，使许多原有的传统方法无法使用的史料被发掘出来，例如人口登记、医院病历、私人账簿等。新方法的运用和新史料的开拓就大大地扩展了原有的研究领域，也使历史研究有可能同现实生活结合得更紧密，并更好地满足现实生活发展中的多方面的需求。当然，法国年鉴派的发展中也有它存在的问题，这里不去说它。但它的这种突破是应该引起我们充分注意的。

另一个国家是东欧的苏联。苏联的史学是马克思主义的。20世纪50年代时我国的史学受他们很大的影响，因而苏联史学的发展值得我们密切注意。60年代以来，苏联的史学理论和方法论的研究有了迅速的发展，其中包括历史认识问题的探讨。诸如主体与客体的关系、历史事实问题、史料的实质、理论在史学研究中的作用、创造与反应等都作为历史认识的理论和方法论问题加以详细的研究。此外，在运用跨学科的方法扩大史学的认识途径和手段方面也取得了许多成绩。70年代以来，一系列新的交叉学科应运而生，不少长期得不到解决的历史上的难题，也被采用新的认识手段和方法而得以解决。例如，列宁提出的全俄统一市场究竟形成于何时，过去众说纷纭，现在用计量方法统计大量数据材料后终于得出了令人信服的结论。近来，苏联史学界出现了一些新的变化，也值得注意。

国外的史学，不论是西方非马克思主义的和马克思主义的史学，或者苏联东欧的马克思主义史学，特别是从60年代以来，都有了很大的变化。这同整个社会的发展、新技术革命的挑战以及史学本身的演变都是有关系的。在这些变化中，历史认识问题的愈益受到重视是一个明显的特点。对国际史学的发展变化，我们不能置若罔闻，置身事外。应该吸取过去自我封闭、与世隔绝的教训。

但同时必须明确，我国史学的发展必须立足在自身的基础上，必须结合我国的情况，发扬我们的优势。一方面，应该清醒地看到我们的差距。拿历史认识论问题来说，上午姜义华同志说，60年代初就有人提出要加以研究，但在当时这个建议根本无法实现。直到党的十一届三中全会后的今天，这个问题才被重新提出来加以讨论。另一方面，我们必须坚持发展我国自己的马克思主义史学，不能盲目地跟着别人跑，用借鉴代替创造，生搬硬套。只要我们的方向对头，坚持党的十一届三中全会路线的两个基本点：坚持四项基本原则，坚持改革开放，同时坚持学术上的"双百"方针，鼓励大胆探索，还要注意团结整个史学界的队伍，发挥老中青各代人的积极性；注意继承发扬我国悠久的史学传统，这样，我国的马克思主义史学必然会有一个大的发展。

　　史学改革并不是要否定过去的一切，传统的史料考订方法和历史编纂方法，作为史学研究的一种基本功，不仅不会被淘汰，而且还必须继承发扬。把史学理论作为专门对象研究的总归只能是小部分人。新的认识途径和方法的运用，跨学科方法的实施，必然会有一个较长的过程。要实现史学与其他社会科学和人文科学学科的结合（如社会学、心理学、政治学、人类学、语言学等），就有一个各学科齐步前进的问题。这不可能是一蹴而就的。

　　从以上情况来看，我们可以得出这样几点看法：第一，各种不同知识背景的历史学家都可以根据自己的专长进行研究，写出不同类型的作品，为发展我国史学的共同事业做出贡献。这里面并不能存在谁排斥谁的问题。第二，史学改革的方向必须坚定不移。不能满足于已有的成绩，不能安于现状，看不到改革的必要性和迫切性。第三，史学的改革必然要有一个过程。因此，重担历史地落在年青一代历史学家的肩上，他们任重而道远。我们希望，年青一代史学家能清醒地认识到自己的重任，从现在起就自觉地作出努力。希望他们认清时代的要求，刻苦钻研马克思主义理论，钻研业务。不要急于求成，急于构筑体系。只有踏踏实实地下苦功夫才是通向成功之路。可以预料，随着大批青年历史学家的成熟和脱颖而出，我国史学蓬勃发展的崭新局面必将同时来临。

（本文原载《世界史研究动态》1987 年第 1 期）

史学理论：历史学的理论反思

——序《唯物史观与史学理论》

青年史学工作者张艳国关于史学理论研究的著作《唯物史观与史学理论》（全书40万字，华中理工大学出版社）能够出版，实在是一件值得庆贺的事。这首先说明他平日的勤奋刻苦，多年的默默耕耘，现在已获得第一批喜人的成果，自然值得庆贺。

其次，这本著作的出版也说明作者的眼光、胆识和开拓精神。正像作者本人所强调的，我国的历史学长期以来没有自己的学科理论。史学理论作为一门独立的学科被进行认真研究也就只有十年多一点的时间，作为一门新学科，它的难度自然就大。不仅如此，它遇到的阻力也更大。不必讳言，在相当长的时间内，在相当多的地方，对史学理论比较普遍地存在着一种偏见，即认为史学理论是空对空，没有扎实的功夫，甚至不是学问。因而在遇到学术评定或职称评定时，就不承认史学理论成果是学术成果，或者表面上承认，而投票时不予考虑。这种情况虽说现在已有很大改进，但绝没有绝迹。可以想见在20世纪80年代中期，也就是在艳国刚踏上工作岗位的时候，这种情况是相当普遍的。因此像艳国那样在当时就下定决心，义无反顾地一直从事史学理论研究，就绝不是一时的心血来潮，足以反映他的眼光、胆识和开拓精神。也正是由于有像艳国这样的一批青年史学工作者，敢于不顾世俗的偏见，甘心献身史学理论研究，把它当作一项事业，勤勤恳恳地踏实钻研，不断奉献出实际的成果，才使这门新学科的前途有了可靠的保障。这自然更是值得庆贺的了。

对史学理论的偏见是历史地形成的。它的形成有其历史的原因，它的消失也需要有一个历史的过程。从对我国史学的发展来看，它的消失自然是越快越好。但这不能单凭主观愿望。除了需要多做具体工作以外，还有待于整个环境的进一步改善，特别是在深入改革开放的基础上对国际史学界的进一步了解和彼此交往的加深。这点只要略微看一下这种偏见形成的原因，就可以看得很清楚。譬如，在正常的心态下，要了解和研究国际史学的发展就是一件需要付出巨大努力的事，如果受偏见的影响那困难就更可想而知了。

从传统的观点来看，历史学最主要的是史料，似乎只有史料才是真功夫。其实从国际史学的发展来看，这已是 19 世纪的典型观点，也就是传统实证史学的观点。20 世纪国际史学的发展早已超过了这个阶段。这并不是说，史料对历史学不重要，而是说历史学只有史料是远远不够的。史料对历史学的重要性是不容怀疑的。好比盖房，史料是历史学的基础，也就好比是房子的地基。没有地基自然谈不上盖房，但同样清楚的是，只有地基也远远不是房子本身。这就是说，除了史料以外，历史学还必须要有理论。什么样的理论呢？传统实证史学也并不是绝对不要理论。问题是它的理论是完全为史料服务的，是从属于史料的。历史学所需要的理论应该是统率史料的，是统率和指挥整个史学研究的。但历史学的理论又必须与史学研究密切结合，是属于历史学本身层次的，而不是和史学研究相脱离的，从别的层次外加上去的。过去我们把属于哲学层次的历史唯物主义等同于史学理论，这是把"指导"和"等同"相混淆了。历史唯物主义必须指导史学研究，但不能因此就取代史学理论，不能否认历史学有自己本身的理论。如果把历史唯物主义等同于史学理论，实际上反而取消或降低了历史唯物主义的指导作用，同时也取消了史学理论。

以上这些道理自 20 世纪 80 年代以来已经讲得很多，可谓耳熟能详，在艳国的书中也有很好的阐述。值得一提的是，艳国很注重唯物史观对历史研究的指导作用。他从理论反思的角度对唯物史观作了很有特色的探讨。他通过自己的研究注重纠正过去把唯物史观简单化、公式化的偏差，表明唯物史观作为科学理论本身是在不断发展丰富的，而且必须以科学的态度认真地对它进行研究。更为难得的是，作者在阐述唯物史观与史学理论的关系时，既注意说明两者的区别，又特别强调唯物史观统率性的指导作用。不仅如此，作者在阐述其他问题时，如在对历史学进行理论观照时，也很注意以唯物史观为指导。这是很重要的，要做得好也不是容易的事。真正要做到以唯物史观为指导，绝不是简单地引用几句唯物史观创始人的语录就能解决问题，而是要从唯物史观的精神出发，也就是以马克思主义的立场、观点、方法为指导去具体研究问题。这里不可能有现成的答案。结论只可能是通过艰苦的科学探索和研究而后产生的。艳国注意这样去做，实在很值得庆贺和鼓励。

客观现实总是在不断发展的，在发展中总是会不断涌现各种各样的新情况、新问题的。一个马克思主义者的职责，就是面向现实，勇于探索，以马克思主义为指导，回答新问题，提出新见解。历史学作为客观存在的一门学科，也是在不断发展的，在发展过程中同样不断涌现各种各样的新情况、新问题。作为对历史学进行理论反思的史学理论，情况何尝不是如此。因此，一个马克思主义的史学工作者，尤其是史学理论工作者，就应该以同样的态度，对自己的研究对象进行潜心的钻研和大胆的理论探索。唯有这样，我们才能把我国的马克思主义史学推向一个新的高度，使它更符合时代的发展，更适应时代的要求。

从 20 世纪国际史学的发展来看，可以明显地看出它的变化，尤其是50 年代以后。这就是"新史学"在西方的兴起和在史坛占据主导地位。新史学与传统史学的不同，可以从许多角度来阐发。如新史学极大地扩大了史学研究的领域和范围，也极大地扩大了史料的范围；新史学打破了历史学与其他学科之间的樊篱，注重跨学科研究；新史学使用许多新的研究方法；新史学改变了对史学的观念等。这里只想强调一点，即不管新史学本身有多少流派，它本身经历了多少变化，有一点却是共同的、不变的，那就是不满足于史学的经验性研究，反对史料即史学，而强调研究主体的能动的认识作用，强调对历史的建构，强调对史料的解释，因此这种新史学有时也有条件地被称为"理论史学"，以表明它与传统史学强调"让史实本身说话"不同。在新史学看来，史实本身不仅不会说话，而且进入历史认识领域的史实已非客观存在的事实，而是经过史学认识上的过滤，实际上也经过史家某种程度上的建构。总之，在新史学家看来，在历史研究整个过程中，史家作为认识主体的作用是不可或缺的。这里需要指出，西方不少新史学家有夸大主体作用，甚至否定客观历史事实存在的相对主义错误倾向。不过平心而论，真正明确否定客观历史事实存在的历史学家在西方也是不多的。比较多的是这样的历史学家，他们认为历史研究作为一个历史认识过程，主要是史家作为认识主体的作用，需要探讨的是这方面的问题。至于客观历史事实是否存在，他们不予关注，往往忽略不计，也不加讨论。这样，他们虽然没有明确否定客观历史事实的存在，但他们至少对这个问题未给予应有的重视，并把主体的认识作用与客体的存在完全割裂开来，因而也是不全面的。

现在再回过来谈"理论史学"的问题。所谓"理论史学"，这里强调的是，历史研究不可能只停留在对史料的收集、考订、校勘，然后让史料本身说话；而是必须由历史学家通过对史料的解释、阐发、理解、认识，再在此基础上建构过去的历史图景，简言之，也就是必须由历史学家进行"理论上"的解释和建构，不是由史料本身说话，而是由历史学家根据史料和自己的理解说话。至于所说新史学只是有条件地被称为"理论史学"，那是因为对"理论"的理解本身很不相同。严格说来，"史学理论"这个概念有它一定的含糊性，在西方一般说来，不大用这个概念。在西方常用的是"历史哲学"这个概念。可是，"历史哲学"和我们这里所说的"史学理论"有很大的不同。西方的历史哲学，不论是思辨的历史哲学，还是分析的历史哲学，都属于哲学范畴，都是脱离具体的历史研究实践的比较抽象的学说。不能说历史哲学对西方历史学家的研究毫无影响，但无论如何，这种影响是不大的。西方的历史学家一般都不关心历史哲学，认为这只是哲学家的事，与自己没有关系。有不少西方历史学家甚至对历史哲学抱厌恶和反感的态度，例如著名的法国年鉴学派就是如此。因此，如把西方新史学称为"理论史学"，这里的理论就不是指历史哲学。那么是指什么呢？一般说来，是指与历史研究实践结合得比较紧密的理论，具体说来，主要是指历史认识论和史学方法论。还需要说明的是，这里对历史认识论和史学方法论的理解是十分广泛的。因为不论是历史认识论，还是史学方法论，都可以包含比较抽象和比较具体的不同层次，而这里是把这些不同的层次都包括在内的。如果从这样的比较广泛的含义理解"理论"，那么即使像法国年鉴学派这样对"理论"（实际上主要是指历史哲学）不感兴趣的学派，事实上也是注意理论探索的。这点他们自己也不否认。年鉴学派的"总体史""跨学科研究"都是比较具体的方法论、认识论探索，虽与纯粹抽象的或比较抽象的历史认识论和史学方法论研究有所区别（它不像后者那样去探讨诸如"历史事实""历史学的性质""历史认识中的主客体关系"等问题），但都不可能从传统史学的经验性研究中得出，不可能从史料中自发地产生。因而它明显地是一种"理论"探索。实际上，任何历史研究都是离不开理论的，包括传统的实证史学也是如此，只是它的理论主要是围绕着史料的，同时它口头上又是反对理论的干预的。新史学公开承认理论的必要，并在研究实践中不断进行探索。从这个意义上说，新史学是"理论史学"并无不妥，只是要注意对这里的"理论"作广泛的理解，绝不能局限于抽象的历史哲学。

在苏联和今天的俄罗斯以至独联体，一般也不用"史学理论"这个概念，而是用"史学方法论"这个概念。应该说这是两个很接近的概念。因为这里的"史学方法论"实际上包含历史认识论和史学方法论的内容。值得注意的是，苏联学者对史学方法论的理解也是很广泛的，同时他们也很强调与历史研究实践相结合的理论探索。他们把这类理论称为中间层次的理论，即既与高层次的纯抽象的哲学理论不同，又与低层次的过于具体的历史理论问题不同。对历史研究来说，不同层次的理论都是需要的，不应有所偏废，但与历史研究实践关联密切的"中间层次理论"理应受到更多的关注和强调。

总之，不论是西方史学，还是苏联史学，都重视理论探索。这无疑是20世纪国际史学发展的一个重要特征。对这点我们应该充分注意。当然，对国外的具体的理论探索，我们应该在马克思主义的指导下，认真加以研究，既不能像过去那样简单粗暴地一笔抹杀，也不能不加分析地全盘照收。只有这样，我们才能去粗取精，吸收一切有用的养料，更好地发展我国的马克思主义史学。这是一项细致的、艰苦的，却又是十分必需的工作。

作为历史学自身的理论、方法论研究，特别是与史学研究实践密切结合的所谓的"中间层次理论"的研究，由于发展的时间还不长，我们还有许多工作要做。我们尤其需要有更多的青年史学工作者，在马克思主义的指导下，潜心进行这方面的研究。这是一块有待进一步开垦的肥沃土地，每一名在这块土地上不辞艰辛、勤于耕耘的有志者，必将获得丰硕的成果。艳国正是其中的一位。我拉拉扯扯、断断续续地写了以上这些，完全是为了表达自己的庆贺和喜悦之情，由于看到像艳国这样有为的青年史学理论工作者的成长而产生的由衷的喜悦之情。

（本文原载《江汉论坛》1997 年第 1 期）

论历史事实

一

　　历史事实对于历史研究的重要性，似乎是不言自明的。任何一个严肃的史学工作者都不会不明白这个道理。特别在经历了"四人帮"恣意歪曲历史、大搞"影射史学"的破坏活动之后，广大史学工作者更加深切地感受到了这点。许多同志因而撰文强调这个问题。例如，有的同志指出："历史事实是治史的基础。"① 也有同志强调："历史研究只能有一个出发点，立脚点，即历史事实。只有尊重历史事实，一切从历史事实出发，实事求是，才能发展历史科学。"② 还有同志说："占有材料，弄清历史事实，是进行历史研究的最基本的条件。"③ 这些同志强调"实事求是"的科学态度和求实精神，强调史学著作必须符合历史的真实性，无疑都是正确的。问题在于，仅仅笼统地强调历史事实的重要性，没有对"历史事实"这个概念本身作进一步的分析，是远远不够的。这样，由于概念的不明确，实际上恐怕很难真正达到"实事求是"的要求，至少会受到很大的妨害。这种概念不清的情况，我们可以随手从上面引用的《历史研究的理论与方法》一书中摘引些例子来加以说明，譬如，人们常常强调指出："历史研究必须从最顽强的事实出发"④，研究历史必须"从历史事实出

---

① 《历史研究的理论与方法》，红旗出版社 1983 年版，第 167 页。
② 《历史研究的理论与方法》，第 82 页。
③ 《历史研究的理论与方法》，第 186 页。
④ 《历史研究的理论与方法》，第 38 页。

发，严格忠于历史事实，具体分析历史事实"①。这些说法自然都是对的，可是这里所说的"历史事实"究竟指的是什么？如何才能做到"严格忠于历史事实"？从这本书中我们可以读到：历史研究与现状研究所不同的，只是它研究的对象"不是现实生活中的实事，而是既往的历史事实"②，"史学工作者必须尊重历史事实，研究一切问题，只能从历史实际出发"③，必须"坚持从客观的历史事实出发来编写历史"④ 等。从上述这些表述不尽相同的说法中可以看出，这里所说的"历史事实"，是指既往的客观存在的实事或历史实际。可是，这里产生两个问题。其一，是不是既往存在的一切客观历史过程⑤都是"历史事实"？其二，既往存在的客观历史过程都已经发生了，历史学家并没有也不可能经历过这些历史过程，更不可能再用任何实验的方法来复制它们，那么，他今天在从事研究时又如何能做到"严格忠于""真正把握""绝对尊重"这些"历史事实"呢？有一种回答是："事实就是从史料现象的研究中得到的"，或者说："要真正地把握历史事实，就必须对每一史实进行具体分析。"这里所说的"每一史实"，指的恐怕也是史料中反映的事实。可是，史料（主要指文字史料）中反映的事实，并不是客观存在的历史过程本身，而只能是对这些历史过程的一种观念上的反映，或者用目前通用的说法，史料提供了既往的客观历史过程的信息。对这些信息进行分析，不管是多么具体、细微的分析，都不可能恢复客观历史过程本身。因此，如果说从历史事实出发，指的是从既往存在的客观历史过程出发，那么，这个问题并不能从史料分析中解决。由此可见，如果不对"历史事实"概念本身进行分析，不探讨它的性质、内容、结构等问题，这种概念不清的状况就无法解决。

　　遗憾的是，我国史学界虽然在理论问题的研究方面，显得相当活跃，并取得不少成绩，在最近几年尤其如此，但对"历史事实"的研究却是一

---

　　① 《历史研究的理论与方法》，第 112 页。
　　② 《历史研究的理论与方法》，第 73 页。
　　③ 《历史研究的理论与方法》，第 74 页。
　　④ 《历史研究的理论与方法》，第 159 页。
　　⑤ "实事""历史实际""事件"等都是指独立于人的意识之外而存在的客观现实。为统一用语，在本文中一般统称为"客观历史过程"。在第三部分为了同引文相衔接，有时称为"历史事件"或"事件"。下同。

个空白。这说明我国史学界对理论问题的研究，迄今还存在着很大的不足，那就是对史学本身有关的理论问题，对历史认识论的有关问题，还缺乏认真的研究。① 这个空白的存在，同时也说明，我们对于国际史学的发展，还缺乏系统的了解和研究。国际上史学研究的发展趋势，理论兴趣所在，以及长期引起争论的问题，我们还不甚了了，或者虽然有所了解，但我们本身的研究并没有跟上。这方面的差距，我们是应该承认并努力加以填补的。这有利于彻底改变我国史学发展的封闭隔绝状态，有利于更好地批判吸收国际史学的积极成果，从而使我国史学在继承和发扬自身悠久传统的基础上，在国际史坛上发挥更大的作用。

"历史事实"这个问题就是国际上长期以来引起争论的重要的史学理论问题之一，至今仍是如此。② "历史事实"概念的最初阐释大致是在 19 世纪 30—40 年代。在以后一个半世纪多的时间内，对这个概念内涵的理解发生了深刻的变化。苏联著名历史学家巴尔格在 1976 年写道："如果考察一下最近一百年来在资产阶级方法论学者著作中'历史事实'范畴涵义的演变过程，那么不能不得出结论：在这个领域内发生的变革，就其深度而言，只有 19—20 世纪之交自然科学中的'物质'范畴的遭遇 mutatis mutandis③ 可以与之相比。"④ 需要指出的是，这里所说的变化，还仅限于西方非马克思主义的著作。下面，我们仅就其主要的线索简略地说一说。

19 世纪 30 年代德国著名历史学家兰克提出，历史学家的任务只在于"如实地"（Wie es cigentlich gewesen）说明历史。兰克的思想产生了巨大的影响。英国当代著名历史学家爱德华·卡尔⑤评论说，兰克的"这句并

---

① 我在一篇短文中曾提到这个问题。参见拙文《历史理论与史学理论》，载《光明日报》1986 年 12 月 3 日。

② 关于国外研讨"历史事实"问题的历史和现状，需要专门论述，这里只是根据叙述的需要，简括地谈及一些方面。

③ 拉丁文，意为已作必要的变更。

④ 巴尔格：《历史事实：结构、形式、内容》（Исторический факт: структура, форма, содержание），《苏联历史》（История СССР）1976 年第 6 期，第 47 页。

⑤ 关于卡尔，英国当代著名历史学家霍布斯鲍姆评论说："卡尔先生不是马克思主义者，不过，很显然，他受到马克思的影响十分巨大，他赞美马克思，捍卫马克思，而且，顺便说说，他引用马克思要比任何别的一位作者都要多得多。"［霍布斯鲍姆（H. Hobsbawm）：《历史中的进步》（Progress in History），载《今日马克思主义》（Marxism Today）1962 年第 6 卷第 2 期，第 47 页。］

不怎么深刻的格言却得到惊人的成功。德国、英国，甚至法国的三代历史学家在走入战斗行列时，就是这样像念咒文似的高唱这些有魔力的词句的：'如实地说明历史'"①。这样形成了一种独特的对事实的迷信。用卡尔的话来说，"19 世纪是个尊重事实的伟大时代"②。这种对事实的迷信，后来在实证主义的方法论中得到了理论上的论证。卡尔指出："实证主义者，力主把历史变成精确科学，因而用自己的全部权威来促使这种对事实的迷信的确立。"③ 实证主义对事实的迷信，它对"历史事实"的阐释，对于 19 世纪的西方史学界，有着极其巨大的影响。

在实证主义史学家看来，历史事实就像是由历史本身准备好了的"砖头"一样，使用这些"砖头"就可以构筑起真理的大厦。在一部史学著作中，历史学家收集"砖头"越多，他的著作就越符合客观历史过程，因而学术价值也就越高。就像实证主义者把历史当作精确科学一样，他们认为，历史事实同自然科学事实也是同样性质的。两者同样的客观和可信。他们认为，历史事实包含在史料之中。通过对史料的种种考订校勘工作，历史学家就可以利用其中包含的现成的历史事实，来恢复历史的本来面貌。

对于实证主义者的这些主张，应该看到有其积极的一面，这主要表现在两方面：一是实证主义者承认历史事实是具有客观性质的，并且是可以认识的。二是他们特别强调史料的作用，事实的重要。他们在史料的挖掘、收集和考订方面，做出了不少的贡献。这些都是应该肯定的。

然而，实证主义者的主张，也有其根本的缺陷。最主要的就是把历史认识的主体和客体完全割裂开了。实证主义者强调，事实本身会说话。历史学家只需要机械地把现成的历史事实从史料中"搬到他的著作中去就可以了"。他不仅不需要对历史事实进行"评价""综合""思索"，而且要努力避免这样做。因为在实证主义者看来，这样做就会影响研究者采取不偏不倚的客观态度，就会自觉不自觉地歪曲事实。卡尔用讽刺的口吻对这

---

① 卡尔（E. H. Carr）：《历史是什么?》（*What is History?*），伦敦 1962 年版，第 3 页。

② 卡尔：《历史是什么?》，第 3 页。

③ 卡尔：《历史是什么?》，第 3 页。

种看法作了如下的描绘："历史学家可以从文献、碑文等等获得事实，就像获得鱼贩案板上的鱼一样。历史学家搜集它们，把它们拿回家，按他们所喜爱的方式加以烹调，摆上餐桌。"①

实证主义史学关于历史事实概念的这种客观主义的、自然主义的立场，由于其明显的形而上学的性质以及忽视历史认识的特点而越来越引起异议。大约从 19 世纪最后 30 年起，在西方资产阶级的史学思想中出现了一股完全与之对立的思潮。这股思潮在 20 世纪继续发展，直至今天。这股思潮的构成比较复杂。大致说来，一开始影响比较大的是狄尔泰②和新康德主义（文德尔班、李凯尔特等），后来则有实用主义、新实证主义、现在主义等。它们之间尽管有这样那样的区别，但都有根本的共同点：即主观唯心主义和相对主义，也就是否认历史事实是客观存在的和可知的。因此，有的苏联历史学家干脆把有关历史事实的所有这些流派的看法统称为"主观唯心主义"③思潮。应该看到，这股思潮的影响是不小的，即使像卡尔这样的学者也难免不受一定的影响。④

对于这种主观唯心主义、相对主义，以及怀疑主义、不可知论的根本倾向，我们自然应该有清晰的认识，这里限于篇幅，不准备作更多的分析，只想举出比较典型的美国现在主义史学流派的代表人物卡尔·贝克尔的言论来作为例证加以说明，贝克尔在 1926 年宣读了一篇著名的报告，题为《什么是历史事实?》。这篇报告在经过了 30 年后，才于 1955 年第一次发表于《西方政治季刊》，其时贝克尔本人去世已有十年之久了。贝克

---

① 卡尔：《历史是什么?》，第 3 页。

② 狄尔泰（1833—1911），德国哲学家，所谓"生命哲学"的创始人之一。他关于自然科学和"精神科学"对立的学说为新康德主义巴登学派（文德尔班、李凯尔特）所发展。

③ 参阅利索维娜（А. Рисовина）：《马克思主义的和资产阶级的史学方法论中的"历史事实"范畴》（Категория "исторический факт" в марксисткой и буржуазной методологии истории），基什尼奥夫 1981 年版，第 35 页。

④ 用卡尔本人的表述，他非常审慎地航行于西勒巨岩和克利卜底斯大漩涡（意为两大历史观点）之间。前者认为，历史就是客观地编辑事实，事实应该无条件地比解释占优先的地位；后者认为，历史是历史学家头脑里主观的产物。然而，不幸的是，卡尔尽管十分小心，有时不免仍要陷入克利卜底斯大漩涡中。例如，他认为，事实本身不能说话，只有历史学家要它们说它们才能说；而让哪些事实说话，这不在于这些事实本身的任何特质，而在于历史学家"既有的"决定（参阅卡尔《历史是什么?》，第 5 页）。

尔在报告中首先嘲笑实质上是实证主义的把历史事实看成是"硬邦邦的""冷冰冰的"，"像砖头和木块那样具有一定形状和明显固定轮廓的东西"的看法，接着，贝克尔强调，历史学家"不可能与事件本身打交道"，因为"客观的过去已经一去不复返了"。"这些已经消失了的客观事实被关于它们的暗淡的反映和模糊的印象或观念所代替，而且这些触摸不到的、暗淡模糊的反映和印象都是发生过的真实事件所留下的全部东西"。贝克尔的结论是："历史事实在某些人的头脑中，不然就不存在于任何地方"，"而历史领域是一个捉摸不定的领域，它只是形象地被再创造，再现于我们的头脑中"。① 这里把历史事实和客观历史过程对立起来，把在头脑中再现的形象同被再现的客观存在割裂开来，因而把历史事实的客观内容否定了。贝克尔就明确地说，历史事实"仅仅是一个象征"②。像这类否定历史事实客观性的言论是相当普遍的。譬如，法国著名社会学家、历史学家雷蒙·阿隆也认为，历史事实"本身是不存在的，它的存在只是通过意识并且为了意识"，例如，"历史学家所见到的战役在如下的意义上说是一种观念的存在，即它只在意识中才是现实"③。又说，"独立于科学之外而又能被科学真实再现的历史现实是不存在的"④。

　　然而，对这种以主观唯心主义和相对主义为其特色的思潮，需要做具体的分析。不能简单地认为，它的出现比起实证主义史学是一种倒退。相反，应该看到，这股思潮的出现在西方资产阶级史学思想的发展中客观上是一个进步，有其积极的一面。主要就是提出了历史认识的特殊性问题，强调历史思维在史料的选择、解释中的积极作用。这是不难理解的。马克思主义从来不是简单地全盘否定唯心主义。列宁曾经深刻地指出，把哲学唯心主义看成"不过是胡说"，那是"粗陋的、简单的、形而上学的唯物主义的观点"⑤。具体到历史事实这个问题，情况多少有点像马克思在对比

---

　　① 卡尔·贝克尔：《什么是历史事实？》，载《现代西方历史哲学译文集》，上海译文出版社 1984 年版，第 225—233 页。

　　② 卡尔·贝克尔：《什么是历史事实？》，第 228 页，着重点是原有的。

　　③ 雷蒙·阿隆（Raymond Aron）：《历史哲学导论》（*Introduction to the Philosophy of History*），波士顿 1961 年版，第 113、118 页。

　　④ 雷蒙·阿隆：《历史哲学导论》，第 113、118 页。

　　⑤ 参阅列宁《哲学笔记》，人民出版社 1974 年版，第 411 页。文中着重点是原有的。

旧唯物主义时所指出的，唯心主义强调对事物"从主观方面去理解"，因而"却发展了能动的方面，但只是抽象地发展了"①。

历史认识是有其特殊性的。最主要之点在于，历史学家（认识主体）所研究（认识）的对象属于已经消逝了的过去。他不能直接观察过去的现实，而只能完全通过史料。可是史料，一般说来，只能间接地通过史料记录者或撰写者提供关于过去现实的信息，或者说史料是对过去现实的一种以信息形式表现出来的反映，而不是过去现实本身。离开历史认识的这种特点是无法弄清楚"历史事实"概念的性质的。作为一个范畴，"历史事实"正是历史认识的范畴。它的性质、结构、功能、特点，都只有同历史认识过程结合起来才能弄清楚。正因为如此，上述在西方史学思想中出现的反实证主义的思潮在这个问题上迈出的一步是应该肯定的，当然也应该看到它走向唯心主义和相对主义的根本缺陷。

以新康德主义为例，它的代表人物结合历史认识的特点，把历史事实和自然科学事实作了区分：自然科学事实是研究者通过感觉器官对外界现实直接再现的结果；历史事实再现的不是客观现实，而是一种"历史的证据"，其中包括事件目击者的"记录式的证言"和大量间接性的信息。既然历史事实不是直接的感性认识的结果，而只是过去的"证据"，那么历史学家在再现这些事实时所起的作用，同自然科学家就有根本的不同。因为，这里要求历史学家去积极地"审核""考订""校勘""选择"资料，也就是去评价资料。而任何评价都离不开一定的标准。而标准又必然要从被评价的资料以外的范围去找，也就是从非历史知识的领域去找，譬如，哲学或伦理学的领域等。结果，狄尔泰提出"内部经验"（即历史学家的本能）作为判断历史事实的根本前提。李凯尔特则提出"从理论上归结为价值"原则作为选择历史事实的标准。从认识过程的角度看，新康德主义者把历史事实和自然科学事实的区别绝对化，过分夸大历史事实不同于自然科学事实的"个别性""不可重复性"，以

---

① 《马克思恩格斯选集》第1卷，第16页。着重点是原有的。需要在这里简单地说明一下，孔德、米尔、斯宾塞等人的实证主义历史哲学，他们对社会进化过程的解释，无疑是主观唯心主义的。但这同实证主义史学的具体历史研究还是有区别的，不宜把两者等同起来。后者在历史事实问题上，有明显的自然主义、客观主义、经验主义的特征。

及主体在认识历史事实中的作用，是并不正确的。不过，这个问题已超出本文的范围，这里不再多说，新康德主义者的非理性主义的结论，把历史事实最后归结为意识的产物，否认它的客观内容，这种主观唯心主义表现得十分露骨，并且构成整个反实证主义思潮的主要特征，这在前面已经说过。

这里要指出的是，新康德主义者是有意识地考虑到历史认识的特殊性并力图去论证这种特殊性的。而这个问题的提出，实际上就动摇了实证主义史学关于"历史事实"的自然主义的解释的根基。如果说，在实证主义史学那里，中心问题是如何收集更多的历史事实，以及从方法论上解决如何从事实进入概括的问题的话，那么，现在的问题已经变成历史事实本身如何确定、历史知识的结构是怎样的这类问题了。也就是说，新康德主义者提出历史事实本身的特殊性问题，以及与此有关的历史研究的许多重要的逻辑问题。这应该说是西方资产阶级史学思想发展中的一个进步。我们的任务是，在批判它的唯心主义的同时，注意挖掘和吸收这方面的积极成果，或者说"合理成分"。还需要补充一句的是，不仅新康德主义，其他资产阶级史学思潮（例如新实证主义），在从逻辑学、语义学、符号学等方面研究"历史事实"范畴上，也取得了许多成果，尽管这里也有唯心主义、相对主义或者过于烦琐等缺陷，但同样应该引起我们的注意，对于历史研究中的逻辑—认识论问题以及过去忽视的其他问题，我们难道不应该以积极的态度去加以探讨？

下面再简单地谈一下马克思主义史学关于"历史事实"概念的研究。毫无疑问，马克思主义诞生以后，马克思主义经典作家创立了完整的辩证唯物主义和历史唯物主义的哲学世界观，这就是为用辩证唯物主义来正确解释"历史事实"概念提供了唯一科学的方法论基础。同时他们关于"历史事实"，也有不少具体的论述。但应该承认，真正把"历史事实"概念作为专门的研究对象，从逻辑—认识论的角度加以深入探讨，则主要是在 20 世纪 60 年代以后的事。其中波兰和苏联的学者（尤其是苏联学者）研究得更多，已经出版了许多有关的著作和论文，有些问题已研究得相当深，并取得明显的进展。但正如有的苏联历史学家自己承认的，至今关于"历史事实"概念仍未取得一致的定义①，在不少问题上还存在着意见分歧。总之，苏联学者在这个问题上的研究成果，我们应该充分注意，他们的一些重要论点，在下面的具体论述中还将提到，这里就不赘述了。

二

"历史事实"问题之所以会长期引起注意并且争论不休，除了这是历史认识过程中的一个中心问题以外，还因为"历史事实"概念本身的复杂性、多面性，"事实"一词就是多义的。我国《辞海》"事实"条就指出了两种含义：（一）事情的真相，（二）事情的确实所在。新实证主义者加德纳（又译伽尔丁纳）对"事实"概念作了语义分析，指出"事实"一词来自拉丁语"factum"，其意义有多种，可在不同的场合使用。加德纳举出了几种情况：（一）"事实"一词表示确实发生过的事情，在这里同"事件"是同义语；（二）用来表示某种"证据""资料"。譬如说，某位历史学家掌握了关于某个历史事件的许多事实。这里的事实实际上是指资料；（三）"事实"一词在某种情况下也可以作为"真理"的同义词。譬如说，某人在报告中讲的是事实。这里的事实是指真相、真理、实际情况②。"事实"概念本身的多义性，加上历史认识过程的特殊性和复杂性，就使得"历史事实"概念更显得复杂了。因此，首先要弄清楚的正是"历史事实"概念的不同含义、层次、方面，也就是其复杂的结构。不弄清楚这个问题，就必然会造成概念不清的情况，也容易在争论中各执一个方面而找不到共同语言。

① 参阅 A. Л. 利索维娜《马克思主义的和资产阶级的史学方法论中的"历史事实"范畴》，第10页。顺便说一句，利索维娜的著作比较详细地概述了20世纪60—70年代苏联学者关于"历史事实"问题的研究状况，可供参考。关于波兰学者有关"历史事实"概念的分歧意见，可参阅苏联学者 B. A. 季雅科夫（Дьяков, В. А.）的《过去和现在的史学方法论》一书（莫斯科1974年版）的第111页。

② 参阅加德纳（P. Gardiner）《历史解释的性质》（*The Nature of Historical Explanation*），伦敦1952年版，第73—74页。然而，加德纳从新实证主义立场出发，竭力夸大"事实"概念的不确定性，以致怀疑历史事实的客观性，并且把唯物主义和唯心主义在"历史事实"问题上的原则区别归结为单纯术语使用上的问题。

　　前面已经说过，力图从辩证唯物主义的立场出发，从逻辑—认识论的角度来专门探讨"历史事实"问题，是近 30 年内的事。按照苏联历史学家的说法，20 世纪 60—70 年代这方面最主要的成就是论证了历史事实的多样性，揭示了它的复杂的结构。① 从历史认识过程来说，它包含三个环节：（一）客观存在的历史过程，（二）反映这一过程的史料；（三）根据史料再现既往的客观历史过程的科学的映象。② 这三个环节并不是彼此割裂的，而是有机地联系在一起的。因而，历史事实就是"历史认识过程统一链条中的三个环节的辩证统一"③。或者说，历史事实本身似乎有彼此辩证地统一在一起的三个层次，即（一）指客观现实的历史过程中的事件；（二）指包含在史料中的有关客观现实中事件的信息；（三）指通过科学地分析史料中的信息而获得的对历史过程客观事件的科学观念，并且这些观念成为历史知识体系的组成部分。看来，大部分苏联学者是同意这种划分的，尽管在术语的运用上很不统一。譬如，第一层次的历史事实被称为"事件—事实"、历史现实的"残迹""历史事件""历史的事实""第一阶段的历史事实"；第二层次的历史事实被称为"史料—事实""信息—事实""史料的报道""中间阶段（或第二阶段）的历史事实"；第三层次的历史事实被称为"知识—事实""史学事实""历史意识—事实""科学的历史事实""完成阶段（或第三阶段）的历史事实"等。④ 术语的不统一在一定程度上也反映了这个问题的研究还未完成，不少有关方面还有待深入探讨，事实上也正是如此，但重要的是应该指出，把"历史事实"范畴作如上的划分确是一个进展。这里需要指出几点：

　　首先，"历史事实"范畴在这里是一个历史认识范畴，或者如有的苏联历史学家所说，是一个"历史认识的逻辑—认识论范畴"，因而上述的

----

　　① 　参阅 А. П. 利索维娜《马克思主义的和资产阶级的史学方法论中的"历史事实"范畴》，第 12 页。

　　② 　参阅《历史科学的方法论问题》（Историческая наука: вопросы методологии），莫斯科 1986 年版，第 129 页；В. А. 季雅科夫《过去和现在的史学方法论》，第 109 页。

　　③ 　А. П. 利索维娜《马克思主义的和资产阶级的史学方法论中的"历史事实"范畴》，第 12 页。

　　④ 　为了统一用语，在本文中第一层次（环节）的历史事实都用"历史的事实"或"事件—事实"；第二层次（环节）的历史事实用"学科—事实"或"信息—事实"；第三层次（环节）的历史事实用"科学的历史事实"或"史学事实"。

划分是"历史事实的逻辑—认识论结构"①。应该指出，从认识过程来看，我们既要看到历史认识过程和其他的认识过程（譬如自然科学认识）有不同之处，否则就会忽视历史认识过程的特点以及历史事实的特殊性；但又必须看到历史认识过程和其他认识过程本质上的一致之处，否则过分夸大历史认识的特点也会导致错误的结论。任何认识过程都离不开主体和客体。从唯物主义认识论的角度看，任何客体总是独立于人的意识而存在的客观存在，而"意识都不过是存在的反映，至多也只是存在的近似正确的（恰当的、十分确切的）反映"②。历史认识的特点就在于，它不能直接观察作为客观存在的客体，而需要通过史料的中介。但这个特点不能绝对化，因为在其他的科学中，甚至在经验科学中，这种中介也常常是存在的。譬如研究者观察的不是客观事物本身，而是某种仪器提供的现象或资料，当然，在历史认识中，史料的中介环节的作用要明显得多、重要得多。这正是历史认识的特点之所在。

其次，把"历史事实"范畴作三个层次的划分可以表明这个范畴结构的复杂性，可以揭示出它是主观与客观、具体与抽象、一般与个别的辩证统一。这里指的是"历史事实"的完整范畴，也就是包括它在历史认识过程中的三个环节，而不是单指其中某一个环节。"历史事实"范畴这种结构的复杂性，反映了历史认识过程本身的复杂性。这就要求我们在分析这一范畴时必须始终坚持唯物主义辩证法，因为，在认识过程中，作为客体的现实和作为它的反映的概念，事件和它在概念中的描述是不能等同的。恩格斯指出，"一个事物的概念和它的现实，就像两条渐近线一样，一齐向前延伸，彼此不断接近，但是永远不会相交。两者的这种差别正好是这样一种差别，这种差别使得概念并不无条件地直接就是现实，而现实也不直接就是它自己的概念"，也就是说，"现实同一切思维成果的符合仅仅是非常间接的，而且也只是渐近线似地接近"③。这就是说，人们对客体（现实）的认识结果，人们的知识，总带有一定的相对性。如果说，这种

---

① 参阅 A. П. 利索维娜《马克思主义的和资产阶级的史学方法论中的"历史事实"范畴》，第12 页。

② 《列宁选集》第 2 卷，人民出版社 1972 年版，第 332 页。

③ 《马克思恩格斯选集》第 4 卷，人民出版社 1972 年版，第 515 页。

相对性在任何一种认识过程中都存在的话，那么在历史认识过程中，由于客体需要通过某种中介（史料）的折射才呈现在研究者面前，这种相对性的成分就显得更为突出。不承认这种相对性自然是错误的，不重视这种相对性，或者仅仅是口头上重视而并不认真加以研究，也是不对的。与此同时，也不能夸大这种相对性，不能把它绝对化。列宁指出："马克思和恩格斯的唯物主义辩证法无疑地包含着相对主义，可是它并不归结为相对主义。"① 关键就是掌握好辩证法，因为"不懂得唯物主义辩证法，就必然会从相对主义走到哲学唯心主义"②。

我们可以举例说明。前面提到的贝克尔，就是把客观现实和对它的映象之间的区别绝对化，从而得出历史事实只存在于人的头脑中的错误结论。贝克尔以"亚伯拉罕·林肯于 1805 年 4 月 14 日在华盛顿的福特剧院被暗杀"为例，强调"这个真实事件发生在过去，并且永远消失了，决不会再现于现实之中，再也不会为活着的人所经历和证实"，它已经被关于它的"暗淡的反映和模糊的印象或观念所代替"。③ 我们不必去更多地论述贝克尔的思路，重要的是要指出，贝克尔把客观现实和人们头脑中对它的反映、认识割裂开来，否认相对性之中有绝对性，相对真理之中有绝对真理。同时，贝克尔过分强调人们主观认识的作用，实际上否认历史事实的客观性，把它说成是人的意识的产物了。

再以现代德国哲学家恩斯特·卡西尔④为例，卡西尔和贝克尔一样，在历史事实问题上并不是笼统地否认客观事实的存在。譬如他说："当我们说到事实时我们并不只是指我们直接的感觉材料，我们是在思考着经验的也就是说客观的事实。"⑤ 但他同样通过夸大历史认识的特殊性，夸大认识主体的作用而导致唯心主义的结论。卡西尔强调历史事实与物理或化学事实的区别：历史事实属于一去不复返的过去，是不可观察的。"我们所能做的一切

① 《列宁选集》第 2 卷，第 136 页。
② 《列宁选集》第 2 卷，第 315 页。
③ 《现代西方历史哲学译文集》，第 230 页。
④ 恩斯特·卡西尔（1874—1945）常常被认为是新康德主义的最后一位大师，事实上他也确曾是新康德主义马堡学派的主将之一，不过他的观点同正统的新康德主义还是有许多不同。
⑤ 卡西尔：《人论》，上海译文出版社 1985 年版，第 221 页。

就是'回忆'它——给它一种新的理想的存在，理想的重建，而不是经验的观察——乃是历史知识的第一步。"① 而为了这种重建，历史学家必须查阅原始资料。这样，他们面对的"就不是一个物理对象的世界，而是一个符号宇宙——一个由各种符号组成的世界"②。"一切历史的事实，不管它看上去显得多么简单，都只有藉着对各种符号的这种事先分析才能被规定和理解。"③ 直到此时，如果把这种符号分析仅仅局限于对文献的读解和各种文字记录的理解，即使宣称"在某种意义上说，历史学家与其说是一个科学家不如说是一个语言学家"④，问题也还不大，尽管史学研究工作绝不仅是语言分析。问题在于，按照卡西尔的"符号形式的哲学"，他大大地夸大了人的"符号活动"或"符号功能"。在他看来，历史作为文化现象之一，是人运用各种符号创造出来的产物。因此，他说："历史世界是一个符号的宇宙，而不是一个物理的宇宙。"⑤ 又说："我们在历史学中所寻求的并不是关于外部事物的知识，而是关于我们自身的知识。"⑥

由此可见，通过夸大历史认识的特殊性，通过"把认识的某一个特征、方面、部分片面地、夸大地……发展（膨胀、扩大）为脱离了物质、脱离了自然的、神化了的绝对"⑦，就必然导致唯心主义。在这里，我们一方面要看到，人们的历史知识、对客观历史过程的认识是不能与历史过程等同的，就像对事物的反映不能与被反映的事物等同一样。如果看不到历史知识的相对性，把被反映物和映象完全等同，那就是机械、庸俗的唯物主义。这样也就会抹杀历史认识的特点，仿佛历史事实是历史学家直接从客观历史过程中撷取的。另一方面，也不能夸大历史知识的相对性，把对客观历史过程的反映和客观历史过程完全对立起来，把两者的区别绝对化，这样会导致主观唯心主义，仿佛历史事实完全是意识的产物，是"在观念中构造或重建"的结果。

---

① 卡西尔：《人论》，第 221—222 页。
② 卡西尔：《人论》，第 222 页。
③ 卡西尔：《人论》，第 222 页。
④ 卡西尔：《人论》，第 225 页。
⑤ 卡西尔：《人论》，第 256 页。
⑥ 卡西尔：《人论》，第 258 页。
⑦ 列宁：《哲学笔记》，第 411 页。着重点是原有的。

　　再次，"历史事实"范畴的三个层次（或环节），彼此各不相同，不能混为一谈。它们表明这一范畴在历史认识过程中的复杂的形成途径。另一方面，这三个层次（或环节）又不是彼此割裂的，而是在统一的历史认识过程中形成一个整体。需要指出的是，历史科学所运用的历史事实，是这个范畴的完成阶段（即第三环节），也就是"科学的历史事实"或"史学事实"。换句话说，成为历史知识的只是第三环节的"科学的历史事实"，只有它们才构成历史知识体系。因此，我们一般所说的，历史研究必须"依靠历史事实"、必须"掌握更多的历史事实"等，指的正是这种"科学的历史事实"或"史学事实"。在这里，既要注意不能把第三环节（"科学的历史事实"）同第一环节（历史过程的事实或事件—事实）、第二环节（史料—事实或信息—事实）等同起来，又不能把它们割裂开。在实践中，"历史过程的事实"同"科学的历史事实"的区分是比较容易的，因为前者是客观存在，后者是对客观存在的反映。而"史料—事实"和"科学的历史事实"的区分则要复杂得多。由于实证主义的客观主义的方法论的影响，有一种比较普遍的看法，似乎史料提供的就是现成的历史事实，也就是说历史学家在从文献中获取信息时得到的已是现成的历史事实，而历史研究所要依据的似乎也正是这样的历史事实。然而，这是不正确的。因为，史料不可能提供客观历史过程本身，这些历史过程已经一去不复返地消逝了；史料所提供的，只是关于这些客观历史过程的信息。也就是说，史料是对客观历史过程的反映；是以信息为形式的反映，史料所提供的这些信息，有可能是客观的，即符合历史过程的；也可能是主观的，即不符合客观历史过程的，是歪曲反映的，甚至是道听途说、纯属虚构的，绝不能认为，史料里所写的，都是历史上发生过的事，而且都相吻合。因此，掌握史料（即史料所提供的信息），绝不等于掌握可靠的历史事实。对史料必须从内部和外部进行分析、核实、校勘、对照、排比，这样才有可能不断去伪存真，获得可靠的符合实际的历史事实。而这时的历史事实，已不是包含在史料中的"信息—事实"或"史料—事实"，而是"科学的历史事实"或"史学事实"了。即使这种"科学的历史事实"有时在形式上完全与史料中提供的"信息—事实"相同（这多半是在重现具体事件的细节方面），那么，也不能认为可以把史料提供的"信息—事实"直接搬到历史著作中去。"信息—事实"只是一种"原料"，一种供以科学形式再现历史过程的"原材料"。正像"原料"不经过加工不可能成为"成品"一样，"信息—事实"不经过历史思维的工作也不可能成为对于"事件—事实"的科学概念，尽管这样的历史思维的工作是由许多代的历史学家不断地进行的，而且往往会有做得不完善甚至失误的时候，但对史料的这种工作是必须进行的。只有经过这种历史思维的工作，"科学的历史事实"才能形成。因此，"科学的历史事实"也被称为"概念化的事实"①。它是由历史学家通过思维以特定的方式把史料提供的"信息—事实"系统化，并进行概括、对照、考订而获得的，它虽是历史学家观念中对过去的重建，但却是或多或少同客观的历史事件相符的。正是这样的"科学的历史事实"才构成历史科学知识。

　　另一方面，"科学的历史事实"又不能同"历史过程的事实"和"信息—事实"完全割裂开，否则，就会导致主观唯心主义。在这里，一般不大可能把"科学的历史事实"同"信息—事实"割裂开，因为凡从事历史研究总是离不开史料的。如果完全离开史料提供的"信息—事实"，那就不是进行历史研究，而是小说创作了。可是，不论是"科学的历史事实"还是"信息—事实"，归根结底，都是在抽象的观念形式上对"客观过程的事实"的反映，因此，如果仅仅承认"科学的历史事实"来自"信息—事实"，那还不能解决"科学的历史事实"最终的本源问题。实际上，如前所述，西方的唯心主义学者往往是把"科学的历史事实"同"客观过程的事实"完全割裂开来。这样就使得"科学的历史事实"作为一种观念形态的映象同它的反映对象（本源）完全隔离而纯粹成为人的意识的产物了。这在一定程度上同历史认识过程本身的特殊性和复杂性有关。历史认识过程，从本质上说，无疑是一个反映过程，即人的主观意识对客观存在的反映。但在历史认识过程中，这种反映并不是直接的。客观历史过程并不是历史学家的直接研究对象，他直接研究的是作为对客观历史过程反映的史料。这里，我们看到的是一种独特的两次反映过程，即史料对客观历史过程的反映和历史学家对史料的反映。由于历史学家从事历

————————

① M. A. 巴尔格：《历史事实：结构、形式、内容》，《苏联历史》1976 年第 6 期，第 63 页。

史研究时，这第一个反映过程（史料对客观历史过程的反映）已经完成，他所进行的只是第二个反映过程（即对史料的研究），因而很容易忽略前一个反映过程。同时，史料提供的"信息—事实"本身只是一种映象，带有较大的相对性。因此要求认识主体主观上更多地发挥创造作用。主观意识的这种积极作用，加上历史认识过程中反映的两次性，就容易使隐藏在深处的作为客观实体的历史过程从一些人的视野中消失。实际上，在西方史学界中，有一种相当普遍的看法和情绪，即至少对是否存在客观历史过程这样的问题不感兴趣，甚至认为这是 19 世纪实证主义史学的老课题。从表面上看，似乎不解决这样的问题，并不妨害历史学家从事历史研究工作，因为他所进行的只是第二个反映过程。我们也不能否认，在这种情况下，历史学家还是可以取得许多具体的成果，也就是说他在对"史料—事实"进行研究方面可以取得成果。然而，这毕竟是把"历史事实"范畴在历史认识中的整个形成过程割裂开来了。要知道，"科学的历史事实"作为对"客观过程的事实"的一种观念的反映或摹写，虽然要经过"信息—事实"的折射，但它并不能同客观历史过程相分离。"科学的历史事实"只是在自己存在的形式上是观念的、主观的，在自己的内容和反映的本源上则是客观的。历史事实作为一种科学知识之所以可信、确实，就因为它反映独立于人的意识而存在的客观历史过程。列宁指出，"模写决不会和原型完全相同"，但"模写定要而且必然是以'被模写'的东西的客观实在性为前提的"。① 没有这个前提，摹写（在这里是"科学的历史事实"）的可信性、完整性、确实性也就失去了客观的依据。也就是说，摹写和被摹写的对象、知识和客观现实之间的符合、近似、相吻合，就包含着客观真理。具体到历史认识，历史学家不可能使他对客体的摹写同客体完全相同，他的任务是在观念上科学地重现历史过程，也就是尽可能地不断使描写的图景接近客观过程，尽管两者永远不可能相交。这里面不仅包含客观真理，而且体现了历史认识的进步。因为，任何摹写、知识、比起客观现实来，其内容总是要显得贫乏、欠缺。列宁指出："唯物主义者认为世界比它的显现更丰富、更生动、更多样化，因为科学每向前发展一

---

① 《列宁选集》第 2 卷，第 241 页。

步，就会发现它的新的方面。"① 由此可见，客观真理性正是"科学的历史事实"的实质所在。如果抛开"历史过程的事实"，认为它在认识过程中是可有可无的，实际上是从根本上歪曲了历史认识过程，其结果必然会走到主观唯心主义的歧路上去。

还应指出，之所以不能把"历史事实"范畴形成过程的第一阶段和后两个阶段分割开，把"客观过程的事实"同"科学的历史事实"割裂，因为这样做是违反实践观点的，而"实践的观点，应该是认识论的首先的和基本的观点"②。正是历史学研究的实践，使认识主体和客体联结起来，并使之在认识过程中成为辩证的统一体。不论是人的主观认识的真理性还是社会历史过程的客观性和可知性都需要在实践中得到证明。马克思指出："人的思维是否具有客观的真理性，这并不是一个理论的问题，而是一个实践的问题。"③ 从客观的社会历史过程来说，它是一条不断的长河，它在人们的实践中把过去、今天、未来联结起来，因此，虽然历史学家研究的客观历史过程已成为消逝了的过去，但这个过去的影响通过社会实践仍然延续到今天。研究者所处的当代的社会生活、他们进行实践（包括研究实践）的环境，是由过去的现实历史发展而来的。各个不同的历史时代之间的联系是客观的，不以历史学家的看法为转移。以往的事件对今后的事件的影响也是客观的。如果不存在这种客观的联系和影响，后世的历史学家就不可能理解作为已经消逝的过去的信息的史料，也不可能理解已经消逝了的过去。总之，要使我们的历史知识尽可能地符合客观历史过程，我们就不能把"历史事实"范畴在历史认识中的整个形成过程割裂开。我们常说，"历史研究必须从历史事实出发"，这里所说的"历史事实"是指其完整的范畴，包括不可分割的整个形成过程在内。历史研究工作虽然要从搜集、考订史料开始，但绝不可能就止于此，因此，实际上真正成为历史研究的出发点、立脚点的，是在"历史事实"范畴完成阶段形成而不脱离前两阶段的"科学的历史事实"。

---

① 《列宁选集》第 2 卷，第 127 页。
② 《列宁选集》第 2 卷，第 142 页。
③ 《马克思恩格斯选集》第 1 卷，第 16 页，着重点是原有的。

三

国外关于"历史事实"范畴的研讨中，有一个问题引起了广泛的争论，值得我们注意。这就是：是不是一切"关于过去的事实"（卡尔语）都是历史事实，或者说是不是一切客观历史过程都是历史事实？如果不是的话，两者的区别在哪里？

卡尔关于这个问题有许多论述。他认为"并非所有关于过去的事实都是历史事实，或者都会被历史学家当作历史事实加以处理"①。他把事实分为"历史事实"和"非历史事实"两种，其中的区别就在于是否具有历史意义，而这一点又是由历史学家来判断的。因而，历史学家"有双重的责任，一方面发现少数有意义的事实，使它们变成历史事实；另一方面把许多不重要的事实当作非历史事实而抛弃掉"②。卡尔并举出具体的事例，来说明一件"非历史事实"是怎样变成"历史事实"的。他的结论是，一个事实能否"作为历史事实身份的关键，就在于解释这一问题上。解释这一因素渗入每一件历史事实之中"③。也就是说，一个历史学家引证某一事实用以说明的某个命题或解释，如果在其他历史学家看来也是很有根据和意义的话，那么被引证的这个事实就可以加入"经过精选的历史事实俱乐部为会友"了。关于解释和历史事实之间的关系，我们在下面还要谈到，这里先不去说它。这里要说的是，卡尔虽然没有明确说明，事实的历史意义是它本身所具有的，历史学家只不过是发现和阐明罢了；还是事实本无意义，完全由历史学家通过解释赋予的，但实际上卡尔却夸大了历史学家解释的作用，强调"历史就意味着解释"④。

如果说卡尔只是有时失足陷入克利卜底斯大漩涡的话，那么其他的一些明显站在主观唯心主义立场上的西方学者就不是这样了。譬如新实证主义或逻辑实证主义的代表人物卡尔·波普尔就明确地说："事实本身没有

---

①　卡尔：《历史是什么?》，第 4 页。

②　卡尔：《历史是什么?》，第 9 页。

③　卡尔：《历史是什么?》，第 7 页。

④　卡尔：《历史是什么?》，第 18 页。

意义，只有通过我们的决断，才能获得意义"，"历史虽无意义，但我们能给它一种意义"。①

客观地说，不是人们生活和行动中的任何具体事实，其意义都是相同的。世界上的确存在对历史发展进程起了重要作用的许多重大事件，也有许多微不足道的小事。因此，不能对所有具体事实都等量齐观，不在其意义的大小上作出区分。从这个意义上说，卡尔的意见有其合理的成分。如果我们事无巨细，一律照录，表面上看似全貌，实则是眉毛胡子一把抓，结果反而会捡了芝麻，漏了西瓜。有的苏联学者指出："历史科学中的经验主义不仅在于对事实的崇拜，而且在于渴求'琐小的'事实，在于把历史事实弄得支离破碎。"② 因此，很多苏联学者认为，历史事实必须是"具有社会意义的事件"③。

然而，问题不在这里。问题在于，客观历史过程中的事件（或事实）的意义是不是客观具有的，还是由历史学家主观加上去的。譬如，我们说，1949 年中国人民革命胜利，成立中华人民共和国是一件具有巨大历史意义的事件。这个巨大历史意义是人们主观加上去的，还是由客观存在的现实决定的：如推翻了三座大山，改变了国际力量的对比等。如果任何一件事实的意义纯粹由人们主观的解释决定，那么各人由于立场、观点、方法等的不同，对同一件事就会有各式各样，甚至截然对立的解释。这是不是说，同一件事可以有各式各样，甚至截然对立的意义呢？在现实生活中，对同一件事的意义的确会存在各种各样的看法，但这并不是说，这些看法都是正确的，其中只有符合实际情况的看法（也就是符合事件客观意义的看法）才是正确的。因此，事件是否具有历史意义不能根据人们（不论是事件发生时的同时代人，还是后来的历史学

---

① 卡尔·波普尔：《历史有意义吗?》，载《现代西方历史哲学译文集》，第 191 页。

② 乌瓦罗夫（А. Н. Уваров）：《作为理论因素的历史事实》（Исторический факт как элемент теории），《加里宁师范学院学报》第 91 卷第 1 册，1971 年，第 18 页；转引自 А. П. 利索维娜《马克思主义的和资产阶级的史学方法论中的"历史事实"范畴》，第 16 页。

③ 例如，参阅伊凡诺夫（Г. В. Уванров）：《关于历史科学中的"事实"概念问题》（К иопросу о понятии "факт" в исторической науке），《历史问题》1969 年第 2 期，第 79 页；М. А. 巴尔格《历史事实：结构、形式、内容》，《苏联历史》1976 年第 6 期；А. П. 利索维娜《马克思主义的和资产资级的史学方法论中的"历史事实"范畴》，第 16 页等。

家）的评价，而要根据客观的实际情况。当然，事件的历史意义是离不开人们（包括历史学家）的阐明和解释的，然而后者不能取代前者；正如深埋在地下的矿藏需要人们去勘探和开采，然而人们的劳动不能取代矿物本身的存在一样。

再有一点，客观历史过程的具体事实虽有意义大小的不同，但不能根据这点来作为区分"历史事实"和"非历史事实"的标准。关于这点，苏联学者 M. A. 巴尔格作了说明。他认为，不能只把按照人们的评价具有历史意义的事件确定为历史事实，因为这里有一个问题：具有历史意义、社会意义或文化意义是从哪一个角度说的。譬如，拿破仑的思想和操心的事以及巴黎郊区某一个不为人知的木匠的思想和操心的事，拿破仑的"事业"和这个木匠的日常生活——这在历史的一定断面的具体情况下是同样重要的事件。不仅如此，对于社会史来说，第二件事不知要比第一件事重要多少。假使人类的求知欲为我们保存有关于与拿破仑同时代的哪怕只是一个巴黎木匠日常生活的详细记载，而不是为帝国的创建者树碑立传的话，那么历史科学得到的好处将会多得多。① 巴尔格的意思是，事件是否具有历史意义，是相对的；从不同的角度要求，其意义就显得不同。因此，他是不同意以事件是否具有历史意义来区分"历史事实"或"非历史事实"的。他的看法是："所有具有社会意义的事件、社会生活的一切各种各样的现象、（被称为历史现实的）社会领域的全部无限性，不论这一现象或事件的意义和参数是唤起了同时代人的想象力或者不为他们所察觉，潜在地都是历史事实。"②

卡西尔从另一个角度提出问题。他写道："历史学不可能描述过去的全部事实。它所研究的仅仅是那些'值得纪念的'事实。"③ 但这些值得纪念的事实同渐被忘却的事实之间的区别何在呢？卡西尔不同意李凯尔特以形式价值体系来作为区分历史事实和非历史事实的标准。"主

①　参阅 M. A. 巴尔格《历史事实：结构、形式、内容》，《苏联历史》1976 年第 6 期，第 56 页。

②　参阅 M. A. 巴尔格《历史事实：结构、形式、内容》，《苏联历史》1976 年第 6 期，这同巴尔格认为历史事实必须是具有社会意义的事件的看法并不矛盾。他实际上认为，社会领域的一切事件从不同的角度说都具有社会意义。

③　卡西尔：《人论》，第 248 页。

张真正的标准不在于事实的价值而是在于它们实际的结果这种说法似乎是更为自然而又听来有理的。"① 但这还不够。卡西尔进一步说，有些事实就其结果而言是不重要的，但却有助于表现人物的性格。例如，歌德的一封信或他随意说的一句话，在文学史上并没有留下任何影响，然而它们却有助于塑造歌德的历史形象，因此也可看成是值得注意和值得记住的。卡西尔的看法是，许多"事实就它们的结果而言并不是有意义的，但是它们是'意味深长的'，它们乃是符号，借助于这些符号历史学家得以阅读和解释个人的性格甚或整个时代的性格"②，并且说"一切历史事实都是有性格的事实"③。卡西尔在这里强调，在历史研究中，不能只研究单纯的行为和行动，还要看到这些行为中性格的表现；不仅要注意个人的性格，还要研究时代的性格；为此，就要大大地扩大史料的范围，注意收集"成千上万已被忘却的小册子、布道书和讽刺作品"，以及其他无数不被人注意的史料，这些见解是有其积极意义的。但我们必须注意掌握好界限。第一，一些在历史上没有造成重大结果或影响的细小事实，之所以同样具有意义，是在一定的历史断面内、从一定的角度说的。这里的相对性必须注意。上面提到的歌德的一封信或一句话之所以值得注意，是因为它有助于塑造歌德的形象。如果我们研究就是为了给歌德立传，这些细小事实自然应该注意，就像为了研究法国拿破仑时代的社会史，一个巴黎木匠的生活记录具有极大的重要性一样。然而，如果我们越出这个范围，把研究目标定为 1792 年普奥同法国的战争（歌德曾参与这次战争），那么歌德的一封信或一句话就未必有多大用处。就如同要研究拿破仑帝国建立的历史，同时代巴黎木匠的生活记录不能解决问题一样。但这不是说，不同事实的意义就没有巨细之分了。这只是说，不能按事实是否具有意义来区分"历史事实"和"非历史事实"。至于区分事实意义的大小，那是历史学家根据自己的研究目的，在分析史料的基础上所应该做的工作。苏联学者瓦因施坦指

---

① 卡西尔：《人论》，第 248 页。
② 卡西尔：《人论》，第 250 页。
③ 卡西尔：《人论》，第 249 页。

出，在分析史料时，要把"所有意义不大的、不重要的事实""统统淘汰掉"。① 这时就要注意防止"眉毛胡子一把抓"舍本逐末了。这在前面已经说过，第二，不论是重大事件，或细微小事；也不论从哪个角度研究，或研究者的解释起多大作用，所有事实的意义都是客观具有的，而不是外加上去的。

现在我们再回到原先提出的问题：究竟是不是客观历史过程的所有事件都是历史事实，把事实划分为"历史事实"和"非历史事实"的做法是否可取？从苏联学者对这个问题的看法来看，存在两种意见，一种认为是可取的；另一种认为不可取。认为可取的是大多数，而且这种看法正被越来越广泛地接受。

我们也同意这种看法，即不能把客观历史过程中的所有事件都看成是历史事实，可以把事实分为"历史事实"和"非历史事实"。但是这种区分，不能像卡尔那样单纯以是否具有历史意义来划分，更不能像李凯尔特那样以价值判断来确定。那么又怎样区分"历史事实"和"非历史事实"呢？又有什么必要作这种区分呢？

前面已经说过，"历史事实"范畴是一个历史认识过程中的范畴。我们不能脱离开历史认识过程来考察这个范畴。对上述区分也需要从历史认识过程的角度来说明。关于这个问题，苏联学者 F. M. 伊凡诺夫说得比较清楚。他写到，"历史事实"概念不能完全等同于"历史事件"概念。在"事件"和"事实"之间的确存在着一定的同一性，正因为如此，这两个概念有时可作为同义语使用，但这种同一性是相对的，不是绝对的。它们之间还存在着差别。这个差别就是："事实"并不只是指独立于人的意识而存在的事件，而是指以这种或那种方式反映在人的意识中的事件，只有这样的事件对我们来说才是"事实"②。也就是说，任何一个事件，只有当它进入人们的认识领域时，对人们来说，才是"事实"。换句话说，在

---

① 瓦因施坦（О. П. Ваинштейи）：《19—20 世纪资产阶级历史哲学和历史方法论发展概要》（Очерк развития буржуазной философии и методологтт тстории XIX – XX вв.），莫斯科 1979 年版，第 251 页。

② 参阅伊凡诺夫等《历史认识的方法论问题》（Методологические проблемы исторического познагия），莫斯科 1981 年版，第 169—170 页。

一切客观存在的事实中，只有在人们的意识中得到反映、被人们认识的事实，才是"历史事实"。因此，"历史事实"就好像是在主体和客体的接合部产生的。这种接触的结果使主体发现了落入他的认识领域的某个事件，并使之成为"历史事实"。F. M. 伊凡诺夫举例说，花剌子模的古代文化无疑是已经存在几千年的客观历史事实（"过去的事实"），但是对我们来说，只是由于 20 世纪的考古发掘才知道它的存在，也才成为"历史事实"①。然而，伊凡诺夫接着说："因此，历史事件只有在下述情况下对我们来说才成为历史事实，如果它的存在被我们在分析史料的基础上确定的话。"② 这里，伊凡诺夫把作为第一环节的"事件—事实"同人们根据史料分析的结果确定的第三环节的"科学的历史事实"有些混淆了。我们说的把事实区分为"历史事实"和"非历史事实"指的是客观历史过程中的事实（事件），是在"事件—事实"的层次上。这同第三环节的"科学的历史事实"是不同的。历史学家在分析史料的基础上确定的"科学的历史事实"自然都是"历史事实"，根本不存在区分"历史事实"和"非历史事实"的问题。而在"事件—事实"的层次上把客观历史过程中的事实（事件）区分为"历史事实"和"非历史事实"就不需要在史料分析的基础上进行，而只要看某一事实（事件）是否进入人们的认识领域，被人们所知。可以看得很清楚，这种区分完全是相对的。今天不为人所知的事件，明天就可能为人所知。这样，今天的"非历史事实"明天就成了"历史事实"。这说明，"非历史事实"和"历史事实"并没有本质的区别，它们同样都是独立于我们主观意识之外的客观存在。

那么，为什么要作这样的区分呢？这样的区分是为了表明同历史认识过程的联系。如果一切历史事件，不管它是否以这样或那样的方式反映在人们的意识中，是否被同时代人或历史学家记载下来，都是历史事实的话，那么，其中一部分不为人们所知的事件，就根本没有同历史认识过程有任何关系。这实际上就不属于我们讨论的范围了，因为我们一直把"历史事实"作为历史认识过程的范畴来讨论的。

①　伊凡诺夫等：《历史认识的方法论问题》，第 170 页。
②　伊凡诺夫等：《历史认识的方法论问题》，第 170 页。

　　既然是历史认识，就有主体和客体，主观和客观的问题，因此，也可以说，"历史事实"和"非历史事实"的区别，就在于主体的介入，即人的认识的介入。在"信息—事实"这一层次，也就是第一个反映过程；尤其在第二个反映过程，即"科学的历史事实"层次，主体的认识作用都是少不了的。如果说在前一个反映过程中，即当事件的同时代人对事件作记载时，即使是秉笔直书，也不可避免有记录者的主观选择和解释起作用的话，那么在后一个反映过程中，即当历史学家在分析史料的基础上确定"科学的历史事实"时，这种选择和解释的作用就更为显著了。在这个意义上，我们可以说，不存在纯粹的"历史事实"，也就是说不存在没有解释的"历史事实"；反过来也一样，不存在没有历史事实的解释。我们应该充分认识到解释在这中间的作用。只是要注意，人们对历史事实的挑选和解释虽是主观的，却不是随意的。归根结底，这是由历史事实本身的性质决定的。如果某一事实具有客观的重要性，不管人们是否喜欢它，最终必然会选择它。"历史事实"和解释之间的关系，一般说来就是这样。

　　前面已经说过，并不是所有的学者都同意"历史事实"和"非历史事实"的划分。例如，苏联著名学者 E. M. 茹科夫就反对这样的划分。他的理由是：如果由于一些历史存在暂时未进入我们的史学，就认为它们是"非历史事实"，那就会事先把我们寻找新的历史存在的可能性大大缩小，并把自己束缚在某种固定的"历史事实"的圈子内。历史是一门不断发展的科学，昨天的"非事实"明天可能成为公认的事实。再说，历史学家甲没有发现的某一事实，历史学家乙或丙将会在不同的时候、不同的情况下发现。因而，把没有被发现的事实说成"非历史的"、不存在的事实，那是错误的。"任何客观现实都是历史事实。"① 如果正像茹科夫所说的，把"非历史事实"看成是在现实中不存在的事实，那自然是错误的。但如果像我们上面所分析的那样，"非历史事实"同样是客观存在，只不过暂时还没有进入人们的认识领域，没有被人们所发现，那就不存在像茹科夫所说的"向完全主观主义地对待历史过程的态度靠拢"的危险，况且，"历

---

① 茹科夫（Е. М. Жуков）：《历史方法论大纲》（Очерки методологии истории），莫斯科 1980 年版，第 210 页。

史事实"和"非历史事实"的这种区别只是相对的，因而并不会束缚历史学家的手脚，妨碍他去寻找新的事实。

一般说来，茹科夫反对把历史事实作过多的人为的分类和划分，他甚至认为："存在着一种人为地把历史事实问题复杂化的倾向。"① 茹科夫的这个看法，作为一般原则，即不要人为地把问题复杂化，自然是无可非议的，也应该引起注意。不过他根本反对划分"历史事实"和"非历史事实"的具体看法，则需要作具体分析。

此外，还有一些学者只是有条件地同意划分"历史事实"和"非历史事实"。例如，季雅科夫认为，这样的划分多少是人为的。如果说它是有意义的话，那只是就某项具体的研究而言，因为"任何事实在一种情况下可以是'历史的'，在另一种情况下又可以是'非历史的'"②。

关于"历史事实"范畴，还有很多问题未能谈到，譬如茹科夫提到的分类问题就是其中之一。本文谈的主要是"历史事实"范畴的结构以及有关的一些问题，其他问题，限于篇幅，只好留待以后再说了。

（本文原载《史学理论》1987 年第 4 期）

---

① 茹科夫：《历史方法论大纲》，第 203 页。
② B. A. 季雅科夫：《过去和现在的史学方法论》，第 115 页。

福尔摩斯探案的学术研究[*]

一

这本小册子，对我国读者来说，或许会产生新奇感。新奇之一是：怎么把皮尔士和福尔摩斯进行对比研究，前者是美国实用主义哲学家、逻辑学家、数学家和博物学家，后者则是英国作家柯南道尔创作的著名侦探小说中的虚构人物，一真一假，何以扯在一起？新奇之二是：符号学是一门研究符号、符号使用行为和符号系统特征的学科。它的发展渊源虽然可以追溯到很远，但它逐渐成为一门独立学科则是 20 世纪的事，而它作为一种跨学科方法论被广泛运用更是最近二三十年内才出现的现象。何以福尔摩斯也成了符号学家，而对符号学的发展起过重大作用的皮尔士却又成了一名侦探？这一切又并不是什么游戏之作，而是出自国际著名符号学家、美国印第安纳大学符号学中心主任托马斯·A. 西比奥克与其夫人珍妮·伍米克－西比奥克的笔下。

对于这些疑问，读者只要读完这本深入浅出、饶有趣味、别具一格的学术作品，就会释然。我在这里无须多言，只想多少提供一点背景材料，希望能对读者阅读此书有所帮助。

福尔摩斯被选来作为这本学术作品的主人公之一并不是偶然的。首先，福尔摩斯在全世界，尤其在西方，具有极其广泛的影响。他是一个家喻户晓的人物。自从在《血字的研究》中福尔摩斯首次登台亮相以来，已经过去了整整一百年。可是这位伦敦贝克街的大侦探的影响，不仅丝毫没有随

---

* 本文为《福尔摩斯的符号学——皮尔士和福尔摩斯的对比研究》一书（［美］托马斯·A. 西比奥克、珍妮·伍米克－西比奥克，钱易、吕昶译，中国社会科学出版社 1991 年版）的中文译本序言。

着时间的流逝而消失，反而越来越大。今天，他已成为一个世界性的人物，他的足迹已遍及世界各地，他的破案故事被译成 57 种文字在不同国籍的人们中广为流传。他的事迹被反复地用各种不同的艺术形式（诸如电影、电视、舞台剧、广播剧、连环画、评书等）再现出来。拿电影来说，以福尔摩斯为主角的系列故事片在同类影片中是数量最多的。据统计，1900—1984 年间，共摄制了 186 部情节各异、风格不一的福尔摩斯影片，独占鳌头。扮演福尔摩斯的电影明星，先后共 67 位。这些事例足以说明福尔摩斯的巨大影响。然而，这种影响的更为突出的表现是，福尔摩斯在读者中造就了大批自己的崇拜者，真正的"福尔摩斯迷"。还在 20 世纪 90 年代初，当柯南道尔下决心让福尔摩斯在瑞士莱辛巴赫瀑布同他的死对头英国犯罪集团魁首莫里亚蒂教授同归于尽以后，这位福尔摩斯的创造者就不断受到读者的包围、追逐、干扰和压力。正是在福尔摩斯迷的压力下，柯南道尔终于使这位传奇人物复活，并在他写完总共 60 篇福尔摩斯故事后，妥善安排了这位神探的归宿。福尔摩斯将在苏塞克斯郡的乡间过恬静的隐居生活，安度他永远不会结束的余年。在柯南道尔于 1930 年与世长辞之后不久，美国成立了最早的福尔摩斯迷俱乐部。如今"福尔摩斯迷俱乐部"已遍布世界。在美国的 39 个州中有 80 个这样的基层俱乐部。在英国的俱乐部还出版《贝克街期刊》（如果指 *The Baker Street Journal* 的话应该是美国福尔摩斯迷俱乐部"贝克街小分队"BSI 主持出版的）。"日本歇洛克·福尔摩斯迷俱乐部"是在 1977 年创立的，已有会员 800 多人。这些"福尔摩斯迷"每年都要进行活动。除了钻研被他们称为"神圣的著作"的福尔摩斯故事外，有的喜欢考证研究故事情节，有的爱好模仿小说情节布置房间，有的讨论研究福尔摩斯的论文，有的就福尔摩斯故事举行智力竞赛，有的定期举行诅咒莫里亚蒂教授的仪式，甚至还有以宗教式狂热进行活动的。1987 年是《血字的研究》发表 100 周年。很多国家的福尔摩斯迷把这一年作为这位大侦探的百年诞辰来纪念，但是也有不少人反对这种说法。据他们考证，福尔摩斯生于 1854 年，而不是 1887 年。尽管如此，世界各地的福尔摩斯迷在 1987 年都举行了隆重的纪念活动。英国议会还特地在年初举行盛大宴会。5 月是纪念活动的高潮，世界各国的福尔摩斯迷云集瑞士，在莱辛巴赫瀑布脚下，在这个福尔摩斯一度丧生的地点，为一座新的建筑物举行奠基典礼。

这是计划中的福尔摩斯博物馆，又一座象征这位贝克街的传奇人物永生的纪念碑。

无数事实说明，一百年来，福尔摩斯早已闻名全球。他的广泛影响是无可置疑的事实。应该说，享有如此巨大声誉的小说人物是并不多的。尽管这样，只是这一点还不能说明全部问题。因为还有不少小说人物也在广大读者心中留下了深刻的印象。譬如，塞万提斯创造的唐吉诃德，莎士比亚笔下的哈姆雷特，巴尔扎克笔下的欧也妮·葛兰台，屠格涅夫笔下的罗亭，曹雪芹创造的林黛玉，鲁迅创造的阿 Q 等。即使在侦探小说中，如英国女作家阿伽莎·克里斯蒂笔下的比利时侦探波洛，英国作家伊恩·弗莱明创造的 007 超级间谍詹姆斯·邦德也都风靡全球。有趣的是，本书作者托马斯·A. 西比奥克在比较文学班讲授福尔摩斯的符号学研究时，同时也谈到邦德的符号学。不过，福尔摩斯作为一个艺术形象，还得到人们异乎寻常的特有的优待，而这恰恰是其他许多小说人物所不享有的。

福尔摩斯独享的殊荣，就在于他虽然是一个虚构的小说人物，却被当作真人对待。上面提到的建立福尔摩斯博物馆、遍布世界的福尔摩斯迷俱乐部以及为福尔摩斯祝寿等，就可以说明问题。恐怕很难找到别的小说人物，他的周年纪念会像福尔摩斯那样在世界许多国家被人们庆祝。有意思的是，福尔摩斯的声誉已远远超过了他的创造者柯南道尔。1980 年是柯南道尔逝世 50 周年，当时的纪念是冷冷清清的，哪里比得上 1987 年为福尔摩斯举行的纪念活动。

1954 年，在伦敦隆重地举行了为福尔摩斯故居纪念碑揭幕的典礼。当时，在贝克街 109 号①的墙上钉上了一块纪念碑，上面赫然写着：自1881—1903 年著名私家侦探歇洛克·福尔摩斯曾在此屋生活和工作过。一个虚构的小说主人公竟然像真人一样拥有自己的故居，并立有纪念碑。这

---

①　柯南·道尔为福尔摩斯在贝克街安排的住处是 221B 号，但这是一个杜撰的号码。在贝克街上本无这个号码。20 世纪 20 年代，一位美国医生深信福尔摩斯是真人，他到贝克街去寻找福尔摩斯的住处，认为福尔摩斯应住在 111 号。看来，109—111 号这一带是当时最符合小说中描写的 221B 号的地方。现在，可能是为了满足广大福尔摩斯迷的愿望，贝克街 221B 号早已设立，不过目前只是一座房地产公司的现代化大楼所在地。这是以前的情况。目前贝克街 221B 号早已按照柯南·道尔的描述建立了福尔摩斯的住宅，紧挨着的是一个专售福尔摩斯纪念品的商店。

在中外文学史上都是十分罕见的。可以勉强与福尔摩斯匹敌的，唯有狄更斯笔下的匹克威克先生。在这位匹克威克俱乐部创始人停留过并喝过英国麦酒和白兰地的每一个小酒店，也都缀有标着匹克威克先生名字的纪念碑。但是在其他方面，譬如说建立俱乐部等，匹克威克是无法与福尔摩斯相比的。

福尔摩斯还享有像真人一样被建成铜像的荣誉。新近完成的一座福尔摩斯铜像是由日本 86 位福尔摩斯迷倡议的。这座铜像头戴鸭舌帽，身穿短袖长外套，右手拿着烟斗———一副典型的福尔摩斯装束。当然，为小说主人公建立铜像并不只是福尔摩斯一人，即使其他侦探小说中的主人公也有这种情形，譬如，比利时作家乔治·西姆农创造的梅格雷警长。1966 年 9 月 3 日，在西姆农写第一篇梅格雷故事的地方——荷兰的德尔夫齐尔港一座梅格雷的铜像被竖了起来。然而，竖立铜像与郑重其事地建立故居纪念碑毕竟还不是一回事。

可能是由于贝克街 221B 号已属于艾比房地产公司，因而福尔摩斯当年的书房被搬到了泰晤士河北岸、离著名的英国议会大厦的大本钟不远的诺思昂贝兰德路的“福尔摩斯酒店”里。这家酒店的二楼有“书房餐厅”，内辟一小间，就是“福尔摩斯在贝克街 221B 号的书房”。书房完全按照柯南道尔的描写布置，提琴、烟斗、波斯拖鞋、书籍……福尔摩斯的物品一应俱全。此外，还有一座福尔摩斯的蜡像。据介绍，这间书房是柯南道尔夫人于 1951 年亲自布置的。福尔摩斯的书房虽然已迁到诺思昂贝兰德路，但他在贝克街 221B 号的大楼里仍有一间办公室，不过他已不在那儿办公，而由他的“现任秘书”苏·布朗小姐代劳，负责处理每天来自世界各地寄给福尔摩斯的信件和接待来访者。据布朗小姐说，每周都要收到近百封这样的信。人们提出各种各样的疑难问题，向福尔摩斯求教。有的是丢失了昂贵的领带夹针或者是自行车或者别的什么，请求福尔摩斯破案。也有的向福尔摩斯提出各种各样生活中的要求。甚至有人请求福尔摩斯处理不久前在美国发生的伊朗门丑闻，希望他帮助查明美伊武器交易中几百万美元的去向。每位写信的人都可以收到内容大致如下的回信：福尔摩斯先生感谢您的来信。他已退隐，现正在英国南海岸的苏塞克斯养蜂。

这些成千上万给福尔摩斯写信的人，以及其他无数的福尔摩斯迷，都是把这位名扬四海的大侦探当作真人看待的。他们当然知道这是虚构的艺术形象，但是他们都愿意、都希望把福尔摩斯当作真人。他们崇拜他，乐意和他交朋友。这是一种十分有趣的现象。从福尔摩斯诞生以后，这种现象就已出现。一百年后的今天，可以说，它已发展成为一种世界性的社会现象。类似这样的现象，除了福尔摩斯以外，在任何别的艺术形象身上都未曾出现过。

我们这里不去探讨出现这种现象的原因，这不属于本文的范围。我们只想指出一点。我们不应无视福尔摩斯深受广大人民喜爱、在世界各国人民中很有影响的事实。如果我们依旧简单地把像福尔摩斯这类通俗小说同纯文学小说完全对立起来，认为是不登大雅之堂的没有价值的作品，那么，又如何解释福尔摩斯广受欢迎的事实呢？又如何对待对福尔摩斯表示喜爱，甚至崇拜，或者着迷的广大读者呢？任何文艺作品都不应该只是孤芳自赏的，或者只为小圈子里的人们所欣赏。像福尔摩斯这类通俗小说能够在社会上长期流传，受到读者的喜爱，从作品本身来说，必然有它成功的地方；从社会来说，必然有其需要。如果考虑广大读者和社会的这种需要，恐怕就应该以一种更客观、更科学的态度来对待像福尔摩斯这类通俗小说。

是不是爱读通俗小说的都是文化素质低、欣赏水平不高，甚至趣味低级的凡夫俗子呢？完全不是这样。拿福尔摩斯来说，他的忠实读者中间就不乏高级知识分子。譬如，参加美国福尔摩斯迷俱乐部的，就有大学教授、学者、医生等。甚至富兰克林·罗斯福总统也参加过这样的俱乐部。他虽然没有参加过聚会，但却写文章论证福尔摩斯是美国人。这就说明，福尔摩斯在不同知识背景、不同社会阶层的人们中都找到了知音。

看来，我们传统的对通俗小说的看法似乎需要变一变了。如果这样，我们就会明白，在西方严肃的学者研究福尔摩斯完全是很自然的事，没有什么新奇之处。把福尔摩斯和真人进行比较研究，也是顺理成章的做法。

二

福尔摩斯被当作真人对待，不仅表现为他拥有众多的崇拜者或者为他建立故居纪念碑。严格说来，这些还只是表面现象；更为重要的是，他像真人一样被人们研究，他的思想、生平、方法、爱好、性格等都成了研究的对象，甚至产生了一门专门的学问："歇洛克学。"这在所有艺术形象中间，即使不是独一无二的，至少也是极为罕见的现象。我们知道有"莎士比亚学"，那是对莎翁及其不朽作品的研究。这门学问以莎士比亚为名，主要是研究作家的。拿艺术作品来说，我国有"红学"，那是以举世闻名的巨著《红楼梦》为研究对象的一门学问，主要是研究整部作品的。"歇洛克学"却不同，它主要研究的是一个虚构的小说人物。

"歇洛克学"并不是没有什么学术价值的文字游戏，也不是只有少数人自我欣赏的消闲之作。几乎很难令人相信，从事这门学问的人有这么多。有一则材料可以说明这点。美国科罗拉多州立大学一位图书管理员编了一份目录，辑录了1979—1984年发表并获奖的研究福尔摩斯的论文8000篇。他的工作说明，除了莎士比亚和《圣经》，福尔摩斯是人们研究最多的。

在这些众多的研究中，有些考证或许并没有太大的意义，譬如研究福尔摩斯在伦敦究竟住于何处，他生于哪一年，生日是几月几日等，或者是有关福尔摩斯故事中一些细节的烦琐考证。但整个"歇洛克学"却不是这样。许多教授、学者、研究生，像研究其他任何一个课题一样，严肃地进行着这种研究。有专门的期刊（如《福尔摩斯杂志》《贝克街杂志》）发表有关福尔摩斯的研究论文。已出版的"歇洛克学"的专著不计其数。由西比奥克夫妇撰写的这本书就是属于《福尔摩斯专著丛书》中的一种。关于福尔摩斯的学术讨论会经常举行。1987年，在美国斯坦福大学就举行了纪念福尔摩斯这个艺术形象诞生100周年的学术讨论会。而美国明尼苏达大学准备建立世界上最大的福尔摩斯研究中心。

有趣的是，"歇洛克学"可以说是一门跨学科的学问。尽管福尔摩斯是一位作家笔下创造的艺术形象，但因为已经把他真人化了，所以对他的研究绝不仅限于一般的文学研究或文学评论。许多不同学科的专家，不论是社会人文科学领域的，如哲学家、逻辑学家、历史学家、文学家等，或者是自然科学领域的，如天文学家、化学家、医学家、数学家等，都有对福尔摩斯感兴趣，并从自己的专业领域进行研究的。

这些研究的结果当然是各不相同的。正如有的学者曾指出，福尔摩斯和华生在《魔鬼之足》案件中亲自体验其毒气——一种产自西非的叫作"魔鬼脚跟"的有毒植物，在经过半个世纪以后的确被人们发现了。只是这种类似的迷幻药（LSD）并不产于非洲某种植物的根部。另有两位美国学者，一位是医生，另一位是历史学家，从医学的角度对柯南道尔进行研究，结果发现这位福尔摩斯的创造者在医学上颇有造诣。柯南道尔关于痛风病会并发眼疾和牛皮癣的预言，均被后来的医学发展所证实。也有一些学者指出福尔摩斯故事中某些科学知识的失误。例如在《最后一案》中，福尔摩斯说莫里亚蒂教授在 21 岁时写了关于二项式定理的论文。据推算，那应是在 1865 年。可是早在 1825 年，也就是 40 年前，挪威数学家阿贝尔就已经完成了这项研究，如此等等。总之，"歇洛克学"的内容是多面而丰富的。福尔摩斯长期以来一直是许多学者乐意研究的课题。本书恰是这种研究的较近期的成果之一。

　　西比奥克夫妇这本书的特点，是把表面上看似没有关系的两个人物（福尔摩斯和皮尔士）进行对比研究，这恰恰反映了福尔摩斯被当作真人的特点。既然已经真人化了，福尔摩斯自然可以拿来同别的真人进行比较。问题是，皮尔士是一位哲学家、符号学家，福尔摩斯是一位侦探，怎样联系在一起呢？把他们联系在一起的是符号学。这是托马斯·A. 西比奥克教授的主张。西比奥克教授是今日符号学界提倡符号学"大传统"的科学派符号学代表之一，力主扩大符号学的含义和影响。他在同山口昌男的对话中指出，所谓"大传统"是相对于"小传统"说的。如果说"小传统"主要强调符号学同语言学的关系的话，那么"大传统"的覆盖面则要大得多，可以把生物学以及其他许多学科同符号学挂起钩来。因为，在西比奥克看来，符号学中重要的是对符号的使用本身。他又说，只要有人使用符号，他就能够做到从符号中发现对象。从对符号学的这种广义的理解出发，西比奥克教授把推理法也纳入符号学领域，结果擅长侦破推理的福尔摩斯也可被称为符号学家了。

　　然而，需要说明的是，西比奥克教授并不是把人们一般理解的福尔摩斯的推理法，或者福尔摩斯自称的演绎法，简单地等同于符号学。他对福尔摩斯使用的推理方法作了进一步的分析，并同皮尔士进行对比研究，得出的结论是：福尔摩斯使用的方法并不是严格的逻辑意义上的演绎法，而是皮尔士称为"试推法"的一种特殊推理法。有趣的是，皮尔士也有过运用他的试推法破案的实践。那就是本书开头部分介绍的皮尔士找回他所丢失的怀表的经过。然而，皮尔士是一位学者、理论家，他虽然也有过破案的实践，但他毕竟不是侦探。因此，他擅长的是从理论上对试推法，以及试推法同演绎法、归纳法的异同进行探讨。可惜他的这些手稿长期没有发表，不为人知。西比奥克教授正是利用了皮尔士的手稿，在本书中把他关于试推法的理论作了详细的介绍。

福尔摩斯的侦破方法无疑是科学的。在福尔摩斯故事中对这些方法有不少说明。但福尔摩斯毕竟是一位大侦探，一位实践家。他擅长的是运用他的科学方法破案，虽然也作了一定的解释和说明，但毕竟不能像皮尔士那样从哲学理论的角度加以探讨。

因此，当西比奥克教授把福尔摩斯同皮尔士进行对比研究时，他把福尔摩斯的实践同皮尔士的理论相对照。发现两者的方法实质上是一致的。因为该书正文部分全篇就是谈的这个问题，这里自然不须赘言。下面我只想简单地说几句，以便说明福尔摩斯的方法与符号学的关系。

简单说来，皮尔士认为，就科学方法而论，试推法是"科学推理的预备的、或最初的步骤"。他有时把试推法称作一种"奇特的猜测本能"，或者"采取假设的倾向"。还说"试推法是一种依赖于对世界诸面貌之间的联系的无意识知觉的本能"，同演绎法和归纳法是"不同种类的推理"。我们结合分析福尔摩斯的方法，对此就可以更加清楚。

福尔摩斯虽然声称："我从不猜测"（《四签名》），但他这里所说的猜测实际上是指没有根据的胡猜。如果把猜测同观察结合起来，情况就不同了。福尔摩斯承认自己是需要推测的（《红圈会》）。这是怎样的推测呢？我们结合福尔摩斯的破案过程就可以了解。福尔摩斯曾向华生说明，他的方法"是靠从观察细小的事情当中了解到的"（《博斯科姆比溪谷秘案》）。然而，观察无论如何细致，并不可能得到现成的答案。这里一方面需要根据观察的结果提出种种推测和假设，进行推理；另一方面，这种观察、推理能力也要形成于一系列复杂的猜测过程之中。这往往是一个完整的过程，不可能把观察和猜测前后分开。猜测和假设形成以后，就需要拿到实际中去检验。一种假设如果经过检验被证明是不能成立的，那就需要另立一种假设，再拿去检验，直到成功。福尔摩斯的做法往往是，把一种假设分解为最小的逻辑组成部分，每次检验其中的一个。福尔摩斯声称："这是我的一个古老的格言：当你排除了不可能因素后，剩下的东西，尽管多么不可能，也必定是真实的。"（《绿玉皇冠案》等）因此，西比奥克教授认为，福尔摩斯成功的因素并不在于他从不猜测，而在于他猜测正确。因为他的方法是正确的。只不过这种方法并不是他自认为的严格意义上的"演绎法"，而更符合皮尔士提出的"试推法"。福尔摩斯的方法是基于事实的观察推理，他从观察中比从逻辑程序中得到更为确切的结果。西比奥克教授指出，按照皮尔士的逻辑系统，福尔摩斯的观察本身是一种试推法形式，而试推法同归纳法和演绎法一样，也是一种合理的逻辑推论类型。

由上述可见，对细小事情的观察、对细枝末节的研究构成福尔摩斯方法的基础。依照广义的符号学的看法，这些细枝末节、这些犯罪现场留下的痕迹，就是一种符号。而福尔摩斯依据观察所得而进行的猜测、假设、推理，就是对符号的使用。从这个意义上说，福尔摩斯的推理法也可纳入符号学范畴。这样，把福尔摩斯同符号学家皮尔士进行对比研究也就不足为奇了。

这里还要指出一点，从福尔摩斯本身来说，他之所以能被拿来同皮尔士进行对比，首先是因为他的方法确实是科学的，有能够取来进行比较的价值，尽管他称自己的方法为"演绎法"未必恰当；同时也因为福尔摩斯作为一个艺术形象是成功的，已被赋有真人的性质。而从西比奥克教授来说，尽管他在同山口昌男的对话中说他研究这个题目带有某种偶然性，实际上他选择福尔摩斯也有必然因素。如前所述。西比奥克教授提倡符号学的"大传统"，力主扩大符号学的影响。如果能够证明福尔摩斯这样一个影响巨大的人物是符号学家，显然是符合他的初衷的。

西比奥克教授在同山口昌男的对话中，还分析了福尔摩斯同皮尔士的共同点，此外还谈到关于符号学的许多问题。尽管在符号学的问题上，目前国内外的学者意见并不完全一致，西比奥克教授的看法还是值得我们注意的。

最后，简单地谈一下该书的翻译。该书原名《你知道我的方法：皮尔士和福尔摩斯的对比研究》。中译本的译名取自日译本，还增译了日译本附录中的两篇文章。其中托马斯·A. 西比奥克和哈里特·马戈里斯合写的《尼摩船长的舷窗》一文是一篇饶有兴味的文学评论。作者在这里拿福尔摩斯同另一位著名人物，法国科幻小说家凡尔纳进行比较。尼摩船长就是凡尔纳著名的三部曲之一《海底两万里》中的主人公。这次的比较是通过窗户进行的。作者分析了窗户在福尔摩斯探案故事和凡尔纳小说中的各种作用以及与窗户有关的种种情况，窗户就好像是一幕戏剧中的一件道具，它在怎样的情况下被使用，发挥了哪些作用，同哪些剧中人有关系，又有什么样的关系等。这种形式的文学评论作品在我国似乎尚不多见，但在西方并非如此。通过某一个特殊的角度分析对比作品，至少对我们加深对作品本身以及对作家创作的了解还是有作用的。另一篇附录《符号学的扩展》，是作者与日本符号学家山口昌男的对话。对话中广泛地涉及西比奥克教授的思想观点和学术背景，可使我们增加对作者的了解。

　　该书中译本还附了一些插图，其中《尼摩船长的舷窗》（图 11）一幅系选自日译本。《凸肚窗》（图 12）系取自杰克·特雷西的《歇洛克学百科全书》。其余十幅均选自英译本。值得一提的是，在这些插图中有关福尔摩斯故事的插图均系著名画家西德尼·佩吉特为《海滨杂志》当年发表柯南道尔原著而作的。这些插图为福尔摩斯形象的广为流传起了很大的作用。本书的所有插图则均由韩秀复制。

　　这个中译本所根据的英文原本和日译本均由西比奥克教授提供。英文单行本在美国出版后很快成为畅销书，并被译成多种文字。日译本在日本也十分畅销。我们期望这本中译本也能得到广大读者的喜爱。

　　该书正文部分由钱易根据英文原本译出，两篇附录由吕昶根据日译本（富山太佳夫译）译出，译文均经李幼蒸审阅过。译文中所引的福尔摩斯探案集中的人名、篇名和对话等均参照《福尔摩斯探案》中译本（群众出版社出版）译出，在此谨向该书中译者致谢。

　　（本文原载《福尔摩斯的符号学——皮尔士和福尔摩斯的对比研究》中译本序，中国社会科学出版社 1988 年版）

八十年代的西方史学

一

80 年代的西方史学，这是一个大题目。西方的国家很多，各国的史学各有特色，而且史家众多、流派纷呈、史著多得不胜枚举，要在一篇文章里囊括所有这一切显然是不可能的。因此，本文只准备就最具代表性和普遍性的主要发展趋势作一些初步的分析。

要分析 80 年代西方史学的发展趋势，必须对 80 年代以前的情况作一个简单的回顾。第二次世界大战以后，西方史学发生了巨大的变化，这是一般公认的。发生转折的时间，一般的看法是在 50 年代中期以后。[①] 当然，这只是就总的趋势而言的，具体到每个国家时间有前有后。而且把 50 年代中期作为开始变化的时期，看来还同时考虑到了苏联和东欧国家的情况。[②] 因此，也可以说，大致从 20 世纪 50 年代中期以后，国际史学与战前相比，出现了转折。然而，本文分析的主要是西方史学。

如果要用一句话来概括战后西方史学的变化、转折和发展趋势的话，那么似乎可以概括为：从传统史学向新史学的转变。但需要作些说明。

所谓"传统史学"和"新史学"，存在多种解释，尤其是对"新史学"，更是众说纷纭，没有一个统一的定义。譬如，美国历史学家伊格尔

---

① 巴勒克拉夫甚至明确地以 1955 年为界。参见巴勒克拉夫《当代史学主要趋势》，上海译文出版社 1987 年版，第 44、66、327 页等。

② 例如，保罗·利科主编的《哲学主要趋势》一书在谈到历史学时认为："一般说来我们可以把 50 年代中期以后的年月描绘为在西方对历史主义的论点和在东方对教条主义和程式化进行批判地再检讨的时期。"（保罗·利科主编：《哲学主要趋势》，商务印书馆 1988 年版，第 242 页）

斯把新史学分为三种类型，即"法则论的，阐释学的和辩证（马克思主义）唯物论的方法"①。正式提出"新史学"名称的法国年鉴派第三代核心人物之一——雅克·勒高夫把"新史学"概括为三方面的内容：1. 研究经济、社会、文化和心态的趋势；2. 接受马克思一部分影响；3. 在研究对象和方法上的创新。② 另一位年鉴派历史学家勒·罗瓦·拉杜里则强调，新史学是"计量式、统计式和结构式的史学"③。把勒高夫和诺拉合编的大型文集《研究历史》选编成英译本并写了前言的科林·卢卡斯把"新史学"说成法国年鉴派第一代创始人费弗尔和布洛克"首创的一种思想方法"，"基本上是关于历史的性质及其发展的一种学说；是对史学家所着意研究的对象本身的一种看法；是关于人类历史研究与其他人文学科研究（有时涉及自然科学）之间关系的一种见解"，④ 等等。所有这些说法都从一定的角度对"新史学"作了说明，对我们了解"新史学"都有帮助。

然而，为了便于弄清楚"传统史学"和"新史学"这两种史学的区别以及从前者向后者转变的意义，我们还可以从另外的更为概括的层次来考察。这是一个什么层次呢？首先我们要明确，我们这里所讨论的是史学本身（也就是史学研究和著述本身）的变化和发展。有时我们根据外文 historiography 称之为历史编纂学。其实这是不够确切的，因为历史编纂学比较具体，只是其中的一部分。这个层次应包括史学理论和实践，但同历史哲学又不同。历史哲学探讨的是脱离史学实践的比较抽象、玄妙的东西，大多由哲学家来从事。在西方，历史哲学对史学实践并不像一般想象的有多大影响。⑤ 我们大体可以把这个层次概括为历史学家研究历史和写

---

① 伊格尔斯：《欧洲史学新方向》，华夏出版社 1989 年版，第 33、35、45—46 页。顺便说一句，伊格尔斯的这种分类并不严谨，例如他把法国年鉴派列为法则论，与分析派史学归为一类就很勉强。参见《史学理论》1987 年第 3 期，第 121—130 页李幼蒸的分析。

② 参见《史学理论》1987 年第 2 期，第 69—70 页。

③ 转引自《史学理论》1989 年第 1 期，第 26 页。

④ 雅克·勒高夫、皮埃尔·诺拉主编：《史学研究的新问题、新方法、新对象》，社会科学文献出版社 1988 年版，第 38 页。

⑤ 例如，李幼蒸指出："历史哲学对当代西方历史理论只有间接影响，而对'年鉴派'和其他有社会倾向的历史研究则几乎没有什么影响。"（李幼蒸：《国外历史研究的新发展和理论研究的分类》，《史学理论》1987 年第 4 期，第 44 页。）

历史的方式。顺便说一句，巴勒克拉夫就是用"研究方式"这个概念的，[①] 在西方还常常借用美国科学家库恩的"范型"（paradigm）概念。也就是说，"传统史学"和"新史学"在"范型"上是不同的，或者说是两种不同的史学"范型"。

对"范型"一词有不同的译法，如"范式""范例""模式""规约"等。为统一术语，我们这里统称"范型"。库恩提出"范型"的概念是为了探求科学借以发展的形态。这种形态的更替是任何发展过程都有的，它最清楚地表明质的变化。譬如，列宁指出，马克思由于作出"社会形态"的概括，才使我们有可能从记载社会现象进而极科学地分析社会现象，而社会形态的发展是一个"自然历史过程"，这就"使科学的社会学的出现成为可能"。[②]

在库恩看来，科学的发展，或者用他的话表述：科学"革命"，根本上是"范型"的更替。库恩的"范型"是指为某一"科学共同体"所拥护，并成为他们在研究时所普遍遵循的行动准则。"范型"并不单纯是理论，它包含科学实践中影响科学发展的一切认识的、技术的因素，它"代表科学共同体成员所共有的信念、价值、技术手段等的总体"[③]。库恩后又把"范型"叫作"学科母体"（Disciplinary matrix），就是清楚地表达了他的想法。库恩这种探求科学的发展形态的努力是值得肯定的。借用他的"范型"概念来考察西方史学的发展也不无启发。但我们不必去生搬硬套库恩的"范型"概念。不必拘泥他的一切说法。且不说他的论点即使在西方也遭到不少批评，更主要的是在实践中不尽符合。譬如，库恩认为，在旧范型被取代以前的所谓"常规科学"时期，旧范型处于独占统治的地位。可是这种"范型"的绝对统治在科学史中并不存在。在史学发展中也是一样。

对西方史学中存在多少"范型"、哪些"范型"，意见不完全一致。南斯拉夫的美籍历史学家斯托亚诺维奇（Traian Stoianovich）在 1976 年出

[①]　参见巴勒克拉夫《当代史学主要趋势》，第 44 页。

[②]　参见《列宁选集》第 1 卷，人民出版社 1972 年版，第 8 页。

[③]　库恩：《科学革命的结构》（T. S. Kuhn, *The Structure of Scientific Revolutions*），芝加哥 1970 年第 2 版，第 175 页。

版的《法国史学方法：年鉴派范型》一书中，认为西方史学中存在三种
"范型"，即从古希腊到近代初期的"鉴戒性"范型（exemplary para-
digm），以德国兰克学派为代表的叙述性范型和以法国年鉴派为代表的
"结构，功能"范型。① 其中，第一种"范型"这里暂且不去说它。第二
种，即兰克式"范型"一般被视为"库恩意义上的'标准型研究'"，② 似
乎分歧意见不大。分歧较大的是年鉴派能不能称为一种新的库恩式"范
型"。伊格尔斯的意见就同斯托亚诺维奇不同，他认为："没有任何新的
'范型'能够像19世纪下半叶及20世纪初的兰克模式那样得到众多历史
学家的认可。尽管后者的影响也是十分有限的。相反，代替一个'范型'，
出现了一批范型，对于不同的史学流派来说，每一范型各自代表一种寻求
更大科学性的研究模式。"③ 显然，他把年鉴派范型看作他划分的新史学三
个类型中的一个，也就是他认为的新出现的一批范型中的一个。关于这个
问题自然还可以继续讨论，但有一点是比较一致的，即不论"年鉴派"能
不能看作一种统一的"范型"，或者在"新史学"中存在几种"范型"，
"新史学"的各派都有不同于"传统史学"的共同特点。即使伊格尔斯，
虽然他在《历史研究国际手册》中再次认为，在当代"没有一种统一的
历史科学或是范型能像在兰克的讨论会里形成的范型那样出现并支配了史
学领域"，但他也承认"有一个新的风格已经在历史著作中形成。今天的
历史学家写历史和30年前大不一样了"。④ 伊格尔斯这里所说写历史的
"新的风格"也有些类似我们前面提到的对"范型"的理解。另外，还有
一点也是比较一致的：年鉴派是新史学中最有影响，因而也是最具代表性
的，因此，为了便于说明问题，有条件地把年鉴派范型视作新史学的代表
似也未尝不可。⑤

---

① 参见朱本源《两个世纪以来西方史学的两大发展趋势（两大模式）和对它们的马克思主义评价》，《历史研究方法论集》，河南人民出版社1987年版，第319—320页。

② 参见李幼蒸《伊格尔斯〈欧洲史学新方向〉述评》，《史学理论》1987年第3期，第122页。

③ 伊格尔斯：《欧洲史学新方向》，第34页。

④ 参见伊格尔斯、帕克《历史研究国际手册》，华夏出版社1989年版，第15—16页。

⑤ 顺便提一下，朱本源同意用上述两种"范型"来概括西方史学近200年来发展趋势的主要特征，并把第一种传统史学的范型称作"兰克式的、实证主义的"，把第二种范型称作"年鉴派的、综合主义的"（参见《历史研究方法论集》，第320—321页）。

　　这样，我们可以概括地说，战后西方史学从传统史学向新史学的转变，最本质的或者最主要的，就是"范型"的变化。这里的"范型"，借用库恩的概念，以表示一种史学研究方式的最一般的特点。至于传统史学范型和新史学范型各有哪些特点，这在国内已有不少论述，[①] 也不是本文所能详加讨论的，这里只准备简要地提一下。

　　以兰克学派为主要代表的传统史学，以研究的实证性和经验性为主要特征。它是在 19 世纪科学发展的条件下，寻求史学科学化、学科化的努力的反映。它要求对史料作严谨的考订，力求在可靠的史料的基础上如实地再现历史。为此，要求史家保持"客观""中立"，通过客观地描绘叙述事件，让历史事实本身说话，实际上排斥了概括、解释、理论，因此传统史学往往也被叫作叙事史。它研究的对象主要是政治事件和精英人物的活动，所用的史料限于文字资料，主要是官方文件。在 19 世纪和 20 世纪初，传统史学在西方史学中占主导地位，并取得了巨大的成就。但到 20 世纪初，传统史学的局限性、狭隘性已经暴露出来。伊格尔斯对这种局限性作了这样的描述："狭隘地集中注意于与更广泛的社会背景脱节的政治史，过窄地着眼于欧洲列强的外交事务，过分倚重国家文件而对其他史料不屑一顾。"[②]

　　在 20 世纪上半叶，传统史学遭到来自历史哲学层次和史学本身层次的批判。后一层次的批判实际上就来自"新史学"。20 年代末，年鉴派开始形成。以年鉴派为代表的新史学范型正是在同传统史学范型的对抗中产生和发展的。因此，20 世纪上半叶，对西方史学来说，是一个新旧交替的时期。"新史学"开始形成，但占上风的仍是传统史学。直到战后，如前所述，大约从 50 年代中期以后，西方史学明显地出现转折；新史学逐渐取得主导地位，成为西方史学的主潮，70 年代达到鼎盛时期。[③] 不过，有

---

　　① 例如姚蒙《法国当代史学主流——从年鉴派到新史学》对年鉴派范型作了详细的分析，可以参考（香港三联书店 1988 年版）。

　　② 伊格尔斯：《欧洲史学新方向》，第 9 页。

　　③ 这只是就总的情况而言的，西方各国的情况不尽相同。譬如，伊格尔斯指出，在联邦德国，史学研究的单一化的正统传统直到 20 世纪 60 年代才被打破，在 70 年代由新一代的政治社会史家对德国历史作了批判性的研究。[参见伊格尔斯《德意志民主共和国史的新方向》（Georg G. Lggers, New Directions in Historical Studies in The German Democratic Republic），载《历史与理论》（History and Theory）1984 年第 1 期，第 61 页。]

一点需要指出，新史学即使在西方史学中成为主潮以后，也并没有完全排挤掉传统史学。相反，在不少国家，传统史家在数量上甚至还可能多于新史学家，尽管前者在自己的研究实践中程度不同地受到新史学的影响。在新史学和传统史学之间还不时发生论战。例如，在美国历史学协会 1988 年年会上就发生过这样的论战。不过，也应指出，尽管论战双方唇枪舌剑，各不相让，但毕竟新史学的潮流是不可阻挡的。连在这次会上为传统史学辩护的两位史学家中的一位也不得不承认这一点，他只是要求尽量减轻新史学造成的损失罢了，因此，对传统史学来说不免有点"无可奈何花落去"的感觉了。① 波兰历史学家托波尔斯基关于传统史学和新史学的关系提出的看法是有道理的。他认为，新史学并不是要去取代传统史学，而是去补充它。然而重要的是，"这种新的史学范型将日益成为史学研究进步与否的一个尺度"②。

　　"新史学"与传统史学一样，同样是追求史学研究的科学化和学科化，但却是在 20 世纪（尤其是下半叶）科学发展的条件下，同时"新史学"的发展又是以克服传统史学的局限为目的，因而其范型的特点与传统史学很不相同。"新史学"反对单纯的"政治史"和"精英人物史"，主张对历史进行多层次、多方面的综合考察以从整体上去把握，而且除了历史领域大大拓宽以外，史料也不像传统史学那样局限于文字资料。"新史学"反对单纯的"事件史"，主张对历史作深层的、结构的研究，重视对变动相对缓慢的历史现象和层次进行探索；反对叙事史学，重视理论概括和解释，力求提高历史认识和解释的准确性；反对历史学与其他学科隔绝，主张历史学与社会科学乃至自然科学广泛结合，重视研究方法的革新，等等。"新史学"不同于传统史学的一个特点是，一系列新的历史学交叉分支学科的出现，诸如计量史学、心理史学、社会史、经济史、历史人类学等，这些是历史学与其他社会人文科学乃至自然科学渗透、结合的产物。以上只是对"新史学"范型的粗线条的概括，具体到各个国家、不同的流

---

① 参见罗凤礼《西方新史学与传统史学的一场论战——美国历史学协会 1988 年年会上的辩论》，《世界史研究动态》1990 年第 2 期。

② 参见《史学理论》1987 年第 1 期，第 36 页。

派自然还有各自的特点。① 这里要强调的是，总体来说，从传统史学向新史学的转变，新史学范型的确立，这是战后西方史学发展的最主要的趋势。这种趋势在 80 年代以前早已蔚然成风，不可阻挡了。

二

进入 80 年代，西方史学出现了新的变化。这些变化其实在 70 年代下半叶就已出现了，只是到了 80 年代变得更为明显、更为普遍。如果说，在 70 年代，也就是在"新史学"正春风得意的时候，关于它的前途的估计充满乐观论调的话，那么到了 80 年代，情形就有所不同了。70 年代末，杰弗里·巴勒克拉夫在他为联合国教科文组织撰写的《当代史学主要趋势》一书中，虽然对史学家中的传统势力作了充分的估计，却依旧对"新史学"的前景十分乐观，认为："历史学已经到达决定性的转折时期"，并表示他"个人倾向于作出乐观主义的结论"。② 然而，仅仅几年之后，伊格尔斯就表示，对巴勒克拉夫的这种"极端乐观主义态度"能否同意，"是值得怀疑的"。③ 70 年代末，劳伦斯·斯通尖锐地提出"新史学"的时代已经结束，④ 尽管伊格尔斯表示不接受斯通的这种怀疑主义，但他也反复强调自 70 年代中期以来"历史撰述中出现的重新定向却是毋庸置疑的"，⑤ "从 70 年代中期开始出现了新的趋势"⑥。

---

① 关于"传统史学"与"新史学"的区别是就总的情况、一般趋势而言的，切忌理解得绝对，不能简单地理解为，凡是新史学家都一概反对叙述，凡是传统史学家都只写"政治史"，一概反对分析。随着整个史学的发展，两种范型之间的相互影响也在增多，而且各国的情况也不完全一样。美国历史学家迈克尔·坎门在指出战后传统的叙述史学向分析史学的转变以后，接着写道："进一步观察 70 年代的发展，就会发现事实上这个转变是如何的模糊"，在谈到 70 年代美国的历史学家时又说，他们既追求更好的叙述，也追求更好的分析；既努力运用理论和综合，又注意地点和时间的特殊性，但绝不满足于讲故事。[参见迈克尔·坎门编《我们面前的过去》（Michael Kammen, *The Past Before Us*），康奈尔大学出版社 1980 年版，第 29—30 页。]

② 巴勒克拉夫：《当代史学主要趋势》，第 330、341 页。

③ 伊格尔斯：《欧洲史学新方向》，第 226 页。

④ 参见斯通《叙事史的复兴：关于新的传统史学的思考》（L. Stone, The Revival of Narrative: Reflections on a New Old History），《过去与现在》（*Past and Present*）1979 年第 35 期，第 3 页。

⑤ 伊格尔斯：《欧洲史学新方向》，第 202 页。

⑥ 伊格尔斯：《80 年代的历史学——十年回顾》，《史学理论》1988 年第 3 期，第 102 页。

　　从表面上看，这一种新的变化表现为向传统史学的回归：过去受到"新史学"激烈反对的政治史和叙事史又重新复兴，实际上问题比这要复杂得多。因为，这次变化是发生在"新史学"营垒内部，也就是说，所谓政治史和叙事史的重新复兴，是指有越来越多的新史学家又对政治史和叙事史产生兴趣。至于传统史学家，他们一直没有放弃政治史和叙事史，所以谈不上什么复兴。可是新史学家的重新转向政治史和叙事史又并不是放弃"新史学"、回复到"传统史学"去，所以这种复兴并不是简单的"传统史学"的回归，而是一种新的变化。对这种变化应该怎么看？它的性质究竟是什么？意见并不一致，在斯通看来，这是一种根本的变化。他用"新叙事史"这个不十分确切的名称来表示取代"新史学"的一种更新的史学。实际上可以理解为，在斯通看来，"新叙事史"是不同于"新史学"范型的又一个范型。伊格尔斯虽然没有这么绝对，但他也强调了这是一种方向的转变。于是，80年代的新变化被视为"新史学"的"困境""危机"。然而，不同意斯通这种估计的也大有人在。英国马克思主义史学家埃里克·霍布斯鲍姆就不同意斯通的看法。他认为实际上并没有证据可以说明斯通所说的新史学家们已放弃了"对历史变化作合乎逻辑的解释的尝试"[1]，也不同意斯通所观察到的那些现象可以说明"历史研究性质上的广泛变化"[2]。他认为，这些现象不能说明新史学的破产，而只是方法的改变。[3] 霍布斯鲍姆谈到人们用以说明新史学家从分析转向叙述的几个具体例子，即勒·罗瓦·拉杜里从写《朗格卢瓦的农民》到写《蒙泰荣：一个奥克族的村庄，1294—1324年》；杜比从写关于封建社会的综合著作到写《布文内的星期天，1214年7月27日》；E. P. 汤普森从写《英国工人阶级的形成》到写《辉格党与狩猎者》，并认为这些著作之间并不存在"不能否定的矛盾"。[4] 指出这种选择只涉及方法、技术，只是选择望远镜

---

　　① 见霍布斯鲍姆《叙事史的复兴：若干评论》（E. Hobsbawn, The Revival of Narrative: Some Commets），载《过去与现在》1980年第86期，第4页（斯通的话，见斯通《叙事史的复兴：关于新的传统史学的思考》，第19页）。
　　② 斯通：《叙事史的复兴：关于新的传统史学的思考》，第23页。
　　③ 参见霍布斯鲍姆《叙事史的复兴：若干评论》，第8页。
　　④ 参见霍布斯鲍姆《叙事史的复兴：若干评论》，第7页。

还是显微镜的问题，"现在有更多的历史学家认为显微镜有用，这是有意义的，但这并不必然意味着，他们把望远镜作为过时的东西抛弃了"①。霍布斯鲍姆的结论是，关于人、思想、事件的新的史学可以看成是关于社会经济结构和趋势的分析史学的补充，而不是替代。② 姚蒙对斯通所描述的政治史、叙述史复兴的现象也持不同的看法。他认为，政治层次重要性的再度发现，是"年鉴派史学范型的发展和新史学潮流向史学各领域的深入"③ 的结果。看来，不同意见之间的分歧是相当大的。然而，仔细想想，分歧主要是在对 70 年代中期以后，尤其是 80 年代"新史学"发生变化的性质、程度的估计上，对变化本身则似乎并无分歧。斯通在 1979 年就宣布"新史学"的时代已经结束或许显得早了一点，因而可能有些极端。霍布斯鲍姆在 1980 年就断言，"新史学"的变化只是方法、技术上的不同选择，或许也显得匆促一些。变化主要是在 80 年代，还是让我们先看一看80 年代变化的一些具体表现，而不忙着下结论吧！

　　有一点是可以肯定的，以年鉴派为代表的"新史学"，整体来说，随着自己的发展和达到鼎盛时期，缺点也日益明显地暴露出来，而且饶有兴味的是，"新史学"的缺点往往又同它的长处混在一起。也可以说，它的长处同时又成了它的缺点。表面看来这似乎是矛盾的，实际上恐怕更符合事物的辩证法。譬如，"新史学"反对"传统史学"单纯叙述"精英人物"和"政治事件"，认为这些只是表层的、浮在水面上的浪花，而主张作深层的社会和经济的分析。这本来并没有错。而且"新史学"也确实在这方面作出了令人瞩目的成绩。然而，与此同时，也带来了问题。随着对静态结构的研究的加强，动态运动的分析被忽视了。栩栩如生的人物、有声有色的事件被经济发展、人口曲线、社会结构变化、生态环境取代了。即使有人出现，也不是具体的人，而是抽象的群体。总之这样的"历史学忘记了人、事件和政治诸方面"，④ 成了"没有人的历史学"。⑤ 如有人查

---

① 参见霍布斯鲍姆《叙事史的复兴：若干评论》，第 7 页。
② 参见霍布斯鲍姆《叙事史的复兴：若干评论》，第 6—7 页。
③ 姚蒙：《法国当代史学主流——从年鉴派到新史学》，第 199 页。
④ 弗朗索瓦·多斯语，转引自《世界史研究动态》1990 年第 1 期，第 17 页。
⑤ 勒·罗瓦·拉杜里语，转引自《史学理论》1989 年第 1 期，第 30 页。

阅《年鉴》杂志，发现这份"新史学"的最有代表性的刊物竟从未对法国大革命作过任何认真的讨论。① 重视对人周围的环境的研究和作深层的社会和经济的分析，自然没有错，但如果因此而忽视了环境中的人和人的政治活动，那就未免走向另一片面了。80 年代的变化，政治史和叙事史的重新受到重视，正可视为对这种片面性的一种纠正。

又譬如，"新史学"在研究技术上使用电子计算机，使史学研究计量化，如果使用得当，这本来是很有好处的。可是，计量史学的作用被不少新史学家夸大了。法国年鉴派历史学家勒·罗瓦·拉杜里甚至说："唯有计量的历史学才是科学的历史学。"② 然而，显然，并不是任何问题都可以计量的，同时许多问题也不是只用或主要用计量方法可以说清楚的。此外，充满复杂的数学公式和图表的历史书，不仅会使广大读者望而却步，就是在历史学家本身的行列中，也是知音难觅。因而，对计量方法的使用，不仅在新叙事史和新政治史中，就是在新社会史中，也要比以前谨慎得多了。在 80 年代的西方史学中，可以看到定性研究又重新受到重视。当然，这并不是说，定量方法就不再使用了。

与以上的变化相适应，是文化和思想的因素在史学研究中的地位突出了，而过去受到青睐的经济和人口因素相对来说则退居到后面去了。这里所说的"文化"和"思想"，比我们国内一般理解的要广泛，像法国的"心态史"、英国和联邦德国的"日常生活史"也包括在内，因此比我们一般理解的"文化史""思想史"要广泛得多。而且，正像伊格尔斯所指出的，"非理性、巫术、疯狂、社会反常、性欲与死亡等等的表现时新的民众文化史历史学家具有特殊的吸引力"③。思想和文化，作为一种历史因素，在社会史的许多领域，尤其是劳工史、妇女史、家族史等的研究中，得到广泛的重视。在英国、法国、联邦德国，"工人阶级文化"已成为流行的史学研究主题。如果说，这种对思想和文化的重视，在 70 年代就已

---

① 参见罗凤礼《西方新史学与传统史学的一场论战——美国历史学协会 1988 年年会上的辩论》，《世界史研究动态》1990 年第 2 期，第 19 页。

② 勒·罗瓦·拉杜里：《历史学家的领域》，巴黎 1979 年版，第 14 页。转引自《史学理论》1989 年第 1 期，第 29 页。

③ 伊格尔斯：《欧洲史学新方向》，第 210 页。

出现的话，那么，到 80 年代就更加突出了。

这种对文化的注意要求方法也随之改变。伊格尔斯指出："对于 20 世纪 60 年代经济—人口统计学派来说曾是极其重要的、确凿的经验数据不再能满足文化研究的需要了。"① 对这些新的民众文化史的历史学家来说，研究的主题往往不是自觉表述出来的思想观念，而是有象征意义的行为、非理性和潜意识。这样的文化很难用地理学、经济学、人口统计学、数据分析这些方法，而更需要诸如人类学、符号学这类探索集体意识、价值和意义的学科方法。也正因为如此，如果说在过去，同历史学渗透、结合较多的是社会学、经济学、人口学的话，那么现时已转向人类学、符号学和心理学了。

有趣的是，这些方法的运用又使历史学从某种意义上接近了文学。以年鉴派为代表的"新史学"在一开始就以使史学真正地科学化作为自己的抱负。在新史学看来，史学是一门科学，是社会科学的一部分，它虽然同自然科学有差异，但这种差异只能表明史学作为一门科学的特点，却并不说明它不是科学。年鉴派的创始人之一费弗尔说："历史学是关于人的科学，是关于人类过去的科学"，② 借此说明史学的科学性及其特点。由此可见，在史学究竟是科学还是艺术这个由来已久的争论中，"新史学"是主张前者，反对后者的。③ 在这点上，新史学家也对"传统史学"发起攻击，认为传统史学家尽管师承兰克，认为严谨的考据方法就是科学的方法，实际上这样的科学性只是表层的，而只有运用诸如经济学、社会学这样的社会科学方法和数学计量方法才能使史学真正科学化，然而，新史学家也许没有料到，尽管他们运用新方法的确取得了巨大的成就，却也带来了新的问题。他们充满数学公式、数据图表、专门术语、高深理论的著作，使史学失去了读者。历史著作中不再有引人入胜的故事情节、活灵活

---

① 伊格尔斯：《欧洲史学新方向》，第 207 页。

② 费弗尔：《为历史而战斗》，1953 年巴黎版，第 12 页。转引自姚蒙《法国当代史学主流——从年鉴派到新史学》，第 40 页。

③ 这是指以年鉴派"为代表"的整体而言。对不同国家、不同派别的"新史学"来说，情况并不完全如此。如美国的新史学家就并不都认为史学是科学。参见迈克尔·坎门编《我们面前的过去》，第 32 页。

现的环境描绘和呼之欲出的人物。史学失去了读者，也就失去了社会效益，这种状况促使史学的钟摆在科学与文学之间又稍稍地偏向了后者。这种变化反映在理论和方法上，就是人类学、解释学、符号学对史学的影响加强；反映在文体上，就是叙述、描绘多了，反映在史学的性质上，则文学性突出了。

此外，"新史学"，尤其是年鉴派遭到攻击的另一点是，历史学自身的身份、独立地位丢失了，它被融化在各个相邻的学科里，被分散在支离破碎的各个分支、层面、领域、问题里。众所周知，年鉴派自创始之时起，就以"总体史"为特色。他们的抱负是，以历史学为中心把各个社会科学联合起来。他们在这方面也确实做出了引人注目的成绩。布罗代尔的皇皇巨著《腓力二世的地中海和地中海世界》《15 至 18 世纪的物质文明、经济和资本主义》可谓年鉴派推崇的"总体史"的典范。然而，从 60 年代末布罗代尔把接力棒移交给下一代以后，情况就逐渐发生了变化，出现了上面提到的历史学丢失自己身份、独立地位的情况，有人称这是"被砸得粉碎的历史学"，[①] 是"史学爆炸""史学碎化"。这种情况在 70 年代就已出现，到 80 年代有增无减。新出的层出不穷的历史著作研究的问题越来越广泛，也越来越细微，从人的饮食、起居、举止、服饰到民俗、信仰、死亡、恐惧、节庆、礼仪、梦境、想象，不分巨细，无所不包，以前的"总体史"已不复存在，随着史学的碎化，历史学连自己的身份、特色也丢掉了。

上述的种种变化在 80 年代的西方各国的历史学中都程度不同地存在着。对这些变化究竟怎么看呢？尽管存在着不同的看法，但也存在着比较一致的共同看法。其中，最主要的一点是 80 年代西方史学中出现的种种变化，并不说明从"新史学"倒退到"传统史学"，更不是"新史学"的失败；相反，这是"新史学"的进一步发展，是"新史学"对在自己发展过程中出现的缺点和偏差的纠正和调整。这些变化是"新史学"发展过程中难以避免的，是"新史学"向更高阶段发展的摸索过程。至于像斯通用"新叙事史"来概括的 80 年代的这些变化，是否是不同于 70 年代中期

---

① 参见《年鉴派已非同以往》，《世界史研究动态》1990 年第 1 期，第 16—17 页。

以前的"新史学"范型的又一个更新的范型，目前并没有定论，恐怕还有待今后的发展来作结论。但这并不是问题的症结，即使"新叙事史"可以视作是另一个范型，它也是"新史学"范型的发展，而不是否定。任何一个范型本身总是在发展的，总是在自身的发展中不断完善的。就是"新叙事史"也是如此。今天已经有人在谈论"新叙事史"的缺点和问题了。①

20世纪80年代的西方史学是丰富多彩的。以上这些简略的概括远不能反映它的全貌，是否能勾画出它的变化的趋势也很难说。这个题目还有待我们进一步深入研究。但即使从上述粗线条的勾勒中，我们也可以看出这样一点：历史学自诞生以来一直被由它本身性质决定的矛盾困扰着。历史学作为一门科学，它的任务就不应只去描绘一些现象、叙述一个故事，而应该去探索规律、揭示本质、说明原因、解释现象，历史学又是不同于自然科学、精确科学、硬科学的一门科学，它不能使用仪器、实验这些手段来达到自己的目的。它的研究对象、研究资料、研究主体、研究手段决定了它必须要通过复杂得多的途径才能完成自己的任务。一方面必须要借用自然科学、其他社会科学中一切有用、能用的方法手段；另一方面又必须保持发扬历史学本身的特色、手段。如果我们简略地概括，也可以说，理想的历史学，应该既有科学性，又有文学性，应该既作结构的分析，又作事件的叙述，应该既是总体的宏观研究，又是具体的微观研究，总之，应是以上两个方面完美的结合。历来各种有影响的史学流派，不论属于"传统史学"还是"新史学"，都声称自己是完美的史学，实际上它们只是走向理想史学的漫长道路上的一个阶段。一般说来，在这个方向走出的每一步都是应该肯定的，作出的每一个努力和尝试都是值得尊重的。正像"传统史学"曾经在历史上起过它的作用一样，"新史学"也在起着自己应起的作用，而且这个作用还是十分巨大的，然而，历史还要不断发展下去，"新史学"不管它起过的作用有多大，它也并没有终结史学的发展，还要在不断发展中完善自己。而史学，也正是在不断地逐步解决始终困扰自己的矛盾的过程中得到发展，趋于完美的。

---

① 参见杨豫《"新史学"的困境》，《史学理论》1989年第1期，第36页。

三

　　我们了解和研究西方史学本身还不是主要目的。对我们更重要的是，应该考虑从西方史学的发展中可以借鉴些什么？西方史学的发展，它在80年代的变化，可以给我们哪些启迪？这又是一个需要专门论述的大题目，这里限于篇幅无法展开，只能简略地谈些不成熟的看法以供讨论。

　　战后西方史学发展的总趋势是从传统史学向新史学的转变。这个转变，如果我们从史学范型的一般特点的角度考虑，并不限于西方国家的史学，因此在某种意义上也可以说是国际史学发展的总趋势。对这个发展总趋势，我们理应加以注意。

　　如果从史学范型的一般特点考虑，从传统史学向新史学的转变中，最值得我们注意的至少有以下三点：第一，与传统史学只注重研究政治史和精英人物不同，新史学大大地拓宽了研究领域，与此相适应的，又大大扩大了史料范围；第二，与传统史学只注重考证不同，新史学采用跨学科的方法，注意同其他社会科学和自然科学结合，借用一切有用的理论和方法，并由此产生一系列新的分支学科；第三，与传统史学只注重叙述、不注重理论概括不同，新史学强调理论的重要性。这里的理论主要指史学自身的理论和方法论。

　　这三点对我国史学的发展是有参考价值的，是有启迪的。应该承认，由于种种原因，我国史学在这些方面还存在着明显的缺陷，表现为研究领域比较狭窄，手段比较陈旧，方法比较单一，史料主要限于文字资料，与其他社会科学学科和自然科学学科的结合不够，新的分支学科也还不多，对历史学本身的理论和方法论的研究也还薄弱等。我国史学要发展，自然要克服这些缺陷。因此，对西方"新史学"的发展过程、它的经验和教训、出现过的和存在着的种种问题、走过的和碰到的弯路、80年代出现的变化等，我们有必要认真加以研究，作为借鉴和参考。然而，这种研究和借鉴，绝不是照搬，更不是亦步亦趋，而是必须结合我国史学的特点并且经过分析批判的。

　　我国的史学是马克思主义史学，从史观上说，同作为整体的西方史学是根本不同的，① 因此谈不上借鉴。至于马克思主义与史学范型的关系，简单说来，要看到两个方面。一方面，西方"新史学"范型的形成受到马克思主义极大的影响。年鉴派中很多人都承认，马克思主义创始人是"新史学"的重要先驱。"年鉴派"创始人之一马克·布洛克明确地说："如果有一天，革新派的历史学家们决定为自己建设先贤祠的话，那么，那位来自莱茵河畔的先哲的银髯飘然的半身塑像一定会端坐于殿堂之首列。"② 马克思主义在许多方面，如跨学科、结构分析、总体研究、注重群众作用、长时段考察等方面都同"新史学"有相似之处，并给新史学范型的形成以极大的启示，"年鉴派"虽然整个说来不是马克思主义史学流派，但他们在创建和发展新史学范型中无疑受到马克思主义很大影响。另一方面，马克思主义又不能代替史学范型的建设。不能说，有了马克思主义的指导，新的史学范型就会自然地建立和发展，传统史学范型的某些消极影响就会自然地消失。两者是有联系的，但毕竟不是一回事。

　　总体来说，我们在建设我国的现代史学的过程中，首先必须始终坚持马克思主义的指导。这不仅是由我国史学的性质决定的，还因为，只有正确的历史观的指导，才能少一些片面性，才能少走弯路，也才能在借鉴西方史学发展的经验教训时分清良莠，提高分析批判能力。另外，对西方和其他国家的史学发展应作认真的调查研究，尽量从中吸取一切有用的东西，吸取它们的经验教训，以使我们的发展更顺利一些。再者，我国的史学有悠久的传统，对此要作分析，要看到其中有许多精华。我们在建设我国的现代史学时不应脱离这个基础，不顾我国的实际情况，而应注意继承和发扬我国优秀的史学传统。总之，我们的目标是，努力建设以马克思主义为指导的、符合时代需要的、结合我国史学实际的、继承我国优秀史学传统和具有我国特色的现代新史学。

（本文原载陈启能主编《八十年代的西方史学》，中国社会科学出版社 1990 年版）

————————

　　①　西方史学中亦有马克思主义派别，在有的国家（例如英国）马克思主义史学的影响还很大，但作为整体，西方史学是资产阶级的，西方的"新史学"（尤其是年鉴派）受马克思主义的影响不小，但整体来说毕竟也不是马克思主义的。

　　②　马克·布洛克：《奇怪的溃败》，1957 年巴黎版，第 195 页。

自然科学与社会科学联盟和历史学[①]

《哲学研究》1993 年第 5 期发表的评论员文章《具有战略意义的紧急任务——谈谈自然科学和社会科学的联盟》，提出了一个在当代具有现实意义的重大问题。这个问题涉及社会人文科学的各个领域，作为历史学工作者，我想从史学的角度谈点初步看法。

一

从历史发展的角度看，自然科学和社会科学联盟是一种必然的趋势，并不是人为之物。可以说，这是人类社会自身高度发展的产物，有其历史必然性。第一，人与自然的关系和人与人的社会关系，是人类的两大基本关系。自然科学和社会科学正是依托于这两大基本关系而产生和发展的。从根本上说，并不是自然科学和社会科学分别造成这两大基本关系（自然应该看到前者对后者的影响），而恰恰是这两大基本关系派生出这两大门类的科学。第二，也是更重要的，人与自然和人与人的两大基本关系绝非断然分裂的，而是人类生活这个整体中密切相连的两大部分。它们之间的相互关系本来就是客观存在的，其联系的形式和层次亦是多种多样的。问题仅仅在于人们是否认识到以及如何认识到这些联系。从这个意义上说，自然科学和社会科学的联盟就不是一种人为的结合，而是为了使人类的认识和实践更好地符合客观实际。第三，近两个世纪以来，自然科学和社会科学有了空前的发展，尤其是近数十年来，这两大门类的科学以往由于各自处于相对不充分发达状态而造成的那种隔离状况已被逐渐打破，双方的

---

① 本文系为《哲学研究》杂志《关于建立自然科学和社会科学联盟》笔谈专栏而作。

相互联系日益密切。这就使双方联盟的客观条件更加成熟。我们今天要做的，就是要大力提倡、推动、加速这个联盟的建立和发展。

人类的一切活动都离不开上述人类两大基本关系。人类社会的进步就是在这两大基本关系织成的错综复杂的网络中实现的。自然科学和社会科学联盟的一个根本性的重大意义，就在于将这两大基本关系联系起来进行考察，尽可能综合地全面认识人类及其历史创造活动，从而使人类在这种历史创造活动中拥有更大的主动性，减少盲目性。可以预料，实现这一联盟意味着人类对自己本身及其所处历史位置产生认识上的飞跃，有可能将人类的思维范围和思考能力推进到一个新的历史水平，而其实践意义也会远远超出科学研究本身的范围。

二

要实现和推动自然科学和社会科学的联盟，社会科学本身需要进一步科学化、现代化。历史学也不例外。历史学的科学化、现代化既是在自然科学和社会科学联盟这个总趋势的推动下进行的，本身又是这个总趋势中的一个组成部分，反过来推动它的发展。因此，这个问题很值得研究。从国外史学的发展来看，战后在西方兴起的"新史学"，可以看成是历史学科学化的一个尝试。应该说，西方新史学在这方面是取得了不少积极成果的，同时也带来一些消极后果。正反两方面都值得我们研究和借鉴。西方新史学的特点，就是在跨学科方法的基础上，与自然科学和其他社会科学进行渗透、融合，衍生出一系列新的史学分支学科，并强调多角度地对历史过程进行分析概括。这就大大拓宽了历史研究的领域和范围；同时也突破了传统史学过分依赖文献考据的手工业式方法，丰富和革新了史学的研究方法；在史学作品的写作上，也突破了传统史学只重叙述描绘的局限，而强调分析。这种史学科学化的方向是对的。西方的新史学家们也写出了不少有分量的作品，但同时也还存在着许多问题，以致大约从 20 世纪 70 年代中期开始，在西方又出现了所谓"叙事史的复兴"的趋势。

简单说来，西方新史学发展中存在的问题主要表现为绝对化和片面性。譬如，西方新史学运用统计学和数学方法，特别是运用电子计算机，对事物进行量的分析，在方法上无疑是一大进步。可是，有些新史学家过分夸大这种计量方法的作用，就走到了极端。有的学者甚至声称："唯有计量的历史学才是科学的历史学"，有点"罢黜百家"的味道。此外，在新史学与传统史学、分析概括与叙述描绘、日常生活史与政治史、结构与事件、定性与定量、新方法与考证等的关系上，也无不表现出片面性，实际上是把两者对立起来。这样做的结果，就使新史学在与自然科学和其他社会科学学科结合的过程中，有丧失历史学本身特点的危险。许多新史学作品充满图表曲线、数字术语，佶屈聱牙，抽象难懂，不仅使广大读者望而生畏，而且在同行中也知音难觅。这样就很难发挥史学作品应有的社会功能。"叙事史的复兴"是对新史学上述弊端的一种纠正，并不是从新史学退回到传统史学去。但从西方实际的发展情况来看，似乎另一方面的片面性又有所抬头。

这里不想详细论述史学科学化、现代化的问题，只想从西方新史学几十年发展的正反经验中提出几点初步看法。

首先，史学的科学化、现代化离不开正确的历史观的指导。西方史学在科学化的过程中，由于不能正确地解决关于历史发展过程的理论问题，又由于缺乏唯物辩证法的指导，因而必然会出现诸多弊端。对我们来说，史学的科学化、现代化，必须坚持马克思主义辩证唯物主义和唯物史观的指导。

其次，从西方新史学的发展来看，史学从自然科学直接借用的主要是技术手段，如数学方法、电子计算机；而且在借用时必须注意结合史学本身的特点，与史学原有的方法有机地结合起来，切忌生搬硬套。我国在20世纪80年代中期一度走红的所谓"三论史学"，就是生搬硬套的例子。实际上在西方并没有什么"三论史学"。

最后，在西方，历史学往往更多的是与其他社会科学学科结合，对自然科学的借鉴、融合，也常常是通过这些学科（例如社会学、政治学、经济学等）来进行的。

总之，历史学的科学化、现代化，同自然科学与社会科学联盟一样，是一个相当复杂，有待进一步探索实践的过程。

（本文原载《哲学研究》1991年第1期）

世界史研究四十年

——成就、不足与展望 *

一

如果把具有悠久传统的我国史学比作一株根深叶茂的大树的话，那么世界史这门学科则是这棵大树上的一枚新枝。解放前，在我国的高等学府里，虽然也有人讲授世界史，主要是西洋史，但真正坚持作世界史研究的堪称凤毛麟角。有些学者从国外留学回来后，本想在开创世界史研究方面一显身手，但迫于资料匮乏、资金拮据等种种困难，不得不改而攻研中国史。在成果的出版方面，情况也是如此。总的数量本来已经不多，而且其中主要又是翻译作品，或者是带政治性的、时事宣传性的著述。因此，作为一门学科，世界史实际上是在中华人民共和国成立后才建立起来的。

这门新学科的基础虽然薄弱，在成长过程中又屡遭挫折，特别是十年动乱的暴风雪几乎把这根新枝压断，但综观近 40 年来的发展，毕竟取得了长足的进步和令人瞩目的成就。世界史学科从中华人民共和国成立以来近 40 年的发展历程，明显地呈现出其阶段性。有人把它分为三个阶段，有人分为两阶段，实质上是一致的。分为三个阶段，是把 1949—1966 年作为第一阶段，即初步发展阶段或奠基阶段；1966—1976 年为第二阶段，即停滞阶段；1976 年以后，特别是 1978 年党的十一届三中全会以后直至今天是第三阶段，即复苏和发展的阶段。有人则以 1978 年为界分为前后

---

　* 这是为《建国以来世界史研究概述》一书（社会科学文献出版社 1991 年版）写的"总论"。初稿写于 1988 年 4 月，后来发表时略有改动。

两个阶段。这两种分法在实质上是一致的，因为世界史学科的真正发展是在 1978 年党的十一届三中全会以后，要讲我国世界史学科的发展，要了解我国世界史研究的概况，主要指的正是最近这十年。因此突出 1978 年作为界限是有道理的。本书的内容雄辩地证实了这一点。

鉴于本书各篇文章已分门别类地对世界史学科各领域作了详尽具体的综述，我在这里只能就世界史研究的发展状况、取得的成就、存在的不足和今后的趋向，作点简单的概括和谈点个人的看法，以求教于专家和广大读者。

20 世纪 50 年代初，世界史学科首先在高等学校里建立起来，以后直到 1966 年，可以说，始终处于初创阶段。这一阶段的成就，概括地说，都带有初创的特色。譬如，研究和教学队伍的初步形成，研究机构的初步建立，研究成果、人才培养、学科建设、图书积累等都处于初步阶段。这一阶段的成就表面看来并不显赫，但万事开头难。对这一阶段的奠基性工作，我们应该予以肯定，给予恰当的估价；对在这一阶段辛勤工作、做出努力和贡献的广大史学工作者，特别是历经沧桑的老一辈史学家，理应表示敬意。正是他们的奋斗，为 1978 年以后的发展奠定了基础。

谈到这一阶段的成就，除了上面列举的几个方面外，有几点需要特别说一说。首先是确立了马克思主义对世界史整个学科的指导地位。正因为世界史学科是在 1949 年以后才建立起来的，当时马克思主义在全国范围内的指导地位已经确立，因而这门学科从建立时起始终是在马克思主义的指导下发展的。在这一点上世界史学科同历史科学中其他学科（如中国古代史、中国近现代史、考古学）有所不同。世界史作为一门新兴的学科，相对来说，旧的传统的负担要比较轻些，封建史学观点和资产阶级唯心主义史学观点的影响可能也要比较小些，队伍的结构也显得简单一些。

其次，中华人民共和国成立以后，由于我国的国际地位和威望已非昔日可比，在国际事务中的作用也越来越大，因而国际问题的研究，其中包括世界史，也就受到各方面的注重。专门研究世界史的中央研究机构（中国社会科学院世界历史研究所）的成立就很说明问题。1959 年，当一批在苏联学习世界史的留学生回国以后，就以其中的一部分人为基础在历史研究所内成立了世界史组。到 1964 年，在党中央的指示下，世界史所和其他一批研究国际问题的研究所相继成立。在世界史所的成长过程中，史学界的前辈灌注了心血。他们的热心扶植和栽培值得记载。尤其令人难忘的是，在历史研究所初期侯外庐教授的亲切关怀和后来陈翰笙教授的直接指导。可以说，整个世界史学科的迅速成长，同老一辈史学家的关怀、扶植、指导是分不开的。这也是这门学科在基础薄弱、外界干扰又多的情况下，能在较短的时间内取得一些成就（特别是在人才培养方面的成就）的一个重要原因。

最后，由于世界史是一门新兴学科，它虽然像新生儿那样比较幼稚软弱，但同时也具有一种先天的优势。这就是说，它在成长中，既可以借鉴历史学在以往发展中走过的弯路，避免重蹈覆辙，又可以直接吸取当代科学发展的最新成果，加快自身的发展速度。对我国世界史学科来说，一个最明显的特点是，它在发展的初期，就没有受欧洲中心论一类观念的束缚，而是努力把世界历史作为一个整体来考察。与五六十年代民族解放运动高涨、第三世界兴起的国际形势相一致，我国世界史学科从最初就注意开拓对亚洲、非洲、拉丁美洲史的研究。这是很有眼光的一步。从史学本身的发展来说，对亚非拉美史的研究，我国同国际史学的步伐大体上是一致的。英国历史学家巴勒克拉夫在总结当代国际史学的发展时指出，"大致从 1960 年起，西方学者对东方历史和非洲历史的研究明显地加强了"①，他还特别强调，这也包括苏联和东欧的历史学家。②

这个事实表明，我国的世界史学科在起步的时候，在某些方面的起点是不算低的。总起来看，上述几个方面正是它发展的有利条件。如果能够发扬这些长处，获得顺利发展，不难预料，它必然会缩小与国际史学的差距，取得更多的成就。不幸的是，它的发展遭到当头痛击，以致几乎夭折。"文化大革命"时期，我国的史学研究接近停滞，而国际史学却从 20 世纪 60 年代以后进入了一个新的发展阶段，不论在研究领域的开拓，还是在研究方法和手段的更新方面都有了很大的进展。我国世界史学科同国际史学间的距离就更拉开了。

---

① 杰弗里·巴勒克拉夫：《当代史学主要趋势》，上海译文出版社 1987 年版，第 156 页。

② 杰弗里·巴勒克拉夫：《当代史学主要趋势》，第 157 页。

如果从历史学发展的角度进行反思，世界史学科在"文化大革命"时期的停滞，固然是由于遭到外来的打击，但却同它在前一阶段发展中本身的内在不足也是分不开的。简单说来，这些不足表现在以下几个方面：首先是由于"左"的错误造成的严重的教条主义和思想僵化的束缚。这当然是当时整个史学界的状况，世界史作为其中一个组成部分无法幸免。其次，闭塞隔绝，中华人民共和国成立初期我们对西方史学一直采取简单的否定排斥的态度，20世纪60年代以后对苏联史学也从肯定仿效转为否定排斥，到"文化大革命"时期同国际史学就完全隔绝了。第三，不注重史学本身的理论和方法论的建设，而是一直用历史唯物主义来代替。60年代初期，当苏联史学界明确提出历史唯物主义与史学理论、方法论的关系问题，并尖锐地提出要大力加强史学理论和方法论的研究时，我们虽然及时作了报道，但显然是把它作为一种"离经叛道"的错误倾向对待的。总之，世界史学科在第一阶段发展中本身的这些严重不足，在"文化大革命"时期得到恶性发展，结果更使自身遭到严重的损害。

党的十一届三中全会以后，世界史学科很快复苏，在短短的十年里获得了明显的发展。这十年里取得的成就是有目共睹的，本书各篇文章已有详细的论述。这里只概括地指出几个方面。

第一，在历史教学方面。一门学科的发展，离不开本学科的教学。而且教学的基础又在于中等教学，中等教学搞不好，高等教学也很难发展。30年代，苏联批判波克罗夫斯基取消历史教学的错误，除了决定恢复莫斯科大学和列宁格勒大学的历史系以外，重点抓中学的历史教学，特别是教科书的编写，这个情况恐怕也能说明问题。从我国的情况来说，中学世界史教学的状况虽有改善，但还是不能令人满意的。50年代，在初中和高中阶段各有一年学习世界史（共四学期），其中在1953—1956年还曾达到初中、高中共有六个学期学世界史的。不过当时的教材基本上以苏联教材为蓝本。进入60年代，由于中小学学制由12年制改为10年制，所以从1961年起，初中就不再设世界史课了。到了1964年，课程进一步缩减：整个中学五年只在初三设历史课，把中国史和世界史合编一册，共60课时。当时编的教材内容十分贫乏。

粉碎"四人帮"以后，特别是党的十一届三中全会以后，中学历史教学得到了恢复和发展。普及九年义务教育法以来，根据国家教委的新教学计划，初中阶段要开设三年历史课，其中一年为世界史。高中也恢复了世界史课程。在世界史教材的编写方面，成绩更为显著。不仅为中学生编写了教材，而且编写了中等师范学校和幼儿师范学校使用的世界历史教材，供培训在职历史教师用的世界史的卫星电视教材也正在编写中。除了普通中学外，还开展了职业中学、成人职工高中的世界史教学。这些成就是应该肯定的，但还存在不少问题，如师资的质量和数量都不够，经费短缺，等等。

世界史的高等教学在"文化大革命"以前基础就很薄弱。经过"文化大革命"元气大伤，党的十一届三中全会以后才又复苏。到 80 年代中期，全国和地方的综合性大学、地方专科大学、师范院校和师专等约有三百所，大多设有历史系或历史专业，一般都讲授世界史课程，但高校历史系设有世界史专业的只有三所（北京大学、南开大学、武汉大学），未设专业但世界史师资较强或没有世界史研究机构的，有二十所左右。这个情况表明，比起前一阶段来，高校的世界史教学虽有了发展，但总的来说基础仍很薄弱，同时发展不平衡，在教师队伍、图书资料、教材编纂等方面也仍然存在不少问题，在研究生的培养方面，成绩比较突出。党的十一届三中全会以后，建立了研究生培养制度。到 80 年代中期，在世界史学科方面，有权授予博士学位的点共有 16 个，导师 23 人，其中世界上古、中古史，4 个点，6 位导师；世界近现代史，7 个点，9 位导师；世界地区史和国别史，5 个点，9 位导师。有权授予硕士学位的点共有 60 个，其中世界上古、中古史，17 个点；世界近现代史，18 个点；世界地区史和国别史，25 个点。至 1986 年共培养出历史学硕士 410 人，其中世界上古、中古史 85 人，世界近现代史 130 人，世界地区史和国别史 195 人。这批中华人民共和国培养的研究生，目前已在世界史的教学和研究工作中起着越来越重要的作用。

第二，在世界史研究的发展方面，相对来说，成绩要明显一些。例如研究成果的数量和质量都有显著提高。据不完全统计，从中华人民共和国成立到 80 年代中期，有关世界史的论文总计约有 1.2 万篇，其中约有一半是在党的十一届三中全会以后发表的。有关世界史的专著也出了一批，其中有些有相当的质量，在国际上也引起反响。详细情况在本书的有关文章中都已有介绍。除各个历史杂志和各高校学报扩大了刊登世界史论文的篇幅以外，党的十一届三中全会以后又陆续出版了专门的世界史刊物，计有《世界历史》（1978 年创刊）、《世界史研究动态》（1979 年创刊）、《世界历史译丛》（1979—1980 年）、《外国史知识》（1981—1986 年）、《史学理论》①（1987 年创刊等），一些高校（如北京大学、华东师范大学、北京师范大学等）也不定期地出版过有关世界史的期刊，此外，还先后成立了 16 个有关世界史学科的研究会，许多研究会都出版会刊或通讯，经常发表会员的研究成果。全国性或地区性的世界史专题讨论会经常举行，在活跃学术气氛、推动学术交流方面起了作用。不少地区社科院和许多学校还成立了有关世界史专业或专题的研究、教学机构，所有这些都为世界史学科的发展创造了条件。

第三，党的十一届三中全会以后，世界史研究的发展主要表现在研究内容上，也就是表现在研究向纵深发展的趋势上。许多新的研究领域和课题被相继开拓了出来。由于世界史学科原先的基础比较薄弱，因而这点表现得格外明显。世界史研究在新时期开辟的新课题，其数量要大大超过前一阶段。譬如印度史研究，在前一阶段的课题只有五六个，现在已有二十多个，其他领域新辟的课题也很多，下面随手举些例子。例如在美国史领域，美国的移民史、妇女史、政治制度史、两党制史等都是近年新开辟的；在日本史领域，近年新辟的课题有日本封建社会特点、自由民权运动、法西斯主义、战后史等。许多新课题的开拓，大大丰富了世界史研究的内容，填补了不少空白。一些重要的领域，如东欧史、战后史等，在五六十年代几乎是空白的，近年来已有了不同程度的研究。这些都是可喜的现象。

在新领域、新课题的开拓中，有一点需要特别提出，那就是其中有些过去曾被视为"禁区"的，现在也被打破了。譬如苏联第二次世界大战前的外交问题，其中包括对《苏德互不侵犯条约》的评价；苏联二三十年代

---

① 《史学理论》杂志已于 1989 年停刊。由中国社会科学院世界历史研究所、近代史研究所、历史研究所主办的新的《史学理论研究》季刊已于 1992 年 3 月创刊。

的党内反对派问题；共产国际评价问题；"亚细亚生产方式"问题，等等。党的十一届三中全会以后，历史学的复苏（自然包括世界史学科）是在"解放思想""实事求是""拨乱反正"的号召下实现的。党的马克思主义的思想路线的恢复，为历史学的健康发展创造了条件，指明了道路。历史科学如果不能解放思想、实事求是，不能贯彻"实践是检验真理的标准"的准则，那么它就会失去生命力，就很难在社会现实中发挥它应有的功能。我国的世界史研究在这方面已经有了很好的开端，而且取得不少成绩，其中有些成绩还很有影响。譬如，关于布哈林问题，早在1981年就有论文发表，许多根本问题都已提了出来。这比苏联史学界早了七八年。但我们绝不能满足于成绩。同时必须明确，任何新领域、新课题的开拓，都必须坚持马克思主义的指导，坚持四项基本原则，在这点上不能有丝毫含糊。还有一点需要说明，研究和宣传是有区别的，研究不应有禁区，宣传则需要根据政策和具体情况适当地掌握。

在新时期的世界史研究中，还有一个新气象也是应该一提的。那就是学术争鸣的开展。当然，在五六十年代，有关世界史的许多问题就开展过争鸣，但无论是涉及问题的广度和深度，还是争鸣的气氛都远比不上1978年以后。学术争鸣是研究工作深入下去的必要条件。尽管在这方面还存在一些问题，但总的说来，学术争鸣的热烈却是空前的。1985年的《中国历史学年鉴》附有《建国以来世界史问题讨论简介》的资料，比较详细地介绍了1983年上半年以前有关世界史各种问题争论的情况，其中大部分文章发表在1978年以后。本书的各篇文章又补充了1983年以后的争论开展情形，从中我们可以看到，学术争鸣的开展确是近十年来世界史研究的一大特色，学术争鸣中的一个比较突出的问题是，争论的面虽然很广，但真正深入下去的却不多，大多是不了了之，并没有在原有的基础上通过争鸣取得比较一致的意见。但不管怎么说，近年来争鸣的开展和讨论气氛的热烈是应该肯定和发扬的。

第四，新时期世界史研究的一个明显的进展，就是对史学本身理论和方法论研究的开展。这个成绩当然不只属于世界史学科，而是同整个历史科学有关的。但在谈到世界史研究的成就时，也需要专门提到它。对史学理论研究的重视并不是偶然的。一方面，经过"文化大革命"，我国的史学工作者需要从理论上对史学本身进行反思；另一方面，党的十一届三中全会以后的改革开放政策，打破了过去闭关锁国的状况，国外史学理论的新发展极大地推动了国内的研究。在 1984—1987 年已连续举行了四届全国史学理论讨论会，各届讨论会的主题分别是：史学与现实的关系，历史发展的统一性和多样性（第一届）；历史科学和自然科学方法（第二届）；历史方法论（第三届）；历史认识论（第四届）。1988 年的第五届全国史学理论讨论会将讨论社会形态问题。其他各种类型的史学理论研讨会也举办过多次。专门的《史学理论》期刊已于 1987 年创刊。有关外因史学理论的译著以及国内学者撰写的专著和《史学概论》已出版多种。这些都说明史学理论研究的兴起。这虽然还只是近几年的事，整个研究也还只处于初步阶段，但已经有了明显的效果。这里只想提出两点：一是明确了历史唯物主义与历史研究的关系，即历史唯物主义是历史研究的指导思想，但不能替代历史学本身的理论和方法论。过去曾把历史唯物主义当作历史学本身的理论，除此以外，历史学就无理论和方法论可言。这样实际上就取消了史学理论，而是用一种哲学理论（历史唯物主义）来替代。这个问题不解决，史学理论的研究就难以迈步。只有明确了两者的关系，局面才能改变。当然，这个问题还需要深入研究，但这已是下一步的工作了。另一个成果是，明确了历史理论和史学理论的关系。历史理论是指客观历史过程中的种种理论问题（譬如历史发展的动力、多样性和统一性、社会形态演变等），史学理论则是指史学本身的理论问题，包括同主体有关的问题以及主体和客体的关系问题，也包括历史方法论问题，等等。历史理论和史学理论是既有区别又有联系的。但过去我们只研究历史理论问题，很少涉及史学理论问题；而且在史学理论问题中，也是谈方法问题多，而很少涉及历史认识问题。因此，根据实际情况，强调史学理论问题，特别是历史认识问题的研究是很有必要的。这同国际史学的发展趋势也是一致的。当然，我们在这方面的研究才刚刚起步，今后还有许多工作要做。总体来说，在明确了历史唯物主义与历史科学本身的理论、方法论之间的关系以及历史理论（历史过程的理论问题）与史学理论（历史认识的理论问题）之间的关系之后，史学理论以其特有的研究对象才被突出了出来，这样也就为今后的加强研究开辟了广阔前景。回顾近几年的研究，有关史学理论的各种问题都已提了出来，关键是要认真深入地研究下去，特别要注意把理论的研究同具体历史问题的研究结合起来。这里值得一提的是，近年强调的跨学科研究是这种结合的一条重要途径。

第五，打破了同国际史学界封闭隔绝的状态，加强了国际学术交流和同港台地区学术界的交流，这当然也不局限于世界史领域，而是适用于整个史学界。但世界史作为专门研究外国历史的领域，同外国学术界的交往理应格外重视，因为这是同研究对象国的直接接触。

打破封闭隔绝状态有两层含义。一是对国外的史学发展不仅有所了解，而且有切合实际的科学分析和评价，这样才能既认真吸取国外史学发展中的一切积极成果，又注意批判其中一切消极因素。时代发展到今天，任何一个国家的经济、科学、文化要想真正获得发展，都不可能把自己完全封闭起来，与世隔绝，可惜，对这个简单的真理，我们是在付出了重大的代价以后才开始认识到的。可以说，是在党的十一届三中全会以后，我们才真正重视这个问题，并开始以一种比较客观、科学的态度来对待国外的史学发展。这无疑是个重大的进步。这是认真的学术交流的必要的前提，也是我国史学摆脱自我封闭状态的重要转折。当然，交流和吸收并不是简单的模仿和照搬。我们的最终目的，还是要博采众长，在继承优良传统的基础上发展我们自己的史学。因而，闭关自守和食洋不化、夜郎自大和崇洋媚外同样都是错误的。对西方的史学理论，我们必须在马克思主义的指导下加以分析批判研究消化。

二是具体学术交流的开展，包括人员之间的交流、图书资料的交换、国际学术会议的举行等。自党的十一届三中全会以来，中外史学家各方面的学术交流和友好往来发展很快。过去那种隔绝状态已有了根本改变。值得一提的是，1980年，中国史学会派出代表团参加了在布加勒斯特举行的第十五届国际历史科学大会。之后，国际历史科学委员会接受我国代表团的申请，接纳我国史学会为该委员会的成员国。1985年8月，中国史学会第一次作为国际历史科学委员会的集体成员，派出代表团参加在联邦德国斯图加特市举行的第十六届国际历史科学大会。其他有我国史学家参加的各种类型的国际学术会议就更多了。除了人员交流以外，我国还有许多留学生在世界许多国家学习历史。据不完全统计，80年代有一百多名中国的留学人员在美国进修学习历史学。在其他一些国家，如英国、法国、联邦德国、日本、苏联等也都有我国的历史学留学生和进修学者。同香港、台湾地区史学界的学术交流近年也有发展，但涉及世界史领域的还很少。在历史学的国际交流方面，我们虽然已取得不少成绩，但从开展世界史研究的需要来讲，无论是同国外史学界的学术交流，还是图书资料的收集交换，或者参加国际会议的数量和质量，还是很不够的。我们期待今后随着改革开放的深化能有进一步的发展。

二

从上面的叙述中可以看出，中华人民共和国成立以来，尤其是党的十一届三中全会以来，我国的世界史研究从小到大，有了长足的进步。其成绩是显著的，无法否定的，然而，与此同时，我们也看到一种现象，即世界史学科，乃至整个历史学，在取得成就的同时也遇到了许多困难，这表明世界史学科（整个史学也是如此）似乎又陷入了某种困境之中。这困境的表现是什么呢？最明显的就是历史学似乎越来越遭到社会的冷淡：历史学著作销售量小，出书困难，常常因为征订数太小而无法开印；历史系毕业生找工作困难，常常分不出去，或者不得不改行，学非所用，历史学著作虽然出了不少，但基本上只在同行中流转，没有多少社会影响，等等。一句话，历史学作为一门人文科学，其社会功能显不出来。在整个历史学中，世界史学科似乎比起其他学科还稍好一点，但基本上也是如此。正因为如此，在 1983 年、1984 年的时候，当历史学还在不断取得进展的同时，已有一些敏感的青年史学工作者尖锐地发出了"史学危机"的呼声。尽管这呼声并不为许多人所接受，但它却是针对史学所处的困境而发的。于是，在我们面前出现了一种奇特的矛盾现象：一边是显著的无法否定的成绩，一边又是明显的同样也是无法否定的种种困难。成绩与困境并存，进展和困难同在，这是怎么回事？

这需要作些分析。自"史学危机"的提法提出以后，引起了种种争论。首先一个问题是，史学究竟有没有危机？如果有的话，表现在哪些方面？又如何克服？主张危机论者，强调史学遇到的困难，史学同社会需要的脱节。反对者则又强调史学近年来的成绩，认为史学遇到的困难还不足以构成危机。这中间还有一种看法，认为史学在正常情况下不可能成为"显学"，不能要求史学发挥太大的社会功能。因此，纵然不能为史学的现状心安理得，至少也不必大惊小怪，提出过高的要求，如果不拘泥于"史学危机"这个提法，不去抠字眼的话，那么上述两种对立的观点之间实际上有不少共同之处：大家都承认史学近年来的成绩，也都承认史学遇到的困境。分歧似乎在于对困境的程度的估计上，也就是能不能把它称为"危机"。这里有一种顾虑：如果承认是"危机"，似乎就把成绩都抹杀了。其实这是多虑的。只需要一查《辞海》或者《现代汉语词典》就可看到，"危机"的第一义都是"潜伏的祸根"或"危险的祸根"；其后才是"严重困难的关头"或"生死成败的紧要关头"。当然，这两重意义也不能截然分开，因为潜伏的祸根只要不加注意，就会发展下去，终有一天难免酿成严重困难、陷入生死成败的紧要关头。这里，如果我们把危机理解成"潜伏的祸根"，那么有条件地承认"史学危机"的存在似也未尝不可。这既不否定史学近年取得的明显成绩，又敏锐地指出潜在的危险，敲响警钟，有什么不好。青年史学工作者几年前就敏锐地提出"史学危机"的口号，以表达他们对变革史学现状的强烈愿望，和希望史学更好地与时代同步、为现实服务的热切愿意，这是应该肯定的。

或许是由于我们过去多年来习惯了讲"形势大好，越来越好"，因此总是怕谈不足，更怕谈"危机"。其实，"居安思危"才符合事物发展的辩证法。事物总是在矛盾中发展的。不论取得多大成绩，总还会存在不足和缺陷，这些不足和缺陷就是潜伏的祸根。及时地对它们敲起警钟，才会唤起人们不满足于已经取得的成绩，而去求得进一步的发展和变革。因此，危机感实际上是一种追求不断进步的推动力，是改革要求的起点。人们常常把危机同时看作契机就是从这个意义上说的。和我们不同，西方人似乎并不忌于说危机。在西方史学界，"史学危机"的呼声常有所闻，至今不绝于耳。当然，西方的史学危机主要是由于唯心主义和形而上学的历史观造成的，和我们说的不是一回事。虽然西方史学家们在呼喊史学危机时，未必认识到这一点，也不是指历史观说的，但这呼声表达了他们对史学现状的某种不满和要求革新和改进的愿望。这是他们的危机感的一种反映。

　　至于说到我们的"史学危机"，这里指的是潜在的祸根，也就是历史学本身内在的不足和缺陷。如果要用"危机"的说法，那么这也不是全面"危机"，只是局部"危机"。因为历史学并不是处在全面停滞、严重困难的关头，它还在发展，还在取得成绩。既然是局部"危机"，那么是什么"危机"呢？有人说是理论和方法的"危机"。因为历史学在本身的理论建设方面十分落后。它要不就是满足了烦琐的考订和对事件的描述，要不就是用教条式的理论框架去剪裁历史。在方法上则又十分陈旧。也有人说是历史学未能适应当前时代需要的"危机"，实际上也就是"功能危机"。历史学未能在当前改革开放的新时期中发挥它应有的社会功能，未能满足当代人的需求，因而自然就受到社会和人们的冷淡。另有人说是内容题材和形式表达方面的"危机"。历史著作的内容至今还是老一套，题材狭窄，令人关心的问题很少在史学著述中得到反映。在表述形式和文字上，又似乎形成了一套固定的格式，枯燥无味，缺乏可读性，等等。

　　以上这些说法都是有道理的，从各个侧面提出了问题。的确，"史学危机"的表现，简单说来，就是历史学遭到社会和人们的冷淡。这是由于历史学本身脱离了现实社会，不能满足当前现实的需要，未能发挥应有的社会功能。可是，我们应该进一步问一下：为什么会造成这种情况，原因在哪里？只有找到原因，才能对症下药，找到改进的途径。有人说，历史学之所以脱离现实，是因为不少史学工作者经过"文化大革命"的折腾，心有余悸，不愿意也害怕接触与现实有关的问题，而甘愿去钻研那些远离现实的偏僻题目。也有人说，这是由于与现实有关的题目，因为离现实近，史料不容易收集，同时"禁区"也多，历史学不是现状研究，它只能着眼于过去的事件。另有人说，历史学属于基础人文科学，不是应用科学，不能要求它直接为现实服务，过去搞影射比附，看起来好像为现实服务了，实际上是歪曲了历史，等等。这些说法虽也提出了一些理由，但强调的多为外因，而且其中还有误解。历史学为现实服务，并不要求它把自己的研究对象狭隘地局限于同现实直接有关的题目，局限于当代的历史。这固然是一个重要方面，世界上许多国家的确把史学研究的下限一直延到80年代，但史学为现实服务的含义和途径比这要宽阔得多。机械地提出"厚今薄古"不是解决问题的办法。历史学为现实服务的问题，并不是一个划分比例的问题，即使把"古代"全部砍去也无济于事。这种把过去和今天割裂开来的做法本身就是不科学的。

历史学为现实服务，说到底，是通过历史研究的成果以各种形式去满足现实社会中人们各方面的求知渴望，帮助他们解答在现实中遇到的种种难题，帮助他们思考和了解现实生活中出现的新课题，甚至帮助他们瞻望未来。生活在当代的人，一般说来，自然对当代的问题更感兴趣，但并不尽然，他们同样会渴望了解远离他们的时代。关键在于，他们对过去的兴趣同样离不开他们生活在其中的现实社会。每个时代的人们对过去的兴趣都带有各自时代的特色和要求，彼此之间是不一样的。生活在革命战争年代的人们，自然会对过去历史上的农民战争、阶级斗争更感兴趣。可是生活在当今改革开放新时代的人们，对过去的兴趣就会广阔得多。也就是说，每个时代人们的求知渴望，总是和每个时代人们所处的现实社会生活分不开的，总是从他们面临的各种迫切的现实问题中产生出来的。因此，只要我们的历史著作能反映当代人们的这种现实需要，不论它涉及的是哪个时代的题材，哪怕是遥远的过去，同样能在当代读者中得到共鸣，受到欢迎。如果远离时代的需求，同时代的脉搏跳动不能同步，即便是抓了当代的题材，也未必一定能在当代读者中获得知音。当然，这不是说当代题材就不重要。但无论如何，最重要的是要了解现实的需求，倾听时代脉搏的跳动。

三

综上所述可以看出，历史学同现实需求的脱离，它之不能很好地发挥自己的社会功能，同它不能深刻地认识现实、理解生活有关。造成这种状况的原因不能只从外部去找，首要的还应该从历史学本身去找。也就是说，历史学应该首先从自身来反思产生"危机"的原因，检查自身内在的不足和缺陷，弄清楚自身认识机制上的故障。从这个意义上说，如果姑且承认我国的历史学有"危机"存在而这种"危机"又只是局部"危机"的话，那么把这种"危机"看成是历史学的认识功能的"危机"似乎更为恰当。实际上，历史学的社会功能和认识功能是分不开的，在一定意义上甚至可以说这是同一事物的两面。认识功能发挥得好，社会功能自然也好，反之亦然。只不过，认识功能是从史学本身的角度说的，社会功能则是从客观的社会效果角度说的。这里，我们强调认识功能，正是为了从历史学本身找原因。

认识功能是历史学的基本功能之一，指的是对人类过去、现在和未来的科学认识，是对客观社会历史现象及其发展运动的本质的规律的揭示。老实说，这个问题我们过去很少考虑，因为我们根本就很少研究历史认识问题，这正是我们不足的表现，也是我们落后的地方。我们应该承认它，正视它。在改革开放的今天，当我们同国际学术界和史学界的关系日益密切的时候，这个问题的尖锐性可以看得更为明显。因为在科技飞速发展的今天，国际上关于现代科学认识问题的研究早已成果累累，在历史认识问题的研究方面也是如此。

我国历史学的认识功能的"危机"，从历史学本身来说，表现在它的观念、方法、手段、知识结构、范型等都显得比较陈旧，不能很好地认识日益发展的客观现实。这是因为，由于种种原因，我国的历史学至今还受传统史学较深的影响，正是传统史学的局限束缚了我国历史学的发展，使它未能及时转向现代史学，未能适应时代的发展更好地发挥认识功能和社会功能，应该指出，对传统史学不能一概否定，它有许多可贵的长处。它的长处，譬如对史料的考证，作为历史学的基本功之一，任何时候都是需要的，因此应该继承和发扬。问题是传统史学和任何事物一样也有它的局限。这种局限不能适应时代的发展，必须要加以突破。现代史学在某种意义上是对传统史学的扬弃，但并不是取代。即使在发达国家，至今现代史学和传统史学并存的局面依旧存在，这是不奇怪的。但无论如何，传统史学向现代史学转变的发展趋势，是不可阻挡的。

有一个问题需要顺便说一下。我国的史学是马克思主义的，为什么同时还受传统史学较深的影响？其实这并不奇怪。马克思主义是我们的指导思想，而传统史学影响是指史学本身的观念、理论、范型、方法、手段等方面。正像前面说过的，马克思主义要指导史学，但并不能代替史学理论一样，马克思主义也不能代替史学本身的建设。不能设想，有了马克思主义的指导，史学就能自然地摆脱传统史学的影响而转变为现代史学，或者史学本身就没有建设问题了。马克思主义的指导和史学本身的建设两者之间自然是有联系的。譬如，过去对马克思主义教条的、僵化的理解以及指导思想"左"的错误，自然极大地加深了传统史学的束缚，而今天要突破传统史学的局限，仍然需要以马克思主义为指导。马克思主义的发展和在它指导之下的历史学的建设和发展是相辅相成、相互促进的。

传统史学的局限表现在哪里呢？简单说来，传统史学带有浓厚的实证主义、经验主义的色彩，它在史学观念上往往把通过对史料的内外批判、考订校勘以如实地再现历史作为研究目的，因而在表述方式上就把客观地描绘叙述列在首位。由于它使用的史料往往限于现有的文字资料（也包括考古发掘），而这些史料大多同官方政府有关，因而研究的题材常以政治史和以伟人英杰为主。在研究方法上，除史料的考据外，主要还限于同近代实验科学实证主义方法有关的分析、归纳、比较等方法。在同其他社会人文科学学科和自然科学的关系上，则是各行其是，互不往来，等等。传统史学的这些方面，并不是都要抛弃，譬如对史料的重视、考据方法、归纳方法等仍然都是需要的，这在前面已经说过。问题是必须看到它的十分明显的局限性。我们列举传统史学的这些局限，并不是说我们今天的史学就是这个样子，而是说这些方面的局限和影响在我们今天的史学中依旧程度不同地存在着。下面作些简单的分析。

一般说来，传统史学强调让史实本身说话，是比较轻视理论的。而重视历史研究中的理论思维、理论概括，充分发挥历史学的理论功能，则是现代史学的一个重要特征。因为对社会历史现象的经验性的描绘、叙述和阐释并不能揭示这些现象的本质和其间的规律性联系。这里重要的是需要上升到理论，从理论的高度来认识。对于理论的作用，我国史学界一直是强调的，特别强调唯物史观的指导作用。在这点上，似乎谈不到传统史学的影响。然而，问题是，我们长期以来用唯物史观来代替历史学本身的理论，因此在史学研究本身的层次上实际上仍往往只注重经验的考据。即使近年在明确提出唯物史观不能代替史学理论以后，这个问题并没有从理论和实践上解决。譬如，前几年发表的一篇论文，虽也承认"唯物史观不等于历史科学，更不能代替历史科学"，但却把两者的关系描绘成："如果说，唯物史观对历史科学具有巨大的理论指导意义，那么历史科学则对唯物史观提供可靠的事实证据。历史科学在唯物史观的指导下，对历史实际研究得越全面、越深刻，它为唯物史观提供的事实根据就越充分、越可靠，唯物史观对历史实际的理论概括也就越缜密、越精辟。"这里把唯物史观和历史科学之间的关系概括为，前者为后者提供理论，后者为前者提供事实根据。换句话说，历史学本身是没有理论的，它只是提供可靠的事实证据。这使我们想起苏联史学界关于这个问题的讨论。

60 年代，苏联学者明确提出，历史唯物主义是所有社会科学（包括历史科学）的总的方法论，但这不是说历史学本身就没有自己的理论和方法论了。但当时在一些学者中流行这样的说法，即历史唯物主义通过研究历史实际而揭示社会发展规律，解释社会现象的本质及其发展规律，历史学则是描绘历史实际，研究社会现象的历史，为历史唯物主义提供实际材料，到了 80 年代，这种观点遭到了苏联学者的非议。1984 年，著名史学家巴尔格指出，上述这种看法，"实际上否定了历史学应当认识它所研究的事件的本质，把它的视野仅仅局限于现象的表现，仅仅赋予它原材料'搜集者'的职能"，这样历史学就"被解除了极其科学地分析它所记录的现象的职能，即从本质上、规律上研究它们的职能"①。因此，不能把历史学仅仅看成是为历史唯物主义提供事实根据的"供应者"。历史学不能停留在社会历史现象的经验的研究上，而把理论的功能全部交给历史唯物主义。如果这样的话，它在进行自己的具体研究时仍然摆脱不了传统史学的影响。"历史科学应有自己的理论体系，即与其认识功能相适应的范畴知识层次。"② 历史学必须要有自己的理论和方法论，必须要对自己的对象进行理论的研究，也就是从本质上、规律上进行研究。只有这样，它才能真正发挥自己的认识职能，才能对客观现实有深刻的、本质的认识。在这样做的时候，它需要有历史唯物主义的指导，同时它本身的理论建设必然会对丰富和发展历史唯物主义做出贡献。

这里再谈一个问题。传统史学把通过对史料的内外批判，考据校勘，如实地再现历史，恢复历史的本来面貌，让事实本身说话作为研究目的。

---

① M. A. 巴尔格：《历史学的范畴和方法》，莫斯科 1984 年俄文版，第 13、16 页。

② M. A. 巴尔格：《历史学的范畴和方法》，第 20 页。

这种史学观念，从认识论的角度看，本身就是有缺陷的。其根本缺陷在于把认识过程的主体和客体割裂开来，只着眼于客体一面。事实上，历史研究作为认识过程的一种，只可能是主体和客体的结合。"让事实本身说话"，持这种观念者认为，似乎只要把事实客观地摆出来，它就能说话了，就能说明问题，不需要主观上加什么评说。这种想法本身是不错的，可是从认识论角度看，却是不能成立的。事实，作为客观存在，早已逝去，不可能再出来说话。所谓让事实说话，只能是指史家把事实摆出来。这就离不开史家的挑选、考订、评估、解释。没有史家的这些活动，事实如何能摆出来。因此，摆出来的任何事实，即使史家不加任何评说，实际上已不是纯客观的了，而只能是主观和客观的结合，也就是主体和客体的结合。而且，一个孤立的事实往往不能说明什么问题，而一个以上事实的出现，就更离不开事实之间的关系的选择和解释，这样主体的作用就更明显了。

至于"如实地再现历史"，如果承认历史研究是一个认识过程，那么从认识论的角度看，那也是不可能的。道理很简单，任何主体的认识，作为客体的反映，只可能是"近似正确"① 的反映，而不可能与客体完全符合。恩格斯早就说过："现实同一切思维成果的符合仅仅是非常间接的，而且也只是渐近线似地接近"，"永远不会相交"。② 因此，任何史学作品，哪怕是公认的"信史"，作为思维成果，都不可能做到"如实地再现历史"。

历史研究，作为一种认识过程，只能是主体和客体的结合。因为任何历史的再现都离不开主体的介入，离不开主体的解释。因此，根本不可能存在撇开主体解释，完全客观地、如实地再现的历史。过去我们不大谈主体，往往忽略主体的认识作用。这里除了认识上的原因外，恐怕还有一种担忧，怕谈主体、主体解释的作用多了，会变成唯心主义。诚然，西方史学界在批判兰克和实证主义的史学观念时，过分强调主体的作用，滑到了另一极端，否认客观历史规律乃至客观历史存在，对这种唯心主义和相对主义，我们自然应该否定。但我们不能因为西方史学中有唯心主义倾向，

---

① 《列宁选集》第 2 卷，人民出版社 1972 年版，第 332 页。
② 《马克思恩格斯选集》第 4 卷，人民出版社 1972 年版，第 515 页。

就看不到西方史学在研究主体作用、历史认识方面的积极成果，更不能因此回避研究这方面的问题。马克思主义并不笼统地反对相对主义。列宁指出："马克思和恩格斯的唯物主义辩证法无疑地包含着相对主义，可是它并不归结为相对主义。"① 根据我国传统史学的影响比较深的情况，为了突破这种局限，应该在马克思主义的指导下加强对主体作用、历史认识问题的研究。

研究主体作用、历史认识问题，才能解决好史学和现实的关系问题。多年来，我们一直强调史学要为现实服务，也探索过许多途径，但始终没有解决好，其症结恐怕就在于没有找到联结历史和现实的纽带。从客观上说，在历史这条永无尽头的长河中，过去、现在、未来是无法分割的。过去和现在、昨天和今天本来就联系在一起。但从历史研究的角度说，史学和现实的联结，则是通过作为主体的史家来实现的。因此，要解决好史学为现实服务的问题，关键就在于主体。以往，我们往往只偏重于客体方面，找过去和现在在客观上的联系，或者把研究领域扩大，从中寻找同今天相似的事件，搞比较，找借鉴，寻教训等。譬如，今天搞改革，就去研究历史上的改革；昨天强调阶级斗争，就去研究历史上的阶级斗争。这些方面的工作当然也是需要做的，但毕竟没有抓住要害，而且路子有限，重要的是要从主体方面着手，解决好主体如何更好地认识客体、理解时代的发展和反映现实社会需求的问题。

如果像传统史学那样，主要着眼于对过去事件的描绘叙述，哪怕是通过史料考订，弄清楚了许多真实的细节，也并不会真正引起当代人们的兴趣（当然，这样的著作的一定的学术价值是不能否定的，这里是就它们不能很好满足现实需求而言）。因为他们对这种历史著作，除了像听听故事以外，并不感到有什么用处。人们更需要知道的，不仅是过去发生过什么事，而是为什么会发生这些事，它们对今天有什么意义，以及今天人们感兴趣的、关注的种种问题，在历史上是怎样的状况，过去的人们对这些问题又是如何看的，等等，而要做到这些，就要靠历史学家的研究和解释，任何历史学家对历史现象的研究和解释，都带有主观的成分，都离不开他

---

① 《列宁选集》第 2 卷，第 136 页。

所处的时代的影响和制约，不管他本人对此意识到没有，或者承认与否，都是如此。正是通过历史学家的研究和解释，也就是通过主体的介入，才在历史研究中把过去（历史研究对象）、现在（史家所处的时代）和未来联系了起来。只要史家在这个过程中，坚持唯物辩证法的立场、观点、方法，那么他就可以解决好主体和客体的辩证关系，不会把主体对客体的解释变成唯心主义，或者把过去的历史现代化。当然这是一个艰苦的研究过程。总之，如果一个历史学家能够具有当代的意识，深谙当代的需要，从当代的水平出发，拥有当代的认识方法和研究手段，在充分掌握史料的基础上去研究、解释历史，那么可以相信，他的成果就会靠近现实生活，就有可能抓住时代的脉搏，反映社会的需要，更好地为现实服务。即便他所研究的课题在时间上离当代社会很远，或者题材本身并不大，他的研究成果也有可能引起当代人的兴趣，满足他们的求知渴望，从而更好地满足现实生活的需要。

问题很清楚，历史学只有很好地发挥自己的认识功能，克服这方面存在的"局部危机"，才能更好地发挥社会功能，而要做到这点，历史学必须对自身进行深刻反思，研究史学如何才能更好地认识现实的问题。这里面涉及不少问题，下面说说其中的两个。一是同历史学家作为研究主体有关的问题，包括史家的认识能力、认识结构、社会环境等问题；二是结合史家具体的历史研究实践，探讨历史学认识客体的各种途径、手段和可能性的问题。现实生活是复杂多彩的，当代人们的求知渴望是多方面的。在日新月异的当代社会发展中，无数的新课题层出不穷地涌现出来，这就向历史学的认识功能提出了严峻的挑战，要尽可能全面地反映客观实际，满足现实社会多方面的需要，传统史学是无能为力的。这就必须向现代史学转变，历史学家本身的认识能力必须加强，认识结构必须改变，社会环境必须改善。历史学则必须努力扩大认识客体的途径和手段。这里重要的一点，就是历史学要同其他的社会人文科学学科和自然科学相互渗透、融合，走跨学科研究的道路。当然，其他也还有些问题，如进一步加强马克思主义的指导作用，进一步加强同国际史学的交往，以及大力加快研究手段的现代化，加强信息的收集、交流和反馈等，这里就不去多说了。

总体来说，可以这样认为，中华人民共和国成立以来，特别是近十年来，我国的史学（包括世界史学科）确实有了长足的进步，取得了显著的成绩。可是由于历史造成的种种原因，我国的历史学受传统史学的影响还较深。传统史学的局限没有完全突破。这就造成局部"危机"现象的出现，造成我国史学的某种困境，今后的发展和出路就在于打破传统史学的局限，使历史学从总体上尽快转变成现代史学。这就需要进行史学改革。这种史学改革必须在马克思主义的指导下进行，主要涉及历史学本身的建设和完善，内容包括史学观念、课题领域、理论方法、研究手段等方面，同时又必须是渐进的、稳妥的，不能简单地否定过去的史学传统。一句话，正像我们国家的根本出路在于改革一样，历史学的出路也在于史学改革，顺便说一句，作为口号，我觉得与其提"史学危机"，不如提"史学改革"。"史学危机"的提法只是消极地指出了问题，"史学改革"的提法则还积极地指出了出路。

由于本书收集的各篇文章把有关世界史各个断代、地区、重要国家和重要专题的研究成果作了比较详细的论述，这里除了对成绩作了些概括外，着重对整个历史学（包括世界史）存在的不足和问题以及今后的前景谈了些个人的看法，完全着眼于今后的发展。不妥之处，敬祈专家们和广大读者指正。

（本文原载《史学理论》1989 年第 4 期）

从"叙事史的复兴"看当代西方
史学思想的困惑

关于当代西方史学中"叙事史复兴"的现象，国内已有一些文章谈到①，但尚无作专门论述的。鉴于这个现象的确很值得注意，本文拟对此作些初步的分析。

一

所谓"叙事史的复兴"，从现象上看，就是大约从 20 世纪 70 年代中期以后，在西方史学界，叙事史又重新抬头。这主要是指新史学。众所周知，西方新史学兴起时是以反对传统史学的叙事史为旗号的。在新史学家看来，单纯地叙述、描绘只能停留在事物的表层，不能说明深层的动因；只能说明"是什么"，不能解释"为什么"，因而不能使史学成为真正的科学。所以，新史学强调概括，主张结构分析，突出理论。其途径主要是使史学与自然科学和其他社会科学学科接近，从后者借用其理论和方法。通过这种跨学科方法的途径，新史学力图使史学的理论方法论现代化，使史学科学化，应该承认，西方新史学在这方面取得了令人瞩目的积极成果，法国年鉴派的成就尤其显著。这样就产生了一个问题：既然新史学成绩斐然，成果累累，为什么到 20 世纪 70 年代中期又重新转向叙事史呢？

① 例如，参见拙文《八十年代的西方史学》，载《八十年代的西方史学》，中国社会科学出版社 1993 年版；杨豫《"新史学"的困境》，《史学理论》1989 年第 1 期；马雪萍《20 世纪的西方史学与当前的新取向——兼论中国史学的优势及前景》，《历史研究》1990 年第 5 期等。需要说明的是，本文中所说的西方史学是指西方非马克思主义史学。

这就是本文要探讨的第一个问题，"即叙事史复兴"的原因。

简言之，"叙事史复兴"的原因同新史学本身有关。也就是说，新史学在取得成就的同时，暴露出许多弊端和缺陷。对叙事史的转向，可以看作是西方史学家（主要是新史学家）为纠正这些弊端和缺陷所作的努力，关于这些弊端，苏联学者莫吉利尼茨基归结为三点，他还认为这些弊端在美国的"新科学史学"中表现得尤为突出，这三点是：（一）反历史主义，尤其明显的是心理史学和计量史学；（二）过分的专业化，这个弊端由于传统史学家和新史学家之间的敌视态度而加深，而这种敌视态度有使史学分裂为"两个竞争集团"的危险；（三）由于只有少数"选民"能进入史学的殿堂，史学有变成一门秘传的、封闭的学科的危险。莫吉利尼茨基得出结论说，"叙事史复兴"的主要原因之一是对西方史学科学化结果的普遍失望，这包括大部分新史学家。①

对西方新史学的弊端当然还可以作不同的概括，不一定归结为上述三点。关于这些弊端，国内的有关文章大都有所论及，自可不必多说。这里只想强调一点，即新史学的弊端往往是同它的长处混在一起的，也就是说新史学的长处被不断夸大、极端化，从而走向了反面，出现了弊端。而"叙事史的复兴"正是针对这些弊端的，用莫吉利尼茨基的话说，"叙事史的复兴"是西方史学对其理论—方法论基础现代化中出现的"歪斜"的一种反动，或者说，是对西方史学科学化走向极端的一种反动。②

然而，仅仅指出这一点是不够的，还不足以说明"叙事史复兴"这一现象的实质及其出现的社会原因，还需要看到，这里牵涉史学作为一门独立的学科能不能存在这样一个根本问题，这个问题从根本上说，也可以说是史学作为一门独立的学科能不能发挥其社会效能的问题，或者说，有没有其社会地位的问题，在 19 世纪，西方史学的社会地位是很高的，但在 20 世纪情况就变了。西方史学社会地位的不断下降威胁到它作为一门独立

---

① 参见莫吉利尼茨基《关于非马克思主义史学的理论方法论基础问题》（Б. Г. Могильницкий, К вопросу о теоретико - методологическом позиции немарксиской историографии），载《当代国外非马克思主义史学的批判分析》（Современная нарубежная немаркстиская историография: критический анализ），莫斯科 1989 年版，第 18 页。

② 参见莫吉利尼茨基《关于非马克思主义史学的理论方法论基础问题》，第 22、23 页。

学科本身的存在。这就迫使它要从理论—方法论上进行革新。这是西方新史学产生的社会原因。西方新史学主要通过掌握社会科学和自然科学方法的途径来进行变革，通过革新，西方新史学取得了令人瞩目的成就，从而在提高其社会地位、发挥社会效能方面起了积极的作用。然而，由于西方新史学本身弊端的存在，它不能根本解决这个问题。而其弊端的发展使史学本身的独立存在重新受到了威胁，这可以从两个方面来加以说明。

第一，史学与其他学科的关系，西方史学的科学化走的是与自然科学、其他社会科学学科接近并引进其理论、方法的途径。这本来是正确的。跨学科研究的趋势本来符合时代和社会的需要，也与史学本身发展的要求相适应。对此不应有任何怀疑。问题在于，西方史学在科学化过程中对保持和发扬史学本身特点的问题有所忽视，由此出现的"歪斜"和极端化倾向，使史学本身失去特征，有被自然科学和其他社会科学学科吞没的危险。对于这点，一些西方学者也敏锐地感觉到了。例如，联邦德国学者吕森指出，70 年代"叙事问题"，作为历史科学的主要问题被重新发现是与史学科学化的消极后果直接有关的：史学所采取的与社会科学接近的路线使它本身的独立性成了问题；也就是说，史学在其他科学中存在的权利成了问题。因为把科学化了的史学与这些科学区分开的特征变得模糊不清了。因此，历史科学为了把自己作为一门学科保持下去，就必须找到一种能使它区别于其他学科独有的特征和任务。这就是"历史判断的叙事结构"。因为，在吕森看来，史学只有在故事中才能实现自己作为科学的特证。[1] 另一位联邦德国学者蒙森也指出，广大公众和国家教育机构对史学的重新发现是同下述情况同步进行的，即要求历史学家重新进行足够生动、形象的叙述，并尽可能摆脱近几十年内十分流行的抽象的行话。[2] 史学借用现代自然科学和社会科学的理论方法，开拓自己的研究领域，革新自己的研究方法和手段，丰富自己的理论—方

---

① 参见吕森《作为历史科学理论问题的历史撰写——当代争论的历史背景概述》（J. Rüsen, Geschichtesschreibung als Theorieproblem der Geschichte—wissensshaft. Skizze zum historichen Hintergenl der gegenwirtien Discussion），载《历史撰写形式》（Formen der Geschichtsschreibung），慕尼黑 1982 年版，第 23 页。

② 参见蒙森《历史学家的语言》（W. J. Mommsen, Die Sprache des Historikers），《历史杂志》（Historische Zeitschrift），第 238 卷，1984 年第 1 期，第 61 页。

法论武库，这无疑是现代史学发展的必经之路。但如果在这个过程中，史学失去了自己独有的特征，与其他学科的界限日益模糊，至有被其他学科溶解、吞没的危险，那么它本身的存在岂不成了问题，其社会地位和社会效能也就谈不上了。

第二，史学与公众的关系。西方新史学著作中充满了抽象的结构分析、曲线图表、数学公式，所有这些像一堵墙似地把它与广大公众隔开，不仅如此，而且使它在同行中也是知音难觅。新史学的圈子越来越小，也就很难发挥社会效益了。这个问题比较明显，不需多说。

由以上分析可见，西方史学中"叙事史的复兴"有其深刻的原因。这同时也说明，"叙事史的复兴"不简单是历史撰写方式的变化，也不是回到传统史学的叙事史去。实际情况要复杂得多，绝不能作绝对的、片面的、简单的理解。首先，在西方，传统史学不仅始终存在，而且有相当大的影响。如果从数量上来看，传统史学家在许多国家并不是少数。即使在战后，在西方新史学总的说来已占上风，成为不可逆转的主导发展趋势之后，传统史学的影响仍不可忽视，当然也应看到新史学对传统史学的影响，今天的传统史学不仅与 19 世纪的传统史学不同，而且与战前的传统史学也有许多不同了。其次，世界上并不存在纯而又纯的事物。在西方新史学实行的史学科学化凯歌高奏的过程中，叙事体、事件史也并未绝迹，这不仅指传统史学，而且指新史学。也就是说，新史学作品尽管标榜反对叙事，但并不能完全消灭历史撰写的叙事形式，这种情况甚至法国年鉴派和美国"新科学史学"也不能避免，尤其在政治史领域，国外一些学者就曾指出这点。例如，美国历史学家迈克尔·坎门在指出战后传统的叙述史学向分析史学的转变以后，接着写道："进一步观察 70 年代的发展，就会发现事实上这个转变是如何的模糊。"[1] 当然，这并不是否认前面说过的新史学的特征。毫无疑问，新史学确是强调结构分析、理论概括的，因此常被说成是结构史学、分析史学、问题史学或理论史学。这同传统的叙事史学确有很大的不同。问题在于，新史学要彻底摒弃历史撰写的叙事形式却

---

[1]　迈克尔·坎门编：《我们的过去》（Michael Kammen, *The Past Before Us*），康奈尔大学出版社 1980 年版，第 29 页。

并没有做到，也是无法做到的。叙事形式及其因素以不同的方式、不同的程度依旧顽固地保留在新史学作品中，而且随着新史学弊端的日益暴露，叙事因素也越来越明显了。70年代恰恰是这样的一个转折时期。最后，我们可以得出这样一个看法，"叙事史的复兴"不是恢复到传统的叙事史学。恰恰相反，它基本上是在前一段新史学使史学科学化的基础上发展的，因此，可以说，它是新史学的继续发展，本身仍属于新史学的范畴，因而在西方也被称为"新叙事史"。至于"叙事史的复兴"这一现象的性质是什么，意义何在，这正是我们下面要分析的问题。

二

西方史学中"叙事史的复兴"，与当初新史学的兴起一样，并不只是研究方法的变化，也不只是历史撰述形式的更换，这是一个深刻得多的现象，它涉及史学理论的重大问题，反映了史学思想的发展。也就是说，这首先是属于理论—方法论层次的问题。它的核心是对历史本质的思考。围绕着这个核心，牵涉一系列重大问题，诸如史学作为一门独立学科的特征是什么，如何加强史学的社会效能，如何实现史学的现代化，首先是其理论—方法论的现代化，等等。

我们看到，"叙事"（Narrative，又译记叙，叙事史，记叙体等）在西方史学思想的发展中是一个长期引起讨论的问题，在当代更是如此。美国学者海登·怀特在1984年写道："在现代史学理论中，叙事问题是一个引起特别激烈争论的题目"，"西方近二三十年内进行了关于史学理论中叙事问题的讨论"。[①] 在表面上看来，叙事问题只是一种表述形式，似乎没有多大争论的价值，海登·怀特指出，对大多数职业历史学家来说，叙事既不被看成是理论的产物，也不被看成是方法的基础，而看成是一种文体的形式（form of discourse）。这种形式是否可用于表现历史事件取决于最初的

---

① 海登·怀特：《现代史学理论中的叙事问题》（Hayden White, The Question of Narrative in Contemporary Historical Theory），《历史与理论》（*History and Theory*），第23卷，1981年第1期，第1、7页。

目的是什么：是描绘一种情势，分析一个历史过程还是讲述一个故事。①
海登·怀特这段话告诉我们，作为一个理论问题，叙事问题在职业历史学
家中并没有争论不休，从理论上讨论叙事问题的，主要还是史学理论家或
历史哲学家。但这并不是说这个问题与职业历史学家无关，或者说职业历
史学家中无人从理论上探讨过这个问题。不管怎么说，正如前面已经说过
的，这个问题是涉及史学思想和史学本身发展的重大问题。

　　海登·怀特把当代西方关于史学理论中叙事问题讨论中的不同意见归
纳为四种倾向：一是以英美分析哲学家为代表，如沃尔什、加德纳、德
雷、加利、莫顿、怀特、丹图、明克。他们力图去确立叙事的认识的性
质，把它看成是一种解释，这种解释特别适宜去解释历史事件和历史过
程，而不是自然事件和自然过程。二是以社会科学为方向的历史学家，其
中法国年鉴派成员为其典范。这一派（布罗代尔、孚雷、勒高夫、勒罗
瓦·拉杜里）把叙事史学看成是一种非科学的、观念上具象的战略（ideo-
logical representational strategy）。历史研究要变成真正的科学就必须把它根
除。三是以符号学为方向的文学理论家和哲学家（巴尔特、福柯、德里
达、托多罗夫、朱莉娅·克丽丝特娃、本维尼斯特、惹奈特、艾柯），他
们研究叙事的一切表现形式，但只是把它看作许多"代码"中的一种推论
的"代码"（discursive "code"），这种"代码"是否适宜于表现"现实"，
完全取决于说话者的实际目的。② 四是以解释学为方向的哲学家，例如加
德默尔和利科。他们把叙事看成是一种专门的时间意识或时间结构在文体
（discourse，或译话语）中的表现。海登·怀特补充说，除了上述四种类
型，还可以加上不属于专门的哲学派别或方法论派别的历史学家。他们把
叙事看作"写"历史的一种相当好的途径，但他们往往把历史研究看作经
验研究，对理论有一定怀疑，甚至把理论看作历史研究实践的障碍。因
此，对他们来说，叙事并非重大理论问题。③

　　在这里，没有必要，也没有可能对海登·怀特提到的这些不同派别有

---

　　① 海登·怀特：《现代史学理论中的叙事问题》，《历史与理论》第 23 卷，1981 年第 1 期，第 2
页。文内着重号是原有的。

　　② 叙事问题的符号学研究已经形成一个新的研究领域，被称为"叙述学"（Narratology）。

　　③ 海登·怀特：《现代史学理论中的叙事问题》，第 7—8 页。

关叙事问题的见解加以评述。这需要专门的研究，也不属本文的范围。本文旨在对西方史学中新出现的所谓"叙事史的复兴"的趋势作些初步的剖析，进而说明西方史学思想面临的困惑。我们只能围绕着这个中心对涉及的有关问题提出一些看法。

首要的一个问题是史学的现代化。如前所述，战后西方新史学的兴起，其根本的目的就是使史学现代化。在当时新科技革命方兴未艾的条件下，新史学把史学的科学化，即通过史学与自然科学、社会科学接近从而实现科学化，就等同于现代化是不难理解的。也就是说，在西方新史学家看来，史学现代化的唯一任务和要求就是史学科学化，但这是不全面的。史学，作为人文科学的基础学科，不能离开自身的特点来谈科学化，否则，史学作为一门独立学科的地位和生存权利就会受到威胁。史学应该是既有科学性又有艺术性。史学现代化的任务和要求，应该既包括科学化，又包括人文化，两者缺一不可。

有一点需要说明。这里所说的科学化，是狭义意义上的，主要是指包括历史撰述、史学方法、手段、史料等这样一些史学本身层次的问题，其中包括史学本身层次的理论方法论问题。本来，谈到史学的科学化，首先应该指历史观，包括历史过程的根本理论问题，在这方面，自从马克思、恩格斯创立唯物史观以来，问题已经得到根本的解决。唯物史观是关于人类历史发展过程的唯一科学的理论。从这个意义上说，唯物史观的创立使史学有可能成为一门真正的科学。当然，在理解上我们不能简单化，而过去我们又往往犯了简单化的毛病：似乎有了唯物史观，史学自然而然地就成为真正的科学，而且是完美的科学。事实上并没有这么简单。第一，马克思、恩格斯多次强调，唯物史观不是教条，不能简单地作为研究的出发点。唯物史观的原理必须用来指导具体的史学实践，但无法取代史学研究，而史学要成为一门科学离不开本身的研究实践。在这里没有"多年冷静钻研的科学工作"（恩格斯语）是什么也办不成的。第二，唯物史观应该指导但不能代替史学本身科学化问题的解决，对这点，我们过去是重视不够的。第三，还有一个对唯物史观正确运用和理解的问题。在这里，既要防止教条化、公式化，又要反对否定唯物史观基本原理的错误倾向。既要看到唯物史观本身需要通过不断总结实践经验（包括史学研究实践）丰富和发展自己，又要反对在"发展"的旗号下行否定之实的企图。总之，有了唯物史观的指导，我们从根本上解决了历史观的问题，使史学有可能成为真正的科学。在这点上，西方非马克思主义史学是望尘莫及的。他们即使或多或少也受到唯物史观的影响，但基本上是唯心史观，这是西方史学思想始终无法摆脱困惑的根本原因。另一方面，我们也要看到，史学本身的现代化，其中包括史学本身的科学化，是一个长期的需要不断探索实践的过程。因此，我们需要在唯物史观的指导下加强史学本身的现代化，探讨其中的许多理论方法论问题，并加强研究实践，在这点上，西方史学的正反两方面的经验教训都值得我们认真研究。

现在再回到史学现代化应包括科学化和人文化两方面的要求和任务这个问题上来。再重复一下，这里的科学化是狭义意义上的。其实，不仅史学的现代化是这样，其他人文科学学科也是这样。杜任之先生在为《当代英美哲学》一书的序言中指出："哲学的科学化和哲学的人文化需求，实际上构成了西方哲学现代化的两项基本任务。"① 他接着说："它（即西方哲学现代化——引者注）是通过两个不同的研究领域（即科学哲学和人文哲学）的科学完成的。"② 这与史学有所不同。西方史学和西方哲学的实际发展情况可以说明这一点。

尽管从 20 世纪六七十年代以来，西方哲学中的科学主义思潮和人本主义思潮出现了互相补充和融合的趋势，也出现了一些从一开始就倾向于把科学主义和人本主义因素综合在一起的流派（例如哲学人类学和法国的结构主义）和大力倡导科学主义与人本主义相融合的哲学家（例如罗蒂），然而，西方哲学现代化的两项要求，即科学化和人文化的要求，基本上是由两种哲学思潮分别在两个研究领域里实行的。史学则不同，史学本身的特点要求史学作品必须兼容科学性和艺术性，必须集科学化和人文化的要求于一身，很难由两种不同思潮（科学主义思潮和人本主义思潮）的作品来分别实现某一方面的要求。这里说的是史学著作，不是指史学理

---

① 杜任之、涂纪亮主编：《当代英美哲学》，中国社会科学出版社 1988 年版，第 2 页。
② 杜任之、涂纪亮主编：《当代英美哲学》，第 2 页。

论著作或历史哲学著作。把西方的历史哲学分成科学主义历史哲学和人本主义历史哲学本无不可，但历史哲学毕竟基本上属于哲学范畴，若把史学分成科学主义史学和人文主义史学，则显得十分勉强。这既不符合史学本身的特点，也不符合西方史学的实践发展情况。从现代西方史学的发展状况看，与现代西方哲学不同，很难说是两种不同的思潮并行发展，而是在史学的发展中，有时科学化的趋势占上风，忽视了人文化的要求；有时人文化的趋势占上风，忽视了科学化的要求，呈现出"之"字形的曲折形状。当然，这同西方史学思想本身的摇摆，是有密切关系的。

这里牵涉哲学与史学的不同。哲学基本上是抽象的理论层次的学科，很难要求哲学作品像文学作品那样栩栩如生。史学则是一门具有特殊性的科学。作为科学，它自然应具有科学性，必须要有理论。但作为有特殊性的科学，它又有美学的一面，要有具象性。因此，哲学的人本化要求和史学的人文化要求，虽然十分接近，但毕竟不完全相同。大致说来，前者主要是属于理论层次的。后者则不仅包括理论层次，而且包括历史撰述、历史作品表现形式，等等。

这里的问题实际上也就是史学作为一门独立学科的特点问题，或者说史学的独立学科的地位如何确定的问题。史学的学科特点或学科身份应同样包含两个方面，即科学方面和美学方面（或艺术方面）。这两个方面同样是史学的本质属性，两者缺一不可，从史学的这种本质特性出发，就可以明白历史事件以及历史叙述（叙事）对历史科学的重要性。可以说，历史事件是历史科学的必不可少的中心概念之一，是所有历史知识的基础。因为，历史事件体现了人在历史中的活动，而"历史不过是追求着自己目的的人的活动而已"[①]。如果没有历史事件，也就没有人的活动，那又何来历史。苏联历史学家达尼洛夫指出："历史的世界是事件的世界。在没有事件的地方，也就没有变化、运动、发展，因而也就没有作为现实的历史。"[②] 对历史事件的表述主要通过"叙事"（"历史叙述"）。尽管对"叙

---

① 《马克思恩格斯全集》第 2 卷，人民出版社 1957 年版，第 118—119 页。

② 达尼洛夫：《历史事件与历史科学》（Ю. Н. Данилов, Историческое событие и историческая наука），载《中世纪》（Средний Век）第 43 辑，莫斯科 1980 年版，第 16 页。

事"的实质还需要作全面系统的研究，几句话说不清楚，但无可争辩的是："叙事"是历史认识的不可或缺的重要因素。因为没有"叙事"，也就不可能对人类的过去作任何有联系的系统的描述，更谈不上生动的描述，因而史学要履行自己的社会效能和教育职能也就无法办到了。然而，这并不是说，因此就可以完全肯定传统史学的叙事史，以为这是符合史学本质特性的唯一可行的范式。如前所述，史学的本质特性中还包含科学性的一面，这就要求从理论层次上揭示客观事物的实质及其发展的规律。而这点，传统史学的叙事史是无法做到的。西方的新史学极大地拓宽了传统史学的研究领域，革新研究方法和手段，注意理论分析，这些无疑是史学思想的进步，是应该肯定的。问题在于，西方新史学在这样做的时候，对传统史学采取对立、排斥的态度，对"叙事"加以否定，结果走向了另一极端。不管如何拓宽史学的研究领域，不管对经济、社会、人口、地理环境等方面的研究如何必要，这种研究如果不同事件的因素有机地结合起来，不以事件为基础，那就很难说它是历史研究，如果忽视事件以及以事件为基础的历史运动，一门学科就很难说是一般意义上的历史学，就很难与例如经济学、社会学、人口学等区别开来，我们不能说，西方新史学已经失去了史学的特性，但正如不少西方新史学家自己承认的那样，这样的危险性是存在的。

三

"叙事史的复兴"正是对西方新史学在史学科学化过程中出现的偏差的一种纠正。因此，它带有一定的健康的因素，第一个对这个概念进行阐述，并分析其产生的原因，从而在西方史学界产生广泛影响的是美国历史学家劳伦斯·斯通①。关于劳伦斯·斯通，国内已有介绍②，这里不再多

---

① 斯通：《叙事史的复兴：关于新的传统史学的反思》（L. Stone, The Revival of Narrative: Reflections on a New Old History），《过去与现在》（*Past and Present*），1979 年，第 85 卷，此文后收入斯通的文集《过去与现在》，波士顿—伦敦—亨利 1981 年版。

② 参见杨豫《险航一生，知微见著——美国著名历史学家劳伦斯·斯通教授采访记》，载《八十年代的西方史学》，中国社会科学出版社 1990 年版。

说，需要补充的是："叙事史复兴"的思想不是斯通最早提出的，它出现在 20 世纪 70 年代初。例如，美国历史学家马威克就曾提到过。①

重要的是，"叙事史的复兴"这种现象的出现，旨在纠正史学科学化过程中出现的极端偏向，因而它不是简单地否定史学科学化本身，更不是重新回到传统史学的经验主义的叙事史上去。"叙事史的复兴"主要是在新史学家的圈子里出现的。它不仅不是"新科学史学"的简单否定，而且继承接受了史学科学化的一定成果。也就是说，"新叙事史"与旧叙事史不同。在"新叙事史"中，分析和叙事不仅不相对立，而且被说成是应该结合的。新史学在西方取得的巨大成就是很难轻易推倒的。现在西方多数历史学家都承认史学需要理论。但鉴于前段史学科学化出现的极端偏向的教训，越来越多的人认识到，在理想的历史撰写方式中，理论、分析应该和叙述、描绘结合起来。这说明，对"叙事"本身的看法发生了变化，已同一个世纪前乃至半个世纪前不同。"叙事史"现在被说成应包含当代史学由于接近自然科学、社会科学而取得的成就，主要是技术成就。"新叙事史"也可以是"新科学史"。分析应是叙事的必要因素。"叙事史"有时甚至被看成是一种可以容纳现代史学所拥有的一切可能性的科学形式，被说成是史学的理想范式，美国耶鲁大学教授盖伊说："没有分析的历史叙事是陈腐的，没有叙事的历史分析是不完善的。"② 另一美国历史学家贝林指出："今后历史学家面临的最重大的要求，不是如何深化和改善研究技术（虽然这点永远有其意义），而是如何重新使史学与现已是前所未见的复杂性与分析容量相结合，是如何把历史学家所拥有的信息，量的和质的、统计的和文学的、视听的和口述的信息转变生成动的关于事件的叙述。"③

由此可见，"叙事史的复兴"并不是简单地否定史学的科学传统，不是拒绝理论，相反，历史撰写问题被作为史学理论的一个重要问题提出并

---

① 斯通：《叙事史的复兴：关于新的传统史学的反思》，《过去与现在》，1979 年，第 85 卷，此文后收入斯通的文集《过去与现在》，波士顿—伦敦—亨利 1981 年版。

② 盖伊：《史学的文体》（P. Gay, *Style in History*），纽约 1974 年版，第 189 页。

③ 贝林：《现代史学的挑战》（B. Bailyn, The Challenge of Modern Historiography），《美国历史学评论》（*The American Historical Review*），第 87 卷，1982 年第 1 期，第 24 页。

加以讨论；具体地说，历史叙述被作为历史认识的重要因素之一加以探讨，从而使历史认识的美学方面引起人们的重视，这些应该说是一个进步，值得我们注意。① 然而，这只是一个方面，甚至不是主要的方面。因为西方史学思想关于"叙事"问题的讨论中，虽然提出了不少确有科学意义的重要问题，但却无力解决这些问题，不仅如此，"叙事史的复兴"虽然旨在纠正前段史学科学化过程中出现的极端化的偏向，它却在纠正一种偏向的同时，走向了另一种偏向。或者说，"新叙事史"的出现虽然有其合理的健康的因素的一面，并且也取得了一定的积极成果，但同"新科学史学"一样，同时也带来了许多弊端。从这里我们可以看到，西方史学思想战后在探索理论基础的革新和现代化方面，确实做了许多努力，也获得了相应的成就，但从根本上说，它未能解决这个任务，始终未能摆脱自己所处的困境。它所面临的困惑，从这次向叙事史的转向中可以明显地看出来。

在具体阐述这个问题之前，首先需要说明一点，即"新叙事史"与"新史学"一样，其成分是相当复杂的，并不是一个单一的流派，不具有一致的方法论和历史发展概念。因此，在谈到"新叙事史"的弊端时和谈到"新史学"时一样，对不同国家不同的史学流派和史学家来说，程度上是不一样的。这里只是就总体来考察，而且着重在史学思想上。

差不多与"叙事史的复兴"现象出现的同时，在西方史学思想中，主观主义、非理性主义、相对主义的倾向也日渐发展，并且有成为主要倾向的趋势。当前对认识主体性问题的兴趣的重新高涨，原因是复杂的和多方面的。它并不简单地是由于唯心主义哲学的直接影响，自然这种影响不容忽视。如现象学、现代解释学、存在主义哲学……乃至狄尔泰、皮尔士等的影响都可以看到。它也并不简单的是"叙事史的复兴"直接带来的后果，但彼此又有关系。这点在下面还要谈到。对历史认识中主观因素兴趣的增长，很大程度上是受到当代科学技术革命的间接影响，尤其是理论自

————————

① "叙事史的复兴"不仅限于理论探讨，在相当程度上也反映在新叙事史的具体历史作品中。在后一方面，西方史学也取得了一定的积极成果，尤其是法国年鉴派的有关著作。由于本文目的是分析史学思想，西方"新叙事史"历史作品的成就和存在的问题就略而不提了。

然科学发展的间接影响。例如，现代物理学促使非线性规律概念、相对性概念、时空性概念广为流传，控制论提出连环因果概念的假设，等等。总之，当代理论自然科学的发展提出了这样一个问题，即有没有可能在完全摆脱研究者个人素质的情况下理解自然科学理论。与此有关的是"理解"问题，不论是在广泛的世界观的层次，还是在纯粹技术层次（即利用电子计算机技术使人的思维活动模式化），都具有了十分重要的意义。

重视历史认识中主体的作用并加以研究，这本来没有错。如果考虑到"新科学史学"有忽视史学的特性，忽视事件及人的活动的偏向，而与此有关的新实证主义历史哲学又集中注意于历史解释的逻辑形式和方法的分析，也就是两者对历史主体和认识主体有所忽略的话，那么在当代科学发展的条件下，再度重视对历史认识主体问题的研究是有其意义的。然而，西方不少史学家在这样做的时候，却走向另一极端，即把历史认识中主体的作用绝对化了，甚至否认客观历史现实的存在，这种相对主义、主观主义、非理性主义的增长，在西方史学界是普遍存在的，即使在法国新史学中也未能避免。当然，在各国，在不同的流派中程度不一。例如，在美国史学界就比较明显。关于这个问题，也需专门论述，这里只能就与"叙事史的复兴"有关的问题作些分析。

前面已经说过，"新叙事史"虽然是对史学科学化中的极端化倾向的反动，但它仍继承了"新科学史学"的一定的积极成果，并且它并不拒绝理论，这是事实。然而，必须看到，"新叙事史"强调的理论，其内容的重点与"新科学史学"的理论有所不同。西方理论家们对"叙事"问题的研究是同重新思考历史知识的性质联系起来的，也就是从理论层次上来探讨的，他们重新思考的方向是什么呢？不妨看一些有代表性的言论。

前面提到的联邦德国学者吕森强调必须根本改变历史描绘对历史研究的功能上的从属性，办法是承认故事（叙述）及其固有的美学原则和诗学原则比历史方法（研究程序总和）更为重要。因此，史学理论就必须像过去那样重新成为"历史撰写的诗学"①。从这里可以看出"新叙事史"理论的重点，它首先要论证的是历史撰写的诗学本质和与此相应的认识历史

---

① 吕森：《作为历史科学理论问题的历史撰写——当代争论的历史背景概述》，第24、28页。

的方法。也可以说："历史撰写的诗学"这个提法在相当程度上体现了"重新思考"的方向。不过，即使在这个方向内，对历史认识本质的看法也不是只有单一的一种，而是多种多样的，从一般的客观主义到露骨的主观主义。只是其中主观主义、相对主义、非理性主义的倾向却日益占据主导地位。

相对主义、主观主义、非理性主义倾向的流行必然会导致否认历史现实和历史真理的客观性，否认史学的科学性。例如，荷兰学者安克斯密特从历史事件"无法观察"的论点出发否定有获得历史客观真理的可能性。他在《叙事的逻辑：对历史学家语言的语义分析》一书中声称，重要的不在于如何叙述历史事件，而在于根据历史学家自己的意见关于这个事件应该说些什么。[①] 这就把史学降低到由叙述者随意叙述的水平。美国教授芒兹也否认存在认识主体意识之外的历史现实。他认为，唯一的现实是历史学家本人关于过去的思想。他说："在事件（行动）、历史叙述和对这一叙述的哲学理解之间的差别是程度上的差别"，"真理为什么经常从我们这儿溜掉，真正的原因在于真理根本就不存在"。[②]

从否定历史事件和历史真理的客观性到否定史学的科学性只是一步之遥。因而出现下述这种看法也就毫不奇怪：似乎 19 世纪那种追求历史知识科学性和客观性的实证主义的奢望只是一种历史撰写中的"特例"，现在历史撰写又回到历史相对主义的康庄大道上了。[③]

四

所谓叙述主义历史哲学（又译叙事历史哲学）的兴起也同相对主义情绪的传布有关。伊格尔斯和帕克主编的《历史研究国际手册·当代史学研

---

① 安克斯密特：《叙事史的逻辑：对历史学家语言的语义分析》（F. R. Ankersmit, *Narrative Logic: A Semantic Analysis or the Historian's Language*），波士顿 1983 年版，第 250 页。

② 芒兹：《时间的形状：对历史哲学的新看法》（P. Munz, *The Shapes of Time: A New Look at the Philosophy of History*），米德尔城（康涅狄格州）1977 年版，第 19 页。

③ 参见奥克斯勒《记号中的历史科学，历史主义》（O. O. Oexle, *Die Geschichtswissenschaft im Zeichen, des Historismus*），载《历史杂志》（*Historische Zeitschrift*），第 238 卷，1984 年第 1 期。

究和理论》就谈到 "新修辞相对主义者" 以及对 "历史客观性的理想" 的排斥。[1] 安克斯密特认为，叙述主义历史哲学是英美历史哲学两大类中的一类，而且是比所谓认识论的历史哲学后起的更有发展前途的一类，安克斯密特把叙述主义历史哲学的特点归结为 "集中注意于历史学家为进一步理解过去而发展的语言工具的性质"，这种历史哲学 "倾向于留在历史语言的领域内"。[2] 这种叙述主义历史哲学显然受到在英美哲学中占主导地位的分析哲学重视语言作用的影响。值得注意的是，叙述主义历史哲学的兴起，是在英美分析哲学本身发生重大变化之后，是在它原先的几大支派（尤其是其最大的支派逻辑实证主义或称新实证主义）衰落之后。安克斯密特认为，在新实证主义衰落以后，多数盎格鲁—撒克逊哲学已成为语言哲学，而历史哲学参与这种哲学向语言学的转向是在叙述主义的旗号下进行的。实际上，盎格鲁—撒克逊历史哲学极为勉强地去发展历史语言哲学（linguistic philosophy of history）是它最显著的特征之一。[3] 更为重要的是，在安克斯密特所谓的叙述主义历史哲学最终形成时，也就是在最近二三十年，英美哲学（包括通常被称为 "科学主义思潮" 的分析哲学）出现了一些新的变化。其中一个重要的变化就是 "走向相对主义"[4]。这种相对主义对叙述主义历史哲学的影响，可从安克斯密特视为叙述主义历史哲学的代表的美国学者海登·怀特的著作中明显地看出来。

　　海登·怀特的《元史学：19 世纪欧洲的历史想象》（后文简称《元史学》）一书的出版（1973 年），在安克斯密特看来，才使 "语言的、叙述主义的历史哲学显露出其真实面貌"[5]。这部著作在西方引起很大的反响，尽管并不是没有反对意见，但却获得了很高的评价。例如，安克斯密特称

　　① 伊格尔斯、帕克主编：《历史研究国际手册·当代史学研究和理论》（*Internatianal Handlook of Historical Studies. Contemporary Research and Theory.* Ed. by G. Iggers. H. Parkcr），韦斯特波特（康涅狄格州）1979 年版，第 25 页。

　　② 安克斯密特：《当代盎格鲁—撒克逊历史哲学的二难抉择》（F. R. Ankersmit, The Dilemma of Contemporary Anglo - Saxon Philosophy of History），《历史与理论》，第 25 卷，1985 年第 25 期，第 2 页。

　　③ 参见安克斯密特《当代盎格鲁—撒克逊历史哲学的二难抉择》，《历史与理论》，第 25 卷，1985 年第 25 期，第 16 页。

　　④ 参见杜任之、涂纪亮主编《当代英美哲学》，第 15 页。

　　⑤ 安克斯密特：《当代盎格鲁—撒克逊历史哲学的二难抉择》，《历史与理论》，第 25 卷，1985 年第 25 期，第 18 页。

它为"关于历史哲学的最富革命性的著作"①。吕森把它看作 20 世纪史学理论领域最杰出的著作之一②，并认为它是"当代关于历史科学基础的争论中的转折点，因为在这部书里关于历史认识叙事结构的观点发展成为一种历史撰写理论，这种理论把历史认识解释为具体的语言学的结构"③。

在怀特看来，过去的历史如同文本（text）一样，也具有我们力图去发现的意义，这种意义需要解释，并由词汇的、语法的、句法的和语义学的因素构成：因而，历史学家真正需要做的是把过去的历史的文本翻译成历史学家的叙述文本。④ 可是这不是一件简单的事。海登·怀特设计了一整套相当复杂和严密的"翻译程序"⑤。限于篇幅，这里不能详细评述，只能简要地指出几点。

如果说分析哲学家把全部哲学问题归结为语言问题，把语言分析看作哲学的首要任务，甚至唯一任务的话，那么海登·怀特（以及安克斯密特所称的叙述主义历史哲学）则把史学理论全部问题归结为语言问题，把语言分析看作历史学家的主要任务，甚至唯一的任务。这样做至少是片面的。重视语言在史学撰写中的作用，重视对历史学家的叙述语言的研究，有其合理的一面。对西方理论家们在这方面的工作应加以分析，对其中有价值的成果应该研究和吸收。但海登·怀特片面夸大语言的作用和重要性则显然是片面的。史学理论问题绝不能简单地归结为语言问题。无论是历史观的问题，历史发展的规律问题，历史认识和历史方法问题，还是历史撰写问题，都不只是语言问题。而且，海登·怀特往往孤立地研究语言，脱离语言所表达的思想内容，脱离社会现实生活。这样的语言分析实际上只是一种形式分析。马克思指出："正像哲学家们把思维变成一种独立的力量那样，他们也一定要把语言变成某种独立的特殊的王国"，然而，"无

---

① 安克斯密特：《当代盎格鲁—撒克逊历史哲学的二难抉择》，《历史与理论》，第 25 卷，1985 年第 25 期，第 18 页。

② 吕森：《作为历史科学理论问题的历史撰写——当代争论的历史背景概述》，第 30 页。

③ 吕森：《作为历史科学理论问题的历史撰写——当代争论的历史背景概述》，第 31 页。

④ 参见安克斯密特《当代盎格鲁—撒克逊历史哲学的二难抉择》，《历史与理论》，第 25 卷，1985 年第 25 期，第 18 页。

⑤ 海登·怀特：《元史学：19 世纪欧洲的历史想象》（Htyden White, *Mctahistory: The Historical Imagination in Nineteenth Century Europe*），巴尔的摩—伦敦 1973 年版。

论思想或语言都不能独自组成特殊的王国，它们只是现实生活的表现"。①

其次，更为重要的是，过分地、孤立地夸大语言在史学理论和历史撰写中的作用，很容易导致相对主义和主观主义。历史事实是叙事的基础。如果把历史事实说成只是各种偏颇情绪支配的历史学家所创造的语言构造，那还有什么历史客观性可言。海登·怀特在《元史学》中所提出的关于历史知识和历史编纂过程的概念是很有代表性的。因为这是对"历史撰写诗学"（作为对历史科学性质的新看法）的系统的叙述，而这又是同西方史学思想转向"叙事"密切联系着的。

怀特深信史学的非科学性，他力图证明史学与自然科学的根本区别。他强调，自然科学"获得进步时常是借助于特定的科学家团体成员之间的协议，这些协议是关于这样一些问题的：哪些可被视为科学的问题，科学的解释应该具有什么样的形式，哪些种类的资料可被认为是关于现实的科学报告的证据。在历史学家中间这样的协议是不存在的，而且从未存在过"②。这种"缺乏协议"的状况对史学来说是"天生的"，反映出史学的"原始的科学性质"（protoscientific nature）③。因为"史学停留在概念的混乱状态（conceptual anarchy），而自然科学处于这种状态是在16世纪"④。也就是说，这种"概念的混乱状态"对史学来说是无法摆脱的。这就使史学的性质及其根本特征更接近于艺术创作，而不是科学。海登·怀特在《元史学》中明确地说，他的根本目的之一就是要"论证任何时代的史学和历史哲学中独有的诗学的因素。人们常说，史学是科学和艺术的混合物。但是，当现代分析哲学成功地阐明在什么限度内史学可以被看作是一种科学时，却极少注意它的艺术成分"。怀特声称，"通过揭示特定史学观念得以设立的语言学基础"，他力图"证实史学工作的不可避免的诗学的性质"。⑤海登·怀特从肯定历史撰写的诗学性质及其"语言学的基础"出发，从否定史学的科学性出发，最后得出了相对主义的结论："我们可

① 《马克思恩格斯全集》第3卷，人民出版社1960年版，第525页。
② 海登·怀特：《元史学》，第12—13页。
③ 海登·怀特：《元史学》，第13页。
④ 海登·怀特：《元史学》，第13页。
⑤ 海登·怀特：《元史学》，前言，第10—11页。着重号是原有的。

以随心所欲地理解'历史'，恰如我们可以随意地制作它。"① 又说："历史学家们和历史哲学家们将可采取与他们自己的精神愿望和美学愿望最相一致的意识方式来随意地使历史概念化，来了解它的内容和叙述它的过程。"②

海登·怀特有关"历史撰写的诗学"的理论在西方也引起不少学者的批评，尤其是他的明显的相对主义倾向更遭到一些人的反对，例如，他的观点被看作是"虚无主义的""危险的和破坏性的"，这种观点破坏了任何真理标准，从而也使历史学家失去个人的责任心。③

此外，还应指出，在"叙事史的复兴"所反映出的西方史学思想的转向中，也并不是只有类似海登·怀特这样的相对主义一种声音，或者都像海登·怀特这样明显的相对主义。比较现实主义的，并不否定史学科学性的意见依旧存在。例如，分析历史哲学家明克把"叙事"看作人文科学固有的特殊的认识工具。④ 又如法国年鉴派—新史学在转向叙事史时，也并不否认理论和规律。孚雷写道，年鉴派"既是概念的，又是叙事的，既研究个人，又探索规律"⑤。问题在于，在"叙事史的复兴"这一西方史学思想的最新发展中，相对主义、主观主义、非理性主义的倾向日益明显，海登·怀特的立场具有相当的代表性。如果说，西方史学的前一段科学化的过程不仅有其合理的因素，而且取得了显著的成绩，但也出现了极端化的偏差的话，那么为了纠正这种偏差而出现的"叙事史的复兴"，在使史学人文化的过程中虽也有其成就，却同样出现了极端化的偏差。这个偏差就是否认史学的科学性，把史学看成文学艺术的分支。

对西方史学思想这一最新发展趋势，我们应该给予充分的注意。这并

①　海登·怀特：《元史学》，第 433 页。

②　海登·怀特：《元史学》，第 434 页。

③　洛布：《虚无主义的反语》（E. Golob, The Irony of Nihilism），载《元史学：六篇评论文章》（Metahistory：Six Critiques），《历史与理论》，第 19 卷，1980 年第 4 期，增刊第 19 期，第 65 页。

④　参见明克《作为认识工具的叙事形式》（L. O. Mink, Narrative Form as a Congnitive Instrunent），载《历史编写：文学形式和历史理解》（The Writing of History：Literary Form and Hlstorical Understanding），麦迪逊（威斯康星州）1978 年版。

⑤　孚雷：《年鉴派以外》（F. Funet, Beyond the Annales），《现代史杂志》（The Journal of Modern History），第 55 卷，1983 年，第 391 页。

不是偶然的、孤立的现象。在西方，这是一个国际现象。1985 年第 16 届国际历史科学大会国际史学史委员会专门以"叙事史和结构史：过去、现在和前景"为题进行热烈的讨论就能说明问题，这一发展趋势在西方不仅波及范围广泛，而且其影响也相当大，举一个例子或许能说明问题。美国史学界的代表刊物《美国历史学评论》在 20 世纪 80 年代末甚至开辟专栏，专门评论历史电影（例如《末代皇帝》）。另一美国杂志《美国历史杂志》差不多同时也开辟了这样的专栏，这在美国史学界是前所未有的现象。这种现象的出现同西方史学中"叙事史的复兴"这一发展趋势是密切关联的。这里有许多问题值得我们去深入探讨。例如，在西方史学中出现"叙事史的复兴"的趋势时，保守主义倾向在西方史学思想中也明显地得到加强。这就是值得研究的问题之一。

在这里，我们只想强调指出，从西方史学思想在使史学的理论—方法论基础现代化的努力中，在史学科学化和人文化的过程中所出现的极端化的偏差中，尤其是最近这次"叙事史的复兴"中暴露出的问题中，我们可以清楚地看到它所面临的困惑。西方史学思想无力摆脱这种困惑，无力解决它为自己提出的科学任务。

西方史学思想所面临的困惑，或者说所面临的两难抉择的困境，其表现形式是极端化和片面性，这也的确是西方史学思想的一个致命弱点，即它的非辩证性，形而上学性。它始终无力摆脱非此即彼这个困境，就如同孙悟空无法跳出如来佛的手掌一样。在科学性和文学性，理性分析和叙述描绘，结构和事件，跨学科研究和历史学特性，日常生活史和政治事件史，定性和定量，新史学和传统史学，新方法和考证等的关系上，西方史学无不表现出片面性：非此即彼。西方史学思想也相应地在两个极端之间摇摆。这里不由使人想起恩格斯早就说过的话："正当自然过程的辩证性质以不可抗拒的力量迫使人们不得不承认它，因而只有辩证法能够帮助自然科学战胜理论困难的时候，人们却把辩证法和黑格尔派一起抛到大海里去了，因而又无可奈何地沉溺于旧的形而上学。"①

在马克思主义看来，世界观、认识论、方法论是统一的。西方史学思

---

① 恩格斯：《自然辩证法》，人民出版社 1971 年版，第 29 页。

想表现出来的形而上学有其世界观上的根源。我们看到，"新叙事史"提出的理论，并不是历史过程理论，而是论述历史撰写的性质和形式（首先是论证历史撰写的诗学性质）以及与此相应的历史认识方法概念。这里，关于历史过程的理论和关于历史认识的理论是相互脱节的。可实质上两者是不能分的。西方一些史学理论家、史学家主观上试图孤立地探讨"叙事"问题，孤立地进行语言分析，甚至声称他们对历史过程理论问题，对历史规律问题，或者历史事实的客观性问题等不感兴趣，不去问津。事实上，正如前述海登·怀特的例子表明的那样，从片面夸大历史撰写的诗学性质及其语言学基础，到否定史学的科学性，到历史认识上的主观主义、唯心主义，到否定客观存在是有其内在联系的。我们知道，任何一种哲学观点、社会思潮的产生都有其社会政治根源和认识论根源。某种形式的唯心主义的产生也是这样。这里且不去说社会政治根源。不过也可以顺便指出，西方社会在近二十年来整个社会政治气氛右转、保守主义倾向加强的事实，对西方史学思想相对主义的发展不会没有影响。从认识论根源来说，认识上的片面性、绝对性往往会导致唯心主义。列宁指出："直线性和片面性，死板和僵化，主观主义和主观盲目性就是唯心主义的认识论根源"，又说："从辩证唯物主义的观点看来，哲学唯心主义是把认识的某一个特征、方面、部分片面地、夸大地、发展（膨胀、扩大）为脱离了物质、脱离了自然的、神化了的绝对"。① 显然，史学包含美学的因素，但它同时又包含科学的因素。如果片面地夸大美学的一面，绝对化地强调史学的"诗学本质"，不恰当地突出认识主体的作用，就有可能像海登·怀特那样导致唯心主义、相对主义。

总之，对当代西方史学的发展我们应以马克思主义为指导，进行认真的分析研究。一方面，要看到西方史学思想由于唯心主义和形而上学的局限，未能建立科学地解释历史认识本质的理论，更不能解释历史过程的规律。它在理论—方法论的现代化方面虽然作了许多探索，包括不少有益的探索，但终究未能跳出困境，无法摆脱面临的困惑。另一方面，也要看到，西方史学在科学化的过程中以及在向新叙事史回归的过程中，确实获

---

① 《列宁选集》第 2 卷，人民出版社 1972 年版，第 715 页。

得了不少积极的成果。这些成果尤其表现在史学研究实践方面以及在史学本身的理论方法论层次方面。当然这里也有失误、问题。正反两方面的经验教训，我们都应该认真研究。

（本文原载陈启能主编《当代西方史学思想的困惑》，中国社会科学出版社 1991年版）

当代西方史学思想的变化与中国史学

　　这里所谓"当代"，是指 20 世纪，尤其是 20 世纪下半叶。20 世纪的西方史学，发生了根本性的变化，其主要表现是新史学的崛起及其终于在第二次世界大战后取代传统史学而成为西方史学的主流。

　　西方的新史学兴起于 20 世纪上半叶。它是作为传统史学的对立面而出现的。西方的传统史学以兰克（Leopold Von Ranke，1795－1886）史学及其后的实证主义史学为代表。它与 19 世纪欧美各国的实证主义思潮相一致，影响颇大，在相当长的时间里成为西方史学的主流。德国作为兰克史学的故乡，传统史学的影响是根深蒂固的。然而有趣的是，也正是在德国最先有人起来同兰克学派进行唇枪舌剑的论战，这就是兰普雷希特（Karl Lamprecht，1856－1915），因此在某种意义上，德国又可被视为西方新史学的源头。不过，在西方新史学的兴起和发展中，影响最大、成就最显著的当推法国年鉴派。因而，在分析 20 世纪西方的新史学时，法国年鉴派往往被当作主要代表。

　　整个 20 世纪上半叶，大体上可以看作西方史学中新旧交替的时期。也就是说，新史学已经兴起，然而还远未动摇传统史学的统治地位。直至第二次世界大战以后，新史学才在欧美国家迅猛发展，并逐渐取代传统史学而占据主导地位。若以西方史学发展的总趋势而言，从传统史学向新史学的转折，大致可定在 50 年代。① 第二次世界大战后，法国年鉴派有了长足的发展。如果说它的创始人费弗尔（Lucien Febver，1876－1956）和布洛克（Marc Bloch，1886－1944）为法国的新史学奠定基础的话，那么它

----

　　① 这是一些西方学者的看法。例如，可参见巴勒克拉夫《当代史学主要趋势》，上海译文出版社 1987 年版，第 44、66、32 等页。

第二代的代表人物布罗代尔（Fernand Braudel，1902 – 1985）在50—60年代不仅牢牢确立了新史学在法国史坛的主导地位，而且使年鉴派的影响越出法国国界。同样在50—60年代，代表新史学的英国新社会史，美国新经济史、新政治史、新社会史相继兴起，影响越来越大。就是在传统史学影响深远的联邦德国，这种传统到60年代也被打破，而到70年代"新社会批判史"学派就应运而生。①

那么，传统史学与新史学之间究竟有哪些不同？前者向后者的转变说明了什么？对史学的发展有什么意义？这些问题正是本文所要着重探讨的。我们说，这种转变是带有根本性的，就是说这不是局部的、个别方面的变化，而是涉及史学研究的整体、涉及史学研究的一系列根本问题。

为了便于说明问题，我们不妨借用"范型"（paradigm）这一概念，意思是说传统史学与新史学在"范型"上是不同的。这里需要作些说明。"范型"是美国科学哲学家库恩（Thomas S. Kuln）提出的用以说明科学发展的一个核心概念。他有时又把它称为"学科基质"（dis – ciplinary matrix）。简单说来，"范型""代表科学共同体成员所共有的信念、价值、技术手段等的总体"②，大体上可理解为某一类科学共同体在一定时期内开展研究活动的共有的基础和准则。现在的问题是，如何借用"范型"这一概念来说明史学的发展变化。最主要的一点是，绝不能生搬硬套科恩的"范型"概念，绝不能从这一概念出发生硬地套用到历史学身上。这样做，往往会忽视历史学的特点，并且犯削足适履的毛病。我们借用"范型"概念，只是为了从中受到启示；重要的是要从历史学本身出发，结合历史学的研究实践，尽量弄清楚：如果讲历史学的范型，具体指哪些内容。西方有些学者将库恩的"范型"概念应用于历史学，或提出了历史学的基本范

---

① 联邦德国"新社会批判史"学派自称 Neue Sozialgeschichte（新社会史），因它强调史学的社会批判功能，一般被称为"新社会批判史"或"社会批判史"。伊格尔斯还称其为"政治社会史"。[参见伊格尔斯《德意志民主共和国史的新方向》（Georg G. Lggers, New Directions in Historical Studies in The German Democratic Republic），载《历史与理论》（History and Theory）1984年第1期，第61页]。

② 科恩：《科学革命的结构》（Thomas S. Kuln, The Structure of Scientific Revolutins），芝加哥1970年版，第175页。

型，如纳德尔（*G. H. Nadel*）①、斯托扬诺维奇（T. Stoianovitch）②；或应用于中国史学的研究，如艾尔曼（Benjamin Elman）。应该说，他们都作了有益的尝试，有些见解很值得注意。然而，在结合历史学的研究实践、探求史学的发展变化方面似还有进一步探讨的必要。

我们不应在概念上兜圈子，也不必陷入细节上的争论。这里所以借用"范型"的概念完全是为了说明当代西方史学的演变。关于这点，我们试图提出以下三点初步的看法。首先，史学的"范型"应主要包括历史学家研究实践中的基本方面。它表明作为一个专业工作者的历史学家，他是按照什么方式研究和写作历史的。"范型"不应与历史学家的研究实践脱节，不能成为某种外在的框框而要求历史学家去遵照它写作，相反它产生于历史学家的工作"作坊"里，是对历史学家"技艺"的一种概括。③ 具体说来，它可包括哪些方面呢？至少有以下几个方面：历史学家的研究对象包括哪些；他的研究方法是什么；他选择史料的标准是什么；他怎样进行论证；怎样作出结论；怎样对待其他学科；又是怎样写作的；等等。不同范型的史学在以上这些方面的表现是不一样的。

如果我们从以上这些方面来考察，就可以发现，传统史学的范型是比较清楚的。从研究对象说，传统史学的对象是狭窄的，就是政治史（政治事件和精英人物的活动）。从研究方法说，主要是史料考证；从论证说，主要是脱胎于近代实验科学的实证主义方法，即归纳、分析、比较等；从写作说，主要是叙述。从史学与其他学科的关系说，传统史学强调自身的自主性，忽视与其他学科的结合。如果说传统史学的"范型"相对来说比较容易表述的话，那么对新史学的"范型"来说就不是这样了。这就涉及我们的第二点看法，即某种史学的范型应概括这一史学本身最一般的特

---

① 参见纳德尔《历史学家面前的历史哲学》（G. H. Nadel, Philosophy of History before Historians），载《历史与理论》1964 年第 3 卷。

② 参见斯托扬诺维奇《法国的历史方法：年鉴派的范型》（T. Stoianovitch, *French Historical Methods: The Annales' Paradigm*），伊萨卡 1977 年版。

③ 研究史学本身的发展，对其进行深刻的反思，不断探求史学的革新，可以说是新史学的一大特点和一大贡献。正是他们研究历史学家的"技艺"（布洛克，Le metier de l'historien）、深入历史学的"作坊"［孚雷（F. Furet），L'Atelier de l'histoire］，立志要为历史学而战斗（费弗尔，Combats pour l'histoire）。

点，而不应以其某一阶段、某一方面、某一流派为根据。这主要是就新史学而言的。所谓"新史学"并不是一个流派，[①] 它是不同于传统史学的一种史学趋势、一种研究和写作历史的方式、一种史学范型。

斯托扬诺维奇把西方历史科学的基本范型分为三类：第一类是从古希腊到马基雅维利（N. Machiavelli, 1469 – 1527）时代的历史学范型，称为资鉴范型（exemplary paradigm），因与本文关系不大，这里不去说它。第二类是叙事范型（narrative paradigm），亦称兰克范型（Rankian paradigm），它显然就是前面说的传统史学范型。第三类是结构—功能主义范型（structuralist – functionist paradigm），它主要是对年鉴派的概括。这里，斯托扬诺维奇把新史学的范型称为"结构—功能主义范型"，有其一定的道理。因为新史学的确反对描述性地重现过去，重视系统分析。特别是布罗代尔，他在其代表作《地中海和腓力二世时期的地中海世界》中提出"地理—历史结构史"以及划分"历史时间"的三时段说，影响十分巨大，因而布罗代尔的这些主张往往被简单地看成年鉴派的范型，进而也是新史学的范型。然而，这样概括是不够确切、全面的，因为无论是新史学，还是年鉴派，本身都有许多变化，因而尽管在新史学中年鉴派的影响最大，在年鉴派中布罗代尔是重要代表人物之一，然而终究不能拿它们来概括全部。譬如，年鉴派在布罗代尔辞去《年鉴》主编（1968 年）以后已经有了显著的变化，以致布罗代尔本人在 1985 年也慨叹道："门生们没有遵循我的劝导……我与我的后继者们之间存在着巨大的鸿沟。"[②] 其他一些法国历史学家也有类似的看法。例如，以《支离破碎的史学》（L'Histoire en miette）一书（1987 年）严厉批评年鉴派的多斯（F. Dosse），

---

① 即使年鉴派也不能等同于西方的新史学，尽管年鉴派在 70 年代提出"新史学"一词，并有意识地以此取代"年鉴派"的称呼，用以表明它不是一个狭义的流派。不管如何，完全根据年鉴派来概括西方新史学的范型是不够全面、确切的，更何况年鉴派本身也有许多变化。俄国学者古列维奇甚至认为，说"年鉴派"有统一的"范型"都值得怀疑（参见古列维奇《历史综合与"年鉴派"》（А. А. Гуревич, Историчеспий синтез и щкояа "анналов"），莫斯科 1993 年版，第 31 页）。

② 转引自古列维奇《历史综合与"年鉴派"》，第 131 页。布罗代尔还说过："在吕西安·费弗尔去世后（1956 年），我甚至想停办年鉴杂志。当我于 1970 年接手时，杂志已不再符合布洛克、费弗尔或我自己的思想。"（转引自《史学理论研究》1994 年第 1 期，第 115 页）不过，在古列维奇看来，偏离布洛克和费弗尔的恰恰是布罗代尔，他的"地理—历史结构史"忽视了心态史和文化史（参见古列维奇《历史综合与"年鉴派"》，第 134 页）。这个问题需专门研究，这里就不多说。

强调"年鉴派已非同往昔"①。维拉尔（P. Vilar）为了表明年鉴派第三代已不能代表布洛克以来的传统，竟然说年鉴派已经死了。尽管这些意见并未被普遍接受，在第三代年鉴派中间也引起异议②，然而70年代以来，年鉴派的变化是有目共睹的。简单说来，布罗代尔所崇尚的"地理—历史结构史"不再成为时尚，精神、心态、文化等变成历史学家关心的热点。70年代开始，心态史、历史人类学勃然而兴。伊格尔斯在回顾80年代的历史学时说："欧美世界中包括历史研究和著述在内的整个学术界的氛围事实上已经发生了重大的改变……从70年代中期开始出现了新的趋势，其中对文化和语言的功用有了新的看法。"③

从以上的分析中可知，仅拿结构—功能主义范型来概括年鉴派以及新史学的范型特点是不够全面的。它只是其中的一部分，但不是全部。这就需要作更为广泛的概括。大致说来，新史学的范型可作如下的概括：

从研究对象说，新史学突破了政治史（政治事件和精英人物活动）的局限，强调研究人类社会生活的一切方面，强调历史的综合研究④；从研究方法说，新史学突破了传统史学单纯强调史料考证的局限，提倡研究方法的革新，重视理论概括和解释，力求提高历史认识和解释的准确性；从与其他学科的关系说，新史学强调打破历史学与其他学科之间的樊篱，主张跨学科研究；从写作说，反对单纯的描述，强调说明问题。需要指出新史学并不是严格意义上的学派，内部差别很多，本身又有发展变化，因此以上只是最一般的概括。

无可否认，新史学在发展过程中走过一定的弯路。这主要是由于对传统史学采取全盘否定的态度，因而走了极端。例如，"年鉴派"自诞生时

---

① 参见《世界史研究动态》1990年第1期，第16—17页。

② 例如，勒高夫（J. LeGoff）就不同意多斯的意见（勒高夫1991年12月与古列维奇的谈话。参见古列维奇《历史综合与"年鉴派"》，第296页）。

③ 伊格尔斯：《80年代的历史学——十年回顾》，《史学理论》1988年第3期，第102页。

④ 70年代以来，"年鉴派"前两代宗师布洛克、费弗尔、布罗代尔强调的"总体史"思想在部分新史学家中间引起了怀疑和反对，如肖努（P. Chaunu）、孚雷、贝桑松（A. Besanson）、诺拉（P. Nora）等，并称目前已处于"史学碎化"的时代（诺控语），但以勒高夫为代表的另一些新史学家，仍然坚持总体史的方向，并对历史综合作了新的探索，对总体史作了新的解释，指出并不是只有布罗代尔那种强调结构、过程的包罗万象的著作才是总体史（参见拙文《西方史学的发展趋势》，《历史研究》1993年第3期）。

起就打出了反对崇拜"三大偶像"的旗号。这"三大偶像"指政治事件史、"英雄"传记和叙事史。当时，为了突破传统史学"三大偶像"长期垄断的局面，与之针锋相对地进行斗争或许是很必要的。然而，物极必反。完全抛弃政治史、人物传记和叙事，过分强调结构研究、过程分析、静态考察，就容易成为既没有人又静止不动的历史。这也是70年代以后，新史学本身发生变化的内在原因之一。

更为重要的是，单纯地把新史学与传统史学范型的不同看作研究对象、研究方法（包括技术）、写作方式的差别还是不够的。这样就容易流于表面，似乎只要研究政治史，主张叙事的就是传统史学，只要提倡计量方法的就是新史学，实际上新史学范型和传统史学范型之间的区别还要深刻得多。因而上面概括的两种范型的特点还只是其表现形式。指出这些表现形式是必要的，但还不够。这就涉及我们的第三点看法。

这第三点就是，与传统史学不同，新史学十分重视历史认识论与史学方法论。新史学家所说的历史认识论和史学方法论是与历史研究的实践密切结合的，而不是过于抽象的历史哲学理论。勒高夫指出："大多数法国历史学家对历史哲学抱有敌意是没有疑问的，费弗尔和布洛克也这样，但他们在自己的研究实践中，敏锐地感觉到即使不是理论探索的必要性，至少也是方法论和认识论探索的必要性。"① 新史学正是由于结合历史研究实践从历史认识论和史学方法论的角度来探索史学本身的一系列问题，才使得它的探索带有深度，并使新史学范型从根本上不同于传统史学范型。这个问题这里不能多说，但须指出一点，即新史学强调在历史认识过程中，认识主体（历史学家）和认识客体是不可分的，强调历史主体的作用，而传统史学恰恰相反：不仅把历史认识过程中的认识主体和认识客体割裂开来，而且反对主体的介入，以为这样才能"公正""客观"。在传统史学看来，历史过去就像是一个现成的聚宝盆，历史学家的任务只是不带任何感情和偏见地去发掘宝藏，然后加以整理，以便如实地重塑过去。对这样的实证主义历史学家，卡尔曾以讽刺的口吻写道："历史学家可以从文献、碑文等等获得事实，就像获得鱼贩案板上的鱼一样。历史学家搜集它们，

---

① 勒高夫与古列维奇的谈话，见古列维奇《历史综合与"年鉴派"》，第299页。

把它们拿回家，按他们所喜爱的方式加以烹调，摆上餐桌。"① 在新史学看来，不论是史料，还是史实，都离不开主体。这样，对历史学家与史料、史实，历史学家与过去、现在、未来的关系的看法就都发生了变化。布吉耶尔（Andre Burguiere）甚至认为："这是一场悄悄发生的革命，由于它的基础是历史学家与过去的关系被翻转过来，所以我们可以把它称作哥白尼式的革命。"② 新史学正是由于从历史认识论和史学方法论的层次去深化自己的探索，正是由于强调历史认识过程中认识主体的能动作用，才能从根本上摆脱传统史学死板的、形而上学的框框。也正因为这样，如何丰富史学的认识手段，强化史学的认识功能，这样一些传统史学根本不加考虑的问题才会被提上日程。也正因为这样，才会去进一步考虑如何扩大史学的研究领域，如何革新研究手段，如何与其他学科结合，如何更好地写作历史等问题。由此可见，新史学范型的前述种种表现形式是同它在历史认识论和史学方法论这些深层次上的探索分不开的。勒高夫指出："'年鉴派'之所以能根本改变历史学，靠的是三个基本思想的结合：（1）对历史学家、历史文献和历史事实之间关系的批判；（2）建立总体史的意图，这种总体史应包含人类社会活动的一切方面；（3）史学和社会科学的跨学科研究实践，而且从事纪事、分析持续性和变化的历史学在这些跨学科研究中应保持主导地位。"③ 这里，勒高夫把历史学家与历史文献、历史事实关系的改变列为首位，显然不是偶然的。

　　还需要补充的一点是，以上就"传统史学"范型和"新史学"范型的特点及其区别所说的几点初步意见，只是就一般趋势、总的特点而言的，切忌绝对化。事实上，随着整个史学的发展，两种范型之间的相互影响在不断增多，而且西方各国的情况也不完全一样，因此在联系到各国的实际情况时需要具体分析。

---

　　① 卡尔：《历史是什么?》（E. H. Carr, *What is History*?），伦敦 1962 年版，第 3 页。
　　② 布吉耶尔：《年鉴派史学的演变和现状》，载《八十年代的西方史学》，中国社会科学出版社 1990 年版，第 126 页。
　　③ 勒高夫与古列维奇的谈话，见古列维奇《历史综合与"年鉴派"》，第 298 页。

二

下面，我们准备参照当代西方史学范型转变的情况，考察一下当代中国的史学。这里所说的当代中国史学，是指 1949 年中华人民共和国成立以后的史学。

首先应该指出，1949 年以后，中华人民共和国的历史学在四十多年的发展中，尤其在改革开放的十多年中，取得了重大的进展和有目共睹的可喜成绩。这里随手列举一些方面即可说明问题，诸如：历史研究领域的极大扩展，重要历史著述的大批涌现，考古学、甲骨学、方志古籍整理等的突飞猛进，众多理论问题的探讨，研究队伍的扩大，世界史研究的开创和发展，等等。毋庸讳言，在这四十多年中，中国的史学也经历了挫折、失误，尤其在"文化大革命"期间。总之，对这四十多年中国史学的发展可以借用一位论者的话来概括："曲折的道路，辉煌的成果。"①

历史学和任何事物一样，在发展过程中出现失误，经历挫折，往往是难以避免的，也是不足为怪的。然而，像中国的历史学那样，在短短四十多年中，在取得巨大成就的同时又出现重大的失误，这种大起大落的状况却并不多见，因而更值得反省和深思。这里自然有外部原因（如"文化大革命"），但也不应忽视历史学本身的内部原因，其中之一就是没有把历史学本身的发展问题提上日程加以探讨，缺乏对一系列有关历史学发展的根本理论问题的研究，缺乏对国际史学发展的了解。改革开放以后的十多年中，这种状况有了很大的改变，从而使中国史学出现了新的面貌。

本文正是循着这一思路，意在从"范型"这一角度对当代中国史学作些考察。"范型"既然用以表述研究和写作历史的方式，那么对于中国史学大体上也应该是适用的。我们在考察中国史学时，自然需要参照当代西方史学"范型"转变的状况。这里一方面应看到，西方史学的演变有其自身的特殊性，绝不应简单照搬：另一方面也应看到，西方史学范型的转变在一定程度上反映出史学发展的一般规律，因而有其一定的普遍性。譬

① 肖黎主编：《中国历史学四十年》，书目文献出版社 1989 年版，序，第 1 页。

如，西方传统史学范型向新史学范型的转变至少说明了历史学的发展总是要求研究领域的不断扩大、研究手段的不断革新和史学观念的变化，而这又要求史学不断调整同其他学科的关系，同时也说明史学本身的发展并不是孤立的，从根本上说是与社会和科技的发展紧密相连的。这些对我们考察中国史学的范型都是有启发的。

或许有人会说，中国史学是马克思主义史学，不需要考察什么"范型"问题；或者说，中国是马克思主义史学，自然是新史学范型。这是把两个不同的概念混淆了，即把史学的指导思想和史学范型混淆了。无疑，中国史学是由马克思主义指导的，具体说来，是由马克思主义的历史唯物主义，即唯物史观指导的。然而，指导毕竟不是代替，指导思想不能等同于从历史研究实践中概括出来的史学范型。历史学的"范型"，历史学本身的发展和有关的种种问题是需要具体探讨并通过研究实践不断完善和解决的。用指导思想来代替具体问题的研究，历来是马克思、恩格斯所反对的。恩格斯晚年十分不满德国许多青年作家把"唯物主义"当作套语，当作标签，贴到各种事物上去，再不做进一步研究的弊病，指出："唯物史观现在也有许多朋友，而这些朋友是把它当作不研究历史的借口的。正象马克思关于七十年代末的法国'马克思主义者'所曾经说过的：'我只知道自己不是马克思主义者。'"① 不对历史学本身的理论方法论问题，不对历史学本身的发展演变作具体的研究，以为有了什么样的指导思想，范型问题就会自然而然地解决，这至少是一种天真的想法。历史学的发展是要通过历史学家的研究实践包括对史学本身发展的反思和探索来实现的，这里指导思想能起很大的作用，但毕竟不能代替后者。

这样说，并不是说马克思主义与历史研究实践以及史学范型就没有什么关系。西方新史学的发展历史说明，西方新史学范型的建立受到马克思主义显著的影响。许多西方新史学家都承认这一点。例如年鉴派的代表人物大都承认马克思主义创始人是"新史学"的重要先驱。这里只要举出勒高夫的话就够了。他说："从许多方面看来，马克思是新史学的创始人之一，这是一种问题研究的、跨学科研究的史学，它扎根于长时段研究并以

---

① 《马克思恩格斯选集》第4卷，人民出版社1972年版，第474页。

整体性为其目标。"① 西方马克思主义史学中确有不少人属于新史学家，并对新史学的发展做出贡献。英国的马克思主义史学家［汤普森（E. P. Thompson）、霍布斯鲍姆（E. J. Hobsbaum）、希尔顿（R. Hilton）等］在西方新史学中独树一帜，影响很大。法国也有马克思主义史学家，如伏维尔（M. Vovelle）是公认的新史学家。然而，毕竟不能在马克思主义史学和新史学范型之间画等号。马克思主义确在许多方面，如跨学科研究、总体研究、注重群众作用、注重经济基础、结构分析、长时段考察等对新史学范型的形成和发展有极大的启示作用，然而马克思和恩格斯虽然也写过历史著作却并不是职业历史学家，不能要求他们去解决应该由历史学家解决的问题，去探索研究历史和写作历史的方式。他们建立的唯物史观属于高于史学研究的哲学—世界观层次。我们自觉地坚持唯物史观对历史研究的指导，这是我们的优势，但不能以前者去代替史学本身层次的问题。如前所述，西方新史学往往忽视哲学的作用。勒高夫在谈到这点时说过："应该承认，'年鉴派'和'新史学'的创始人对大部分德国思想家都是忽视的，只有马克斯·韦伯是例外，就是韦伯的思想也只是有限的掌握。甚至马克思的影响及对他著作的阅读也是不深刻的。"② 然而，任何人及其活动总是离不开某种哲学——世界观的指导的，因而西方新史学对哲学的忽视未必是可取的。

　　还有一种看法，认为中国史学早已是新史学范型，即使不比西方史学早，也迟不了多少。其标志就是 1902 年梁启超发表的长文《新史学》。这也是概念上的混淆。梁启超的著作虽然也叫《新史学》，并比美国鲁滨逊（J. H. Robinson）的同名著作早问世十年，但其性质、作用及背景却是不同的。我们不能望文生义，而不对其加以具体分析。

　　以中国史学来说，中国的古代史学③起自孔子止于章学诚（1738—

---

① 转引自姚蒙《法国当代史学主流——从年鉴派到新史学》，香港三联书店 1988 年版，第 161 页。
② 勒高夫与古列维奇的谈话，见古列维奇《历史综合与"年鉴派"》，第 299 页。
③ 一般也称为"传统史学"，但为避免与西方"传统史学"概念上发生混淆，本文都称为"古代史学"。

1801 年)①，实际上，其余波要发展到 20 世纪初才结束。② 不管怎么说，梁启超的著作被视为中国近代史学产生的标志则是没有疑义的。因而，可以明确的是，梁启超所激烈反对的是中国的古代史学，他所提出的"史学革命"是要革中国古代史学的命，实际上也就是要革中国封建史学的命。

　　西方的史学发展情况不完全相同。对西方史学史的发展，可以有不同的划分。一般把古代希腊、罗马史学直至 16 世纪文艺复兴之前的史学叫做古代中世纪史学或简称古代史学。从文艺复兴到 18 世纪启蒙运动的人文主义史学可视为早期近代史学。启蒙运动以后，经过 19 世纪的浪漫主义史学和实证主义史学，由兰克学派把历史学变成严格的经验科学，从而奠定了成为 19 世纪西方史学主流的"科学的"史学基础。到 19 世纪末，西方史学已完成职业化和专业化的过程，成为近代意义上的一门科学学科。由于西方这种近代史学在史学研究的一些基本准则方面与古代史学有相承之处，因而有的论者把从古希腊到包括兰克学派在内的整个西方史学称为"传统史学"③。不过，如果参照斯托扬诺维奇对西方史学发展范型的划分，则自古希腊到近代初期的史学均属第一类范型即"资鉴范型"，同第二类"兰克范型"还是有区别的。后一范型主要指实证主义史学。本文基本上参照斯托扬诺维奇的划分，觉得这样或许更能说明问题。因而本文中所用的西方"传统史学"一词，不是指西方的古代史学，而是指西方的近代史学，具体来说即实证主义史学（"兰克范型"）。这和中国的情况不同。梁启超在 20 世纪起要反对的是中国的古代史学，要建立的是中国的近代史学；西方 20 世纪新史学的代表（包括鲁滨逊）所要反对的是以兰克为代表的西方近代史学，提倡的是适合 20 世纪发展的新史学。虽然梁启超和鲁滨逊都打出"新史学"的旗帜，但性质和背景是有不同的。

　　历史学的发展，首先自然是由于其内在的原因，但同外部条件的变化也是分不开的。

　　具体说来，整个社会的变化、科技的发展都对历史学的演变产生影

①　参见陈其泰《史学与中国文化传统》，书目文献出版社 1992 年版，第 177 页。
②　参见瞿林东《中国古代史学批评纵横》，中华书局 1994 年版，第 259 页。
③　参见杨豫《西方史学史》，江西人民出版社 1993 年版，第 17 页。

响。这对任何地区、任何国家的历史学都是适用的。西方的历史学之所以在 19 世纪终于成为近代意义上的科学学科，无疑同西方国家自文艺复兴以来所经历的科学革命有关。正是这场科学革命根本改变了西方中世纪文化与思想的精神和面貌，产生了近代科学与近代思想。它们对西方社会各个方面的发展都产生了重大的影响，历史学也不例外。"兰克范型"正是西方历史学在近代科学发展的条件下，要求史学科学化、学科化的努力的反映。中国的情况有所不同。有位论者指出："直到 19 世纪末叶以前，中国的思想理论始终是在中世纪传统的构架之内进行的"，"要到 90 年代严复宣传了天演论的理论，中国思想界才开始突破了中世纪传统的构架而采用了一种近代的眼光和思维方式去观察宇宙和人生、社会和历史，从而为中国的思想理论开辟了一个崭新的境界"。① 中国的近代史学也正是在这样的条件下逐渐产生的。② 由此可见，说中国史学在 20 世纪初即已酝酿产生"新史学"范型，是一种误解。西方的新史学是在对兰克史学反思基础上的革命，是在 20 世纪（尤其是下半叶）科学发展条件下对历史学的科学化所作努力的反映。至于中西方科学发展道路的不同及其前景等问题，因已越出本文范围就不赘言了。

三

那么，当代中国的史学究竟是什么范型呢？笔者以为，从总体上说，中国史学目前处于一种带有过渡状态的混合范型，即它既具有新史学范型的某些特点，又保留有传统史学范型的某些特点。属于前一类的有：已不局限于政治史、史料考证、单纯叙事，而是注重理论，强调人民群众的作用，重视经济基础的研究，也注重宏观研究等。之所以具有这些特点并不是偶然的，至少有以下两点重要原因。首先同中国悠久的史学优良传统有

---

① 何兆武：《历史理性批判散论》，湖南教育出版社 1994 年版，第 340 页。

② 有论者指出中国近代史学的产生有其内在的因素，是从古代史学发展演变而来，反对"移植论""断层论"（参见陈其泰《史学与中国文化传统》，第 177—179 页），这是有道理的。任何外来的影响都离不开对本土传统的吸收、离不开本国的国情，不过无论如何对外来的影响也绝不能忽视。外来影响往往也是事物发展的必要条件。

关。中国的史学传统，源远流长，在世界上亦属罕见。① 中国的史学传统中自然有其糟粕的一面，但也有值得发扬光大的优秀的一面，其中的一点就是中国自古代以来"有代表性的史家及其撰述"，大多具有"恢廓的历史视野和鲜明的时代精神"②。因而，总体说来，虽然中国的古代史学常以记述皇朝的兴衰为主，但并未囿于政治史的狭窄范围。司马迁的《史记》就是极好的例子。它一方面记述了自黄帝至汉武帝时期的历史演进过程，一方面又记载了社会生活的许多侧面，《史记》的"八书"包含礼乐制度、天文知识、人们对地理环境的利用和统治者实行的社会经济政策等；《史记》的类传包括循吏、儒林、酷吏、龟策、日者、刺客、游侠、货殖等，涉及社会各方面的许多人物。③ 太史公的榜样对中国史学以后的发展影响深远，并成为优良的传统流传下去。

第二个原因，也是更为重要的原因，是马克思主义对当代中国史学的指导。马克思主义作为博大精深的理论体系，同实证主义思潮和实证主义史学是格格不入的。马克思主义对西方新史学范型诞生的影响也是不争的事实。这种影响对中国史学的发展同样也是存在的。中国的马克思主义史学明确反对历史只是帝王将相的历史，反对"史料即史学"的错误主张，强调人民群众是历史的创造者，强调经济基础的最终的决定作用，重视理论分析重视史学的社会功能等。这些都是对传统史学范型的突破。

问题在于，这些突破还只是为新史学范型的创立开拓了前提，并不等于其建立。马克思主义的指导有利于新史学范型的建立，但并不能使其自然而然地建立。一种史学范型的建立要通过众多历史学家在历史研究实践中的探索去完成。这要有主客观的各种条件，指导思想在这里甚至不是决定性的。西方新史学范型的建立虽然受马克思主义的影响，但并不以马克思主义为指导，这说明史学范型本身并不是一种抽象的思想理论，不能通过某种指导思想去建立。

这就说明一个问题：当代中国四十多年来的史学发展虽然十分注重理

---

① 黑格尔说："中国'历史作家'的层出不穷、继续不断，实在是任何民族所比不上的。"（黑格尔：《历史哲学》，生活·读书·新知三联书店 1956 年版，第 161 页）
② 见瞿林东《中国史学散论》，湖南教育出版社 1992 年版，第 11 页。
③ 见瞿林东《中国史学散论》，湖南教育出版社 1992 年版，第 33—34 页。

论，也取得了很多成绩，但较长时间以来却存在一个明显的不足，即对历史学本身的理论、方法论，对历史学本身的发展演变以及有关的各种问题缺乏研究。长期以来有一种误解，以为历史唯物主义就是历史学的理论，除此之外，历史学本身就无任何理论可言了。这是把指导任何社会科学的哲学层次的历史唯物主义和历史学本身层次的理论、方法论混淆了。由此自然放弃了对后者的研究。与此相连的，历史学对理论的重视也往往集中在对客观历史过程各种理论问题的研究，包括从客观的整个历史的发展规律和社会形态到对具体历史问题的理论探讨，这自然是十分必要的，但同样忽视了对历史学自身各种问题的思考。这种情况直到80年代才有明显的改变。

还应指出的一点是，严重的教条主义的影响。马克思主义本来是开放的不断发展的理论体系。"它绝不是离开世界文明发展大道而产生的固步自封、僵化不变的学说。"① 它必须不断吸收人类所创造的优秀成果，回答人类社会发展中提出的种种问题，才能永葆自己的生命力。教条主义恰恰是使马克思主义故步自封，变成僵化的公式，从而扼杀了它的生命力。这种严重的教条主义又同中国相当长时期以来的闭关锁国，与外界隔绝互相影响，形成一种恶性循环。再加上多年来在极左思想指导下，政治运动不断，史坛批斗不绝，造成许多史学家长期以来心有余悸。在这种不正常的心态下，不少人宁可去钻故纸堆，选偏题，搞考证，而不愿去冒风险，去创新。而缺乏这种创新精神，正是研究工作的大忌。当然，这种状况在改革开放以后，已逐步有了很大的改变。

上述这些因素使当代中国史学不仅仍保留有某些传统史学范型的特点，而且其中的一些还相当顽固。这突出地表现在以下几个方面。从研究领域来说，还比较狭窄，政治史的框框并未完全突破，有时表面上虽有突破，却并不是实质性的。在极左思想指导下，为贯彻"阶级斗争为纲"的方针，一部历史往往变成了阶级斗争的历史（或路线斗争的历史，甚至牵强附会地成为儒法斗争史）。这实际上比传统的政治史还要狭窄。所谓表面上的突破，是指虽然写的不是传统的政治史，而是写例如农民战争史、

---

① 《列宁选集》第2卷，人民出版社1972年版，第441页。

思想史、文化史等。然而，从观念到方法依旧是（或基本上是）传统史学的范型。譬如，不论是写农民战争史，或写思想史、文化史，写的主要是农民战争领袖、思想文化精英，所写的人物中或许不乏出身贫微的劳动人民，但实际上从史学范型的角度看，依旧摆脱不了写精英人物传记的窠臼。新史学所说的"从下向上看的历史"，是指把下层民众作为一个群体来研究，研究他们的心态、情结、对周围世界的反映。这里所表达的史学思想是，对一个社会、一个时代，甚至一个重大历史事件的了解，不能只局限于了解当时社会精英的看法，而且更要了解当时普通民众的心态和想法。譬如，研究某一国家某一时期（例如法国文艺复兴时期）的思想史，以往只是指这一时期思想家的思想，这自然是必要的，但这充其量只能说是法国文艺复兴时期思想家的思想史。要研究这一时期法国社会的思想，普通民众究竟是怎么想的，其心态如何，就必须研究他们，这样才有可能对法国文艺复兴时期社会的思想状况有全面的了解。这就是新史学和传统史学的不同之处。所以不能简单地只看到研究对象都是思想文化史，似乎都已突破政治史的局限，就以为没有区别了。进而言之，要把群众作为对象来研究，研究其心态和情绪，在史料和方法上必然要革新。因为传统史学的史料大都限于文字材料（也包括考古材料），尤其是官方文献。可是这些材料一般只记载精英人物的活动，芸芸众生是很少有所反映的。因此要研究群众，就必须极大地扩大史料面，把一切日常生活中的遗存物都尽量用来作为史料，譬如遗嘱、账册、户口或婚姻登记册、税收清单、医院病案等。总之，"凡是人所有的、依赖于人的，为人服务的、标志人的存在、活动和生活方式的东西"（费弗尔语）都可以作为史料。与之相关，研究方法也必然要随之改变。传统史学的史料考据方法无法处理这些史料，也无法研究普通民众作为群体的历史，只能借助于其他学科的方法，如用电子计算机处理大量史料中的数据，借用社会学、心理学、人类学、人口学等学科的理论和方法。由此可见，研究领域的相对狭窄，往往与研究方法和手段的比较落后、史料的相对局限以及史学与其他学科的不够融合密切结合在一起。这也就反映出传统史学范型和新史学范型的差异。

此外，在对待史料的态度上，新史学与传统史学也是有不同的。史料是任何历史研究的基础。传统史学重视史料，注重严谨的史料考证，这种精神是可贵的。新史学同样注重史料的搜集和考证。它和传统史学在这方面的不同，除了上面提到的史料面的宽窄外，还在于它不像传统史学那样止于史料的搜集和考证，以为这样就可恢复历史的本来面目。在新史学看来，史料的搜集和考证是历史研究必不可少的基础工作，但严格说来这还不等于历史研究。历史研究要求在史料的基础上作出解释，进行理论上的探索。当代中国史学虽然早已批判"史料即史学"的错误主张，但在相当一部分人中间依然存在着史料才是真功夫，理论是虚的这种观念的影响；或者依然停留在史料的搜集和考证上，至多把理论变成一种外加的套语或框框；或者满足于线性的因果分析或对史料进行归纳整理、分析排比。这些都表明实证主义史学的影响还远未消除，虽然说不上就是传统史学范型，但无疑离新史学范型还甚远，这从一个侧面说明史学观念的变化不是一件轻而易举的事。

　　新史学强调的是对历史学本身理论、方法论的探讨，这种探讨是和史料紧密结合在一起的，也就是说新史学不仅主张用新的理论和方法去研究史料（不限于传统史学所说的史料），而且对史料的观念也有变化。当代中国史学虽然注重理论，但缺乏这一层次的理论方法论研究。长期以来，历史认识论、史学方法论问题没有提上日程。加上同国际史学的发展长期处于隔绝状态，这也极大地阻滞了中国史学的革新。

　　改革开放以来，中国史学的发展出现了转机，大大加快了史学的革新步伐，在向新史学范型的转变方面已有了很大的进展。无论在研究领域的扩大、史学方法的革新、跨学科研究的兴起、史学理论方法论问题的探索、同国际史学的交流等方面都有了显著的进展。不过，总的说来，这个过程目前还正在进行之中，而且对所取得的成绩也不宜估计过高。应该看到，史学的革新必然需要有一个过程。一方面，史学观念的转变、史学人才的培养、史学作品的完成需要过程，而且客观条件的变化也需要过程，譬如电脑的普及、信息手段的改善、其他学科的发展（尤其是过去较薄弱、近十几年才恢复的社会学、政治学、心理学等）也需要过程。

　　最后还需要指出一点，中国当代史学的发展，由于历史等原因，在某些方面落后于西方，以致新史学范型至今尚未成熟。但这并不是说，中国史学命定地必须亦步亦趋地跟在西方史学后面追赶。事物发展的辩证法往往是后浪推前浪，后来者居上。就像经济发展中，不少原先比较落后的国家有可能直接吸收先进国家的经验和先进技术，避免其走过的弯路，从而大大加快自己的发展步伐一样，在历史学和其他科学学科方面也同样可以如此。关键在于，中国的史学要注意发挥自己固有的优势，认真进行自我反思，同时认真批判地吸取西方史学发展的经验教训，根据自身的情况，探索自己的发展道路，并不断加快发展步伐。西方史学的发展对我们只是一种参考，如果盲目地仿效那才是最没有出息的，也必然没有前途。

应该看到，西方新史学目前也正处在一种变动和转折之中，也在酝酿着新的变化，甚至可能是新的范型的变化。它过去走过不少弯路，有些做法已证明是片面的、极端的。当然，反面的教训也是一种财富。这些都需要我们以清醒的头脑加以研究和鉴别。只要我们立足本国，放眼世界，发挥优势，博采众长，我们必然会大大加快中国史学的发展，必然会使中国优秀的史学传统在新的基础上发扬光大。

（本文原载《史学理论研究》1991 年第 2 期）

近 20 年中国历史学的新发展

1978 年底举行的党的十一届三中全会，彻底扭转了十年"文化大革命"的混乱局面，纠正了此前的"左"的错误，确立了"解放思想，实事求是"的马克思主义思想路线。中国从此走上了改革开放的新时期。此后 20 年来，中国各方面的工作都获得了新的发展，出现了新的面貌。历史学也不例外。

需要强调指出的是，近 20 年来历史学的发展，并不仅仅表现在研究著作和人才等方面的量的增加上，更表现在其深层次的变化上，也就是历史学作为一门科学学科本身的变化上。

一

历史学，和任何其他科学一样，有其自身的特性、学科要求和发展规律。正是这些使它与其他学科区分开而成为历史学。历史学的发展表明：一方面，它的学科特性本身有一个发展过程，有一个不断显现和演化的过程。这往往是通过无数的历史学家的实践逐渐被人们意识到的。另一方面，历史学的发展归根到底总是要求按照它的学科特性和发展规律来进行。从长期的发展过程来看，如果历史学的学科特性得到尊重，它的自身发展规律得到遵守，它的发展就顺当，就迅速；反之亦然。如果拿国际史学作为一个整体来看，可以看到，大致从 19 世纪以来，历史学的特性正是在众多历史学家和历史哲学家的争论和实践中不断地发展着。从历史学努力向自然科学和精确科学看齐，到努力把历史学与自然科学区分开，再到努力探索历史学作为人文科学的特性，无不反映了这点。这个过程还在继续之中。这既说明，历史学由于其认识主体的突出作用等特点，而使它的学科特性比起一般自然科学和社会科学来更难以识别；另一方面也说明，历史学总是在不断地按照自身的特性和学科要求发展演化的，尽管这个过程可能充满曲折和反复。

现在回到近20年来的中国历史学。如果要用一句话来概括这一时期中国历史学发展的主要特点，那就是20年来中国历史学正在不断探索自身的学科特性和要求，并努力按照自身的特点和发展规律来发展自己。这是对在此之前中国历史学在"左"的思潮影响下走过的弯路，特别是对"文化大革命"中的错误的拨乱反正和反思。"文化大革命"中所谓"影射史学"的出现并不是偶然的。它实际上就是取消了历史学作为一门科学学科的存在。因而，在新时期开始以后，历史学在拨乱反正和以后的发展中，首先就需要总结过去违背历史学本身发展规律的教训，而重新回归自身。这并不是简单地回到过去，而是在新的条件下的更高层次上的回归，也就是对历史学特性的新的探索和追求。

这方面的重要表现就是对历史学自身的理论和方法论的探讨。任何一门真正独立的科学学科必然会有自己的理论和方法论，否则它就不是独立的，至少是不完全独立的。过去，主要是受苏联历史学的影响，普遍存在一种误解，以为历史唯物主义就是历史学的全部理论，除此之外，历史学再无自己的理论方法论。实际上，历史唯物主义无疑是指导我国历史学的指导理论，但指导并不是替代。历史唯物主义作为一种哲学层次的理论，可以指导各门社会人文科学，但并不能也不需要替代各门具体科学自身的理论。对历史学同样也是如此。而历史学如果不去努力探讨自身的理论方法论，就很难进行本身的学科建设。

80年代，正确认清历史唯物主义与历史学本身理论的关系，努力探讨历史学自身理论方法论的问题，已明确地提了出来。如1983年第3期《世界历史》杂志发表评论员文章明确指出："有一点可以肯定，即不能把历史唯物主义的一般原理等同于马克思主义史学理论。无疑，辩证唯物主义和历史唯物主义是马克思主义史学理论的基础，是我们进行历史研究的指南，但它终究不能代替后者，正像马克思主义不能代替任何一门自然科学学科本身的理论、方法论一样。历史科学如果本身没有理论和方法论，那它就很难成为一门独立的学科。"自然，一种新观点的提出不可能很快就被大家所接受，但总的看来，自那时以后，需要探讨历史学自身的理论和方法论的问题，越来越受到史学家们的重视。这从对许多具体的史学理论问题的热烈探讨中可以明显地看出来。

中华人民共和国成立以来，史学界对理论问题一直是重视的。在 20 世纪五六十年代，围绕许多理论问题，在史学界展开了争论。但总的说来，当时主要争论的是关于客观历史过程的理论问题，涉及历史学本身的理论问题并不多。如当时展开争论的理论问题有：中国古史研究中的"五朵金花"（即中国古史分期问题、中国封建土地所有制形式问题、中国封建社会农民战争问题、中国资本主义萌芽问题、汉民族形成问题），社会形态和亚细亚生产方式问题，中国封建社会长期延续问题，历史人物评价问题等。这些问题的讨论活跃了学术气氛，提高了理论兴趣，推动了学术研究，虽然大多没有取得一致的意见，但还是有其作用的。其中许多问题在新时期依然引起了史学家们的继续争论。然而，这些问题终究不涉及历史学自身的理论和方法论。诚然，在五六十年代也并非完全没有涉及与历史学自身有关的理论和方法论问题。如有名的"以论带史"和"论从史出"的口号之争，"厚今薄古"和"厚古薄今"问题以及"阶级观点"和"历史主义"之争。但这些问题的争论往往受到当时"左"的思潮的制约和影响，因而并不能很好地与历史学自身的建设和需求自然地结合起来。再者，当时也并没有明确地提出要探讨历史学自身的理论和方法论问题。

80 年代，情形就不同了。史学理论的讨论很是活跃，成了史学界的一大热点。除了继续讨论社会形态、中国封建社会长期延续等历史过程中的理论问题，以及诸如历史创造者等新提出的历史理论问题以外，很多讨论的问题都是与历史学本身的理论方法论有关的。下面举些例子。

关于历史与现实的关系和历史学的社会功能问题就是讨论很多的一个热门话题。在"文化大革命"中，这两个问题被彻底搞乱了。因此，在拨乱反正中学者们对"影射史学"进行批判，并进而对"厚今薄古""史学为无产阶级政治服务"等口号提出质疑。如有学者反对"借古喻今"，认为应该科学地解释历史，从中吸取经验教训，并认为"厚今薄古"的提法也不妥当，因为古代史研究如果能取得科学成果也可以为社会主义建设服务。① 然而，学者们很快就从"拨乱反正"进入对这两个问题的正面讨论。很多学者发表了论文，从各个角度加以阐述。如刘大年强调要从历史角度阐述社会主义的前途。② 孙思白强调不能混淆历史研究和现实生活，但两者彼此之间互有作用：历史可为现实提供借鉴；现实可以加深对历史的认识。③ 1984 年 11 月，在武汉举行了第一届全国史学理论研讨会。会议讨论的主题之一即是历史与现实的关系。与会者就历史与历史学的关系、对现实的理解、历史研究与时代需求、历史学如何为现实服务等问题展开了讨论。

历史学的社会功能问题和历史与现实的关系问题密切相关。因为，历史学的社会功能就是指它在现实中发挥的作用，指它的现实意义，只是更多地从历史学本身出发来考虑问题。在 80 年代有关这个问题的讨论主要涉及如下一些问题。一是历史学在当前两个文明建设中发挥社会功能的必要性和重要性。一般来说，这方面的分歧不大。1985 年 12 月，光明日报社召开了在京部分史学工作者座谈会，专门讨论了这个问题。与会者都强调在新的历史条件下历史学必须努力满足时代提出的要求，注意发挥好自己的社会功能。二是历史学的社会功能有哪些，如何才能发挥好这些功能，以及历史学的社会功能与它的科学功能的关系。围绕这些问题，学者们各抒己见，也反映出不同的意见。如有的强调历史学的教育作用④，有的阐述历史学功能的变迁⑤，有的则从不同群体对历史学的需求区分它的社会功能⑥，有的认为历史学社会功能的实现是潜移默化的，不能立竿见影⑦等。就历史学的社会价值和学术价值而言，有的强调

---

① 孙叔平：《谈谈解放以来史学界的某些口号》，《群众论坛》1981 年第 2 期。

② 刘大年：《历史研究的时代使命问题》，《刘大年史学论文选集》，人民出版社 1987 年版，原文载《近代史研究》1983 年第 3 期。

③ 孙思白：《试论历史与现实的联系与区别》，《历史研究》1982 年第 6 期。

④ 白寿彝：《史学工作在教育上的重大意义》，《史学史研究》1982 年第 3 期。

⑤ 刘志琴：《史学功能的变迁》，《光明日报》1985 年 9 月 18 日。

⑥ 茅海建：《史学危机与史学功能》，《光明日报》1986 年 3 月 5 日。

⑦ 张国刚：《"随风潜入夜，润物细无声"——史学的社会功能及其实现条件》，《光明日报》1986 年 3 月 19 日。

它们是两个不同的概念，不能混同。① 有的指出，历史学的社会价值是学术价值发挥的表现形式。② 还有的学者提出，历史学可分为基础史学和应用史学，后者是为了直接满足现实社会需要的研究。③ 但也有学者不同意这样的划分。④ 三是有关历史学现状的讨论。历史学的社会功能发挥得如何往往与它的状况有关。有些学者认为，历史学未能在社会主义两个文明建设中更好地发挥社会功能，是由于它本身存在的缺陷。更有些学者尖锐地提出存在"史学危机"的问题。围绕"史学危机"的问题展开了不同意见的争论，赞成者和反对者皆有之。这场讨论虽然没有达成一致的结论，但它触及历史学存在的种种缺陷和不足，反映了广大史学工作者要求革新的愿望和学术上勇于创新的精神。《历史研究》杂志发表《编者的话》指出："围绕着'史学危机'的种种议论，正是要求我们史学从主要研究革命、研究政治转向研究整个社会，以便充分有效地为'四化'服务，因此应当重视。"⑤

　　进入 90 年代，随着社会主义市场经济的逐步建立，历史学面临着新的困难和挑战。如何适应新的社会变化，如何在市场经济的条件下发展历史学？学者们就此问题进行了讨论。这实际上是在市场经济的条件下关于"史学危机"和历史学功能问题讨论的继续。商品大潮的冲击虽然使历史学面临"不景气"的现象，如史学研究得不到明显的经济效益，史学工作者物质生活条件和工作条件不理想，一些人产生心理不平衡等，但在讨论中主要的意见是，历史学的存在价值在于它本身固有的功能。不管是不是市场经济，历史学总会发挥它的功能。问题是历史学的功能是多层次，多方面的，有些功能在一段时期得到充分展开，有些功能则可能处于潜在状态。这就要求我们进行研究，采取措施努力开发处于潜在状态的功能。但要注意的是，绝不可以去开发史学本身不具有的功能。过去有时把史学不具有的功能强加给它。这或许可以造成表面上的一时繁荣，实际是对史学

---

① 李祖德：《史学研究的学术价值与社会价值》，《光明日报》1986 年 1 月 8 日。

② 瞿林东：《社会价值是学术价值发挥的表现形式》，《光明日报》1986 年 1 月 8 日。

③ 蒋大椿：《基础历史学与应用历史学》，《上海社科院学术季刊》1985 年第 1 期。

④ 赵轶峰：《应用史学的提法有待商榷》，《安徽史学》1986 年第 4 期。

⑤ 《编者的话》，《历史研究》1986 年第 1 期。

的伤害。因此，"合理地开发史学潜在的功能，这是史学的致用和发展的一条康庄大道"①。有学者指出："高度发达充分发展的专业分工是市场经济的本质要求，历史学进一步回到自身中来，就是对市场经济时代的最大适应。除此之外，任何其他的适应，看来都有悖史学的本性。"② 有学者认为，史学必须自律、自觉于学术性，排除非学术因素的干扰。这是实现自身价值的最佳选择，也才能使它的"入世"功能得到切实的、真正的体现。③

　　此外，关于史学遗产的继承，也即与传统史学的关系问题，以及有关历史学概论的体系，历史研究的方法，史学理论体系的建设，对外国史学的研究与评价等问题，在近 20 年来也都有了许多新的研究和讨论。这些也都涉及历史学自身的理论方法论和学科的建设。但是由于篇幅所限，在这里就不展开叙述了。不过有一个问题则必须略加阐述，因为这个问题最能说明历史学自身的理论建设。这就是历史认识论问题。

　　历史认识论是专门探讨历史认识活动的性质、特点、模式，以及历史认识中的主体和客体，它们的作用和特征等众多问题的。它还牵涉历史学的性质，历史学是科学还是艺术，历史研究的特点，历史认识主体的作用，历史事实是什么，史料的本质，历史研究中的中介，文本的意义，以及史学方法论等一系列历史学的根本问题。从西方史学的发展来看，对历史认识论的重视是 20 世纪的一大特点。这标志着西方的史学理论思想从重点研究客体向主体的转变。同时这也是与传统史学向新史学的转变相一致的。苏联史学界明确强调历史认识问题的研究是在 60 年代，之后有关的著作和论文不断涌现。我国由于种种原因，在新时期以前对历史认识论一直缺乏研究。这种情况到了 80 年代才有了改变。许多学者就历史认识论问题发表了论文。有的从历史认识特点、历史认识的一般形式与进程、历史认识的认知结构、历史认识的方法与检验等方面作了比较全面的阐述。④ 有的着重

---

①　刘家和、陈启能：《几点看法》，《史学理论研究》1993 年第 4 期。
②　王学典：《向内转：市场经济背景下历史学的应有选择》，《史学理论研究》1994 年第 2 期。
③　张晓校：《简论当代中国史学的自律与自觉》，《史学理论研究》1998 年第 2 期。
④　刘泽华、张国刚：《历史认识论纲》，《文史哲》1986 年第 5 期。

探讨了有关的某个问题，如历史认识的过程①，历史事实②，价值认识③，历史认识真理④，历史学的性质⑤，史家主体意识⑥，历史认识的客体范畴⑦，历史认识的相对性、模糊性⑧等。1987 年在四川温江举行的第四届全国史学理论研讨会专门讨论了历史认识论问题。

对历史认识论问题的讨论和研究，其意义不仅仅在于这些研究本身。如果仅从研究本身来说，它从总体上看恐怕还只能说是开始，许多问题还有待深入下去。其意义主要在于表明，中国史学在经过"左"的思潮的影响，特别是"文化大革命"后，已经在反思过去、总结经验教训的基础上，开始深层次地探索历史学自身的建设问题，尤其是自身理论方法论的建设问题。这是过去未曾有的可喜现象。顺便指出，这种趋势也是与国外史学的发展相一致的。自然，历史学自身的建设和理论方法论的探索，并不是与过去的完全割裂，而是在继承过去成就的基础上的发展，而且是在马克思主义的指导下进行的。

强调历史学具有自身的理论和方法论并需要加强对它们的研究，这是历史学建设中的重要进展，也是它对自身特性的认识的深化。在过去传统史学强调史料即史学时，并不是不要理论，只是它把考证史料的理论作为整个历史学的理论；在把历史唯物主义作为历史学的全部理论时，则是用历史唯物主义取代了历史学自身的理论和方法论。现在则是摆正了各自的关系，明确了历史唯物主义是历史学的指导理论，史料考证理论是历史学理论中的一部分。除此之外，历史学还必须探讨与它的科学特性和学科建设直接有关的理论和方法论。这既是历史学日臻成熟的表现，也是它作为一门独立的学科发挥自身所固有的功能的正确途径。上面列举的种种问题

---

① 陈光前：《历史认识过程和史学方法》，《江汉论坛》1986 年第 9 期。

② 陈启能：《论历史事实》，《史学理论》1987 年第 4 期。

③ 刘泽华、张国刚：《历史研究中的价值认识》，《世界历史》1986 年第 12 期。

④ 张耕华：《历史认识真理的界定及其相关问题》，《史学理论研究》1995 年第 4 期。

⑤ 何兆武：《对历史的若干反思》，《史学理论研究》1996 年第 2 期；庞卓恒：《历史学是不是科学——与何兆武先生商榷》，《史学理论研究》1997 年第 3 期。

⑥ 李振宏：《论史学的主体意识》，《历史研究》1988 年第 3 期。

⑦ 李振宏：《论历史认识中的客体范畴》，《史学月刊》1988 年第 4 期。

⑧ 赵轶峰：《历史认识的相对性》，《历史研究》1988 年第 1 期；李振宏：《历史认识模糊性研究的意义》，《史学理论》1986 年第 3 期。

的讨论和研究正是朝着这个方向所做的努力。还应补充指出，在 80 年代中期已有学者明确提出，应把历史理论和史学理论作适当的区分。前者着重研究客观历史过程中的各种理论问题，后者则探讨历史学自身的理论方法论问题。两者虽然密切相关，但毕竟有所侧重，而史学理论过去研究较少，因而更需要加强。①

二

历史学对自身学科特性的探索和追求，是它在经历了过去风雨岁月和曲折的学术道路后的反思；是在总结过去经验教训的基础上，对自己的社会地位和社会功能的重新认识，对自己的学科特性和学科建设的道路和方法的再思考，特别是对历史学学术研究的发展、价值、方式、范型的深层思索，也是对自身学术本质的进一步确认。这是中国历史学的学术自觉精神的体现，是学术发展进一步规范化、现代化的过程，也是它为适应当代世界迅速发展的需要与世界史学发展潮流和国际学术界加强交流而迈出的重要步伐。同时，这也是为了满足中国蓬勃发展的改革开放新时期迅速变化的社会现实需要。

近 20 年历史学对自己学科特性的回归和在此基础上的发展和建设，不仅体现在对自身理论方法论的种种问题的讨论上，而且表现在自身的深刻变化上。历史本来是由人的活动，主要是社会活动构成的。历史学理应以人的一切活动，包括他的内心活动为研究领域，以整个社会的所有方面为研究对象。任何人为的割裂都是不利于历史学的正常发展的。自然，人的活动和社会本身是在不断发展的，因此，历史学的研究领域和研究对象也会随之变化。但这是符合学科发展的自然的变化，不是人为的扭曲和限制。

党的十一届三中全会确立的解放思想、实事求是的马克思主义思想路线，使历史学开始摆脱"以阶级斗争为纲"以及"两个凡是"的束缚，

---

① 陈启能：《历史理论与史学理论》，《光明日报》1986 年 12 月 3 日；瞿林东：《史学理论与历史理论》，《史学理论》1987 年第 1 期。

纠正过去的人为的扭曲和限制，使研究领域极大地拓宽，研究方法不断更新，并且使历史学加强与邻近学科的融合和渗透，从而恢复和开辟了许多新的分支学科，如文化史、社会史、经济史、思想史、史学史、中外关系史、妇女史、家庭史，以及史学理论、计量史学、心态史等。不论在中国古代史、近现代史、考古学，还是在世界史领域，都取得了惊人的发展，研究面貌有了巨大的变化，绝非过去狭隘的古板的情况可比。总之，整个历史学研究业已逐渐朝着符合社会发展需要和学科建设需要的正常方向前进。尽管应该看到，这个变化发展的过程并不是一帆风顺的。长期养成的习惯力量和各种阻力依然十分强大，而且发展也不平衡，各个领域和分支学科取得的进展参差不齐，但是总的说来，这种健康的发展势头不仅是不可阻挡的，而且在 20 年来的发展中已经取得了令人信服的不可抹杀的成就。

　　限于篇幅，我们不可能详尽地阐述这方面的变化，下面仅以文化史为例加以说明。选取文化史为例并非偶然，因为它比较容易说明问题。第一，中国是一个有着悠久历史的文化大国，文化遗产无比辉煌；进入 20 世纪以后，在五四时期和 30 年代都出现过文化研究的热潮，但在中华人民共和国成立后却在长达三十多年的时间内，文化研究几乎无声无息，处于偃旗息鼓的可悲状态。近 20 年中国历史学的新发展，据不完全统计，自梁漱溟的《东西文化及其哲学》于 1921 年问世至 1982 年，有关中国文化的综合性著作计有 134 种，其中中华人民共和国成立前出版的有 46 种，港台地区出版的有 54 种，外国学者撰写的有 32 种，中华人民共和国成立后大陆仅出版了 2 种有关文化史的综合性著作，即蔡尚思的《中国文化史要论》和李泽厚的《美的历程》，而且严格说来，这两部书还不是综合论述中国文化的。前者偏重文献评介，后者侧重论述审美意识的发展。造成这种状况的原因是多方面的，归根结底主要是那种“左”的把人类丰富复杂的历史简单地全部归结为阶级斗争史的狭隘观点。我们在这里没有必要去详细分析这个问题，只是需要指出，这种状况显然是和历史学的正常发展相违背的，是完全扭曲了历史学的学科特性的。第二，我们并不否认，人类社会的历史发展归根结底取决于经济基础，取决于生产力和生产关系；在阶级社会里，阶级斗争无疑是重要的发展动力，但无论如何把人类全部文明史仅仅归结为阶级斗争史，排除一切影响历史发展的文化因素，否认人类历史中丰富的文化内涵，这种简单化、绝对化的做法显然是与马克思主义背道而驰的，而且是完全违背历史真实的。因此，文化史的兴起正可以有力地说明历史学要求恢复和发展自己的学科特性的努力，要求按照自身学科建设的需要和规律发展自己的愿望。

文化史的兴起有多方面的原因，其中最主要的原因显然是党的十一届三中全会后工作重点的战略转移，拨乱反正和对过去"左"的错误的纠正，解放思想、实事求是的马克思主义思想路线的确立，以及改革开放新局面的到来。除此之外，还应看到一点，即文化史的兴起也是历史学本身学科建设和健康发展的需要。人类历史在任何时候都是离不开文化的内容的，反映人类历史的历史学也理应包含文化的内容。被人为地剥夺文化内容的历史学终究是不可能长久的，因为它不符合实际也不能满足人们的要求。因而，历史的文化内容总是会顽强地通过各种途径表现出来。在历史学被剥夺这种可能的时候，它会通过诸如民间传说、历史小说、通俗文艺等种种渠道来表现自己，然而这些渠道终究缺乏历史学所具有的综合的、理性的和权威的性质。因此，历史学必须履行自己应尽的义务，必须全面地反映客观历史，以恢复自身的正常发展和满足人们的需要。文化史的兴起正是反映了这种客观需要。

颇能说明问题的是，80年代初，当客观环境发生根本变化时，文化史就迫不及待地自发兴起。这种自发性恰恰说明，文化史的兴起是由于生活的需要，是出于对过去不正常状况的反感和纠正，也是历史学自身发展规律的要求。还可以说明这点的是，文化史的兴起不是孤立的，而是当时兴起的"文化热"的一部分。"文化热"的涵盖面很广，包括文学、艺术、自然科学、大众文化等。这是社会各界的文化反思、文化思考和文化研究，实际上是通过探索文化的兴衰来总结和思考中国的历史发展，其意义不应小视。

1982年12月，在上海举行了"中国文化史研究学者座谈会"。这是1949年后专门讨论文化史的第一次学术会议。在这之后，有关文化史的讨论会在1984年、1986年，在郑州、上海、北京、青岛、杭州等地分别举行。《光明日报》《解放日报》《文汇报》等不仅发表了许许多多的有关文章。学术专著也相继问世。

　　总之，文化史自兴起以后，至今不衰，虽然中间有所起伏，但总的说来，有关的著述层出不穷，讨论的问题既广又深，研究的领域不断拓宽，发展势头始终未减。从研究领域来说，文化史涉及的面已相当广泛，纵向上从古至今，横向上不仅包含传统的文献典籍、文化传统、文化制度和各代学人的思想研究等内容，而且包括社会生活风尚、大众生活方式，以及社区文化、企业文化、校园文化、服饰文化、饮食文化、茶文化、商业文化、旅游文化、地域文化、科学文化等。从讨论的问题来说，也是不胜枚举。较大的有"传统文化与现代化""中国传统文化的特性""东西方文化比较""儒学和新儒学评述""中西体用问题"等，小的专业性问题的讨论更是不计其数。此外，还有关于文化与经济、政治、哲学、科学、人生、生态、心态等关系方面的许多理论问题的讨论。关于文化史的性质、学科建设和今后发展等问题，也是仁者见仁，智者见智，引起了热烈的讨论。这些情况足以说明历史学在新时期的深刻变化，说明它对自己学科特性的回归，并正在努力按照社会的需要和自身学科建设的需要不断发展自己。

　　可以说明历史学在新时期深刻变化的另一点是，历史学摆脱了过去长期封闭的状态，开始与国际史学接触和对话。在过去"左"的思潮的影响下，除了客观上与国际史学的隔绝外，主观上还简单地否定一切外国史学，动不动就扣上"没落的资产阶级史学"或"修正主义史学"的帽子横加批判。这样对历史学的正常发展是十分不利的。历史学作为一门现代的科学学科，要想获得迅速的发展，不可能关起门来，与世界文明的总体发展相隔绝。这在当前世界的联系日益密切的信息时代尤为明显。一般说来，一门现代的规范化的科学学科，包括社会人文学科，在不同的国家和社会里，其学科建设中会有许多共同点，会有许多可以借鉴和参考的成分。这些学科的成果中，凡属认真严肃的学术著作，很多都应属于人类文明的成果，都是应该认真加以研究和思考的。如果简单地加以否定和摒弃，结果只能是束缚了自己的手脚，使自己闭目塞听，并脱离开世界文明发展大道，不能广泛吸取各种养料，从而妨碍自己正常的学科建设和发展。应该看到，在不同的社会制度下，或者受不同的世界观、历史观的影响，历史学的建设和发展会有差别，乃至有很大的差别。因此，在借鉴和引进国外的史学成果时必须加以必要的科学的批判分析，切忌全盘照搬。但与此同时，也不应把这些差别绝对化，看不到其中有一定的共同性和可以参考借鉴之处。很难设想，历史学可以与国际史学完全隔绝而获得正常的发展。我国历史学在改革开放新时期的迅猛发展已经清楚地说明了这点。

关于改革开放以来我国历史学与国际史学的交流与接触，国外大量史学著作、史学流派、史学理论和方法的被介绍和借鉴的情况，已有很多论述。任何史学工作者和对我国历史学这段情况有所了解的人，都会很清楚地知道和感受到这点。限于篇幅，这里不必多说。我们只需强调指出一点，即这种封闭状况的被打破和回到世界文明发展大道是历史学的学科建设所绝对必需的，是历史学的正常发展的必要条件。

自然，历史学在新时期的变化并不只有上述两点。但这两点已足以说明问题，特别是说明历史学变化发展的特点，即向自身学科特性的回归和在此基础上的发展。这是十分值得注意的重要的变化，是近20年来历史学发展的最重要的特点。

最后，还需对这个变化说明几点。

第一，忽视历史学本身的学科特性和学科建设的需要，不尊重历史学自身的发展规律，是历史学受"左"的思潮影响的重要表现之一，也是我们应该认真吸取的重要教训之一。这自然不是说，过去历史学就毫无成就可言。相反，过去30年的成就是相当大的，是无法抹杀的。这一方面是因为，历史学在过去受"左"的影响有一个过程，在这过程中是有反复和斗争的。另一方面，广大历史学家的辛勤劳动及其研究成果始终是历史学发展的主流，是应该充分肯定的。即使不少著作在不同程度上可能受到当时"左"的影响，带有时代的局限，但并不能影响全局，更何况不同专业、不同领域、不同专题，受"左"的影响是不一样的。因此，绝不能在总结教训、分析存在的问题时看不到成绩。这是必须十分注意的。

第二，新时期历史学的迅速发展和巨大成就，是有目共睹的。其中很重要的一点就是，历史学对自己学科特性的回归，并努力探索和按照自身的规律和特性来进行学科的建设和发展。这是带有根本性质的成就，自然值得高兴。但是也应清醒地看到，目前这个过程还只是开始，还有许多繁重的工作要做。这是因为，其一，20 年的时间不算长，我们对很多有关问题还认识不够，经验也还缺乏。这有待我们在今后不断探索，加强研究，加深认识，积累经验。在此期间也可能出现挫折、错误和反复，会遇到各种困难，对此应有必要的思想准备。其二，历史学本身是在广大史学工作者的实践中不断发展的。这里包括国内外的史学工作者。因此，对历史学的建设和发展的探索是没有止境的。我们应该在这方面不懈努力。

第三，我们所以强调要尊重和研究历史学的特性、学科要求和发展规律，一方面是由于这是符合客观事物发展的需要的，是实事求是精神的体现；另一方面也是由于我们过去对此太不重视。但同时要防止走向另一种片面性。要看到，历史学的学术本质、学科特性和发展规律的确是一个重要问题，是发展历史学所必须遵循的。然而，这个问题纵然重要，也不能把它绝对化、简单化。这里特别需要提出两点：其一，对历史学学科特性的探索和按照其特性发展历史学，对我们来说，都必须坚持马克思主义的指导。历史学的学科发展不仅不排斥理论，而且近年的发展表明，理论的作用越来越显得重要。诚然，不用马克思主义指导，历史学也不是不可能获得发展，但马克思主义毕竟是迄今最成熟、最科学的理论体系。我们理应坚持马克思主义的指导。至于过去曾经有过的教条主义、简单化的偏差，那是吸取教训加以改进的问题，绝不能因噎废食。其二，强调重视历史学的学科特性，并不是要历史学脱离现实，躲到所谓学术的象牙塔里去。恰恰相反，历史学的正常发展是不可能脱离现实的。用历史学的术语来说，就是历史学应该注意发挥社会功能。过去在这方面的偏差不在于要历史学关注现实，而是在这个问题上大大地做过了头，是在完全忽视和抹杀历史学特性的情况下片面地强调为当前政治服务。我们要做的是，改正过去的偏差，使历史学能更好地发挥社会功能。这里重要的一点是，必须认清历史学的科学功能、学术价值是它的社会功能的基础。两者是相辅相成的。如果离开历史学的科学功能来要求社会功能，其结果必然是十分可悲和可恶的。这会把文艺创作中的"戏说"一类做法搬到严肃的学术研究中去，甚至更为恶劣。这是必须避免的。

（本文原载《世界历史》1999 年第 3 期）

1978 年以来中国"新史学"发展概况

一　中国"新史学"发展的特点

　　首先要说明两点：第一，之所以取 1978 年为界，是因为中国的改革开放路线是在 1978 年 12 月确立的，从而开始了中国历史发展中的"新时期"。第二，这里所说的"新史学"是指在"新时期"发展起来的，受西方"新史学"（如法国年鉴派）影响的，与传统实证史学不同的史学研究。这个称谓在中国目前并未通用，也是比较笼统和相对的。它并不是一个学派，或是一种方法，而是泛指在西方史学的影响下，用新观念、新视角、新方法、新理论对历史进行研究和评述的所有尝试。从这个意义上说，它更像是一种思潮，一种趋势。另外，无论从时间上，还是内容上，它都与 20 世纪初梁启超提倡的"新史学"不是一回事。

　　"新史学"逐渐取代传统史学成为史坛的主流，是 20 世纪国际史学的基本趋势。这种趋势在西方国家出现最早，也最为明显。其中 1929 年成立的法国年鉴学派似乎更为典型，影响也更大。在西方国家（包括德国）这种趋势都先后出现，尽管在时间、内容、形式上，各国都有自己的特点，不尽相同，但总的趋势是不变的，清楚的。至于西方以外的各洲各国，不同的特点就更多了，但总的趋势恐怕也是如此。如墨西哥学者卡洛斯·安东尼·阿居雷·拉哈斯撰文指出，拉丁美洲和美国在接受和传播法国年鉴派和布罗代尔上是不同的（参见《史学理论研究》2002 年第 1 期）。应该说，中国历史学的发展也脱离不了这整个趋势走向，但自身的特点十分明显。如果说，在德国"新史学"大体上是在 20 世纪 60 年代兴起的话，中国则要晚得多，如前所述，是在 20 世纪 70 年代末。这是由于

1949 年中华人民共和国成立后长期处于被迫封闭的状态，与外界隔绝。中国历史学的状况同样如此。在 20 世纪 50 年代，与中国有交往的主要是苏联及其东欧盟国。苏联的历史学虽有其成就，不能全盘否定，但它的僵化教条却是有目共睹的；同时它本身也是相当封闭的，与西方史学界格格不入。在当时，中国史学家往往只能通过苏联史学著述的媒介了解西方史学，自然是十分片面和扭曲的。直到实行改革开放，在这种新形势下，以及日后经济全球化浪潮的推动下，中国的历史学发生了巨大的变化，"新史学"才应运而生。

随着改革开放政策的实行，国门大开，中国史学界一与外界接触，立即就感受到陌生。对国际史学（主要是西方史学）近几十年来的巨大变化我们了解甚少，或者根本就不了解。这样就必然缺少对话的基础。为此，就产生了引进、介绍西方新史学的热潮，有点类似于 19 世纪末 20 世纪初"西学东渐"时的状况。自然，无论就动机、效果、规模、结果等方面来说，这第二次"西学热"与第一次是不能同日而语的。但从对了解西学的愿望和热情来说，却有相似之处。这样就形成了中国"新史学"发生发展中的下述若干特点。

第一，史学理论上的突破和推动所起的作用十分明显，可以说起了全局性的带动作用。第二，和西方"新史学"的发展有所不同。西方"新史学"的发展大体上有个过程。如法国年鉴派史学在战前兴起时主要是社会史和经济史，战后 70 年代以前主要是以布罗代尔为代表的结构主义社会史，其主张是"长时段"和"总体史"。此后，心态史、历史人类学逐渐凸显。80 年代以后更是转向"新文化史"。又如德国"新史学"，60 年代兴起时主要是社会史，在德国称为"历史社会科学"学派；80 年代以后，文化史兴起；不少学者认为，此后社会史已逐渐转向文化史。应该承认，如果从整体上考察西方史学在 20 世纪 80 年代以后的变化，的确可以看到文化史（或称"新文化史"）的兴起及其逐渐取代社会史（特别是结构主义社会史）而成为新史学主潮的趋向。这同西方史学本身的变化、后现代主义的挑战、"语言学的转向"、人类学的影响等都有关系。然而，中国"新史学"的发展没有这种过程。中国"新史学"的发展大体上可以这样概括，即"两翼齐飞，遍地开花"。意思是，中国"新史学"兴起后，社会史和文化史即作为它的两翼，带动它起飞和发展，与此差不多同时，新史学的其他分支，如心理史学、历史人类学、比较史学、计量史学等都不同程度地兴起和发展。这种状况或许同中国"新史学"兴起较晚，有一种"急起直追"的紧迫感有关。

第三，中国历史学有着与西方不同的悠久的传统。中国是一个地大物博的古老国家，有着与西方不同的国情。这就决定了中国史学的发展必须走自己的路。尽管需要借鉴西方史学的经验教训，需要引进和了解西方史学，但绝不能简单照搬，更不能亦步亦趋。这就有一个如何中西结合，洋为中用发展中国"新史学"的问题。这是一个难题，需要通过实践不断探索解决的难题。一方面，需要切实地深入地了解和研究西方"新史学"的发展变化；另一方面，又需要结合中国史学和中国历史的实际进行有效的"新史学"的研究。就目前的情况来看，在这两方面都还只处于初步阶段，还有待做出更多的努力。

下面就以上这些特点详加说明。

二　史学理论研究的全局性带动作用

1978 年以后，史学理论方法论的研究获得了迅速的发展，也受到了高度重视。这不仅极大地推动了中国"新史学"的兴起，而且直接带动了"新史学"的发展。这种作用是全局性的。因此，在谈到"新史学"的发展时，必须首先强调史学理论研究。

为什么此时会重视和强调史学理论研究呢？首先，史学在"文化大革命"以前受到"左"倾思潮的影响很深，在"文化大革命"中更被"四人帮"利用，搞所谓"影射史学"，因而随着新时期的到来，史学家们普遍感到需要从理论上进行反思，拨乱反正。这样，加强史学本身的理论建设，加强理论问题的研究和探讨就显得特别必要。其次，改革开放以后，中国史学摆脱了过去长期闭关自守的状态，很快打破与国际史学界的隔阂。从与外界的接触中，广大史学工作者，尤其是青年史学工作者，敏锐地感到由于多年的封闭，过去的史学研究无论是题材范围还是方法手段都显得陈旧，迫切需要革新。这就需要加强史学理论方法论的研究。同时，国门一经打开，国外的各种史学思潮和流派纷至沓来，令人眼花缭乱；尤其是西方战后已据主导地位的"新史学"以跨学科研究为其特征，更令人耳目一新。这种情况自然要求中国的史学家在加强了解和研究西方和其他国家史学的同时，更多地进行理论方法论的探索。

大体上在 20 世纪 80 年代中期以前，这种史学理论方法论的研究还处于分散的、自发的摸索阶段。在这个阶段虽然关于理论问题的文章发表很多，有关的研讨会也举行不少，但仔细分析起来，当时讨论的范围还没有根本突破"文化大革命"以前的范围，许多问题还是老问题。譬如，其中讨论较多的问题有：中国封建社会长期延续的原因，"亚细亚生产方式"问题，历史发展的动力问题，历史发展的多样性和特殊性问题等。有些问题的争论相当激烈，发表的文章也很多，可惜并没有一致的结论，大多不了了之。

这个阶段的史学理论研究还带有自发性。这既表现在当时的研究缺乏计划性，也没有形成重点；也表现在当时全国还没有专门的刊物和机构。从内容上看，这一阶段的研究还只是起步，对许多问题尚缺乏深入的钻研；对国外史学的了解也是初步的。不过，尽管这一阶段只是起步，然而这却是十分必要的，也是良好的开端。

转折发生在 1983 年。这一年的 5 月，在湖南长沙举行了全国历史学规划会议。在这次会上，经过讨论"史学理论研究"被列入国家的社会科学发展规划和全国社会科学基金项目。自此，重大的史学理论研究课题经过申请、论证和审核的手续，就有可能列为得到国家资助的研究项目，这就大大地推动了史学理论研究的发展。1983 年的史学理论研究项目，由中国社会科学院世界历史研究所、近代史研究所和历史研究所三所组成的"历史科学规划小组史学理论组"承担，重点是译介外国的史学理论著作和召开全国性的史学理论研讨会，以此推动全国的史学理论研究。

另一件值得一书的事是 1983 年 2 月 9 日由《世界历史》杂志编辑部召开的"加强马克思主义史学理论研究"座谈会。会后，根据座谈会发言内容《世界历史》杂志于是年第 3 期发表了题为《让马克思主义史学理论之花迎风怒放》的"评论员"文章。这次座谈会和这篇文章之所以值得一提是因为它们澄清了一个重要的问题，即历史唯物主义与史学理论之间的关系，指出历史唯物主义是"我们进行史学研究的指南，但它终究不能代替后者，正像马克思主义哲学不能替代任何一门自然科学学科本身的理论、方法论一样。历史科学如果本身没有理论和方法论，那它就很难成为一门独立的学科"（第3页）。这个问题的澄清有助于解除长期在人们头脑中形成的把历史唯物主义替代史学理论的误区，从而使史学理论研究的开展成为可能。

在20世纪80年代，当史学理论研究开始推动时，一些认识上的误区予以澄清是十分必要的。除了弄清历史唯物主义不能替代史学理论以外，还有一个问题需要澄清。那就是史学理论包括的内容。过去也不是不研究理论问题，如"文化大革命"前的所谓"五朵金花"（即中国古代史分期问题，中国封建土地所有制形式问题，中国封建社会农民战争问题，中国资本主义萌芽问题，汉民族形成问题）以及历史人物评价问题，中国封建社会长期延续问题，社会形态和亚细亚生产方式问题等，都是理论问题，但稍加分析不难看出，这些问题涉及的都是客观历史过程的理论问题，而不是与历史学有关的理论问题，或历史学本身的理论问题。这样就大大缩小了史学理论的范围，也是后一类理论问题长期研究不够的认识上的原因。如《历史研究》编辑部于1983年出版的《建国以来史学理论问题讨论举要》一书列举了12个问题，都是属于客观历史过程的理论问题。这是很反映实际情况的。

1986年12月3日，拙文《历史理论与史学理论》在《光明日报》刊出，对这两类理论问题的区别和关系做出阐释。此后，其他学者也撰文就此问题加以阐发。这一观点逐渐为很多学者赞同。这就为史学理论研究的开展进一步创造了条件。

下面把20世纪80年代以来在史学理论研究方面的一些重要举措加以列举，以说明它的全局性带动作用。

自1984年起由中国社会科学院世界历史研究所、近代史研究所和历史研究所牵头，联合其他机构几乎逐年举行了全国史学理论研讨会：

第一届：1984年在湖北省武汉市举行，讨论题目是"史学与现实"和"历史发展的多样性与统一性"；

第二届：1985 年在上海举行，讨论题目是："历史研究与自然科学方法"；

第三届：1986 年在安徽省歙县举行，讨论题目是："史学方法论"；

第四届：1987 年在四川省温江县举行，讨论题目是："历史认识论"；

第五届：1988 年在山东省烟台市举行，讨论题目是："社会形态问题"；

第六届：1990 年在福建省厦门市举行，讨论题目是："40 年中国史学的理论回顾"；

第七届：1991 年在湖北省十堰市举行，讨论题目是："中外史学发展的比较"；

第八届：1993 年在广东省江门市举行，讨论题目是："马克思主义史学理论"；

第九届：1995 年在云南省昆明市举行，讨论题目是："东方国家历史发展中的理论问题"；

第十届：1997 年在海南省海口市举行，讨论题目是"东方国家与现代化"；

第十一届：2000 年在黑龙江省哈尔滨市举行，讨论题目是："展望 21 世纪的史学发展"和"历史学的性质"。

这些全国性的史学理论研讨会在推动全国各地的史学理论研究，组织和培养研究队伍，加强学术信息交流等方面都起了重要的作用。

此外，世界历史研究所还联合其他机构组织有关史学理论的国际研讨会。2001 年在南京举行了"20 世纪的历史学国际研讨会"，2002 年又在澳门举行了"澳门与其他东西方文化交汇点：比较与探究国际研讨会"。

1987 年，中国社会科学院世界历史研究所创办了全国性的史学理论研究刊物《史学理论》（*History and Theory*），共办了三年，至 1989 年底停刊。两年之后，1992 年，中国社会科学院世界历史研究所又联合近代史研究所和历史研究所共同创办新的全国性史学理论研究刊物《史学理论研究》（*Historiography Quarterly*），至今仍在继续。专门刊物的创办为国内史学理论研究者提供了发表研究成果和交流信息的园地，极大地推动了研究工作的开展并团结了大批研究人员。不论是《史学理论》，还是《史学理论研究》都十分重视介绍和评述国外史学的新发展和新成果。近年来，《史学理论研究》更注意邀请国外的著名史学家撰写稿子或翻译他们的论文。杂志已发表了科卡（Juergen Kocka）、吕森（Joern Ruesen）、伊格尔斯（Georg G. Iggers）、吉尔兹（Clifrord Geertz）、布罗代尔（Fernand Braudel）、勒高夫（Jacques Le Goff）等许多名家的文章。

1993 年，在第八届全国史学理论研讨会上成立了全国性的史学理论研究会（中国史学会史学理论分会）。

1986 年，中国社会科学院世界历史研究所成立了"外国史学理论研究室"。在此前后，以世界历史研究所为主先后编辑出版了"史学理论丛书"三辑，"外国史学理论名著译丛"六辑。另有"新史学译丛"和"史学前沿丛书"即将陆续出版。这些丛书大量译介国外史学著述，弥补了《史学理论研究》杂志篇幅有限的不足。

此外，以世界历史研究所外国史学理论研究室为主已承担和完成的有关史学理论的重点课题有：《当代西方史学理论》（1996 年出版，国家"六五"重点课题），《苏联史学理论》（1986 年出版，国家"六五"重点课题），《二战后欧美史学的新发展》（即出，国家"九五"社科重点项目），《马克思主义史学新探》（1999 年出版，中国社会科学院重点课题），《现代史学分支学科概论》（1998 年出版，中国社会科学院重点课题），《现代西方史学思潮评析》（1996 年出版，中国社会科学院重点课题），《西方史学的东方回响》（2001 年出版）等。

20 世纪 80 年代以来，在国内的高等学校里陆续开设了"史学概论"课，许多学校开始招收史学理论的硕士生和博士生。

以上这些举措表明，新时期的史学理论研究已逐渐成为一门独立的学科，并为中国"新史学"的兴起和发展起了重要的推动和组织作用。我们看到，这一时期恰是国际史学发生重大转折的时期。这从西方史学的转折可以看出。西方史学在 20 世纪经历了从传统史学向新史学的转变。大体说来，20 世纪上半叶是传统史学和新史学新旧交替的时期，20 世纪下半叶则是新史学取代传统史学逐渐成为史坛主潮的时期。这个变化在西方不同国家完成的时间并不一致，大体在六七十年代。到了 80 年代，新史学又发生了转折，其表现是新文化史的崛起、叙事史的回归、微观史学的兴起等。中国"新史学"的兴起，虽从时间上要晚，但它始终在继承发展自身的史学优秀传统的基础上，以我为主，创造性地成功前行，同时追踪观察着西方史学的变化，以使自身的发展既不脱离国际史学的氛围，又能及时吸取国外新史学发展的经验教训。史学理论研究在这方面做了许多工作。

经过 20 多年的努力，史学理论研究已被纳入正式的科研教学体制之内，已有了自己的刊物、科研机构和研究队伍，也有了许多的出版物。这表明这一学科已经成熟，已构成"新史学"的一个重要组成部分。

三　双翼齐飞和遍地开花

任何一种史学范式的发展，不仅表现在理论方面，更主要的还应表现在研究实践上。"新史学"也是如此。因此，考察中国"新史学"的兴起和发展还必须看它的研究实践。

中国史学是世界上发展最早和最成熟的史学之一。比起西方史学来，中国史学一开始就有文字记录，如成书在三千多年前的《尚书·盘庚篇》，是商代帝王的文书。比《尚书·盘庚篇》晚出现几百年的古希腊《荷马史诗》则多为耳传口授的神话传说〔相传《荷马史诗》由盲诗人荷马（公元前9—前8世纪）所作〕。在《尚书》之前的卜辞（甲骨文）和金文（铭文和钟鼎文）也是文字记载，包含时间、地点、人物和活动，是历史记载的萌芽。至于中国远古口耳相传的神话传说那就更早了。

中国历史绵延不断，亘古至今的史学有着许多优秀的传统，也有着自身的许多特点。这是我们在探讨今天的中国史学时应该充分考虑到的。谈起中国的史学传统和特点，可以列举许多，譬如，中国史学有着世界上少有的无比丰富的史著和史料，有着包括史官和史家的世界上少有的庞大的史学工作者队伍。黑格尔就承认："中国'历史作家'的层出不穷、继续不断，实在是任何民族所比不上的。"[1] 又如中国史学中浓厚的历史意识，中国史学的求实精神和信史原则，经世目的和功能信念，独有的史书体例

---

[1]　黑格尔：《历史哲学》，王造时译，生活·读书·新知三联书店 1956 年版，第 161 页。

和多样的题材，地方史、家史、谱牒、稗史、方志、民族史等的丰富多彩，史学批评和史学理论的发展，等等，无不显示出中国史学是世界上独有的具有极强生命力的知识宝库。它的传统虽经近代"西学东渐"中西学的冲击以及国内维新派和民主派学者的批评，却仍未夭折，而能赓续不绝，推陈出新。

我们今天主要是探讨近20多年中国"新史学"的发展，但我们很有必要哪怕只是简略地概述一下古代以来的中国史学。应该看到，今天中国史学的发展，首先是中国社会的需要和中国史学传统的扬弃和发展，其次才是西方史学和外国史学的影响。

在20世纪，尤其是1949年中华人民共和国成立以后，中国的史学研究获得了长足的发展，但毋庸讳言，其间也有不少挫折和失误。特别要提到的是50年代后期开始的"左"倾错误，乃至发展到"文化大革命"期间的"影射史学"。这些与"新史学"在1978年崛起的背景直接有关。在"左"倾思想影响下，历史学的研究领域和研究对象受到严重的束缚，变得越来越狭隘。

新时期开始后，历史学和全国一样，面临着"拨乱反正"的严重任务。中国的史学摆脱了过去人为的束缚和扭曲，研究领域极大地得到拓宽，研究方法得到更新，整个学科逐渐朝着符合社会发展的需要和学科建设需要的正常方向迅速前进。这样，在史学研究领域就出现了众多分支学科纷纷先后涌现和齐头并进的局面。这里包括文化史、社会史、经济史、政治史、思想史、史学史、心态史、中外关系史、妇女史、家庭史、计量史等。在这众多领域中，最耀眼的是社会史和文化史。它们可以说是构成了中国"新史学"起飞的两翼，带动了其他各领域的发展。下面略加说明。

先说社会史。社会史作为历史学的分支学科是在近代社会学兴起以后才出现的，在西方就是19世纪后期的事。在中国，严格的社会史也只是在西方社会学传入以后才兴起的。然而，中国作为一个历史悠久，史学遗产丰厚的国家，重视民风，教化风俗历来是中国文化的传统。中国史学中注重记述社会生活方式，搜集整理有关史料也已形成传统。中国浩如烟海的正史、典志、会要、谱牒、类书、方志、游记、稗史、笔记、文集等古籍，乃至经学（如十三经中的《礼记》《礼仪》），就包含了无数有关不同时期不同社会阶层人们的衣食住行、婚姻家庭、丧葬嫁娶、等级礼仪、宗教迷信、风俗时尚、社区会党、宗族聚落、节令娱乐、行为习惯、民俗民风等的丰富资料。如明代的不少稗史注重记述社会风俗，提供了许多资料，如沈德符的《万历野获编》、谢肇淛的《五杂俎》、朱国祯的《涌幢小品》等。又如清代黄遵宪的《日本国志·礼俗志》对日本的社会风俗作了详细的描述。然而，这些还都不是近代社会史，不过却为接受和运用西方社会学的理论和方法，推动中国社会史的兴起创造了良好的条件。

19 世纪末 20 世纪初，在西学东渐的大潮中，西方社会学思想很快就被中国学人接受，中国的社会史也迅速兴起。1902 年，梁启超在《新史学》中提倡研究"群学"，即有社会史的意义。1903 年，严复把英国著名社会学家赫伯特·斯宾塞的名著《社会学原理》（原书于 1896 年出版）的部分章节翻译出版，更名《群学肄言》。1902 年，日本岸本能武太的《社会学》（原书于 1900 年出版）的中译本问世。社会学的引进和传播促使了史学的变革和社会史的兴起。张亮采的《中国风俗史》于 1911 年出版，可以算作中国近代的第一本社会史专著。此后，至 1949 年中华人民共和国成立，社会史获得了长足的发展。20 世纪 20 年代末至 30 年代，在理论界兴起的著名的社会史大论战，并不限于狭义的学术意义上的社会史。这实际上是由 1927 年中国大革命失败引发的有关中国社会发展史的论战。这是关于中国社会的性质和中国向哪里去的政治大论战，但因讨论中国国情，势必涉及许多社会问题，因而也有助于社会史研究的发展。在这段时期内，出现了不少有影响的社会史著作，如郭沫若的《中国古代社会研究》，侯外庐的《中国古代社会史论》，杨树达的《汉代婚丧礼俗考》，高达观的《中国家族社会的演变》，潘光旦的《明清两代嘉兴的望族》，瞿同祖的《中国法律与中国社会》，陈东原的《中国妇女生活史》，邓云特的《中国救荒史》，吕思勉的《中国宗法制度小史》和《中国婚姻制度小史》，陈顾远的《中国婚姻史》，平山周的《中国秘密社会史》，陶希圣的《婚姻与家族》，谢国桢的《清初流人开发东北史》等。

1949 年中华人民共和国成立初期社会史著作十分稀少，寥若晨星。可以举出的专著有董家遵的《中国收继婚姻之史的研究》、傅衣凌的《明清时代商人及商业资本》、杨宽的《古史新探》，李剑农的《魏晋南北朝民户大流徙》、张来元的《汉代服饰参考资料》等。

20 世纪 80 年代中期以来，社会史研究迅速兴起。这是在沉寂许多年之后的复兴，是在新的改革开放的历史条件下的新发展，是在中外文化互动交流的大潮下的兴起。它是中国"新史学"兴起的重要组成部分。由于长期的停滞，社会史在这次兴起之初首先就需要弄清不少认识上的问题，因而围绕着社会史研究的对象、性质、范畴、方法以及为什么和如何开展研究等问题进行了理论上的探讨。许多学者发表了不同的看法，进行了讨论。在讨论中，尽管各家意见不尽一致，但有两点值得指出：一是都强调开展社会史研究的重要性；二是比较一致地承认社会史应该着重研究社会生活史。

冯尔康在《开展社会史研究》一文中强调指出，中华人民共和国成立以来的前 30 年，史学研究的领域主要是经济史和政治史，对科技史、文化史等关注不够，对社会史则几乎没有接触。因而，恢复、发展社会史研究应当成为当今史学界刻不容缓的课题。① 中国史学界的主要刊物《历史研究》更是大力倡导社会史研究。它在 1987 年第 1 期的"评论员文章"《把历史的内容还给历史》中大声呼吁加强社会史研究，并"吁请史学界扩大视野，复兴和加强关于社会生活发展史的研究"。文章认为，这样可以进一步改变我国史学研究多年形成的内容狭窄、风格单调的状况，可以"突破流行半个多世纪的经济、政治、文化三足鼎立的通史、断代史等的著述格局"，复原历史的本来面貌，使之血肉丰满。这一期《历史研究》还编发了一组有关社会史研究的论文和资料。在此之前，1986 年 10 月 14 日至 18 日，在天津举行了中国大陆首届社会史研讨会。之后至 1992 年，中国社会史研讨会共召开了四届。在第四届中国社会史学术讨论会上正式成立了"中国社会史学会"。1992 年 9 月 22 日至 26 日，在安徽还举行了全国首届西方社会史学术讨论会。上述种种措施极大地推动了社会史研

---

① 冯尔康：《开展社会史研究》，《百科知识》1986 年第 1 期。

究。据统计，从 1986 年至 1992 年出版的社会史论著就有 130 多部。①

　　限于篇幅，这里没有必要把这时期的社会史著作一一列出，但有几部比较重要的带有系统性研究的著作需要提一下。一是乔志强主编的《中国近代社会史》②。这部著作提出了中国近代社会史的模式，作了社会史理论体系的有益探索。另一部是陈旭麓的遗著《近代中国社会的新陈代谢》③。这部著作也提出了作者的中国近代社会史的理论模式。陈著和乔著对社会史的理解不同，因而两者的模式也有不同。还应一提的是由中国社会科学院历史研究所主持的十卷本《中国古代社会生活史》。目前已出夏商、魏晋南北朝、隋唐五代、宋辽金和元朝五卷，其他五卷（西周、春秋战国、秦汉、明和清）尚未出版。该书课题组力主运用新方法来进行研究，指出：一要汲取与社会生活有关学科的研究成果，如烹饪、服饰、建筑等方面知识；二要汲取一些能更准确、更深刻、更全面地说明社会生活现象和本质的概念，如群体、社区、邻里、社团等；三要运用心理学方法、计量方法、历史比较法、文化语言学方法、历史人类学方法、民俗学方法等；四要借鉴国外社会史研究的优秀成果。④

　　至于文化史，因我将另文说明，这里就不再赘言。但需指出一点，正像有的学者所言，社会史和文化史是中国近代史学起飞的双翼，也是新时期"史学奋飞的双翼"。"它们命运相济，盛衰相连，是这两门学科发展的共同趋势。"⑤

　　改革开放以来，社会史和文化史有了明显的兴起以外，其他的史学分支也有了新的变化和发展。这些新变化和新发展也可视作"新史学"大潮的一部分，至少是"新史学"大潮波及的影响。由此在中国当时的史坛出现了一种新旧交替，交相辉映，五光十色，遍地开花的繁荣景象。白钢主编的多卷本《中国政治制度史》的出版就是明显的例子。不少史学领域，

---

　　①　参见吴吉远、赵东亮《中国社会史主要书目和论文》，载《社会问题的历史考察》，成都出版社 1992 年版。

　　②　乔志强主编：《中国近代社会史》，人民出版社 1992 年版。

　　③　陈旭麓：《近代中国社会的新陈代谢》，上海人民出版社 1992 年版。

　　④　参见浦斯《中国古代社会生活史讨论会简记》，《中国史研究动态》1987 年第 12 期。

　　⑤　刘志琴：《社会史的复兴与史学变革》，《史学理论》1988 年第 3 期。

在 1978 年前也有研究，但真正得到重视并获得迅速发展却是在此之后。如华侨史，1981 年 12 月在北京举行的"全国华侨历史研究座谈会"和在会上成立的中华人民共和国第一个全国性的华侨历史学会可以说是华侨史研究进入新阶段的标志；中华民国史，1956 年虽已列为全国科学发展规划的重点项目，但却未曾执行，真正重视和展开大量研究是在 1978 年以后；会党史研究的真正展开也是在粉碎"四人帮"以后；家庭史、家族史的研究在 80 年代也取得了新的进展，等等。一些新的方法的运用和新的学科的探索，如心理史学、计量方法、控制论方法、比较史学等，则都是在 80 年代或以后的事。

四 小结

以上简略地概述了 1978 年后中国"新史学"的发展状况。这里提几点看法。

第一，中国"新史学"的兴起有其必然性。首先，这是中国社会发展的需要。1978 年以后，中国进入了改革开放和全面建设的新时期。现代化经济建设和政治社会的现代化已成为整个社会的目标和努力方向。社会的转型和许多新的问题和需求的涌现必然要求人文社会科学做出相应的调整和适应。过去的历史学题材狭窄，分析简单，解释片面，很难满足新时期的要求。因而史学的革新是势在必行的事。其次，"新史学"的出现是中国史学界对过去史学研究中的经验教训进行深刻反思的结果，特别是对"文化大革命"时期的"影射史学""史学革命"进行反思和批判，拨乱反正的结果。再次，西方新史学的介绍和引进有力地影响了中国史学的革新和推动了"新史学"的兴起。

第二，对于中国庞大的史学研究队伍来说，不同年龄，不同专业，不同背景的史学工作者对史学革新和"新史学"的态度是不同的。一般说来，认为中国的史学需要革新，在这一点上分歧并不大。分歧较大的是如何进行革新，如何对待中国的传统史学，如何继承发扬中国史学的优良传统，如何对待西方史学等问题。不过，应该看到，经过 20 多年的讨论和实践，史学革新的成绩是可观的、显著的。总的说来，尽管看法不尽一致，但绝大多数学者都在用不同于过去的新视角、新方法、新资料、新题材、新手段进行研究，并取得了新的成果。一般来说，较年青一代的史学研究者，特别是在西方留学或进修的学者，比较容易接受和运用西方史学的理论方法；年长的一代相对要晚些，慎重些。顺便说一句，慎重未必是坏事。对西方史学和其他外国史学，我们只能是借鉴，重要的是结合中国的历史实际和史学实际来进行研究，进而创新。这自然就需要慎重的科学态度，需要研究者自身的感悟。值得高兴的是，很多学者都在探索新的路子，不少人从自己的研究实践中得到领悟。中国社会科学院历史研究所研究员郭松义在《对社会性别史研究的一些认识》一文中坦陈："在西方以及我国港台地区，性别和性别史研究已成为学者经常谈论的话题。相比起来，中国内地学者对这方面的关注显得有些迟滞。在我的研究中，长期接触的是经济史和制度史方面的题目，偏向于从政治、经济角度对制度的发生、演变进行考察，着重于对物和物的价值的探讨，这与性别史的研究重点在于人，并且与人的情感、道德取向纠结在一起，有着根本的不同。我对妇女史和性别史有所认识，是从着手写《伦理与生活——清代的婚姻关系》① 开始的，并由不自觉、不重视逐渐感到需要认真对待。"②

　　第三，中国"新史学"具有自身的特色。由于"新史学"兴起和发展的时间还不长，因此总的来说还不够成熟，还在发展之中。其中有些是相当不错的，在新的理论方法的运用上，在结合中国历史实际和史料的掌握上，都很有特色和成效。如彭卫的《另一个世界——中国历史上的变态行为考察》③、宋镇豪的《夏商社会生活史》④ 和"华南学派"的著作等。较多的著作主要是题材和史料的新颖。许多题材在过去是很少问津的，例如郭松义提到的社会性别史。有了新的题材然而围绕它从极其丰富的中国史料宝库中去搜集和发掘新的史料。这种史料在旧的题材中也是很少运用的。应该说，这样的著作是很有新意的，特别是由于大量新史料的发掘和运用，更显得饶有新意。对此应该充分肯定。不足之处是对相应的新理论

---

① 郭松义：《伦理与生活——清代的婚姻关系》，商务印书馆 2000 年版。
② 郭松义：《对社会性别史研究的一些认识》，《光明日报》2002 年 7 月 30 日。
③ 彭卫：《另一个世界——中国历史上的变态行为考察》，陕西人民教育出版社 1993 年版。
④ 宋镇豪：《夏商社会生活史》，中国社会科学出版社 2005 年版。

和方法运用不够。例如，好的社会史著作，不仅是题材必须新颖，符合社会史的要求，而且在研究中应该运用社会学、人类学、民俗学、统计学、心理学以及计量方法等多种相关学科的理论和方法。这就说明这样一种情况：一些研究者着重评介，引进西方和其他国家史学的新流派、新理论、新方法；另一些研究者则注重从新角度研究探讨中国历史上的新题材。两者之间尚缺乏沟通和彼此之间的融会贯通。很明显，这种不足只是事物成长过程中的不足，特别是因为中国"新史学"的成长需要摸索一条符合中国史学传统和中国实际的创新的道路，这就更需要从实践中不断总结。

（本文原载《世界历史》特刊《改革开放 30 年来中国世界史研究回顾》，2008 年）

立足中国　放眼世界

——纪念《史学理论》杂志创刊二十周年

20 年过去了，创刊时的一幕幕恍若还在眼前。

20 年来，史学理论研究有了长足的进步，成绩应该充分肯定，无论在研究深度、人才培养、学术交流、成果出版等方面，无不如此。可喜的是，《史学理论》杂志在这里发挥了一定的作用。然而，并非一切都是一帆风顺的。这里有过曲折和反复。这应该合乎事物发展的一般规律。有些问题是需要反复地、不断地去认识和摸索的。譬如，有关引进、消化外国史学成果和继承、发展中国史学传统的关系问题就是其中之一，实际上这是如何对待外国史学，主要是西方史学的问题。

《史学理论》创刊于 1987 年，正值我国改革开放不断深入之际。当时史学界关于"史学危机"的呼声不绝于耳。各种外来的思想纷至沓来。这自然与我国长期的封闭有关，是打开国门的必然结果。但是，如何对待这些外来思想；如何对待已经很不了解的外国史学，尤其是西方史学；如何确定我们的办刊方针，这个问题尖锐地摆在面前。是积极主动地引进、研究、引导，还是瞻前顾后，缩手缩脚？可幸的是，1986 年在我院世界历史所建立史学理论研究室之前，胡绳院长作了明确指示：世界历史所的史学理论研究室要加上"外国"两字，叫作"外国史学理论研究室"，重点研究外国史学理论。相应地，由这个研究室主办的刊物自然也应以外国史学理论为主。

实际情况也告诉我们：既然国门已开，就无法阻挡国外思潮的涌入，除非把国门再度关上，而这是不可能的。那么，对汹涌而入的国外思潮如果不加研究，没有准备，那会怎么样呢？有学者指出，如果对外来的思潮，没有选择和判断的能力，没有准备，那么，"最容易吸收的东西，往往不是别人的精华，而是最肤浅、最庸俗的东西"①。这是很危险的。而且，不加引导，没有研究，缺乏选择和判断的能力，被推广的思潮往往不是最新最前沿的，不是我们最需要了解的。譬如，在 20 世纪 80 年代，在我国史学界发生的"韦伯热""弗洛伊德热"涉及的都是 20 世纪初期的人物，虽然战后在西方有所复兴，但毕竟不是最新的发展。由上所述，我们至少可以得出两个结论：第一，改革开放以后，在国家融入国际的发展潮流之后，历史学要想关起门来，自我发展，与国际史学隔绝，或者若即若离，那是不可能的，至少是事倍功半的。第二，既然不可能封闭自己，那么就应该主动地积极地研究、引导、选择、判断国外的（西方的）史学思潮。在这里，应该越是积极地加以研究引导，效果就越好。

《史学理论》杂志在这方面做了不少的工作，如邀请在国外留学的在读研究生撰写介绍该国史学新发展的文章，对著名史学家进行专访，翻译介绍有代表性的名著名文。在这方面，当时在法国巴黎第一大学攻读博士学位的姚蒙贡献最多。他对法国年鉴学派做了大量的评介工作。他对法国著名历史学家雅克·勒高夫、让·巴歇莱、弗朗索瓦·孚雷、米歇尔·伏维尔分别做了访谈。这些"专访"刊登后，颇受读者欢迎。其他不少在读博士生（如王晴佳等）和我国的访问学者（如庞卓恒、徐天新等）也做了许多类似的工作。顺便指出，除了重点评介西方史学以外，杂志也评介了苏联等国的史学发展。总之，帮助广大读者了解国外史学的新发展构成了《史学理论》杂志的一大特色。然而，在这个问题上始终是有争议的，始终存在不同的看法，而且直到今天，也就是在 20 年以后，依旧有着不同的议论和疑虑。这应该是正常的现象。有很多问题是需要不断地讨论和验证的，很难一劳永逸地解决的。

目前，随着国际格局和国际形势的变化，随着全球化的发展，随着我国改革开放的进一步深入和我国国际地位的提高，围绕中西文化关系的争议重又活跃起来。譬如，担心介绍西方思潮过多会有"西方化"的危险，担心中国学者在国际上没有独立的声音，西方的话语霸权越来越强，因而

---

① 参见《中国新闻周刊》2006 年第 42 期。

主张弘扬中国的传统思想，特别是儒家精神，大力倡导国学，尽力创造中国特有的话语体系、理论主张和学科范式，等等。这些担心或许并不是多余的。我们应该在思想上有所警惕，不能大意。但是，不能因此而放弃、削弱对西方文化、思想的介绍和研究，不能以此为代价。因为从根本上说，这两者不仅是不矛盾的，而且是相辅相成的。

我们应该重视中国传统文化的教育和研究，应该就许多学术、文化问题提出我们自己的看法，或者创建特有的话语体系、理论主张和学科范式，但是在这样做的时候，能离开国际上的（包括西方的）文化积累和发展成果吗？如果脱离开世界文明的发展大道，不吸取人类文明的最新成果，我们能实现自己的愿望吗？能真正获得发言权吗？诚然，我国悠久的优秀文化传统是我们特有的珍贵精神财富，为今天文化的发展提供了难得的丰厚基础，然而，如果不和世界文化的新成果相结合恐怕也难以在新的时代再放异彩。

"西方化"的危险不能说没有。但是，我们不能因此而因噎废食，企图通过不接触西方文化而避免"西方化"。相反，要避免"西方化"的危险，最好的办法是在马克思主义的指导下加强对它的研究、分析。只要不是盲目地、偏护地、夸大地、生硬地介绍西方文化，而是结合中国的实际，加以科学的分析，"西方化"就可以避免。还应看到一点，目前，在西方已经有越来越多的学者，认识到"西方中心主义"的偏颇和危害，主张全面地、公正地对待和研究非西方文化。他们认识到，不这样做是无法了解人类的历史和文化的。他们主张进行跨文化的对话和交流。例如，英国历史学家彼得·伯克在谈到欧洲历史思想的独特性时指出：要讨论欧洲历史思想的独特性，就有必要对其他史学传统——中国的、日本的、伊斯兰的、非洲的、美洲土著的等——有足够的了解。[①] 这是他为德国史学理论家约恩·吕森主编的《西方历史思想：跨文化的争论》一书所写的主旨论文。由此可见，这些西方学者并不持"西方中心主义"的立场。

坚持跨文化的对话和交流，就需要进行跨文化的研究，需要加强对外

---

① Peter Burke, *Western Historical Thinking*: *An Intercultural Debate*, ed. By Joern Ruesen, Berghahn Books, 2002, p. 15.

国文化的追踪研究。外国的文化是在不断发展的，因此要不断地追踪研究，不能研究一段就放松了，以为一切都已了解了，不必再研究了。譬如，西方的历史学，我们自 20 世纪 80 年代以来做了许多介绍和研究，成果已经很多，但是研究较多的还是以法国年鉴派为代表的西方"新史学"时代。然而，西方的史学自 80 年代以后又有了很大的变化，可以说是进入了"后年鉴时代"。对这些新的发展和变化，我们也做了不少的介绍和一定的研究，但总的说来是不够的。这就需要加强研究，因为不了解西方史学的新发展，甚至会影响对它过去的发展历史的深入理解。这样的追踪研究，我们是应该做的，《史学理论研究》杂志也是应该做的。

　　总之，我们在对待西方的史学思想时应该抱着一种开放的、宽广的心态，应该有远大的、清晰的目光，应追踪其最新的发展；同时，我们也必须要有清醒的头脑和科学的态度。第一，我们要坚持马克思主义的指导，对其进行科学的分析和研究。第二，我们必须立足于中国，根据中国的需要，结合中国的实际，对待西方的史学思想。要努力结合中国的史学传统研究西方的史学发展，取长补短，创造出更加灿烂的中国新史学。

　　立足中国，放眼世界，这就是我们的态度。

（本文原载《史学理论研究》2007 年第 1 期）

不忘初心　不忘读者

——纪念《史学理论》杂志创刊三十周年

　　《史学理论》杂志创刊于 1987 年。30 年过去了。回顾这 30 年，我们的杂志是进步了，还是退步了，还是原地踏步？现在还不是详细做总结的时候，但是我们必须"而今迈步从头越"。

　　我认为，我们必须至少做到两点，即不忘初心，不忘读者。

一

　　先简单说说第一点。我们当时的初心是什么呢？

　　最重要的一点是，在当时"改革开放"的新时代，我们杂志竭尽全力，想尽方法，服务于这个时代主题。请看《史学理论》杂志创刊号的《时代·历史·理论——代发刊词》中多次强调的思想，如"我们的时代是改革的时代，开放的时代。改革和开放，是我们时代的最突出的特征，最重要的要求，最强大的潮流"①。"改革的时代，必然是创新的时代，探索、开拓、创新，便是我们的时代精神。"②"要改革，必然要开放。要开放，就要'引进'，要吸收和借鉴国外一切有用的东西"③，等等。

　　由上可见，本刊在初创的时候，就很明确自己为改革开放这一伟大时代尽力服务的使命和宗旨。接下来的问题是，当时国内的历史学杂志已有不少，但是专门的史学理论杂志这却是第一份。它又应该如何结合自己的

---

　　① 《史学理论》1987 年第 1 期，第 3 页。
　　② 《史学理论》1987 年第 1 期，第 4 页。
　　③ 《史学理论》1987 年第 1 期，第 5 页。

特点做好工作呢？应该看到，史学理论，无论作为一份刊物，还是一个分支学科，在这时出现，并不是偶然的。对此问题，下面只能简单地说一下。

在 20 世纪 80 年代，史学界的整个气氛都有利于史学理论研究的兴起。一个表现是"史学危机"的呼声和讨论。北京大学教授罗荣渠在本刊举办的"史学改革和史学理论"圆桌会议上发言指出："所谓'史学危机'的提法就是青年朋友提出的。这反映青年学者对理论的饥渴，对理论停滞与落后状态的不满。应该把这看作是史学理论研究出现转机的可喜兆头。"①

此外，从中央到中国社会科学院领导层面都很重视和倡导史学理论研究。党的十一届三中全会后不久，中国社会科学院的有关领导就在考虑加强史学理论研究的问题，并决定采取一些具体措施。到 1983 年 5 月，在长沙举行的全国历史科学规划会议上，史学理论方面的规划被纳入了"六五"国家计划。我院有两个史学理论研究项目被列为国家"六五"社科规划的重点项目。时任中国社会科学院院长胡绳专门指示历史研究所、近代史研究所和世界史所都要成立史学理论研究室，而且强调，世界历史研究所主要是研究外国的史学理论，等等。

除了这些外部环境条件的变化外，更重要的是"史学理论"概念被准确阐释。这里主要有两点。第一是区分历史唯物主义和史学理论。人们长期以来把马克思主义历史唯物主义看成是史学理论本身，经过一段时间的讨论，多数人都同意，这两者是不同的。马克思主义历史唯物主义是指导思想，不仅是历史学研究的指导思想，也是诸如社会学、人类学、文学、哲学等人文社会科学学科的指导思想。因此，历史学的指导思想是不能与自身的理论相混淆的。例如，瞿林东在前面提到的本刊举办的圆桌会议上指出，我们"认识到历史唯物主义对马克思主义史学的发展具有的总的指导意义，但历史唯物主义并不能代替史学理论；因此，史学工作要有更大的发展，必须建立起本学科的理论体系"②。

---

① 《史学理论》1987 年第 1 期，第 8 页。
② 《史学理论》1987 年第 1 期，第 12 页。

　　第二点是区分史学理论和历史理论。这两个概念虽是一词之差，严格说来，却是有所不同的。对这个问题，史学界目前大致已达成共识，即从狭义上说，史学理论是专指对历史学本身和与其有关的各种问题的研究，包括与历史学有关的理论问题，历史认识论、史学方法论、史学新领域和新流派、跨学科和跨文化史学研究、历史写作理论等，而历史理论则是对客观历史的发展过程的研究，包括其中所含的各种有关的理论方法论问题。① 从这个角度看，在改革开放之前，我国对历史学理论的研究是相当少和弱的，比较多的是对历史过程理论问题的研究。譬如，中华人民共和国成立后史学界长期争论的所谓"五朵金花"问题，以及所谓"亚细亚生产方式问题""封建社会"问题等都是。应该说，这种状况在一定程度上制约了我国历史学的发展，特别是妨碍了我国历史学的现代化步伐，同时也表明我国史学与国际史学发展的脱节和隔阂。

　　历史学要服务好改革开放的时代，首先自身必须要进行改革，也就是要倡导"史学改革"。杂志的《时代·历史·理论——代发刊词》特别强调这点，指出：史学改革"必须是全面的。从史学思想、史学方法、史学手段、史学人才的培养到史学研究体制、文风，都有一个改革的问题。这其中，理论的发展具有举足轻重的重要地位"②。

　　在办刊方针明确后，如何落实贯彻，杂志也做了许多努力，譬如多次召开编委扩大会议，讨论落实措施，并采取了许多具体办法。除了重点组织稿件和建立作者队伍外，还十分注重版面和栏目的设计，以突出杂志的开放性、信息性、多样性、跨学科性、原创性等。为此采取了许多具体措施，如在一些国家（如美国、法国、日本、波兰等）聘请特约记者，如及时报道国外的史学动态和组织稿件；又如每期设立了"专访"栏目，专门约请身在国外的或出国访问的我国学者对外国著名史学家进行访谈，具体的有：波兰史学理论家托波尔斯基，法国年鉴派史学家雅克·勒高夫、米歇尔·伏维尔，英国马克思主义史学家希尔顿，美国华裔史学家黄宗智、

---

　　① 参见陈启能《历史理论与史学理论》，《光明日报》1986 年 12 月 3 日。瞿林东：《史学理论与历史理论》，《史学理论》1987 年第 1 期，第 99 页。

　　② 《史学理论》1987 年第 1 期，第 4 页。

李中清，南斯拉夫史学家佩特拉诺维奇，美国史学家伊格尔斯，英国历史学家托马斯，法国历史社会学家让·巴歇莱，苏联历史学家索波列夫、谢隆斯卡娅，法国史学家弗朗索瓦·孚雷等。再如每期的"圆桌会议"栏目，都选择一个有新意的、当前史学界感兴趣的问题，邀请有关专家进行面对面的讨论，而不是笔谈，还尽可能邀请有不同意见的专家参加。这样做，既有利于学科本身的发展，也更易引起读者的兴趣。此外，每期还专门设置了专题性的研究专栏，如"马克斯·韦伯研究""心理史学研究""计量史学研究"等。西方史学界一些有名的理论文章，其中个别的过去已有译文，这次杂志特地重新译出刊登，如美国卡尔·G. 亨佩尔的《普遍规律在历史中的作用》；过去从未译出的，如法国费尔南·布罗代尔的《历史和社会科学：长时段》、法国雅克·勒高夫的《新史学》等都全文译出。

还需说明的一点是，除以关注西方的史学研究为主的同时，对苏联、东欧、日本、拉美等一些国家的史学也作了介绍。刊物还强调了信息的重要性，指出："本刊将力求以注重信息，及时报道国内外史学理论的研究动态和消息作为自己的一大特色"①，等等。

除了上述这些有关我们办刊的宗旨和设想外，足以表明我们初心的就是我们全力以赴的工作态度了。当时编辑部从事编辑工作的一般是八个人，包括一名技术编辑兼责任校对，其他七人中有五六人还兼做研究工作。因此，编辑工作的任务是繁重的。但是大家都夜以继日，毫无疏略怠惰。为了达到上述种种要求，大家采取了多种方法力求完美。举其要者，如当时国内史学界与国外的学者交流尚不多，因而"专访""信息之窗""书讯与简讯"等栏目就很受欢迎，读者可以从中获取许多新鲜的信息。为此，我们特别注意与国际史学界的联系，通过在国外的特约记者或出访学者对外国史家进行访谈，也注意联系和采访来华的外国学者。又如，我们把办刊物的主要力量放在有质量的稿子的组织上，不搞"坐堂办刊"。而且，除向已有声望的学者专家组稿外，特别注意发现和组织新的作者，尤其是年轻的人才。值得高兴的是，这一点杂志做得是较有成效的。不少初出茅庐的年轻学者有机会在我们刊物上发稿，以后又在互动中成长，现

---

① 《史学理论》1987 年第 1 期，第 6 页。

在已成为史学理论领域颇具声望的学者。

还可以举个例子来说明我们的工作态度，那就是减少杂志的错字率以达标。记得当时出版部门规定的错字率是万分之一，即一万字不能错一字以上。而我们常常是达不了标。这倒不是我们不努力。我们的责任校对不仅负责而且很有经验。问题是史学理论是一门新的分支学科，许多新名词、专有名词尚没有固定的译法，许多外国作者、作品也是如此，而且涉及的语言种类也多，因此，校对难度很大。每次校对时，基本上是编辑部（包括主编、副主编在内）全体上阵，相互对校，甚至唱校。至于原文中的新名词、新人名、新术语等，我们都是采取十分郑重的态度，经过多次讨论、多次查阅参考书后，想出一个译名试用，并同时附上原文。有些译名我们首用后得到认可成为公用的，如德国著名史学理论家约恩·吕森（Jörn Rüsen），有些首创后没有得到公认，如 paradigm，是个很重要的词。我们译成"范型"，结果后来公用的是"范式"。

二

除了必须牢记本刊的初心外，同样重要的是不能忘记读者。创刊以来，编辑部对与读者的联系一直是十分重视的。这里的读者包括作者。因为作者与读者是不可分的。作者首先也是读者，彼此的身份可以互换。

创刊以后，杂志在办刊的方针上，一直就十分重视读者。如在 1989年第 1 期的"新春寄语"中就提出：要把杂志办好，必须做到"三个面向"，即"面向现实""面向读者""面向世界"。在"面向读者"方面，杂志明确指出："一个刊物能否办好，光靠编者是绝对不行的。刊物的生命力还来自广大读者。正如鱼离不开水一样，一个刊物也离不开读者的支持、理解和帮助。为此，我们准备更广泛地听取广大读者对本刊的评论、意见和建议。举行'读者座谈会'就是措施之一。"①

在此前后，我们举办过两次读者（作者）座谈会和一次"读者评刊"。在全国各地多次举行的史学理论研讨会，也是编者与广大读者联系

---

① 《史学理论》1989 年第 1 期，第 3 页。

的好机会。总之，我们深信，如果说，我们办刊还有点成绩的话，那么主要原因就是广大读者的支持。

办刊和写书一样，都是给读者看的。但是必须明确，读者不是简单的、被动的受众，对于办刊尤其是这样。读者对读物的反应、接受程度、爱好与否、直接的评判和意见，最后决定着读物的命运。如果一个刊物不能获得读者的支持和喜爱，得不到读者的反馈，它总在那儿自说自话，它能办得好吗？答案只能是否定的。

我们虽然办刊时就意识到读者的重要，但是真正比较切实地认识到这点，还是过了一些时候。随着与读者交流的增多，我们才逐渐地认识到，读者不是抽象的，而是有血有肉有感情的朋友。他们关注刊物的成长和发展，甚至并不亚于我们自己。他们大多是很有学术水平的，提出的意见和建议，有不少是很有参考价值的。譬如，在杂志的"读者评刊"栏目中，不少读者提出了很有见地和很有分析的看法。如有位读者说："《史学理论》是我最为欣赏的学术刊物之一。这一方面是由于学问上的兴趣，另一方面是由于刊物本身的风格。首先，刊物的视野开阔……对史学理论和史学方法论的重要问题，已经有了非常全面的涉及和覆盖，并且能兼及相邻学科与历史学的关系，例如对阐释学的历史理论的介绍就能说明眼界之广……其次，刊物能够注意追踪当代世界史学和史学理论的发展潮流，及时反映较新的学术动态……还有，几乎每期都以'圆桌会议'专栏就一些当前有影响的思想和学术动态及重要的理论问题请专家各陈己见，形式活泼并且不乏深刻的思想和真知灼见……最后，整个刊物的编辑也颇具匠心，在相当大的程度上，避免了学术刊物通常的那种沉闷和单调，同时又保持了刊物的学术深度。"①

这类鼓励的话不少，如有位读者说："人是有个性的。刊物也应当有自己的特色。从这点上说，《史学理论》是成功的。"也有读者说："在全国众多的人文社科杂志中，《史学理论》是具有自己特色的好刊物。这个特色就是'新'，具有新观念、新视野，浓厚的时代特征。"还有读者说："《史学理论》创刊以来，我每期必看，且看得很仔细，我个人认为，刊物的学术水平很高，信息量很大，在编辑上也很有特色。"甚至有读者鼓

---

① 《史学理论》1989 年第 4 期，第 142 页。

励说："贵刊负有神圣的使命，我相信贵刊也能完成这样的使命！创造出自己的史学理论体系，培养出中国的斯宾格勒、汤因比、科林伍德、布罗代尔"，等等。①

我们很明白，读者这类鼓励的话，表达了他们对我们的支持和愿望，我们自然十分高兴，但我们绝不会陶醉其中，我们更注意的是读者的批评和建议。这些批评和建议同样是十分有分量的。如有位读者较系统地谈了加强马克思主义史学理论的建议，其中不仅指出了问题，更是分析了如何改进的几个方面：第一，加强对马克思主义历史理论的研究。第二，总结我国老一辈马克思主义史学家在史学理论和方法论方面的重要遗产。第三，对我国40年来历史科学的实践，特别是史学理论本身的发展进行理论上的深刻反思。第四，加强对马克思主义历史科学理论体系的研讨。②

其他方面的批评和建议还有很多，就不一一列举了。不过关于读者的话题，还想补充一个例子。多年参加办刊以来，的确越来越体味到，读者正如朋友一样，彼此之间的感情是很深厚的。2004年，在我退休以后多年，在我70岁生日那天，突然收到寄自辽宁省的一张十分精美的明信片，这是一位读者特地发给我庆祝我生日的。我当时的感动无可言状，立即给他回寄了一张明信片。我为一生有这样的读者朋友而感到无比欣慰。

※　　※　　※

今天我们办刊面临的情况，与30年前相比自然有了很多的变化，在具体做法上自然应有许多不同。但是，要想继续前进，使刊物在新形势下不断进步，有一点是始终不变的，那就是：

不忘初心，不忘读者！

（本文原载《史学理论研究》2017年第2期）

---

① 参见《史学理论》1989年第4期，第141—151页。
② 参见《史学理论》1989年第4期，第144—145页。

中　篇

后现代主义与历史学

一　什么是后现代主义？

（一）从现代到后现代

第二次世界大战后，西方的文化发生了很大的变化。随着科学技术的迅猛发展，社会的发展出现了许多新的问题。人类在对面临的新的挑战进行思考的同时，必然会追根溯源，对历史的过程和原因进行反思和回顾。人们在客观方面，在微观和宏观方面的认识不断深化。新的科技革命，加上政治方面的剧烈变化、生态环境问题的突出，经济全球化浪潮的冲击，使得整个世界处于十分动荡、变动、不安的状态之中。于是，应运而生的就是层出不穷的新的理论和思潮、新的学说和运动。其中，影响最大的当推"后现代主义"。

至少从 20 世纪 70 年代以来，先是在西方，逐渐地也到了东方和中国，"后现代主义"成了一个时髦的词。它被用来说明当代许多事物的最新发展，从具体的建筑、电影、美术等到抽象的哲学、学术思想、理论等。历史学也不例外，受到它强烈的冲击。关于后现代主义，目前国内的中文著作和译作已经很多，对它的解释和说明也五花八门，各种各样。可见，后现代主义是一个十分不确定的、模糊的、有争议的概念，在国内外的学者中，意见甚是分歧，很难给它下一个统一的、简单明了的定义。这本不奇怪，因为后现代主义强调的就是多样性、不确定性。

那么，首先让我们来看看"后现代"这个概念的来历。

据劳伦斯·卡洪（Lawrence Cahoone）的研究，德国哲学家鲁道夫·潘维茨（Rudolf Pannwitz）最早提到这一术语，用以概括 20 世纪西方文化中的"虚无主义"。以后，西班牙的文学批评家费德里柯·德奥尼斯（Federico de Onis）又用它描述文学批评中的反现代主义倾向。将这一术语引入英语世界的有伯纳德·贝尔（Bernard Bell）和阿诺德·汤因比（Arnold Toynbee）①。

　　然而，这些作者所使用的"后现代"概念还只具有特定的含义，是特有所指的。如阿诺德·汤因比把第一次世界大战后的世界看作后现代的时代，一个以理性主义和启蒙精神崩溃为特征的动乱时代。这与后现代主义作为一种在现实中运用的广泛的思想、理论是有不同的。这样的后现代主义出现于第二次世界大战以后，并从建筑、艺术、文学、哲学到科学等领域逐渐扩展开来。

　　顾名思义，后现代主义是对"现代"或"现代性"的一种反动。"现代"一词是西方人划分历史的用词，由意大利文艺复兴时期的学者、人文主义者彼特拉克（Petrarch）发明，是指继古代和中世纪之后的新时代。"现代性"也是同样的含义。这个"新时代"就是中世纪封建时代之后的资本主义时代。而资本主义向全球非西方世界的扩张也就被视为"现代化"的过程。自笛卡尔（Rene Descartes）以来，西方关于"现代性"的论述大都推崇理性，强调科学，崇尚公正平等的社会秩序。随着社会的发展，现代性的观念已逐渐深入人心，进入广大人民的日常生活。

　　然而，历史的发展不以人的意志和愿望为转移。西方现代性的发展，除了推动社会的进步以外，也带来了人们始料所不及的严重后果。现代性并没有给所有的人带来和平、公正、平等：农民和工匠被压在底层，妇女被排斥在公共生活圈外，殖民地广大人民受到压制和迫害，不少土著甚至被灭绝。这种冷酷的现实惊醒了有识之士，越来越多的人开始重新思考。构成西方现代性内涵的理性、科学、真理、公正等理念遭到了批判。人们对这些理念产生动摇，开始了新的探索，提出了后现代主义的各种新思想。

　　19、20世纪之交以来，西方不少有识见的思想家就不断地对启蒙运动

---

　　①　参见 Lawrence Cahoone, ed., *From Modernism to Postmodernism*, Oxford：Blackwell Publishers Ltd., 1966, p. 3；另见王晴佳、古伟瀛《后现代与历史学：中西比较》，山东大学出版社2006年版，第22页。

以来的传统思想和观念提出批判，对西方的现代性提出质疑，如尼采（Friedrich Nietzsche）、斯宾格勒（Oswald Spengler）、海德格尔（Martin Heidegger）、维特根斯坦（Ludwig Wittgenstein）等。到 20 世纪 70 年代，后现代主义对西方思想界的影响已很显著。这同它与法国的后结构主义的联盟有关。因而，后现代主义和后结构主义常被人相提并论。后结构主义大师让－弗朗索瓦·利奥塔（Jean－François Lyotard）、米歇尔·福柯（Michel Foucault）等人也成了著名的后现代主义者。

总之，可以看出，后现代的思想是从现代性的危机而来。后现代主义既是对现代的超越和否定，又是对现代的连续和传承。有关它的是是非非，至今仍在争论之中。不过，有一点可以肯定：后现代主义作为一种新的思维模式和倾向对人类文化、思想的发展必然会产生深刻的影响，对历史学同样如此。

（二）后现代主义：阶段说和反思说

后现代主义，一般被说成是一种思潮，一种学术思潮、文化思潮，或者一种文化运动。如俄罗斯学者尤里·别斯梅尔特内（Юрий Бессмертный）写道："后现代主义是在［20 世纪］60 年代末，在文学批评、艺术和哲学中形成的一种思潮。它的形成与一系列法国的和美国的作家和学者［雅克·德里达（Jacques Derrida）、米歇尔·福柯、罗兰·巴尔特（Roland Barthes）、保罗·德·曼（Paul de Man）、海登·怀特（Hayden White）、西利斯·米勒（Hillis Miller）］的活动有关。从 70 年代末起，后现代主义的影响开始在民族学、史学理论中显现出来，后来也在历史学中显现出来。"① 我国学者刘放桐也认为："'后现代主义'原仅指称一种以背离和批判现代和古典设计风格为特征的建筑学倾向，后来被移用于指称文学、艺术、美术、哲学、社会学、政治学甚至自然科学等诸多领

---

① 尤里·别斯梅尔特内：《关于研究权力现象和关于后现代主义和微观史学概念的若干思考》（"Некоторые соображения об изучении феномена власти и о концепциях постмодернизма и микроистории"），载《奥德修斯 1995 年》（Одиссей 1995），莫斯科 1995 年版，第 6 页。

域中具有类似倾向的思潮。"① 刘放桐进而指出，19 世纪中期以来反传统的哲学家，如尼采、狄尔泰（Wilhelm Dilthey）［有人甚至还追溯到帕斯卡尔（Blaise Pascal）、维科（Giambattista Vico）和卢梭（Jean‑Jacques Rousseau）］也可称为后现代主义者。如果这样，就需要把 20 世纪 60 年代以后的后现代主义称为当代后现代主义。它不仅批评笛卡尔以来西方的近代哲学，而且批评了 19 世纪中期以来，特别是尼采以来西方的现代哲学。当代后现代主义代表了西方哲学发展中的一个最新阶段。② 总的说来，它比"现代西方哲学家在某些方面更为彻底并揭示了后者的许多缺陷，但同时又往往更加走向极端，因而可能具有更大的片面性"③。我国另一位学者章士嵘也指出："后现代主义作为一种文化思潮，在社会生活的各个方面都有所表现。"④

把后现代主义说成是一种思潮，自然没有错，但也似乎太过笼统。究竟这种思潮有什么特点，与其他思潮有什么区别，等等，并没有说清楚。然而，鉴于后现代主义的不确定性、多义性、多倾向性和多争议，要把这个问题三言两语说清楚是很难的。譬如，对后现代主义的分类就很不一致。有人把它分为"积极性的"和"破坏性的"后现代主义［戴维·格里芬（David Griffin）］，有人则分为肯定的和怀疑的后现代主义［罗蒂（Richard Rorty）］。虽然如此，我们还是有必要就后现代主义思潮的性质做些分析。

任何思潮的出现和泛滥都不是偶然的。像后现代主义这样影响广泛的思潮的出现自有它深层的原因。只有了解了它出现的原因，才可能对它的性质有更深的了解。纵然我们还无法给它下精确的定义，但是，一般来说，我们可以根据诸多后现代主义学者的观点和关于后现代主义的评论，把有关它的性质的看法分为两种：阶段说和反思说。当然两者是不能截然分开的。

---

① 刘放桐：《后现代主义与西方哲学的现代走向》，载李惠国、黄长著主编《流变与走向——当代西方学术主流》，社会科学文献出版社 2001 年版，第 2 页。
② 刘放桐：《后现代主义与西方哲学的现代走向》，载李惠国、黄长著主编《流变与走向——当代西方学术主流》，社会科学文献出版社 2001 年版，第 4—5 页。
③ 刘放桐：《后现代主义与西方哲学的现代走向》，载李惠国、黄长著主编《流变与走向——当代西方学术主流》，社会科学文献出版社 2001 年版，第 17 页。
④ 章士嵘：《西方历史理论的进化》，山西教育出版社 2004 年版，第 240 页。

　　一种比较普遍的看法是把"后现代"看成是一个"现代"之后的新的时代，即阶段说。具体分期大体在 20 世纪 60 年代以后。这种说法有其一定的道理。20 世纪六七十年代之后，随着科技的飞速发展，世界的面貌确实发生了巨大的变化。有说是后工业时代的，有说是从现代向后现代过渡的，有说是信息社会的、知识社会的，等等。虽众说不一，但都说明，社会确实变了，时代确实发展了。而且可以预料，这种变化是全方位的、全面的，不只局限于经济、政治，或文化、意识形态某一个或某几个领域。再有，这个新变化还只是开始。新的社会，不论如何命名，都还在发展中，还会延续很长时间，就像历史上的工业社会和前工业社会那样漫长。今天，虽然我们还不能对它的全貌做出描述和判断，但这个新的复杂的世界必然会要求产生新的理论、新的方法和新的价值观，以适应种种新的变化。传统的、老一套的认识模式、理论、范畴和方法显然已经不够了。因此，把后现代主义看作应运而生的理论也未始不可。

　　新的时代的出现，除了科技、经济等突飞猛进的原因外，还与对现代社会的不满、反抗和批判有关。对自启蒙运动以来西方现代社会（或资本主义社会）发展的全面的反省和批判正是后现代主义的一个重要特征。事实上，这种反思和批判并不是从"后现代主义"才开始的。远的不说，在20 世纪 60 年代，这种批判不论从思想上，还是行动上都出现了一个高潮。从思想上说，在 60 年代，福柯等批判家已崭露头角；从行动上说，60 年代的政治激进运动和其他方面的运动层出不穷。这两者相互影响，相互促进，给时代的发展留下极深的印痕。在政治激进运动中，法国巴黎的学生运动，或称五月风暴，特别引人注目。这次风暴并不是一场传统意义上的革命。参加风暴的学生和工人都没有推翻和夺取政权的纲领，但它对法国和西方社会的影响却是深远的。学生们强烈反对传统价值，摒弃教授及前贤们的经验，尽管从表层上看显得有些粗糙、绝对，但从深层上却极大地促使社会生活的改变，尤其是思想的解放。五月风暴以后，后现代主义思潮在法国形成高潮并不是偶然的。福柯、德里达、利奥塔、鲍德里亚（Jean Baudrillard，又译布希亚）等后现代主义大师可谓如鱼得水，大显身手。有意思的是，正是在发生五月风暴的 1968 年，在 *Manteia* 杂志第 5 期上，罗兰·巴尔特（Roland Barthes）发表了《作者之死》的文章，声称

"作者"是属于现代的；随着现代的结束，"作者"就死了。未来的文字的全部多样性集中在一个固定点上：这已不是至今一直认定的"作者"，而是"读者"。

除了法国的学生激进运动外，美国的反战运动也是风起云涌。特别值得注意的是，20世纪60年代末美国兴起的嬉皮士运动。它是对历史形成的社会准则的否定。这时出现的"性解放"和"性时尚"也在社会性别问题上掀起风波。

1968年，苏联入侵布拉格则预示着苏联式的社会主义模式已陷入难以自拔的困境。

所有这些变化，虽然从表面上和性质上看，都有许多不同，但它们都反映出一个重要的事实：一种时代性的变化已经出现，一个新的时代——文明过渡的时代已经开始。这个文明过渡是从工业文明向后工业文明的过渡，从现代向后现代的过渡。

这种深刻的变化自然会引起社会人文科学家的思考。从这个意义上说，说后现代主义是对上述种种社会变化和政治激进运动等运动做出的反应是有道理的。正因为如此，一些后现代主义学者就主张这种"后现代"阶段说，如美国的詹明信（Fredric Jameson）、美国的伊哈卜·哈桑（Ihab Hassan）、法国的让－弗朗索瓦·利奥塔等，尽管各人涉及的领域和各人的理解并不相同。

然而，不同意这种"阶段说"，或者认为，主要不应强调"阶段说"的也大有人在。如有的学者指出，把"现代"和"后现代"视为前后相续的两个历史发展阶段"这种观念本身就受到了现代西方历史哲学的重要影响，即把历史的演化视为一种一线发展、不断走向进步的过程，而后现代主义批评的一个重点，就是要摒弃这种历史观念，将历史的发展视为一种多元的、开放的过程"。因此，"不应该把'现代'与'后现代'视为是一种历史时间上的先后关系，而应该把后现代主义的产生，视为是一种对现代社会发展的反省"①。也有学者认为，不宜把"现代""后现代"仅仅理解为先后出现的历史分期，而只需看到这两个概念之间的衔接关系，

---

① 王晴佳、古伟瀛：《后现代与历史学——中西比较》，"序"，第2—3页。

即"后现代"这个概念的提出是在"现代"概念之后，是建立在"现代"概念的基础之上。①

的确，仅仅把"现代"与"后现代"看作时间上连续的两个历史阶段是不够的。应该看到，"后现代"和"后现代主义"的提出，从根本上说，是为了更好地认识和批判当代西方资本主义的发达社会，特别是它的文化状态；以及对自启蒙运动以来形成的根深蒂固的西方的认知范式和理论概念进行反省和批判。这两者是相辅相成的。自启蒙运动以来西方传统的认知范式，实际上也就是西方的"现代"概念的基本内容，如普遍理性、科学主义、进步观念、自由理想、实用主义等。对这些概念的怀疑和责难并不都由后现代主义者发起，如在 20 世纪 60 年代时就有不少西方的思想家对"普遍理性"表示怀疑。精神分析学和后结构主义语言学的发展加深了这种怀疑。后现代主义可以说是这种种怀疑的集大成者。它的怀疑是全面的，也可以说，后现代主义要对西方"现代"的人文传统进行一次全面的审视和改写。在后现代主义者看来，"现代"的那些传统概念已经不能认识、解读当今的世界。对过去的认知范式、已有的文本和话语、原有的知识体系都要进行一次彻底的清理，重新审视。这就是后现代主义要做的工作。

由此可见，后现代主义主要意味着一种认知范式上的、文化和意识上的转变。这种转变的一个明显的特点是，过去习惯的那种静止的、结构式的、有规律的、线性的、有序的、进步的观念越来越受到质疑，而特别强调的是多样的、随机的、独特的、另类的、相对的、个人的、能动的观念。虽然具体到人文科学各个学科，在这些观念的变化上还有不少争论和接受程度的不同，但总的趋势应该是清楚的。从总体上说，这种趋势反映出当代的学术思想对传统的实证主义思想的进一步的批判和扬弃。我们可以把这看作当代在认知范式和文化意识上发生的一种普遍进程。这是旧的文化范式的被打破，并由此引起的人文知识认识论基础的更新。这样来看待后现代主义及其带来的变化或许可以看得更深入些。

---

① 参见盛宁《人文困惑与反思——西方后现代主义思潮批判》，生活·读书·新知三联书店 1997 年版，第 27 页。

自然，不管是"阶段说"还是"反思说"，都只是对后现代主义的一种分析，可以帮助我们对后现代主义有个比较明确、比较清晰的概念或轮廓。然而，实际情况比这要复杂得多。正如前面所说，要对后现代主义下个精确的定义是很难的。

二　后现代主义对历史学的挑战

（一）全面的挑战

鉴于后现代主义是一种文化反思的革新的潮流，因而一般而言，它对传统抱着怀疑的、批判的态度。而传统就是历史。因此，虽然后现代主义思潮对历史学提出挑战，产生影响要比其他的领域晚，但是这种挑战却是巨大的、严峻的。有学者指出，所谓后现代主义的文化，其本质是非历史的。它无视历史的顺序和时间的顺序，将一些本来没有联系的事物和现象随意凑合在一起，激起人们一时的兴趣，留下深刻的感官印象。① 实际上，后现代主义的这种非历史的性质对历史学的挑战是全面的，绝不仅仅是感官印象的问题。

需要指出的是，后现代主义这种复杂的思潮在西方国家，如法国、英国、德国、美国等的表现是不一样的，对各国历史学的影响和挑战也有区别。但是若从总体上看，西方的史学在 20 世纪 60 年代末 70 年代初和八九十年代与以前的时期相比，是有明显的不同的。后现代主义的影响是毋庸置疑的。这主要表现在对史家与史料相互关系性质的理解上，对历史认识的对象和方法的理解上，对获得的历史知识的内容和性质的理解上，对历史知识叙述形式和随后对历史文本的解释和理解上。②

概括地说，后现代主义对历史学的挑战集中地表现在以下几个方面：第一，对历史现实的概念提出怀疑，认为历史认识的客体不是独立于认识者之外的实体，而是由语言和推论的实践构建的。第二，认为语言不只是

---

① 参见王晴佳、古伟瀛《后现代与历史学——中西比较》，第 7 页。
② 参见洛里娜·列宾娜《"新史学"与社会史》（Лорина Репина，"Новая история" и социальная история），莫斯科，1998 年，第 224 页。

表达和交流的工具，而是形成意义、决定思维和行动的主要因素。因此，话语的形式在许多方面决定由它建立的文本的内容。这样既对过去的历史文本和当代的历史叙述能否符合实际地构建过去提出怀疑，又向历史学家提出更高的要求。要求他们更深地理解历史，更多地考虑客观性标准和自己的史学创作。因为，历史学家已不能满足于读懂史料，而要解读史料所用的语言背后的意义。第三，由于抹杀了事实和虚构之间的界限，就对史料的可靠性提出了怀疑。第四，对历史认识的信仰和对客观真理的追求提出怀疑。最终，对历史学家的职业意识和职业主权提出怀疑。后现代主义的挑战迫使历史学家去重新思考有关自己的职业、有关历史学在人文知识体系中的地位、有关历史学内部结构以及研究的传统观念。例如，史学与文学的界限就有被磨灭之虞。可见，后现代主义对历史学的挑战是全面的。

下面我们选择几位有影响的后现代主义学者，特别是对历史学形成强烈挑战的几位学者作些分析。看看他们是如何展开阐述的。这样有助于我们获得对后现代主义者的论述的实际感受，从而更深切地感受后现代主义对历史学的挑战。

（二）利奥塔的"后现代状态"概念

我们首先要说的是法国的让－弗朗索瓦·利奥塔。他是一位后结构主义者，同时又是后现代主义者，或者说，是使这两种思潮密切联系的学者。他在这方面的代表作是《后现代状态：关于知识的报告》①。

"后现代性"一词并不是利奥塔首先提出的，但他赋予了独特的含义。利奥塔在《后现代状态：关于知识的报告》中对此作了系统的阐释。该文是利奥塔在 1976 年应美国威斯康星大学召开的一次有关后现代的学术研讨会上作的报告的基础上修改而成的。

---

① Jean－François Lyotard, *The Postmodern Condition*, University of Minnesota Press, 1984. 中译本为让－弗朗索瓦·利奥塔（尔）：《后现代状态：关于知识的报告》，车槿山译，生活·读书·新知三联书店 1997 年版。

前面已经说过，后现代主义的主要含义是指对现代以来西方社会的认知范式的反省和批判。那么，人类的认识活动是如何体现的呢？认知范式和基本概念又是如何形成的呢？可以说，人类的认识世界的活动的最基本的体现，认知范式和基本概念的形成途径，都离不开"知识"（knowledge），人类在每个时期所掌握的全部知识。可见，要分析人类的认识活动和认知范式，都离不开对"知识"的剖析。因此，一些后现代主义学者从"知识"切入对西方社会和西方文明进行解剖就不是偶然的了。例如，福柯就是这样做的。他对"知识"解剖的结果是，揭示了在"知识"背后存在的"权力"活动的秘密。利奥塔的上述论文也是"关于知识的报告"。他同样从"知识"切入进行分析。《后现代状态：关于知识的报告》一书开宗明义便说："此书的研究对象是最发达社会中的知识状态。我们决定用'后现代'命名这种状态。"①

利奥塔对"知识"的理解很宽泛。他指出："一般地说，知识并不限于科学，甚至不限于认识。"② 它还包括"能力""诀窍"这些方面。我们没有必要详细介绍利奥塔对"知识"的界定，但有必要简略地说明他所用的几个概念以及他的有关观点，否则就无法了解他的思想了。第一个是知识的"合理性"（legitimacy）问题。所谓"知识的合理性"是指知识是否被认可为"知识"，如果它被认可为"知识"，那它就有了"合理性"，它的存在的理由就得到了确认。而这个知识获得"合理性"的过程就被称为"合理化"（legitimation）。这个"合理化"过程是长期的、不易发现的。长期以来，知识的"合理性"问题被认为是理所当然的。"知识"就是"知识"，似乎自然就是如此，不成问题。利奥塔却大不以为然。他认为，知识的"合理性"是一个很重要的问题。只有了解"知识""合理化"的过程，了解知识之所以成为知识的程序，才能知道这种"知识"获得"合理性"的原因、它目前的状态和今后可能发生的变化。

第二个是"知识"与"叙述"（narrative）的关系问题。利奥塔认为，知识的"合理性"问题还需要从知识内部来进行考察。这就牵涉"叙述"

---

① 让－弗朗索瓦·利奥塔（尔）：《后现代状态：关于知识的报告》，"引言"，第1页。
② 让－弗朗索瓦·利奥塔（尔）：《后现代状态：关于知识的报告》，"引言"，第40页。

问题。因为，"叙述"是"知识"使别人和自己认识到它确是"知识"的必要手段，而且，"知识"在"合理化"过程中对"叙述"的依赖越来越明显。现在的问题是，"知识"需要依赖"叙述"来表明自己是一回事，"叙述"能不能使"知识""合理化"是另一回事；或者说，"叙述"本身有没有"合理性"以致可以成为"知识""合理化"的根据。利奥塔认为，这是"现代性"与"后现代性"的区别所在。

在利奥塔看来，各类"知识"都是遵循一定"游戏规则"的话语（discourse）活动。在 20 世纪以前，这些话语活动都是依仗某些"宏大叙述"（grand narrative）而进行的，并构建起一套"元话语"（meta – discourse）。这时，"知识"是凭借某种"宏大叙述"使自己获得"合理性"的。"宏大叙述"是"知识""合理性"的标准。利奥塔把这一时代称为"现代""现代性"或"现代状态"。他写道：当这种元话语明确地求助于诸如精神辩证法、意义阐释学、理性主体或劳动主体的解放、财富的增长等某个宏大叙述时，我们便用"现代"一词指称这种依靠元话语使自身合理化的科学。① 也就是说，"现代"就是指这个时代的"知识"可以从它所属体系或所依赖的体系本身获得"合理化"的根据。

与此相反，当 20 世纪发生利奥塔所谓的"叙述危机"后，情况就发生了变化。"后现代"就是对这种新状态的表征。因此，"后现代状态"的最主要的特征就是对"元叙述"（meta – narrative）或"宏大叙述"的怀疑。利奥塔写道："简化到极点，我们可以把对元叙述的怀疑看作是'后现代'。"② 所谓"元叙述"可以理解为形而上学本体论性质的叙述。从西方哲学史上可以看出，"元"也就是"形而上"的意思，也就是建立在唯一的起源、基础和出发点之上的叙述。"元话语"也是这个意思。"元叙述"发生了危机，这就是利奥塔所谓的"后现代状态"。而对"元叙述""元话语"的怀疑便导致建立在"元叙述""元话语"基础上的整个知识大厦发生时代性的危机。

利奥塔强调，所有启蒙运动以来的"宏大叙述"已统统失去了原有的

① 参见让 – 弗朗索瓦·利奥塔（尔）《后现代状态：关于知识的报告》，"引言"，第 1—2 页。
② 让 – 弗朗索瓦·利奥塔（尔）：《后现代状态：关于知识的报告》，"引言"，第 2 页。

可信性（credibility）。利奥塔把这种叙述的衰败称为"合理性的解体"（delegitimation）。在西方历史上，最有影响的"宏大叙述"，可以启蒙运动的"宏大叙述"（或"元叙述"）以及黑格尔的"宏大叙述"（"元叙述"）为例。黑格尔的"宏大叙述"主要以观念系统的形式表现出来。这体现在他的《哲学全书》中。至于启蒙运动的"元叙述"主要是启蒙理性。它朝向一个美好的空想世界。启蒙运动以来的哲学就是以这种理性的"元话语"来作为衡量"合理性"的标准的。

至于在"宏大叙述"衰败的"后现代状态"下"知识"的特点，以及利奥塔与其他学者的争辩等问题，这里就不多说了。

既然，"后现代状态"的特征是所有"元叙述"的危机，那么联系到历史学又有哪些影响呢？具体到历史学，除了有启蒙理性或黑格尔的"宏大叙述"的影响外，历史学中的"元叙述"还指对完整的历史概念的说明，这套说明可以是科学的，也可以是不科学的。也就是说，"元叙述"实际是指历史学家提出的那套完整的历史知识。要说明的是，"元叙述"比起历史理论来要更为广泛。历史理论是指对历史过程的反省。这种反省是完整的，经过思索的，是以科学原则为基础的。"元叙述"概念比历史过程理论要广泛。也就是说，任何历史理论都是"元叙述"，但不是任何"元叙述"都有理论的特性。总体来说，我们可以这样理解："元叙述"是对历史（主要是历史过程）的一套完整的说明，它常常带有理论性。

那么，在"后现代状态"下，历史学的"元叙述"发生危机意味着什么呢？这种危机的表现何在？所谓"元叙述"危机的表现，一是在"后现代状态"下，历史学失去了"元叙述"的功能。在这点上，在学者们中间存有不同的看法。有的认为，这种功能是完全失去了，或基本失去了。有的则认为，只是部分地失去了。但总的说来，强调"元叙述"功能的丧失或削弱，都是指那种构建完整的或宏大的历史过程解释的努力已经不时兴了。这就涉及"元叙述"危机的另一表现，即历史知识的个别化，历史知识的个人的—心理的功能和社会的—整合的（或分解的）功能的强化。顺便说一句，早在19世纪末，尼采就预见到这种变化。总之，"元叙述"危机导致历史知识的社会文化功能的变化，导致历史学的重心从社会—政治任务向个人的—心理的任务的转移。这就使得社会中分解的倾向得到强化。问题是这种历史知识的"原子化"是否意味着方法论的退化，有没有克服危机的方法？由于"后现代状态"下的历史学是一个新问题，又由于"后现代"原本就反对绝对化、明确化，因此，在这种状态下的历史学究竟应该如何发展，是个见仁见智的问题，很难提出一个确定的答案，不过我们还是可以讨论若干有关的问题。

我们先要看一看在近代形成的群众性历史意识与职业历史学相互关系的机制此时是否还起作用？答案是：它们还在起作用。但是它们在"后现代状态"下已发生了根本性的变化。当然，这些变化并不是突然发生的，而是有个过程的。下面简要分析一下这些变化。

首先，历史学提供劝谕性榜样的功能。这是历史学最稳定的功能。在"后现代状态"下，它还能否保存下来？按理说，当"元叙述"失去其可信性时，历史学，即使还保存某些知识，也很难是科学的。自然，历史学会做各种努力来适应新的形势，以图继续发挥自己的功能。一个明显的例证是近段时间热门的"微观史学"流派和"微观史学"与"宏观史学"的冲突。微观史学家在实践微观史学的同时，总是强调宏大的历史—文化语境的必要性。本来，说明语境的技能是正常的职业历史学家的特征之一。对严格意义上的历史学来说，它的最主要的原则虽是区分过去和现在，但同时必须构建历史语境。这些是正常的历史研究的要求。至于微观史学，当它把研究对象确定为微观事物、"突发事件"时，如何说明宏观的历史语境呢？有什么具体可行的方法和成功的范例呢？很遗憾，虽然"微观史学"确实取得了不少的成功，也有许多杰出的作品，但从理论上和实践上都不能说已经完满地解决了这个问题。有的学者甚至认为，"微观史学"是不可能的。[①]

其次，历史学的认同功能。"历史"的概念里包含一定的寻找"认同"的手段，或者说，"历史学"负有认同的任务。这种寻找"认同"的手段是与"记忆"的一定的"书写形式"的历史类型有关的。在"后现代状态"下，这种"认同"功能有了很大的变化。有的学者甚至认为，历

---

① 参见科波索夫《论微观史学的不可能》（Н. Е. Копосов，"О невозможности микро - истории"），载《突发事件：2000》（Казус-2000），莫斯科 2000 年版，第 33—51 页。

史记忆已不再成为"认同"的基础。① 这位学者认为，在"后现代状态"下，每个人是在同一的文化空间形成自己的认同的。在这个实质上是同一的文化空间中，不仅有西方古代的圣贤，如柏拉图、亚里士多德，而且同样有东方古代的圣贤，如老子、孔子。因此，近代形成的基本上以民族—国家边界为界的历史记忆就不起多大的作用。总之，可以认为，在"后现代状态"下，记忆的类型确实发生了变化。它从原有的历史类型向新的类型转变。前者是为社会在历史空间的集体认同服务的，后者则为在所有文化空间内的个人的认同服务的。总之，在科学知识"原子化"倾向发展的情况下，不能很好地解决宏观语境问题是值得注意的。

也有学者对利奥塔关于"元叙述"不可信的观点提出质疑。如有学者认为，历史学需要某种整合材料、编织情节的叙事前提。"这就是说，虽然元叙述在本性中有可疑之处，元叙述仍是历史编纂必不可少的认识整合力量。而且，元叙述本身也具有历史性，新的历史经验需要新的解释根据和理由，人们可以不断寻找更好的叙述形式。"② 这位学者还引用雷迪（W. Reddy）的话指出，宣布一切"元叙述"的彻底终结，这本身就是"一种特别霸道的历史叙述"。结论是：后现代主义者不是不要元叙述，而是采取了虚无主义的元叙述。③

关于"元叙述"的问题自然还可以讨论，不过需要提醒的是，"后现代状态"和后现代主义这类命题并不只是对一些具体问题的阐述。在这些具体问题上，即使在后现代主义学者之间也是争议不断的。重要的是，正如前面强调的，后现代主义是对旧的认知范式的反省和批判以及对新的人文知识认识论基础的更新和探讨。对于这种大的变化，我们应该给予更多的关注和研究。

那么，对利奥塔关于"后现代状态""宏大叙述"的危机等论述应该如何看呢？它对我们有什么启示呢？首先，应该明确，利奥塔的论述只是整个后现代主义思潮中的一部分，不能以偏概全，但在许多重要特征和趋

---

① 参见罗缅采夫《历史理论》（М. Ф. Румянцева, *Теория истории*），莫斯科2002年版，第22页。

② 韩震、孟鸣歧：《历史·理解·意义——历史诠释学》，上海译文出版社2002年版，第115页。

③ 雷迪的话转引自韩震、孟鸣歧《历史·理解·意义——历史诠释学》，上海译文出版社2002年版，原文见《文化人类学》（*Cultural Anthropology*）1992年第7期，第137页。

势上，它又与整个后现代主义相通。其次，不论是利奥塔，还是其他后现代主义者论述的大都是西方国家的情况，特别是西方发达国家的情况。我们绝不能简单地套用到我国或其他任何非西方国家。但我们又不能以为这是身外事，可以置之不理。我们之所以要研究利奥塔和后现代主义，不仅是为了在全球化趋势发展迅速的今天，及时了解西方文化学术和社会思潮的发展变化，而且也是为了使我们自己的文化发展可以更好地对应新的环境，开展更多的交流和对话，从而获得更全面、更有成效的发展。

　　利奥塔对"宏大叙述"的怀疑有一点是很值得重视的。可以说，这点也反映了后现代主义的精神。从历史学的角度看，西方的"宏大叙述"，从启蒙运动的"普遍理性"到黑格尔和兰克的"历史主义"具有两个主要的特征：即历史一线进步的普遍观念和西方中心论。这两者是相辅相成的。启蒙运动以后，随着西方国家的崛起，历史进步的观念和科学理性的观念已被视为历史研究的指导思想。历史学也被视为是"一门科学，不多也不少"①。到19世纪以来，随着西方殖民主义的扩张，西方文明广泛渗入非西方国家。现代主义的历史思维与西方中心论更紧密地结合在一起，越来越具有全球的性质。对西方现代主义历史思维的质疑并不是从后现代主义开始的，但后者的冲击具有颠覆性质。既然现代主义历史思维注重理性，注重西方，注重中心和精英，注重线性发展和进步，它就忽视了历史的许多重要方面：非理性、非西方、边缘、"他者"、"另类"、弱势群体、底层群众、日常生活、微观事物、突发事件、妇女、个人、枝节等。而这些也就成了后现代主义史学强调的方面。尽管现代主义的历史思维和西方中心论在西方学术界可谓根深蒂固，即使在后现代主义的某些著作中仍可看出它们的某些影响，但后现代主义能够直面这些问题，尖锐地提出责难，高呼"宏大叙述"的衰败，还是很有意义的。这标志着西方学术界的风向有了大的变化：以西方的"元叙述"为准，以西方为中心的时代已经遭到重大的质疑；重新认识非西方文化的价值，以平等、认真的态度进行交流和对话，促进全球文化的丰富多彩和多样化，这样的方向已被提了出

---

　　① 弗里茨·斯特恩编：《史学集锦》（Fritz Stern, ed., *The Varieties of History*, Cleveland and New York），1956年，第223页。

来，尽管距离目标还十分遥远。对我们来说，最重要的启示是：认识和发扬非西方文化，特别是中国文化，主要应该是国人的责任。我们需要了解和研究包括西方在内的一切海外文化，借鉴所有有益的养分，但着眼点只能是继承和发展我国的文化。

（三）米歇尔·福柯和海登·怀特

除利奥塔外，反映后现代主义对历史学形成强大冲击和挑战的，还有两位重量级人物：法国的米歇尔·福柯和美国的海登·怀特。他们对历史学的冲击都是根本性的，但也有不同。福柯是针对历史学的观念，怀特则针对历史学的写作。

先说福柯。福柯对历史学的冲击主要体现在他对西方现代历史观的全面挑战上。众所周知，现代历史观是指西方自18世纪启蒙运动以后形成的历史观。这种历史观以理性为其理论基础。黑格尔指出，所谓启蒙就是认识到理性的合法性。① 福柯对启蒙理性进行了严厉的批评。他反对把理性说成是非历史性的、不言自明的、富有求真精神的，并且是价值中立的和客观的。相反，福柯强调，理性是历史中的变量，它本身就需要解释。理性不是超然中立的和客观的。那么，理性是什么呢？福柯认为，理性是话语实践与非话语实践（权力）运作的结果。在福柯看来，理性并不是纯粹、高尚、干净的东西，它有一个充满偶然、断层、裂缝、怯懦、专断、暴力、异质、邪恶的祖先。他赞同尼采的话，即理性"产生于学者的热情、相互仇恨、狂热的并且反复进行的争论以及争强好胜的本性——伴随着私人性的争斗，武器被慢慢地锻造出来"②。福柯在这里用"话语"和"权力"的概念来解释理性。他指出，启蒙理性是一套用一定的规则构建起来的话语。这套话语实际是为某种利益服务的。它追求权力，却用所谓理性加以伪装。可见，不受权力影响、不为一定利益服务的话语是没有的。譬如政治经济学，它在"资本主义社会中具有某种作用，它是为资产阶级的利益服务的。它为资产阶级所创立，也为其所用，它甚至带有这个阶级起源，乃至它的

---

① 参见黑格尔《历史哲学》，王造时译，上海书店出版社1999年版，第453页。

② 福柯：《尼采、谱系学、历史》，王简译，载《福柯集》，上海远东出版社1998年版，第148页。

概念和它的逻辑结构的痕迹"①。由于话语的生产、积累、流通和发挥功能，权力关系才得以建立并巩固起来。此外，理性也并不是像它所许诺的那样，只给人类带来解放和进步。人类遭遇的是大战、屠杀、种族灭绝、经济危机等不幸。这就说明，理性的有效性是大成问题的。

以理性为基础的现代历史观主张历史的客观性、强调历史的进步、追求历史的总体化。它的特点就是连续性、统一性、中心化、同质性、进化、总体、确定性等。而这些正是推翻启蒙理性的福柯所反对的。福柯推崇的是非连续性、断裂、非中心性、多元化、异质性、无定性、不确定性等。

福柯的后现代主义历史思想体现在他的独特的史学方法中。他的方法名为考古学方法和谱系学方法。他之所以采用考古学这个术语，就是为了区别于传统史学的编年史方法，区别于那种寻求隐藏在话语背后的真理和寻求阐释主体的意图的解释学方法。考古学方法要弄清楚的是知识所以可能的条件，关注话语的规则和变迁。现代历史学的因果模式被弃用了，取而代之的是非因果关系的话语的非连续性表述。关于福柯的考古学方法，"如果用我们目前流行的话语来表述的话，就是一种空间的多层次、多视角的分析方法"②。福柯的考古学方法体现在他的考古学三部曲中。1963 年，他出版了三部曲的第一部《诊所的诞生：医学知觉考古学》（*The Birth of the Clinic*），旨在说明现代一整套医疗话语结构和规则是现代医疗诊断的先决条件。1966 年，他出版了三部曲的第二部《词与物：人文科学考古学》（*The Order of Things*：*an Archaeology of Human Studies*），其中提出"人"是现代话语的产物的命题。1969 年，他出版了三部曲的第三部《知识考古学》（*The Archaeology of Knowledge*），研究了话语实践形成的机制。

1970 年前后，福柯从考古学方法过渡到谱系学方法。在《尼采、谱系学、历史》（1971 年）一文中，福柯分析了尼采的谱系学方法，表明这是他将采用的新的历史学方法。在《规训与惩罚》（*Discipline and Punish*）（1975 年）和《性经验史》（*The History of Sexuality*）（1976 年）两部著作中，福柯都具体运用了谱系学方法。谱系学方法不是与考古学方法对立

---

① 福柯：《知识考古学》，谢强、马月译，生活·读书·新知三联书店 1998 年版，第 240 页。

② 章士嵘：《西方历史理论的进化》，第 248 页。

的，可以说是考古学方法的深化。

运用谱系学方法，福柯更注意话语的物质条件，并着重研究了权力的运作。有论者指出："如果说考古学是对话语实践的研究的话，那么，谱系学则是对非话语实践的研究，把话语置于更广泛的社会背景中，揭示话语中的权力机制。"①

下面再简要地提一下海登·怀特。他的思想可以最集中地反映后现代主义的历史观。1973 年，他出版的《元史学：19 世纪欧洲的历史想象》（*Metahistory：The Historical Imagination in Nineteenth Century Europe*）一书引起了巨大反响和广泛的讨论。所谓"元史学"，就是跳出具体历史事实的研究，而在历史话语的层面，探讨历史话语的本质、历史话语与文学话语的关系等史学理论问题。1978 年，海登·怀特又出版《话语转喻论：文化评论文集》（*Tropics of Discourse：Essays in Cultural Criticism*）一书，进一步阐发了自己的观点。他对历史话语的重视，对文本的写作和阐释进行分析，都反映出"后现代"氛围中"话语意识"的勃兴状况，也反映出结构主义语言学的影响。因而，海登·怀特的书可以看作"语言学的转向"在历史学中的表现。

简言之，海登·怀特认为，把"历史"看作"过去的事情"的看法是不恰当的。"历史"就是历史话语，它的特点是"被写下来的"和"供人阅读的"。他分析了历史话语的本质、它的叙述程式、它在进行自我解释时的具体策略等问题。值得注意的是，他强调，历史文本有一个"潜在的深层结构"。这个结构"本质上是诗性的"，即历史从根本上离不开想象；这个结构也"具有语言的特性"，即历史在本质上是一种语文的阐释，带有一切语言构成物的虚构性。可见，海登·怀特要强调的是，撰述历史离不开想象。历史叙述和历史文本都带有虚构成分。在《话语转喻论：文化评论文集》中，他更明确认定历史和文学是一样的，它们的话语形式、构成各自话语的技巧和手段大致一样。

① 余章宝：《福柯后现代主义历史观》，载陈启能主编《二战后欧美史学的新发展》，山东大学出版社 2005 年版，第 130 页。

（四）　如何看待后现代主义？

西方各国学者，包括历史学家，对后现代主义挑战的反响是不一样的。其中，有两种极端的反响：一是完全赞同，甚至声称"语言之外的现实并不存在"，二是完全否定这种新倾向。值得注意的是，20世纪90年代以来，寻求妥协的声音越来越多。这种介于两种极端之间的所谓"中间立场"得到不少历史学家的青睐，从者逐渐增多。不少学者认为，后现代主义以及它对历史学的挑战，虽然有其极端化表现的一面，但它的出现和产生影响并不完全是偶然的；它所提出的和涉及的许多问题，也是值得重视的。拿它对历史学的挑战来说，并不是一场突如其来的"飞来横祸"。

美国历史学家格奥尔格·伊格尔斯就曾明确表示，他持的是"中间"立场。他说："我认为我个人的立场可能介于后现代主义者和相对而言较为保守的立场之间。"① 还说："我认为在兰克的信仰客观性和怀特的相对主义之间，有可能开辟出一条中间路线。"② 所谓"中间"立场，指既不同于科学客观主义立场，又区别于极端语言学立场。它对后现代主义往往采取既有肯定又有否定的批判态度。伊格尔斯对后现代主义就作了这样的分析。他指出，一方面，后现代主义包含不少重要的、有价值的观点。它说明，单一的历史是站不住脚的；历史不仅有连续性，而且有断裂。它指出，意识形态已经渗入职业历史学的主导话语中。它还对职业历史学的专家权威性语言提出挑战。但另一方面，它在泼掉脏水时把小孩也倒掉了。它否定任何理性的历史话语的可能性，质疑关于历史真理的概念。这样，它不仅抹杀了横在历史话语（它总带有虚构的成分）和小说（它在多数情况下谋求解释现实）之间的变动的边界，而且抹杀了横在诚实的学术和宣传之间的边界。③

---

① 《伊格尔斯访谈录》，引自台北《当代》第163期（复刊第45期，2001年），第14页。原载 Ewa Domanska, *Encounters: Philosophy of History after Postmodernism*, Charlottesville and London: University Press of Viginia, 1998.

② 《伊格尔斯访谈录》，引自台北《当代》第163期（复刊第45期，2001年），第17页。

③ 参见伊格尔斯《二十世纪的历史学——从科学客观性到后现代主义的挑战》，山东大学出版社2006年版，第10页。

　　对后现代主义的主要批评是它否定了"实在"（现实）的存在。海登·怀特的立场就被批评为"语言决定论"。这种立场使他只能看到他的语言允许他加以概念化的东西。他把历史归结为文本，只在文本的层面上讨论历史，而把实在发生的事件放逐了。后现代主义这种否定事件、把历史只等同于文本的说法，在讨论和解释历史上的人类灾难时，其矛盾就会暴露出来。伊格尔斯，一个 11 岁时因德国纳粹迫害而随家迁往美国的难童，很懂得"大屠杀"（Holocaust）是一个实实在在的历史事件。他指出，近年关于"大屠杀"历史事件的讨论使后现代主义的矛盾表现得更明显。海登·怀特也承认，从道德的观点看，否定"大屠杀"的现实是不能接受的，尽管在历史叙述中不可能客观地确定发生的事。①

　　的确，法西斯纳粹在第二次世界大战期间屠杀了数以百万计的、无辜的犹太人；日本军国主义侵略军在南京屠杀了 30 万无辜的中国同胞。这样血淋淋的事实难道仅仅是文本吗？日本右翼分子矢口否认南京大屠杀，企图改写历史文本。他们的罪恶意图恰好说明，仅仅把历史归结为文本，不看历史事实会造成多么严重的后果。

　　总的来说，"语言学的转向"和后现代主义的挑战对历史学的理论研究是有启示的。20 世纪 70 年代以来，西方历史哲学中的新思潮喷涌而出，其探索的中心转向新的领域：对历史文本的话语结构分析。这种转向是由于历史著述的语言及其结构、历史叙述的修辞特征，本来就是反映历史学特征的认识形式，是过去被忽视的历史学的更深层次。如果说，过去历史哲学探讨的主要是历史学家能够认识什么和怎样认识的问题，对认识过程中的或认识到的东西如何表述出来却缺乏研究，而这两者是不可分的。现在的转向是把重点转到历史学家表述了什么和怎样表述的问题。历史写作的性质和形式、文本语言、语境等，这些再现历史的形式不再被看作仅仅是一种解释的形式，而是本身也具有意义。

　　此外，后现代主义接触到的是历史学和历史认识中的根本难题，如历史构建的可靠性和限度，历史解释的性质，历史叙述和文学话语的作用和关系，认识主体和认识客体的关系，文本和语言等。对这些认识论难题，新史

---

① 参见伊格尔斯《二十世纪的历史学——从科学客观性到后现代主义的挑战》，第 13 页。

学家早已意识到，并展开了讨论。关于历史学科结构调整的必要性，也早在"语言学的转向"提出之前就已认识到了。相继出现的历史学分支学科及其互相渗透反映了这种调整。此外，20 世纪 70 年代末 80 年代初以来，西方新史学的变化，如社会结构研究向社会文化研究的转变，以及随之而来的文化人类学、社会心理学、语言学方法的广泛运用，研究兴趣向微观史学的倾斜，从超个人的结构转向个人，所有这些都体现了新史学家对历史认识论和史学方法论的探索和思考，也表明了后现代主义思潮的影响。后现代主义的挑战正是在这种背景下出现的。它把历史认识中的难题以十分尖锐的方式提了出来。可以想见，这必然会使历史学家更积极地探讨这些难题，在史学理论领域和历史研究实践中做出更多的努力和新的尝试。

三　历史学的变化

自 20 世纪 70 年代以来，后现代主义对西方史学的认识论问题产生了重大的影响，对史学研究的任务有了新的理解，使研究对象、概念体系和方法论基础都有了质的变化。这些变化集中地反映在历史思想、写作实践和研究范式上。

从历史思想上看，20 世纪 80 年代以来，在很多历史学家中间，对人类历史中存在"永恒的基础"的信仰已经破灭；社会发展的继承性思想、进步思想都被抛弃；"过去"被看成是间断的、片断的；研究过去，首先是要分析各种不一定可以对比的差异和孤立的局部。譬如，研究中世纪，着重研究的已不是那些多少可以与"近代"的现象进行对比或比较的东西，而是与"近代"对立的、异样的、异己的、另类的东西。过去的传统是研究中世纪社会的构造、经济、管理、政治组织，现在首先研究的是各种私人生活和日常生活现象，特别是与人的行为的情感领域和身体领域有关的现象，如受虐淫、暴力、利己主义、侮辱、愤怒、痛苦、磨难、乱伦、异性模仿欲等。[①]

---

①　参见弗里德曼和斯皮格尔《新的和旧的中世纪：北美中世纪研究中重新发现的变化》（P. Freedman and G. M. Spiegel," Medievalism Old and New: The Rediscovery of Alterity in North American Medieval Studies"），载《美国历史学评论》（*American Historical Review*）第 103 卷，1998 年第 3 期。

与年鉴派的时间理论不同，现在强调的是要发现和重视历史时间的间断性以及与此相关的历史过程的间断性，而不是历史时间的结构和持续的中长时段。正是由于历史时间和过程的间断性，就使得对个别的情势、现象和突发事件的分析具有了独立的意义。要注意的是，这些个别的情势、现象和突发事件彼此之间是不一定有相互联系的。与此相应，不但在不同的时代之间有间断性，而且在观念和文化概念之间也有间断性。因此，各种观念、概念、现象在每一个时间和空间上的表现都有自己不可重复的特点，即具有自己不可比较的独特性。在持这种想法的历史学家看来，正是稀罕现象和少有的突发事件才是某种最重要的东西，可以揭示某个时代的未知的独特性的东西。

总起来说，现今的历史学家对研究历史的意义如何看呢？他们认为，这个意义不在每一被研究的现象的继承性和演变，不在其可比性和可变性，而在其间断性和不可重复的独特性。对持这种观念的历史学家来说，他们过去惯用的概念系统需要改变。如过去承认时间的继承性，用的是一套概念，现在对时间的看法变了，概念系统也要求随之改变，其基础是被研究对象的反常性、古怪性、独特性。过去截然对立的概念，如私人的和公共的，个人的和共用的，内部的和外部的，志愿的和被迫的，物质的和精神的，身体的和心理的，世俗的和宗教的等，都需要进行修改。它们之间的概念界限不像传统理解的那样硬性和绝对。这种历史思想的变化是值得注意的。

与这种历史思想上的变化相适应的是历史研究和写作上的变化。其中最引人注目的是微观史学的兴起。微观史学并不是一个统一的流派。但这种微观研究有某些共同的特点，在西方国家的史学中都有表现，是一种新的研究趋势。一般说来，微观史学家不把注意力集中在涵盖辽阔地域、长时段和大量民众的宏观过程，而是注意个别的、具体的事实，一个或几个事实，或地方性事件。这种研究取得的结果往往是局部的，不可能推广到围绕某个被研究事实的各种历史现象的所有层面，但它却有可能为整个背景提供某种补充性的说明。

微观史学家感兴趣的是历史上那些具体的、易于观察的、个别的事物。但这并不是简单地用微观的共同体（如社区、家庭、个人）来代替宏观的共同体（如国家、经济、民族），而是要改变研究原则。对微观对象（如个人），如研究原则不变，还是用概括的、适用于宏观研究的方法，那就没有什么不同。微观方法不是把人作为一个抽象概念来研究，而是要求对一个具体的有名有姓的人的所有情况进行考察。微观史学家并不主张仅仅局限于对某个微观对象的独立研究，而是主张尽可能地通过研究微观现象同时看到或折射出其他方面的现象。如何才能做到这点呢？这不只是简单地收集有关史料的问题，而是在认识论的水平上关注特殊的微观现象的问题。微观史学家缩小研究对象的规模，更直接、更接近地面向历史事实，具有重要的认识论意义。微观史学家并不一味盲目猎奇，而是要努力寻找既是独特的，又是正常的东西，所谓"独特的"正常现象。这类现象可能在事件后来的发展中被挤到了历史过程的边缘，未被重视。总之，对成功的微观史学来说，选择合适的、能小中见大的研究对象是首要的。其次，还应十分重视研究成果在叙述形式上的生动性，以吸引更广大的读者。

　　在微观史学中，形成于 20 世纪 70 年代末的意大利的一支是最有影响的。不少成功的学者及其著作已经闻名遐迩，如卡尔洛·金兹伯格（Carlo Ginzberg）的《乳酪与蛆虫——一个 16 世纪磨坊主的精神世界》（*The Cheese and the Worms：The Cosmos of a Sixteenth - Century Miller*）、《夜战》（*The Night Battles*），乔万尼·列维（Giovanni Levi）的《继承权力：一个被魔师的故事》（*Inheriting Power：The Story of an Exorcist*）等。其他国家的著名微观史学作品有罗伯特·达恩顿（Robert Darnton）的《猫的大屠杀和法国文化中的其他事件》（*The Great Cat Massacre and Other Episodes in French Cultural History*）、纳塔莉·戴维斯（Natalie Davis）的《马丹·盖赫返乡记》（*Le Retiur de Martin Guerre*）、埃马纽埃尔·勒胡瓦拉杜里的《蒙塔尤——1294—1324 年奥克西坦尼的一个山村》，等等。

　　微观史学作为一个新流派获得了不小的成就，但同时也遭到批评与质疑。单纯的微观史学容易犯"见木不见林"的毛病。理想的出路是微观研究与宏观研究的结合，个案分析与结构、过程分析的结合。这个问题已经引起国际史学界的重视和讨论。

　　总之，后现代主义对历史学产生了重大的影响。大体说来，后现代主义强调关于过去的观念的可变性，注重这样的历史概念的作用，它们从当代的前提出发去解释历史文本，并把混杂的片断的资料组织起来。我们可以看到，历史学在不断寻找"新途径""新范式"。这是由历史思想的不断变化制约的，是与我们今天向过去不断提出的新问题有关。20 世纪下半叶以降，西方史学发生了巨大的变化。其中可以看出两次大的转折。第一次是在 20 世纪 70 年代下半叶和 80 年代，其标志是西方史学从社会—结构史向心态史的转变和历史人类学的繁荣。接着出现的是新文化史和心智史。它的理论方法论的特征是承认语言和话语在创建和书写历史现实中的积极作用。这实际上是第二次重要的转折，也就是"文化转向"。自然，史学新范式的建立是一个很复杂的和充满矛盾的过程。这个过程还没有结束。不过，在 21 世纪初，有一点可以肯定，那就是以文化范畴为视角的那些流派是最有前途的。实际上，历史学中的新的流派正在形成，它被冠以不同的名称：新文化史，或历史文化学。

　　然而，新范式的形成，史学的剧变是多种因素作用的结果，不能说完全是后现代主义的影响。加之，后现代主义作为一种强劲的思潮，从它的批判反思的精神和它所提出的许多命题看，是会有长远的影响的，不会昙花一现。但是，不能不看到，它的影响已经在削弱，淡化。可以说，高潮已经过去。对此，有不同的解释，如有论者认为，后现代主义呈现的淡化趋势"只是一种表面现象"，后现代主义思潮的退却"正好表现出它的一些思想概念，已经开始潜移默化"，逐渐在人们的态度上自然而然地表现出来。[1] 但也有论者认为后现代主义"气数已尽"[2]。有不同看法是很正常的现象，一种思潮有起有落也是很正常的现象。我们现在要做的是：继续研究观察后现代主义这一重要思潮。

---

　　① 　王晴佳、古伟瀛：《后现代与历史学：中西比较》，"绪论"，第 1 页。
　　② 　参见安托瓦纳·贡巴尼翁《气数已尽的后现代主义》，载周宪主编《文化现代性精粹读本》，中国人民大学出版社 2006 年版，第 328 页。

心 智 史

一 心智史的早期发展

什么是心智史（intellectual history，интеллектуальная история）？这自然是我们首先要弄清楚的问题，但这也是一个比较复杂的、难以说明白的问题。可以肯定的是，这绝不是某些历史学家心血来潮、故弄玄虚的产物；也不是自作聪明的文字游戏；更不是一些才子创造出来的某种特质的称谓。

我们可以笼统地说，心智史是集中研究人类活动的某个方面或某个领域的一门历史学的分支，就像"经济史""政治史"一样。但这样说还是太不清楚。那就需要从头说起，先说说为什么"心智史"不容易说明白，为什么"心智史"不是那种十分明确的概念，可以清楚地与其他史学分支分别开来。

首先，这是由于客观的历史就是如此。人类的过去历史本来是一个整体。历史学家所以把它分割成不同领域、不同分支进行探讨，是由于研究的需要，标识的方便，职业的进步。

历史学的所有分支（过去的、现在的，包括未来的），都是历史工作者、史学家为了职业的需要加以命名的。这样做是必要的，也不是随意的，而往往是历史学发展的需要推动和决定的。

也就是说，随着历史学的发展，在它中间不仅会分出许多分支，而且这些分支还在不断地变化。尤其在当代，在历史学正经历着认识论、方法论上的革命时，它自身及其分支都在积极地重新评估和考虑从方法论到内容到研究对象的变化。可以肯定，这些变化是符合学科发展的要求的。但是应该看到，这种分科、分支的划分，虽是职业史学完善和发展的必要条件，但是并不说明在历史实际中也有相应的严格的划分。正如一位俄国历史学家所言："历史并不是一块蛋糕，可以切割分食，用以享受美味的感觉。"① 如果从历史的角度来看，应该看到这些历史学的分支并不表明，在客观的历史实际中也存在着同样严格区分的相应部分。我们不能以为，人类活动的某些固定的方面或领域是专属于心智史研究的，其他的则属于别的分支。这里面有重合，有交叉，因此，"心智史"的边缘并不是一目了然的。

其次，与语言翻译有关。"心智史"是英语中的一个术语，即 intellectual history。作为一个专门术语，进而代表历史学的一个专业分支，它产生于英语国家，并为这些国家所专用。其他国家在引入这一术语之前只有相似的、相近的术语。如在法国，只有"心态史"（histoire mentalité），没有"心智史"（histoire intellectuelle）；后来著名法国历史学家夏蒂埃（R. Chartier）才把法国的"心态史"称为"法国的心智史"。②在德国，只有"精神史"（Geistesgeschichte），没有"心智史"（intellektuellegeschichte）。在意大利，也是在第二次世界大战后才出现"心智史"（storia intellecttuale）。不过，这些都是早期的现象，它们主要说明"心智史"的源起。第二次世界大战以后，尤其在 20 世纪 70—80 年代以后，由于欧洲各国之间的交流十分频繁，全球之间的交往也日益加强，因而"心智史"作为术语，或作为学科，早已在许多国家流行，尽管各国在理解上会有差异。

西欧以外的国家，情况也是类似。譬如在俄国，过去通常只有"思想史"（история мысли）、"观念史"（история идей），没有"心智史"（интеллектуальная история）。这个术语和学科的引入和运用应该是比较晚近的事。中国的情况也大体如此。在中国，很多学者把 intellectual history 译为"思想史"，而"思想史"长期被理解为由思想家或哲学家明确表

---

① См. Л. П. Репина，" Интеллектуальная история севодня: проблемы и перспективы"，*Диалог со Временем: Альманах интеллектуальной истории*，№2，М.，2000，стр. 5.

② R. Chartier，" Intellectual History or Social – cultural History? French Trajectories"，in *Modern European Intellectual History*，Connell University Press，1982，p. 15. 夏蒂埃至少认为，"心智史"和"心态史"是近似的。参见 R. Chartier，" Histoire intellectuelle et histoire des mentalités"，R. Chartier，*Au bord de la fataise: L' histoire entre certitudes et inquietude*，Paris，1998，pp. 27 – 66. 转引自*Мир Клио: сборник статей в честь Лорины Петровны Репиной*，М. 2007，стр. 341.

述出来的思想或观念体系。实际上，这是不确切的，"心智史"的内涵和研究范围，比"思想史"或"观念史"都要广泛。而且，在英语中，"思想史"应是 history of thought，近来也有用 history of thinking 的，"观念史"则是 history of ideas。尽管这些术语，如 history of ideas 与 intellectual history 常有重合的情况，但是严格说来，两者是不同的。因而，把 intellectual history 译为"心智史"比较合适。

再次，"心智史"的概念所以比较模糊还因为学术界对它的定义众说纷纭，莫衷一是；围绕着它的定义问题的争论始终未断。这些都使得"心智史"更不容易说清楚了。

总之，以上这些说明，"心智史"作为一个概念有其模糊性。自然，正如斯宾诺莎（Benedict Spinoza）所言，"任何定义都是一种限制"，因为它把被定义的现象的其他联系摒除了。然而，尽管如此，我们还是需要探讨概念（或现象）的定义，即使它不是精确的，因为这是认识概念（或事物）的必要步骤。我们还要看到，"心智史"与其他学科分支一样，它的出现和发展，并不是偶然的，而是有着它的根据和理由。其实，每一种成熟的分支都会逐渐形成自己的理论、方法、概念体系、研究手段等一套独特的工具系统。"心智史"也不例外。

现在，让我们来看看西方"心智史"作为术语和分支学科的发展历史。

"心智史"作为一种史学分支或者史学方法、史学思潮，本身就有它的相对性和模糊性，加上上述的几种复杂情况，就不能期待它像某种历史事件或某个历史人物那样，可以轻易地、精确地划分出它的起点、终端和发展阶段。

关于"心智史"的发端，学者们的说法并不完全一致。一般认为，西方"心智史"诞生于 19 世纪。① 有学者认为，从 19 世纪开始，很长时间以来，心智史和观念史（history of idea，история идей）两个概念实际上是

① См. Л. П. Репина, "Интеллектуальная история севодня: проблемы и перспективы", *Диалог со Временем: Альманах интеллектуальной истории*, №2, М., 2000, стр. 5；另见田晓文《何处寻觅心智发展的动因和规律——当代西方心智史学》，载庞卓恒主编《西方新史学述评》，高等教育出版社 1992 年版，第 314 页。

重合的，两者都指的是同样的事；心智史也被理解为，甚至翻译为"观念史"。而且，这两个概念都主要与哲学史相联系。① 总之，在前期，"心智史"与"观念史"常被当作同义词来使用，或者"心智史"也被笼统地用来标识不同的专门学科的统称，这些专门学科彼此之间有着某种关系，如哲学、史学、政治思想等。

也有学者认为，20世纪初"心智史"才形成，其创始人是美国新史学家鲁宾逊（J. H. Robinson）。② 1904年，鲁宾逊在美国哥伦比亚大学开设了"欧洲心智史"课程。这往往被认为是西方心智史的开端。鲁宾逊强调，"心智史"研究的是思想家的"学术思想史"，包括他们的"思想体系""话语"。③ 有的学者则认为，"心智史"作为职业历史学的分支是在20世纪20—30年代才出现的。④

"心智史"自诞生以后，其定义和研究对象就在学者中间引起纷争，结果是其涵盖面相当广泛，不存在严格的界限。如主张研究"学术思想史"的鲁宾逊，主张以"外在的"环境来解释"内在的"思想的美国的比尔德（Charles A. Beard）、帕林顿（V. L. Parington）、柯蒂（M. Curti），强调思想的独立性和决定作用的米勒（P. Miller）和德国的梅涅克（F. Meinecke）等都被认为是心智史学家。

不过，在西方"心智史"的早期发展中，尤其在20世纪30—40年代，美国哲学家和历史学家洛夫乔伊（A. O. Lovejoy）的作用是最大的。他本人更强调"观念史"这一术语。虽然他的思想相当丰富，并不仅限于突出"观念史"，然而在他的影响下，很长时间以来"心智史"却在"观念史"的方向下发展了。

洛夫乔伊在1936年出版的名著《生存的大锁链：一种观念史的研究》⑤中提出了一套独创的方法。与鲁宾逊不同，他不主张研究精英们的思

① См. Л. П. Репина. Там же.

② 参见田晓文《谈谈心智史的定义问题》，载《史学理论》1989年第3期，第77页。

③ 参见鲁宾逊《新史学》，商务印书馆1964年版，第72、74页。

④ См. Г. И. Зверева, "Понятие новизны в «новой интеллектуальной истории»", *Диалог со Временем: Альманах интеллектуальной истории*，№4，М.，2001，стр. 46.

⑤ A. O. Lovejoy, *The Great Chain of Being: A Study of the History of an Idea*, Cambridge（Mass.），1936.

想体系，而是提出一个"观念单位"或"观念群"（unit – ideas）的概念。所谓"观念单位"是指在时间长河中漫游的普遍的"观念群"。它们成为无论多么复杂的、不同的学说和理论的组成部分、组合件。这样，庞大的观念组合和哲学体系就不再是历史学家关注的主要对象，而是变成了只供他们分离出"观念单位"的基础资料，而这些"观念单位"就是他们的主要研究对象，如"生存的大锁链""自然""浪漫主义"等就是这样的"观念单位"。洛夫乔伊写道："虽然观念史使用的资料大多与思想史的别的分支使用的是一样的……但是它处理的方式不同。"① 洛夫乔伊认为，他的方法的程序可以比拟为分析化学，即要渗透进结构的内部，并从中分离出组成因素。研究的最终目的是要最大限度地弄清被选中的这些"观念单位"的全部发展过程，弄清它们在历史发展的所有阶段和精神生活的各个领域的表现，这些领域包括哲学、科学、文学、艺术、宗教和政治。

我们可以举"生存的大锁链"这个"观念单位"作为例子来做些具体的说明。在洛夫乔伊看来，所谓的"生存的大锁链"是指"宇宙"。"宇宙"这一"生存的大锁链"是由无边无际的环节组成的，而这些环节又按等级秩序排列，从最低等级排到最高等级。他认为，这种关于宇宙等级秩序的概念，是由亚里士多德首创的，从中世纪至18世纪一直流传下来，到18世纪末才开始衰落。他的这部书就是要探讨这个观念单位的演变过程，重点是研究古今各位思想家内心中的这一观念单位的发展变化。

洛夫乔伊强调研究心智精英明确表述出来的思想体系及其中的观念。这一观点对西方心智史早期的发展影响很大。不过，正如上面已经提到的，洛夫乔伊并不只强调这一点。他的思想要比这丰富。

洛夫乔伊很重视人类的精神生活，认为对它的各个领域发挥作用的因素主要有两大类：一类是"隐蔽的或模糊的设想，多少是不自觉的心理习惯"；是不言自喻的信念，而不是明确表达或捍卫的信念；是不会引起质疑的、天生不变的思维方法。另一类是由上述"思维习惯"养成的某种"逻辑主旨"、习惯的讨论环境、熟悉的逻辑手段和方法论设想，而这些在

① A. O. Lovejoy, *The Great Chain of Being*: *A Study of the History of an Idea*, Cambridge（Mass.），1936, p. 3.

当时个人的思维中、在哲学流派中、在当时一代人中，甚至整个时代中都是主流。①

洛夫乔伊还提倡"哲学语义学"的方法，主张针对某个时期或思想流派找出一些关键词和短句，加以分析，以便弄清这些词句的双重含义，搞清不同的词义，进而研究：从双重含义产生的不清晰的组合是如何影响学说的发展的，或者是如何使一种思维方式加速转变为另一种，可能是对立的思维方式的。② 洛夫乔伊还强调，研究某种思想的表现，不仅要研究睿智的思想家或杰出的作家的学说或原著，而且要探讨一大群人的集体思维，以及整整一代人或几代人的信念、信仰、偏见、倾向、愿望所受到的不同因素的影响。也就是说，这里说的已是在广大民众中广为传播的思想，并且已成为许多人的思维工具。③

综合起来看，洛夫乔伊虽然强调"观念史"，并提出了"观念单位"的独特方法，然而，他并没有就此止步。洛夫乔伊还提出了许多设想，实际上构成了一套对"观念史"进行改造的广泛的纲领。不过，历史的发展往往出人意料。十分有意思的是，虽然洛夫乔伊本人口口声声支持"观念史"，还亲自创办了至今已很有影响的杂志《观念史杂志》（*Journal of the History of Idea*），但是他的这些设想却为"心智史"后来的全面改造指出了方向，并且预先提供了方案。心智史在 20 世纪 90 年代才发生的不小的"转折"，似乎被洛夫乔伊都预见到了。他的《生存的大锁链：一种观念史的研究》一书甚至被认为是心智史的经典作品。为什么会这样呢？因为，洛夫乔伊的设想不仅他本人没有实现，而且他的追随者也没有实现。更有甚者，他的追随者不仅继续追逐观念史的老传统，包括洛夫乔伊本人曾强调的精英的心智研究，而且走向了洛夫乔伊的整个设想的反面。这些追随者把"观念史"解释为对某些自主的抽象概念的研究，这类概念有内

---

① A. O. Lovejoy, *The Great Chain of Being: A Study of the History of an Idea*, Cambridge（Mass.），1936, pp. 7 – 11.

② A. O. Lovejoy, *The Great Chain of Being: A Study of the History of an Idea*, Cambridge（Mass.），1936, p. 14.

③ A. O. Lovejoy, *The Great Chain of Being: A Study of the History of an Idea*, Cambridge（Mass.），1936, p. 19.

部的发展逻辑，与人类活动的其他形式，或者与所谓的"社会语境"是毫无关系的。这就与洛夫乔伊强调要扩大观念史的研究范围，要与人类的活动相联系的设想完全背道而驰了。

历史的现实是：洛夫乔伊的许多追随者和学生以及他自己创立的《观念史杂志》长期以来宣扬的正是这种传统的观点，并使它在观念史领域中称霸数十年。这样就使心智史的发展长期被观念史笼罩着。到 20 世纪 60—70 年代，心智史可以说已经落到了整个历史学的边缘地位，处于一种独特的学科内部的孤立状态。当时的心智史遭到了许多批评，反映出它存在的许多问题："内在论"和"唯理智论"；只注意理论和教条，不关注观念的社会语境和学科的社会职能；"精英主义"和"纯洁主义"；对大思想家和经典的极度关注，对地区传统和民众文化却漠不关心。然而，心智史缺点的集中暴露或许正意味着它的革新即将到来。

关于心智史的早期发展，我们可以做个简单的小结：自心智史诞生时起至 20 世纪 60—70 年代可以视作它的早期阶段。这个阶段常被冠以"观念史"的名称，这与这一阶段的重要学者洛夫乔伊的提倡有关。然而，正如上面提到的，洛夫乔伊虽然公开倡导"观念史"，但是他的许多思想却超出了传统的"观念史"概念，而却吻合后来发展起来的"心智史"的路数，可以说洛夫乔伊经历的是一种"有心种花花不开，无意插柳柳成荫"的经历。下面举例加以具体说明，这对了解"心智史"的发展不无裨益。

1940 年，洛夫乔伊在刚创刊的《观念史杂志》第一卷第一期上发表了一篇纲领性文章《关于观念史的思考》。其中，他号召"跨学科性"，号召克服人文学科中多余的专业化。洛夫乔伊指出，现在的观念史的写作都囿于某个专业之内，如历史学家写史学观念史，哲学家写哲学观念史，政治思想史家写政治观念史。这样，过去的心智领域就被弄得支离破碎了。而实际上，心智领域是完整的，从原则上说是不能肢解的。洛夫乔伊写道："人的理性的历史发展过程，不论是个人的或集体的，都不是在封闭的、大学正式划分的科系与之相符的渠道里流淌的。"①洛夫乔伊在这里说的"跨学科性"

---

①　A. O. Lovejoy, " Reflections on the History of Ideas ", *Journal of the History of Ideas*, Vol. 1, No. 1, 1940, p. 4.

与通常理解的不同。通常说的"跨学科性"是指借用别的学科的方法，或者从别的学科搬来有用的方法。洛夫乔伊所说的"跨学科性"比这种理解要激进得多。它是指必要时可以不顾原有的学科的界限，可以随意跨越，可以在任何别的学科（哲学、文学研究等）之内构建自己的研究方案。洛夫乔伊把一个领域的专家转到另一领域看作正常的现象。① 一般说来，通常的看法是，一个领域的专家可以扩大自己的领域，但是不应该放弃已有的领域，如果完全放弃会被看成是件很奇怪的事情，或者不寻常的事情，譬如会被看作在原有的领域遭到了失败，搞不下去了。而洛夫乔伊则认为，"放弃专业"才有可能选择另一种跨学科的研究方案，才有可能改写原有的观念历史。不管洛夫乔伊的看法是否完全行得通，重要的一点是：他的这种看法反映了构建重视"跨学科性"的"心智史"的需求。

洛夫乔伊提倡"放弃专业"还因为他反对理论和观念的"工具论""效用性"。这是指，在历史学中还有一种通用的做法，即把"效用性""有益性"看作评判观念或理论的价值的基本尺度。洛夫乔伊认为，这是把理论或观念看作铁锹、铁耙等辅助性工具。他强调，观念史的意义恰恰在于它的非工具性。② 在历史地评价某些观念时，必须坚决抛弃有益性、适用性、合理性、有效性、应用性等原则。他强调，观念的意义正在于它的不能"应用"，在于它的不适应性，在于它与现实的不相符。③ 有意思的是，洛夫乔伊在这里也是在强调"观念"和"观念史"的特点，但是它的思想实际上却指出了心智活动的重要特征，即心智活动不能简单地用研究的"适用性"原则来确定，而是要用另外的标准。

总之，洛夫乔伊的这些思想虽然主观上是在说明他心目中的"观念史"，实际上却描述了"心智史"的特征，并为"心智史"的革新和发展指出了方向。

---

① A. O. Lovejoy, " Reflections on the History of Ideas ", *Journal of the History of Ideas*, Vol. 1, No. 1, 1940, p. 5.

② A. O. Lovejoy, " Reflections on the History of Ideas ", *Journal of the History of Ideas*, Vol. 1, No. 1, 1940, p. 9.

③ A. O. Lovejoy, " Reflections on the History of Ideas ", *Journal of the History of Ideas*, Vol. 1, No. 1, 1940, p. 8.

二 "新心智史"

心智史的革新和发展使它进入了下一阶段。这表明心智史的发展走出了传统"观念史"的束缚，有了新的发展。但是我们并不能把这个新阶段笼统地冠以"新心智史"的称谓。因为"新心智史"一般是指在这一阶段兴起的、最有影响的一个流派，并不是说，在这一阶段所有的心智史作品和作者都属于这个流派。所以，我们把心智史进入新阶段之后的发展称为"当代心智史"，而"新心智史"就专指这个流派。

下面，我们先着重论述"新心智史"这个流派。在具体论述之前要先说明一点，即过去有的学者也用过"新心智史"的称谓，内容却是另有所指。譬如，中国学者田晓文把 20 世纪中期主要在法国兴起的"心态史"称为"新心智史"，并作了详细的分析。如他指出，法国年鉴派对新心智史的建立与发展贡献最大；西方社会史在 20 世纪 60 年代以后的发展也推动了新心智史的发展；新心智史的兴起，并不意味着旧心智史已经消失，而是两者并存；等等。作者还谈到新旧心智史学的区别，如后者主要研究个别人物的思想，前者则研究群体性的心态；后者主要研究理性、智力活动及明确表述出来的思想和观念，前者则研究深层次的心理活动和感情领域；后者主要研究心智精英，前者则研究普通群众；后者注意搜集"大文本"（great texts），前者注意搜集各种普通资料，等等。① 田晓文的分析对我们了解心智史是有帮助的，但是把法国"心态史"看作"新心智史"却不是目前国际上一般所采纳的。因此，本文所说的"新心智史"不是指法国的"心态史"。

史学流派或史学思潮，作为一种思想，它的演变是比较复杂的。心智史也是如此。可以说，它的革新不仅是本身发展的结果，也不仅是受其他思潮或流派演进的影响，而且也是环境变化的产物。在 20 世纪 60—70 年

---

① 参见田晓文《何处寻觅心智发展的动因和规律——当代西方心智史学》，载庞卓恒主编《西方新史学述评》，高等教育出版社 1992 年版，第 307—360 页。

代，当心智史的发展陷入困境后，变革的到来就是意料中的和合乎逻辑的事，而且往往会向着相反的方向，所谓"物极必反"就是此意。这相反方向就是，与强调精英、个体相反，社会环境或社会语境的作用得到了凸显。"心态史"和"观念的社会史"在"观念史"的革新和重新审视中起了重要作用。在20世纪80年代，科学哲学和知识社会学的影响加强，新社会史崛起，这导致了"观念的社会史"和"知识分子史"的形成，其中社会语境的作用是很明显的。如在法国，在1985年，J. - F. 西里尼利倡议建立了研究"知识分子史"的跨学科小组。参加小组的研究工作的有历史学家、政治学家、社会学家、文艺学家。他们尖锐地批评观念史忽视观念存在的社会条件，并且认为"知识分子史"既不同于心智史，又不同于文化史。不过，稍后，这一流派的学者在从事"欧洲知识分子比较史"[①] 时有些转向，把重点放在了"政治文化"和"公共领域"概念。至于"观念的社会史"，由于它受到在80年代占据主导地位的心态史的影响，重又成为颇受欢迎的术语，并且极大地扩大了心智史的问题域，使之不仅涵盖"伟人的观念"，而且包括普通人群的"观念"。这样，它的研究对象就扩大到某个时期或某个社会流行的观念的整个领域。在加强跨学科联系的同时，这一流派的专家们承认传统观念史的蜕化，推动了心智史的发展。

应该说，在20世纪80—90年代，心智史开始从根本上革新了自己的研究范围和研究问题，逐渐显著地走向当代历史研究的前沿，它的影响日益扩大。这反映在：心智史在大学教学大纲中的分量越来越大，有关它的专门刊物和专栏越来越多，讨论心智史的国际性的学术会议越来越频繁。1984年，成立了国际心智史学会（International Society for Intellectual History）。1996年，学会开始出版《心智史动态·国际心智史学会学报》（*Intellectual News*，*Review of International Society for Intellectual History*）。

然而，心智史的真正复兴却与"语言学的转折"和"后现代主义的挑战"有关，而这又与整个历史学的剧变有关。20世纪70年代以后，历史

---

① 参见 Dir. par M. - C. Granjon, N. Racine et M. Trebitsch, *Histoire comparée des intellectuals*. Paris, 1997.

学所面临的挑战是空前的，它所遭遇的危机甚至影响到它的职业地位的生存。有学者把 20 世纪 60—70 年代之交的历史学与它之后遇到的挑战作了比较，指出在哪些方面存在着根本不同的理解：对史家与史料相互关系的性质，对历史认识的对象和方法，对所获得的历史知识的内容和本质，对历史知识的叙述形式和对历史文本的解释形式等。还有一个最明显的变化是：在历史著作中极力应用文学性质的史料，并借用当代文艺学理论和方法。

后现代主义对历史学最大的挑战应是反对历史学关于历史现实的概念，也即历史认识的对象问题。在后现代主义看来，历史认识的对象不是外在于认识主体的东西，而是由语言的和话语的实践构建的东西。语言也就不被看成是简单的反映和交流的工具，而是决定思维和行动的、意义形成的主要因素。由此，历史学家必须十分认真阅读文本，想方设法地从史料的语言中钩沉探隐，分析读者阅读历史文本的方法和规则。历史学家的职业意识和自我意识也发生了重大的变化，因为关于历史学的职业、历史学在人文科学知识体系中的地位、历史学的内部结构、它的分支学科的状态和它的研究任务的传统的已有的看法，均受到了严重的挑战。可以说，历史学的"黄金规则"都遭到了怀疑：（1）历史现实概念以及历史学家的职业主权（史学与文学的界限），（2）史料的可信性标准（史实与想象的界限），（3）对历史认识可能性的信仰和对客观真理的追求。后现代主义范式最早是在当代文艺学领域占据上风的，然后向人文学科各领域渗透，最后波及历史学。在 20 世纪 80—90 年代之交，在历史学的各大杂志上展开了激烈的争论，如 *History and Theory*（《历史与理论》），*American Historical Review*（《美国历史学评论》），*Speculum*（《反射镜》），*Past and Present*（《过去与现在》），*The Monist*（《一元论者》），*Journal of Modern History*（《现代史杂志》），*Storia della Storiografia*（《史学史》）等。

历史学的变化促使历史学家把注意力集中在心智活动的过程的研究上，如作者的意愿是如何与历史叙述（作者的文本）相关联的，概念和概念群（如"中世纪""文艺复兴""启蒙运动""17 世纪危机""工业革命"等）是如何从研究者选取的零散的历史事实中形成的，读者是如何参与历史书写过程的，总之，作者文本的表现及其与读者接受的关系问题突出了出来。而这些任务成了所谓的"新心智史"所要探讨的问题，并确定了它的出现。

作为一种史学现象，"新心智史"形成于20世纪的最后30多年。它主要出现于美国、英国、法国、斯堪的那维亚各国。它的著名代表人物有海登·怀特（Hayden White）、多米尼克·拉卡普拉（Dominic LaCapra）、路易·明克（Luis Mink）、斯蒂芬·卡普兰（Stephen Kaplan）、罗伯特·达恩顿（Robert Darnton）、达维·菲舍尔（David Fisher）、汉斯·凯纳（Hans Kellner）、弗兰克·安克斯密特（Frank Ankersmit）、戈斯曼（L. Gossman）、希伯特（F. Hilbert）等。"新心智史"学派从一开始就不是统一的，有人激进些，有人缓和些。不少人极力主张要重新思考人文学者认识活动的内容和任务，一部分人则坚决反对迄今通用的历史学理论—方法论原理。然而，尽管有这些不同，还是有不少共同点使他们能够保持其内部的整体性，从而成为一个心智史流派。

最主要的共同点是，大多新心智史家都否认历史现实客观性的公设。他们怀疑现代欧洲史学的座右铭："让历史自己说话。"他们用"现实的形象"或"现实的效应"来与客观历史现实相对抗。这一概念是后结构主义者在与传统的方法论学者争论中提出的话语结构。① 新心智学家把注意力集中在历史文本上，而这一对象主张客观性的历史学家都不重视。新心智史家认为，文本之外是不存在历史现实的，并把文本解释为历史证据；它在与历史叙述进行比较时会具有自己特有的特征。而历史文本是历史叙述现实形象的表现。

（原载姜芃主编《西方史学的理论和流派》，中国社会科学出版社 2007 年版）

---

① 参见 F. Ankersmit, *The Reality Effect in the Writing of History*: *The Dinamics of Historiographical Topology*, Amsterdam; N. Y., 1989.

法国年鉴学派

一　年鉴派的早期发展

　　法国年鉴派是西方在 20 世纪逐渐兴起的"新史学"中影响最大和成就较显著的一个学派。它的发展，尤其是早期的发展，可以很好地表明西方史学在当代的发展趋势和一般特点。20 世纪上半叶是西方史学从传统史学向新史学转变的时期，或者说新旧交替的时期。在这个时期，西方各国新史学的发展，在程度上和表现形式上都有许多不同。应该说，法国在其中起了重要的作用，而年鉴派更是如此。

　　1929 年，《经济社会史年鉴》（简称《年鉴》）杂志的创立，标志着年鉴派的建立。这本杂志是由法国斯特拉斯堡的两位历史学家吕西安·费弗尔（Lucien Febvre）和马克·布洛克（Marc Bloch）创办的。费弗尔 1878 年出生于南锡市。他的父亲是一位中等学校教师。他本人毕业于巴黎高等师范学院，也在巴黎大学攻读历史，听过许多著名学者的课。1902 年，费弗尔大学毕业。1911 年，作为第戎大学年轻教授的费弗尔通过了他的博士学位论文《菲利浦二世和费朗什—孔泰地区：政治、宗教和社会史研究》答辩。从这篇论文的题目就可看出：作者是从多种角度来考察这个法国省份，也是费弗尔的家乡的，即从政治的、社会的、宗教的角度。作者注意的中心是贵族和资产阶级的关系及二者的生活方式。同时，作者还十分重视自然—地理环境及其与人类的关系。这些都显示出作品的新史学特征。1911 年，费弗尔被任命为斯特拉斯堡大学教授。第一次世界大战期间，他投笔从戎，中断了研究工作。1922 年，费弗尔的另一部综合性著作《土地与人类演进：历史学的地理引论》出版。这本书进一步阐发了作者在上一本书里已经涉及的地理环境与人类关系的课题，也为历史学与地理学的跨学科研究奠定了基础。1928 年，费弗尔的另一本重要著作《一种命运：马丁·路德》问世。这本书开拓了作者另一个新的研究领域：文化史研究。

斯特拉斯堡位于第一次世界大战后刚从战败的德国并入法国的阿尔萨斯－洛林地区，是该区的重要学术、文化中心。斯特拉斯堡大学很快也成为全国的重要学术机构之一，许多著名学者云集于此。这里由于远离被实证史学权威把持的巴黎著名学府，学术思想比较活跃，加上地处法、德文化交融区，国际学术交流也较频繁，这些都十分有利于新学派的成长。正是在斯特拉斯堡大学，费弗尔结识了布洛克，两人之间结下的深厚友情和紧密的合作关系，在世界学术史上又谱写了美好的友谊篇章。马克·布洛克 1886 年出生于里昂一个大学教授的家中。他的父亲是一位有名的研究古希腊罗马的历史学家，对他有很大的影响。1904—1908 年，布洛克在巴黎高等师范学院学习；1908—1909 年，在莱比锡、柏林学习历史学和地理学；专业方向都是中世纪史。从 1912 年开始，布洛克在蒙彼利埃和亚眠的中等学校执教。1913 年，他发表了学位论文《法兰西岛：巴黎周围的地区》。但是他的研究教学工作很快被第一次世界大战所打断。他应征入伍。在四年的战争中，他始终在军队服役，受过伤，获得过多枚战斗勋章，退伍时已升至上尉军阶。作为一个历史学家，即使在战争环境中，布洛克也没有停止过对自己研究课题的思考。1936 年前，布洛克一直在斯特拉斯堡大学执教；1920 年，通过博士学位论文《国王与农奴：卡佩王朝史的一面》答辩后，从讲师升为教授。1924 年，布洛克出版《会魔术的国王们》一书。这本书考察了英法两国广大民众对国王们创造奇迹的能力的迷信产生和存在的历史。这本书不仅充分显示了作者的才华，而且明显地突破了传统史学的范式。

1920 年，费弗尔与布洛克相识，从此开始了他们共同创建新史学的征程。他们在创建新史学时，意图是很明确的。他们针对传统史学的局限性来阐述新史学的特征和要求，构建新史学的范式。1903 年，西米昂（François Simiand）就在《历史综合杂志》上发表《历史学方法和社会科学》一文，指出传统史学有"三大偶像"，即政治偶像（把政治事件研究置于至高无上的地位）、个人偶像（强调研究杰出个人的活动）和编年纪事偶像（按时间顺序进行叙述）。费弗尔和布洛克继承了西米昂这一思想，认为新的史学范式必须首先打破这三大偶像。他们摒弃突出政治事件和精英人物的传统观念，提出"总体史"概念。布洛克强调指出："惟有总体的历史，才是真历史。"① 这样的总体史应该包括人类社会的各个层次：政治的、经济的、社会的、文化的等。但是由于要反对传统史学的"三大偶像"，年鉴派把注意力主要集中于经济的和社会的层次（这从杂志取名《经济社会史年鉴》即可看出）以及作为群体的人的研究，而几乎完全忽视了政治领域。这在年鉴派当时处于初创时期，为了针对传统史学的范式，"矫枉过正"，还是可以理解的。但后来年鉴派在很长时间内没有纠正这个偏向，以致成为 20 世纪 70 年代以后引起对年鉴派批评责难的原因之一。

与传统史学倡导的叙事史相反，年鉴派强调"问题史学"，强调"分析""提问"对史学研究的重要性。费弗尔指出："这就是说，提出一个问题，确切地说来是所有史学研究的开端和终结。没有问题，便没有史学。"② "问题史学"以"提问—回答"为中心组织历史研究，这同任何科学研究都应遵循的程序，即提出问题—形成假设—回答问题—证实或推翻假设—再提出新问题和新假设的程序，在本质上是一致的。围绕这一程序，还需要建立一整套历史研究所专有的概念体系。这与只限于对历史进行描述和叙述的叙事史相比，显然是很不同的。叙事史缺乏"解释"，不一定要提问、假设、分析的复杂程序，使人们对历史的认识容易流于表面化和贫乏化。然而，在这个问题上，年鉴派同样"矫枉过正"，完全排斥"叙事"，在后来的发展中也引起了一些问题。

与传统史学只注重史料考订不同，年鉴派强调研究方法的革新，其中最重要的是跨学科研究方法。费弗尔明确指出："所有的发现不是产生于每个（科学）学科的内部和核心，而是产生于学科的边缘、前沿、交界

① 布洛克：《历史学家的技艺》（又名《为历史学而辩护》），上海社会科学院出版社 1992 年版，第 39 页。
② 费弗尔：《为历史学而战斗》，巴黎 1953 年版，第 22 页，转引自姚蒙《法国当代史学主流》，1988 年，第 47—48 页。

线，在这些地方各个学科相互渗透。"① 又说："（年鉴）杂志希望不被围墙所环绕，而是使其研究大面积地、自由地、甚至是明确地及于所有邻近学科领地。"② 年鉴派认为，这种跨学科研究对历史学来说，应以自己为基础和中心。历史学应力求统一社会科学各学科。年鉴派这种勃勃雄心在自己的活动中不断显露出来，但在后来也出现了一些问题。对于史料及其考订，年鉴派也是十分重视的。与传统史学不同的是，年鉴派极大地扩大了史料的范围，不像传统史学那样仅仅把史料局限于文字资料，特别是官方文献，而是把人类的一切遗留物都尽量地加以利用。

由上所述可以很清楚地看出年鉴派与传统史学的不同，然而所有这些，用年鉴派新一代历史学家布吉耶尔（Andre Burguiere）的话说，还不是新史学引起的"革命"本身，还不是"内容"③，那么这个"内容"是什么呢？这就是在史学理论方法论层次的革新，是史学观念的根本变革。年鉴派改变了历史学家对历史的态度，强调历史学家作为认识主体在历史认识过程中的作用，从崭新的角度阐明现在与过去的关系。在史家与过去的关系和史家与史料的关系上，新史学都把传统史学原有的观念颠倒了过来。年鉴派第三代主要代表之一勒高夫（Jacques Le Goff）指出："'年鉴派'之所以能根本改变历史学，靠的是三个基本思想的结合：一，对历史学家、历史文献和历史事实之间关系的批判；二，建立总体史的意图，这种总体史应包含人类社会活动的一切方面；三，史学与社会科学的跨学科研究实践。"④ 这个概括很好地说明了年鉴派范式的革新之处。这个范式的基本特征在第一代年鉴派时已初见端倪。费弗尔和布洛克为突破传统史学范式，打破其垄断地位，并创建新的史学范式呕心沥血，做出贡献。他们的历史功绩是不可磨灭的。

---

① 费弗尔：《为历史学而战斗》，巴黎 1953 年版，第 30 页，转引自姚蒙《法国当代史学主流》，1988 年，第 50—51 页。

② 费弗尔：《为历史学而战斗》，巴黎 1953 年版，第 20 页，转引自姚蒙《法国当代史学主流》，1988 年，第 51 页。

③ 参见安德烈·布吉耶尔《年鉴派史学的演变和现状》，载《八十年代的西方史学》，中国社会科学出版社 1990 年版，第 126 页。

④ 勒高夫与俄国历史学家古列维奇的谈话，载古列维奇《历史综合与"年鉴派"》（А. Я. Гуревич, *Исторический синтез и школа "Анналов"*），莫斯科 1993 年版，第 198 页。

以年鉴派为代表的新史学的传布以及新史学范式的确立和影响的扩大，主要不是通过他们的理论主张，而是通过一系列成功地贯彻他们的理论主张的具体研究作品。在这方面，法国尤为显著，如勒费弗尔（G. Lefebvre）、拉布鲁斯（Ernest Labrousse）、西米昂等的著作。特别要提到的是费弗尔和布洛克的著作。除了上面已经提到的两位的作品外，还应特别提到费弗尔的《16 世纪的不信神问题——拉伯雷的宗教》（1942 年）和布洛克的《封建社会》（1939—1940 年）这两部著作。下面我们分别介绍一下这两部名著，以便对这两位开拓者的创新多少有所了解。

费弗尔的著作与一般的思想史、文化史著作不同，他主要研究的不是拉伯雷的小说，也不是他的观点，而是从一个新的角度反对一些研究拉伯雷的历史学家认为"拉伯雷是无神论者"的结论。他认为，这些历史学家之所以得出这样的结论是犯了混淆不同时代的错误，也就是以一个 20 世纪的人的眼光去取代 16 世纪的人的想法。因此，费弗尔此书的价值首先在于它的方法论：如何去研究过去时代的精神生活。在这本书的第一页上写道："仅仅知道的人，并不是历史学家。只有探索的人，才是历史学家。"费弗尔本人正是这样身体力行的。费弗尔为了说明拉伯雷不是无神论者，采用了一个新的角度。他认为，对拉伯雷的小说做出判断以前，首先必须提出一个总的问题，即在 16 世纪有没有"无神论"存在的客观条件。这就需要去研究当时人们的生活方式，因为人们的世界观是由他们的生活方式决定的。也需要去研究当时社会的、精神的氛围，看看有没有适合于"无神论"传播的这种氛围。费弗尔在深入研究了 16 世纪的心态氛围后得出结论说，当时不可能出现无神论的潮流。虽然当时已经出现了文艺复兴，但费弗尔认为，深深渗入广大群众意识和日常生活以及整个社会生活之中的宗教意识和心理是不可能轻易改变的。他指出，每一种文化都是一个整体，它的组成成分尽管彼此之间会有各种矛盾，但总体上毕竟是相适应的。因此，作为彻底的无神论的基础的科学的、理性主义世界观在中世纪是不可能出现的。在 16 世纪人们所说的异端，只是对一些神学家的批判或嘲笑，其含义往往只是指对正统教义的稍微偏离，与现代人所理解的无神论不是一回事。总之，费弗尔认为，在 16 世纪天主教的法国，真正的无神论是不可能存在的。从以上简略的叙述中即可看出，费弗尔的这部著作不仅具有反对历史学家常容易犯的混淆时代的错误的方法论意义，也提出了在当时史学界还颇具新意的关于文化内部相对协调的思想，更重要的是，提出了今天的历史学家如何研究过去时代的人们，包括如何研究他们的精神生活的问题。

布洛克的《封建社会》一书同样充满了创新精神。特别值得提出以下两点：一是布洛克采用比较研究的方法，对欧洲不同地区（西欧、中欧、东欧不同地区）的封建制度的特点进行了比较分析。这部著作和布洛克的其他著作都雄辩地表明，他是一位比较史学大师，为比较史学的发展做出了重要贡献。1928 年，他在奥斯陆国际史学大会上作的题为"论欧洲社会的历史比较"的演讲对比较历史方法作了理论上的探讨。① 布洛克被称为"以往比较史学流派中一位最杰出的名家"，而他的这篇演讲也被誉为"至今仍不失为一篇对比较方法理解得最透彻、理论上最令人信服的文章"②。另一点是布洛克对封建制的考察是整体性的，体现了年鉴派的"总体史"思想。他不仅考察了土地占有关系和封建领主权力的历史，也考察了农民依附形式和封建领地制的剥削形式，也不限于对耕作制度和土地使用制度的研究。他还把人的意识、心态作为社会史的一个不可分割的成分加以研究，甚至赋予它特殊的意义。布洛克在这本书中，可以说是以一种类似后来才出现的历史人类学的角度，在比较分析的基础上，用社会史的方法来进行研究的。③

无疑，费弗尔和布洛克对法国新史学范式的确立，对以后新史学的发展都起了开创性的历史作用。对他们来说，重要的不仅是他们的著作本身，更是他们为革新史学所做的努力。他们对当时的史学状况十分不满，立志要摧毁那些陈旧的传统，为史学开辟新的前景。他们共同创建的《年鉴》杂志从一开始就不是一本普通的史学刊物，而是团结那些赞同这两位年鉴派创始人史学革新主张的学者们的中心。他们两人筚路蓝缕，功不可

---

① 布洛克的这篇演讲补充后发表在贝尔（H. Berr）编的《历史综合杂志》（*Revue de synthèse historique*）1928 年 12 月号上。中译文见项观奇编《历史比较研究法》，山东教育出版社 1986 年版。

② 这是美国《历史与理论》（*History and Theory*）杂志发表的西威尔的《马克·布洛克与历史比较的逻辑》一文的看法，参见项观奇编《历史比较研究法》，第 146 页。

③ 马克·布洛克的《封建社会》一书的中译本已于 2004 年由商务印书馆出版。

没。不过，他们两人之间也存在着不同，有的学者甚至认为两人之间存在着根本方针和方法上的重要不同。① 简单说来，费弗尔常选取杰出的历史人物，并由此切入，研究这些人物与历史的关系。他在分析这些精英的创造性意识的基础上，对整个社会的心态进行考察。他的三部著作通过三个人物（马丁·路德、拉伯雷、玛格丽特）对 16 世纪西方社会的文化和心态进行了考察。可见，费弗尔主要通过人物研究来考察特定社会的文化—心态结构。布洛克则从社会学、人类学的角度去考察，注意的是文化的群体和日常生活习俗。布洛克明确地意识到，在不同社会阶层和集团中的心态是不相同的。布洛克把对精神生活的研究与对社会结构的探讨紧密地结合起来。他认为，社会不同阶层和集团的心态是社会结构的组成部分。有的学者认为，从当时看，费弗尔的研究更震撼人心；但从长远看，布洛克的研究倾向，在战后逐渐成为主要潮流。② 战后兴起的历史文化研究，并不把探讨心态自身的发展作为自己的任务，而是旨在理解心态在社会生活综合运动中的性质和功能，这显然更接近于布洛克。布洛克常被视为现今的文化—心态史、历史人类学、比较史学的先驱。当然，这并不是说，战后法国史学中发展起来的文化—心态史与费弗尔没有关系，只与布洛克有关。这实际上与费弗尔和布洛克两人的创新都有关系。上述分析只是注意到他们两人之间的不同罢了。

新史学在法国影响的扩大，逐渐打破了传统史学的统治地位，一些被传统史学派把持的史学界重要职位也开始让位于新史学派。最明显的例子是：1933 年，费弗尔获得法兰西学院教授席位，1936 年，布洛克出任巴黎大学经济史讲座教授。以年鉴派为代表的新史学潮流已开始从位于法国边缘地区的斯特拉斯堡向首都巴黎集中。

除了法国以外，新史学也在西方其他国家兴起，一些有影响的作品相继问世。例如英国历史学家托尼（R. H. Tawney）的《宗教和资本主义的兴起》（1926 年）、霍斯金斯（W. G. Hoskins）的《1688—1800 年埃克塞特的工业和贸易》（1935 年）等。前者是运用马克斯·韦伯（Max Weber）

---

① 参见古列维奇《历史综合与"年鉴派"》，第 111 页。
② 参见姚蒙《法国当代史学主流——从年鉴派到新史学》，第 77 页。

社会学题材研究历史的第一位史学家，后者是英国地方史的早期开拓者之一。在美国，运用新的研究角度解释历史（包括政治史）的作品也已出现。其代表人物是查尔斯·比尔德（Charles A. Beard），主要著作有《美国宪法之经济解释》（1913 年）、《杰弗逊民主制的经济起源》（1915 年）、《美国文明的兴起》（上下卷），与其妻合著，1927 年。

上述这些新史学作品的共同特点是打破了政治史的垄断，向其他研究领域突破。当时最主要的新领域是社会史和经济史。在社会史的开拓方面，立下汗马功劳的有勒费弗尔、布洛克、费弗尔等；在经济史的耕耘方面，成效显著的首推西米昂和拉布鲁斯；比尔德从经济的角度来解释政治史，别开生面。此外，费弗尔和布洛克还从新的人类学的角度或社会心理学的角度来研究文化史，对战后年鉴派的发展产生重大影响。然而，总的说来，无论从研究人数和出版物数量看，还是从实际影响看，当时在西方史坛占统治地位的依然是传统史学。传统的政治史和叙事史牢牢地占据着大学讲坛。战前西方的所有大学几乎没有一个单独的社会史讲座。而像《英国历史学评论》《美国历史学评论》和法国《历史杂志》这样一些国际性的权威历史学刊物还都在抵制新史学的影响。尽管如此，以法国《年鉴》杂志为主要基地的西方新史学，已经不仅是崭露头角，而是在迅速发展，表明了传统史学向新史学转变的不可逆转的方向。

二　布罗代尔与年鉴派的鼎盛期

战后西方新史学有了长足的发展。一般认为，大约从 20 世纪 50 年代中期以后，新史学逐渐取得主导地位，成为西方史学的主潮，并在 70 年代达到鼎盛时期。这当然是就总的情况而言的。

新史学的发展是以克服传统史学的局限为目的的。新史学主张对历史进行多层次、多方面的综合考察，从而极大地扩大了研究领域，使研究题材不断更新。战前一直占据统治地位的政治史，战后先后在法国、美国，接着在英国、德国（联邦德国）逐渐衰落。即使是政治史著作，与兰克时代相比，在结构和方法上也已有明显的变化。战前已初露端倪的社会史、经济史战后迅速分化发展。例如，从社会史中分离出经济社会史、文化社会史、结构社会史，从文化社会史中再分离出群众文化史等。从广义的社会史中又逐渐分离出城市史、乡村史、企业史、家庭史等。这些分化或是由于研究对象的越分越细，或是由于历史学与其他学科的渗透交融。另外，由于历史学与其他学科的融合还出现了一系列新的交叉学科，诸如计量史学、心理史学、历史人类学、人口史、生态史、历史地理学等。这表明新史学一反传统史学与其他学科隔绝的传统，主张历史学与社会科学乃至自然科学的广泛结合。新史学还主张对历史作深层次的、结构的分析，重视研究方法的革新，强调理论概括和解释，力求提高历史认识和解释的准确性。新史学家普遍使用电子计算机等先进手段。大量新的研究方法被创造出来，如模式比较法、回归分析法、家庭重建法、系统分析法、结构—功能方法、口述方法等。由于新方法的使用，史料范围被极大地扩大，完全不像传统史学那样主要局限于文字资料（官方文献）。

法国年鉴派是西方新史学中最有影响的一个学派。由于布洛克不幸于 1944 年被德国纳粹杀害，战后初期年鉴派的主要领导人是费弗尔。费弗尔于 1947 年在巴黎设立了"高等研究实验学院"第六部，即"经济和社会科学部"。第六部成为年鉴派的主要基地，培养了许多人才。1956 年，费弗尔逝世后，费尔南·布罗代尔（Fernand Braudel）接任第六部主任和《年鉴》主编，并于 1968 年创建"人文科学中心"。1975年，第六部独立成为"社会科学高等研究院"。这些研究机构实际上是以新史学为中心的跨学科研究基地。此外，新史学家还深入法国各大学和学院，出任教授，并在众多重要的委员会中担任要职。不仅如此，新史学还通过办杂志、编辑大型系列丛书、出版大量研究著作、运用大众媒介（报刊、电视、电台等）在社会扩大影响。这些都有助于巩固新史学的地位。

一般认为，从战后到 20 世纪 60 年代末 70 年代初，即布罗代尔于 1968 年辞去《年鉴》主编和于 1972 年辞去第六部主任以前，是年鉴派发展的第二阶段。这也是年鉴派进入鼎盛时期的阶段。这一阶段的主要代表人物是布罗代尔。第二代年鉴派的重要历史学家还有古贝尔（P. Goubert）、维拉（P. Vilar）、芒德鲁（R. Mandrou）、莫拉泽（C. Morazé）等。

作为这一代核心人物的布罗代尔对年鉴派的发展及其史学理论做出了重大的贡献。

1902 年 8 月 24 日，布罗代尔出生在法国东部的一个小村镇。父亲曾是巴黎郊区一所小学的校长。布罗代尔在巴黎上完中学和大学。20 岁时通过法国教师资格会考，获得中学史地教师资格。从 1923 年至 1932 年的 10 年间，他在阿尔及利亚的一所中学执教。正是在这段时间，他对地中海产生了浓厚的兴趣，开始构思关于地中海历史的巨著，并在地中海沿岸国家的档案馆收集资料。1932 年，布罗代尔回国后继续在中学教书。1935 年至 1937 年，他被派往巴西圣保罗大学文学院执教。在南美的经历大大扩大了他的视野。1937 年，由于一次偶然的机会，他结识了费弗尔，从此就与年鉴派的命运结合在一起了。第二次世界大战期间，布罗代尔走上战场，不幸被德军俘虏，囚禁达 5 年之久。在集中营的恶劣条件下，布罗代尔开始写作他的成名作《菲利浦二世时代的地中海和地中海世界》。战后他加以补充完善，于 1947 年作为博士学位论文通过。1949 年正式出版。1966 年经过补订，分成两卷再版。中译本由商务印书馆于 1996 年出版。

布罗代尔这部著作与传统史学大相径庭。在这部书中，西班牙国王菲利浦二世及其政治不是主角，全书的注意重点是地中海沿岸的国家和人民，他们的生活、联系，首先是经济联系以及物质文明。作者这部书"从综合的总体的角度"考察了在"漫长的 16 世纪"地中海地区的兴衰。布罗代尔从三个层次来进行研究，从而体现出他要求的"总体性"。这三个层次构成这部专著的三个部分。每个层次都是历史现实本身所具有的，而且各自有固有的不同的节奏和时间，不同长度的时间。

第一部分阐述"环境的作用"，分析人所处的周围环境和人与自然的相互作用。在这部分中，作者详细叙述了地中海地区 10 个国家的地理、气候状况，然后再描述海陆交通、航海和城市。在这一层次上，历史的进程几乎是无法察觉的，变化是极其缓慢的，不为人们所察觉。值得注意的是，布罗代尔在第一部分中详细描述的自然环境，并不只是作为以后要表现的地中海人民生活的一种背景；在布罗代尔的书中，自然—地理环境是作为某种历史人物的身份出现的。

第二部分题为"集体命运和普遍趋势"，主要研究"社会结构"，即

16 世纪地中海地区的社会和经济。作者详述了人口的组成和密度、人口分布和流动、运输、农业、手工业、商业、货币流通、物价；然后分析地中海地区的帝国（西班牙和土耳其）、它们的人力资源和物质资源、它们的扩张、战争方式，包括海盗，以及文明和文明之间的关系。在这一层次的时间，虽然流逝得很慢，但已可察觉。在这部分中，作者主要阐述的是物质—经济方面的生活，而且在考察经济时，主要注意的是商业和消费，并不是生产。

第三部分"事件、政治和人物"，仿佛又回到传统的政治史。这一部分叙述西班牙和土耳其两大帝国在地中海的争霸过程。在布罗代尔看来，这种事件史描述的只是表面的震荡。按布罗代尔的说法，这只是"历史的表层"，只是快速的、突发的、短速的波动，是大潮的强大的、经常是无声的运动产生的浪花。

1958 年，布罗代尔在《年鉴》杂志上发表《历史学与社会科学：长时段》一文，进一步阐述了他的历史观念。他更明确地把这三种历史时间称为"长时段""中时段"和"短时段"。与这三个时段相应的概念是"结构""局势"和"事件"。"长时段"就是各种结构和结构群的稳定的和很少变动的历史，往往要用半个世纪、一百年、二百年等来衡量。这些"结构"虽然长期不变，或很少变化，但在历史上却起着经常的和深刻的作用，如地理、气候、生态环境、社会组织、思想传统等。因此，"长时段"也可称作是自然时间。"中时段"是"局势"的历史，要用十多年、二十多年、五十多年等来衡量。"局势"就是指在这样长短的时间内兴衰起伏、周期性地有节奏地对历史产生重要作用的各种现象，如人口消长、物价升降、工资变化、生产增减等。因此，"中时段"也可称作社会时间。"短时段"是指事件的历史。"事件"是指突发的事变，如革命、条约、地震等转瞬即逝的变故，对整个历史进程只起微小的作用。因此，"短时段"也可称作事件时间或个人时间。

布罗代尔认为，不同的史学研究对不同的历史层次，因而也是不同的历史时间感兴趣。传统史学热衷于事件史和个人，因而必然对"短时段"的历史感兴趣。"短时段"因而是传统史学的时间。新史学转向社会史和经济史的研究，就必然会对"中时段"感兴趣，当然也包括"长时段"。

同时，布罗代尔又强调，历史虽可分为不同的层次，每一层次又有相应的时间节奏，但历史依然是统一的。他指出，把历史分层次只是一种组织和安排材料的方法。他认为，这种多层次的时间节奏的思想会导致"总体史"的建立。"总体史"应包含历史活动的所有方面，从自然的方面到文化的方面。不过由于人们生活的不同方面服从于不同的时间流程，因而对这些不同的方面就需要从三个不同的"层面"去进行研究。这些"层面"反映三个不同的时间的概念。他甚至认为，在现实中不只存在三种时间节奏，而是要多得多，不过这三种是主要的。

布罗代尔的《菲利浦二世时代的地中海和地中海世界》出版后，使他声名大振，在史学界引起巨大反响。当时法国史学界的泰斗费弗尔和拉布鲁斯给予了这部著作及其作者极高的赞誉。费弗尔称这部书是最新型的史学研究的典范。他写道："最陈旧的和最可敬的传统被摧毁了；编年的次序被动态的和探根溯源的过程所取代。这是历史理解中的革命，是我们过去实践中的转折，是最最重要的'突变'……是巨大的进步，是有解救意义的革新。我相信，这是新时代的著作。"① 拉布鲁斯也称这部著作是"世界史学中划时代的"杰作。② 在这部书的影响下，许多历史学家竞相研究历史上的各种"结构"和"局势"。高等研究实验学院出版的各种类似的丛书多达千种：《人口与社会》《人与土地》《货币、价格、局势》《港口、道路、运输》《批发与批发商》《考古与文化》《价格、工资、商业、周期》《海外贸易》等。地方史、气候史、历史人口学、生态史等都成了热门。③

布罗代尔的另一部代表作《十五至十八世纪的物质文明、经济和资本主义》（三卷本）④ 和他的前一部著作一样，贯穿的是同样的思想和方法。

---

① 转引自古列维奇《历史综合与"年鉴派"》，第118页。

② 这是拉布鲁斯在评审布罗代尔博士学位论文时的评语，转引自布罗代尔《十五至十八世纪的物质文明、经济和资本主义》，中译本代序（张芝联：《费尔南·布罗代尔的史学方法》），生活·读书·新知三联书店1992年版，第8页。

③ 参见布罗代尔《十五至十八世纪的物质文明、经济和资本主义》，中译本代序（张芝联：《费尔南·布罗代尔的史学方法》）。

④ 原书第1卷于1967年出版，后经修改与第2、3卷于1979年同时出版。中译本由顾良、施康强译，生活·读书·新知三联书店1992年出版。

布罗代尔把 15—18 世纪的经济活动分为三个层次：第一层次是最基层的，属于长时段的人们的日常物质生活，资本主义形成的基础正是要从这一层次去找；第二层次是市场经济，即生产和交换的机制；第三层次是资本主义。从市场经济向资本主义经济的转变很大程度上取决于中时段的"经济周期"的演变，而资本主义经济世界的变化则属于短时段的范畴。和在《地中海》中一样，在这部巨著中，成为主人公的也不是某些历史人物，而是商业、航海、交通、城市、货币流通、食物、消费、价格、住房、时装、日常生活的其他方面。和前一部著作一样，这部著作也运用了极其丰富的史料，而且也同样给作者带来了巨大的声誉。

布罗代尔卓有成效的研究工作和组织活动，极大地提高了年鉴派的地位，给年鉴派带来了世界性的荣誉。布罗代尔本人也闻名遐迩。他被称为"史学大帝""史家第一人""革新者""重建历史的人"等；他的著作被称为"史诗"。正是在布罗代尔活动的年代，年鉴派进入了鼎盛时期。布罗代尔的巨大影响的一个重要表现是，他的史学主张往往被等同于年鉴派，乃至整个新史学的范式。一个明显的例子是：南斯拉夫的美籍历史学家斯托扬诺维奇（T. Stoianovitch）在 1976 年出版了《法国的史学方法：年鉴派范式》一书。他在这本书中，认为西方史学中存在三种"范式"，即从古希腊到近代初期的"示范"范式（exemplary paradigm），以德国兰克学派为代表的"叙事性"范式（narrative paradigm）和以法国年鉴派为代表的"结构—功能"范式（structuralist - functionist paradigm）。这里所说年鉴派的范式是"结构—功能"范式，主要的根据就是布罗代尔。

说布罗代尔的史学主张体现"结构—功能"范式是有道理的。布罗代尔本人说过："就我的气质来说，我是一个'结构主义者'，事件、甚至短时的局势对我很少有吸引力。"[①] 布罗代尔的巨大功绩是提出了研究现实中很难受时间影响的那些层次，那些趋向于稳定的、不变的层次，并强调指出研究这些层次的重要性。这是他对历史思想发展的重要贡献。但正如有些批评者指出的，布罗代尔没有说清三个层次（地理的、社会的、事件的）之间的内部关系；没有表明不同的时间节奏以及与之相应的结构处于

①　转引自古列维奇《历史综合与"年鉴派"》，第 116 页。

怎样一种有机的等级关系中，而如果这三个层次之间的关系没有被论证清楚，那么从一个层次向另一个层次的过渡也就是不清楚的。① 实际上，正如布罗代尔本人所承认的，他感兴趣的是中时段和长时段。他的看法是，自然的和地理的条件与物质经济生活一起，完全地、全面地决定了人们的活动。由此，个人和人的群体在历史中的作用是受限制的，是不自由的，是很微小的，就像在天然形成的岿然不动的高岭中被迫开辟的羊肠小道。根据布罗代尔对历史进程提出的这种决定论的解释，不同时间长度的等级关系是与历史中的因果关系的等级关系相适的。也就是说，变动最小的那些层次——自然地理条件——同时也最大限度地决定人们的生活。经济和社会结构是从属于它们的。节奏越短、变化越快的层次，对历史进程的作用也就越小。可见，在布罗代尔看来，"结构"赋予人们生活以形式，阻碍人们的生活"分裂"，给人们的生活划定不能越出的界限。很多世纪以来，人一直是气候、植物世界、牲畜头数、农业类型、生产条件的囚徒。其结果是：人消失了，而"结构"、"局势"、"长度"、地理空间等都拟人化了。布罗代尔注意的与其说是人，不如说是物。布罗代尔说道："人们不创造历史，而是历史创造人们。"② 又说："我感兴趣的是几乎不动的历史，重复的历史，被波动和事件的表面历史覆盖着的历史。"③ 在前面提到的关于"长时段"的论文中，布罗代尔在结尾处强调指出，他希望"为今后从事的集体研究划定几条指导性路线"，而"这些路线可称作数学化、地域论和长时段"。④

　　由于布罗代尔对短时段的个人的时间不感兴趣，他对事件和变化的历史自然也就不感兴趣。譬如，在他的巨著《十五至十八世纪的物质文明、经济和资本主义》中，对发生在这 400 年间的重大历史事件，如宗教改革、尼德兰革命、英国革命、北美独立战争等，有的根本未提，有的一笔带过，仿佛这些都是不值一提的历史上的小事。由于他对人不感兴趣，自然也就不注意人的精神、意识、心态这些方面。这样实际上使布罗代尔的

---

① 参见《现代史杂志》（*The Journal of Modern History*）第 44 卷（1972 年），第 531—532 页。
② 转引自古列维奇《历史综合与"年鉴派"》，第 132 页。
③ 转引自古列维奇《历史综合与"年鉴派"》，第 132 页。
④ 布罗代尔：《历史和社会科学：长时段》，《史学理论》1987 年第 3 期，第 120 页。

"总体史"也是不完整的。有的学者称它是"地理历史结构主义"①。有的学者则认为："费尔南·布罗代尔的地理历史学是经济唯物主义与地理决定论的结合。"②

　　指出布罗代尔的结构—功能主义的特点，并没有贬低或否认他的历史功绩的意思。应该说，布罗代尔的贡献，特别是在理论方法论方面的贡献，随着时间的推移，并不会被湮没。但是，我们应该看到，对任何人物的分析必须是历史主义的，一分为二的。布罗代尔强调深层结构对历史进程的决定作用，强调历史时间的不同节奏，强调"总体史"，完全打破了传统史学的框框，而且在收集大量史料的基础上写出了与传统史学迥然不同的巨著，为历史学研究开创了新的局面，彻底巩固和提高了新史学的地位。这些都是需要在史学史上大书一笔的。正是由于布罗代尔的创新以及他取得的巨大成功，年鉴派才得以在以他为代表的第二代时进入鼎盛时期，他的名字很自然地也就成了年鉴派的象征。因而，一些评论家把布罗代尔的史学主张等同于年鉴派的范式，也就是很自然的事了。然而必须指出，做这样的等同是不确切的，也是不合适的。布罗代尔本人就不同意这样的说法。他不同意有人把年鉴派范式的形成时期说成是在他掌权的时期，即1946—1972年，而应是1929—1940年；他强调他这一代人并没有提出什么新思想，只是提供了一些"实例""公式"，证实并实现了第一代人物的纲领而已。③ 这样说有一定的道理，费弗尔和布洛克确实为年鉴派以后的发展奠定了基础；年鉴派以后发展中的许多变化大多可以从他们的思想和主张中找到萌芽或最初的雏形。但是这并不是说，布罗代尔以及年鉴派第三代就没有创新，没有发展；即使是按原有的方向发展，也与第一代时有很大的不同，就好比从小溪发展成为大川一样。问题主要还不在这里。问题是布罗代尔尽管很有影响，但他并不能代表年鉴派的整体、年鉴派的所有发展阶段，不能代表整个年鉴派的范式。这样做只能是以偏概

---

　　① 参见金瑟（S. Kinser）《年鉴范式：费尔南·布罗代尔的地理历史结构主义》，载《美国历史学评论》（*American Historical Review*）1981年2月号。

　　② 古列维奇：《历史综合与"年鉴派"》，第125页。

　　③ 参见布罗代尔为《法国史学方法》一书写的前言，转自张芝联为布罗代尔《十五至十八世纪的物质文明、经济和资本主义》中译本写的序言，第15页。

全。因为，布罗代尔只是法国新史学中的一种潮流，或者说，只是年鉴派中的一种主张。因此，把年鉴派的范式说成是"结构—功能"范式，只适合于布罗代尔及其追随者，但不能以此代替年鉴派的整个范式。布罗代尔的重要贡献，如前所述，是在地理历史学或历史地理学的发展中。这无疑是个新的重要的史学潮流。但如果拿它来涵括整个年鉴派，那就值得考虑了。有的学者甚至认为，布罗代尔不能代表年鉴派的主流，不能体现年鉴派的实质。这个实质是由费弗尔和布洛克的方法论奠定基础的。布罗代尔不重视对人的研究，他的主张背离了费弗尔和布洛克开创的文化—心态研究的传统。这个传统后来为第三代的年鉴派学者所继承和发展，成为蔚为壮观的心态史—历史人类学潮流。① 还有一些例子也可从侧面说明问题。1977年，美国纽约大学宾汉姆顿分校成立了以社会学家伊曼纽尔·沃勒斯坦为首的费尔南·布罗代尔中心，研究经济、历史体系和文明。此外，布罗代尔曾被提名为经济类的诺贝尔奖候选人。这些既说明布罗代尔巨大的声望，同时也说明，他更多地被看成是经济学方面或类似于经济学方面的学者。这显然与他注重中长时段的结构研究是分不开的。这与新一代年鉴派的研究方向已有很大不同。

　　布罗代尔自己也意识到他与他的继承者们的差异。1985年，在他去世的那一年，他不无悲伤地说："门生们没有遵循我的劝导……我与我的后继者们之间存在着巨大的鸿沟。"② 他甚至想另立门户。虽然他想另外创办一个刊物的理想未能实现，但他还是建立了一个新的科学中心："人文科学中心"，自任负责人直至去世。晚年，布罗代尔在学术上致力于三卷本《法国的认同》的写作，实际上这是一部法国通史。布罗代尔只来得及完成第一卷。从他的构思和已完成的部分来看，他在这部著作中依然一如既往地忠于自己的思想、方法和研究的问题。当然，这次不再局限于15—18世纪，而是法国的全部历史，甚至史前史。地理、人口、交通、商业、城市和城市化等依然是他的主题。然而这时，法国史学的面貌已经大变。年鉴派的情况同样如此。P. 维拉为了表明年鉴派第三代已不能代表布洛克

---

① 参见古列维奇《历史综合与"年鉴派"》。
② 转引自古列维奇《历史综合与"年鉴派"》，第131页。

以来的传统，竟然说："年鉴派已经死亡。"[1] 以《支离破碎的史学》一书严厉批评年鉴派的多斯（F. Dosse）也强调："年鉴派已今非昔比。"[2] 尽管这些看法并未被普遍接受，在第三代年鉴派中间也有异议[3]，但以年鉴派为代表的法国新史学的变化是有目共睹的。布罗代尔的时代在某种意义上说已经结束。

三　年鉴派—新史学的转折

（一）"叙事史的复兴"

大约从 20 世纪 70 年代中期以后，年鉴派—新史学已明显地发生了很大的变化，或许可以说是"危机"四伏。这时，年鉴派的学派性已很不明显；勒高夫也已明确提出"新史学"的名称以取代"年鉴派"的称呼，因此这时已很难严格区分新史学和年鉴派。从这时起，围绕着年鉴派范式展开的争论，对年鉴派的种种责难和批评，在很大程度上是涉及整个新史学的。这里首先要说明一点，即正如有的学者指出的，当时对年鉴派的许多批评和责难，实际上是针对布罗代尔的。这是不难理解的。布罗代尔的巨大声誉和他对年鉴派所做的贡献，已使他的名字自然地同年鉴派等同起来。实际上，从 20 世纪 60 年代末 70 年代初以来，布罗代尔先后辞去他所担任的年鉴派主要领导职务后，年鉴派内部就首先起了变化。年鉴派学术思想上的分化日益凸显出来。布罗代尔的继承者们，所谓第三代年鉴派中的不少人已逐渐对布罗代尔的"结构—功能范式"感到不满，并开始进行各种新的探索。第三代年鉴派与第一、第二代不同，他们没有像费弗尔、布洛克或布罗代尔这样的领袖人物，而是群雄纷起。这种情况加上年鉴派与新史学的日益融为一体，对年鉴派的众多批评和责难，以及围绕着年鉴派—新史学方法论展开的大讨论，使得西方史坛呈现一片纷繁复杂的局面。这种情况常常被说成是"转折""剧变"，或者是"危机"。关于年

---

[1] 转引自《史学理论》1988 年第 2 期，第 90 页。

[2] 参见《世界史研究动态》1990 年第 1 期，第 16—17 页。

[3] 参见古列维奇《历史综合与"年鉴派"》，第 124—125 页。

鉴派史学的危机，英国历史学家彼得·伯克（Peter Burke）作了如下的分析。他认为，除了第三代年鉴派缺乏领军人物外，危机还表现为年鉴派的研究纲领出现了多中心的趋势以及巴黎已不是历史写作的中心，史学革新已在世界各地出现。① 不过，一般说来，西方的学者通常并不讳言或害怕谈论"危机"。他们通常把"危机"看成是某种科学生长过程中的正常现象。例如，布罗代尔曾指出，危机是科学的正常状态：一种科学感觉不到危机，说明它正处于停滞状态。②

然而，必须承认，不少年鉴派的学者，如夏蒂埃（R. Chartier）、勒高夫等这次却对有关"年鉴派危机"的批评相当反感，开始时未能冷静对待、虚心考虑。如勒高夫在《新史学》一书的新版序言（1988 年）中，说那些"教训者"是一些"跑到新史学的床头来向它宣告它病了的江湖郎中"③。应该指出，年鉴派—新史学之所以出现变化，或者说，年鉴派"危机"的发生，并不是偶然的，并不是"江湖郎中"的乱开药方。"危机"的发生有其深层的原因，大致有内外两方面的原因。从内部原因来说，就在年鉴派—新史学凯歌行进的过程中，也同时暴露出许多问题，或者说弊端和缺陷。这些弊端和缺陷是它本身具有的，而且往往是同它的长处混在一起的。也可以这样说，新史学的某些长处被不断夸大、绝对化和极端化，以致走向了反面，出现了弊端。譬如，新史学一诞生就以批判传统史学为己任，这本来也没有错，不破旧无以立新。然而，这种批判必须是辩证的、科学的，在某种程度上必须是适度的，而不是简单化、绝对化的。可是，许多年鉴派史学家恰恰犯了这样的错误。例如，年鉴派第三代代表人物之一勒胡瓦拉杜里（E. Le Roy Ladurie）在 1972 年曾说："当今的史学是计量式、统计式和结构式的史学。它为了自己的生存，一定要消灭对方。近几十年来，叙事史和人物传记实际上已被宣判了死刑。"④ 对传

① 参见彼得·伯克《法国史学革命：1929—1989 年的年鉴学派》，台北：麦田出版社 1997 年版，第 83—84 页。

② 参见《"年鉴派"对社会科学的冲击》，载《评论》（Review）第 1 卷，1987 年第 3—4 期，第 260 页。

③ 陈启能主编：《二战后欧美史学的新发展》，山东大学出版社 2005 年版，第 431 页。

④ 勒胡瓦拉杜里：《历史学家的领域》（Le territoire de l'historien），巴黎 1979 年版，第 11 页。

统史学的全盘否定，就使新史学完全排斥了叙述、政治史、事件、人物等。也就是说，随着对静态的结构研究的加强，动态的运动的分析被忽视了。栩栩如生的人物、有声有色的事件被经济增长、人口曲线、社会结构变化、生态环境变迁、价格图表等取代了。即使有人出现，往往不是具体的人，而是抽象的群体。有人查阅《年鉴》杂志，发现这本新史学最有代表性的刊物竟然从未对法国大革命这样重大的历史事件作过任何认真的讨论。[①] 这不是明显地从一个极端走到另一个极端又是什么？

又譬如，新史学在研究技术上使用电子计算机等先进手段，使史学研究计量化。如果使用得当，这可以大大扩大史学研究的领域和史料的范围，自然是很有益处的。可是计量史学的作用被不少新史学家夸大了。勒胡瓦拉杜里甚至说："80年代的史学家，要么是程序设计员，要么什么也不是。"[②] 这显然又是走向了极端。显而易见，并不是所有的问题、所有的现象，都可以计量的；也不是所有的问题或现象，只要或主要用计量方法就足以弄清楚的。此外，充满复杂公式和图表的历史书，不仅广大读者望而却步，就是在同行中也是知音难觅的。总之，虽然计量史学和计量方法在历史研究中是必要的，但不能夸大为唯一的，或者可以取代一切的。

至于外部的原因，主要是指学界对年鉴派—新史学的批评和责难。特别值得提到的是，1979年出现的两篇重要文章。它们正式对年鉴派的史学模式提出了质疑。

首先是劳伦斯·斯通（Lawrence Stone）的《叙事史的复兴：对新的传统史学的思考》一文。这篇文章于1980年译成法文由法国的《争鸣》（Le Débat）杂志转载。斯通指出，在史学界已经出现了一股向传统的叙事史复归的强劲潮流，历史学家的研究兴趣已发生重大转移：人们的研究对象从人周围的环境转向了环境中的人，研究的问题从经济和人口转向了文化和情感，使用的主要原始资料从社会学、经济学和人口学领域转向了人类学和心理学领域，研究的主体从群体转向了个人，对历史变化的解释模式从分层和单一因果关系转向了交往和多重因果关系，研究的方法从群体

---

① 参见《世界史研究动态》1990年第2期，第19页。
② 勒胡瓦拉杜里：《历史学家的领域》，第14页。

定量研究转向了个人例证研究，在文字组织上从分析转向了描述，历史学家也从一种科学的角色变成了一种文学的角色。他还尖锐地提出"新史学"的时代已经结束，历史研究的性质已经发生"广泛变化"，并用"新叙事史"这个不十分确切的名称来称呼取代"新史学"的另一种更新的史学。①

　　另一篇文章是意大利历史学家卡尔洛·金兹伯格（Carlo Ginzburg）的《符号、痕迹、线索：迹象范式的根源》（Signes，traces，pistes. Racines d'un paradigme de l'indice），此文也于 1980 年被译成法文在《争鸣》杂志发表。金兹伯格的这篇文章被称为微观史学的代表作，而微观史学像叙事史一样是强调生动、个性、叙述、人物、事件的。金兹伯格和斯通都认为年鉴派—新史学的模式追求的是自然科学式的史学。金兹伯格强调，历史学与自然科学截然相反，它具有个体化（individualisation）的特征；它是一种定性研究，而不是像自然科学那样的定量分析。这种研究意味着必须按一种叙述的顺序来处理事实。②

　　这两篇文章都对年鉴派—新史学忽视历史学的人文特点，模仿自然科学的科学模式表示不满。"叙事史的复兴"就是在这个基础上提出的。虽然并不是所有的新史学家都同意斯通的看法③，但是，毋庸讳言，斯通和金兹伯格的文章在一定程度上反映了西方史学发展的新趋势。不管怎么说，对多数史学家来说，有几点看法是比较一致的，即新史学的确发生了很大的变化，尽管对变化的性质、程度的估计并不完全一致；新史学的变化并不是回归到传统史学的政治史和叙事史去，而是在过去新史学的基础上的一种发展。

---

　　① 参见劳伦斯·斯通《叙事史的复兴：对新的传统史学的思考》（Lawrence Stone，"The Revival of Narrative：Reflections on a New Old History"），载《过去与现在》（*Past and Present*）第 85 期（1979 年 11 月）。法文见：Lawrence Stone，"Retour au récit ou réflexions une nouvelle vieille histoire"，*Le Débat*，n° 4，1980。

　　② 参见 Carlo Ginzburg，"Signes，traces，pistes. Racines dun paradigme de l'indice"，*LeDébat*，n° 6，1980。

　　③ 譬如，霍布斯鲍姆就认为，新史学的变化并不说明它的破产，而只是方法的改变；关于人、思想、事件的新的史学可以看成是关于社会经济结构和趋势的分析史学的补充，而不是替代［参见霍布斯鲍姆《叙事史的复兴：若干评论》（"The Revival of Narrative：Some Comments"），载《过去与现在》1980 年第 86 期，第 8、6—7 页。］

新史学的变化是巨大的，但它应是新史学自身调整的结果，是它自身的发展和补充。简单说来，新史学的一个重要特征，就是通过科学化的途径来达到史学进一步现代化的目的，其主要方法是使史学与社会科学和自然科学接近，并从后者汲取有用的理论和方法。这至少在第二次世界大战后至70年代即新史学的鼎盛时期是很明显的。在第二次世界大战后新技术革命的条件下，这是十分自然的事。然而，如前所述，西方新史学在史学科学化的过程中，由于走向极端，出现了某些偏差。这些偏差最集中的就是忽略了史学本身的特性。历史学作为一门人文学科，它既有科学性的一面，又有人文性（或艺术性）的一面。历史学的现代化，应既包括科学化，又包括人文化，两者缺一不可。如果过分强调科学化的一面，忽略人文化的一面，就有可能造成历史学失去自己的身份和独立地位的危险，就有可能被融化在各个相邻的学科里和分散在支离破碎的各个分支、层面、领域或问题里。因此，"叙事史的复兴"现象的出现可以看作对新史学科学化过程中的某些偏差的一种纠正，一种调整。它绝不是简单地否定史学科学化的成果，更不是否定新史学本身，自然也不是重新回到传统史学的经验主义的叙事史去。

（二）围绕史学理论方法论的大讨论

更值得我们注意的是，西方史学界围绕着年鉴派—新史学展开的争论本身。这实际上是一场涉及史学根本理论方法论问题的大讨论。20世纪80年代，对年鉴派的批评势头很猛，争论达到高潮，"危机"之声不绝于耳。《年鉴》杂志1988年第2期发表了一篇题为《历史学与社会科学：一次批判的转折？》的编辑部文章。文章肯定社会科学经历着"危机"，这一危机也已波及历史学。但陷入危机最深的是社会科学（首先是社会学、经济学、人类学），历史学是这次危机触及最轻的一个领域，而对以年鉴派为代表的史学流派来说，还不能说发生了危机，只能说是一定的"转变""转折""批判的转折"。文章认为，危机的根源是对不久前还公认的研究社会问题的某些方法论原理丧失了信任，这些方法论原理是：马克思主义、结构主义和计量史学。它们现在都被认为不能再起"构建结构的"和整合的作用。文章接着提出了一系列需要立即进行讨论的有关历史认识的根本问题，并建议对此进行集体讨论。

在这之后的一年半时间内，在《年鉴》编辑部几乎每月都举行了关于这些问题的集体讨论。讨论的结果是，《年鉴》编辑部出了一期专刊（1989 年第 6 期）。这期专刊的名称和 1988 年第 2 期的编辑部文章的题目一样，只是把最后的问号取消了：《历史学和社会科学：一次批判的转折》。专刊的导论是编辑部写的，题为《让我们尝试》（Tentons l'expérience）。从这篇导论看，今天的"年鉴派"总的来说是要继承费弗尔和布洛克开创的传统，并在此基础上继续开拓前进。

例如，他们依旧认为自己的最终目的是把社会理解为一个整体，依旧对社会的三个组成因素（即经济结构、社会组织、文化）的相互作用感兴趣。也就是说，他们的研究目的没有变，而如何分析社会整体的途径也变化不大。他们依旧强调跨学科原则，认为这个原则"大概是'年鉴派'向世界史学所作的贡献中的最好的东西"，编辑部自然不想放弃它。[1] 不过，编辑部也承认，跨学科综合的方法和途径是需要革新的。导论还指出，过去"年鉴派"历史学家曾经最早强调研究长时段现象的特别有效性。今天则赋予事件分析以意义，并且还使"一定的历史主义"苏醒。这表明年鉴派在寻求方法论的革新。

勒高夫在 1991 年写的一篇文章更清楚地讲了这个问题。他写道："20世纪末是建立史学新方法论的时候。上世纪末的实证主义，曾在分析文本的方法上给过我们如此多的东西，现在已经彻底过时。马克思主义史学方法论，受到'现实社会主义'（按指苏联）时代教条主义的歪曲，正在我们眼前失去威力，尽管我们十分希望，马克思在摆脱掉他的后继者们败坏他学说声誉的那些臆造之后，依然是鼓舞当代人在史学和其他社会科学领域进行研究的大师之一。计量史学，在过去曾起过积极的作用，现在已暴露出它的局限性。众所周知，不止一次地出现了回到叙事史、事件史的尝试，但是叙事史、事件史已丧失威信。"他接着写道："在'年鉴派'轨道上发展的史学也不是没有变化。一方面，由于过去取得的成就，它似乎已经部分地耗尽了自己的潜力；另一方面，它即使在今天依然能够很容易

---

[1]　《年鉴》（Annales ESC）1989 年第 6 期，第 1322 页。

地驳回那些所谓它'分裂'和'碎化'历史的肤浅的指责。它在经历自己发展的转折时期时，现在正在寻找与社会科学学科的新的跨学科的联系，并力图为比较的总体史奠定基础。这一早为马克·布洛克勾勒过的方法，打算建立的正是这样一种历史，它应被视作'总体史'（generale），而不是'包罗万象的历史'（universelle）。"① 勒高夫的话很说明问题。他承认，现在已经到了建立史学新方法论的时候，但他强调，这种新方法论依然离不开总体史。新的总体史虽然仍必须建立在跨学科研究的基础上，但在跨学科的联系和途径方面必须有创新。如何创新，还需要继续探索，但可以看出其方向是力图使结构史和事件史靠拢，使史学的科学性与艺术性更好地结合。

　　1994 年《年鉴》杂志的更名也说明了年鉴派的变化。② 1994 年第 1 期《年鉴》杂志更名为《历史·社会科学年鉴》。编辑部为此发表文章指出，杂志更名并不表明与过去传统的决裂。年鉴派从创立时起就把历史学与其他社会科学的合作看成是重要原则之一。另一原则是不断地探索和更新。根据这些原则，现在需要改变原来的观察历史的传统做法，即把历史分为三部分（经济、社会制度、文化）并通过这三部分来观察历史的做法。现在需要的是根本不同的分析范畴和全新的方法，为此就必须十分积极地与其他社会科学对话。这就是杂志更名的原因。《年鉴》杂志编委贝尔纳·勒佩蒂（Bernard Lepetit）在与俄国历史学家尤里·别斯梅尔特内（Юрий Бессмертный）的通信中承认，《年鉴》杂志的这次更名是与近年来法国国内外对年鉴派的批评有关。这些批评以及史学研究中出现的新现象说明史学界对今后的发展缺乏共识。这表明，西方新史学正面临新的转折。年鉴派正在为重新确定发展方向提出建议和课题。③

　　不论是勒高夫，还是勒佩蒂的看法，都说明"年鉴派"确已看到了变

---

① 勒高夫：《从天到地》（С неба до земли），载《奥德修斯，1991》（Одиссей　1991），莫斯科，1991 年，第 25 页。

② 这是《年鉴》杂志的最新一次更名。《年鉴》杂志 1929 年创刊时的名称是《经济社会史年鉴》。第二次世界大战期间，由于德国纳粹的管制和迫害，不得不两度更名：1939—1941 年更名为《社会史年鉴》，1941—1944 年，更得不更名为《社会史文集》。1946 年的新名称是《经济·社会·文明年鉴》。到 1994 年又改为《历史·社会科学年鉴》。

③ 参见《奥德修斯，1994》，莫斯科 1994 年版，第 314—321 页。

革是不可避免的，新史学确已到了转折期。然而，这两人的看法又都表明，年鉴派不仅强调变革必须在他们原来奠定的基础上进行，强调总的方向是总体史，而且认为还要由他们来重新确定新史学今后的发展方向。然而，实际的情况是，法国新史学的这次转折已然出现了十分纷繁复杂、千姿百态的场面，很难再由一个或几个流派来主宰和确定它的发展方向。我们看到的是五花八门的各种流派、方法、领域，是各种各样的新的尝试、探索、开拓，是各不相同、相互交叉冲撞的流向、回归、发展。这种没有共识，缺乏统一方向的状况或许正是法国新史学转折的一个重要表现。坚持勒高夫所说的新的总体史方向的固然不乏其人，但来自意大利的微观史学的影响也已越来越大。年鉴派主要人物之一雅克·勒韦尔（Jacque Revel）甚至被认为是微观史学思潮在法国的传播者。他为意大利微观史学代表人物之一乔万尼·列维（Giovanni Levi）的名作《村庄中的权力》的法译本（1989 年）写了长序"贴近地面的历史学"。政治史、社会史、文化史大行其道，但都有很大的变化。政治史是"新政治史"和"现时史"，社会史被重新定义，文化史出现了热潮，并与其他史学学科（如社会史）相融合，形成了许多新的门类，如心态史之后的表象史。史学方法革新还促使一些新的史学主题和流派浮出水面，其中最有影响的或许应是"记忆史"。皮埃尔·诺拉（Pierre Nora）主编的七卷本《记忆的亮点》是"记忆史"的主要代表作。

总之，到 20 世纪末，在法国，"年鉴派"范式的统治地位已告终结，包括年鉴派本身在内的法国史学整体正处在反思、总结、重组的转折时期。史学在变革，在发展。不仅是法国，也不仅是西方，世界各国各地的史学都是如此。就西方来说，已经有诸如"新叙事史""新新史学""后新史学"等名称来试图取代"新史学"的旧名称了。

对年鉴派今后的发展变化，我们还需继续研究观察。

马克思主义与人的研究

　　我们都知道，历史研究必须坚持马克思主义的指导；都知道，唯物史观是科学的世界观和方法论。然而，要真正始终坚持马克思主义，并把这点做好，并不是一件容易的事。这里首先有一个态度问题。马克思主义经典作家多次指出，马克思主义是一门科学，我们必须用"科学"的态度对待它。历史的经验告诉我们，相当长时期以来，马克思主义所以遭到各种曲解和歪曲，特别是教条化和简单化的歪曲，很主要的原因就是没有用科学的态度对待马克思主义。"科学"从来是要求实事求是、严肃认真、刻苦钻研、平等讨论、虚怀若谷的。这里来不得半点马虎和虚假。不懈地、虚心地踏实学习是"科学精神"的前提。因此，我们在强调科学地对待马克思主义的时候，首先要强调"学习"。学习马克思主义本身，学习人类的一切精神文明财富，学习新的时代和新的发展，总之，学习一切未知的知识和经验。这恐怕是我们从过去多年马克思主义的曲折发展中首先应该吸取的教训。

　　过去马克思主义被教条化和简单化的一个重要表现，就是其丰富的内容被阉割了、被割裂了。譬如，马克思、恩格斯十分重视对人的问题的研究，在这方面有许多珍贵的论述。如他们在《共产党宣言》里，把"代替那存在着阶级和阶级对立的资产阶级旧社会"的理想社会的特征，描述为"每个人的自由发展是一切人的自由发展的条件"。

　　可是，这样的重要思想，在很长的时期里被忽视了。不仅如此，过去还有一种较为普遍的误解，似乎马克思主义是不谈人的问题的，特别是不谈个人、自我、人性、个性、人的存在等问题的，要谈也是在马克思早年的时候，到了马克思晚年他已只强调阶级、阶级性、阶级斗争、无产阶级专政等问题。这不是无知，也是极大的误解，至少不是科学地对待马克思主义的表现。

实际上，马克思主义，特别是马克思本人，对"人"的问题有着极其深刻的研究。马克思主义的历史唯物主义和辩证唯物主义与"人"的研究是分不开的。这是我们至今研究"人"的问题的指导思想。这里，我们不妨就人的问题，特别是马克思、恩格斯有关的一些论述做些分析。

一

"人"的重要性在我国已经越来越引起关注。胡锦涛同志提出，"坚持以人为本，树立全面、协调、可持续的发展观，促进经济社会和人的全面发展"。这是适应中国社会经济发展新阶段和世界发展新形势而提出的重要战略决策，关系到我国今后能否顺应新形势的要求持续创造性地发展的根本问题，同时也充分表现出对"人"的问题和人的全面发展的高度重视。

就我国的理论界和社会人文科学界来说，自改革开放以来，"人"的研究也已受到了越来越多的重视。"人学"作为一门综合的新兴的学科悄然兴起。在 20 世纪 80 年代，就"人学"的各种问题在学界引起了争论。哲学界尤其注重对"人"的问题的理论探讨。从不同角度、不同学科探讨有关"人"的问题的论文不时散见于各种报刊，尤其是进入 21 世纪以来。一些综合性的著作已陆续问世，如黄楠森等主编的《人学辞典》（中国国际广播出版社）、陈志尚主编的《人学原理》（人民出版社）等。

在其他国家，"人"的研究也普遍受到重视。在西方国家，对"人"的研究开展得很早。一般说来，西方是从不同的角度对"人"进行研究的。譬如，对"人"的研究在西方哲学史上占据重要地位。又如，西方对"人格"（personality）的研究自古就有，进入 20 世纪以后已有许多有关"人格"的有影响的学说和理论出现，当代的趋势主要是不追求一种普遍适用的人格学说，而是强调适合各种情况的多种模式。总之，"人格论"或"人格学"已成为一门专门的学科，在许多学校里都设有专门课程。

苏联在 1956 年苏共二十大以后，尤其是 20 世纪 80 年代以来，由于提出所谓的"人道的社会主义"或"具有人的面孔的社会主义"，学者们关于"人"的问题进行了许多研究，而且试图从马克思主义立场出发来阐述。这些论著有着浓厚的教条主义和配合政策的色彩，在苏联解体之后已大都无人提及。苏联解体之后的俄国，对"人"的问题的研究日渐受到重视，研究也多了起来，其中很多是结合俄国的现状进行的。一个明显的例子是，从1999年9月开始，联邦主义和公民社会研究所出版了一种哲学—政论文选《个性与社会》。它讨论的中心问题就是"人"。

对国外的有关研究，我们自然需要加强了解，但更重要的是开展我们自己的研究。

对我国史学界来说，也许在这方面的研究做得还不够，尤其是缺少结合历史实际的对"人"的问题的理论探索。实际上，"人"的问题与历史研究有着十分密切的关系。

通常，我们的历史研究都集中阐述过去的人和事，即历史人物和历史事件，这自然是没有错的。可是，如果我们要深入历史的深处，弄清楚历史深层次的种种问题，诸如弄清楚重大历史事件的来龙去脉和复杂原因、重要历史人物命运多变背后的因果关系；弄清楚大国兴衰、王朝更迭、制度嬗变、人物沉浮、战争风云、革命浪潮、经济起飞、文化璀璨的发展规律，就不能只停留在阐述历史人物和历史事件的层面上了。这就需要深入理论的层面上探讨了。这也就是"历史理论"或"史学理论"所要探讨的问题。

应该指出，在"历史理论"和"史学理论"的研究中，"人"的问题是极其重要的内容。这里的"人"不是指张三李四某个具体的人。这种对具体的人（历史人物）的研究自然很多，譬如拿破仑、彼得大帝、梁启超、林肯等都是研究较多的人物，这是不容忽视的事实。然而，这与我们这里要讨论的"人"并不是一回事。我们要说的不是这种具体的人（历史人物），而是指总体的"人"，与"物"相对应的"人"，与"世界""社会"既有联系，又相区别的"人"。

那么是不是指通常在"历史认识论"里作为认识主体的人（即历史学家）和认识对象的人（即历史中的人）呢？是不是研究有关认识主体和认识对象的一系列理论问题呢？也不是。这里的人，不论是认识主体和认识对象，虽然不是具体的，是从理论层面上探讨的，但还是局限在历史认识的范围内。因此，虽然有关"历史认识论"中人的研究不能说与我们所说的"人"的研究没有关系，但这只是其中的一部分，并且并不是重要的一部分。

那么，我们这里所说的"人"是指什么呢？那是指总体的、最普遍层面的"人"。我们知道，依分类学的划分，人类属于哺乳动物纲灵长目类人猿亚目下的人科动物，是人科动物中的人属。人科成员与其他生物（动植物）有很大不同，即使与其相近的灵长类其他各科动物相比也有许多差别。人类有自己许多独有的特征，这些特征是在人类的漫长进化过程中逐渐形成的。我们首先要区分的就是这种最大层面上的划分，把人类与其他生物界区别开来。

其次，我们要强调的是，严格说来，只有人类才有历史。其他生物以及自然界也有发展变化，这是无疑的。但这种发展变化只是进化或者成长，与人类的历史是不同的。我们可以说，某种自然界的"历史"，如地中海、长白山的"历史"，但这实际上是指地中海和长白山的变化；如果说某种动物，如类人猿的"历史"则是说它的进化。具体到某一个动物，如某一只老虎的"历史"则是说它的成长。老虎甲和老虎乙在成长过程中会有不同的遭遇，但大体上都是相似的，譬如觅食、交配、戏耍、被捕杀，等等。而这一代和上一代老虎之间的成长过程，大体上也是相似的，实际上这是一个重复的过程。至于这类动物的进化，那是十分漫长的进程，而且也说不上是"历史"。因而，只有人类才有真正的历史，这是因为人类是最高级的动物，他有意识，有记忆。可以说，人类神经系统的进化是他区别于灵长类其他各科动物的最显著的特征。人脑具有使用符号的能力，即对各种事物赋予含义的能力和记忆的能力，这种认知特征是其他动物所没有的。

诚然，19世纪已有西方学者提出，所有有机体都有记忆的功能，至少较高级动物有记忆功能。然而，这种有机体的普遍的记忆功能指的是它们能保存从以前的经验得来的某些痕迹，而这些痕迹对它们以后的反应又有一定影响。但是，即使如此，它与人的记忆是不同的。人的记忆不是以往印象的微弱映像或摹本，不是一个事件的简单再现。人的记忆是一个创造性的过程，它不仅收集以往经验的零碎材料，而且把它们重新组合，并汇总到思想的一个焦点之中。人的记忆是一种符号的记忆，它不仅需要高度抽象，而且需要想象，这与动物或其他有机生命的记忆功能是不可同日而语的。① 总之，只有人类才能创造历史，并在历史的记忆和积累中不断完善自身。

最后，我们这里要研究的主要不是人类，而是个体的"人"。人的存在形式有三种，即类、群体和个体。类在这里指人类。这是一个总称，标志着人在物种上不同于且超越于其他动物，表明"人类"是不同于动物的一个族类，也就是前面提到的在最大层面上与其他生物界区别开来的一个族类；实际上指的是在历史上存在和发展着的人类整体。

然而，人不可能单独地生活在社会中，他总是和其他人生活在一起，也就是说，个体的人总是结合在群体之内。这些群体如阶级、部族、部落、民族、国家、党派、社区、家庭、职业、行业、单位等。一个人可以同时是若干群体的成员，这看他参与活动的领域的多少。

个体就是我们在日常生活中可以直接接触到的个体的人。要注意的是，并非只有个体的人才是人的现实的存在形式，而是上述三种（类、群体和个体）都是人的现实存在形式。这三种形式不仅各有特性，而且是相互关联的，也就是说，人的类特性、群体性（如阶级性、民族性、种族性、职业特性等）和个性是相互关联的。

一般说来，人的类特性、群体性和个性都是很需要和很值得研究的课题。但有几点情况需要考虑，首先，在人类历史上很长时期以来，特别是近现代以来，由于民族国家的出现和发展、由于革命和战争的不断发生及其影响的增长，对人的某些群体形式，如民族、国家、阶级的研究得到了特别的关注。有时甚至到了过分强调的不恰当的程度。这些问题今后自然还需要继续加强研究，但不能不指出，相对而言，对人的类特性和个性的研究要薄弱得多。因此，加强对这两方面的研究应是情理之中的。

人的类特性，或者说类的概念的内涵不是一成不变的，而是随着人类历史的演进而不断得到丰富的。18 世纪以来，由于产业革命的兴起和资本主义市场向全球的扩展使人的类特性有了很大变化，也就是说，类概念的内涵有了新的成分。因为人类的世界性联系已日益突破中世纪的地域局

---

① 　参见恩斯特·卡西尔《人论》，上海世纪出版集团、上海译文出版社 2003 年版，第 78—81 页。

限，这就丰富了人的类特性。20 世纪下半叶以来，全球化趋势日益发展，世界一体化成为事实。在这种情况下，人的类特性又有了变化，类概念的内涵更加丰富。许多全球性的问题（如生态环境治理、人口膨胀、恐怖主义威胁等）使全人类共同利益的问题凸显了出来，需要引起足够的重视和进行认真的研究。尽管如此，对我们来说，我们在这里主要谈的却是个体的人。这不仅是因为这个问题在我国相对来说不受重视又研究得最少，而且因为它与历史研究的关系可以说特别密切。这里的"个体的人"是个通称，他包含作为"个体的人"应有的本质、特征、方面、能力、问题，并不指任何一个具体的人和具体的人的具体特征。如同我们要了解任何一个物质的变化，必须对这一物质本身有足够的了解一样；我们要了解人创造的历史、了解他在历史舞台上演出的丰富多彩的各种活剧的话，也必须对"人"本身有足够的认识。这就是说，要对"人"本身进行深入的研究，就要把他作为独立的研究对象，对"人"与历史社会的发展、"人"在其中的作用和相关的各种问题进行探讨。这种研究是有相当难度的。这是由于"人"本身的复杂性，"人"的研究是一种多学科的、跨学科的、交叉的、多维的研究。这里涉及许多学科，如生理学、人类学、古人类学、哲学、心理学、历史学、生物学、伦理学、环境学、社会学、教育学、宗教学等。历史学只是其中之一。这就增加了对"人"的研究的难度，从而也就很容易忽视它，或者避开它。

　　然而加强对"人"的问题的研究是很有必要的。一部世界史说到底是人的历史。人是历史的主角，是历史的主人翁，同时也可能是历史的受害者，历史的淘汰者。历史上发生的一切，都与人有关。历史舞台上演出的种种活剧，不管是悲壮的戏剧，还是啼笑皆非的悲喜剧，甚至可怕的惨剧，都是人的命运的体现。为什么会发生这些？人在这里起了什么作用？有没有什么经验教训可以吸取？人与周围的一切是什么关系？应该如何处理这些关系？这些与历史、社会正常的、健康的发展是什么关系？等等。以及人的本质是什么？什么是人？所有这些围绕"人"的问题，除了通常对具体的人和事进行具体的分析之外，还要求我们从更高的、理论的角度来进行探讨。

　　为了更深入地理解人的问题，有必要对诸如人本身、人的存在、人的生成、人的本质、人在世界中的地位等这些更深层次的问题加以探讨。这就需要从哲学的高度进行研究。应该看到，许多自然科学和社会科学学科都对人的问题进行了有效的研究，也取得了许多成果，但细究起来，这些学科往往只集中探讨人的某个方面、某个领域，而不是从总体上把握人的整体，因而不能回答人是什么，以及有关人本身及其实质这样的哲学问题。

人与一般的研究对象有所不同。人不仅是客体，而且是主体。因而，不能把人只当作客体来研究。作为主体，人是有意识的。他的行为既需要依赖于客观的条件，又取决于自己的意志。人有自我活动、自我意识、自我创造的能力，而他的自我活动和自我创造又是受客观条件的制约并且是与客观因素相结合的。总之，人是主体和客体的统一，而人的存在和活动又是自由和必然的统一。很明显，主体、客体、自由、必然，这些都是哲学概念，也是哲学问题。因而，从哲学的角度对人的问题进行探讨是很有必要的。在这种哲学的研究中，我们应该特别注意马克思主义的有关论述，因为只有马克思主义提供了迄今为止对人的问题的最全面、最科学的论述和最有效、最有启示的方法。

二

要了解马克思、恩格斯有关人的论述，有必要概括地了解一下西方哲学对人的问题的探讨。这样，既便于我们看到马克思主义的发展正是在世界文明的大道上前进的，也有助于我们了解马克思主义对前人的超越。

首先要提到的是在西方传统形而上学基础上形成的对人的观念。对于西方传统形而上学，应该看到它的功绩。这是人类思想史上极为重要的成果之一。自古希腊早期哲人提出关于自然的“始基”问题以来，西方哲学在发展中逐渐形成了包括本体论、认识论、价值论、方法论等在内的许多形而上学体系，极大地丰富了人类的思想。到了近代，在西方传统形而上学的基础上，由于牛顿力学的影响，形成了近代的关于人的观念。这种观念把人和世界割裂开来，把世界看作与人无关的，是本质既定的、自我封闭的、独立自存的、自我发展的实体性存在。这样，它就必然无法说明主体和客体的统一，而且会导致人与自然的对立和相互奴役。

　　这种近代的关于人的观念的鲜明特征就是它的"非人本性"、主客体"二元对立"性和独断性。它脱离人的活动和实践，在人的存在之外构造绝对精神、绝对理性、绝对力量来说明世界和人。它高踞于人之上，以外在的、超越的理性实体自诩。它热衷于寻求和宣布最终的体系和最高的真理，必欲推广之于四海，却置现实的人的创造活动于不顾。

　　因而，这种近代的人的观念就遭到以批判的和反思的精神为特征的现代的关于人的观念的质难，尤其是马克思主义的批评。马克思明确指出："被抽象地孤立地理解的、被固定为与人分离的自然界，对人说来也是无。"① 马克思从来不离开人来谈自然、世界和存在。他谈的是现实的人的现实世界，也就是人们的实际生活过程。马克思说："在社会主义的人看来，整个所谓世界历史不外是人通过人的劳动而诞生的过程，是自然界对人说来的生成过程。"②

　　马克思主义哲学强调，世界是人的世界，因为人生活在这个世界上，人与这个世界发生着各种各样的关系，人能感触它、把握它、改造它，与它共处。这是和人存在内在统一的生活世界，是对人发生意义的世界。正是与人相关的一切构成了人的现实世界的内容。没有了人，也就没有这样的世界。马克思主义哲学专注于人的活动本身，专注于人的生活世界。它关注人在生活世界中的生存与交往，人对价值和意义的创造。它不再是外在于人、超越于人，而是努力使主体和客体统一起来。

　　这里还有一个重要的原则，即马克思主义哲学反对任何从外在的、超人的实体的角度去理解、解释人的世界的一切。人的活动和创造，所有存在物对人的价值和意义，不论是正面的还是负面的，积极的还是消极的，都不是自发地先天地给定的，都只能从人的实践活动的角度去解释和理解。

　　总之，现代的人的观念不承认异世或超世的存在，认为只有人生活于其中的现世。而且只有从现世，从人自身和人的生活出发才能解释人和世界，乃至异世和超世观念的产生。需要补充的是，除了马克思主义以外，

---

① 《马克思恩格斯全集》第 42 卷，人民出版社 1979 年版，第 178 页。
② 《马克思恩格斯全集》第 42 卷，第 131 页。

现代哲学的其他思潮，如科学主义和人本主义也都反对近代的人的观念把世界与人隔开的形而上学特征，如尼采、胡塞尔、海德格尔、后期维特根斯坦等。

由上述我们可以看到，马克思主义反对西方传统形而上学把世界与人隔离的片面观点，反对从人之外寻求超人的、绝对的、永恒的既定实体来解释人和世界。马克思指出，过去的哲学是从天上降到地上，因为它从外在于人的绝对理念出发来考察人，而马克思的哲学则与此相反，是从地下升到天上，因为是从人的现实生活出发来说明过去哲学中的抽象世界的产生。需要指出，这种从游离于现实的人的独立自存的抽象世界对人的现实生活世界的回归是哲学发展中的重大转折。这种回归是现代哲学的基本趋向，而马克思主义则在其中起了重要的作用。

再谈一下关于个人和自我的问题。人们比较熟悉马克思关于"现实的个人"的论点，可是对它的含义仍有一些含糊的地方，因而对于它的真实意义就有进一步明确的必要。这里涉及马克思的"现实的个人"概念与抽象的"一般的人"的概念，与人的类特性、与人的"现实性"等的关系究竟如何的问题。为了说明问题有必要把马克思与费尔巴哈作个比较。我们知道，在马克思从唯心主义转向新唯物主义（过去习惯称为辩证唯物主义，现在很多人称为实践唯物主义）的过程中，费尔巴哈的哲学起了某种中间环节的作用。费尔巴哈的唯物主义被称为人本主义的唯物主义或人本学的唯物主义。在费尔巴哈这种唯物主义关于人的观念中，存在两大弊端：一是他把人只归纳为"人类"，也就是说，只用"类"的概念来涵盖人，只强调人的"类本质"。这样，费尔巴哈就用"普遍"代替了"个别"，或者说只有"普遍"没有"个别""特殊"。这不仅是违反辩证法的，而且具体到人的概念，就只有人"类"，而没有"个人""我"，更没有"个人"的"独自性""唯一性"。顺便指出，德国另一位哲学家麦克斯·施蒂纳（Max Stirner, 1806—1856）对费尔巴哈的这种看法作了批判，并用个人、利己主义的"我"来取代费尔巴哈的"人类"。这点得到了恩格斯的肯定。[1] 然而，施蒂纳走到了另一极端。他完全否定"一般的人"

---

① 参见《马克思恩格斯全集》第27卷，人民出版社1979年版，第13页。

"类本质"，只承认和强调"个人"的"独自性"。这样"个人"的"独自性"被看作"全部本质"。施蒂纳和费尔巴哈犯了同样的毛病，即把普遍和个别、一般和特殊的关系弄混淆了，只不过两人的方向正好相反。前者在这对辩证关系中只看到个别，而后者只看到一般。两人同样都把一般抽象与现实具体，把"普遍存在"与"个体存在"割裂和对立起来了。

　　费尔巴哈的另一弊端是：他的旧唯物主义在社会历史领域是从孤立的、抽象的个体出发的，因而只注重人的自然本性。费尔巴哈曾强调指出，"类"作为一种理论抽象有两种含义：一是指与"我"相对立的"你"，即与特定的个体（主体）相对立的其他一切个体；二是指人的自然本性。① 在这里，费尔巴哈是矛盾的。一方面，他执着于抽象的"类"概念；另一方面，他又不得不承认个体性的感性存在。总之，费尔巴哈的上述两大弊端明显地表明了他的旧唯物主义的形而上学的特色和在社会历史领域的不彻底性。

　　马克思远远高于费尔巴哈之上。这部分是由于他吸取了黑格尔的辩证法和历史感。在关于人的观念上，马克思克服了费尔巴哈的弊端，建立了完整的、辩证的看法。首先，马克思在赞同施蒂纳把"个人"替代费尔巴哈的"人类"的同时又扬弃了施蒂纳的错误。马克思强调，"个人"和"类"是不能分的，是辩证的统一。个人由于具有了"类"特性，才能成为个人。在漫长的历史发展中，正因为人具有了人类所特有的"类"特性，才使人最终脱离其他动物。因此，人首先属于人"类"。在这点上，不论是从"类"的角度，还是从"个人"的角度来否定这种联系，都是错误的。

　　马克思对费尔巴哈更为重要的超越是在社会历史领域。马克思不像费尔巴哈那样，只谈以人的自然存在为基础的自然的"类"，而是强调社会化的人类。人不仅属于"人类"，而且人是社会的人，人还具有社会特性。个人不仅与类有关系，而且与社会有关系，后面这种关系是更为重要的关系。马克思的唯物主义把着眼点从前者移到后者是唯物主义发展中的重大转折。因为，作为现实生活中的现实的个人，构成他的生存基础的主要不

_____

① 《费尔巴哈哲学著作选集》下卷，商务印书馆 1984 年版，第 428 页。

是他的自然本性或肉体存在，而是作为他的感性活动的物质生产。

这是马克思哲学对包括费尔巴哈在内的旧哲学范式的重大突破。这种旧哲学范式是在社会实践之外，从抽象的本体出发去思辨地解释和演绎人、世界和他们的历史。马克思却从人的社会存在和社会实践出发，把人类历史和世界理解为社会实践的产物。这样，不仅瓦解了费尔巴哈的人本主义哲学，而且指明了近代一切形态的主客体二分式的认识论都是依赖某种脱离社会实践和社会生产过程的抽象形而上学"实体"的。西方这种正统哲学由于无力揭示或者根本否认生活世界的规律性，就只能在人的实践之外去臆设历史动力或历史规律。他们用逻各斯、上帝、绝对精神等的外化、现象化或物化来解释人类世界。相反，马克思明确指出："整个所谓世界历史不外是人通过人的劳动而诞生的过程，是自然界对人来说的生成过程。"① "全部社会生活在本质上是实践的。凡是把理论引向神秘主义的神秘东西，都能在人的实践中以及对这个实践的理解中得到合理的解决。"②

马克思除了指出个人的类的属性和社会特性外，还进一步强调了每个个人的个人独特性，即单个的个人与个人之间是各不相同的。就是说，每个人都有与其他个人不同的特征。如每个人都有自己不同的身体状况、志趣爱好、生活习惯，以及不同的才能和劳动能力。然而，这种个人的独特性不仅在于每个人的自然属性和性格上的差异，而且在于社会物质生存条件、物质需要、社会的各种因素的差别及其不同的制约和局限。也就是说，除了人的自然性外，社会性也决定了个人的独特性。正是由于个人具有不同于他人的独特性，才使人成为具体的、有个性的人。但是，个人的特性并不能决定人的总体的规定性。就是说，个人的特性的简单相加或凑合并不等于人的总体的特性。人的总体是由物质生产形成的群体构成的，也就是说，在社会生活中，在物质生产中结合起来的人才是历史的主体，也才是现实的个人。

马克思不仅肯定个人的存在，而且深刻地分析了人的生成和发展的问

---

① 马克思：《1844年经济学哲学手稿》，人民出版社2000年版，第92页。
② 《马克思恩格斯选集》第1卷，人民出版社1995年版，第56页。

题。马克思提出了人在社会实践中诞生与发展以及有关社会关系的理论。历代思想家关于人及其生成问题都有所思考，近代的思想家还提出了许多有益的思想。但唯有马克思主义经典作家对这个问题做出了科学的、深入的剖析，至今仍十分有价值。

人是社会历史的根本，历史是由人创造的。人在社会历史发展中，既是主动的，又是受动的。就是说，人一方面创造和推动着历史，包括社会环境、社会关系、社会形态；另一方面，又受制于它们。总之，人们创造历史，但不能随心所欲地创造。这里，我们要看到，一部人类历史，既是客观历史发展的过程，包括生产力和生产关系、基础和上层建筑的矛盾运动史；又是人本身生成和发展的历史。

明确认识到人自身创造了历史，又在社会历史中生存和发展，这种观念不是人类一开始就具有的。原始人认识不到人自身的力量，在强大的、神秘莫测的大自然面前又无能为力。他们只能诉诸神来解释历史。古希腊时，思想文化方面虽然有了很大的进展，但依旧摆脱不了多神教的桎梏。不同的是，古希腊人虽然敬神，但也重视人的需要和现世的幸福，因而也对人进行赞颂。西方中世纪时，基督教却把神推崇为唯一的创造力量。不仅人，而且世上的一切都是神创造的。一切都归功于神。可见，西方在近代以前，并不存在完整地承认历史是人创造的历史观，而是否认人是历史之本，这成了历史观的重要内核。马克思指出："人是全部人类活动和全部人类关系的本质、基础"，"创造这一切、拥有这一切并为这一切而斗争的，不是'历史'，而正是人，现实的、活生生的人。'历史'并不是把人当做达到自己目的的工具来利用的某种特殊的人格。历史不过是追求着自己目的的人的活动而已。"①

前面说过，人是社会的主体，但他又总是社会条件的产物。对人自身的认识同样也受社会条件的制约。在前资本主义时期，人与自然的交往要大大多于人与社会的交往。社会本身是比较封闭的，人对自然形成的狭隘的共同体，诸如氏族公社、家庭公社、行会组织、封建庄园、农村村社的依附性还很大。与此同时，人还不能完全驾驭和控制自然，这样人本身的

---

① 《马克思恩格斯全集》第2卷，人民出版社1957年版，第118、119页。

发展，必然受到很大的限制。这时的个人还缺乏独立性，还没有产生所谓的"孤立化的个人"。

16世纪以后，由于欧洲生产力的发展，前资本主义经济逐渐向资本主义经济发展，天生独立的个人的出现就具备了客观条件。由于资本主义商品生产和交换关系的巨大发展，前资本主义社会存在的"人的依赖关系"被打破，出现了独立性的个人。资本主义商品经济的前提是独立的、有自由意志的平等的个体。这种独立的人通过商品货币的中介存在着相互间的依赖。但这与前资本主义时期的"人的依赖关系"不同，因为此时已出现了建立在商品货币关系基础上的人的独立性。马克思指出的"人的孤立化，只是历史过程的结果"①，就是这个意思。

18世纪是这种孤立的个人观念的盛行时期。15—16世纪的西方人文主义者就试图打破中世纪基督教对人的全面控制，要求个性解放，呼吁做一个有独立性和有自由个性的人。但只是在18世纪，当发达的商品经济即市场经济发展时，才产生了孤立的，即独立的个人的观点。法国的唯物主义就是建立在这种观点之上的。法国的唯物主义者把社会看成由无数的孤立的个人组成的，这些孤立的个人已摆脱人身依附关系。但他们既看不到这些孤立的个人之间的以及背后的社会有机联系的实质，而是把社会只看成他们的机械组合；也不能从社会性来理解人的本质，而只是从人的自然生物本性来理解。由此看来，这种孤立的个人的观念，比起前资本主义时期的"人的依赖关系"的观念，虽然是很大的进步，但还是有很大的局限，还是错误的。因为，这种观念把孤立的个人与社会的发展完全割裂开来，似乎孤立的个人的发展与社会历史进程无关，他的本性完全是先天地决定了的。这样就完全用孤立的个人的恒定的自然本性来说明他的行为，而社会也成了这些孤立的个人的机械的集合。总之，这样的个人的观念既不能说明人的本性，也无法解释社会发展的原因。从18世纪下半叶起，工业革命在英国的兴起以及在西欧的发展，导致社会关系、生产关系的急剧变化。18世纪末的法国大革命更以澎湃的气势向人们表明社会变化之剧烈。人们逐渐认识到，孤立地、割裂地

① 《马克思恩格斯全集》第46卷上册，人民出版社1979年版，第497页。

看待人、社会和自然的关系及其发展都是错误的，应该把社会、自然、人类的发展联系起来，把它们看作一个整体来研究，并努力探索其中的规律。这样一种新的历史观就开始脱颖而出。这就是把世界历史看作一个统一的、联系的过程，通过社会的联系和发展来阐明个人的本质，而不是相反，从孤立的个人来解释社会。这种变化表明孤立的个人的观点开始让位于关于世界历史性的人的观念，在这过程中德国古典哲学起了重要的作用。

　　谈到德国古典哲学，不能不提到康德和黑格尔。康德力图对人类历史的总体发展做出说明，寻找历史理性的发展规律。他说："人类的历史大体上可以看作是大自然的一项隐蔽计划的实现。"① 这里的"大自然的计划"指的是历史规律性。这就表明，社会历史不是孤立的人的机械凑合。康德进而指出历史是在矛盾中发展的。他强调指出，历史具有两重性，即历史的合目的性（Die Zweckmaessigkeit）和历史的合规律性（Die Regelmaessigkeit）。这是说，一方面，历史是根据一个合理的计划展开的，即人类历史是合规律的，是必然的，不以人的意志为转移的；另一方面，人类历史又是朝着一个为理性所裁定的目标前进的，即人类历史是合目的的，是自由的，是由自由人的自由意志所创造的。这里，康德就由"普遍的历史观念"把自由王国和必然王国统一起来了。不仅如此，康德还指出："人的理性……只能是在全物种的身上而不是在各个人的身上"充分地发展出来。② 这里是说，历史的个人的个别的行为的偶然性和无目的性，在全人类的全部过程中却表现出共有的合规律性和合目的性。康德还进而指出，要达到这种总的目的性，个体应该做出牺牲。他指出，人类只有一代代地付出艰辛劳动，才能使最后一代人到达幸福的顶峰，完满实现自然的目的。他说："已往的世代仿佛只是为了后来世代的缘故而进行着他们那艰辛的事业，以便为后者准备好这样的一个阶段，使之能够借以把大自然所作为目标的那座建筑物造得更高；并且唯有到了最后的一代才能享有

---

　　① 康德：《世界公民观点之下的普遍历史观念》，载何兆武主编《历史理论与史学理论——近现代西方史学著作选》，商务印书馆1999年版，第105页。

　　② 康德：《世界公民观点之下的普遍历史观念》，载何兆武主编《历史理论与史学理论——近现代西方史学著作选》，第93页。

住进这所建筑里面去的幸福。"①

康德的历史观中的这些因素是深刻的，有很大借鉴意义，但还不是对客观历史规律的揭示，甚至不是对规律客观性的承认。黑格尔构筑了更为完整的世界历史体系。他把"主观理念"发展为"绝对理念"。他的唯心主义的体系中的辩证法思想也更为完整。康德和黑格尔在人的社会性的问题上都有所建树，但都是在唯心主义的基础上。

黑格尔关于人的观念中有一点值得注意，即他关于人的自我生成的思想。作为一位唯心主义哲学家，黑格尔并不是直接论述人的生成、人的本质、人的社会关系这些问题，而是用"精神""意识"来替代。正如马克思指出的，人的本质，人，在黑格尔看来等于自我认识。因此，人的全部异化不过是自我意识的异化。人的产生的活动，人的形成的历史，都被黑格尔用抽象的、逻辑的、思辨的和颠倒的形式表达出来，而意识所经历的各种阶段和形态不过是通向真正的人的现实的道路，是人在外化范围之内的或者作为外化的人的自为的生成。②

黑格尔借用"自我意识"来表述人的自我生成思想。意识的发展是一个漫长而曲折的过程，这表明个人自我生成是同样的发展历程。普通的个体必须经过教养提高自我的意识，使个人的有限自我上升到无限的绝对自我。而要这样做，就必须使个人与整个社会联系起来。这样，个人才能成为"世界历史性的人"。黑格尔认为，"世界历史性的人"要在自身发现人类从前所走过的历史形态，这是一条漫长艰巨的路，但"不可能有捷径可走的"，必须"忍耐这条道路的辽远"③。

黑格尔不仅把人的自我生长与整个社会联系起来，而且还强调人不是消极被动地生长，不是只消极地接受环境的影响，而是在自己的能动的行为里生长的。他指出，"人的真正的存在就是他的行为，在行为里，个体性是现实的"④。人只有在行为活动中才能感受自身，才能认识和改变自

①　康德：《世界公民观点之下的普遍历史观念》，载何兆武主编《历史理论与史学理论——近现代西方史学著作选》，第95页。

②　参见马克思《1844年经济学哲学手稿》，第97—102页。

③　黑格尔：《精神现象学》上卷，商务印书馆1953年版，第17页。

④　黑格尔：《精神现象学》上卷，第213页。

身。"行为就是行为，有什么样的行为就有什么样的个人。"① 在人的行为
活动中，黑格尔还强调劳动的意义，认为劳动在人的自我生成中具有本质
的意义。马克思对此很赞赏，指出黑格尔"抓住了劳动的本质，把对象性
的人、现实的因而是真正的人理解为他自己劳动的结果"，"劳动是人在外
化范围内的或者作为外化的人的自为的生成"。②

应该指出，尽管黑格尔在自我意识（人）的生成问题上有超越近代其
他哲学家的上述贡献，但是所有论述是建立在唯心主义基础上的。他的
"世界历史性的人"是抽象的"绝对精神"的代言人。他的历史观是超历
史的抽象的一般哲学。他的劳动是"抽象的精神劳动"。所有这些表明，
黑格尔关于人的自我生长的哲学只达到了一定的高峰，唯心主义的羁绊使
他裹足不前，有待后人的超越和突破。

不仅对黑格尔，也不仅对德国古典哲学，而是对整个传统哲学实现
了根本超越和突破的是马克思。马克思的超越不是局部性的，不是个别
的，不是只提出了某个重要的原理，或者某种被广泛认可的价值信念和
社会理想。马克思的突破是根本性的，套用马克斯·韦伯的术语，这是
一种"范式革命"。这种"范式革命"主要不是表现为，马克思构建了
彻底的唯物主义一元论的本体论；也不只是马克思实现了哲学向关系本
体论的转向。这种转向被看成超越实体主义，从新的视角、从关系的视
角来考察世界。这是把对马克思主义哲学的理解与现代物理学的发展、
现代科学发展的宏观视野、语言学的革命等当代科学发展联系了起来。
这种"范式革命"甚至也不只是表现为马克思主义哲学对解决当代问题
的方法论上的启示。

从哲学本身发展的逻辑来看，马克思并不是一般地反对传统哲学的实
体论本体论和主客体二分的认识论，马克思反对的是脱离社会历史实践的
本体论哲学，反对脱离人类历史和社会实践的非历史的"自我意识""实
体""精神"等假设。这是马克思主义哲学的"范式革命"的主要体现，
是主要的分水岭。传统的哲学范式是在社会实践之外，从抽象本体出发去

---

① 黑格尔：《精神现象学》上卷，第 214 页。
② 马克思：《1844 年经济学哲学手稿》，第 101 页。

思辨地演绎世界及其历史的发展，这里盛行的是从古希腊哲学流传下来的诸如"绝对存在""纯粹知识""非理性信念""精神"等基本概念，这些抽象的形而上学的推论从总体上说是脱离"生活世界"的。

马克思的哲学范式是始终从人的社会实践、社会存在出发去理解世界及其发展的。这里有根本的不同。马克思反对一切形而上学，反对从抽象的"存在"概念出发进行思辨的思考。他不是从观念出发来解释人的存在和社会实践，相反，是从实践出发来解释人的社会存在和观念。马克思批评说，黑格尔的哲学是一种思辨的本体论哲学体系。它的神秘性和颠倒性在于：它在实体、自我意识、绝对精神的名义下，把自然界、精神和现实的人及人类做了形而上学的改装。①

简言之，马克思的哲学从本质上说是一种实践哲学，是关于人的存在的实践哲学。马克思始终关注人的问题，包括人的存在、人的本质、人的命运等问题。马克思把他的社会哲学称为实践的唯物主义。实践是人的存在方式。在社会历史中，只有在实践的基础上，人和社会及其相互关系才有可能。一切社会生活和社会运动在本质上都是实践的。有学者指出："在基本的理论形态上，马克思哲学表现为关于人的存在的实践哲学，而在具体的表现形态上它发展为一种体现人的实践的超越本性和批判精神的文化哲学。"②

从哲学史上说，马克思并不是实践概念的创立者。例如，康德和黑格尔也讲实践。但是康德把实践局限于道德领域，强调服从绝对命令和善良意志的道德实践。黑格尔则把实践局限于精神领域，强调"绝对精神"是实践主体。正是马克思克服了这些局限，克服了认识与实践之间的对立，揭示了社会实践的机制。不仅如此，马克思主义的实践观既强调了实践是人类有目的地进行的能动地了解世界和改造世界的一切客观的物质活动；又强调这种活动并不是随心所欲的。人们通过实践创造自己的历史，但他们不能随心所欲地创造，这是历史活动产生中的合目的性和合规律性的统一。马克思、恩格斯指出："对实践的唯物主义者，即共产主义者说来，

---

① 参见《马克思恩格斯全集》第 2 卷，第 177 页。
② 衣俊卿：《关于马克思学说的双重解读》，《学术研究》2001 年第 12 期，第 76 页。

全部问题都在于使现存世界革命化，实际地反对和改变事物的现状。"① 需要指出的是，按照马克思、恩格斯的原意，这里的反对和改变事物现状绝不是随心所欲的，而是必须符合客观历史条件和历史规律的。

具体到关于人的论断，马克思的实践唯物主义的新的历史观与德国古典哲学，包括康德、黑格尔和费尔巴哈关于人，特别是人的社会性的观点是完全不同的。前面已经提到，康德和黑格尔关于人的社会性的思想是在唯心主义的基础上论证的，费尔巴哈主张的是人本主义。他不懂得历史辩证法，不懂得通过实践把历史与自然联系起来的道理，因而他虽然强调人以及人与人之间的关系，但他所说的人是"人本身"，是抽象的人，而不是"现实的历史的人"，不是社会化的人。马克思在《神圣家族》《关于费尔巴哈的论纲》《德意志意识形态》等著作中完成了对人的社会化的唯物主义的论证。

第一，马克思发现了生产力和生产关系的矛盾运动规律，从而把人的世界历史性存在与生产力和生产关系的发展联系起来。这样，马克思就是在科学地说明历史发展的基础上来说明人的社会化，而不是在唯心主义的基础上，或者人本主义的基础上。马克思明确指出："个人是什么样的，这取决于他们进行生产的物质条件。"② 这就是说，归根到底，世界历史性的个人的形成是生产力发展的结果。简单说来，孤立的个人或狭隘地域性的个人是自然经济的产物，而世界历史性的个人是商品经济高度发展的产物。人们之间的普遍交往是随着生产力的普遍发展，随着商品经济的高度发展才建立起来的，而正是这种普遍交往才使得人的社会化成为可能。只有这样，才有可能使"狭隘地域性的个人为世界历史性的、真正普遍的个人所代替"③。可见，人的世界历史性存在就是指社会化的人或人的社会化。

第二，既然世界历史性的人的存在是与人的社会化相联系的，而人的社会化又是生产社会化的结果，那么人的世界历史性存在就必然与生产的

---

① 马克思、恩格斯：《德意志意识形态》，人民出版社 1961 年版，第 38 页。
② 《马克思恩格斯全集》第 3 卷，人民出版社 1960 年版，第 24 页。
③ 《马克思恩格斯选集》第 1 卷，人民出版社 1972 年版，第 40 页。

社会化相联系。什么是生产社会化？这并不是仅仅指生产规模的扩大，更重要的是指生产者之间的联系和交往的更加广泛和密切。众所周知，生产的社会化是资本主义商品经济的产物。因而，人的世界历史性存在是与资本主义商品生产的发展不可分的。

第三，资本主义商品经济不仅由于生产的社会化而与人的世界历史性存在有关，而且也与孤立的个人的观念有关。因为，商品经济的出发点和归宿总是生产者和经营者的个人利益。孤立的个人的观念正反映了商品经济关系的这个特点。这里产生了矛盾：正如马克思在概括商品经济社会中人与社会的关系时所说"毫不相干的个人之间的互相的和全面的依赖"①。显而易见，"孤立的个人"的观念与"互相的和全面的依赖"观念两者是相悖的。但在资本主义商品经济阶段，这种"互相的和全面的依赖"只能通过商品货币关系的中介来实现。而在商品交换过程中，除了交换的等价之外，交换的双方确实是彼此毫不相干的，甚至是尔虞我诈的，即每一方都只把对方当作达到个人目的的手段。

还需指出，在资本主义市场经济的条件下，市场经济使经济生活领域中人的关系"物化"。也就是说，在经济生活领域中的人的关系需要通过物的关系（商品货币关系）表现出来。人的关系的"物化"虽然可以形成"人的独立性"，但同时也造成"反个性主体性"，或者说"个性的异化"。在资本主义市场经济的条件下，由于人的商品货币化和支配商品货币关系的价值规律的作用，劳动不但不能成为符合人的本性的乐生需要，反而成为敌对的、支配人的外在力量。马克思把资本主义市场经济条件下的雇佣劳动称为异化的劳动。这种异化劳动会对劳动者的个性产生影响，造成个性的异化。这是指人的活动及其产物以一种凌驾于人之上的异己的力量作用于人的个性，使个性被迫扭曲。

要消除劳动和个性的异化，要使个人之间的"互相的和全面的依赖"不需要通过商品货币关系的中介真正建立起来，只有在人类进入共产主义的高级阶段以后。马克思在《1844年经济学哲学手稿》中已指出消灭异化的途径，指出只有共产主义才能消灭人的本质与人的存在之间的矛盾。

---

① 《马克思恩格斯全集》第46卷上册，第103页。

他说，共产主义是"人和自然界之间、人和人之间的矛盾的真正解决，是存在和本质、对象化和自我确认、自由和必然、个体和类之间的斗争的真正解决"①。在《哥达纲领批判》中，马克思指出，在共产主义高级阶段上，"劳动已经不仅仅是谋生的手段，而且本身成了生活的第一需要"，那时社会在自己的旗帜上写的是"各尽所能，按需分配"②。马克思把无产阶级的存在以及共产主义的实现都是与世界范围的资本主义的发展和无产阶级的和全人类的解放运动联系起来的。他指出，"无产阶级只有在世界历史意义上才能存在，就像它的事业——共产主义一般只有作为'世界历史性的'存在才有可能实现一样"③。

马克思、恩格斯关于人的论述并不限于上述这些。至于在他们之后，马克思主义在新的时代的有关的新发展那就更多了。这些都需要我们继续不断地认真地去学习和研究。

（本文原载《中国社会科学院文史哲学部集刊》〔史学卷〕下册，2008 年版）

---

① 《马克思恩格斯全集》第 42 卷，第 120 页。
② 《马克思恩格斯选集》第 3 卷，人民出版社 1972 年版，第 12 页。
③ 《马克思恩格斯选集》第 1 卷，第 41 页。

"社会"概念在中国的双重渊源

一

　　"社会"一词在西语里，如在英语 society 和法语 société 中，其词源都是拉丁语的 socius（形容词）和 societas（名词）。Societas 一词有伙伴、共同、联合、同盟的意思。在英语中，16 世纪以来，society 一词已用于说明 civil society（"公民社会"，或译"市民社会"）概念。德语中，"社会"一词是 Gesellschaft，其词干 Gesell 意为 Saalgenoss，即同一房间中的伙伴，显然与拉丁语 Societas 的含义有关。到中世纪后期，这一词义转义为"人与人的结合"（Verbindungen von Menschen）。总之，在西语里，这些词已逐渐具有现在理解的"社会"的含义。

　　那么，在中国呢？情况要复杂得多。首先，看看"社会"这个词的出现。它是舶来品，还是古已有之？"社会"一词在中国是古已有之。不过，在中国的古代典籍中，这两个字往往是分开来用的。"会"是"聚集""集会"之意。"社"的含义比较复杂，最初是指祭神之所。如《孝经·纬》中载："社，土地之主也。土地阔不可尽敬，故封土为社，以报功也。"这里，"社"是指土地神或祭祀土地神的地方。后来，"社"又可指"人群聚合之地"的意义，如古代规定有"二十五家为一社"。再往后，"社"又有志同道合者聚会之所之意。如"诗社"。"社""会"两字连用，大约始于《旧唐书》。《玄宗本纪》卷八中载："礼部奏请千秋节（按指唐玄宗的生日八月初五）休假三日，及村闾社会。"这里的"社会"是村民集会的意思。后来，"社会"又有志趣相同者结成的团体之意，如宋孟元老的《东京梦华录·秋社》和明冯梦龙的《醒世恒言·郑节使立功神臂弓》中都用了"社会"一词，意为一群人为了共同的目的聚集在一处进行某种活动。又如，人们引用得比较多的还有，宋代儒学家程伊川在《二程全书》和《近思录》中的"乡民为社会"之说。这里，"社"是指祭祀土地之神的地方，"会"是人群的聚集。因此，"乡民为社会"就是指"乡民聚集于祭祀土地神的地方"。虽然，上述种种用法也有人们因某种目的而集合起来的意义，但是同"社会"的现代含义还有距离。历史证明，中国要越过这段距离，还需要到日本绕一圈子。

1874 年（明治七年）日本有人从汉语引入"社会"一词，而其源头正是"乡民为社会"的句子。而在 1875 年，又有人在译英语的 society 一词时用了"社会"一词。当时，还有别的译法，如"世态""会社""仲间""交际"；此外，民间还有"世间""世上"的用法。最后固定下来的是"社会"一词，虽然在很长的时间里，它是作为学术用词被少数人应用的。

到近代的时候，当中国学者在翻译日本的社会学著作时，又把"社会"这个词引了进来。也就是说，"社会"一词虽然日本是从中国引进的，但是作为近代意义上的"社会"概念，中国又是从日本引进的。这里有个复杂的过程。

"社会"概念是社会学的基本概念之一。近代西方社会学的输入在清末民初，是从主要概念和学说内容的简要介绍开始的，稍后是著作的翻译。早在 20 世纪 30—40 年代，一些中国学者就提出，严复在 1898 年翻译《群学肄言》（即斯宾塞的《社会学研究》）的前两章和 1903 年译《群学肄言》全书可视为西方社会学输入中国的开始。由此可见，严复在引进社会学和有关概念中的重要作用。我们下面就以严复为例，对"社会"概念在中国的引进做些分析。

甲午战争之后，中国开始从日本输入西学。不少社会学著作亦是如此。如章太炎从日本翻译了《社会学》、吴建常从日本翻译了《社会学提纲》等。但是严复反对如此做法，认为从日本辗转翻译西学，难免失真。所以，开始时他不同意引入日本的译法，即把 society、sociology 译成"社会"和"社会学"的译法，而译成"群"和"群学"。严复对此是有考虑的。他被认为是清末输入西学成绩最大者，但他深受中国传统文化的熏陶，他在翻译西方著作时常使用"汉以前字法、句法"，并常在序、例言、注和按语中论及中国的传统思想文化。如他在首次提到斯宾塞的社会学时，为自己的译法做出解释："'群学'者何？荀卿子有言：'人之所以异于禽兽者，以其能群也。'""约其所论，其节目支条，与吾《大学》所谓诚正修齐治平之事有不期而合者，《大学》引而未发，语而不详。"以此表明中国古代文化中也有同样的思想，所以译为"群学"。

但是，严复的译法遭到了所谓东学和留日学生的批评，尽管他的译著流行很广，但是他的译名最后保留下来的却很少。严复自己后来也对旧译名作了修改。如他在 1904 年翻译甄克思的《社会通诠》（*Political history*，Edward Jerks 著，1900 年出版）时，书中用了很多"社会"一词，这种译法已超过了"群"的译法。严复并用甄克思书中的理论来分析中国社会，尤其是中国的宗法社会。他指出："中国社会，宗法而军国者也，故其言治也，亦以种不以国。"可见，严复在这里已是在近代意义上使用"社会"概念。

总之，"社会"概念被普遍用来表示西文"society"之意，不过对它的含义，长期以来仍各有不同的理解。如著名社会学家陶孟和在 1917 年时，对国人滥用"社会"一词甚为不满，指出："夫社会一语，宋儒以之诂村人之组织。"今人以之翻译 society，"其语源，其意味，殆若风马牛不相及"。因此必须"深切研究"社会之真义。不过，这已越出本文范围，需要另外探讨了。

从以上的简单回顾中，我们可以看出，一个概念的引进和普及并不是一件随意的事。从"社会"概念的引入来看，至少可以说明以下几点：一是，"社会"概念是在清末民初开始引入的，与它前后引入的还有不少其他的近代西方的概念，这并不是偶然的。当时的中国社会正处于剧烈变迁之中，许多仁人志士都在思考中国的前途和中国的改革，这也正是"西学东渐"的时期，因此社会先进分子从西方引进许多新的思想、著作、概念可以说是时代的需要。二是，在"西学东渐"的过程中，尤其是在起始阶段，日本是个重要的中转站，这与日本明治维新的成功和国家的发展有关。三是，中国作为一个文明古国，有着悠久的历史、文化传统。许多知识精英，虽然留学西方或日本，接受西方的教育，但是他们大多有着深厚的中国传统文化的底子。因而，比较普遍的做法是，对西方的新事物常常要与中国的传统相比照，或者从传统寻找自身的渊源，或者用传统来补充或排斥外来的事物。上述"社会"概念引入的曲折过程正好生动地说明了以上这些特点。

线性文明理论与文明多样性思想的形成

　　人类从原始状态过渡到文明有一个漫长的过程。大约从公元前4000—前3000年开始，人类从原始状态逐渐向文明过渡。从公元前4000年到公元元年前后，在世界各地出现的主要文明有埃及文明、巴比伦文明、印度文明、中华文明等多种。这些古代文明主要是自身发展起来的，因而各自有许多不同的特点，但是也有共同点。

　　"文明理论"是文明过程在人们意识形态上的反映。它有一个漫长的不断深化的过程。由于历史的原因，近（现）代意义上的文明理论大致形成于18世纪中叶的西欧。这时的西欧正值"启蒙运动时期"。近（现）代文明具有一种不断地在时间和空间上扩展的动力。由"启蒙运动时期"孕育的文明在异文化世界的扩展具有两重性：既有精神上的唤醒作用，又使精神受到伤害；既是鼓励又是束缚。有一点可以肯定：西欧诞生的近（现）代文明并不是唯一的标准和榜样，世界以后的发展并不只是它的复制和普及。文明过程的统一性，并不排除文明的多样性。多样性的统一不是以西方为标准，而是差异性的统一原则。

　　18世纪，各种类型的文明理论都已出现，包括线性的、循环的、全球的、地域的；其中，发展最快的是线性文明理论，到18世纪末已达到顶峰。在西方的文明理论的发展中，长期以来占统治地位的是线性的文明理论。这种线性的文明理论源于基督教的历史观。基督教史学最早把历史理解为一个由固定的起点（上帝创世）到终点（末日审判）的直线运动，指出历史是一种向着既定目标前进的运动。启蒙思想家从内容上进行了更新：以理性取代神性，以科学取代迷信，以线性取代轮回，以进步破除天定。这样的线性历史观对欧洲史学和文明理论产生了很大的影响。历史和文明的发展过程一直被看成一种由低向高，直至理想世界的直线运动。这种线性的文明观在政治和理论上具有两重性：既推崇"进步"和"理性"，又以西欧为中心向外扩张，带有殖民性。在文明观念的发展上，因其长期占据统治地位，妨碍了其他理论，特别是文明多样性思想的发展。

线性文明理论有明显的欧洲中心主义思想痕迹

从线性文明理论的发展看，许多欧洲的思想家都为此做出了贡献。法国的孟德斯鸠（Charles Louis Montesquieu，1689—1755）最早区分出未开化的荒野性和野蛮状态，但是还没有形成历史的线性发展概念。伏尔泰（Voltaire，1694—1778）在他的著作里虽然还未使用"文明"一词，但是他的《风俗论》被认为是"第一部真正的文明史"〔语出英国史学史家古奇（George Peabody Gooch）《十九世纪历史学与历史学家》〕。伏尔泰已把"文明过程"划分为"几大时期"，大体为：马其顿亚历山大统治时期、罗马皇帝奥古斯都统治时期、佛罗伦萨美第奇家族统治时期和法王路易十四统治时期。这是线性发展观的重要前提，虽然伏尔泰还未提出明确的线性发展理论。

杜尔哥（Anne Turgot，1729—1781）最早明确阐明"进步"的思想，认为进步是由于人类活动的经济形式的发展。他提出文明三阶段论：神话的阶段、思辨的阶段和科学的阶段。杜尔哥的线性文明理论强调的是理性自身的运动，强调历史进步，但是，"进步"思想尚未成为杜尔哥的最核心、最有价值的思想。苏格兰启蒙思想家弗格森（A. Ferguson，1723—1816）也阐述了线性文明理论。他的方法是自然的、历史的方法，突出公民社会思想和文明思想，但是忽视文化在社会结构上的作用。更严重的是，他只把当代欧洲的"商业社会"看作真正的、"精细的"文明社会，甚至否认印度和中国是"文明社会"。孔多塞（Jean Condorcet，1743—1794）发展了线性文明理论，把历史进程划分为 10 个时期，其中每个时期都是一种独特的"文明状态"（孔多塞《人类精神进步史表纲要》）。孔多塞的缺点是忽视了历史形式的多样性和地域特色。

总体来说，18 世纪，尤其是下半叶，是欧洲文明理论发展的重要阶段。"文明"这个术语正是在 18 世纪产生的。如果说，伏尔泰和百科全书派说的"文明"还是一种行为方面的理想的话，那么到 18 世纪末的孔多塞，"文明"已首先指的是社会发展的理想。

18 世纪"文明"概念的价值内容迅速扩大。在欧洲启蒙运动时期和新兴起的自由主义思想的影响下，这一概念被赋予了一系列价值观念，包括人性、理智、安全、自由、所有制、容忍等，从而成为一种理想。"文明"思想的发展也有其另一面的作用。它自己在发展中逐渐变成了意识形态的工具，帮助欧洲中心主义思想进行论证。18 世纪时已出现欧洲是全世界社会发展最佳模型的观念，而且这种欧洲中心主义已进一步演变出"西欧中心主义"。也就是说，在欧洲内部还要划线："中心"（英、法）和边缘。在"中心"，现代化过程实现得最为成功，已建立线性的历史概念和"进步"理论；而在边缘则不同。

19 世纪上半叶，在欧洲文明理论的发展中，出现了不少变化。奥古斯特·孔德（Auguste Comte，1798—1842）是实证主义文明理论和社会学的创立者，他发展了线性文明理论，强调"文明"是历史进程的中心现象，是他的实证主义哲学所说的"普遍现象"。他准备从"文明"这个"普遍现象"中演绎出有关社会历史其他所有现象的实证知识。他把文明发展划分为三个阶段：神学阶段、形而上学阶段和实证阶段。他的线性文明理论具有欧洲中心主义的色彩。如他划分多神教阶段，不是依据文化的特点，而是依据种族或人种的特点。

黑格尔（Georg Wilhelm Friedrich Hegel，1770—1831）的文明理论是与他的历史哲学体系密切地结合在一起的，而他的体系是严格的线性的，不过他也承认多样性和调和的作用，这与他的辩证法有关。黑格尔的历史哲学达到了理性主义历史理论的顶峰，并提供了线性历史观的经典范例。黑格尔为大规模的历史综合铺平了道路，然而他的欧洲中心主义思想也很突出，这使他往往丧失了客观性。如他用"世界历史性民族"概念指称现代"文明"时，却把中国和印度排除在外，只承认波斯、叙利亚、犹太人、埃及、希腊和罗马世界。又如他把人类发展的历史与人的成长作了类比：东方的历史是人类的童年，属于"非历史性的历史"；希腊世界的历史是人类的青年；罗马国家是人类的成年；日耳曼国家是人类的老年。然而，精神的老年与自然界的老年是不同的，不是衰弱不振的，而是成熟和充满力量的（黑格尔《历史哲学》）。

在 19 世纪上半叶的欧洲，线性文明理论最终形成。

文明多样性思想的萌生与发展

在 18 世纪，即在近（现）代意义上的"文明"概念和"文明"理论在欧洲诞生的时期，虽然线性文明理论的发展最为明显，占据重要地位，但是差不多在同时，文明多样性的思想就已萌生，并逐渐发展起来。孟德斯鸠在走向线性文明理论的同时，也向代表文明多样性思想的"地域文明"理论的方向迈出了一步。他认为，一个民族的本性是由气候、宗教、法律、管理原则、历史范例、风俗习惯等决定的，而地理因素对不同民族的影响是不一样的。它的影响主要是对不发达的民族，而岛上的居民比起大陆的居民要更加向往自由。这种区分是迈向"地域文明"概念的一步。伏尔泰不仅关注西方文明，而且也关注非西方文化。他尊重阿拉伯人的文化，强调印度人和中国人的热爱和平的精神。他还特别关注中国，称中国是最古老和最文明的帝国，是开明君主国，是理性的王国，他对非西方国家文化和历史的许多具体论述却是根据不足和缺乏史料的，而且他更强调的是人类本性的一致，认为这点远高于不同民族习俗中的差异。

世界文化多样性的思想在德国较易被接受，这或许与 17 世纪德国哲学家莱布尼茨（G. W. Leibniz，1646—1716）的思想有关。莱布尼茨的"单子说"（monad）强调现实世界是由无数先定的封闭实体（单子）组成的。莱布尼茨的哲学要求关注地方文化的个别性，要求研究独特的历史整体。出生于德国最东部的赫尔德（Johann Gottfried von Herder，1744—1803）在其文明理论中主张文化多样性。他自觉地把确定地球上不同民族的生活的多样性看作主要任务。他的文明理论的中心概念是"民族精神"和"时代精神"。"民族精神"只能在自身的文化价值中被揭示出来，很难用其他文化的语言去表达。他强调，只有深入一个民族的精神，才能与它具有一种同样的思想和行为。

随着时间的推移，文明多样性的思想逐渐得到承认。如表现在 19 世

纪中叶以前，占统治地位的是"文明"一词的单数形式（civilization），但
到 1919 年"文明"一词的复数形式（civilizations）已经出现。

以文明多样性为特色的地域文明理论

19 世纪下半叶的一个重要突破是地域文明理论的诞生。第一位建立地
域文明理论的是德国的学者吕凯尔特（H. Rückert, 1823—1875）。他提出
了一个重要的概念"文化类型"。这是指世界文化在地域上的断片。他坚
决否定存在有"唯一的、统一的文化类型"（普遍文明）的可能性。"文
化类型"在时间上是同时存在的，是完全独立的。这一概念的提出开创
了地域文明理论的先河。在俄国学者达尼列夫斯基（N. Ia. Danilevsky,
1822—1885）稍后提出的"文化—历史类型"概念和德国哲学家斯宾格勒
（Oswald Spengler, 1880—1936）、美国社会学家索罗金（P. A. Sorokin,
1889—1968）、英国历史学家汤因比（Arnold Toynbee, 1889—1975）的
"文化形态学说"中都可以看到它的影子。

德国的历史学家兰普莱希特（Karl Lamprecht, 1832—1920）强调研究
历史过程的文化和心理的层面。与当时西方流行的实证主义观点把"理性
的进步"公式看成意识的动力不同，兰普莱希特把民族观念的发展形式看
成意识的动力。也就是说，要表明的不是发展的普遍形式，而是地域形
式。这种地域形式是该特定的社会共同体的自我意识的文化形式。兰普莱
希特看重民族性和文化形式，与单纯的线性文明理论是有不同的，虽然他
并不否定普遍的线性发展模式。不过，在文化史的方法论上迈出一大步的
是哲学家狄尔泰（Wilhelm Dilthey, 1833—1911）。他努力探求文化研究的
认识论基础。在对文明的思考中，狄尔泰最注意的是地域文明的精神核心
问题，即世界观问题。他认为，世界观不是思想的产物，而是文化的产
物，并受到经济、人们交流方式、国家与法和劳动分工的制约。

对地域文明理论做出重要贡献的是瑞士的历史学家布克哈特（Jacob
Christopher Burckhardt, 1818—1897）。他强调，研究过去绝不能在线性历
史发展模式的框架内。他在方法论上的创新是：把历史的方法和逻辑的方
法分割开来，重视历史中间断的东西甚于线性的东西，强调历史学中认识

主体的作用，所有这些把地域文明的研究提到了更高的高度。

在法国，文化史学派的创始人丹纳（Hippolyte Adolphe Taine，1828—1893）进一步论证了独立的地域文明的存在。他在早期著作《艺术哲学》（*Philosophy of Art*）中强调了文化与一定的地域的关系，如希腊的地理特征培育了古希腊派文化。在《英国文学史》（*History of Literature of England*）中，丹纳指出：文化和艺术的发展取决于种族、环境和时代三大要素。其中，环境要素不仅是指自然环境，而且包括社会环境（丹纳《英国文学史·序言》）。这三大要素在不同的地域是各不相同的，因而受它们制约的文化也就不可能相同，这就为地域文明理论做了铺垫。然而，丹纳的文明理论是不成熟的，他把实证主义方法绝对化了。

地域文明理论至此已有了相当的发展，然而任何一种理论的成熟和发展还需要理论上的提炼。地域文明理论的发展同样如此，而法国社会学家杜克海姆（Emile Durkheim，1858—1917）恰恰弥补了这一点。他把文明概念与满足需求的方式联系起来，指出：由于不同国家的人们的需求不同，因而就为不同文明之间的差异奠定了基础。在他看来，文明是居民增长、人民的稠密度加大和劳动分工发展的直接结果。杜克海姆还把对劳动分工的研究扩展到对文化价值起源的分析。他认为，从劳动分工的特点出发，可以看到在此过程中产生的道德原则在不同社会里的差异。杜克海姆激烈地批评了线性文明理论。

如果说在德国这个刚开始摆脱欧洲文明边缘地位的国家，地域文明的思想已开始发展为理论的话，那么在英国这个殖民大国，欧洲中心主义的观点也已经日益动摇，地域文明思想已然兴起，不过，英国人的步子在这方面要落后于德国人和法国人。

在英国，要提到的是历史学家博克尔（Henry Thomas Buckle，1821—1962）。博克尔也深受实证主义的影响，他也以探寻历史中实现普遍真理的"唯一原则"为目的，但是他没有简单地去构筑一个新的线性历史发展图式，当时的时局给了他很深的影响。印度雇佣兵的起义尖锐地提出了欧洲人与非欧洲人的关系问题，未来的不列颠帝国与殖民地的关系问题。他研究了东西方民族之间、宗主国与殖民地之间在心态上的差异问题。这些都已突破了线性发展图式的框架。博克尔提出了"双线"的文明概念，即两种基本的文明类型：欧洲的和非欧洲的。虽然他强调只有欧洲文明才是正常的文明，然而，他终究提出了两类文明类型和非欧洲文明问题。这在理论上是前进了一步。

英国哲学家和社会学家斯宾塞（Herbert Spence，1820—1903）又向前走了一步。斯宾塞是实证论的创始人之一，他的历史发展观第一次提出了文明发展的完整周期，即包括进步的发展阶段（分化）、稳定阶段（适应）和衰退阶段。这就为研究历史发展中的不连续的进程创造了条件，而这些不连续的进程是与地域文明的演进有关的。斯宾塞还区分了文明民族和非文明民族，认为非文明民族往往是那些居住在易于获得食物的地区，因而缺乏劳动积极性的人们。在文明理论的发展中，斯宾塞有一个贡献：他最早尝试用符号、用对事实的想象、用与人的感官和文化有关的形象描述来构建事物，而不是只依靠对实际历史过程的反映。斯宾塞在社会知识方法论上的探索帮助他在一定程度上摆脱了目的论和决定论的影响，从而帮助人们看到线性文明理论和地域文明理论之间存在着趋同性。

回首 19 世纪，可以看到，文明理论在不少欧洲国家思想家的学说中已经有了很大的发展。从文明理论本身的发展看，线性文明理论从一开始就处于主导的地位，这一理论带有明显的欧洲中心主义思想痕迹，以文明多样性为特色的地域文明理论后来居上，到 19 世纪下半叶已有逐渐取而代之之意。然而，总体看来，在 19 世纪，文明理论的发展还处于逐渐完善、成熟的阶段，还缺乏较多的完整的体系和流派。这个任务要进到下一个世纪才能解决。到 20 世纪，文明理论的发展进入了一个流派纷呈、争奇斗艳的时期，但这已超出本文的范围了。

（本文原载《文汇报》2001 年 8 月 1 日）

战后西方史学的新发展

　　《二战后欧美史学的新发展》是一部对欧美国家近五十多年来，特别是最近二三十年来历史学的发展进行综合深入研究的集体著作。参加撰著的学者有 22 人之多。其中有 10 人是中国社会科学院世界历史研究所的研究人员，还有来自北京大学、南京大学、北京师范大学、厦门大学、四川大学、山东大学的教师，还有我国的留德博士生和美国、俄罗斯的学者。这些学者对他们所撰写的内容都有多年的研究和积累，十分熟悉。这次又专门花费了充分的时间专门为本书写作。正是由于他们的努力，才保证了这本书的顺利完成。

　　该书研究的课题是很有意义的，也是很新颖的，因此也是有相当难度的。众所周知，20 世纪是人类历史上发展迅猛、变化空前的一个世纪，尤其是战后的半个世纪。在这个变化多端的世界里，欧美的历史学也经历了极大的变化。这种变化在战后尤为明显，特别是在最近二三十年。历史学的变化，不仅在性质上是深刻的，而且涉及的面相当广泛。长期以来，特别是 19 世纪以来形成的传统的历史写作和研究的观念、方法、习惯都遭到了根本性的挑战，并展开了迄今未止的激烈讨论。这本书着重探讨的正是 20 世纪 70 年代以来欧美史学的发展。其中有许多变化和现象，目前尚在发展之中。许多争论的问题也无定论。对这一时期欧美史学的发展，国外虽已有不少论著进行探讨，但见仁见智，众说纷纭，迄无定论，而国内的研究还比较少。所有这些都增加了本课题研究的难度。

　　欧美历史学的变化并不是偶然的。它不但是出于史学本身发展的需要，而且，或许更重要的是，由于时代和社会的迅速发展以及科学技术和人文社会科学思潮的急剧变化引起的相应结果。因此，要了解和研究历史学的发展，就需要把它放在欧美社会，特别是学术思潮变化的背景之下，而不能孤立地仅仅就史学本身的发展来单独进行考察。这就要求我们至少对近二三十年来欧美人文学术思潮的变化及其对历史学理论和研究实践的影响进行必要的研讨，这无疑也增加了本课题的难度。

我们之所以要指出本课题遇到的这些困难，除了想表明该书的特色外，更主要是为了说明，我们虽然做了很大的努力，但只能说是对近几十年来欧美史学新发展这个课题的初步研究，许多问题还有待今后进一步地深入研究和探讨，这是需要着重说明的。

关于该书的内容还需要说明几点。第一，该书所说的欧美国家是指西方国家和苏联。西方国家是主要部分，约占该书的四分之三篇幅。第二，对西方国家历史学的考察大致分三个层面进行：历史哲学和史学理论层面，特别是"语言学的转向"和"后现代主义"及其对历史学的影响；对西方史学战后发展的总趋势及其研究方向的转变进行总体分析，并着重剖析其中有代表性的流派和思潮；对法国、德国、英国、美国等西方主要国家的战后史学发展作了专门的论述。第三，对苏联战后近五十年的史学发展作了系统的考察，还特别专门论述了苏联"新流派"的遭遇。

为了便于读者对战后西方史学的发展有个总体了解，特作概述如下。

一　西方历史哲学和史学理论的发展变化

如前所述，战后西方史学的发展是与西方人文学术思潮的变化分不开的。因此，为了更准确、更清晰地了解和把握西方史学的发展脉络及其变化的性质，就必须把它放到其发展所处的整个学术大语境之下进行考察，必须对西方人文学术思潮，特别是哲学和历史哲学的变化进行必要的探讨。

（一）西方哲学的转变

改革开放以后，尤其是近十多年来，由于接触西方学术的机会多了，我们越来越感觉到，不但在历史学领域，而且在整个人文学术领域，乃至其他如建筑、艺术等领域，西方的变化是惊人的。许多新的名词术语、理论公式层出不穷，扑面而来，与过去习惯的、熟悉的很不一样。对这种现象自然不能再采取像过去那样一概简单排斥的态度，而是应该潜下心来认真地加以研究。

在西方人文学术思潮中，应该主要关注哲学。虽然美国哲学家理查德·罗蒂（Richard Rorty）认为，哲学在启蒙运动后取代神学成为"文化之王"的地位在他所谓的"后哲学文化"中已经消失，而只能成为文化的一个部门。① 但这只是他的一家之言。作为在理论层面上对自然知识和社会知识的概括和总结，哲学对人文学术思潮（包括历史学）发展的影响是不容忽视的。

关于20世纪西方哲学和历史哲学的发展，我们通常运用英国哲学家沃尔什（W. H. Walsh）的提法，把它说成从思辨到分析（或批判）的转变。简言之，思辨派的研究重点是解释历史真实的性质。"试图在一大堆貌似杂乱无章的历史事实背后，寻求出理性的原则、规律或意义来"；分析派则着重"解释历史知识的性质"②；这种说法虽然从一个角度反映了西方哲学在20世纪的发展，但并没有涉及更根本、更重要的特征，从而也就没有把问题说清楚。

从众多对20世纪西方哲学的分析中，笔者比较倾向于张世英教授的说法。他在《进入澄明之境——哲学的新方向》一书中对西方哲学发展提出的分析，似乎更能说明西方哲学变化的实质，把问题说得更为清楚。下面，主要根据张世英的看法，结合笔者的理解，对20世纪西方哲学的发展作些分析。为了便于说明问题，不得不多引证一些张世英的原文。

张世英的主要观点是，西方哲学从柏拉图到黑格尔都可归为传统的形而上学，或用德里达（Jacques Derrida）的说法："在场形而上学"（metaphysis of presence）。这种旧形而上学"就是要从感性中直接出现的东西按照纵深方向上升到理解中的东西［'逻各斯'］，以理解中的东西为当前事物的根底。"③ 就是说，它认识事物的方法是从感性中的东西到理解中的

---

① 参见理查德·罗蒂《后哲学文化》，上海译文出版社1992年版。
② 参见何兆武、陈启能主编《当代西方史学理论》，中国社会科学出版社1996年版，第11页。
③ 张世英：《进入澄明之境——哲学的新方向》，商务印书馆1999年版，第7页。

东西，从表及里，由浅到深。其方向可以概括为"由现象到本质、由个别到普遍、由差异到同一、由变化到永恒、由具体到抽象……由形而下到形而上，最终是以形而上的、永恒的、抽象的本质或普遍性、同一性为根底，或者说得简单一点，是以'常在'（constant presence，'永恒的在场'）为根底"①。张世英强调，旧形而上学之所以奉理性、思维至上，是和它以认识同一性（相同性）作为其最高任务分不开的。这种旧形而上学表现出它鲜明的抽象性和纯理论性，这也正是其局限性的表观。

张世英认为，现当代西方哲学的人文主义思潮与旧形而上学相比是一种明显的转向。这股思潮从尼采开始②，包括海德格尔（Martin Heidegger）、伽达默尔（Hans-Georg Gadamer）、德里达等学者。他们不满足于传统西方哲学的"在场形而上学"，强调"把在场的具体的东西与不在场的然而同样具体的东西结合为一个无尽整体，认为这才是人们实际生活于其中、实践于其中的活生生的世界"③。这样，现当代西方哲学中的人文主义思潮用现实性取代了旧形而上学的抽象性，用实践性取代了纯理论性。这就是说，他们不满足于旧形而上学的本体世界，对抽象的、永恒的本质的追求，而要求回到具体的、变化的现实世界。他们也注重当前在场的东西，但不主张停留于此，而是更强调构成事物背后的隐蔽方面。与旧形而上学要求超越当前在场的东西到抽象的永恒的世界中去不同，他们要求从当前在场的东西超越到其背后的不在场的东西。这些不在场的东西，并不是抽象的、永恒的概念或本质，而同样是现实的事物，只是不出场或尚未出场而已。张世英把旧形而上学的超越叫作"纵向的超越"，而把现当代哲学的超越叫作"横向的超越"。因此，20世纪西方哲学的转向被概括成从"纵向的超越"到"横向的超越"的转向。张世英指出："哲学在'横向'转向以后，它所追求的是隐蔽于在场的当前事物背后的不在场的、然而又是现实的事物，它要求把在场的东西与不在场的东西、现显的东西与隐蔽的东西结合在一起。哲学的最高任务不只是达到同一性或相同性，而

---

① 张世英：《进入澄明之境——哲学的新方向》，第8页。
② 张世英认为，胡塞尔的现象学是西方旧形而上学向现当代哲学的过渡。参见张世英《进入澄明之境——哲学的新方向》，第8—11页。
③ 张世英：《进入澄明之境——哲学的新方向》，第2页。

是要达到各种不相同的东西相互融合的整体，亦即达到天地万物之相通、相融。"①

　　张世英指出，西方哲学的这种"横向"转向对历史观有重大的影响。下面就结合历史观，也即历史哲学和史学理论的问题来具体阐述这种转向。按照旧形而上学的看法，当前在场的事物与隐藏着的昨天的事物和明天的事物是相互对立、彼此孤立的。"研究历史就是把古的、过去的东西当作外在的客体、对象来对待，研究历史的最高目的就是寻找'原本'，以恢复过去的原貌。"② 至于有关过去的史料（不论是文字的还是实物），虽然也可以是当前在场的，但它并不是过去的"原本"，更不是过去的原貌，只是提供历史学家进行抽象、提炼以寻找"原本"的原料；相反，哲学的"横向"转向强调的是，古与今、过去与未来彼此不是对立的，而是相互通融的。因为历史的每一瞬间，既隐藏着（负载着、沉积着）过去，又隐藏着（孕育着、蕴含着）未来。"今天在场的事物背后隐藏着昨天的不在场的事物；昨天在场的事物背后隐藏着尚未出场的后来的事物。"③ 这里，在场的和不在场的关系是"横向"的，并不像旧形而上学强调的那样，只是由时间流逝决定的"纵向"关系。

　　这里反映出认识论（或历史认识论）上的一个重要问题，即主客体关系问题。旧的形而上学把主客体的关系割裂开来，看成彼此外在、相互对立的关系。这就认定，研究历史只是把历史上的东西看成外在的客体、对象。它是现成的、固定的、孤立的，从事研究的人对它的解释与它没有内在关系，解释者不参与历史的东西的运动。

　　相反，哲学的"横向"强调的是主客体融合，把过去与现在看成一体的，既没有孤立的过去，也没有孤立的现在。这就认为，研究历史的最高兴趣不是只去恢复原本，而是要"从古往今来的连续性和统一性中看待历史事件和历史人物"④。在现当代西方哲学中，海德格尔，特别是伽达默尔在突破西方传统哲学这方面的局限上起了很大的作用。海德格尔认为，历

---

①　张世英：《进入澄明之境——哲学的新方向》，第 11—12 页。
②　张世英：《进入澄明之境——哲学的新方向》，第 14 页。
③　张世英：《进入澄明之境——哲学的新方向》，第 15 页。
④　张世英：《进入澄明之境——哲学的新方向》，第 144 页。

史的运动和研究者对它的解释的运动，两者间有着相互作用和内在联系。伽达默尔发展了这一思想。伽达默尔不仅明确指出，恢复历史原本是不可能的，而且强调可以把过去和现在沟通和融合起来。这种沟通和融合是在历史的具体现实中实现的。历史研究的最高兴趣应是这种沟通和融合。现当代西方史学强调，历史研究中应进行今人和古人的对话。主客相融、古今相通的主张正是这种对话得以展开的理论基础。

还应指出，"横向"转向前后的西方哲学不但在研究方向和目标上是不同的，而且在达到目标的途径上也是不同的。旧的形而上学把认识同一性作为最高任务，把抽象的、永恒的本体世界作为当前事物之底。因此，要达到这一目标，它就不能停留在感性认识，而必须以思维作为把握事物的途径。这样，它之崇尚理性、思维至上的特征就是由它的目标决定的。相反，哲学在"横向"转向之后，把最高任务不只限于达到同一性，而是强调达到各种不同东西相互融合的整体，这就不能只靠思维，而要靠想象。

以上，我们简要地概述了张世英教授关于 20 世纪西方哲学转向的分析。这一分析可以帮助我们从总体上，从一个更深的层面上了解西方哲学的转变。这对我们了解战后西方人文学术思潮，包括历史学理论和实践的变化很有帮助。但有两点需要指出。第一，张世英的分析的优点是，抓住了比较重要的和实质性的问题进行剖析，可以帮助我们从总体上更深地了解和把握西方哲学转变的特点和性质，从而可以触类旁通地加深对西方人文学术思潮（包括历史学）战后的变化及有关问题的理解。但可能正由于张世英着重从总体上分析西方哲学的转向，因而在一些比较具体的局部的问题上还存在着阐释不够清楚之处。他的著作问世后，国内已有学者提出一些疑问。① 第二，张世英对当代西方哲学和人文学术思潮的变化，特别是后现代主义思潮及其影响，没有作专门的论述。这或许不属于他这部著作所要写作的计划。但西方哲学和人文学术思潮的这些最新的明显的变化，对研究这一课题是十分重要的。否则许多问题和现象依然说不清楚。这对我们这个课题关系尤为密切，因而我们在下面试图作些分析。

---

① 参见梁志学《读〈进入澄明之境〉的几点疑惑》，《光明日报》1999 年 8 月 27 日。

（二）"语言学的转向"

20 世纪西方哲学的变化还有一个明显的表现，那就是对语言产生很大的兴趣。这是一个重要的变化。法国哲学家保罗·利科（Paul Ricour）指出："如果我们企图涉及过去五六十年间哲学家对语言发生兴趣的研究，就不得不涉及我们时代的几乎全部哲学成果。因为这种对语言的兴趣，是今日哲学最主要的特征之一。"① 从上述哲学的"横向"转向的角度看，这种"语言的转向"正是其需要的。按照张世英的看法，过去的传统形而上学总是把主体和客体、思想和对象割裂开来。这种"主体性哲学"把人看成认识主体，客观世界是被动地等待着人去认识的。也就是以人为主体，人通过认识以征服客体、征服自然。而"横向"转向以后的哲学则强调人与人之间的理解。人正是有了语言才能相互理解、相互沟通和形成共同生活。这样，"横向"转向后的哲学也就转向了相互理解紧密联系的语言哲学。②

谈到语言哲学，也就谈到"语言的转向"。这里首先要弄清楚其含义。严格来说，"语言的转向"和"语言学的转向"虽有联系，却有区别。这是需要注意的。先说"语言的转向"。

"语言的转向"（the linguistic turn）③ 主要是指哲学研究的方向转向语言逻辑问题。这种转向并不是简单的兴趣转移，而是对传统形而上学，特别是 19 世纪黑格尔唯心主义的不满，对思辨哲学构筑宇宙总图景的宏图大略不满，并力图重建哲学的一种反映。

"语言的转向"这一术语最早是由早期维也纳学派的英国哲学家伯格曼（Gustav Bergmann）提出的。他指的主要是分析哲学把它的探索方向转向了语言逻辑。伯格曼把这一转向的意义看作研究哲学的方法的根本转变，但这是不够的。因此，更能代表和推动"语言的转向"的是维特根斯坦（Ludwig Wittgenstein）。他的前期著作《逻辑哲学论》对当代哲学产生

---

① 　保罗·利科主编：《哲学主要趋向》，李幼蒸、徐奕春译，商务印书馆 1988 年版，第 337 页。
② 　张世英：《进入澄明之境——哲学的新方向》，第 16 页。
③ 　"语言学的转向"，英文也是"the linguistic turn"。把它分别译成"语言的转向"和"语言学的转向"是为了表示其区别。

了重大影响。"语言的转向"是由牛津日常语言学派最终完成的，而这一学派又深受维特根斯坦的后期著作《哲学研究》的影响。可见，维特根斯坦对"语言的转向"起了重要的作用。

从维特根斯坦的论述可以看出，"语言的转向"并不只是研究方法的转变，而是哲学观的根本转变。之前的哲学关注的是认识的内容及其与对象之间的关系，而之后的哲学则关心思想与语言表达之间的关系。哲学的任务不再是研究认识与世界的关系，而是探索我们的语言是否正确表达了认识。也就是说，哲学家要探索的不是如何使认识成为可能的问题，而是如何使语言表达成为有意义的问题，如何使哲学语言符合逻辑句法和日常用法的问题。这样，一切哲学问题成了语言问题，或如维特根斯坦所说，"全部哲学就是语言批判"[①]。这就从根本上改变了西方哲学的发展方向。因为，当这种哲学认识论把自己研究的重心由"经验"转向"描述"，由"世界"转向"语言"时，它就对西方传统形而上学提出了挑战，甚至加以否定。

需要指出的是，完成"语言转向"的，主要是英美的分析哲学，也被称为"语言哲学"（linguistic philosophy），以区别于过去的"思辨哲学"。自然，"语言的转向"的影响并不限于英美分析哲学。欧洲大陆的哲学家也同时关注和研究语言问题，如解释学、存在主义的现象学。这就使得研究语言成为当代西方哲学的一个显著特征，并形成了一门新的哲学学科——"语言的哲学"（philosophy of language）。这与主要指英美分析哲学的"语言哲学"是有区别的。[②]

更重要的是，"语言的转向"虽然有很大影响，但它对传统的哲学问题的摒弃，不是通过分析它们的错误，而是通过逻辑分析，说明这些问题违反了逻辑句法，因而是无意义的"假问题"。换言之，这只是简单地摒弃和否定，并没有提出新的认知范型，更没有用这种新的认知范型对过去的传统哲学问题进行重新审视和批判。后面这项更重要的工作是由 20 世

---

① 转引自刘放桐等编著《现代西方哲学》，人民出版社 1990 年版，第 395 页。

② 参见江怡《世纪之交的"语言的转向"问题透视》，载李惠国、黄长著主编《流变与走向——当代西方学术主流》，社会科学文献出版社 2001 年版，第 134—135 页。

纪 60 年代以后的"语言学的转向"完成的。总的来说，19、20 世纪之交的"语言的转向"可以看作整个"语言学的转向"的前一阶段，而 20 世纪 60 年代以后的"语言学的转向"才是更重要的，"真正意义上的"①。

这次"语言学的转向"就是把语言学的理论模式当作一种新的认知范型，并用来对过去传统的哲学问题和认识进行重新审视。这次"转向"的标志是 20 世纪 60 年代后西方结构主义语言学的兴起。有意思的是，结构主义语言学虽然兴起于 60 年代初，但其奠基人索绪尔（Ferdinand de Saussure）的理论成形于 20 世纪初，与维特根斯坦基本同期。在 60 年代结构主义语言学兴起以后，它的概念和理论原则，作为一种新的认知范型和方法论渗入西方整个人文科学，产生了重大影响，形成了"语言学的转向"。这里没有必要来较详细地阐释结构主义语言学，但需要对其中对西方人文思潮日后的发展产生重大影响的索绪尔等人的若干思想作个简要的说明。

简言之，"语言学的转向"首先是使语言学和对与语言有关的种种问题的认识发生了根本性的转折。自亚里士多德以来的传统语言观与传统的形而上学认识论有关。后者强调认知主体在思想与客观世界的关系中的决定作用。在这样一种关系中，语言就被作为一种"再现"的工具，为认知主体再现客体和再现主体的思想。按照这种语言观，没有语言，不论是客观世界，还是认知主体的主观意义的世界都无法再现出来。这是其一。其二，关于"意义"。传统的语言观认为，人既然使用语言来表达自己的意思，他就是"意义"的主宰。人透过语言，就能弄清它背后的意义，因为语言是意义的载体。在语言符号与语言的意义之间是一种对应的天然的关系。再次，传统的语言观肯定传统意义上的客观存在和客观历史。这种客观存在的事物有一种内在的、永恒的、抽象的"本质"。这一"本质"正是哲学要去寻找，并通过语言"再现"出来的。

结构主义语言学颠覆了这些传统的观点。索绪尔认为，语言符号由两部分组成：一是物质部分，指口语中的声音和笔语中的书面记号，他称为"能指"；二是观念部分，指发音或书写时，语言使用者头脑中对某个声音

---

① 盛宁：《人文困惑与反思——西方后现代主义思潮批判》，生活·读书·新知三联书店 1997 年版，第 41 页。

记号或书面记号所表示的事物的观念，他称为"所指"。更重要的是，他强调，"能指"和"所指"的对应关系是随意的、人为的，而语言意义则由语言符号之间的差异所决定。这就与传统形而上学的语言观完全不同了。它不把事物的"意义"看成事物所固有的，不把语言符号看作实在意义的替代物。语言的意义被说成是由语言符号的差异（既指"能指"的差异，也指"所指"的差异）决定的。这样，意义只有依靠"阐释"才能获得，而阐释总是多样的，因而意义也会是多种多样的，而不是单一的。进而，事物存在一种内在的、永恒的、抽象的"本质"的传统看法也被推倒，而只强调存在一种在特定历史框架中的构建。

如果说索绪尔主要关心和论述的还只是语言学的问题，那么当他的结构主义语言学被当作一种新的认识范型去重新认识和把握客观世界并对原有的认识和认识范型加以重新整合时，它对整个人文思潮的影响就是极其巨大的。当然，这里有西方许多当代学者、思想家对索绪尔语言学的发展和引申。如利奥塔的"叙述危机论"，认为"宏大叙述"已分裂成无数的各式各样的"小叙述"；罗蒂认为，传统形而上学把语言看作反映自然的一面镜子，现在这面镜子已经彻底破碎了；德里达创造的"延异"（differance）① 概念；等等。

总之，"语言学的转向"不只是语言学本身的转向，而是涉及整个西方人文社会科学的学术转向。"话语意识"的明显增加，对语言的自觉和重视，都是其标志。这里还包括"认知范型的更迭，视角的转换，对于各种已知的再思索"，以及"新的跨学科的综合，边缘学科的开拓和新学科的构建"。② 这个转向常被看成后现代的到来，至少在时间上它们是同步的。

（三）后现代主义及其对历史学的挑战

说起后现代主义，至少应该简略地谈一下，什么是后现代主义，对它

---

① Differance 是德里达自造的词，他将 difference 中的"e"改成"a"，从而使该词在原有的区分、差异的意义之上，添加了延迟、拖延的意思。

② 盛宁：《人文困惑与反思——西方后现代主义思潮批判》，第 70 页。

应该如何理解。后现代主义是一个十分不确定的、模糊的、有争议的概念，在国内外的学者中意见甚是分歧，很难给它下一个统一的、简单明了的定义。下面略举几种看法。

关于后现代主义，一般常把它说成一种思潮，一种学术思潮、文化思潮，或者一种文化运动。如俄罗斯学者尤里·别斯梅尔特内写道："后现代主义是在 60 年代末，在文学批评、艺术和哲学中形成的一种思潮。它的形成与一系列法国的和美国的作家和学者（雅克·德里达、米歇尔·福柯、罗兰·巴尔特、保罗·德·曼、海登·怀特、西利斯·米勒尔）的活动有关。从 70 年代末起，后现代主义的影响开始在民族学、史学理论中显现出来，后来也在历史学中显现出来。"① 我国学者刘放桐也认为："'后现代主义'，原仅指称一种以背离和批判现代和古典设计风格为特征的建筑学倾向，后来被移用于指称文学、艺术、美术、哲学、社会学、政治学甚至自然科学等诸多领域中具有类似倾向的思潮。"② 刘放桐进而指出，19 世纪中期以来反传统的哲学家，如尼采、狄尔泰（有人甚至还追溯到帕斯卡尔、维科和卢梭）也可称为后现代主义者。如果这样，就需要把 20 世纪 60 年代以后的后现代主义称为当代后现代主义。它不仅批评笛卡尔以来西方的近代哲学，而且批评 19 世纪中期以来，特别是自尼采以来西方的现代哲学。当代后现代主义代表了西方哲学发展中的一个最新阶段。③ 总的来说，它比"现代西方哲学家在某些方面更为彻底并揭示了后者的许多缺陷，但同时又往往更加走向极端，因而可能具有更大的片面性"④。这种说法，与前面引述的张世英关于尼采以后的西方哲学的转折有所不同。

把后现代主义说成一种思潮，自然没有错，但也似乎太过笼统。究竟

---

① 尤里·别斯梅尔特内：《关于研究权力现象和关于后现代主义和微观史学概念的若干思考》，载《奥德修斯·1995 年》，莫斯科科学出版社 1995 年俄文版，第 6 页。

② 刘放桐：《后现代主义与西方哲学的现代走向》，载李惠国、黄长著主编《流变与走向——当代西方学术主流》，第 2 页。

③ 刘放桐：《后现代主义与西方哲学的现代走向》，载李惠国、黄长著主编《流变与走向——当代西方学术主流》，第 4—5 页。

④ 刘放桐：《后现代主义与西方哲学的现代走向》，载李惠国、黄长著主编《流变与走向——当代西方学术主流》，第 17 页。

这种思潮有什么特点，与其他思潮有什么区别，等等，并没有说清楚。然而，鉴于后现代主义的不确定性、多义性、多倾向性和多争议，要把这个问题三言两语说清楚是很难的。譬如，对后现代主义的分类就很不一致。有人把它分为"积极性的"和"破坏性的"后现代主义（戴维、格里芬），有人则分为肯定的和怀疑的后现代主义（罗蒂），等等。因此，要在这里较详细地剖析后现代主义，不仅篇幅不允许，而且离我们的主题也远了些。好在国内关于后现代主义的书已出了不少，读者如有兴趣，不妨找来读读。

　　下面着重谈一下后现代主义对历史学的挑战。首先要指出，后现代主义这个复杂的思潮在西方国家，如法国、英国、德国、美国等的表现是不一样的。但若从总体上看，西方的史学在 20 世纪 60 年代末 70 年代初和八九十年代是有明显的不同的。这主要是表现在对史家与史料相互关系性质的理解上，对历史认识的对象和方法的理解上，对获得的历史知识的内容和性质的理解上，对历史知识叙述形式和随后对历史文本的解释的理解上。[①] 这些不同与"语言学的转向"和"符号学的挑战"都有关系。实际上反映了后现代主义的挑战。

　　概括地说，后现代主义对历史学的挑战集中地表现在以下几个方面：第一，对历史现实的概念提出怀疑，认为历史认识的客体不是独立于认识者之外的实体，而是由语言和推论的实践构建的。第二，认为语言不只是表达和交流的工具，而是形成意义、决定思维和行动的主要因素。因此，话语的形式在许多方面决定由它建立的文本的内容。这样既对过去的历史文本和当代的历史叙述能否符合实际地构建过去提出怀疑，又向历史学家提出更高的要求。要求他们更深刻地理解历史，更多地考虑客观性标准和自己的史学创作。因为，历史学家已不能满足于读懂史料，而要解读史料所用的语言背后的意义。第三，由于抹杀了事实和虚构之间的界限，就对史料的可靠性提出了怀疑。第四，对历史认识的信仰和对客观真理的追求提出怀疑。第五，对历史学家的职业意识和职业主权提出怀疑。后现代主义的挑战迫使历史学家去重新思考有关自己的职业、有关历史学在人文知

---

① 　参见 Л. П. 列宾娜《"新史学"和社会史》，莫斯科 1998 年版，第 224 页。

识体系中的地位、有关历史学内部结构以及研究任务的传统观念。例如，史学与文学的界限就有被磨灭之虞。

最集中、最突出地反映后现代主义历史观或史学理论的，当推美国史学家海登·怀特（Hayden White）。他于 1973 年出版的《元史学：19 世纪欧洲的历史想象》（*Metahistory：The Historicat Imagination in Nineteenth Century Europe*）一书引发了广泛的争论。所谓"元史学"，就是跳出具体历史事实的研究，而在历史话语的层面，探讨历史话语的本质、历史话语与文学话语的关系等史学理论问题。1978 年，他又出版《话语转喻论：文化评论文集》（*Tropics of Discourse：Essays in Cultural Criticism*）一书，进一步阐发他的观点。海登·怀特对历史话语的重视、对文本的写作和阐释进行分析，都反映出"后现代"氛围中"话语意识"勃兴的状况，也反映出结构主义语言学的影响。因而，海登·怀特的书可以看作"语言学的转向"在历史学中的表现。

简言之，海登·怀特认为把"历史"看作"过去的事情"的看法是不恰当的。"历史"就是历史话语，它的特点是"被写下来的"和"供人阅读的"。他分析了历史话语的本质、它的叙述程式、它在进行自我解释时的具体策略等问题。值得注意的是，他强调，历史文本有一个"潜在的深层结构"。这个结构"本质上是诗性的"，意思是说历史从根本上离不开想象；这个结构也"具有语言的特性"，意思是说历史在本质上是一种语文的阐释，带有一切语言构成物的虚构性。可见，海登·怀特要强调的是，撰述历史离不开想象，历史叙述和历史文本都带有虚构成分。在《话语转喻论：文化评论文集》中，他更明确认定历史和文学是一样的，它们的话语形式、构成各自话语的技巧和手段大致一样。

西方各国学者，包括历史学家，对后现代主义挑战的反响是不一样的。其中，有两种极端的反响：一是完全赞同，甚至声称"语言之外的现实并不存在"，二是完全否定这种新倾向。值得注意的是，20 世纪 90 年代以来，寻求妥协的声音越来越多。这种介于两种极端之间的所谓"中间立场"得到不少历史学家的青睐，从者逐渐增多。不少学者认为，后现代主义以及它对历史学的挑战，虽然有其极端化表现的一面，但它的出现和产生影响并不完全是偶然的；它所提出的和涉及的许多问题，也是值得重视的。拿它对历史学的挑战来说，并不是一场突如其来的"飞来横祸"。

美国历史学家格奥尔格·伊格尔斯就曾明确表示，他持的是"中间"立场。他说："我认为我个人的立场可能介于后现代主义者和相对而言较为保守的立场之间。"① 还说："我认为在兰克的信仰客观性和怀特的相对主义之间，有可能开辟出一条中间路线。"② 所谓"中间"立场，指既不同于科学客观主义的立场，又区别于极端语言学的立场。它对后现代主义往往采取既有肯定又有否定的批判态度。伊格尔斯对后现代主义就作了这样的分析。他指出，一方面，后现代主义包含有不少重要的、有价值的观点。它说明，单一的历史是站不住脚的；历史不仅有连续性，而且有断裂。它指出，意识形态已经渗入职业历史学的主导话语中。它还对职业历史学的专家权威性语言提出挑战。另一方面，它在泼掉脏水时把小孩也倒掉了。它否定任何理性的历史话语的可能性，质疑关于历史真理的概念。这样，它不仅抹杀了横在历史话语（它总带有虚构的成分）和小说（它在多数情况下谋求解释现实）之间的变动的边界，而且抹杀了横在诚实的学术和宣传之间的边界。③

对后现代主义的主要批评是它从根本上否定了"实在"（现实）的存在。海登·怀特的立场就被批评为"语言决定论"。这种立场使他只能看到他的语言允许他加以概念化的东西。他把历史归结为文本，只在文本的层面上讨论历史，而把实在发生的事件放逐了。后现代主义这种否定事件、把历史只等同于文本的说法，在讨论和解释历史上的人类灾难时，其矛盾就会暴露出来。伊格尔斯，一个11岁时因德国纳粹迫害而随家迁往美国的难童，很懂得"大屠杀"（Holocaust）是一个实实在在存在的历史事件。他指出，近年关于"大屠杀"历史事件的讨论使后现代主义的矛盾表现得更明显。海登·怀特也承认，从道德的观点看，否定"大屠杀"的

---

① 《伊格尔斯访谈录》，引自台北《当代》第163期（复刊第45期，2001年），第14页。原载伊娃·多曼斯卡《不期而遇：后现代主义之后的历史哲学》（Ewa Domanska, *Encounters: Philosophy of History after Postmodernism*, Charlottesville and London: University Press of Viginia, 1998）。

② 《伊格尔斯访谈录》，引自台北《当代》第163期（复刊第45期，2001年），第17页。

③ 参见伊格尔斯《20世纪的历史学——从科学客观性到后现代主义的挑战》（Georg G. Iggers, *Historiography in the Twentieth Century From Scientific Objectivity to the Postmodern Challenge*, Wesleyan University Press, 1997），第13页。

现实是不能接受的，尽管在历史叙述中不可能客观地确定发生的事。①

的确，法西斯纳粹在第二次世界大战期间屠杀了数以百万计的、无辜的犹太人，日本军国主义侵略军仅在南京就屠杀了 30 万无辜的中国同胞。这样血淋淋的事实难道仅仅是文本吗？日本右翼分子矢口否认南京大屠杀，企图改写历史文本。他们的罪恶意图正好说明，仅仅把历史归结为文本，不看历史事实会造成多么严重的后果。

总体来说，"语言学的转向"和后现代主义的挑战对历史学的理论研究是有启示的。20 世纪 70 年代以来，西方历史哲学中的新思潮喷涌而出，其探索的中心转向新的领域：对历史文本的话语结构分析。这种转向是由于历史著述的语言及其结构、历史叙述的修辞特征，本来就是反映历史学特征的认识形式，是过去被忽视的历史学的更深层次。如果说，过去历史哲学探讨的主要是历史学家能够认识什么和怎样认识的问题，对认识过程中的或认识到的东西如何表述出来却缺乏研究，而这两者是不可分的。现在的转向是把重点转到历史学家表述了什么和怎样表述的问题。历史写作的性质和形式、文本语言、语境等，这些再现历史的形式不再仅仅被看作一种解释的形式，而是本身也具有意义。

此外，后现代主义接触到的是历史学和历史认识中的根本难题，如历史构建的可靠性和限度，历史解释的性质，历史叙述和文学话语的作用和关系，认识主体和认识客体的关系，文本和语言等。对这些认识论难题，新史学家早已意识到，并展开了持续的讨论。关于历史学科结构调整的必要性，也早在"语言学的转向"提出之前就已认识到了。相继出现的历史学分支学科及其互相渗透反映了这种调整。此外，自 20 世纪 70 年代末 80 年代初以来，西方新史学的变化，如社会结构研究向社会文化研究的转变，以及随之而来的文化人类学、社会心理学、语言学方法的广泛运用，研究兴趣向微观史学的倾斜，从超个人的结构转向个人，所有这些都体现了新史学家对历史认识论和史学方法论的探索和思考。后现代主义的挑战

---

① 参见伊格尔斯《20 世纪的历史学——从科学客观性到后现代主义的挑战》（Georg G. Iggers, *Historiography in the Twentieth Century From Scientific Objectivity to the Postmodern Challenge*, Wesleyan University Press, 1997），第 13 页。

正是在这种背景下出现的。它把历史认识中的难题以十分尖锐的方式提了出来。可以想见，这必然会使历史学家更积极地探讨这些难题，在史学理论领域和历史研究实践中作出更多的努力和新的尝试。

二　历史研究与历史写作的发展趋势

就历史研究和历史写作的实践方面说，战后西方史学的最大特点，可以概括为发展迅速和变化不断。具体说来，它表现为以下两点：第一，完成了战前开始的新史学取代传统史学成为史坛主潮的变化；第二，新史学内部不断嬗变，出现了令人眼花缭乱而又不乏根本性的变化。下面分别加以阐述，重点在第二点。

（一）　新史学的凯歌行进和式微

大约从战后 50 年代中期起，新史学在西方各主要国家逐渐取代传统史学而成为史坛的主潮。这里所说的传统史学是指以 19 世纪兰克史学为代表的、在西方史坛占据主导地位的史学。西方新史学出现在 20 世纪初。它的出现，除了客观原因外，就是为了与传统史学抗衡。因此，在史学观念、史学研究的领域和内容、研究方法和手段、史学和其他学科的关系、史料类型和史料处理等方面，新史学与传统史学都有很大的不同，乃至是对立的。如研究领域，传统史学强调的是研究政治史和精英人物传记；新史学则强调研究人类文明的整个发展过程和人类社会的各个方面。又如研究方法和手段，传统史学重视文字史料，讲究史料的考据和校勘；新史学则注重各种新的研究技术和方法的运用。西方学者把新史学的兴起和发展看成历史学中的一场"哥白尼式的革命"，其结果是"叙述式"的史学被解释性的史学所取代，而解释性的史学着重的是发挥研究者本身的认识功能。

在 20 世纪上半叶，新史学与传统史学处于新旧交替的状态。新史学不断得到壮大。如前所述，大致到战后 50 年代中期，新史学开始在西方国家逐渐占据上风，成为史坛的主潮。这个过程在西方国家不完全同步，德国要稍晚一些，但在总的发展趋势上是一致的。最主要的派别有：法国年鉴学派；英国马克思主义学派，或称"新社会史学派"；美国的社会科学史学派，或称"克莱奥学派"。此外，德国的批判的社会史学派也很有影响。但对新史学发展影响最大的当数法国年鉴派。不过要注意的是，在新史学成为主潮以后，传统史学并未寿终正寝，而是继续存在和发展，并与新史学相对抗，但终究大势已去。因此，战后的西方史学需要注意的正是新史学的发展变化。

从 20 世纪 50 年代起，特别是在 60 年代至 70 年代，西方新史学发展迅猛，其中法国年鉴派成绩尤为显赫。这个时期可以说是新史学的凯歌行进时期。或许是由于这时的新史学需要在发展中不断排除障碍，巩固壮大自己，因而各流派之间显示出的共同点比较突出。我们可以大致指出以下几点：首先，这时的新史学特别重视方法论的探讨和建设，主要是对在史学中影响颇深的实证主义方法论进行根本性的审视和修正。同时，对适合新史学范型的各种新方法和研究课题进行探索。这个时期就被称为"后实证主义时期"，而六七十年代则被誉为"方法论革命的年代"。

在新方法探索和实践的过程中，有几点值得注意。一是跨学科方法的成功。如果说，过去各学科处于分割状态，彼此之间至多只是借用一些结论的话，那么现在各学科都感到有统一的必要，都需要有能融合各学科优势的跨学科的方法。这是由于对历史学与社会科学之间的关系的看法有了改变。这样就出现了跨学科的"黄金时期"，其特点是在对社会进行完整的跨学科研究的基础上，形成新的社会历史科学。而在此过程中，各学科是一种平等的合作关系。六七十年代的跨学科研究是有新意的，其表现是：不只是从其他学科借用资料和方法，而是各学科研究对象的统一，甚至是构建跨学科的研究对象。

在 60 年代，大致说来，对新史学产生较大影响的有社会学、社会人类学、人口学、计量方法等。这就涉及另一个特点，即这一时期的新史学要构建的是一种分析的跨学科史学。它从社会科学中汲取理论模式和研究技术以丰富自己。这种分析性的史学并不是要追求一种普遍历史理论，而是立足于探求分析的科学原则和标准，并在历史研究中运用社会科学的分析方法、模式和概念。这里反映出一个重要倾向，即这时的新史学虽然对 19 世纪初叶以来的实证性表示不满，对 19 世纪科学主义的一统天下也有怀疑，但自 20 世纪初叶以来的新史学家将社会科学方法引进历史研究中的努力并未减弱，反而有所加强。美国的社会科学史学派、德国的"历史的社会科学"就是明显的例证，而年鉴派更在这方面取得了突出成就，其代表人物就是布罗代尔。

　　布罗代尔不但是进行跨学科研究和运用社会科学方法的杰出代表，而且也是成功体现年鉴派"总体史"思想的巨匠。他的巨著《菲利普二世时代的地中海和地中海世界》和《15 至 18 世纪的物质文明、经济和资本主义》使他闻名遐迩。他在时间观上的创新使他成为新史学最重要的代表人物之一。可以这样说，长期以来，人们往往把布罗代尔等同于新史学。实际上，这是一种误解。

　　就在新史学获得重大发展的"布罗代尔时代"，新史学的弊端已逐渐暴露出来，从而受到来自新史学内外的批评和质疑。我们不妨以布罗代尔为例作些分析，以窥见新史学弊端之一斑。布罗代尔构建的总体史，结构独特、资料丰富，却存在两个无法回避的弊端：一是过分强调超越个人的自然—地理结构和物质经济结构对历史发展趋势的决定作用，而完全忽略了历史中的人；二是过分强调表示上述结构变动的长时段和表示节奏稍慢的历史趋势的中时段，而忽略了表示历史突发事件的短时段。这些弊端的一个集中表现就是，历史学中的"社会学转变"使历史学的特性变得模糊起来。可以设想，"没有人和事件的历史"如何体现历史学的特性？因此，到 1968 年布罗代尔辞去《年鉴》杂志主编以后，法国新史学就出现了一种力图克服弊端而新见迭出的纷繁多样的局面。

　　简单说来，这时的变化可用"人类学的转变"来概括。这种变化并非偶然。从方法论上说，布罗代尔时期盛行的用以分析结构和过程的社会科学理论难以研究历史上的个人和群体的行为，而业已存在的注重构建不同时代人们的"世界图像"的心态史却为此提供了可能。心态史是一种"从内部研究的历史"，着重研究普通人的情感世界，研究决定他们个人行为和社会行为的价值体系和思维方式。历史人类学就是由心态史发展而来的。这个新流派不研究客观结构和过程，而是研究历史上人们日常意识的现实内容、心态现象、符号系统、习俗和价值观，研究心理目标、理解定式和行为模式。一言以蔽之，以人类学来解释文化。在法国，不少成功地运用历史人类学方法研究历史的著作相继问世。法国的变化，不同程度地在西方其他国家大多也有反映。

这一时期新史学的发展和更新，扩大了史学的认识能力和研究领域，导致了历史学新分支的出现和重组。除了传统流派外，此时流行的是历史人口学、历史地理学、历史生态学、民族史、历史人类学、历史心理学、历史社会学等。然而，围绕着新史学的争论不仅没有停息，反而愈演愈烈。到70年代末80年代初，新史学发生危机的呼声更是不绝于耳。大致从这时开始，战后的新史学又进入了一个新阶段。

关于史学危机的讨论至今未断。不同立场、不同流派的学者众说纷纭。关于危机表现的不同看法和克服危机的各种尝试，使西方史坛呈现出一派纷繁复杂的景象。它表明新史学正酝酿着重大的转折。

从复杂多变的各种变化中，我们可以看出新史学研究方向的转变以及由此带来的一系列变化。研究方向的转变是有个过程的，可以说至今仍在进行中。这种变化，如果说在80年代已有所表现的话，那么在90年代就更明显了。从现象上看，这个转变反映在：有意识地放弃不久前还热衷的对广泛的科学体系和全球性解释公式的构建。在具体的研究著作中，重点已转向在时间和空间上都有限的历史。到90年代，更明确地强调要研究个人（个性）、独特性和突发事件。在理论上则号召，首先要注意的不是"长时段结构"（不论是意识形态结构、文化结构、心态结构，还是经济结构），而是要注意历史上的"当事人"（不论是"普通人"还是"伟人"）的社会实践。换言之，研究的中心已不是超个人的力量，而是个人对结构的解释，不同的个人及每个人所固有的特征。

这种转变从深层看反映了历史学的一些重要的发展趋向。首先，它反映出历史学，乃至人文科学发展过程中的重要变化，那就是对人文知识认识论基础的修正，其表现是急剧地改变了对科学性原则的认识。80年代以来，西方史学中社会科学化的风气已明显减弱。与此相应，从史学内部看，不仅社会科学史学、布罗代尔的结构功能史学已有成为明日黄花之感，而且新兴起的历史人类学也已影响大减。社会科学史学过分偏重宏观结构的研究，从而导致对历史学特性的忽视，引起研究方向的改变，这是容易理解的。何以历史人类学这时也遭到尖锐批评呢？这是由于历史人类学虽然旨在研究人的知觉和行为的特点，但这些人往往指的是在某个社会或某个社会团体里的人，强调的是他们的知觉和行为如何受该社会的"限定"，这里的决定论因素遭到了批评。此外，不少历史人类学著作选择的题材的边缘性，以及同时性分析大于历时性分析等问题也遭到了批评。总之，对历史人类学的革新已被提上日程。[①]

另一种更值得我们注意的历史学发展趋势是，如何确定对个体现象的研究和对群体现象的研究之间的关系。或者说，如何结合对历史的微观研究方法和宏观研究方法。这个问题虽然早已存在，但经过前一时期宏观研究取得的巨大成功以及由此带来的明显弊端，这时不仅使历史研究出现向微观研究转变，而且认为，历史人类学方法经受住了批评的冲击且把这个问题在理论和实践的层面上十分突出地提了出来。可以说，对这个问题的探讨和作出的种种努力，将在相当长的时期内决定西方史学今后的主要走向。

特别值得注意的是，90年代在法国兴起的"新文化史"。近期史学中出现的许多方法论上的变化在它身上都有体现，如对历史人类学原有范型的修正；对个别微观团体及其中的个人的社会文化实践的特别重视；在这种实践过程中，如何解释文化规则被认为是对历史认识极端重要的问题；特别注重研究具体生活环境和"短时段"；等等。新文化史还有不少特点，如对政治题材的兴趣，对叙事体裁的广泛运用等。

综上所述，我们可以看出当前西方史学研究方向的变化：与过去对全球结构的客观分析不同，现在转向研究集团的和个人的具体实践；与过去把个人看成与其对立的社会和文化之间的"中间成员"不同，现在个人本身、他的知觉、他的独一无二的主观性、他的独有的选择，都成了中心范畴。也就是说，历史不再被看成是超个人力量的"测量步伐"，而是具体的人和社会团体的斗争。这种斗争的结局不是被事先注定的。而历史学的注意中心就是各种独特情势的总和，具体的个人正是在这种情势中自觉不自觉地选择自己的行动路线的。

---

① 俄国学者 A. H. 古列维奇强调，历史人类学不是一个封闭的流派，它对各种新的研究自愿地敞开大门（古列维奇：《总结如下……》，载《奥德修斯·2000年》，莫斯科科学出版社2000年俄文版，第137页。古列维奇：《当代历史科学中臆想的和真实的难题》，载《奥德修斯·1997年》，莫斯科科学出版社1998年俄文版，第250页）。

不过需要强调的是，研究方向的转变只是当前西方史学变化的一个方面。实际上，与六七十年代相比，当前西方史学的变化是多方面的，如在对史家与史料的相互关系的理解上，历史认识的对象和方法上，历史知识的性质和内容上，历史知识的叙述形式上，以及历史文本的解释上，都有根本性的差异，而这些变化又都或多或少地与前面提到的后现代主义的挑战有关。

（二）历史思想的转变

当代历史学本身已是一个包含众多方面的十分复杂的现象。西方史学更是如此。因此，谈到它的研究方向的转变时，不可能概括为一种单一的、共同的、统一的变化。也就是说，可以从不同的角度、不同的方面来进行概括，可以强调不同的重点，从而说明它多方面的变化。很难说其中哪一种概括更准确、更重要。因为，这些变化都是存在的，其重要性本身可能还在发展中。不过，这些变化之间，应该说都或多或少地存在着内在的联系。

如果从心态史和历史人类学发展的角度看，那么当代西方史学的变化往往被看成研究视角的根本转变。以往，历史学家是"从外部"来描述社会和社会集团的，即从研究者本人所有的范畴和概念出发来进行研究的。现在的看法变了，历史学家不仅应"从外部"，而且应"从内部"来研究历史，所谓"从内部"研究历史，是指从历史中当事人的观念出发来进行研究，这种研究应该力图揭示它所研究的历史时期中的人物的思想、概念和信仰的结构，这种研究从时间上考察人和社会集团时，不是把他们当作外在的客体，而是当作"对话"的参加者，而这种"对话"正是在历史上的人与当代文化中的人（历史学家）之间进行的。

如果从历史研究本身特点的角度看，可以概括出以下一些特点：第一，不久前在西方史学界中被推崇的所谓"元话语"及其主张的广泛的科学构建和全球性解释模式，这时已被自觉地抛开了。第二，研究重点已转向具体研究，特别是对时间长度和空间规模都相对受限制的历史的研究。第三，微观史学的兴起。这点我们在下面再专门论述。第四，新分支学科，如新文化史的兴起，等等。

鉴于以上这些我们在前面多少已有涉及，这里就不赘言。我们要着重阐述的是新近西方历史思想的转变。这个变化发生在 20 世纪 80 年代以后，在美国、法国、德国等西方国家的史学中已有明显的表现。它虽然是一个新现象，但已为许多西方史学家和史学理论家所重视。

这个变化的表现是什么呢？ 80 年代以来，在很多历史学家中间，对人类历史中存在有"永恒的基础"的信仰已经破灭；社会发展的继承性思想、进步思想都已被抛弃；"过去"被看成间断的、片断的；研究过去，首先是要分析各种不一定可以对比的差异和孤立的局部。譬如，对"中世纪"的看法就变了，与六七十年代完全不同了。现在，研究中世纪时，已不看重那些多少可以与"近代"的现象进行对比或比较的东西，而是与"近代"相对立的、异样的、异己的、另类的东西。由于这个变化，中世纪研究的问题也随之变化。过去中世纪的传统是研究社会构造、经济、管理、政治组织，现在首先研究的是各种私人生活和日常生活现象，特别是与人的行为的情感领域和身体领域有关的现象，如受虐待、暴力、利己主义、侮辱、厌恶、愤怒、痛苦、磨难、乱伦、异性模仿欲等。①

与年鉴派的时间理论不同，现在强调的是要发现和重视历史时间的间断性以及与此相关的历史过程的间断性，而不是历史时间的结构和持续的中长时段。正是由于历史时间和过程的间断性，就使得对个别的情势、现象和突发事件的分析具有了独立的意义。要注意的是，这些个别的情势、现象和突发事件彼此之间是不一定相互联系的。与此相应，不但在不同的时代之间有间断性，而且在观念和文化概念之间也有间断性。因此，各种观念、概念、现象在每一个时间和空间上的表现都有自己不可重复的特点，即具有自己不可比较的独特性。在持这种想法的历史学家看来，正是稀罕现象和少有的突发事件才是某种最重要的东西，可以揭示某个时代的未知的独特性的东西。

总体来说与过去不同，按照现今的历史思想，今天的历史学家是如何看待研究历史的意义的呢？也就是说，研究历史的意义在哪里呢？不在每一被研究的现象的继承性和演变，不在其可对比性和可变性，而在其间断

---

① 参见弗里德曼和斯皮格尔《新的和旧的中世纪：北美中世纪研究中重新发现的变化》（P. Freedman and G. M. Spiegel, "Medievalism Old and New: The Rediscovery of Alterity in North American Medieval Studies"），载《美国史学评论》（*American Historical Review*）第 103 卷，1998 年第 3 期。

性和不可重复的独特性，这种看法的变化正被越来越多的历史学家所认同。

同意这种想法并在研究中付诸实施的历史学家，就会使他过去惯用的研究概念系统发生根本的改变。如过去承认时间的继承性，用的是一套概念；现在对时间的看法变了，概念系统也要求随之改变，其基础是每一被研究现象的反常性、古怪性、独特性。这就增加了研究者的困难，因为惯用的概念已经不够，需要进行修改或创造新的概念。过去截然对立的概念，如私人的和公共的，个人的和共用的，内部的和外部的，志愿的和被迫的，物质的和精神的，身体的和心理的，世俗的和宗教的等，都需要进行修改。它们之间的概念界限就不能像传统理解的那样硬性和绝对。

譬如，前些时候在西方新史学家头脑中习惯的概念是：每一历史时期内部的一切都是系统地相互联系的，社会系统在时间上是"有规律地"演进变化的，而这种概念就需要进行修改。因为对规律性（预见性）和偶然性的对立概念的看法近几十年来已发生变化。过去长期以来都把偶然性和科学性对立起来，说科学是偶然性的敌人。现在的科学实践已经改变了或深化了这种看法。所谓的偶然性成了研究的优先对象。偶然性被视为重要的规律性之一。对偶然性的研究意味着是对它的理解的多样的、随机的探索。相应地，关于有序性与重复性及独特性的关系的概念也随之改变了。现象的不可重复性和独特性往往被看成常规，而系统的稳定性和固定性则被看成例外。关于依次更迭的情势和冲突之间存在着直接继承关系的概念由此遭到了修改。这种概念上的变化不仅在西方史学中存在，在自然科学中也有反映。

在主张上述想法的历史学家看来，这种力图揭示历史不同时代和现象的独有性、另类性的做法，可以帮助实现历史学的重要认识任务，即有助于现代人的自我认同，有助于显示现代人的不可重复的独特性。这就从认识论的基础上把"历史"与"现代"联系起来，而且是通过对历史和现代各自的独特性进行联系。这就把年鉴派创始人布洛克和费弗尔关于过去和现在的相互关系和历史研究是研究者所处时代的产物的思想更具体化了，更发展了。由此，也牵涉当代西方史学理论中的一个重要问题，即历史记忆问题。

　　如上所述，由于时间是间断的，概念和现象在每一个时间上和空间上的体现都具有不可重复的独特性和不可比较的另类性，因而对每一个别现象、情势、突发事件的研究都具有独立的意义。这样，对历史学家来说，重要的、要弄清楚和要思考的是，历史上的哪些现象和突发事件在不断更替的一代又一代人的记忆中保存了下来，是怎样被保存下来的，又以何种形式进入当代人的记忆。研究者关注和感兴趣的是，这种记忆的内容在过去是怎样变化的，关于这个过去的记忆是如何重构的，为什么要重构，这些记忆在今天又是如何表现出来的。

　　在法国，历史记忆的研究十分火热。有关的学派已经形成，有关的争论也绵延不绝。在20世纪八九十年代出版了许多有关的著作。它们探讨的是，哪些亲属传统、哪些劳动习惯、哪些宗教仪式等，在不同的时期被留在了记忆中，原因是什么；祖先在记忆中是如何形成有关节日、圣物的清单的；在近代人的记忆中，又是如何保留古代的理想、象征和英雄的。法国对历史记忆问题的兴趣，可从1984—1993年间出版的七卷本集体著作《记忆的亮点》（*Les lieur dememoire*）中看出。此书由著名史学家皮埃尔·诺拉（Pierre Nora）主编，有约100位学者参加撰述。

　　根据上述想法所作的历史分析与过去不同。它关注的与其说是历史现象所经受的连续的变化，不如说是对这些现象中每一个特点的理解，以及关于这些现象在今天的记忆和这种记忆的性质和数量。今天的记忆是对历史文献、古物仔细研究的结果，也是与历史文献对话的结果。不过，这种对话的最终目的，与其说是为了构建现实，不如说是为了我们自己的认识，对现实及其个别组成部分的认识。

　　诚如前述，在西方史学丰富复杂的发展图景中，上述研究方向的转变、史学思想的变化和方法论原则的转换，只是其中的一个方面，绝不是其全部。但这是近20年来西方史学发展中很值得我们注意的一个方面。

　　（本文原载陈启能主编《二战后欧美史学的新发展》，山东大学出版社2005年版，绪论）

略论微观史学

一

　　近 20 多年来，西方史学在研究方向、历史思想和方法论上都发生了很大的变化。20 多年前，新史学在西方史坛正处于春风得意的鼎盛时期。它要构建的是一种分析的跨学科史学。法国年鉴派的布罗代尔可以说是当时新史学的主要代表。布罗代尔不仅是进行跨学科研究和运用社会科学方法的杰出代表，而且也是成功体现年鉴派"总体史"思想的巨匠。他在时间观上的创新更使他闻名遐迩。然而，新史学的鼎盛时期恰恰也是它的弊端暴露得日益明显、开始走向式微的时候。以布罗代尔为代表的总体史研究虽然成绩显赫，但存在两个无法回避的弊端：一是过分强调超个人的自然—地理结构和经济结构对历史发展趋势的决定作用，而完全忽视了历史中的人；二是过分强调表示上述结构变动的长时段和表示节奏稍慢的历史趋势的中时段，而忽略了表示历史突发事件的短时段。这些弊端的一个集中表现是，历史学的特点变得模糊起来。可以设想，"没有人和事件的历史"如何体现历史学的特性？

　　20 世纪 70 年代，西方新史学和年鉴派就受到来自新史学内外的批评与质疑。80 年代以后，这种批评和质疑越来越多。"史学危机"的呼声日益增高。围绕史学方法论和今后如何发展问题的讨论始终未断。这些现象集中反映出的一点是，许多历史学家对此前西方史学中计量的、社会的研究过多的现象以及片面夸大长时段结构、热衷所谓"静止的历史"的倾向愈益不满。西方史学中由此出现了一种力图克服新史学弊端而新见迭出、新意不断的纷繁多样的局面。

　　从复杂多变的各种变化和尝试中，我们可以看出新史学研究方向的转变以及由此带来的一系列变化。研究方向的转变是有一个过程的，可以说至今仍在进行之中。这种变化，如果说在 80 年代已有所表现，到 90 年代就更明显了。从现象上看，这个转变反映在：有意识地放弃不久前还热衷的对广泛的科学体系和全球性解释公式的构建。在各种研究著作中，重点已转向在时间和空间上都有限的历史。到 90 年代更明确地强调要研究个人（个性）、独特性和突发事件。在理论上则号召，首先要注意的不是"长时段结构"（不论是意识形态结构、文化结构、心态结构，还是经济结构），而是要注意历史上的"当事人"（不论是"普通人"，还是"伟人"）。换言之，研究的中心已不是超个人的力量，而是个人对结构的解释，不同的个人及每个人所固有的特征。

　　这种转变从深层看反映了历史学的一些重要的发展趋向。一是它反映出历史学，乃至人文科学发展过程中的重要变化，那就是对人文知识认识论基础的修正，其表现是剧烈地改变了对科学性原则的认识。80 年代以来，西方史学中社会科学化的风气已明显减弱。对人的研究，对人的情感、心态、日常生活、思想、命运等各个方面的关注和兴趣极大地增长。总之，历史学的人文化的倾向愈益明显。与此相应，从史学内部看，社会科学史学、计量史学、布罗代尔的结构功能史学等，均已有成为明日黄花之感。即使是新兴起的历史人类学，为了更好地适应这种新形势，也深切感到需要进行必要的革新。

　　另一种值得我们注意的历史学发展趋势是，如何确定对个体现象的研究和对群体现象的研究之间的关系。或者说，如何结合对历史的微观研究方法和宏观研究方法。这个问题虽早已存在，但经过前一时期宏观研究取得的巨大成功以及由此带来的明显弊端，这时不仅出现使历史研究向微观研究的转变，而且把这个问题，在理论和实践的层面上十分突出地提了出来。"微观史学"正是在这样的背景下出现的。

二

　　微观史学并不是一个统一的学派，但这种微观研究有某些共同特点，在西方国家的史学中都有表现，因此可以说是一种新的研究趋势，值得我们高度重视。意大利的微观史学是最有影响的一支。它形成于20世纪70年代末。它的代表人物是乔万尼·列维（Giovanni Levi）、卡尔洛·金兹伯格（Carlo Ginzberg）、卡尔洛·波尼（Carlo Poni）、爱德华·格伦迪（Edoardo Grendi）。后来，意大利的微观史学的影响逐渐扩大，并影响欧洲其他国家。法国就是其中之一。法国年鉴派的著名学者雅克·勒韦尔（Jacques Revel）和贝尔纳·勒佩蒂（Bernard Lepetit）就曾专论微观分析问题，并发展了意大利微观史学的若干方法。而法国20世纪80年代年鉴派的一些趋势和法国的"日常生活史"（Histoirede lavie quotidienne）对意大利的微观史学也有影响。与意大利微观史学相类似的在德国和奥地利有"日常史"（Alltagsgeschichte），在英国有"个案史"（case history），而"个案史"有时又同"口述史"有密切关系。微观史学家各自的研究方法并不一致，围绕微观史学也有不少争论的问题，但微观史学作为一种研究趋势，一种流派，有其共同的特点。一般说来，微观史学是指这样一种历史研究，从事这种研究的史学家，不把注意力集中在涵盖辽阔地域、长时段和大量民众的宏观过程，而是注意个别的、具体的事实，一个或几个事实，或地方性事件。这种研究取得的结果往往是局部的，不可能推广到围绕某个被研究的事实的各种历史现象的所有层面。但它有可能对整个背景提供某种补充的说明。也就是说，微观史学家的结论记录的或确定的虽只是一个局部现象，但这个看似孤立的现象却可以为深入研究整体结构提供帮助。总之，微观史学的特点并不在于它的研究对象的微小和分析规模的狭窄或带有地方性，如果仅是这样，那它就与地方志很难区分了。实际上，这两者有很大的不同。

微观史学涉及的问题是很深的。它特别关注的是个别的和群体的、局部的和整体的二律背反问题。它的出现就与重新审视20世纪传统的偏重群体现象和系统数据的研究有关。为了克服这种偏向，许多微观史学家强调，不能把历史知识与对事件的观察和叙述相脱离。当然，他们所说的"叙述"与19世纪的"叙事史"不同。后者强调史学家是"全能的"，可以"重建"过去。微观史学家认为，叙述是最好的方法，借此可以告诉读者研究假设和史料之间的冲突。

在这种叙述的过程中，历史学家必然会遇到历史学所固有的难题，即如何把对研究对象的总观点与对其组成部分的具体观察结合起来。譬如对一次起义，如何把对这次起义的总评价（它的原因、进程、结果、长远的后果等）与对每一位起义参加者个人的行为、动机、感受、品性等的观察很好地结合起来。这是很难做到的，甚至是无法做到的。在微观史学家看来，这里的问题不在于这种叙述结构的复杂性，或是知识不够。问题的关键在于历史现实本身存在的多样性，在于历史现实并不存在这种内部关联。

微观史学家认为，在宏观的、系列的研究中，特别是在有关经济的、地理历史的和类似题材的研究中，上述难题被忽略了，或者被回避了。在这类宏观或系列研究中，往往采取一种"平均数"的办法来对某种过程或现象进行评述。这种"平均数"被用来说明某个整体的一般状况，却无法说明任何一个具体的对象。譬如，对一个国家、一座城市、一个社区等，可以用"平均数"的方法，说明这个国家、城市、社区每年的或每 10 年的经济平均增长率是多少，人口平均出生和死亡数是多少，消费平均增长是多少，等等。这些资料可以帮助读者对这个国家、城市、社区的整体的一般的发展状况有所了解，这自然是必要的。但如果要对这个国家、城市、社区有进一步的具体了解，仅局限于这种概括性的了解就很不够了。20 世纪前期和中期的历史学的特点，恰恰在于这种评述的概括性，对"平均数"的入迷，对个人的和单个的东西的无视，局限于对结构和过程的考察等，而这些正是微观史学家最为不满的。他们认为，这种对无个性的宏观结构和机制的考察是不够的，无法揭示更为深层的东西。

微观史学家感兴趣的是历史上那些具体的、易于观察的、个别的事物。但这并不是简单地用微观的共同体（如社区、家庭、个人）来代替宏观的共同体（如国家、经济、民族），而是要改变研究的原则。因为即使是研究微观现象，如果不改变研究原则，同样可以用概括的，适用于宏观研究的方法，结果就没有什么两样。举例说，如果把"个人"这个微观共同体作为研究对象，可以有不同的方法。一是把个人作为一个抽象概念来研究。这里的个人只是一般的个人，即使分为男性和女性，也并不是指具体的个人。这样的研究往往是对个人的状况作出总结性、概括性的介绍，而且常常要用"平均数"的方法。如在某个时间段内某个地区的个人收入有哪些变化，其中男人的收入平均增长了多少，女人的收入平均减少了多少等。这种研究，虽然对象是微观的，但从研究原则来说，却与宏观研究并无二致。

另一种就是微观研究的方法。它要求对一个具体的人，如对张三李四进行研究，而不是抽象的个人概念。要对这个人的所有具体情况进行考察，包括他独有的生平事迹，社会关系，亲属状况，社会地位，他的爱好、愿望，内心世界、眷恋、观念，等等。需注意的是，微观史学家并不是主张仅仅局限于对某个微观现象的孤立研究，而是主张尽可能地通过研究微观现象同时看到或折射出其他方面的现象。譬如，研究个人，既要研究某个个人的一切可能的具体方面，又要探讨该个人的变化与周围社会环境的关系。

进一步说，如何才能在通过研究某一微观现象时折射出更多的内容呢？这不只是一个简单地收集有关史料的问题。也就是说，微观史学是在另一水平上，即在认识论的水平上，着重关注特殊的微观现象的。微观史学家缩小研究对象的规模，更直接、更接近地面向历史现实，具有重要的认识意义。他们是为了极大地扩大考察人的行为的"分析参数"。为此，从方法论和研究实践的角度看，他们如何选择自己的研究对象就十分重要。他们需要寻找某种例外的、独特的东西。但不同的微观史学家对此在理解上不尽相同。许多人仅仅强调独特性，把它理解为一种不寻常的意外事件或者新奇的传记经历。有关这些新奇事件或经历的史料也是不一般的，非典型的。在这里，这种独特性就好似可以窥见"过去"的一个出乎意料的孔穴。但另一些微观史学家则强调，理想的是寻找一种既是独特的，又是正常的东西，也就是说，是一种"独特的"正常现象。这种现象本身是正常的，即不是某种历史上的病态现象，但它又是特殊的、独特的、个别的。它被事件后来的发展挤到了历史过程的边缘，没有进入获胜主流的发展大道，因此往往被宏观史学和系列史所摒弃，被历史学家所忽视和低估。这就是说，微观史学家并不是一味盲目猎奇，要寻找合适的研究对象，又要有足够的史料保证，这并不是一件容易的事。总之，微观史学的认识可能性是建立在标准的正常的系统的不一贯性的基础之上，建立在片断性、矛盾性、观点的多元性的基础之上。要看到，任何一种系统都是变动的、开放的，而各种变化都与大量"小人物"的选择和行为有关。

由此看来，对成功的微观史学作品来说，首先是合适的研究对象的选择。显然仅此一点是不够的。这里还需要有恰当的、足够的史料。对微观史学来说，一般史学研究的史料虽然也是需要的，但显然是不够的。微观史学还需要有符合自己所选的研究对象的特殊史料。金兹伯格和波尼指出："如果史料关于下层阶级社会的生活现实，或者是闭口不说，或者是系统歪曲的话，那么一个独特的文献……也比几千件公式化文献更有意义得多。"这类独特的文献往往是"隐蔽的现实"的标志，而且是以前未被历史学注意的。① 因此，对微观史学来说，史料的特殊性和多样性是十分重要的。除了有关政府、国家机构、经济、统计等通用的各类史料外，有关底层民众的史料、个人的和私人的档案、地方的档案、口述的史料，关于普通人日常生活、精神生活等的各类资料，都需特别注意，并应设法收集和保存。例如欧洲保存的宗教裁判所的大量史料就为微观史学在欧洲的兴起创造了史料上的良好条件。

微观史学十分重视研究成果在叙述形式上的生动性，使之能引起更多的普通读者的兴趣。重视历史叙述是当代历史学重新关注的一个重要问题。微观史学在这方面更为突出。许多关于微观史学的名作往往十分畅销，成为脍炙人口的佳作。有意思的是，微观史学家特别喜欢运用人物传记体裁。一般来说，人物传记比较容易写得生动。对微观史学家来说，人物传记或人物故事不仅具有符合微观史学的方法论意义，而且可以帮助他们加强与读者的联系。因为微观史学家笔下的人物主要是广大读者并不陌生的普通人。这里还要指出一点，微观史学家虽然强调叙述的生动性，但一般说来，他们并不降低学术标准，他们依旧对史料进行严格考订，只是在使用获得的证据时另有一套，别开生面罢了。

---

① 卡尔洛·金兹伯格、卡尔洛·波尼：《名称和游戏：不平等的交流和史学市场》，载《微观史学和欧洲被遗忘的人们》（Carlo Gireberg, Carlo Poni, "The Name and the Game: Unequal Exchange and the Historiographic Marketplace", in *Microhistory and the Last Peoples of Europe*, Baltimore: London, 1991），第 8 页。

三

我们不妨以微观史学的代表人物、意大利历史学家卡尔洛·金兹伯格为例略作剖析。金兹伯格不仅撰写微观史学作品，还有关于微观史学理论和方法的论述。他在研究中很关注一些小事物，如不被注意的小人物、容易被忽略的细节、不同生活之间的差异、不同文化之间的缝隙等；更重要的是，他通过这些小事物能看出重要的意义，且把它们与某种广大的意义联结起来。例如，在 1519 年的一件宗教裁判所的审讯案中，一位被审讯的乡村妇女在口供中，数次把魔鬼的名字与圣母玛利亚相混淆。金兹伯格把这些混淆之处加以排列对比之后，认为这一混淆具有重要意义，并不是偶然的。它说明在当时基督教世界的民俗中，正宗宗教信仰与魔鬼信仰之间的界限十分淡薄。对普通信众来说，只要能解救人们摆脱困难，是圣母还是魔鬼就无所谓了。金兹伯格认为，在欧洲文明中，在基督教之前，存在一个罗马通俗文化所遗留的广大底层，这个观点可能是从俄国思想家米哈伊尔·巴赫金处来的。在金兹伯格看来，上述把圣母玛利亚与魔鬼的名字相混淆的例子恰恰能说明，当时的基督教信仰常与前基督教时期遗留下来的这个通俗文化底层的残余混合在一起。

金兹伯格的微观史学名著《乳酪与蛆虫——一个 16 世纪磨坊主的精神世界》① 也反映了上述的特点。书中的主人公，磨坊主麦诺齐奥（Mennochio）虽是一个普通村民却拥有与众不同的世界观：把宇宙看成是一块乳酪，又被蛆虫咬得遍体是洞。金兹伯格写这本书，主要是想说明这位磨坊主的奇怪思想是从哪里来的，并从他当时阅读的书，特别是从他被审讯时的口供来进行分析。作者认为，麦诺齐奥主要是受长期遗留下来的下层文化的影响，才形成他特殊的世界观的。他正是以长期留传下来的通俗文化的底层为依据来理解和解读基督教的经典的。通过对

---

① Carlo Ginzberg, *The Cheese and the Worms*: *The Casmas of a Sixteenth - Century Miller*, Penguin Books, 1976, 1982; New York, 1978.

一个具体个人的细致描绘和分析进一步说明一个更大的问题，这正反映了微观史学的独到之处，也是热衷于分析结构和长过程的宏观史学难以做到的。

金兹伯格善于运用被审讯的犯人的口供记录来进行微观研究，揭示小人物的精神世界。由于宗教裁判所的审讯材料在意大利十分丰富，意大利就成了提供这类资料得天独厚的国家，并为微观史学家创造了极好的发挥自己才能和想象的广阔天地。金兹伯格在运用审讯口供材料方面积累了丰富的经验，有一套行之有效的方法。他主张对少量的文献作密集的阅读，认为这比收集大量重复的证据更有用。① 当然，这同他研究小人物不容易找到更多史料也不无关系。

从金兹伯格对近代欧洲方法论变化的论述可以看出他对微观史学方法的一些看法。由于微观史学研究的对象比较小，有关的史料相对也较少。因此，在研究过程中，就应特别注意运用现有的材料，加以密集的探索。具体来说，就是要善于从中发现有意义的线索、细节，即一些小点，并善于从这些小点去探测整体。金兹伯格在一篇文章中，从医学、艺术史、侦探小说、史学证据等方面去说明近代欧洲方法论的变化。② 他考察了艺术史家莫列利（Giovanni Morelli），心理学家弗洛伊德，侦探小说家柯南道尔，指纹学创始者卡尔东（Caulton）等人，说明这些人的方法有相似之处。如莫列利从一幅画的细微之处（如指甲、头发、耳朵的画法）进行比较以辨别真伪。柯南道尔笔下的大侦探福尔摩斯最擅长从各种蛛丝马迹中发现线索并推测出全部作案经过。弗洛伊德主张从病人吐露出来的杂乱无章的只言片语中推测病人的心理结构和病因。这些人的方法的共同点是，从几个零星的小点出发去推测整体。金兹伯格本想以此推论近代欧洲整个方法论的变化，这点我们姑且不再赘述，但从中我们可以看出，金兹伯格本人就是常用这样的方法来进行微观研究的。

金兹伯格的微观研究中，至少有两点值得注意，这也可以说是他常用

---

① 参见金兹伯格《线索、神话和历史方法》（Carlo Ginzberg, *Clues, Myths, and the Historical Method*, Baltimore：The Johns Hopkins University Press, 1989），第 164 页。

② 参见金兹伯格《线索、神话和历史方法》（Carlo Ginzberg, *Clues, Myths, and the Historical Method*, Baltimore：The Johns Hopkins University Press, 1989），第 164 页。

的方法。一是他特别努力收集欧洲及世界其他地方的民俗资料，特别是他认为存在于欧洲的绵延长久的广大通俗文化底层的资料。二是他总是从这些民俗资料中或从其他史料中去发现若干有意义的小点，或某种异常的、蹊跷的细节，通常总是用这些民俗资料来说明这些小点，并阐发其意义。如金兹伯格的另一本名著《夜战》（The Night Battles）也有这样的特点。此外，如另一部微观史学的代表作，罗伯特·达恩顿（Robert Darnton）的《猫的大屠杀和法国文化史中的其他事件》①，也是联系欧洲广大通俗文化层中关于猫的种种传说来解释 1730 年某日巴黎印刷行的学徒们联合杀猫的行为的意义。这里也有米哈伊尔·巴赫金的影响。达尔顿本人并不讳言这点。

　　金兹伯格的微观史研究虽然很有影响，但他的方法并不是唯一的。微观史学既然不是一个统一的学派，它就不可能是划一的，也没有严格的划分界限，因而必然是多种多样的，现出丰富缤纷的色彩。例如，意大利另一位著名的微观史学家乔万尼·列维，他也有与卡尔洛·金兹伯格类似的观点。他同样认为："微观史学的方法瞄准的是这样的问题，即我们如何可以通过各种各样的线索、痕迹和征兆的中介来获得通向关于过去的知识的门径。"② 然而他的名著《继承权力：一个被魔师的故事》③ 虽与金兹伯格的《乳酪与蛆虫》有许多可以体现微观史学特点的共同点，但却不尽相同，而有着自身的特点。如果说，《乳酪与蛆虫》读起来引人入胜，主人公性格丰满，他的心态世界是全书的中心；那么，列维笔下的教区牧师乔万·巴蒂斯塔·契耶萨（Giovan Battista Chiesa）的情况就不同了。他似乎深深地被缠在各种社会结构之网中。列维并不停留在对契耶萨个人的兴趣，而是企图进一步揭示乡村权力关系的模式。在他看来，这种权力关系不能仅仅通过经济因素和政治机构来理解。他认为，要理解农民世界，关

---

① Robert Damton, *The Great Cat Massacre and Other Episodes in French Cultural History*, Vintage Books, 1984.

② 乔万尼·列维：《论微观史学》，彼得·伯克编《历史写作的新观点》（Giovanni Levi, "On Microhistory", in Peter Burke, ed., *New Prespectives on Historical Writing*, University Park, Pennsylvania, 1991），第 106 页。

③ Gioyanni Levi, *Inheriting Power: The Story of an Exorcist*, Chicago, 1998.

键是看两样不可捉摸的和象征性的东西（指权力和威信）是如何维护的和转移的。总之，在观念上和叙述方式上，列维的书都与《乳酪与蛆虫》有许多不同。列维的写法更具分析性，而且运用更多的社会史的原始资料和方法。

《乳酪与蛆虫》和《继承权力：一个被魔师的故事》的相似之处是两者都通过对一个人（磨坊主和被魔师）来说明一个问题或阐发一种意义。纳塔莉·戴维斯的《马丹·盖赫返乡记》（或译《马丁·盖尔的归来》）①则是利用发生在1540年法国朗格多克农村的一个传奇故事写成的。一个名叫盖赫的富裕农民离家出走，多年没有消息。有一天他忽然回来了，与妻子过了三四年愉快的婚姻生活后，妻子却把他告上法庭，说他是冒名顶替者。就在他即将胜诉时，真正的盖赫出现了。这个传奇性的故事不仅引起人们的广泛兴趣，而且也引发了许多发人深省的问题，如妻子为什么要承认一个冒名顶替者为自己的丈夫，为什么又要告发他；这个家庭中的人际关系是怎样的，这个故事反映了村民的哪些想法、愿望和感情等。正是有了这样的深层问题，这个故事长期在法国流传就不奇怪了。1561年就有两本书写这个案件，其中一本还是参与审判此案的一个法官写的。此后，这个案件在法国常被提到，还引起热烈的讨论。根据这个案件，编写过一个剧本、两本小说、一部滑稽剧和两部电影。戴维斯本人还参加过一部电影的编写。但她觉得这部电影脱离历史记载，不能说明故事本身和16世纪法国南部农村的情形。她决定发挥自己历史学家的才能对这件事进行研究。与《乳酪与蛆虫》不同，她不可能利用当时的审讯材料，因为当地这类刑事案件记录都已遗失。戴维斯除利用1561年的两本有关著作以外，还广泛收集了当地一带的档案和各类资料。她自称"运用了过去留下来的每一点一滴的资料"。这本书出版后，很快成为一本畅销书。更重要的是，它作为一本成功的微观史学，并不满足于故事的生动，而是努力通过这个故事来揭示当时农民的希望和感情以及夫妻之间和家庭中的关系，以及农民的生活和所遇到的困难。而这些方面又是通过故事的叙述，通过弄清这

---

① 纳塔莉·戴维斯：《马丹·盖赫返乡记》（Natalie Zeman Davis, *Le Retiur de Martin Guerre*），江政宽译，台湾联经出版事业公司2000年版。

件谜案的真相的形式展开的。这可以说是《马丹·盖赫返乡记》不同于金兹伯格和列维的书的地方。但它们同是微观史学的代表作这一点却是一致的。

下面再简单地举出一本国内读者比较熟悉的微观史学名作。那就是法国年鉴派名家埃马纽埃尔·勒胡瓦拉杜里的《蒙塔尤——1294—1324年奥克西坦尼的一个山村》（商务印书馆 1997 年版）。这本书的作者运用的也是宗教裁判所的审讯资料。所不同的是，这次宗教裁判所法庭不是对某一个人的审讯，而是一次集体审讯，即是对一个山村的异教徒长达一年多的审讯，共计 578 次审讯。总共涉及 98 个案件，有 114 人受到起诉或追究，其中 48 人是妇女。审讯的内容又十分广泛，包括当地居民的物质生活、社会生活和精神生活，乃至私生活。由于勒胡瓦拉杜里成功地用历史人类学的方法处理这批审讯材料，从而活生生地描绘了 14 世纪初法国南部山村的生活，鲜活地勾勒了当地农民的生活和心态。《蒙塔尤——1294—1324 年奥克西坦尼的一个山村》一书表明，微观史学并不是只能分析很小的对象，如一个人或少数人。如果有合适的史料，它也同样可以研究大得多的对象，如一个村庄，或几个村社，甚至一个城市和地区。自然，运用微观研究方法分析某座城市，与一般地写一部这座城市的通史是不一样的。微观研究的方法往往像《蒙塔尤——1294—1324 年奥克西坦尼的一个山村》那样，并不提供研究对象（一个山村或城市）的完整历史发展，但却通过对某些方面，某些点的具体描绘揭示这个山村或城市的风貌、精神、生活、隐蔽的意义。这可以加深我们的了解，并起到举一反三，以小见大的作用。就像"它是一团'泥'，我们由此而可以了解所有的泥制品"①。

以上列举的这些作品足以说明，微观史学的形式、内容、风格等都是多样的，不可能归纳出统一的规范来，但如前所述，微观史学作品还是有它的一些共同的特点的。

---

① 《〈蒙塔尤〉四人谈》，俞金尧：《微观史研究：以小见大》，《史学理论研究》1999 年第 1 期，第 119 页。

四

　　下面简短地说一下微观史学的缺陷和受到的批评。有些批评是涉及某些具体的学术见解的。如微观史学理论家和思想史学者拉卡普拉就怀疑是否确实存在如金兹伯格等人认为的在欧洲有一个绵延长久的通俗文化底层。[①] 更多的批评是有关微观史学的方法和内容的。如认为微观史家的方法集中于小规模的历史，这样就把历史缩小在偏重奇闻逸事和对古物的癖好的范围，并且容易把过去的文化浪漫化和幻想化。由于微观史学家爱好研究稳定的社会，如中世纪，这样就不擅长研究以变化见快的近现代社会，也不会研究政治。[②]

　　围绕微观史学的争论更重要的是涉及历史学长久以来存在的经典难题，即如何处理好宏观与微观的关系，如何把两者结合好。战后六七十年代新史学鼎盛时，研究长时段、结构、宏观过程蔚然成风。当时新史学家不无骄傲地认为，只有深入揭示历史的深层结构、宏观过程，才能真正说明历史的本质，或给人以全面的了解。但这种宏观研究忽视了不可重复的和特殊的事物，特别是忽视历史主体"人"的研究。这就使历史失去了丰富多彩、鲜活生动的内容和面貌。微观史学的兴起正是极大地丰富了对人的行为的研究。微观史学研究对象的特点不仅在于其不可重复性，更在于它的特别丰厚的内容的积存。由于研究对象的规模的狭小，微观史学家就有可能浓墨重彩加以描述，这些在很大程度上可以克服宏观研究中的抽象性、概括性和枯燥，但微观研究并不能顶替宏观研究。尽管微观史学家总是强调要小中见大，要把小点的研究与大的意义相联系，但这种大的意义往往只是局限于某一方面、某一问题和领域，而不可能是一个宏观过程，这是由微观史学的方法决定的。也就是说，微观史学不可能自动地克服上述经典难题，即把对某

---

　　① 参见拉卡普拉《历史与批评》（Dominick La Capra, *History and Criticism*, Ithaca: Cornell Univeisity Press, 1992），第45—69页。

　　② 参见伊格尔斯《20世纪的历史学，从科学客观性到后现代的挑战》（Georg G. Iggers, *Historiography in the Twentieth Century*, *From Scientific Objectivity to the Pastmodern Challenge*, Wesleyan University Press, 1977），第113页。

一个别现象或单一政治事件的叙述与对宏观过程的评定结合起来。

围绕这个难题，微观历史学家和理论家展开了讨论。一些人认为，要解决这个难题只能借助于小说家的想象和假设。列夫·托尔斯泰的《战争与和平》这类历史小说可以效仿。纳塔莉·戴维斯承认，在她实在找不到直接史料时，只能用其他有关资料，这里有一部分是她的"虚构"，但这种虚构"仍受到过去的声音的严格检证"①。金兹伯格则力主历史学家必须依靠文献资料，不能用虚构方法来克服微观研究与宏观研究之间的"鸿沟"。看来，许多微观史学家和理论家还是不同意"虚构"的。在这点上，他们与后现代主义者（如海登·怀特）是有区别的，但他们怀疑是否有可能从微观过程的研究上升到对历史整体的评定。金兹伯格承认自己在认识历史现实中的局限性，能做的只是在叙述的基础上力图接近对历史现实的理解。② 总之，在微观史学中，要把对过去的个人的与超个人的东西的分析结合起来是十分困难的。自然，这并不是说就不要做这样的努力了。事实上，不少学者都在尝试着做各种努力。如有人提出微观研究与宏观研究方法的"互补原则"，等等。

总之，微观史学的兴起在很大程度上是由于要克服和弥补宏观史学过分强调结构、过程、长时段的研究而忽视了对历史中的人和历史现象的研究，微观史学也确实取得了不小的成就。但是实践证明，单纯的微观史学也容易犯"见木不见林"的毛病。理想的出路应是微观研究和宏观研究的结合，个案分析和结构、过程分析的结合。这个问题已引起国际史学界的重视。有关微观研究和宏观研究的著述的不断涌现和不少有关的研讨会的召开都说明了这点。

微观史学是近20年来西方史学中兴起的一个新流派，它虽获得了成功，并引起了西方史坛的注意，但它同时遭到了批评和质疑。它的鼎盛期可以说已经过去，各种更新的尝试和努力正在不断出现，这正是历史学生命常青的表现。

---

① 纳塔莉·戴维斯：《马丹·盖赫返乡记》，第 xxxv 页。
② 转引自尤里·别斯梅尔特内《关于研究权力现象和关于后现代主义和微观史学概念的若干思考》，载《奥德修斯·1995 年》，莫斯科科学出版社 1995 年俄文版，第 13 页。

　　历史学既是不断争论的过程，又是在研究实践中探索前进的过程。历史学中的各种难题会时浮时沉，以不同的程度不同的形式表现出来，这是毫不为怪的。在当前，它的经典难题微观研究与宏观研究如何结合的问题被特别突出出来，这是很值得注意的。自然，当代西方史学其他方面的变化和今后的走向同样需要我们跟踪观察和认真研究。

（本文原载《史学理论研究》2002 年第 1 期）

外国君主制概貌

　　帝王，不论是皇帝，还是国王，都是一个国家的元首。这种国家一般称为君主制国家。从这个意义上说，帝王是君主制的体现。因此，要了解帝王，必须首先了解君主制。

　　外国帝王的情况是相当复杂的，并不像有些人认为的那样，在外国人的心目中，皇帝与国王、君主同义，在英文中都写作 King。外国帝王情况之所以复杂，一方面是因为，国际上的国家太多，分布各洲，情况千差万别，帝王的称呼自然也不相同。如用英文表达，除有 King（国王）外，还有 Emperor（皇帝）、Duke（Grand Duke）（王公［大公］）、Amir（埃米尔）、Shah（沙赫）、Tsar（沙皇）、Sultan（苏丹）、Pharaoh（法老）、Mikado（日本天皇）、Negus（埃塞俄比亚皇帝）、Khan（可汗）等。另一方面是因为，君主制本身有一个发展过程，帝王的地位、作用和称呼在发展过程中常有变化。这个过程在各洲，乃至各国都有各自的特点，以至于很大的差别。因此，不能把外国的帝王简单地混为一谈。

　　要想大体了解外国帝王的发展情况，比较好的方法是了解外国君主制的发展。不过，外国各地的君主制虽有其共同点，但差异还是相当大的，尤其是在不同的大洲之间。相对来说，也许欧洲君主制的发展研究得要比较多些。本文主要介绍欧洲君主制的发展线索，旁及其他地区。这不仅是限于篇幅，更主要的是限于笔者的知识。

一

　　君主制（monarchy）一词源自希腊文（monarchia），直接的意义为独揽大权，或独裁专权。这是一种统治形式，一种政治制度。其最高权力集中于国家的独一的元首之手，即君主之手。不过，君主的权力在不同时期，不同国家是不等的。有的全部大权在握，有的只掌握部分权力，有的甚至只有形式上的权力，也就是礼仪性的。君主大多是世袭的，也有选举的（如中世纪的德意志，16—18 世纪的波兰立陶宛王国）和世袭—选举兼有的（如神圣罗马帝国）。

作为国家的一种统治形式，君主制只能是在国家产生以后才能出现。

在原始社会瓦解并进入阶级社会时，国家也随之产生。恩格斯对国家的产生作了经典的论述。在原始社会的氏族制度下是没有国家的，但氏族制度的发展为国家的产生创造了条件。恩格斯指出："国家是以一种与全体固定成员相脱离的特殊的公共权力为前提的。"① 这样的公共权力机关正是由氏族制度的机关转变而来的。恩格斯应用了美国学者摩尔根在其名著《古代社会》（1877 年）中提出的"军事民主制"这一术语来说明问题。"军事民主制"是指原始公社制解体时许多部族和部落的政治组织形式。如在北美的印第安部落、荷马时代的古希腊人、王政时代的古罗马人、西徐亚人、克尔特人、古代日耳曼人、诺曼人等那里，都存在过"军事民主制"。恩格斯指出，构成军事民主制的氏族社会的机关是军事首长、议事会和人民大会，而其主要特征是军事的统率。② 这些氏族制度的机关随着"军事民主制"的发展"就逐渐脱离了自己在人民、氏族、胞族和部落中的根子，而整个氏族制度就转化为自己的对立物；它从一个自由处理自己事务的部落组织转变为掠夺和压迫邻人的组织，而它的各机关也相应地从人民意志的工具转变为旨在反对人民的一个独立的统治和压迫机关了"③。国家就这样产生了。世界各地国家的产生有各自不同的特点，不一定与上述情况完全一样。但可以肯定的是，任何早期国家的产生都是私有制出现和社会分裂为敌对阶级的结果。

最早的国家大致出现在公元前 4000 年初、前 3000 年末，在古埃及和两河流域；稍后在恒河河谷、前亚、爱琴海流域、黄河河谷等地也出现国

---

① 《马克思恩格斯选集》第 4 卷，人民出版社 1972 年版，第 91 页。
② 《马克思恩格斯选集》第 4 卷，第 160、103 页。
③ 《马克思恩格斯选集》第 4 卷，第 161 页。

家。按照史学中的传统说法，早期的国家是奴隶制国家。在这些国家中，很多都采取君主制的统治形式，但也有采取共和制的。列宁指出，"奴隶占有制时代的国家，不论是君主制，还是贵族的或民主的共和制，都是奴隶占有制国家"①。不过有些史家认为，早期的国家不一定都是奴隶占有制国家。有的还认为，奴隶制并不普遍存在，典型的奴隶制主要是古希腊罗马。这个问题比较复杂，已越出本文范围，这里不去多说。

君主制本身是有变化的，形式也多种多样。列宁指出："君主制根本不是形式单一和一成不变的制度，而是非常灵活的和能够适应各阶级的统治关系的制度。"② 因此，我们需要对君主制的形式及其发展作个大致的介绍。

古代的君主制国家很多采取专制政治的形式，也即权力不受限制的专制政体的形式。在专制政治的国家里，全部政权集中在一个君主手中，不受法律的限制。君主往往是世袭的，而且常被神化。很多外国学者似乎传统上都把专制政治说成是古代东方国家的特点，如埃及、亚述、巴比伦、伊朗、印度、中国等，而且往往以这些国家治理水利的需要来解释专制政治存在的原因。有位美籍德国人魏特夫还制造出"治水社会"的理论来论证他的"东方专制主义"的模式。③ 称专制政治只是在东方国家才有，是东方人的专利，这至少是不合乎实际的。首先，以不受限制的个人集权为特征的专制政治，并不是只在古代才有。尽管在不同时期、不同地区和国家，专制政治会有不少差异之处，名称也可能不同，但它们的基本特征是相同或相似的。在封建时代，在欧洲也有类似的不受限制的个人集权的国家。如 18 世纪法国著名启蒙学者孟德斯鸠在《论法的精神》中，就用专制统治的概念来批判法国的君主专制制度（absolute monarchy），指出在专制统治下"一切都按一个人的意旨和意愿运转，不受任何法律和规则的限制"④。其次，即使在古代，在西方也有类似的统治形式。如公元前 7—前 6 世纪在希腊城邦中出现的僭主政治（来自希腊文 tyrannis）就很相似。僭主政治是用武力夺得执

①　《列宁选集》第 4 卷，人民出版社 1972 年版，第 49 页。
②　《列宁全集》第 20 卷，人民出版社 1989 年版，第 358 页。
③　参见李祖德、陈启能主编《评魏特夫的〈东方专制主义〉》，中国社会科学出版社 1997 年版。
④　《孟德斯鸠选集》，莫斯科 1955 年俄文版，第 169 页。

政地位并建立个人独裁统治的国家政权形式。再次，这种僭主政治从 13 世纪后半期至 16 世纪中期在意大利北部和中部一些城市国家中（如米兰、佛罗伦萨）也曾存在。这种僭主政治在意大利文中叫 Signoria，是一种大权集中于独裁者手中的专政。自然，在专制政治、君主专制制度、僭主政治之间，在形式、内容程度上都会有差异，但应看到，任何一种不受限制的君主制都是不受法律制约的个人统治，因此它们之间的差异不可能是原则性的。马克思曾指出这点。他说，君主制、专制政治和暴政只是同一概念的不同说法，它们至多只能指出在同一原则下习惯上有所不同罢了。还可以补充一点，在古代东方，也存在不带有专制政治性质的国家。在这些国家里，君主与贵族会议分掌政权，如赫梯国、许多腓尼基城邦。

古罗马帝国在 3 世纪末建立的皇权政治也在一定程度上与专制政治相似。这种皇权政治也译作"多米那特制"，来自拉丁文 dominatus，由 dominus（意为主人）一词而来。这一制度是由罗马皇帝戴克里先（284—305）建立的。在此之前的元首政体里，虽还存在元老院等共和制的机构，但实权则在元首之手。皇权政治加强了皇权，使之成为专制性质的。元老院逐渐失去独立的政治意义，大多数元老变成国家官员。皇帝被神化，并试图巩固帝位的世袭。皇权政治的出现是为了缓解 3 世纪末罗马帝国面临的危机。这种自上而下的强制方法虽使罗马帝国继续存在了近一个世纪，但终究未能挽救帝国的瓦解。

君主制还有一种神权政治形式。神权政治（来自希腊文 theokratia）是指国家元首同时是宗教领袖的一种统治形式，或者说国家的政治权力和宗教权力都集中在僧侣（教会）手中。在神权政治的国家里，占统治地位的宗教教会的首领往往拥有最高权力。他就成了国家元首，被认为是"活着的神""神在地上的全权代理人"或"第一神甫"等，如法老、皇帝、哈里发等即是。实际上，国家的权力交赋给僧侣、祭司们。古代东方的神权政治国家有埃及、巴比伦、犹太王国、阿拉伯哈里发国家等。中世纪时，罗马教皇在教皇国建立了神权政治国家。根据当时天主教的政治学说，欧洲各国的君主被认为是由罗马教皇的最高权力中衍生出来的，因而应该服从教皇。教皇有权在欧洲天主教国家征收"教会什一税"。由此可见神权政治的影响之大。

二

在封建制的国家里，君主制是最为普遍的统治形式，情况也更为复杂。下面主要根据欧洲的状况作些介绍。

早期封建君主制国家的产生有不同的情况。在日耳曼人、斯拉夫人等那里，早期国家是在原始公社制和"军事民主制"解体后产生的。这些君主制里的国王或王公往往是由部落首领转变而来的，开始时并不握有全权。在这过程中，由于各族人民所处的具体情况不同，早期封建制国家的形成也就具有不同的特点。这里很重要的一点是业已崩溃的罗马帝国的国家机器的影响如何。例如在西欧的法兰克人、西哥特人、伦巴德人那里，虽然在异族入侵的过程中，罗马帝国已被摧毁，但罗马奴隶占有制国家的国家机器的残余在被占领的地区依然存在（如罗马法的影响），这就加速了这些地区封建国家的发展进程。这些地区的封建制可以说是在崩溃中的奴隶占有制关系和瓦解中的原始公社制关系的双重影响下逐渐形成的。而在盎格鲁人、撒克逊人、斯堪的纳维亚人、西斯拉夫人和东斯拉夫人那里，由于罗马帝国的国家机器的残余没有多大影响，因而早期封建国家发展得比较缓慢，"军事民主制"的残余保留的时间也更长。另一种情况是罗马原有的中央集权国家没有被摧毁，如在拜占庭，封建国家的产生就是逐渐由奴隶占有制国家转化而来的。

亚洲一些国家的情况也类似于拜占庭，即封建国家是在存在较多奴隶占有制国家机器的残余和相对较高的中央集权的情况下产生的。如伊朗的萨桑王朝（224—651 年）。在一些地方，往往由于实行规模很大的军事征伐和占领（如阿拉伯征伐、蒙古征伐），出现了早期封建国家的庞大联合体，如 8—9 世纪的查理大帝帝国，9—12 世纪初的基辅罗斯，7—9 世纪的阿拉伯哈里发国家。随着封建制的巩固和发展，彼此之间缺乏经济联系的各地封建主权力日益增长，终于导致这些联合体的瓦解。于是出现了封建割据时期。这时君主制虽还保留，但国王或王公的大权已逐渐旁落。一些大封建主的实权越来越大。封建分封制度（法文 vassalite）和等级制度已很难正常维持，常导致冲突，乃至战争。

　　大致从 13 世纪起，由于城市和商品生产及交换的发展，对农民剥削方式的改变，农村阶级斗争的激化，以及封建主阶级内部斗争和封建主与城市阶层之间矛盾的加剧，在多数欧洲国家里出现了封建国家逐渐中央集权化的过程。中小封建主和城市居民大都支持这一过程。中小封建主为了更有效地剥削农民和反对大封建主的压制，支持中央国家政权的加强。城市居民希望消灭封建割据局面，也支持中央集权。正是依靠这些阶层，君主得以与主张分离的大封建主进行斗争，并逐步把军权、财权和执法权力集中在自己手中，同时在中央和地方建立相对强大的国家机构。在此过程中，同时出现了全国性社会阶层的凝聚过程，并导致在许多欧洲国家中等级代表会议的产生，这在当时是不可避免的。因为在当时，没有这些阶层的支持，王权还无法征集国家必需的税收。这些等级代表会议进一步加强了王权。这样就产生了封建国家的一种新的形式——等级代议君主制，或称等级代表君主制。

　　在等级代议君主制这种统治形式下，国王或大地区的王公（在德国和尼德兰）的权力与贵族、僧侣和市民的等级代议机构相结合。这种形式是封建国家中最典型的形式。在欧洲只剩下某些城市是共和国。等级代议机构的特点是：封建主阶层（僧侣和贵族）在其中具有决定性的影响；城市阶层的作用是从属性的，尤其在初始阶段；封建依附农民连代表也没有，只有在卡斯蒂利亚（11—15 世纪比利牛斯半岛中部的王国，1479 年与阿拉贡王国合并后成为统一的西班牙）和瑞典有自由农民代表参加。可见，这些等级代议会议照例与农民是敌对的。一般情况下，这些等级会议只起咨询的作用。总的说来，它们虽与王权会有个别的冲突，但主要是加强王权，赞同王权的集权努力（波兰除外）。只有在不同阶层（主要是小封建主和市民）的代表团结一致的情况下，这些等级会议才有可能获得一定的政治独立，并对王权在征税等问题上给予一定的限制。

　　13—14 世纪，随着全国性社会阶层的形成，在多数欧洲国家出现了中央的等级代表机构（在卡斯蒂利亚是在 12 世纪，在波兰和匈牙利是在 15 世纪），如英国的议会，法国的国会，西班牙的考特斯（等级代表会议），波兰、捷克的谢伊姆（议会），瑞典的议会等；还出现了地方的等级代议机构，如在法国、尼德兰、波兰等。这些欧洲国家的等级代议君主制正是在全国范围的等级制度形成和等级代议机构建立的过程中出现的。俄国在16—17世纪出现的全俄缙绅会议，也具有等级代议制的性质。

在多数欧洲国家里，在等级代议君主制之后出现的封建国家形式是君主专制制度。君主专制制度直译是绝对君主制，这是封建国家中中央集权程度最高的一种统治形式，全部政权都集中在君主之手，君主通过只对他个人负责的庞大的官员队伍来行使权力。等级代议制机构或被取消（如法国、西班牙、俄国），或完全服从政府（如英国）。绝对君主制是最后的封建国家形式，产生于封建关系瓦解和资本主义关系萌芽的时期。由于资本主义的发展，封建国家内的阶级关系有了变化。贵族既怕农民的反抗，又受到资产阶级经济势力发展的威胁，就聚集在封建君主周围，期望加强中央集权。资产阶级需要国内经济上和政治上的统一，需要与封建分离势力作斗争，但它还很软弱，无力夺取政权，因而还必须支持封建王权。封建王权则常会玩弄贵族和资产阶级之间的矛盾。绝对君主制（尤其在开始阶段）往往采取不少措施促进国内工商业的发展，从而有利于资本主义的成长，这使得绝对君主制国家机器有时会给人一种似乎它是独立于贵族阶级的假象。实际上，它是贵族专政的封建国家。最明显的标志是对农民的残酷剥削。在绝对君主制国家里，阶级斗争的尖锐化是普遍的现象。

在欧洲，最典型的绝对君主制国家被认为是法国，其鼎盛时期是在路易十四（1643—1715）时，绝对君主制在英国的典型时期在伊丽莎白、都铎（1558—1603）时。英国绝对君主制的特点是议会依旧保留。议会被王权利用作为加强它的权力的工具。在地方上由于官僚机器的薄弱，地方自治机关起着较大的作用。缺乏常规军也是英国绝对君主制的一个特点，一般的绝对君主制国家都有强大的包括常规军、警察、法院等在内的国家机器。西班牙绝对君主制的典型时期是在菲利普二世（1556—1598）时，它的特点是不支持国内工商业的发展。德国由于分裂，绝对君主制的形成较晚（从17世纪下半叶到18世纪），而且只在个别地区。俄国的绝对君主制形成于17世纪末18世纪初。它的特点是，比起西欧国家来，更加依靠贵族和官僚机构。在一些欧洲国家里（如波兰），没有形成绝对君主制。

18世纪在欧洲一些资本主义关系发展较慢的国家里（奥地利、普鲁士、俄国和斯堪的纳维亚国家），绝对君主制采取了所谓"开明专制制度"的形式。开明专制制度的特点是，"由上而下"地采取一些取消和改革过时的封建制度的措施，如废除某些阶层特权、使教会隶属国家、实行农民改革、司法改革、教育改革等。这些措施的根本目的是巩固贵族的统治，但某些改革对资本主义关系的发展有利。开明专制制度的代表人物是奥地利的约瑟夫二世、普鲁士的弗里德里希二世和俄国的叶卡捷琳娜二世等。他们利用法国启蒙思想家的声誉，吹嘘自己实行"哲学家和君主的联盟"。

不少欧洲国家的绝对君主制是在资产阶级革命或资产阶级民主革命中被消灭的。如英国 17 世纪的革命，法国 18 世纪末的革命。德国和奥地利的 1848—1849 年革命和俄国的 1905—1907 年革命，由于国内资本主义关系发展较慢，绝对君主制未被消灭，而是逐渐向资产阶级—地主君主制演变。德国的已起变化的绝对君主制直到 1918 年 11 月革命才被消灭，俄国的绝对君主制直到 1917 年 2 月革命才被消灭。

上述的等级代议君主制和绝对君主制主要是根据欧洲的情况提出的。至于东方，或者亚洲的情况就要复杂得多。这些主要根据欧洲的情况概括的君主制形式是否适合于东方，是否是世界各地普遍的形式，是个需要讨论的问题，至少是需要认真研究的问题。东方有东方的历史特点，既不能拿西方的概念来简单地套东方的历史，更不能以为唯有西方的历史发展才是标准。具体来说，在亚洲就找不到等级代议君主制。至于绝对君主制，与之有关的资本主义萌芽问题、封建国家的中央集权制问题、缺乏等级代议制问题等都是与西方很不相同的。有些问题则是西方没有遇到的，或者说，甚至是西方强加的，如外国殖民者的入侵问题。在这种情况下，东方君主制的发展必然会有自己的特点，是否需要套上绝对君主制的概念，至少可以讨论。至于说有些东方国家君主制采用的政策和措施与绝对君主制有相似之处，或者说具有绝对君主制的某些因素（如鼓励工商业发展，削弱大封建主等），那也需要具体分析，并不足以证明东方国家就是不发达的绝对君主制。

一些外国学者把日本看成是亚洲典型的绝对君主制，认为它形成于 17 世纪初德川幕府时，日本学者不同意德川幕府时是绝对君主制。第二次世界大战后有批日本学者认为，1868 年建立的明治天皇制政权是绝对王权，类似绝对君主制政权。但也有一些解释不清的地方，因而有些学者又提出，到 1881 年政变，这种绝对王权就又起变化。日本另一批学者认为明治维新后建立的天皇制不是绝对王权，目前这种观点已占据主导地位。总之，即使像日本这样被认为最接近西方的国家，也不能简单地套用绝对君主制，遑论其他东方国家。

此外，外国一些学者还认为，在 19 世纪上半叶，尤其穆罕默德－阿里（1805—1849）时，在埃及可见绝对君主制的因素。奥斯曼帝国阿卜杜尔、哈米德二世苏丹时，也被认为出现了绝对君主制的因素。土耳其的绝对君主制直到 1922 年的凯末尔革命时才被消灭。

以上主要是欧洲封建国家君主制演变的大致情况。

三

下面再简略介绍一下外国君主的称号。

首先是皇帝。皇帝来自拉丁文 imperator，是某些君主制国家君主的称号，比起国王、沙皇，皇帝是更高的称号。最早，皇帝是在罗马共和国时期战士们在重大的军事胜利后赠送给统帅的荣誉军事称号。第一个获此称号的是艾米利·帕维尔（公元前 189 年），庞贝多次获此称号，恺撒把它变成永久的，奥古斯都及其继承者接过这称号后已使它带有明显的君主制色彩，罗马的皇帝实际上已独揽大权。在西罗马帝国于 476 年灭亡后，拜占庭帝国依然保留了皇帝的称号。在西欧，查理大帝于 800 年恢复了皇帝称号。从 962 年起，占领北部意大利的日耳曼国王成为"神圣罗马帝国"的皇帝。从 15 世纪起，奥地利王国几乎都保留皇帝称号。俄国的彼得大帝于 1721 年接受皇帝称号，此后所有的俄国沙皇都叫皇帝。拿破仑一世于 1804 年称帝，拿破仑三世步其后尘，于 1852 年称帝，直至 1870 年被废黜。1870 年德国统一后，普鲁士国王宣布为德国皇帝。1876 年，英国维多利亚女王被授予印度女皇称号。从 1936 年起，意大利国王获埃塞俄比亚皇帝称号。此外，巴西、墨西哥、海地、日本、埃塞俄比亚、暹罗等国的君主均称皇帝。

国王也是某些君主制国家君主的称号，是仅次于皇帝的高级称号。王权在"军事民主制"时就已出现，如塔西佗曾提到日耳曼人中有王的存在。但只有在国家出现以后，王权才成为国家机器。日耳曼部落在占领西罗马帝国后，在其领土上形成了一系列所谓蛮族人的王国，如西哥特王国、东哥特王国、勃艮第王国等，其中最大的是法兰克王国。法兰克王国瓦解后，西法兰克王国（法兰西）和东法兰克王国（德意志）的君主仍称国王。5—6世纪，盎格鲁、撒克逊、朱特等古日耳曼部族占领不列颠岛。6世纪末逐渐形成许多盎格鲁－撒克逊王国（肯特、西撒克斯、南撒克斯、东撒克斯、麦西亚等），即所谓的七国时代。9世纪时，西撒克斯国王统一了大部分盎格鲁－撒克逊人的王国，国家开始称为英格兰。11世纪苏格兰王国形成。在今西班牙领土上，5世纪后半叶建立了西哥特人王国。711—718年，阿拉伯人占领了整个西班牙。后在收复失地的过程中，出现了阿拉贡、卡斯蒂利亚等西班牙王国，并于1479年合并成统一的西班牙王国。丹麦王国建立于10世纪。11世纪形成统一的瑞典王国。挪威王国形成于10世纪。

中世纪时皇帝和教皇有权授予国王称号。获得国王称号的统治者分别有：1001年——匈牙利；1025年——波兰，1320年再度获得；约1130年——西西里（西西里王国）；1139年——葡萄牙；1158年——捷克；1217年——塞尔维亚；1701年——勃兰登堡—普鲁士国；1720年萨伏依—皮埃蒙特—撒丁（撒丁王国）。

1805—1806年，拿破仑一世授予巴伐利亚、符腾堡和萨克森的选帝侯国王称号。拿破仑一世还另外建立了一些王国，如威斯特伐利亚王国（1807—1813）、意大利王国（1805—1814）。1814—1815年的维也纳会议承认尼德兰和汉诺威是王国；并决定把波兰的部分土地划给俄国。在这部分土地上，俄国成立了波兰王国，后来成为王国的还有以下国家：1831年——比利时，1832年——希腊，1861年——统一的意大利，1881年——罗马尼亚，1882年——塞尔维亚。塞尔维亚王国在1918年与克罗地亚、斯洛文尼亚、波斯尼亚等地及黑山王国联合成为塞尔维亚—克罗地亚—斯洛文尼亚王国，1929年后又改称南斯拉夫王国。

东方国家中的王国有阿富汗（1929年起）、约旦（1946年起）、利比亚（1951年起）、沙特阿拉伯（1932年起）、泰国、老挝、柬埔寨、尼泊尔、摩洛哥等。此外，埃及（1923—1952 年），伊拉克（1921—1958 年）、也门（1919—1962 年）也曾是王国。

沙皇是俄国和保加利亚君主的正式称号。沙皇由拉丁文 Caesar（"恺撒"，罗马皇帝的头衔）而来。1547 年，俄国的伊凡四世（伊凡雷帝）第一个接受沙皇称号。1721 年，彼得大帝获皇帝称号。此后直至 1917 年君主专制制度被推翻，所有君主都称皇帝，但沙皇称号始终与皇帝称号被非正式地同时使用。在保加利亚，君主们从 19 世纪末直至 1946 年成立人民共和国始终都叫沙皇。

王公（亦可译"公"）是斯拉夫人和其他一些民族的君主国国君。王公最初是部落的首领或酋长。在早期封建国家形成的过程中，一些部落公国逐渐被一个王公政权所统一。王公政权开始时是从部落贵族的代表中选举的，后来逐渐集中于一个家族，如罗斯的留里克王朝，波兰的皮雅斯特王朝，捷克的普舍美斯王朝等。立陶宛大公国建立于 1240 年。公国的情况比较复杂。在封建割据时期，既有较大的封建君主国，如莫斯科公国、符拉基米尔—苏兹达利公国等，也有从大公国里分裂出来的小国，如兹韦尼哥德公国、谢尔普霍夫公国等。14—16 世纪初，大部分公国逐渐丧失政治自治。东北罗斯的公国并入了统一的俄罗斯国家。在 18 世纪以前，王公的称号在俄国成为世袭的贵族封号。从 18 世纪起，沙皇可把此这封号赐给有特殊贡献的大臣，而不论其是否贵族出身。彼得大帝第一个把此称号赐予他的近臣、曾是宫廷司厩儿子的缅希科夫。这类封号在俄语中虽与王公是同一个字，但中文往往译作公爵。总之，在遇到"王公"和"公国"时，确需注意分清是否是指独立的君主和君主国。

保加利亚在 1879—1908 年也是公国。

除斯拉夫人外，在其他民族中也有公国存在。在德意志割据时期有所谓的地方公国。所谓的多瑙河公国（瓦拉几亚公国和摩尔多瓦公国）存在于 14 世纪至 19 世纪 50 年代。它们的君主不称王公，而称为国王。特兰西瓦尼亚自 1541 年起成为公国，其宗主国是土耳其苏丹。

当代的公国有列支敦士登、卢森堡、摩纳哥、安道尔等。

类似斯拉夫人"王公"称号的还有日耳曼人的"王公"（公爵）。日耳曼人的"王公"在古高地德语中是 herizogo，在新高地德语中是 Herzog。

这些王公在古日耳曼人中是军事首领，后来在西欧早期封建社会时成为部落王公。在封建割据时期，他们成为仅次于国王的各地统治者。查理大帝一度完全取消了这些王公的权力。9世纪下半叶至10世纪初，它又被恢复。在法兰西、意大利和德意志，后来出现了一些很大的公国，如在法兰西的阿奎达尼亚公国、勃艮第公国、布列塔尼公国等，在意大利的贝内文托公国、阿普利亚公国、卡拉布里亚公国等，在德意志的萨克森公国、巴伐利亚公国等。在德意志和意大利，由于政治分裂的持续，一些新成立的地区也被称为公国。法国随着封建割据局面的消失，王公就成为高级的贵族头衔。在不存在部落公国的国家，即英格兰、斯堪的纳维亚国家和比利牛斯国家，王公为高层贵族代表所有的称号。在这种情况下，"王公"一般都译为"公爵"。

在东方国家，除了皇帝、国王外，还有一些特殊的称号。现分列如下。

法老，古埃及国王的传统称号。这词源于古埃及语，意为"大宫"。在古王国时期，"法老"一词是"王宫"的意思。到新王国十八王朝时（公元前16世纪），"法老"开始作为国王的尊称，至后埃及时期的二十二王朝时这个尊称得到进一步完善，加了不少固定的说明。根据古埃及的宗教观念，法老被认为是太阳的儿子，是何露斯（Horus）的转世人间。何露斯是古埃及神话中的太阳神。他的形象是鹰或鹰首人身。法老也被认为是何露斯之父俄赛里斯（Osiris）的继承人。俄赛里斯是古埃及神话中死而复活的自然界之神，死者的庇护者和裁判者。他被描绘成木乃伊的形象。

苏丹，在《古兰经》里原指道德或宗教权威人士。自11世纪起成为穆斯林统治者的称号。最早称苏丹的穆斯林统治者是突厥人的伽色尼王朝（Ggaznavid dynasty）的马哈茂德（998—1030年在位）。历史上不少穆斯林统治者，如奥斯曼帝国、阿曼等国，也用此称号。此外，西非伊斯兰国家的大封建主、南阿拉伯某些部族领袖也称苏丹。

沙赫，波斯国王的称号。最先用于波斯萨桑王朝。伊朗巴列维王朝时使用复合词"沙赫－沙赫"（shahanshah），意为万王之王，即皇帝。阿富汗、中亚和南亚一些国家的君主也曾用此称号，如印度的德里苏丹国。

　　埃米尔，阿拉伯语中直接的意思为统治者，指东方伊斯兰教国家中的统治者、军事领袖、王公和国家元首。在 7 世纪接受伊斯兰教之前，埃米尔指统帅，后来指掌握世俗权和宗教权的穆斯林统治者。如布哈拉埃米尔国，阿富汗的埃米尔等。埃米尔国即指由埃米尔领导的国家或领地，可指独立的国家，也可指分封的属国，如在今沙特阿拉伯内的内志（Nejd）。在阿拉伯哈里发国家内，埃米尔由哈里发任命或批准。在沙特阿拉伯，君主把埃米尔的称号赐给自己的儿子们。要注意的是，去麦加朝圣的庞大队伍的领导人也叫埃米尔。

　　哈里发（caliph），许多伊斯兰国家统治者的称号，往往集政权与教权于一身。哈里发原义是"继承人"。632 年，先知穆罕默德去世后，艾卜·伯克尔接替他的职务，称"真主使者的哈里发"。后来，哈里发就成为伊斯兰国家政教首脑的称号。大马士革、巴格达、开罗都沿用这个称号。奥斯曼帝国的苏丹也使用这个称号，直至 1924 年土耳其共和国成立。

　　可汗，亦译"汗"，源于突厥语，意为统治者、君主，突厥语和蒙古语的尊称。最初是指部落首领，如在伊朗和阿富汗的游牧人那里。在统治中近东一些国家的突厥人的塞尔柱王朝（11—14 世纪初）和花剌子模沙赫（951—1220 年花剌子模的封建统治者）那里，"汗"是王公的称号。在奥斯曼帝国，是苏丹的称号。在伊朗的萨非王朝时期（1502—1736年），是地区的统治者，也是军事贵族的称号之一。

　　日本天皇，日本君主的称号，自公元前 660 年第一个天皇至今，始终是皇室一系，无朝代更替。1886 年，明治维新成功，实行天皇统治下的内阁制。1945 年，日本在第二次世界大战中战败投降。1947 年，实行君主立宪议会内阁制，天皇仅为名义上的元首。内古斯，埃塞俄比亚的皇帝称号，直至 1975 年 3 月废除帝制。

四

　　前面已经提到，很多国家的君主制都是在革命或革命斗争中被推翻的。除已提到的英、法、德、俄等国外，意大利的君主制是在 1946 年的反法西斯群众运动中被推翻的。奥地利的君主制是在 1918 年革命中被推翻的。在革命斗争中被推翻的还有南斯拉夫（1945 年）、保加利亚（1946 年）、匈牙利（1946 年）、罗马尼亚（1947 年）等。

成功的资产阶级革命总是把推翻封建君主制作为自己的主要目标，但是也有在革命胜利后又恢复或保留君主制的。如英国在 17 世纪中叶的革命中推翻了君主制，但在 1660 年又恢复了，这是资产阶级和贵族妥协的结果。在其他一些资产阶级不够强大，或者资产阶级与贵族妥协，或者有其他原因（如英联邦国家）的国家，也有这种情况。这种已经建立了共和制而又保留君主制的国家被称为立宪君主制。在立宪君主制国家，君主的权力由宪法确定，并受到议会的限制。一般说来，君主仍拥有任命政府和更换部长、颁布法令、支配军队、解散议会和建议立法的权力。但随着议会制的发展，君主的权力越来越被削弱。实际上，君主们大都已成为礼仪性的名义上的国家元首。如英国，国王或女王虽是永久性的国家元首，但实际上王权已多为礼仪性的。维多利亚女王（1837—1901 年在位）是英国宪法上可以决定外交政策的最后一位君主。英帝国在扩张过程中在世界各地占领了许多殖民地。其中一些先后成为英帝国的自治领。最早的是加拿大（1867 年），后有澳大利亚、新西兰、南非联邦、爱尔兰和纽芬兰。这些自治领，除纽芬兰外，在国际上被认为是独立的国家，但自治领都承认英国国王为自己的国家元首。1947 年英联邦成立后，自治领改称"英联邦成员国"，但英国国王仍为这些国家的国家元首，自然只是礼仪性的。欧洲另一些国家，如德国和俄国，封建绝对君主制向立宪君主制的转变过程比较缓慢，因而封建制的残余较多，尤其在俄国。目前，在欧洲的君主立宪制国家尚有英国、挪威、丹麦、瑞典等。

据统计，目前在世界上共有君主国 28 个，其中在欧洲 10 个，亚洲 6 个，非洲 3 个，大洋洲 2 个。尽管在这些君主国中，君主的权力有限，很少去裁断国家大事，然而情况还是不尽一致。如在欧洲，西班牙的当今国王卡洛斯权力较大。他有权撤换政府和举行大选，也可听取组阁的意见。他每周至少在马德里王宫工作三天，还常到全国各地巡视。但在欧洲权力最大的君主是列支敦士登公国的汉斯·亚当王公。他于 1989 年继位，拥有与议会同等的权力。他可以根据议会的建议任命政府成员，拥有任命首相的最高权力和对立法的最后裁定权。在亚洲，日本天皇并无实权。文莱的当今苏丹享有大权，他既是国家元首，又是首相兼国防大臣，他也是世界第三大富豪。泰国是以国王为首的立宪君主制，泰国当今国王普密蓬·阿杜德关注国事，在国家建设中起了不小的作用，如常去农村视察，推行计划生育等。中东地区的国王的权力，比起欧洲和亚洲的都要更大。如约旦虽是立宪君主制国家，但大权掌握在以当今国王侯赛因为首的哈希姆家族王室手中，国王有权调整国内外政策。在非洲，君主的权力很大。如摩洛哥的当今国王哈桑二世既是国家元首，又是宗教领袖，也是武装部队的最高统帅。在斯威士兰王国，当今国王姆斯瓦蒂三世也是大权在握。但在莱索托，国王的职责只是参加传统的礼仪活动，最高决策机构是制宪议会。

为什么在一些议会制的国家里还保留着世袭的君主？甚至在一些民主政体相当发达的国家里，如英国，也是如此？这是一个有趣的也是复杂的问题。有说这是历史造成的；有说这在一定程度上有助于国家的稳定；有说这是由于君主制的传统依然存在，特别是在人们的观念上起着作用，也就是说忠君的思想以及把君主看成是国家象征的观念依旧起着作用，这与人们的怀旧心态有关，如此等等。不管怎么说，我们看到的事实是，一方面不满和反对保留君主制的声音在不少国家经常可以听到；另一方面，要求维持乃至加强君主制的力量也在活动。人们对君主制的不满，与王室挥霍的生活有关。例如，在英国，国家每年用于官方和私人开支的费用近2100万美元，而女王伊丽莎白二世一人就用去其中的1200万美元。日本皇室成员每年要花去1亿多美元的生活费。此外，被新闻媒体大炒特炒的王室成员的私生活，特别是有关的绯闻，虽然可以引起人们的好奇心理和怀旧情绪，但也必然会引起人们对王室成员的奢侈生活和放浪行为的不满。据1987年8月英国的一次民意测验，有53%的英国人希望废除君主制。为缓解人们的不满，英国王室正在酝酿改革。

另外，君主主义者的活动也始终未断。1943年，在伦敦威斯敏斯特区作为议会的院外集团成立了君主主义者联盟。自成立以来，这个联盟就始终为在世界各地维持和恢复立宪君主制以及反对民主制而不懈努力。如在1998年该联盟的一份题为《我们的历史、目标、目的和成就》的文件中指出，多年来联盟支援各地立宪君主制的教育和文化活动，已发展成为一个强大的力量。并说，当前应积极保卫南非、加拿大和澳大利亚的立宪君主制。

君主制在人类历史上占据着重要的地位。君主，作为君主制的代表，在人类历史上也发挥过重要的作用，尤其在封建时期，当君主的地位和作用都是至高无上的时候。我们没有必要简单地否定所有君主的历史作用，君主和君主制都是历史的产物。他们在历史上，在不同的历史阶段，起过不同的作用，这既与不同的君主本人的不同品格、能力有关，更与不同的时代的局限有关。有的君主的确起过积极的历史作用，如拿破仑一世、彼得大帝等，我们理应给予一定的历史的肯定。有的君主则祸国殃民，如拿破仑三世、尼古拉一世等，对这些我们都需给予科学的分析。然而，从近代以来，代表历史潮流和方向的已是民主制。君主制日益退出历史舞台。虽然立宪君主制至今依旧存在，但它的作用比起绝对君主制来已不可同日而语。此外，不论君主，包括杰出的君主，可以在历史上起过多大的作用，但最终决定历史前进的只能是人民群众。人民和代表人民的英雄人物，才是创造历史的主要功臣。

毛泽东曾满怀豪情地作诗写道：

> 惜秦皇汉武，略输文采；唐宗宋祖，稍逊风骚；一代天骄，成吉思汗，只识弯弓射大雕。俱往矣，数风流人物，还看今朝。

毛泽东所举的均是中国帝王，然而外国的君主何尝不是如此。不论是叱咤风云的拿破仑一世，还是雄才大略的彼得大帝；不论是马基雅维里倍加赞赏的居鲁士，还是自称与哲学家结盟的叶卡捷琳娜二世，都早已随风飘去，成为明日黄花。

总之，我们在看到历史的发展大势，看到历史的动力和方向的同时，对君主和君主制也应持有正确的科学的看法。作为历史的存在，君主和君主制在历史上有其存在的理由和盛衰的原因，也有其或正或负的历史作用。因此，我们不能无视它的存在，而是需要了解它。

（本文原载《历史学家茶座》2014 年第 2 辑）

学术翻译的质量必须重视

——《剑桥科学史》第七卷《现代社会科学》*
历史学部分读后

　　作者按：近接中国社会科学院历史研究所《中国史研究》杂志社新创办的杂志《历史研究评论》编辑的约稿函，要我就该杂志特辟的"改革开放三十年来学风问题的思考"专栏发表意见。我理应从命。这不仅是因为盛情难却，更重要的是因为学风问题，诚如约稿函中所言，确是"中国史学界普遍关心的问题之一"，可以说是学术研究的生命所在。但是我对学风问题并无专门研究，对改革开放三十年来我国史学著述中的学风问题也缺乏调查，因而很难发表专论。后来想起几年前写就因故未能发表的一篇评论翻译著作的文章，觉得应该还算对题。因为该文虽然不是专谈学风的，但是通过对翻译作品中存在的一些瑕疵的分析，可以通过这些具体例子更清晰地看到坚持正确的学风的重要性。因为学术研究（包括史学研究）中的学风，归根结底是求真务实，刻苦钻研的精神。史学前辈范文澜先生强调"板凳要坐十年冷，文章不写一字空"正是这种精神的生动写照。而学术翻译与学术研究一样，同样需要这样的精神，否则翻译作品是不会完美的，必然会有不少错误和瑕疵。

　　然而，对学术翻译同样需要严肃的学风，同样需要求真务实，刻苦钻研的精神，可能还没有得到应有的重视。可能存在一种看法，认为翻译只是把已有的成果转译过来，与原创性的作品有所不同。学术

---

　　* ［美］西奥多·波特、多萝西·罗斯：《剑桥科学史》第七卷《现代社会科学》，大象出版社2008 年版。

翻译也是如此。这话在某种意义上说或许并没有完全错，但是绝不能因此忽视或轻视翻译的创造性和艰苦性。把一种语言写成的学术研究成果，翻译成另一种语言，要做到严复所提出的"信、达、雅"的要求，绝不是一件易事。这里，从小里说，除了要较熟练地掌握一种外语外，至少要对所翻译的对象作品有相当的了解，包括它的作者、所属的专业、作品的创作过程和反响，等等。也就是说，事先必须花点功夫，做点研究，这与学术研究下笔前必须做充分的工作是一个道理。至于翻译过程中遇到的难题，例如不懂的术语、历史掌故、专业问题、不解的句子和单词、古词汇、另一种语言等，都需要一个个地去查找答案，去翻阅词典或参考资料，去询问专家，去千方百计地弄明白，绝不可以想当然地胡乱解答，否则必然贻害读者，损伤专业，甚至以讹传讹，贻害无穷。实际上，在翻译过程中遇到这样的"拦路虎"是常有的事，也是最头痛的事。我虽然翻译的书不多，不过这样的状况也是遇到过不少的。有时，一个"难题"要花很长的时间去解决，真可谓急煞人也。我想，对待这种情况持什么态度不正是学风问题的反映吗？不认真负责，刻苦求索，真正解决，而是自以为是，任意杜撰，如何能称得上是求真务实的学风呢？

翻译中还有一个文字优美的问题，也就是翻译"三要求"中，"信"之外的"达"和"雅"的问题，尤其是"雅"的问题。真正要达到"雅"的要求，恐怕还不只是文字优美的问题，还应包括整部作品要体现出"美"，具有"诗意诗韵"。这对学术翻译来说，也可能要求太高了，学术翻译毕竟不是文学作品；但是要求一部作品尽量做到优美，还应该是个合理的要求，如果原作就很优美，那就更是必然的要求了。谈到翻译的文字美，不禁想起不久前偶然翻看到小说家王小波的一段话。王小波在《青铜时代》① 的《序：我的师承》中说："假如中国现代文学尚有可取之处，它的根源就在那些已故的翻译家身上。我们年轻时都知道，想要读好的文字就要读译著，因为最好的

① 王小波：《青铜时代》，中国青年出版社 2002 年版。

作者在搞翻译。这是我们的不传之秘。"① 还说："最好的，还是诗人们的译笔，他们发现了现代汉语的韵律。"② 王小波的话主要是讲文学作品，他所说的好作者都在搞翻译是否如此，我也无从考察，但是不管怎么说，他强调的翻译作品的文字美的要求是没有错的。对学术著作的翻译要求自然不可能像对文学作品那样，但是"信、达、雅"的要求是一致的，尽量做到文字美也是应该的。

最后，我还想重复一遍，之所以把几年前的旧作拿出来，无非是想通过一个翻译个案的分析来具体地体现出学风问题的重要性，并不是要抓住这部著作不放，不是要针对某个具体对象。这部书初版于2008 年，后来又出了多版，到2012 年还出过一版。我的评论只是针对2008 年的初版，想来以后各版会有更正，是否这样，我没有查过，但愿如此。

被列为著名的剑桥史系列的《剑桥科学史》的第七卷《现代社会科学》的中译本不久前已由大象出版社出版。这是一本严肃的著作，对18世纪以来世界主要大洲（以西方为主）的社会科学的发展作了言简意赅的论述。读后颇受启发。

为了更好地理解书的内容，恐怕首先要注意一个问题，那就是本书作者们对"科学""社会科学"这些概念的理解。这与我们一般理解的"科学"主要指"自然科学"，"人文科学"主要指文史哲，"社会科学"指经济学、社会学、法学、政治学等学科有所不同。"科学"这个概念在西方的形成和发展、变化有个过程，"社会科学""人文科学"概念更是如此，"科学史""社会科学史"也是复杂的问题。这些，本卷的两位主编在"导言"中有所交代，此处无须多说。但是要指出两点：第一，作者明确反对把科学"认为包含了实验和概念的严谨性以及方法论的清晰性这样的标准"，指出"从历史的角度来看，这似乎是出于某种误解而造成的"（第3 页）。作者强调的是变化和不确定性，声明作者们的总体目标是"不

---

① 王小波：《青铜时代》，第4 页。
② 王小波：《青铜时代》，第3 页。

要将社会科学当做一个对知识组织或现代性管理的一个自然的和必要的解决方式，而是看做许多关于历史偶然性的、逻辑变量的，不断变化的，备受争议的，但在世界中具有影响力的问题"（第 8 页）。只有了解了本书作者的这种灵活的、辩证的态度和观点，才会明白，这本书不像一般的科学史著作那样，把重点放在探讨学科的定义、罗列各个时期的学者及其作品（或发明创造）上面，而是分析某一学科（例如历史学）自 18 世纪以来，与自然科学、其他社会科学学科的关系，以及对本学科性质的认知，特别是对这些关系和认知的认识是如何表述出来的。从某种意义上讲，这有点像是一部认识史，或者观念史。第二，作者虽然主要分析西方的社会科学史，但是他们并不是笼统地谈论西方，而是认为西方各国，包括欧美发达国家之间是有差异的，因而他们总是具体地分析不同西方国家的情形，特别是英、美、德、法等国。值得注意的是，作者并不是随意地谈到这些国家，而总是在认为某一国家的情形最为典型，或者是最早出现这种情形的国家时，才列举它们。也就是说，作者举的例证国家都是在某学科的发展过程中具有某种代表性的，因而如果把它们连成一线，实际上就反映出该学科的发展历史。

　　下面谈谈历史学。在我国，近些年来，关于历史学是不是"科学"的问题争论得颇为热闹。如何兆武强调，历史学不能简单地等同于"自然科学"意义上的"科学"。他写道："一切其他物种的历史都仅仅是自然史，惟有人类在其自然史的阶段之后，继之以他们的文明史。文明不是自然的产物而是人的创造。"人类的历史"在如下的意义上对自然史宣告了独立：那就是，它不再仅仅表现为是受自然规律所支配的历史，同时它还是彻头彻尾贯穿着人文动机的历史"①。不同意这种观点，强调历史学的"科学性"的学者也大有人在，如庞卓恒。

　　如上所述，该书则避开这样的争论，而是从自己的角度解读史学。书中共有两章谈论史学，篇幅都不大。一是第 8 章"历史与历史主义"，一是第 21 章"历史学与社会科学"。前一章是讲 18—20 世纪的历史学，后

---

① 　何兆武：《历史学两重性片论》，《史学理论研究》1998 年第 1 期，第 5 页。

一章则讲 20 世纪以来的历史学。

第 8 章开宗明义地说"历史学在现代社会科学中占据了独一无二的位置，它是第一个具有稳定的专业形式的学科"（第 97 页）。这主要是指德国兰克（1795—1886）的方法论革命和所创立的"科学的"历史学模式。兰克完善了对历史证据的批判性的评价和使用的方法，并使之系统化。19世纪下半期，他的史学模式得到推广，"最终它不仅在德国，而且在法国、美国、英国也获得了规范性的地位"（第 105 页）。也就是说，由于在 19世纪下半期，西欧和美国的历史学实现了专业化，历史学才被"提升和划归为科学"。然而，应该看到，尽管兰克的模式在这个过程中起了重要作用，但是并不能彼此等同。因为，在这同时，无论在理论上还是实践上，西方这些国家的历史学已经超越了兰克，这也就为下一个世纪西方历史学的变革埋下了伏笔。

还应指出一点，作者在这一章里是以"历史主义"作为分析的红线的。作者认为，舍弃这一概念是无法说明历史学在 18、19 世纪的社会科学中的地位的。然而，"历史主义"本身是一个复杂的概念，而且有着发展变化的过程。总的说来，18、19 世纪大体上还是古典历史主义时期。这个时期的历史主义与社会科学有着密切的关联。只有这种古典历史主义所倡导的历史学原则被背离之后，现代的历史主义才能出现。兰克的历史主义在这里起了重要的作用。作者指出了兰克历史主义的两面性：一方面，历史学作为一种科学的自主性和独立性，要依赖于它对客观事实的掌握。另一方面，它的历史视野比较狭窄，主要只关注西欧各大民族国家从中世纪到当时的政治史（第 104 页）。也许是由于该章的下限止于 20 世纪前，因此作者虽然提到 20 世纪初有学者提出的"历史主义危机"以及之后对历史主义的批评，但是语焉不详。因此，这里有必要补充指出，像德裔美国历史学家伊格尔斯所强调的那样，许多探讨历史主义的著作都过分注重德国，然而，历史主义作为一个运动和观点早已超越了德国的范围。德国历史主义只是其中的一种。法兰西、苏格兰、英格兰、哥廷根等地的历史学家都在严谨的学术基础上写出了有意义的历史著作。此外，把历史学的专业化等同于科学化也是简单化了，因此，不能把 19 世纪历史"科学"

的发展与德国历史主义的范式相等同。①

　　第 21 章"历史学与社会科学"主要谈的是 20 世纪初以降历史学与社会科学之间的关系。它的作者指出，深受兰克历史主义模式影响的西方史学自进入 20 世纪以后，就遇到了历史学与社会科学之间的关系这个涉及史学发展的根本问题。答案有三种：一是彼此不可和解，无法越过相隔的鸿沟；二是，彼此融合、合作；三是介于两者之间。德国人兰普雷希特开始冲击兰克的樊篱。他开创的争论在全世界引起反响，法国的亨利·贝尔、美国的新历史学、美国的罗宾逊都做出了努力，并都产生了不同的影响。但是，真正产生重大影响的是法国的"年鉴"学派。作为年鉴派的著名学者，该章作者对这一派别及其对跨学科研究的贡献作了言简意赅的说明。

　　接着，作者又谈到了 20 世纪 40—60 年代跨学科研究发展的状况。如他指出，在 60 年代，历史学在英国和美国首先是与社会学结成联盟；在德国，社会史在 60、70 年代也确立了起来。在法国，除了社会史之外，人类学也是历史学的主要的合作者，而在 70、80 年代，历史人类学还转向了日常生活史的研究。最后，作者谈到了 20 世纪最后 20 年的变化。这个变化表现为社会科学各学科之间的合作出现了困难，跨学科性不再受崇尚，这个变化不是突然发生的，究其原因来说，历史学和社会科学一样，经历了一个"反思的时刻"，对它们自身的基础、概念、社会关系及其有效性都提出了质疑，更重要的原因是后现代主义的冲击。然而，历史学与社会科学之间的对话并未终止，学者们在尝试用新的方式、新的术语艰难地继续进行对话。

　　下面着重谈谈本书的翻译问题。一本好的译作，翻译的质量十分重要。我因没有读到本书的原文，所以无法准确判断本书的翻译质量。

　　但是，整个读来，感到翻译质量总体上是不错的。这主要是指外语的翻译质量。遗憾的是，书中还是有不少的错误。这些错误可以简单地分为两类，一类是意思上的错误，另一类是违反了"约定俗成"的原则。这两

---

① 参见伊格尔斯《历史主义的由来及含义》，《史学理论研究》1998 年第 1 期，第 71—88 页。

类错误都与译者不熟悉专业知识有关。事实上，一个好的翻译作品必须要有两个条件：一是过硬的外语水平，二是必要的专业。本书上述两章的译者正是由于缺乏第二项必要条件，结果造成不少错误。

兹举数例如下。

原文中提到法国年鉴派第二代领军人物布罗代尔的"La Longue durée"理论。国内研究或熟悉外国史学的人都知道，这是指布罗代尔著名的"长时段"理论，在国内早已有固定的译法。可是译者在书中把它译为"永恒"（第348页）。如果译者不同时标出原文，读者会不知所云，根本不知道"永恒"是指什么。在另一处则译为"永恒的语言"（第348页），也是文不对题。布罗代尔的论文题为《历史和社会科学：长时段》，原文发表于《经济，社会，文明年鉴》杂志（*Annales：Economics，Sociétis，Civili-sations*）1958年10—12月号，距今恰恰50年，西方不少学者今年并没有忘记纪念这个有意义的时刻。还应指出，《历史和社会科学：长时段》一文的中译文早已发表在《史学理论》杂志1987年第3期上。如果用些功夫，这样的错误应该是可以避免的。

又如在这两章的译文中，都频繁地使用"编年史"一词。这词的原文应是historiography。这个词在过去的辞典里的确译为"历史编纂学"。但是，在国内也常被译为"历史学"或"史学"。更重要的是，一个词的应用本身往往是有变化的，具体到这个词也是如此。在英文里，和西方其他的主要文字中，"历史"一词（history，histoire，Geschchite）往往也包含"史学"的意义。也就是说，history有双重含义：一指过去发生的事件，一指对这些事件的记录、叙述和思考，即史学。譬如史学史，英文中用history of history。中文翻译时就要根据原文中的意义选择正确的译法。在很长的时间内，英文中都是用history表示"历史"和"史学"两重含义。在这种情况下，historiography这个词就用得很少，或者强调的正是历史编纂学的意义。据我的回忆至少在20世纪90年代上半期情况还是如此。因为1992年《史学理论研究》创刊时，英文的刊名用了*Historiography Quar-terly*。我很快就收到了几位在美国工作和留学的朋友的信，说historiography这个词在西方早已不大用了，可否考虑改个英文刊名，这是当时的情况。然而，事情总是在起变化。随着历史研究的进一步发展，西方学者对于历史学这一学问的思考逐渐深入，比以前更为重视对于历史写作的哲学思考。这样，学者们开始注意区分"历史"一词的不同含义，并渐渐觉得有必要另用一个不同于 history 的词来表示其双重含义中的第二种含义，即对过去事件的叙述与思考。他们开始用"史学"（historiography, historiology）来指称这种含义。例如，"史学史"就不再用"history of history"，现在更常用的是"history of historiography"。这样可以更为清楚地表示"史学史"研究的是前人的历史著作，而不是过去的事件。鉴于这种情况，本书中的"historiography"一词不拟译成"编年史"，而以译成"历史学"为好。

下面再举一些错误的或有待商榷的具体例子。在谈到古希腊的著名史学家时，书中除希罗多德和塔西陀外，还举了"修西德底斯、波利比奥斯"（第 98 页）。其实，"修西德底斯"应为"修昔底德"（Thucydides，约公元前 469—公元前 400 年）、"波利比奥斯"应为"波里比阿"（Polybios，约公元前 201—公元前 120 年）。这不仅是因为这些是约定俗成的译法，而且恐怕与古希腊文人名的读法有关。

又如，书中引用了 Fritz Stern 编的 *The Varieties of History*：*From Voltaire to the Present* 一书，译者译为《从伏尔泰至今历史的多样性》（第 104 页）或《历史的多样性》（第 350 页）。这种译法，从字面上看，似乎没有什么错。但是如果看看原书，就会明白，这种译法是不确切的。原书是一本文选，是编者把名家的著作片断汇编成书，便于读者查阅。因此译成《史学集锦》或《史学著作集锦》就更为明白。《从伏尔泰至今》可列为书的副标题。译者把收入该书中的兰克的文章"A Fragment from the 1830s"译为《自 19 世纪 30 年代以来的断代》，"断代"之意也不清楚，似不如译为"片断"。

再如，伊格尔斯（Georg Iggers）的著作 *The German Conception of History* 的译名不统一，有时译为《德国人的历史概念》（第 103 页），有时译为《德国的历史概念》（第 345 页），应该是后者更为确切。但是不管怎么说，在同一本书中，同一译名应该是统一的。

再如，书中提到法国兴起的 histoire des mentalités，译者译为"思想史学"（第 349 页），这至少是对法国新史学不熟悉，这里应是"心态史"，

"心态"与一般说的"思想"是不同的。至于法国年鉴派的创始人之一Licien Febvre（1878—1956），译者译为"费夫尔"（第 347 页），如果能按约定俗成的译法，译成"费弗尔"，可能会更便于读者们阅读。

最后还需说明一点，虽然上面指出了一些翻译中的错误或可商榷之处，但是并没有否定全书翻译质量的意思。翻译本来是一件艰难的创造性工作，对译者的劳动应该充分尊重。所以提出以上一些看法，只是供译者参考，以便相互切磋，精益求精。另外，还想提醒一点，对做好翻译工作而言，恐怕只注重外语水平是不够的，还必须注重专业知识。（写于 2008年）

（本文原载《历史学评论》2013 年第 1 卷）

怎样正确理解和评价洛克的
"第二性质"学说？

洛克所说的"第二性质"究竟指的是什么？是主观的观念还是客观的属性？严格地说，洛克自己对这个问题的答复始终不是十分明确的，因此不能离开洛克哲学的基本精神去孤立考察他的"两种性质"的学说。

洛克在讲到"第一性质"的时候，始终是十分明确的。这"就是物体中各凝固部分底体积、形相、数目、位置、运动和静止。这些性质不论我们知觉它们与否，总是在物体中存在的"。"不论在什么情形之下，都是和物体完全不能分离的。"① 也就是说"第一性质"是客观存在的。洛克进一步说："第一性质底观念是与原型相似的"，第一性质的观念"是被我们底感官所发现的，而且即使我们不知觉它们时，它们亦一样存在于实体中"②。这里指出了所谓的"第一性质"的观念是可以正确反映客观事物的属性的。洛克在全书中谈及"第一性质"的时候，常把"第一性质底观念"与"第一性质"当作同义语来运用；可是在讲到"第二性质"时就不这样。

洛克给"第二性质"是这样下定义的："第二种性质，正确说来，并不是物象本身所具有的东西，而是能借其第一性质在我们心中产生感觉的那些能力。类如颜色、声音、滋味等等，都是借物体中微细部分底体积、形相、组织和运动，表现于心中的；这一类观念我叫做第二性质。"③ 洛克所说的"第二性质"是指的物体身上能产生感觉的那些能力呢，还是由这

① 洛克：《人类理解论》，商务印书馆 1959 年版，第 100、106 页。
② 洛克：《人类理解论》，第 102、271 页。
③ 洛克：《人类理解论》，第 101 页。

些能力在心中产生的观念？光看这个定义还不清楚，他似乎又指前者，又指后者。有一种意见认为，洛克只指前者，实则问题要复杂些。

洛克确实在谈到"第二性质"时，指出这是一种物体的能力。因此首先就要搞清楚，这种能力究竟指的什么？洛克说过，能在心中产生观念的那种能力，是主物（能力主体的）性质。① 这句话应该怎样理解呢？有这样一种解释："所谓'性质'就是它产生的观念必须和它本身相似。而所谓'能力'，尽管也是'主物（能力主体）的性质'，但是它所产生的观念和它本身却完全不相似"，其实问题并不在能力与性质的区别上，因为假如"第一性质"是"性质"，"第二性质"只是"能力"，那为什么洛克在为能力下定义而举例时要把"第一性质"也归为能力呢？② 问题在于，洛克在谈到"第二性质"时，强调指出的是，这些性质不是物体本身所具有的东西，而只是一种能力。③ 他在这里要区分的是"东西"和"能力"，"第一性质"是物体本身具有的东西，"第二性质"则是一种能力。（洛克确实有时也谈到"真正的性质"，以与"能力"区分，但这指的已不是前述的"能力是主物的性质"中的性质，而是在和"东西"同义的意义上说的，因为洛克只把客观存在于物体身上的"第一性质"称为"真正的性质"）。洛克为什么要做这种区分呢？很明显，这里就不仅仅是观念和物体相似不相似的问题。

洛克是一个不彻底的唯物主义经验论者。作为经验论者，洛克确认一切知识都来自经验，确认感觉"一定是人心以外一些事物底能力所生的结果，因为人心自身并没有产生任何观念的能力"④。马克思和恩格斯关于洛克的哲学这样说："洛克论证了 bon sens 的哲学，即健全理智的哲学，就是说，他间接地说明了，哲学要是不同于健全人的感觉和以这种感觉为依据的理智，是不可能存在的。"⑤ 洛克是忠于健全人的感觉和理智的，这正是他可贵的地方。他确实不能同意"第二性质底观念"的产生，完全是主

① 洛克：《人类理解论》，第 100 页。
② 参见洛克《人类理解论》，关于雪球的例子。
③ 洛克：《人类理解论》，第 101、102 页。
④ 洛克：《人类理解论》，第 361 页。
⑤ 《马克思恩格斯全集》第 2 卷，人民出版社 1957 年版，第 165 页。

观的，因为这和健全的感觉和理智矛盾，颜色、声音、滋味、痛楚等感觉确实只在和外界接触时才产生。因此，洛克拿雪球做例子，指出雪球中所寓的那些能产生"第一性质与第二性质底观念"的各种"能力"，就是他称为"性质"的，至于它们在理解中所产生的那些感觉或知觉，就是所谓的观念。①洛克只是在把"第一性质"和"第二性质"都看成是产生它们的观念的客观原因时，才把它们并列起来称为"能力"（主物的性质）。

但是，在洛克看来，"第二性质"还与"第一性质"不同，不是物体本身所具有的东西，而只是一种能力。这种能力是什么呢？它与其所产生的感觉在内容上是否一致呢？这就是真正的问题症结所在。有的同志肯定地答复了这个问题，并引证了洛克的一段话："我们所有的简单观念都是实在的，都是与实在的事物相契合的。我所以如此说，并不是说，它们都是实在事物的影象或表象；因为除了在原始性质以外，我们在别的性质方面，已经看到相反的情形。不过白与冷虽然不在雪内，正如痛觉不在雪内一样，可是白、冷、病那些观念，既是外物能力底一些结果，而且造物者已经指定这些外物，要给我们产生这些感觉，因此，这些观念就是我们底实在观念，而且我们可依据它们来分别事物本身中真正存在的那些性质"②，引文到此终止了。可是为了把问题弄明白，必须把引文继续下去，才能知道洛克的真意何在。"因为这些现象既然可以当做一些标记，使我们来知晓、来分辨我们所接触的各种事物，因此，我们底观念不论只是外物底一些恒常的结果，或者外物底精确表象，他们都一样可以成为实在的、能分别的特征（这句话很重要，值得仔细推敲，下面还要提到——笔者）；因为所谓'实在'其含义就是各种观念和实在事物底各种差异的组织，是恒常地相对应的。至于那些组织，对它们或为原因，或为印模，都无关系，它们只要常被那些组织所产生的，它们就是实在的。因此，我们底一切简单观念，所以都是实在的、真正的，只是因为它们同能产生它们予人心中的那些事物底能力相契合；因为只要有这个条件，它们就会成了

---

① 参见洛克《人类理解论》，第 100 页。
② 洛克：《人类理解论》，第 349—350 页。

实在的。而不是任意的虚构。"① 这里根本没有说明"第二性"感觉与
"第二性质"在内容上的一致性，与所谓就内容言之"第二性"感觉是与
实在的事物相契合的说法相反，洛克在这里说的是"同事物底能力相契
合"。当洛克说"观念……只是外物底一些恒常的结果"时，指的是"第
二性"感觉；说是"外物底精确表象"时，指的是"第一性"感觉。他
为什么要把它们区分开来讲呢？假如说他们从内容上来讲都与实在事物一
致的话，就没有必要作这种区分。所以洛克在这里说的只是一种原因和结
果的关系，在这点上说，无论"第二性质"或"第一性质"，对感觉来说
或为原因，或为印模，都无关系，只要它们都是能在人心中产生观念的能
力（请回忆前面提到的关于雪球的例子）。正因为有这种恒常的因果关系，
我们才有可能凭借这些观念，把它们当作一些标记，来分辨各种事物；分
别各种事物身上存在的"真正的性质"。这里并没有谈到内容上的一致性。

　　为了证明洛克所说的"第二性"感觉与"第二性质"在内容上并不
一致，可以再举下面这段话。"因为我们如果没有适当的器官，来接受火
在视觉和触觉上所起的印象，而且我们如果没有一个心同那些器官相连，
从火或日来的印象，接受到的光和热底观念，则世界上便不会有光和热，
这个正比如日尽管照、伊特纳火山尽管高喷，若是没有感觉的动物，世界
上亦不会有痛苦似的，至于我们所能观念到的凝性、广袤，以及其所形成
的形相、运动和静止，则不论世上有无感觉的动物来感觉它们，而它们仍
是实在地在世上存在的。"② 所以洛克几乎每次在谈到"第一性质"的时
候，都要指出它们不管有没有被知觉，总是客观地存在着的，而"第二性
质"则不是这样。世界上要是没有感觉的动物，就不会有光或热（从上文
来看，洛克显然不是指光与热的观念），尽管太阳仍然在照，火山仍然在
喷，也即尽管产生"第二性"感觉的原因依然存在（这对痛楚、饥饿等
也同样适用）。可见"第二性"感觉和"第二性质"不仅是形态上不一
致，而且在内容上也不一致了，否则洛克为什么总是只在谈到"第一性
质"时强调它的不从属于人的感觉的客观存在呢？

---

① 洛克：《人类理解论》，第 350 页。
② 洛克：《人类理解论》，第 353 页。

　　那么这种能力,既是产生感觉的一种原因,又不是事物本身存在的东西,那到底是什么呢?"原始性质在起作用时,如果不能清晰地被人分别出,则它们的各种组合所发生的各种能力,便是所谓第二性质。"① 可见,正如洛克自己所一再说明的一样,"第二性质"是依靠于"第一性质"的一些能力。在物体身上真正存在的只有"第一性质",当它在某种条件下(不能清晰地被人分别出)起作用时,它们的各种组合能产生一种能力,这种能力可以在人的感官上起作用,产生出观念来。因此洛克说:"……眼如果看不到光或色,耳如果听不到声,上腭如果不尝味,鼻官如果不嗅香,则一切颜色、滋味、香气,声音等等特殊的观念都消散停止,而复返于它们的原因,复返于各部分体积、形相和运动。"② 可见,不只"第二性质"是一种能力,"第一性质"也是能力(但"第一性质"不仅是能力,它与"第二性质"不同,还寓于客观事物本身),这种能力是产生感觉的客观原因。

　　再可以举一个例子。既然"第二性质"这种能力是由于"第一性质"在不能被人觉察的情况下起作用的各种组合产生的,那么如果我们设法增强我们的观察能力,譬如利用显微镜,将会怎样呢? 洛克的回答是肯定的:"我们如果能发现出物体中渺小部分底原始性质,则现在的第二性质就会消灭了。"③ 记得洛克在前面说过的关于物体不论经过什么变化,外面加于它的力量不论多大,"第一性质"永远不会消失的话吗?④ 这有多么的不同啊。假如"第二性质"也是客观存在的话,那又怎么能消失呢? 诚然,洛克在说明"第二性质"可能消失的问题时,还说过如下的话:"因为在感官底敏锐力增加以后,则现在给肉眼所产生的某种颜色会被发现是完全另一种东西;因为寻常目力所见的有色物象,在这种情形下,其微小部分底体积比例,就会发生了变化,产生出同以前差异的观念来。"⑤ 是不是可以说,因为感官敏锐力增加了,物象微小部分底体积比例起了变化,

---

　　① 洛克:《人类理解论》,第 106 页。
　　② 洛克:《人类理解论》,第 103 页。
　　③ 洛克:《人类理解论》,第 272 页。
　　④ 洛克:《人类理解论》,第 100 页。
　　⑤ 洛克:《人类理解论》,第 272 页。

产生了不同的新质，因而也就产生了不同的观念了呢？这样说是错误的。随着科学的发展，人们创造出各种各样的精密仪器，在这些仪器的帮助下，人们有可能越来越细致、越来越确切地观察客观存在的事物，但根本不可能创造出什么新的质来，像现在的所谓"仪器"唯心主义所宣传的那样。洛克不是一个唯心主义者，他在这里只是想说明"第二性质"之依赖于"第一性质"，只是想说，由于微小部分在各种不同情况下，其组合（体积比例、形相、运动）会起变化，因而产生出不同的能力来，而在人们的器官上作用的结果，就生出不同的观念。这里指出的还是因果关系。

那么可不可以说洛克把"质"归结为"量"了呢？洛克自己并没有这样主张，他甚至尽量想把它们区分开来，因此他才有"第一性质"与"第二性质"的划分。可是问题要看实质，尽管洛克自己这样主张，但实质上是否真是这样了呢？洛克是一个形而上学者，他对于质与量的辩证关系，几乎没有什么了解。洛克是用物体分子的形相、组织和运动来说明"第二性质"的实质，而物体分子的形相、组织和运动具有可以度量的特性，既然洛克对质、量之间的辩证转换关系几乎没有什么了解，既然他又认为"第二性质"是"第一性质"在一定条件下各种组合（量的变化）起作用时所产生的一种能力，那么虽然他的"第二性质"学说，根本没有数量关系的概念（辩证法关于量、质变化的法则是客观存在，并不因为对它没有概念，就不起作用），虽然洛克甚至尽量想把这两种性质区分开来，可是他又怎样能从量变中看出质变呢？形而上学限制了他，就像在其他许多地方限制了他一样。不过，也应该指出，把洛克说成是主张"物质的一切性质都可以归结为纯粹量的规定"，像唯心主义的毕达哥拉斯派的看法那样，也是不正确的。洛克是一个不彻底的唯物主义者，并不是毕达哥拉斯的神秘主义的信徒。

关于洛克所说的"能力"并不是如"第一性质"那样客观存在的"东西"，还可以举很多例子。这里只想再指出一点，即洛克在《人类理解论》第二卷关于"能力"的一章中的一些看法，特别是关于意志和理解是两种能力、官能等章节，是很值得注意的。

洛克作为唯物主义者，作为忠于健全人的感觉和理智的哲学家，他确实想找出感觉产生的客观原因。因此他就提出了物体的"两种性质，作为作用于人的感官而产生观念（感觉）的客观原因。但是经验告诉他，这"两种性质"的感觉有区别，特别是"第二性质"感觉和人的主观作用联系十分密切。因此，他才感到有必要划分"两种性质"，这"两种性质"作为产生感觉的客观原因来说，是相同的，都是一种能力，但是它们本身有区别，一种是物体身上真正存在的东西，一种始终只是一种能力，是由前者在某种条件下的各种组合的作用所产生的。

有同志说，如果洛克不承认"第二性质"（他叫作"能力"又叫主物的性质）的客观存在，他就不能解释绝对不同于"第一性观念"的"第二性观念"的产生，如果洛克不承认"第二性质"是一种异于"第一性质"的特殊的"质"，如果他是用"第一性质"来消灭"第二性质"，那么，他就根本不必作出"两种性质"的区分，这在逻辑上是无须证明的。关于第二点前面已经讲过，现在谈谈第一点。是不是洛克不承认"第二性质"的客观存在，他就不能解释"第二性观念力的产生了呢？"不然。且看洛克自己是怎样说明"第二性观念"的产生的。

洛克在解释"第一性质"产生观念的途径时，提出了推动力这个概念。他说，有一种运动从物体出发，经过神经，或元气，以及身体其他部分，达到脑中（或感觉位置），就在心中产生观念。① "第二性质"产生观念的途径大致也是这样的，那么为什么所产生的观念与原来物体不相似呢？洛克回答说："我们很容易想象，上帝在那些运动上附加了一些同那些运动不相似的观念。因为他既然把痛苦观念附加在钢片割肉的运动上，而且那个观念同那种运动又不相似，则他为什么不可把各种观念附加在那些分子底运动上呢？"② 附加上去的，也就是说，原来是没有的。值得注意的是，洛克在说"第一性观念"产生时，就不认为是附加上去的。可是怎样附加上去的呢？洛克自然不会真的归功于上帝。

看看洛克所谈到的一些具体例子，问题就清楚了。他说："……冷热感觉所以成立，只是因为人体中微细部分底运动或增或减的原故，而这种运动又是由其他物体底分子所引起来的。""……我在受日所照所热时，所

---

① 洛克：《人类理解论》，第 101 页。
② 洛克：《人类理解论》，第 102 页。

得到的光和热底知觉，亦并不是日中所含的性质，正如蜡在被漂被熔后所
生的变化并不存在于日中一样，它们都一样是太阳中的能力，都是依靠于
第一性质的，因为日在手和眼方面，可以借其第一性质，变化了手眼底一
些微妙部分底体积、形相、组织和运动，因而产生出光和热底观念来。"①
似乎已经说得很明白了。这种"第二性观念"的产生是由于主体中微细部
分运动、组合的结果，而外界的动力只是引起这种运动的原因。没有这种
原因，固然不能引起运动，但主体微细部分的运动却是产生"第二性观
念"的决定因素。问题还不只在这里，如前所述，这种所产生的，"第二
性观念"和外界物体上引起主体微细部分运动的那种能力在内容上并不一
致。也就是说，这种新"质"的产生是由于主观的作用，从内容上来说，
它是主观的，这不是也合乎逻辑的吗？

　　因此结论应该是这样的：尽管洛克企图唯物主义地解决"第二性质"
的问题，尽管他一再声称"第二性质"是物体身上的一种能力，可是从他
哲学的实质分析起来，他所指的"第二性质"正是主观的东西，也只能是
主观的东西（洛克一再强调它不是客观物体身上存在的东西，既然不是客
观的，那当然只能是主观的了。这在逻辑上也是无须证明的），因为洛克
是一个不彻底的唯物主义者，因为他的方法是形而上学的方法。

　　怎么会造成这样的结果呢？对洛克的"第二性质"学说应该怎样评价
呢？这些还需要作进一步的阐明。为了更说明问题，必须先谈一谈辩证唯
物主义对"两种性质"的看法。读了有的同志为洛克"第二性质"的辩
护后，给人的印象是，似乎辩证唯物主义在这个问题上和洛克没有什么区
别，其实并不是这样。

　　辩证唯物主义根本就取消物体有"第一性质""第二性质"的划分。
因为不管是"第一性质"也好，"第三性质"也好，它们都是不依赖于人
的意识，而能反映于人的意识中的客观存在。如果拿它们与它们在人的头
脑中的反映在形态上相似与否来划分，也同样没有根据。因为不论是"第
一性质"或者"第二性质"都不可能和它们的映象等同，也不可能完全
相似或完全不相似。列宁在批判"符号论"时就曾指出，摹写绝不会和原

---

① 参见洛克《人类理解论》，第 105、107 页。

型完全相同，可是和物"没有任何相似之处"的只是记号或符号。① 因此，有差别的只是映象与原型之间相似的程度，这种差别当然是没有原则意义的，因此不能据此来划分"两种性质"。

任何感觉都是主观和客观的辩证统一。列宁给感觉所下的经典性的定义就充分体现了这点。他说："感觉是客观世界、即世界自身（lan und für sich）的主观映象。"② 这对"第二性质"讲是这样，对"第一性质"讲同样是这样。客观世界及其属性是第一性的，客观地存在于人的感觉、知觉之外的。而人的意识对它们的反映，不论其相似程度如何，都只是它们的映象、摹写，都是派生的。也就是说，从形式上来说，不论其形式的相似程度如何，一切形式都是主观的；就其内容来说，则都是客观的，而两者又是辩证地统一的。所以强调形式上相似程度的差别，并以此来划分"两种性质"，是没有必要的。何况，辩证唯物主义认为，形式和内容是统一的，而形式又是由内容决定的。

另一方面，人们的感觉在反映客观事物的过程中，在主观性的程度上确是有差别的。这种差别就表现在映象与原型之间的相似程度上。毫无疑问，人们对"第一性质"的反映，比起"第二性质"来，更近似于原型。不过，所有这些"性质"都是客观存在的，都是能在人的感觉中得到相似的反映。

洛克受到时代的限制，他不可能辩证地解决认识论上的许多复杂问题。由于不彻底的唯物主义，特别是形而上学思想方法的影响，他不可能正确地解决他的哲学体系中的这个环节。他关于"两种性质"的学说，正是他的不彻底性的一种表现。洛克虽然由于时代的限制和形而上学方法论的影响，使他陷入矛盾，以致给唯心主义和不可知论留下了"可乘之隙"，但是不能把洛克的这些动摇和矛盾说成是自觉地背弃唯物主义。洛克是不负于他的时代的，他关于"两种性质"的学说，表现出了他的唯物主义的不彻底性。

有同志说："正如我们不能从事物的整个中抽出它的某一特性孤立考察一样，我们也不应该离开洛克哲学的基本精神去孤立考察他的两种性质

① 《列宁全集》第 14 卷，人民出版社 1957 年版，第 246、247 页。
② 《列宁全集》第 14 卷，第 116 页。

的学说。"完全正确。但是洛克哲学的基本精神是什么呢？这位同志谈到了洛克对天赋观念论的批判和对于知识起源于经验的论证，这是不够的。因为，第一，在谈到洛克哲学的基本精神时，不能不同时指出他的形而上学方法论、他的机械唯物主义。恩格斯在《反杜林论》中谈到形而上学思想方法时指出："这种思想方法，由培根和洛克从自然科学移植到哲学上，它造成了上世纪末（即 18 世纪）特有的局限性——形而上学的思想方法。"① 第二，正如列宁所指出的："无论唯我论者（即主观唯心主义者）或唯物主义者，都可以承认感觉是我们知识的泉源。"② 这里不是说洛克是主观唯心主义者，要说明的是光承认知识起源于经验是不够的。"一切知识来自经验、感觉、知觉。这是对的。但试问：'属于知觉'的，也就是说，作为知觉的泉源的是客观实在吗？"③

洛克哲学的前提是唯物主义的。他的哲学的出发点是肯定思想本是一块"白板"，一切知识都来自后得的经验，但是这经验的泉源是什么呢？的确，洛克首先从客观方面去找。如有的同志说的，主要起源于外物作用于感官而引起的感觉力，"第一性质"就是这样。可是感觉并不只是客观的产物；它是主观和客观的辩证统一。"第一胜质"虽然也是这样，但因为它们的映象与原型很相似，还合乎健全人的感觉和理智，因此对洛克来说，矛盾不大。"第二性质"就不这样，这里主观与客观的矛盾就比较显著，因此当他要确定这些观念（"第二性"感觉）的内容的时候，就碰上了主观与客观的关系问题、反映出来的现象与被反映的客体的本质的关系问题。他精细地考察了这个问题，可是形而上学思想方法不容许他正确地解决这个问题，他不理解感觉是主观与客观的辩证统一。在他看来，是主观的，就不可能是客观的，反之亦然。因此，当洛克解释"第一性质"时，只强调它的客观一面，而忽略了主观的一面。在"第二性质"方面，他的哲学前提要求他从客观上寻找原因，否则就会与健全人的感觉和理智相矛盾。可是，洛克不能辩证地解决主观与客观、现象与本质、感性与理

---

① 恩格斯：《反杜林论》，人民出版社 1956 年版，第 19 页。
② 《列宁全集》第 14 卷，第 124 页。
③ 《列宁全集》第 14 卷，第 125—126 页。

性的关系，而把它们机械地割裂开来。他虽然也指出"第二性质"观念的产生有一定客观原因，但是它们与"第二性质"在内容上是否一致呢？他却无法回答。经验却告诉他，光、色等感觉和痛、饿一样，是不存在于客观物体身上的，只有"第一性质"是真正存在的，由于洛克形而上学思想方法的限制，他实际上是把感觉分成主观的与客观的了。就内容来说，"第一性质"是客观的，"第二性质"是主观的。这是形而上学思想方法的必然结果。

由此可见，有同志提出的："不管洛克怎样谈论'第二性质'和'第一性质'的差异，如果他要证明，第二性质，观念的经验起源，他就必须首先在逻辑上肯定'第二性质'的客观的第一性的存在，不然洛克就根本不能摆脱和其出发点自相矛盾的境地。"这个问题也就得到解决了。洛克确实不能摆脱自相矛盾的境地，这就是他的唯物主义不彻底性的表现。其实，只要我们进一步探讨的话，这个问题就更明显，正由于洛克形而上学思想方法的作怪，当他进一步考察人的认识过程中的理性阶段时，上述的矛盾就更大。假如说洛克要证明一切观念的经验起源，必须首先要在逻辑上肯定产生这一切观念的源泉都是客观存在的话，那他为什么要把"简单观念"分成"感觉观念"和"反省观念"呢？① 这不是和他的出发点自相矛盾的吗？是的。因为形而上学思想方法使洛克看不到感性和理性之间的辩证关系，也正因为如此，当他要证明一切观念都起源于经验的时候，不得不把经验也分成外部的（感觉）和内部的（反省）了。只说一切知识来自经验虽然对，但却是不够的；必须进一步说明，作为一切知觉的源泉都是客观实在。

有同志在为洛克辩护时，提出了对反映概念和反映过程怎样理解的问题。他说"任何物体在受到其他物体的作用时，都会产生反作用并引起某种改变去适应这种作用，这种适应他物作用而引起的变化，就是此物对他物作用的反映。反映形式不仅取决于作用的性质，也取决于反映物体本身的性质"。接着他就举出了蜡在太阳下发生溶解与向日葵随太阳而起的趋光运动的不同，以及平板玻璃与冰洲石对纸上的线的反映不同的例子。我

---

① 洛克：《人类理解论》，第 69 页。

觉得，我们所讨论的人的感觉对外物的反映和类似例子中所说的反映有原则的不同，不能混为一谈。列宁说："除了人的、即'主观的'感觉之外，没有其他的感觉，因为我们都是从人的观点而不是从魔鬼的观点来判断问题的。"① 这点这位同志也作了一些承认，但他接着说："上述反映过程中的一般规律，对于任何物体的反映形式都是适合的。"毫无疑问，反映形式和作用的性质以及反映物本身的性质都有关系，因为它本身是主观、客观的辩证统一。问题是，这种种反映形式是否或多或少是原型的正确的摹写、映象，它们之间的关系又是怎样的？

这位同志回答说："既然感觉（或认识）是主观和客观的矛盾统一，那末，正如其他经过否定之否定的发展过程而出现的新事物一样，反映物是一种更高级的'复归'，它会重复对象的特点，然而，它既然结合了主观的作用，它就是具有某种新质的现象，而不会是对象的单纯再现。"尽管这位同志紧接着就声明："反映过程的主观能动作用，绝对不容夸大，可是他实际上是夸大了，因为这种主观能动作用已经创造出一种更高级的具有某种新质的现象来了。"

的确，我们应该辩证地理解反映概念和反映过程。列宁说："自然界在人的思想中的反映，要理解为不是'僵死的'，不是'抽象的'，不是没有运动的，不是没有矛盾的，而是处在运动的永恒过程中，处在矛盾的产生和解决的永恒过程中。"② 辩证地理解"反映"，恐怕并不足以把它理解为一种具有新质的现象。列宁还说过："在认识论上和在科学的其他一切领域中一样，我们应该辩证地思考，也就是说，不要以为我们的认识是一成不变的，而要去分析怎样从不知到知，怎样从不完全的不确切的知识到比较完全比较确切的知识。"③ 这里进一步指出，这种辩证的过程不是表现在创造出一种更新的质的现象，而是如何得到更正确的对客观世界的知识，也就是如何更正确地反映客观世界。我们不能孤立地停留在感觉这个认识过程的低级阶段上，而应该把反映过程作为一个完整的过程来考察，

①　《列宁全集》第 14 卷，第 109 页。
②　列宁：《黑格尔〈逻辑学〉一书摘要》，《哲学笔记》，人民出版社 1993 年版，第 180 页。
③　《列宁全集》第 14 卷，第 98—99 页。

因为辩证唯物主义告诉我们，感性与理性是辩证地统一着的，正如毛泽东同志所说的："感性和理性二者的性质不同，但又不是互相分离的，它们在实践的基础上统一起来了。"[1] 因此，固然不能把反映物看成是对象的单纯再现，但也不能把它理解为具有某种新质的现象。

感觉和客体之间是有区别的，但是这种区别并不在于前者比后者具有更多的新质，是一种更高的"复归"。列宁在讲到这种区别时是这样说的："我们表象的对象和我们的表象有区别，自在之物和为我之物有区别，因为后者只是前者的一部分或一方面，正像人自己也只是他的表象所反映的自然界的一小部分一样。"[2] 他并引用狄慈根的话说："现象和显现者之间的差别，正象十里路程和全程之间的差别一样。"[3]

值得注意的是，恩格斯和列宁总是把关于现实世界的表象说成是对现实的复写、摄影、摹写，列宁甚至说，感觉是客观实在的正确摄影。[4] 这当然不是把反映看成是客观物象在主观中形态上的简单再现，而是强调反映是对客观事物或多或少正确的再现。

有同志引用否定之否定的规律，来为自己的观点论证。可是否定之否定的规律一般是包括了一个完整的、全面的发展过程的，假如要全面观察认识过程中主观、客观矛盾统一的过程的话，至少首先要把它们统一的基础——人的实践活动包括进去。这位同志还引用了列宁关于感觉是外部刺激力之转化为意识事实的话，并在"移化"这个词上做文章；可是同样不解决问题。因为感觉本来是主观客观的辩证统一，它是高度组织起来的物质——人脑的产物，因此没有主观的"转化"作用，感觉是产生不出来的。在这点上，这位同志说得对："我们决不能机械地认为主观感觉如何，客观的物象一定如何。"可是这种主观"转化"作用有一定的限度，那就在于它只能越来越完整、越来越正确地反映、复写物象，而不能创造出具有新质的现象。

洛克正是夸大了主观的作用，把主观与客观割裂开来，因此，他实际

---

① 《毛泽东选集》第 1 卷，人民出版社 1952 年版，第 275 页。
② 《列宁全集》第 14 卷，第 116 页。
③ 《列宁全集》第 14 卷，第 118 页。
④ 《列宁全集》第 14 卷，第 127 页。

上是把"第二性质"看作这种主观作用所"转化"成的新质。这些新质与"第一性质"不同，并不是真正存在于客观事物身上的。这就是不彻底性，至少是向唯心主义让步。

那么可不可以说洛克是不可知论者呢？他还没有到这个地步。但是在洛克关于"两个性质"的学说中也包含不可知论的音调。正因为他形而上学地把客观和主观分割开了，因此如前所述，他有时把观念看成是分别外物的一种标记，不论这些观念是外物恒常的结果或是精确的表象。[①] 以后的"符号论""象形文字论"的拥护者，则利用和扩大了这点，走到了不可知论。

造成洛克的不彻底性的原因很多，主要是时代的限制。从当时的社会政治和阶级情况、自然科学情况等的发展中可以找到原因，洛克是一个哲学家，他只是从哲学的角度来探讨人的认识过程，他并不想从自然科学的角度来解决、论述这个问题。

说到洛克的局限性，倒需要指出下述这点，洛克在研究人的认识过程时，不是首先把人看作社会关系的总和，而只是从生理的角度来研究。他只是抽出一个人来孤立地进行考察，而没有看到人类认识的历史发展过程。这样，洛克的唯物主义就带上了静观的性质，人对他来说只是消极的。这是他的局限性，也是他的不彻底性，毛泽东指出："马克思以前的唯物论，离开人的社会性，离开人的历史发展，去观察认识问题，因此不能了解认识对社会实践的依赖关系，即认识对生产和阶级斗争的依赖关系。"[②] 要知道，客观与主观、感性与理性正是在实践的基础上统一起来的。

还应该指出的是，尽管洛克经常处在自我矛盾之中，尽管他的唯物主义理论和形而上学思想方法不断斗争，可是，就其全部哲学来说，唯物主义还是占据主要地位的。他的这些不彻底性，也都是受到时代的限制：何况他在他的时代所许可的条件下，已经走出了可贵的一步。在谈到洛克的这些不彻底性的时候，列宁在论及赫尔岑时所说的几句话，我想也是适用

---

① 参见洛克《人类理解论》，第 350 页。
② 《毛泽东选集》第 1 卷，第 271 页。

于洛克的："这并不是他的过错，而是他的不幸。"①

　　但是，我们也必须分析和指出洛克的不彻底性，这样，我们不仅容易看出，辩证唯物主义是怎样历史地在人类智慧发展的基础上形成的，而且更重要的，可以表明，只有作为无产阶级的科学的世界观的辩证唯物主义才是唯一科学的理论，只有它才能正确地认识世界，具有伟大的改造世界的力量。

　　　　　　　　　　　（本文原载《光明日报》1961 年 10 月 17 日和 24 日）

---

　　① 《列宁全集》第 18 卷，人民出版社 1959 年版，第 15 页。

论莫尔与康帕内拉

社会主义学说有着悠久的历史。还当资本主义在世界上刚刚产生的时候，还当资本的原始积累过程加紧进行的时候，人类的某些杰出的思想家就已敏锐地感到当时广大劳苦大众的悲惨境况，他们有力地批判了现存制度，并且生动地描绘了未来的理想社会。作为空想社会主义的创始人，我们首推两位人物：16 世纪初英国的莫尔和 17 世纪初意大利的康帕内拉。他们不朽的著作《乌托邦》和《太阳城》，在空想社会主义历史上占据特殊的地位。这两本书的篇幅都不算大，可是关于它们的文献却很浩繁。本文的目的在于对他们两人的观点作一比较，这或许会有助于深入了解他们的思想。

一般在谈到他们两人在社会主义思想史中的地位时，都认为他们是可以相提并论的，这样的说法不无根据。的确，虽然他们出身于不同的国家，彼此相隔将近一个世纪，但他们有着不少相似的地方。首先，他们都是空想社会主义最早的创始人，都对共产主义的理想社会作了动人的描绘，他们的著作在宣传共产主义社会的某些原则方面都有过很大的影响。这里要说明一点，一般往往只强调康帕内拉是空想共产主义者，其实毫无疑问，莫尔的乌托邦社会也是建筑在共产主义原则上的。这点从下面的论述中可以看出。其次，莫尔和康帕内拉都是人文主义者，并且都是当时具有最先进观点的人，即他们和一般人文主义者不同，并不代表资产阶级的狭隘利益，而反映了城乡广大贫民的愿望和要求。① 英国进步史学家 A. 莫

---

① 不少著名的苏联史学家都指出过这点。参阅 С. Д . Сказкин， "О методологии истории Возрожднии и гманизма"，*Средние века* ，вып. XI，М.，1958，стр. 135. В. П. Волгин，*Гуманизм и социализм* ，М. ，1955，стр. 9.

尔顿把莫尔看成是英国商界利益的代表者①，他并引证了 K. 考茨基的同样看法。② 这是值得商榷的。我们同意苏联学者 В. Ф. 谢苗诺夫在莫尔顿这部著作的俄译本前言中所提出的反对意见。谢苗诺夫认为无论从莫尔的观点或从他的出身来看都不能说他是资产阶级——商人利益的代表者。"当然，谢苗诺夫写道，——莫尔是反对封建压迫的，他同情工商业的成长、科学思想的发展、资本主义关系萌芽时期的一切先进事物，但他本人就曾对新的、成长中的资本主义制度的矛盾作过深刻的批判。"③

此外，莫尔和康帕内拉都活动在资本的原始积累时期，这可以说是一个过渡时期，资本主义还远未成熟，资本主义的矛盾还很不深刻，封建势力无论在政治或经济上都占据统治地位，在当时的意大利还有着加强的趋势。莫尔和康帕内拉都不可避免地受着自己时代的限制，他们在这新旧交替的过渡时期，都只是孑然一身的思想家，无法看到实现自己理想的力量。在他们的世界观中，新的先进因素往往和旧的落后因素交错在一起。他们所描绘的理想社会，不仅是空中楼阁的乌托邦，而且其中还有不少与共产主义格格不入的东西，这点在康帕内拉身上体现得尤其明显。

鉴于这些共同点，特别是考虑到他们在描绘共产主义社会、传布共产主义思想方面的功绩，一般地把他们两人相提并论确无不可。但如果我们进一步比较他们的观点，那么可以看到，莫尔的《乌托邦》不仅在文字上而且在内容的丰富和深刻上，都要超过康帕内拉的《太阳城》。因此我们不同意徐则灏同志的下述意见："康帕内拉的《太阳城》，在表达方式上比较枯燥，缺少鲜明的形象，他的文笔逊于托莫斯·莫尔的《乌托邦》，而在阐述的内容上，比起后者有过之无不及，特别是对于未来社会，康帕内拉作出了许多天才的臆测，更富有吸引力。"④ 徐则灏同志对自己的观点没有论证，我们不知道他的根据是什么。其实我们的上述看法并不新鲜，苏联历史学家 В. П. 沃尔金早在 1933 年写的《康帕内拉——共产主义者》一文中这样提出过。沃尔金在指出《太阳城》作为传播共产主义思想的文献应该和莫尔

---

① А. Л. Мортон, *Английская утопия*, Перевод с английского О. В. Волкова, М., 1956, стр. 61.

② K. Kautcky, *Thomas More and his Utopia*, p. 143.

③ А. Л. Мортон, *Английская утопия*, Перевод с английского О. В. Волкова, М., 1956, стр. 9 – 10.

④ 徐则灏：《康帕内拉的〈太阳城〉》，《历史教学》1962 年第 3 期，第 37 页。

的《乌托邦》相提并论以后，接着写道："把这两部文学著作比较一下，我们当然应该承认，康帕内拉的对话集无论在其文学成就方面，或者在其内容的丰富方面，都无可比拟地低于莫尔的对话集。"①

我们现在就来论证这点。

首先，莫尔在《乌托邦》中对当时社会，特别是正在成长中的资本主义关系的批判比康帕内拉在《太阳城》中作的要深刻得多，莫尔《乌托邦》的第一部充满了这种无情的批判，这里举两个最突出的例子就够了。第一，莫尔对圈地运动的批判。大规模的圈地运动在英国是于15世纪末开始的，它引起了封建关系的根本破坏。马克思把圈地运动和剥夺农民看作原始积累的经典形式。资本主义在它刚迈出第一步的时候，就把广大劳动人民推入了痛苦的深渊。莫尔通过《乌托邦》的主人公希斯拉德不仅具体描述了当时他所看到的广大人民的悲惨景象，而且还愤怒地指责这是少数剥夺者为了自私自利的目的所造成的。"一种馋嘴而且是贪狠的国蠹，——莫尔写道，——会破坏地界，用一条篱栅把好几千亩地圈起。佃农从地上被逐出，他们的财产被用诡计或压制的方式剥夺掉。"② 马克思在《资本论》中论及原始积累的过程时两次引用《乌托邦》，莫尔"羊吃人"的说法成了描述这个过程的典型名言，绝不是偶然的。值得注意的是，莫尔着重批判的是原始积累过程给人民带来痛苦这一面，至于莫尔对当时工商业及科学的发展，是并不反对的。第二，莫尔不仅批判了当时社会的个别罪恶，而且击中了一切社会罪恶的根源——私有制度。希斯拉德说："假使私有制度存在，假使金钱是衡量一切的标准，我以为国事的进行就不可能公正顺利。"③ 莫尔特别抨击了私有制度的形式之一——钱币，因为正如列宁所说，钱币是剥削者"向一切劳动者征收贡物的凭据"。④ 在当时英国的情况下，原始积累过程造成了大量自由的劳动力，他们除了出卖自己的劳动力外无以求生，这就为钱币转变为资本创造了条件。在资本主义关系日益发展的情况下，钱币逐渐成为资本主义剥削的一个重要工具，

---

① В. П. Волгин, *Очерки по истории социализма*. М. – Л., 1935, стр. 90.
② 莫尔：《乌托邦》，商务印书馆1960年版，第36—37页。
③ 莫尔：《乌托邦》，第55页。
④ 《列宁全集》第29卷，人民出版社1956年版，第321页。

莫尔对金钱给社会和劳动人民所带来的苦难是看得十分清楚的，正因为如此，金银在乌托邦人眼里是这样的不值钱，他们只用它来做便桶溺器和犯人的镣铐。莫尔写道："乌托邦人还觉得奇怪的是：黄金从它的本身性质说是毫无用处的，现在却到处被人们看得极珍贵；本来黄金由于人才获得价值，也因为人加以使用才获得价值，可是人反不如黄金值钱。"① 这是多么辛辣的讽刺，多么一针见血的抨击呀！可见，莫尔对当时正在成长中的资本主义制度所暴露出来的矛盾已经作了批判。

康帕内拉在《太阳城》中通过航海家的叙述，也穿插着批判了当时的现存制度（主要是意大利的）。直接提出这种批判主要有三次：第一次是对鄙视工匠、尊重寄生者现象的批判，指出"这只能使国家濒于灭亡，这样的一种社会就好比一所培养罪恶的学校，培养出成群的懒汉和恶棍"②。第二次批判了只凭出身而选一些不学无术的人做政府首脑的现象。③ 第三次以那波利城为例，指出只有少数人从事过度的劳动而大多数人则游手好闲的不合理现象。④ 这几次批判都是在谈到太阳城的人民对劳动和才能的尊敬时提出的。很明显，这远比不上莫尔批判的深刻。

其次，莫尔在所描绘的乌托邦社会中，强调了生产的公有。在他看来，一个公正的社会只有在社会生产，而不是社会消费的基础上才能建立起来。沃尔金正确地指出："莫尔的大多数前辈把公有首先了解为消费品的公有。在莫尔的观念中，如我们看到的，生产的公有是注意的中心。……显而易见，他懂得在社会关系中主要的东西决定于生产组织，而不决定于消费组织。"⑤ 在莫尔的乌托邦社会中，家庭是社会的基础，可是家庭主要是生产单位。莫尔很懂得，只有首先把生产安排好，乌托邦社会才能立于不败之地，其他方面的发展才有可能。因此莫尔用一切办法，保证乌托邦人的生产能正常进行。乌托邦的城镇是生产的直接组织者，摄护格朗特（低级官员）的主要的和几乎唯一的职责就是合理安排生产。乌托

---

① 莫尔：《乌托邦》，第 80 页。
② 康帕内拉：《太阳城》，商务印书馆 1960 年版，第 25 页。
③ 康帕内拉：《太阳城》，第 26 页。
④ 康帕内拉：《太阳城》，第 34—35 页。
⑤ 《乌托邦》，沃尔金的前言，第 11 页。

邦人若到外地旅行，并停留一天以上，那他就应该从事自己的手艺。莫尔严格控制乌托邦每一家庭和全国的人口，人多了就向外移民，也正是从生产条件出发的。生产劳动是每一个乌托邦人的主要义务，这种生产显然是社会组织的。自然，在当时的条件下，这是以低下的技术水平为基础的生产，生产组织类似中世纪的行会组织，但莫尔是第一个具体描写了在公有制度基础上如何组织社会生产的人，这是他的历史功绩。

康帕内拉在《太阳城》中，也强调了每个公民必须劳动，他所说的生产也是社会组织的，但康帕内拉对公有的理解，却不像莫尔那样，首先把生产的公有突出出来。我们可以看到，康帕内拉在叙述太阳城的生活时，对生产是社会发展的基础这一思想强调不够，他似乎把生产劳动只是作为太阳城人民生活的一个方面来加以介绍。在叙述这个问题时，他只是说到了太阳城的男女公民从事什么样的劳动、他们的劳动热情以及劳动光荣的思想，至于生产组织和生产单位，怎样进行生产，则说得比较模糊，只在一个地方提到他们分组工作。① 康帕内拉在谈到公有的时候，常常指的是消费。例如，他写道，在太阳城"房屋、宿舍、床铺和其他一切必需的东西都是公有的"②，他甚至把妻子也列入其中。太阳城的人断言，在其他国家的"所有制之所以能形成和保持下来，是由于每个人占有住房、妻子和儿女"③。因此，在太阳城正是实行公妻制的。

康帕内拉认为太阳城的社会制度最符合人类天性。他着重从道德上批判私有制，认为财产不平等造成了贫富悬殊，从而产生了一系列的恶习。太阳城实行了公有制，就铲除了所有这些恶习。但什么是太阳城社会制度的基础呢？康帕内拉十分强调道德力量。他在《论最好的国家》一文中写道："太阳城就是道德为基础。"④ 他认为道德地生活是符合于自然的生活，是最高的幸福。太阳城的全体人民，都是道德十分高尚的，他们"比罗马人还要更热爱祖国。因此，他们也就比罗马人更加藐视私有财产"⑤。

---

① 参阅康帕内拉《太阳城》，第45页。
② 参阅康帕内拉《太阳城》，第27页。
③ 参阅康帕内拉《太阳城》，第23页。
④ 参阅康帕内拉《太阳城》，第75页。
⑤ 康帕内拉：《太阳城》，第23页。

正因为这样，这个国家不可能遭到毁灭。

由此我们可以知道，何以康帕内拉对生育和教育问题赋予如此重大的意义。在康帕内拉看来，这正是保证太阳城人民具有美德的主要方法。"应该把主要的注意力集中地放在生殖问题上；必须考虑的是双亲的天赋的品质，而不是嫁妆和不可靠的贵族的族谱。"① 在《论最好的国家》一文里，康帕内拉指出，国家的扩大是建筑在最好的子女生育上的，并说罗马之所以扩大了帝国，与其说是由于力量，不如说是由于它以自己的德行出名。② 正由于此，康帕内拉才如此详尽地为生育和教育方面作了种种规定。在他看来，生育问题甚至比教育问题更重要，因为只有双亲的优良品质才能保证后代的美德，天生有缺陷的人光靠后天是很难弥补的。"赖以发展美德的完美的体格，——我们在《太阳城》中读到，——通过体操是锻炼不出来的；天性上有缺陷的人，只有让他恐惧法律和上帝，他们才会很好地工作，否则，他们会秘密地或公开地危害国家。"③ 可见，康帕内拉错误地认为，只要消灭了天性有缺陷的人，对国家的危害就可以终止。

不言而喻，康帕内拉在这里是自相矛盾的：一方面，公有制的建立消除了一切恶习，并建立了美德；另一方面，这公有制却又要依靠美德作为自己的基础。莫尔虽然对社会发展同样不能树立正确的看法，而且他同样也具有唯理论的观点，但他比康帕内拉赋予社会生产以更多的注意，这无疑是要较为进步的。

第三，莫尔对乌托邦政治管理制度的描写比康帕内拉在《太阳城》中的描写要先进，要民主。在乌托邦，全部行政长官都由公民选举，如不称职可以更换；任何重大事件长官们不能擅自决定。"除在元老院和民众大会上外，不能对公众事务做任何决定，否则以处死论罪。据说，这一条所以采用，正是为了使王爷和特朗尼菩不易阴谋变更国章，肆虐人民。"④ 莫尔的民主原则贯彻得相当彻底，连教士都是由国民秘密选举出来的，妇女也有资格担当教士。康帕内拉在《太阳城》中所描写的政治制度无疑也是

① 康帕内拉：《太阳城》，第 31 页。
② 康帕内拉：《太阳城》，第 76 页。
③ 康帕内拉：《太阳城》，第 31 页。
④ 莫尔：《乌托邦》，第 65 页。

民主的，但其中保留有"贤人统治"的原则，这实际上是由贤明的僧侣执掌政权的制度。在太阳城里虽然也有公民会议"大会议"，它可以对政府负责人员的工作提出意见；太阳城负责人员的更换，也要由人民来决定。但四大领导人却是例外，大权集中在他们手里，由他们和一些高级负责人组成的会议是真正的执政机关。在太阳城里，政权机关和教会是统一起来的，最高领导人同时也是最高祭司。

这里有个问题需要说明。莫尔在《乌托邦》中所表达的政治观点，以后有没有改变？这主要指他为国王服务的问题。这个问题与他对国家的看法有关。当然，他不可能对国家的本质有完全正确的理解，但他已经懂得：当时的国家是富有者手中的工具。莫尔写道，国家"似乎只是一伙富有者狼狈为奸，表面名义上代表国家，实则为私人利益打算"①。因此，在《乌托邦》第一部中，莫尔通过希斯拉德的争辩，否定了国王会采纳明智的忠告从而实行从上而下的改良。希斯拉德在这个问题上的立场是很坚定的，他反复论证自己的观点，认为"假如我在任何国王的宫廷上，对于富国利民的措施作用条陈，尽力从国王身上根绝那些祸害因素，那么，我不是就马上遭到放逐，不是成为笑柄么？"②在《乌托邦》中，莫尔一般是通过希斯拉德来表达自己的看法的，而以自己的名义加以反驳。希斯拉德这些看法无疑就是他自己的观点。可是我们知道，《乌托邦》出版后两年，1518年，莫尔就和英王亨利八世有了亲近的来往。之后，他在宫廷中晋升极快，到1529年就成为大法官，仅次于英王的国内第一要人了。

什么原因促使莫尔做官的呢？他的观点有没有改变？历来不少莫尔的研究者对这个问题做过多种的解释。看来，莫尔做官主要由于形势所逼，在国内莫尔是很有威望的人，尤其是《乌托邦》一书的出版更扩大了他的影响。在16世纪，宣传共产主义思想对统治阶级来说还不成为一种现实的威胁，当时根本不存在共产党和可以实现这些思想的阶级力量。对于莫尔这样的人，英王自然很愿意加以利用，他很明白：如果不把这样有影响的人吸收到自己这边来，那是十分不利的。我们确实知道，莫尔本人在宫

---

① 莫尔：《乌托邦》，第125页。
② 莫尔：《乌托邦》，第46—47页。

廷任职并非出于自愿，而是被迫的。他在庆祝大法官就职时的答词中说：
"我在接受这个高位的时候，清楚地看到随之而来的危险和惊惶，真正的
荣誉是没有的。地位越高，跌得也就越深。我的前任（乌尔士）的例子就
证明了这点。"① 乌尔士是 1515—1529 年间当主教长和大法官的，由于后
来和亨利八世不和，被控告为叛国罪，但他在审判前就死了。莫尔在一封
信中更明确地说过："我到宫廷去是完全违反自己的意志的，国王经常开
玩笑似地责备我这点，而我做一个宫臣是这样的不适，就像一个步兵骑马
一样。"② 因此，莫尔出任大法官并不足以证明他改变了自己的观点。我们
知道莫尔是十分坚定的人，他轻易不更改自己的观点：就任大法官才两年
多，他就和英王闹翻了。为了坚持自己的看法，他宁死不屈。当他在监狱
中时，他的女儿和全家都含泪劝他与英王和解，但他毫不动摇。

　　第四，康帕内拉的《太阳城》中的宗教影响和神秘主义色彩比莫尔的
《乌托邦》要浓厚。诚然，莫尔与康帕内拉，和当时大多数人文主义者一
样，都不能完全摆脱宗教世界观的影响，对宗教改革也都采取反对的态
度，但康帕内拉世界观中这方面的落后因素无疑要严重不少。

　　莫尔第一个使共产主义公有制原则从宗教外壳中解脱出来，在《太阳
城》中我们却处处看到康帕内拉引证"教会之父"的著作来证明公有制
原则。应该说明的是，康帕内拉之引证宗教权威多半出自策略考虑，为了
使自己的著作容易出版。苏联学者卢登堡指出，在康帕内拉 1602 年用意
大利文写的《太阳城》原稿中，并没有教会权威们的著作。③ 康帕内拉并
没能完全摆脱基督教的神秘主义，而且他引用教会权威的地方又是如此之
多，在《论最好的国家》一文中甚至连篇引用④，也不能不引人注意。不
过，我们拿他这点与莫尔对比，并不是借以说明他企图用宗教来证明公有
制原则。马克思在谈到康帕内拉对国家的看法时，曾指出他"已经用人的
眼光来观察国家了"，已经"从理性和经验中而不是从神学中引伸出国家

---

① 转引自 A. Л. Мортон，*Английская утопия*，стр. 64.

② 转引自 E. Тарле，"Общественные воззрения Томаса Мора в связи с экономичиским состоянем Англии его времени"．соч. Т. 1，стр. 256.

③ 参阅 *Средние века*，впы. V，М.，1954，стр.，321。

④ 参阅《太阳城》，第 79—84 页。

的自然规律"。① 我们只是要说明：康帕内拉，比起莫尔来，所受的宗教和神秘主义影响较为严重。例如，《太阳城》中占星术的影响很大，尤其在全书之末，犹太神秘哲学卡巴拉仪式的痕迹也可找到。占星术在卡巴拉主义者那儿获得了最完整的发展，康帕内拉显然受了很深的影响，这是他世界观中的落后因素。

莫尔在《乌托邦》中关于宗教问题还有一些值得注意的看法。他通过主教长莫登家中的食客讽刺了当时的僧侣，说他们是第一号游民；在乌托邦国家里他又描绘了人民选举教士和绝对的信教自由的制度，在那里无神论者也是容许存在的，只是不能担任国家职务，这些在当时都是很先进的看法，特别是信教自由的主张具有更大的意义。在中世纪罗马教廷严厉惩办一切异教徒，宗教裁判残酷地埋葬了许多自由思想，而莫尔却大胆地提出了信教自由的命题。可是为什么他又反对宗教改革呢？他在担任大法官时为什么又惩办过异教徒呢？苏联学者塔尔列在 1901 年写的关于莫尔的论文中认为是莫尔关于宗教的观点有了改变。② 我们对塔尔列的这个观点是不能同意的。我们认为，莫尔顿关于这个问题的看法比较正确。他指出莫尔在《乌托邦》中提出的信教自由的原则是这样的：每一个人有权说服别人信自己的教，但他不能使用武力，"他不应该对任何人施行强迫，不应该用丝毫谩骂的语言。凡辩论宗教问题而态度骄横的人均被罚去充军或做奴隶"③。乌托邦有一个基督教徒受到处分，就是因为"他煽动了人心"。④ 莫尔的态度也是如此。路德派新教，在他看来，显然不是用和平手段的宗教宣传，而是人民运动。因此，莫尔可以和个别路德派新教徒保持良好关系，却不能不反对整个运动。⑤ 莫尔限制了自己的信教自由原则，并且对人民运动采取否定态度，这是他局限性的一面。但他坚决提出和主张信教自由却是应该肯定的。至于他惩办异教徒的事，他自己曾这样辩护："谈到异教徒，我憎恨他们的不道德行为而不是他们本人，如果前者

---

① 《马克思恩格斯全集》第 1 卷，人民出版社 1956 年版，第 128 页。
② 参阅 E. Тарле, соч. T. 1, стр. 257 – 260.
③ 莫尔：《乌托邦》，第 114 页。
④ 莫尔：《乌托邦》，第 113 页。
⑤ А. Л. Мортон, *Английская утопия*，стр. 72.

消灭而后者得救的话，我会十分高兴。"① 莫尔说明他之所以惩办异教徒并不是因为他们相信异教，而是因为他们道德败坏。莫尔并说明他只惩办过两个异教徒，也有其他史料说次数要多些，但也并不足信。总之，信教自由原则莫尔并没有破坏。

第五，莫尔在《乌托邦》中对未来的共产主义社会的描绘，总的说来，比康帕内拉的《太阳城》要丰富，有些问题的提法要更明确。由于当时生产水平的低下和莫尔看不到技术进步的意义，乌托邦社会里也留有平均主义的痕迹，但莫尔在当时可能的条件下，很注意乌托邦人智力和体力的充分发展。他很强调乌托邦人不是禁欲主义者，他们"认为人类的全部或主要幸福是快乐构成的"②。这种快乐不是自私自利的个人快乐，而以不妨害别人的幸福为前提，莫尔用了相当多的篇幅来叙述这个问题。③ 相形之下，康帕内拉给太阳城里的人民在生活方面，尤其生育方面规定了过多死板的清规戒律，不能不说是和共产主义原则不符的。他还错误地认为，在共产主义社会里不应有家庭。

莫尔关于乌托邦社会中城乡关系的描写也很值得注意。他已明显地感到：在未来的理想社会里，城乡之间的对立必须消除。当然他用的方法很原始，但目的却是明确的："免得大家过较长期的艰难稼穑生活而于心不甘。"④ 且不谈办法本身是否可行，重要的是莫尔注意到了城乡之间的关系问题。康帕内拉关于这个问题写得比较含糊，他只谈到大家都参加农业工作，对农业特别注意；在耕耘、播种、除草、收获、采摘水果和葡萄的时节，除少数人留守本城之外，其余的居民全到田野去，一切工作几小时内即可完成。⑤ 看来，城乡关系问题在太阳城并不存在，因为在那里似乎并没有农村，只有附属于太阳城的田地。如果如此，城乡关系问题自然而然地也就在康帕内拉那儿消失了。

乌托邦社会里奴隶的存在，不能不说是一个弱点。但我们必须说明，

---

① 转引自 K. Kautcky, *Thomas More and his Utopia*, p. 113。

② 莫尔：《乌托邦》，第 82 页。

③ 参阅莫尔《乌托邦》，第 82—91 页。

④ 莫尔：《乌托邦》，第 62 页。

⑤ 康帕内拉：《太阳城》，第 42、43—44 页。

莫尔的所谓奴隶，并不是一般所说的奴隶，塔尔列指出，拉丁文 Servitudo 在英语里可解释为苦役，莫尔所说的奴隶指的就是苦役犯。① 的确，乌托邦里的奴隶不是一个阶级，他们的来源主要有：一是做了不名誉的事的本国国民，二是别国国民中因罪判处死刑的人。第二类人的数目要大得多，俘虏一般不作奴隶，除非是乌托邦人亲自搏斗生擒的以外。奴隶的子女或者买来的别国的奴隶也都不作奴隶。② 可见，这和一般的奴隶制区别是很大的。奴隶的存在，正如沃尔金所指出的，是为了从事沉重的劳动。③ 因为莫尔缺乏技术进步的观念（这点康帕内拉是注意到的）。这种奴隶主要是犯人，我们还可以从《乌托邦》第一部中谈到波利来赖人时得到佐证。④ 我们注意到，奴隶是有可能恢复自由的，如果他能含辛茹苦，忍受一切的话。⑤ 这里我们又可以看到莫尔的另一个新颖的思想：通过苦役改造犯人的思想。在《乌托邦》第一部里，这个思想尤其明显。希斯拉德叙述波利来赖人的这种制度正是为了与英国惩治偷盗的残酷刑罚作对比，并且显然认为这是一种最妥善的惩罚办法。莫尔看到在理想社会里还可能出现犯人，并提出了怎样处治他们的问题。莫尔建议用苦役的办法。当然，他在这个问题的看法中有许多模糊的地方，但问题本身的提出却是值得注意的。

综上所述，莫尔的《乌托邦》在内容上比起康帕内拉的《太阳城》是要更为丰富和深刻的。这主要由于这两位思想家所处的社会条件不同，毫无疑问，他们所描写的理想社会，虽然有一定的文学上的借鉴，但主要是由他们所处的现实社会决定的。对现实社会的认识和批判越深刻，对未来社会的描写也就会更鲜明更丰富。莫尔所处的社会和康帕内拉的不同。16 世纪初的英国是资本主义关系产生和发展的时代，也是城乡广大劳动人民流落破产的年代。17 世纪初的意大利情况有所不同，当时意大利经济上处于衰退没落时期。意大利原是欧洲经济最先进的国家，还在 14—15 世

---

① 参阅 Тарле，соч. Т. 1，стр. 247。
② 参阅莫尔《乌托邦》，第 95 页。
③ 参阅莫尔《乌托邦》，第 10—11 页。
④ 参阅莫尔《乌托邦》，第 41—43 页。
⑤ 参阅莫尔《乌托邦》，第 43、98—99 页。

纪资本主义关系就在某些先进的城市出现了。但从 15 世纪末起，意大利的社会经济很快衰落了。衰退的原因很多：14 世纪末对人民起义的残酷镇压扼杀了人民群众的创造精神，国内封建力量的抬头和反动的罗马教廷阻挠着经济的发展。在国外，新大陆的发现和航路的改变，以及土耳其人占领君士坦丁堡对意大利的经济是一个沉重的打击。到了 17 世纪，意大利的工商业陷入完全衰落的境地，农业在经济生活中的比重加大了。同时，封建统治阶级却重新巩固了自己原有的统治地位。意大利经济上完全不统一，政治上也四分五裂。此外，还有罗马教廷的残酷剥削和奴役。16 世纪以来，教廷的反动势力变本加厉了，不少先进的思想家成了宗教裁判的牺牲品。康帕内拉的祖国，那波里王国，长期以来一直是外国侵略者的掠夺对象。西班牙的长期占领和外国军队的肆意掠夺，给广大人民带来了深重的灾难，康帕内拉的思想正是这一社会情况的反映。和 16 世纪的英国比较起来，17 世纪初意大利的社会经济情况无疑要包含更多的落后因素。如果说莫尔和康帕内拉因为都处在从封建主义向资本主义的过渡时期，因而思想上新的因素往往和旧的因素交错在一起的话，那么康帕内拉由于生活在更为落后的意大利，这种落后因素也就必然会更多一些。此外，还有一些客观原因也应该提一下，康帕内拉是在狱中写《太阳城》的，当时他不仅身体刚受重刑，十分虚弱，而且必须冒着生命危险，在十分艰难的写作环境中完成他的这部著作。这自然给他的写作带来很大困难。

最后，还要强调一点：我们丝毫没有贬低康帕内拉的《太阳城》的意思。关于这部著作的优点和意义一般谈得很多，我们完全同意。本文所作的比较，与《太阳城》的这些优点并不矛盾，我们是在肯定他们两人的前提下，为了更好地了解他们的观点，而作这个比较的。

（本文原载《文史哲》1963 年第 4 期）

关于产生资本主义的"历史必然性"问题

——对马克思给查苏利奇的信的理解

　　在当前关于亚细亚生产方式问题的讨论中，有一种意见很值得注意，这种意见认为，只有西欧的封建主义才能产生资本主义，而西欧以外的广大地区，特别是东方社会，或者说以亚细亚生产方式为基础的社会，没有自力发展的能力，因而根本不可能产生资本主义，这种意见还被说成是马克思的观点。①

　　作为一种学术理论问题，这样的意见可以展开讨论。② 这里涉及一些重大的理论问题，如资本主义的产生、东方社会的特点、普遍性与特殊性的关系等，而研究和弄清马克思的有关论述，更是我们首先必须做的。鉴于马克思1881年3月8日给查苏利奇③的信常被持上述意见者所引用，本文拟主要围绕这封信，就马克思是否把资本主义产生的可能性局限于西欧的问题，发表一些初步的看法。

一

　　马克思在这封信中引用《资本论》中的话，来分析资本主义生产的起源问题，指出："资本主义制度的基础是生产者同生产资料的彻底分

---

　　① 参阅〔意〕翁贝托·梅洛蒂《马克思与第三世界》，1977年英文版，第97、114页。

　　② 至于国外有些学者，不论出于何种目的，用这种理论来歪曲我国社会主义社会性质，那自然又当别论。

　　③ 薇·伊·查苏利奇（1848—1919），早年是革命民粹派，1883年在日内瓦和普列汉诺夫等共同创立俄国第一个马克思主义组织"劳动解放社"。查苏利奇同马克思、恩格斯保持通信联系，并翻译了他们的著作。1903年后，查苏利奇转入孟什维克的立场。

离……这整个发展的基础就是对农民的剥夺",接着说:"这一运动的'历史必然性'明确地限于西欧各国。"① 这最后一句话常被引用来作为论据以证明似乎马克思认为只有西欧才具有资本主义产生的"历史必然性"。乍看起来,这似乎不无道理。然而,仔细推敲起来,却非如此。

马克思 1881 年 3 月 8 日给查苏利奇的信是对后者同年 2 月 16 日给马克思的信的复信。查苏利奇在来信中叙述了《资本论》在俄国的巨大影响,以及在俄国革命者关于土地问题和农村公社问题的争论中所起的作用。有一些自称是马克思的真正学生的"马克思主义者"认为,根据马克思的理论,农村公社是注定要灭亡的,而农村公社问题对俄国革命者来说是至关重要的,因而查苏利奇请求马克思发表意见。她写道:"因此,公民,您明白,我们是多么关心您对这个问题的见解,假如您能阐述您对我国农村公社可能的命运的看法以及对世界各国由于历史的必然性都应经过资本主义各阶段的理论的看法,那您给我们的帮助会是多么大。"② 马克思对答复查苏利奇的这封信十分重视。他在 3 月 8 日的复信正式定稿之前,曾先后起草了四次草稿。这些草稿比最后的复信要详细得多。也就是说,马克思在复信过程中,几易其稿,颇费踌躇,最后才字斟句酌地复了一封信。这就足见他对这个问题的重视和慎重。此外,关于同一个问题,马克思大约在 1877 年 11 月还写了一封《给〈祖国纪事〉杂志编辑部的信》③。为了更好地理解马克思给查苏利奇的复信的精神,就必须把这两封信以及前一封信的草稿和定稿结合起来探讨。

如果我们把这些信稿结合起来考察,从它们的整个精神来看,就可以发现,马克思并没有把产生资本主义的"历史必然性"局限于西欧的意思。如前所述,马克思给查苏利奇的复信实际上要回答的就是俄国有没有可能产生资本主义的问题。如果马克思认为西欧以外的地区资本主义是不可能产生的,那么俄国地处西欧之外,自然也在此列了。可是,事实恰恰相反,马克思在给《祖国纪事》杂志编辑部的信和给查苏利奇

---

① 《马克思恩格斯全集》第 19 卷,人民出版社 1963 年版,第 268 页。着重号是原有的。

② 《马克思恩格斯与俄国政治活动家通信集》,1951 年中文版,第 300 页。

③ 这封信在马克思生前没有发出,是恩格斯在马克思逝世后从他的文件中发现的。恩格斯把信的复制件寄给了在日内瓦的查苏利奇。1836 年,此信发表在日内瓦出版的《民意导报》第 5 期上。

的信中，都认为俄国有可能产生和发展资本主义。例如，在给《祖国纪事》杂志编辑部的信中，马克思明确指出："如果俄国继续走它在1861年所开始走的道路，那它将会失去当时历史所能提供给一个民族的最好的机会，而遭受资本主义制度所带来的一切极端不幸的灾难。"① 在同一封信的另一处，他还指出，俄国在力求成为一个资本主义国家方面最近几年已经"费了很大的精力"②。这就说明，马克思并不认为只有西欧才能产生资本主义。那么，对前面所引的、马克思所说的"历史必然性"的那句话又该如何理解呢？

马克思信中的"历史必然性"这几个字是加了引号的，如果我们对照查苏利奇的来信就可以看出，这几个字马克思是引自查苏利奇的信的。查苏利奇和马克思的信原文都是法文。可惜的是，查苏利奇的信的原文未能找到。马克思的法文原信中，"历史必然性"一词用的是"fatalitè histo-rigui"③。这很可能引自查苏利奇的信。在这封信的其他几种欧洲主要文种的译文中，这个词的译法，在德文中是"historishe Unvermeidlichkeit"④；在英文中是"historical inevitability"⑤；在俄文中是"историческая неизбежность"⑥。Unvermeidlichkeit, inevitability 和 неизбежность 直译均为"不可避免性"。当然，"必然性"和"不可避免性"，意义基本相通，但还有细微的差别。说"不可避免性"，往往意味着有不可以避免的一面。

---

① 《马克思恩格斯全集》第 19 卷，第 129 页。

② 《马克思恩格斯全集》第 19 卷，第 130 页。

③ 参阅莫斯科"进步"出版社 1971 年出版的法文版《马克思恩格斯书信集》（K. Marx, F. Engels, *Correspondance*）第 349 页和 G. Bidia 编辑的巴黎 1964 年出版的法文版《有关〈资本论〉的通信》（*Lellres sur "Le Capital"*）第 303 页。两个版本的文字是一致的。

④ 参阅《马克思恩格斯全集》第 19 卷，柏林 1962 年德文版，第 242 页。

⑤ 我们看到的两种英文版本都是这种译法。一种是莫斯科出版的英文版《马克思恩格斯书信集》第 412 页，另一种是由 Saul K. Padover 编选并翻译的，在美国新泽西 1979 年出版的英文版《马克思书信集》（*The Letters of Karl Marx*）第 336 页。

⑥ 参阅《马克思恩格斯全集》第 19 卷，莫斯科 1961 年版，第 250 页；《马克思恩格斯与俄国政治活动家通信集》1951 年俄文版，第 301 页。两版的译文是一致的。顺便说一句，在查苏利奇的信最早的俄译本中用的是"историческая необходимость"（此词直译是"必然性"，参阅《马克思恩格斯文库》第 1 卷，1924 年俄文版，第 270 页），但以后的译文都改成"историческая неизбежность"。这种变化说明后来的译文要比最早的译文更确切。同时在 1924 年的上述版本中，马克思复信的译文用的仍是"историческая неизбежность"。

譬如，说在某种条件下某一事物的发生是不可避免的，和说某一事物是必然要发生的，两者在程度上还是有所不同的。具体到马克思的信，我们认为，如果联系整封信的精神，在这里理解为"历史的不可避免性"似乎更符合马克思的原意。

　　事实上，马克思在给查苏利奇的信中强调的是资本主义产生的条件（"这整个发展的基础就是对农民的剥夺"），并根据实际情况指出这些条件在西欧已经具备："这种剥夺只是在英国才彻底完成了……但是西欧其他一切国家都正在经历着同样的运动"①，接着得出结论说：这一运动的"历史的不可避免性"明确地限于西欧各国。如果不用"历史的不可避免性"（或"历史的必然性"）这类从查苏利奇的信中借用来的词，而用更通俗的方式表达的话，那么，可以把马克思的话理解为：对农民剥夺的运动只有在西欧已经完成或正在进行，鉴于这种运动是资本主义产生的必要前提而西欧已经具备了这种前提，因此资本主义在西欧的产生就是"不可避免"的，马克思这里主要是对已经发生的历史事实的肯定。这点从马克思写于1877年的《给〈祖国纪事〉杂志编辑部的信》中可以看得更清楚。这封信因为同答复查苏利奇的询问无关，所以也就没有用"历史必然性"（或"历史的不可避免性"）这类词。在这封信中，马克思明确表明："我在关于原始积累的那一章中只不过想描述西欧的资本主义经济制度从封建主义经济制度内部产生出来的途径。"② 他还把这种描述称作是"历史概述"③。因此，如果认为马克思在这里得出了只有西欧才必然会产生资本主义的结论，或者把马克思关于西欧资本主义产生的"历史概述"变成一种抽象的理论，到处套用，去解决西欧以外广大地区资本主义能否产生的问题，那就违背了马克思的本意，并且恰恰是马克思所着力反对的。

---

① 《马克思恩格斯全集》第19卷，第268页。
② 《马克思恩格斯全集》第19卷，第129页。
③ 《马克思恩格斯全集》第19卷，第130页。

二

　　马克思在给查苏利奇的信和给《祖国纪事》杂志编辑部的信中所反复强调的基本精神是十分清楚的。那就是：要判断某个特定国家（在这里是俄国）的社会经济发展的可能性，就必须对这个国家的社会经济发展情况作专门的具体的研究，从中寻求答案，舍此别无他法。马克思在《资本论》中对西欧资本主义的产生和发展作了详尽的经典的考察，因此他十分有把握地得出西欧资本主义的产生是不可避免的结论。至于西欧以外广大地区的发展，马克思的信并没有涉及。要回答这个问题，就必须对西欧以外广大地区的社会经济发展作同样深入的研究。马克思一生治学十分严谨，他在没有对西欧以外地区的状况作足够详尽的探究之前，绝不会作出这些地区没有能力产生资本主义的结论。如果要拿西欧的发展道路去推论其他国家的发展，那更为马克思所反对。马克思特别强调，他反对把他"关于西欧资本主义起源的历史概述彻底变成一般发展道路的历史哲学理论"，反对不管一切民族所处的历史环境如何，都断定他们要走西欧的道路。马克思说，如果这样做，那就"会给我过多的荣誉，同时也会给我过多的侮辱"①。

　　对每个具体事物作深入具体的研究分析，并根据这种分析得出具体的结论，这是一条十分重要的马克思主义方法论原则。未经深入的调查研究就作出一般性的结论，这正是马克思在上述两封信中所竭力反对的。他警告说："极为相似的事情，但在不同的历史环境中出现就引起了完全不同的结果。如果把这些发展过程中的每一个都分别加以研究，然后再把它们加以比较，我们就会很容易地找到理解这种现象的钥匙；但是，使用一般历史哲学理论这一把万能钥匙，那是永远达不到这种目的的，这种历史哲学理论的最大长处就在于它是超历史的。"②

　　可是，要真正遵循马克思在这里指出的对个别事物分别进行研究、然

---

① 《马克思恩格斯全集》第 19 卷，第 130 页。
② 《马克思恩格斯全集》第 19 卷，第 131 页。

后加以比较的科学方法，绝不是一件轻而易举的事。这需要付出长年累月的艰辛劳动。对这点缺乏足够的认识就不可能真正理解马克思的方法论。恩格斯指出："即使只是在一个单独的历史实例上发展唯物主义的观点，也是一项要求多年冷静钻研的科学工作，因为很明显，在这里只说空话是无济于事的，只有靠大量的、批判地审查过的、充分地掌握了的历史资料，才能解决这样的任务。"①

马克思本人正是身体力行他的科学方法的最好的典范，而他给《祖国纪事》杂志编辑部和给查苏利奇的信又恰恰是一个很能说明问题的范例。因此，我们有必要联系马克思的方法论，来加深对他在这两封信中的思想的理解。在这两封信中，马克思除了根据他在《资本论》中的卓越研究作出关于西欧资本主义发展的科学结论外，还得出了俄国已开始走上资本主义发展道路的结论。关于马克思花费毕生主要精力从事《资本论》写作的情景，人们早已熟知，这里无须赘言。人们了解较少的是，马克思关于俄国的结论是怎样得出的。为了对马克思的科学方法有更具体的了解，这里有必要把马克思对俄国的研究情况作一简要的介绍。

马克思在给《祖国纪事》杂志编辑部和给查苏利奇的信中关于俄国已开始走上资本主义发展道路的看法，同样是他经过长期认真的研究得出的科学结论。马克思在他生命的最后十多年，对俄国自 1861 年农奴制改革以后的社会经济状况作了大量的深入的研究，他在给《祖国纪事》杂志编辑部的信中说："为了能够对俄国的经济发展作出准确的判断，我学习了俄文，后来又在许多年内研究了和这个问题有关的官方发表的和其他方面发表的资料。"② 可是马克思这种研究的规模之大，程度之深，只有在他逝世以后才为人所知。1884 年 1 月，恩格斯开始整理他的亡友的藏书和手稿。马克思所作的关于俄国问题的笔记和手稿的数量之大，使恩格斯甚为震惊。这些写满密密麻麻小字的厚厚的笔记本，仅仅关于 1861 年以后俄

---

① 《马克思恩格斯选集》第 2 卷，人民出版社 1972 年版，第 118 页。
② 《马克思恩格斯全集》第 19 卷，第 129 页。在这封信的最初的草稿上，马克思在此处还有一句话："在十年中我对它们进行了认真的研究。"

国社会经济问题的，就有一百印张之多。①

正是在这样扎实的研究工作的基础上②，马克思得出了俄国自 1861 年改革后已开始走上资本主义发展道路的结论。马克思的数量众多的手稿表明，他仔细地研究了俄国自农奴制改革后经济发展中的一切资本主义因素，尤其是农村经济（不论是地主经济或农民经济）中商品——资本主义因素的发展。如地主经济的改组：采用自由雇佣工人和农业机器，兼营农业企业（甜菜制糖工厂、养马场等）；出现专为提供商品的农业区；用资本主义原则经营的畜牧业；等等。农民中的财产分化和阶级分化已很明显。一方面出现了农村资产阶级——富农。马克思在《关于俄国 1861 年改革和改革后的发展的札记》一文中引用斯卡尔金《在穷乡僻壤和在首都》中的话指出：“由于政府使农民所处的条件，——农民遭受富农（这个词马克思是用俄文写的）和商人的掠夺。”③ 另一方面又出现了农村无产者——雇农。马克思在摘录杨松《关于农民份地和付款统计调查的试验》一书时指出：“于是……形成了大批农村无产阶级。”④ 除了农业以外，马克思还具体考察了俄国在农奴制改革后商业、铁路、工业的发展，从而表明当时俄国整个经济的发展趋势是资本主义因素的不断增长，俄国已开始走上资本主义的发展道路。这个结论在马克思以及恩格斯当时和以后的不少书信和文章中都曾反复提到。例如，1882 年，马克思和恩格斯在《〈共产党宣言〉俄文第二版序言》中指出，俄国存在着“迅速盛行起来的资本主义狂热和刚开始发展的资产阶级土地所有制”⑤。1894 年，恩格斯写道：“随着农民的解放，俄国进入了资本主义时代，从而也进入了公

① 恩格斯十分重视马克思的这些手稿，曾想单独汇编成册予以出版，可惜没有实现。这些手稿收藏在苏联的中央档案馆，其中约有三分之一已收入《马克思恩格斯文库》第 11、12、13 卷，分别于 1948 年、1952 年、1955 年译成俄文出版。

② 马克思对俄国经济状况的研究始于 19 世纪 70 年代初，开始是由于修改《资本论》第 2 卷中有关土地所有制部分的需要。马克思认为俄国的材料对修改这一部分具有十分重要的意义。可惜他在生前没有来得及根据对俄国资料的研究重新修改《资本论》的有关章节。同时在研究过程中，马克思很快就超出了土地问题的范围而涉及俄国整个社会经济和政治状况。

③ 《马克思恩格斯全集》第 19 卷，第 461 页。

④ 《马克思恩格斯文库》第 11 卷，莫斯科 1948 年版，第 144 页。

⑤ 《马克思恩格斯全集》第 19 卷，第 326 页。

社土地所有制迅速解体的时代。"①

从以上的介绍可以看出，马克思关于俄国在 1861 年改革后已走上资本主义发展道路的结论绝不是随便作出的。这个结论的分量极重，正如恩格斯所说："我不知道有谁能象他那样清楚地了解俄国，了解俄国的国内事务和国外事务。"② 由此我们也可以懂得，马克思的科学方法绝不容许他不作专门研究而仅仅根据对西欧的了解就去作出关于西欧以外广大地区社会发展的结论。正因为如此，他表示明确反对俄国一些革命者仅仅根据《资本论》去判断俄国农村公社命运的做法。他告诉查苏利奇："在'资本论'中所作的分析，既不包括赞成俄国农村公社有生命力的论据，也不包括反对农村公社有生命力的论据。"③ 要了解俄国农村公社，只有像马克思那样，根据有关的原始材料去进行专门研究。因为，正如马克思在给查苏利奇的复信二稿中所说的那样，"威胁着俄国公社生命的不是历史的必然性，不是理论，而是国家的压迫，以及渗入公社内部的、也是由国家靠牺牲农民培养起来的资本家的剥削"④。根据同样的道理，我们不是有充分的理由认为，决定西欧以外广大地区和国家的命运的，也不是历史的必然性，不是任何现成的公式，而是各国所处的具体历史环境吗？因而，要确定这些地区和国家有没有产生资本主义的可能性，就应该去做专门的研究，而不应该从任何现成的公式中寻找答案。如果说，从马克思关于西欧资本主义起源的历史概述中，得出其他一切民族都注定要走这条道路的结论，是把马克思的理论变成"超历史的"关于一般发展道路的公式的话，那么，那种据此认为西欧以外地区（主要是东方）是停滞不前的、是没有能力发展到资本主义的观点，不也是一张普罗克鲁斯特的床吗？

三

我们如此强调对具体事物进行具体研究，会不会因而忽视普遍规律的

---

① 《马克思恩格斯全集》第 22 卷，第 503 页。
② 《马克思恩格斯全集》第 36 卷，第 516 页。
③ 《马克思恩格斯全集》第 19 卷，第 269 页。
④ 《马克思恩格斯全集》第 19 卷，第 446 页。

作用呢？拿我们当前研究的问题来说，我们强调不能用《资本论》去推断其他国家的社会发展，而要对各国进行专门研究，会不会因此而否认《资本论》的普遍意义呢？换句话说，马克思关于西欧资本主义起源的理论是不是就不能应用到别的国家（譬如说俄国）去了呢？当然不是的。问题是要弄清楚，可以应用的是哪些东西。关于这个问题，马克思本人作了明确的回答。他指出，可以把他关于西欧的历史概述应用到俄国去的只有以下这些："假如俄国想要遵照西欧各国的先例成为一个资本主义国家……它不先把很大一部分农民变成无产者就达不到这个目的；而它一旦倒进资本主义怀抱以后，它就会和尘世间的其他民族一样地受那些铁面无情的规律的支配。这就是全部。"①

关于这个问题，列宁还有进一步的解释。列宁在批驳民粹派对马克思上述给《祖国纪事》杂志编辑部的信的曲解时，在谈到马克思对他的理论可能怎样应用于俄国的问题时，指出："马克思的理论是研究和说明一定国家的经济制度的演进；至于把这种理论'应用到'俄国来，那不过是利用已经创造出来的唯物主义方法和理论政治经济学方法来研究俄国生产关系及其演进情形。"②

马克思和列宁的意思很清楚，那就是：能够从马克思在《资本论》中所阐述的理论中应用到俄国去的，就是马克思主义的立场、观点、方法。这正是我们在研究任何具体问题（当然也包括俄国问题）时所必须遵循的。然而，马克思主义的立场、观点、方法又不是空洞的，其中就包含马克思根据西欧资本主义发展状况而显示出来的"那些铁面无情的规律"，西欧是资本主义发展最早也是最成熟的典型，通过对这一典型的详尽研究有助于马克思去发现和阐明资本主义的普遍规律。这就是《资本论》的不朽价值所在。问题在于，任何普遍规律总是通过各国、各地区的不同特点

---

① 《马克思恩格斯全集》第 19 卷，第 130 页。"这就是全部"这句话在中译本中译作"事情就是这样"是不确切的。马克思的意思是：可以应用到俄国的全部就是这些，不能再多了。参阅《马克思恩格斯书信集》，莫斯科 1976 年法文版，第 311 页；《马克思恩格斯全集》第 19 卷，柏林 1962 年德文版，第 111 页；《马克思恩格斯全集》第 19 卷，莫斯科 1962 年俄文版，第 120 页。

② 《列宁全集》第 1 卷，人民出版社 1955 年版，第 244 页。

表现出来的。正如毛泽东同志所说："普遍性即存在于特殊性之中。"① 资本主义普遍规律在西欧的表现就带有当地的特点，因此，我们绝不能拿西欧的情况去套其他地区。要研究和解决其他地区的问题，不是不要重视普遍规律的作用，而是应该从各该地区的具体情况出发，去努力弄清楚这些规律在各地区具体发生作用的情况。

马克思在给查苏利奇和给《祖国纪事》杂志编辑部的信中都指出，资本主义产生的必要条件是对农民的剥夺。没有这个条件，不论在什么地方，都产生不了资本主义。这可以说是带有规律性的。但是这个对农民剥夺的过程在不同的地区却又是不同的。马克思在《资本论》中就曾指出：对农民剥夺的历史"在不同的国家带有不同的色彩，按不同的顺序、在不同的历史时代通过不同的阶段"②。因此，我们必须对任何特定国家的这些不同特点进行具体的研究，才能回答这个国家资本主义产生的可能性问题。如果拿西欧的特点去套，那必然是解决不了问题的。

关于这点，马克思曾拿西欧同俄国相比较，作了详细的说明。马克思指出，他在《资本论》中所描述的对农民剥夺的历史过程仅仅局限于西欧。为什么呢？"这种限制的原因何在呢？"马克思回答说，西方这种运动的实质是："以个人的劳动为基础的私有制……被以剥削他人的劳动、以雇佣劳动为基础的资本主义私有制所排挤"，或者简言之"是把一种私有制形式变为另一种私有制形式"③。而在俄国，情况就有所不同。这并不是说，在俄国，农民不可能被剥夺，因而也不可能产生资本主义，而是说，在俄国，由于历史环境不同，农民被剥夺的途径，因而也是资本主义产生的途径会同西欧有所区别。因为在俄国普遍存在着农村公社，也就是带有共产主义性质的公有制。因此，马克思说，如果西方对农民的剥夺，是一种私有制形式代替另一种私有制形式，那么"俄国则相反，它是资本主义所有制代替共产主义所有制的问题"④。他接着说："当然，如果资本主义生产定将在俄国获得胜利；那末，绝大多数农民即将变成雇佣工人，因而

---

① 《毛泽东选集》第 1 卷，人民出版社 1952 年版，第 306 页。

② 《马克思恩格斯全集》第 23 卷，第 784 页。

③ 《马克思恩格斯全集》第 19 卷，第 268—269 页。此处的着重号是原有的。

④ 《马克思恩格斯全集》第 19 卷，第 443 页。此处的着重号是笔者所加。

也会遭到剥夺，剥夺的办法是他们的共产主义所有制先被消灭。但是，不
管怎样，西方的先例在这里完全不能说明问题。"①

　　唯一的办法是对俄国剥夺农民过程的特点进行具体的研究。马克思正
是这样做的。他在给查苏利奇的复信草稿中指出："要剥夺农民，不必像
在英国和在其他国家那样，把他们从他们的土地上赶走；同样，也不必用
命令来消灭公有制。请你们试一试超过一定的限度从农民那里夺取他们的
农业劳动产品，那末，尽管你们用宪兵和军队也不能把他们束缚在他们的
土地上！罗马帝国末年，各行省的十人长（不是农民，而是土地所有者）
就抛弃自己的家园，离开自己的土地，甚至卖身当奴隶，只是为了摆脱那
种不过成了官方强征暴敛的借口的财产。"② 俄国在 1861 年改革后的情况，
同罗马帝国末年有类似之处，农民为了摆脱官方的横征暴敛而被迫丢弃土
地。这就是俄国剥夺农民过程的特点。马克思考察了俄国农民丧失土地的
各种途径：根据"解放"法令，在地主家服役的农奴什么份地也没有得
到；大部分农民通过改革留下的土地更少了；割农民的地；有四分之一份
地不能保证耕作；赎金大大超过划分给农民的土地的价值；苛税；地主、
高利贷者、富农的残酷剥削；等等。这就说明，在俄国并不是没有对农民
进行剥夺，只是有其不同的特点罢了。俄国对农民剥夺的过程虽然不像英
国"羊吃人"过程那样具有外表上的残酷性，但同样是很激烈的。1892
年，恩格斯指出，如果拿俄国对农民的剥夺同路易十四统治时期法国农民
在原始积累过程中的破产情况相比较，那法国当时所发生的只不过是"一
场儿戏"，"首先，规模本身就要比当时大两三倍，其次，迫使农民从自然
经济转变到货币经济的生产条件的变革也要无比深刻。法国农民是逐渐地
被引入工场手工业的范围，俄国农民则是一下子就掉进了大工业的激烈旋
涡，如果说工场手工业是用燧发枪打农民，那末大工业则是用连发枪打他
们"③。正是对俄国剥夺农民过程特点的具体分析，对俄国 1861 年改革后
经济状况的深入研究，使马克思确信俄国已经开始走上资本主义的发展道

---

　　① 《马克思恩格斯全集》第 19 卷，第 443 页。此处的着重号是笔者所加。
　　② 《马克思恩格斯全集》第 19 卷，第 302 页。
　　③ 《马克思恩格斯全集》第 19 卷，第 302 页。

路。而马克思这种刻苦严谨的治学实践，不仅为他的科学方法增添了光辉，而且清楚地表明：那种认为资本主义产生的可能性仅仅局限于西欧的观点，绝不是马克思提出的。

四

马克思虽然并不否认西欧以外的地区和国家有产生资本主义的可能，但这并不等于说，这些地区和国家一定要经过资本主义发展阶段。马克思只是明确地肯定了资本主义产生在西欧是不可避免的，至于其他地区和国家产生资本主义的可能性是否会变成现实，或者说能否避免资本主义发展阶段，那要视每个国家的具体情况而定。普列汉诺夫在谈到马克思给《祖国纪事》杂志编辑部的信时，很好地阐述了马克思的这个思想。他在名著《论一元论历史观之发展》中说："任何过程在它存在的地方是无条件地'当然的'"，"辩证唯物主义并不判决任何国家走任何道路，它不指出对于所有民族在任何特定时间的共同的和'当然的'道路；任何特定社会的往后发展永远是决定于其内部的社会力量的互相关系，因此，对于任何郑重的人，无需推测和烦恼于任何宿命的'当然性'，而首先应该研究这个互相关系；只有这种研究才能指明，对于特定的社会，什么是'当然的'和什么'不是当然的'"。①

总之，西欧以外广大地区不仅有产生资本主义的可能性，而且有避免资本主义发展阶段的可能性，只有看到这点，才是对马克思在给查苏利奇的信中所表达的思想的完整理解。② 而在这个问题上，俄国恰恰又是一个难得的例子，因为在当时的俄国，这两种可能性同时存在。马克思在写于19世纪70年代末80年代初的上述两封信中，虽然根据多年对俄国经济情况的研究，得出俄国自 1861 年改革后已开始走上资本主义的发展道路的结论，但在当时资本主义制度并未在俄国最终确立；俄国的农村公社虽然已开始瓦解，但它的生命力并未消失殆尽。因此，马克思认为在一定的条

---

① 《普列汉诺夫哲学著作选集》第 1 卷，中文版，第 785、786 页。译文按原意略有改动。
② 请联系前面第一节中关于"不可避免性"一词的分析。

件下，俄国还有可能避免资本主义的整个发展阶段，也就是说，当时马克思并没有把资本主义产生和发展的"历史的不可避免性"从西欧扩大到俄国。形象地说，当时俄国正处在十字路口。它虽然已走上资本主义发展道路，但前途仍有两种。正因为如此，马克思在信中用假定的语气指出：如果俄国继续走它在 1861 年所开始走的道路，那它将会成为一个资本主义国家。显而易见，如果它不继续这样走下去的，那当然就可以"避免"资本主义的整个发展阶段了。

俄国为什么能面临这两种发展的可能性呢？有哪些条件可以使它有可能避免资本主义的整个发展阶段呢？马克思认为这里有国内的条件和国外的条件。国内的条件是俄国广泛存在的农村公社。马克思指出，农村公社本身固有的二重性使它有两种可能的发展前途。所谓二重性，是指私有因素和公有因素同时并存。在农村公社中的房屋及其附属物（园地）是农民私有的，但耕地是公共财产，定期重分，产品又各自归己。这种天生的二重性使得农村公社的发展前途"只可能是下面两种情况之一：或者是私有原则在公社中战胜集体原则，或者是后者战胜前者。一切都取决于它所处的历史环境"①。如果在有利的历史环境下，农村公社能走上正常状态，得到自发展，那它就有可能避免资本主义的弊病，而"很快地变为俄国社会复兴的因素，变为使俄国比其他还处在资本主义制度压迫下的国家优越的因素"②。

国外的条件是俄国同资本主义国家的同时存在。马克思指出："如果俄国是脱离世界而孤立存在的，如果它要靠自己的力量取得西欧通过长期的一系列进化（从原始公社到它的目前状态）才取得的那些经济成就，那末，公社注定会随着俄国社会的发展而灭亡这一点，至少在我看来，是毫无疑问的。"可是俄国恰好"生存在现代的历史环境中，处在文化较高的时代，和资本主义生产所统治的世界市场联系在一起"③。而这种情况，即"和控制着世界市场的西方生产同时存在，使俄国可以不通过资本主义制

---

① 《马克思恩格斯全集》第 19 卷，第 450—451 页。
② 《马克思恩格斯全集》第 19 卷，第 441 页。
③ 《马克思恩格斯全集》第 19 卷，第 444 页。

度的卡夫丁峡谷，而把资本主义制度的一切肯定的成就用到公社中来"①。

这里需要指出，马克思的这些分析同俄国民粹派关于俄国可以避免资本主义祸害直接进入社会主义的幻想是有根本区别的。民粹派代表落后的小生产的利益，对社会发展缺乏科学的认识。他们全盘否定资本主义，对资本主义创造的先进的生产技术也一概摒弃，同时美化农民，把他们看成是天生的社会主义者。而马克思的分析则是科学的理论。他说的是要避免通过资本主义的卡夫丁峡谷，同时却要汲取资本主义制度所取得的一切肯定成果。

然而，如何才能利用俄国所处的国内外条件做到这一点呢？马克思设想，如果西欧先进的资本主义国家的无产阶级革命能够取得胜利，就有可能向落后的俄国提供先进的生产技术，同时帮助它避免通过资本主义的卡夫丁峡谷。而俄国国内保留的农村公社必然会使它易于做到这一点。可是俄国的公社本身正处在瓦解的过程中，不断受到沙皇政府从外面施加的种种压力。怎样才能改善它的处境呢？马克思指出："要挽救俄国公社，就必须有俄国革命。"② 也就是说，俄国必须发生民主革命，推翻沙皇政府，使公社"具备自由发展所必需的正常条件"③。因此，俄国的民主革命和西方的无产阶级革命的胜利是俄国利用其所处的国内外条件避免经过资本主义的整个发展阶段而直接进入共产主义（其第一阶段为社会主义）的必要前提。关于这一点，马克思、恩格斯在 1882 年为《共产党宣言》俄文第二版所写的序言中说得很明白："假如俄国革命将成为西方无产阶级革命的信号而双方互相补充的话，那末现今的俄国土地公社所有制便能成为共产主义发展的起点。"④

马克思、恩格斯的这个观点不仅适用于俄国，而且具有普遍意义。1894 年，恩格斯在《"论俄国的社会问题"·跋》中指出：氏族公社不能

① 《马克思恩格斯全集》第 19 卷，第 435—436 页。通过卡夫丁峡谷是指遭受极大的侮辱。公元前 321 年，萨姆尼特人在古罗马卡夫丁城附近的卡夫丁峡谷击败罗马军队，强迫他们通过"牛轭"。这被认为是对战败军的最大侮辱。

② 《马克思恩格斯全集》第 19 卷，第 441 页。

③ 《马克思恩格斯全集》第 19 卷，第 269 页。

④ 《马克思恩格斯全集》第 19 卷，第 326 页。

从自己本身产生出社会主义社会，"然而，不仅可能而且无庸置疑的是，当西欧人民的无产阶级取得胜利和生产资料转归公有之后，那些刚刚踏上资本主义生产道路仍然保全了氏族制度或氏族制度残余的国家，可以利用这些公社所有制的残余和与之适应的人民风尚作强大的手段，来大大缩短自己向社会主义社会发展的过程，并可以避免我们在西欧开辟道路时所不得不经历的大部分苦难和斗争"，"这不仅适用于俄国，而且适用于处在资本主义以前的发展阶段的一切国家"。①

　　马克思、恩格斯关于处在前资本主义发展阶段的国家或刚刚踏上资本主义发展道路的国家在具备必要条件的情况下可以避免资本主义的整个阶段而进入社会主义的理论具有重大的意义。这是他们的社会发展学说的一个重要组成部分。这对我们完整、准确地理解马克思给查苏利奇的信，同样也十分重要，马克思把资本主义产生的"历史的不可避免性"局限于西欧各国，是因为那里已经具备了为此所必需的条件。至于西欧以外的地区和国家，并不是本身具备不具备产生资本主义的能力问题，而是视不同的历史条件资本主义的产生和发展有没有可能避免的问题。须知，世界各国的发展在任何时候都是不平衡的，而且彼此的发展必然会受到相互的影响，越到近代这种影响就越大。这就呈现出一种错综复杂、纷繁多样的局面。许多国家本身的历史发展会因为受到外来的干涉和影响而中断或改变。在这种情况下，我们绝不能因为有些国家在一定的历史条件下避免了资本主义发展阶段而得出这些国家根本不可能产生资本主义的结论。

　　至于俄国，由于马克思所预计的俄国革命和西欧无产阶级革命在当时并没有发生，因而未能避免资本主义发展阶段，而终于成为一个资本主义国家。1892 年 3 月 15 日，恩格斯在写给尼·丹尼尔逊的信中说："您不妨回忆一下我们的作者（指马克思——引者）在关于茹柯夫斯基的信②中所说的话：如果俄国继续沿着 1861 年走上的道路走下去，俄国的农民公社就必然要灭亡。我看，正是现在开始出现这种情况。"③ 两年后，恩格斯又

---

　　① 《马克思恩格斯全集》第 22 卷，第 502—503 页。
　　② 即马克思 1877 年给《祖国纪事》杂志编辑部的信。
　　③ 《马克思恩格斯全集》第 38 卷，第 306 页。

写道："俄国在短短的时间里就奠定了资本主义生产方式的全部基础"，"俄国就这样以愈来愈快的速度转变为资本主义工业国，很大一部分农民愈来愈快地无产阶级化，旧的共产主义公社也愈来愈快地崩溃"。[1] 继马克思、恩格斯之后，列宁对俄国的资本主义发展作了详尽的研究，并在他的名著《俄国资本主义的发展》中令人信服地加以论证。[2]

综上所述，我们的结论是清楚的：资本主义产生的可能性并不局限于西欧。在西欧各国首先成为资本主义国家并在世界上起着巨大影响的情况下，西欧以外广大地区的国家既有产生资本主义的可能性又有在一定的历史条件下"避免"资本主义的整个发展阶段的可能性。而在世界进入帝国主义和无产阶级革命时代以后，世界的形势更加复杂，世界各地的发展也更为多样。在这种情况下，我们更应仿效马克思的榜样，遵循马克思主义的科学方法，对具体问题进行专门研究，而切不可去寻找什么"超历史的""一般历史哲学理论"。

（《历史研究》1982 年第 1 期）

---

① 《马克思恩格斯全集》第 22 卷，第 507、509—510 页。
② 顺便提一句，列宁生前并不知道马克思关于俄国经济发展问题的大量手稿，但他的研究方向和结论却同马克思是一致的。

当代历史学发展的若干趋势

——兼论"史学革命"

　　"当代国际史学研究及其发展趋势"是由我主持申请并于 2012 年 10 月 10 日由全国社会科学规划办公室负责审核批准的国家科研项目。全书由我主编，共分六卷，分别为：《当代中国史学发展趋势》（负责人为山东大学教授王学典）、《当代亚洲史学发展趋势》（负责人为东北师范大学教授赵轶峰）、《当代欧洲史学发展趋势》（负责人为中国社会科学院世界历史研究所研究员姜芃）、《当代俄罗斯史学发展趋势》（负责人为中国社会科学院世界历史研究所研究员马龙闪）、《当代历史哲学与史学思想：人物、派别、焦点》（负责人为美国罗文大学教授王晴佳和中国社会科学院世界历史研究所研究员张旭鹏）、《信息史学》（负责人为中国社会科学院世界历史研究所研究员王旭东）。各卷大多还聘请了有关专家参加写作。经过五六年的艰苦努力、埋头苦干，现在各卷都已完成。

　　当代，即 20 世纪最后 20 年和 21 世纪初年。在这段时间，人文、社会科学知识的内容、结构和方法论都发生了极其深刻的变化。在迅速变化的总的心智语境中，当代历史学发生了重大的调整。"文化的转向""实用的转向""空间转向""目视的转向"等"转向"给历史学打开了新的前景：出现了历史研究的新方法和新对象，涌现了大量的新史料，出现了许多分析传统史料的全新方法和有效解读信息的新手段。这些变化规模之大、影响之深提供了有力的依据，使史家可以把 20、21 世纪之交的史学形势看成"史学革命"①，以示史学发生变化之大和其根本性质。

最早提出"史学革命"这一概念的是美国学者哈梅罗（T. C. Hamerow）。他把史学革命的重要根源看成是史学的传统方法论已不适应对我们生活的世界的理解，其结果是研究历史这门职业失去了社会的信任。因此，接着就有"许多史学家突然跳到社会科学去"，迫使史学"爬出它自己的老巢"。结论是"历史学的革命，其规模比它在 2000 多年前产生以来任何时候都要大得多"②。

另一位美国史学家凯门（M. Kammen）也承认，"在方法论意识中的革命自然是发生了"。例如它表现为，对历史知识的认识论问题的特别感兴趣，承认史学方法论是特有的学科。③他进一步指出这种革命的实质："史学家们越来越从描述政治的、外交的、军事的、经济的、宪法的和文化的事件和过程的传统的叙事形式，转向过去曾是社会科学学者禁区的各种问题。他们开始发展分支专业和分支学科。它们或许可以形成为：历史统计学、历史人口学、历史社会学、历史人类学和历史心理学或心理史学。"④

一般来说，在俄罗斯史学文选中"史学革命"概念流行得并不那么广泛，常被作为分析当代史学发展状态的出发点。由于俄罗斯史学发展进程的迅猛，它的进程带有不稳定的、多方向的性质。因此，任何企图翔实地定义"史学革命"概念的尝试，总体上都不可能不是相对的、只反映它自己出现的时间。

在俄国学者中，最先提出"史学革命"这一概念的是巴尔格（M. A. Барг）。他在指出当代蓬勃发展的史学正在急于改变研究对象的结

---

① 例如参见 "'Историческая революция' и теорические поиски на рубеже веков"，*История Научно—образовательный журнал*，2013. Т. 4. Выпуск 2（18）. Могильницкий Б. Г. История на переломе：некоторые тенденции развития современной исторической мысли，*Междисциплинарный синтез в истории и социальные теории：теория，историография и практика конкретных исследований*，Под ред. Б. Г. Могильского，И. Ю. Николаевой，Л. П. Репиной. М.，2004. С. 6.

② Hamerow T. S.，*Reflections on History and Historians*. Madison，1987，p. 14.

③ Kammen M.，"The Historian's Vocation and the State of the Discipline"，in the United States，*The Past Before Us. Contemporary Historical Writing in the United States*，Ithaca and London. 1980. p. 31.

④ Hamerow T. S.，*Reflections on History and Historians*. Madison，1987，pp. 14 – 15.

构，经受着研究工具急剧变化并敏感地反映科学体系的进步后，指出：
"我们不是夸大其词，如果把现在发生在历史学科学工具库中的变化称之
为史学革命的话。"① 从巴尔格的全文来看，他这里说的史学革命实质上说
的是方法论革命。

关于西方的"史学革命"，俄罗斯学者 B. M. 穆契尼克和 И. Ю. 尼
古拉耶娃认为，1970 年至 1990 年初西方主要的历史思想是"片面的中心
主义"。他们强调："当今的史学革命是在文化人类学化的旗号下进行的，
在我们看来是西方文化的后现代主义最重要的变形之一。在这里很适合用
巴赫金的术语来描述，这个变形的实质是丢弃文化优势思想的'垄断地
位'，是形成新的文化风格，对话的，复调音乐的风格。"②

总体来说，史家们使用"史学革命"这个概念，显然是为了表达历史
学在这一时期经历了巨大的翻天覆地的变化。因此，我们需要看到的是，
在 20 世纪最后几十年和 21 世纪初以来，社会—人文知识在结构、内容和
方法方面确实都发生了极其深刻的变化。当代历史学正在迅速形成的或转
型中的总体的心智语境中，进行着激烈的改造；各种各样的"转向"出现
了："文化的转向""实用的转向""纪念的转向""目视的转向""空间
的转向"等。这些变化为历史学开辟了新的前景：出现了历史研究的新对
象和新方法，学术研究中引入了大量新史料，形成了一系列分析传统史料
的新方法，出现了许多有效的分析信息的新手段。

史学家的积极努力导致了一系列新的（新的经典的）完整模式的出
现。这些模式是建立在微观方法与宏观方法相互补充的原则上的，是努力
丢弃把宏观史与微观史、把结构与事件、把理性与非理性相对立的二元思
维的，是尽力扩大"史学家领地"的。

"史学革命"的特征之一是对后现代主义的态度。一般说来，"史学革
命"对于研究重点的变化并不总是给予应有的重视，而往往采取比较客观

---

① Барг М. А. , Человек – общество – история, *Новая и новейшая история* , 1989. № 2. С. 45.
② Мучник В. М. , Николаева И. Ю. От классики к постмодерну: о тенденции развития современной западной исторической мысли. *К новому пониманию человека в истории Очерки развития современной западной исторической мысли* Томск, 1994. С. 44.

的态度。对于后现代主义也是这样：不管研究重点的改变是如何巨大，但这种改变不是绝对的，它与学科的过去是有一定的继承的。当时史学界的情况正是这样。后现代主义的出现似乎宣告了一个史学新时代的到来，但它的"挑战"不被史学界接受，因为它的极端的表达意味着完全否定历史认识的客观基础，以及与观察者无关的历史活动。

然而，"后现代主义的挑战"并不是简单地否定一切。它有一套自己的理论。它反对历史学关于历史认识对象的概念，即不是某种外在于认识主体的东西，而是由语言的和话语的实践建构成的。① 语言被看成是能构成意义的因素，可以决定思维和行为。强调的是历史文词的"文学性"，体裁的选择，情节的构建，修辞方法和文体的应用，象征手段、形象和隐喻的使用。由此历史学一方面就等同于文学，在评价历史文词时突出的是美学标准；但另一方面，历史学又被等同于意识形态。对客观性标准问题和研究人员对自己的创作活动的控制手段问题有了新的说法。历史学家被要求精心阅读文本，读出隐藏在其中的东西并给予解密。

后现代主义的术语牢固地进入了科学的方法论库藏，虽然它们常常会被更换内容。例如一个基本概念"转向主观性"。它和"语言学转向"一起宣告了后现代进入历史学。如今"主观性"已是最普及的概念之一，已是研究过去、研究历史时间中的人的基本方法。但这并不是绝对的主观性，不是后现代主义历史哲学意义上的主观性，即否定历史进程客观基础的历史哲学。M. A. 巴尔格的定义，与后现代主义的不同，应是更为正确的。他提出问题说："对历史学家来说，'人的主观性'概念的实质是什么。这个概念已是历史学研究的对象。"

他在回答中强调了它的主观—客观性，指出："这是人的客观上受制约的内部世界。这是人的概念、价值、情感和基于其上的对自己活动的客观条件的反应。这是把物质生产和精神生产的所有形式转变为创造行为的个人天性。"由此出现了"客观的历史必然性和人的主观性世界的辩证联

---

① 关于后现代主义与历史学的相互关系，请参阅 Clark J. C. D. , *Shadowed Present*: *Modernism*, *Postmodernism and History*. L. , 2003；Thompson W. , *Postmodernism and History*, Basingstoke, 2004；等等。

系，并为历史学提供了掌握历史规律的可能性"。① 自然，这并不是唯一的答案，对这个问题学者们还在探索中。

两种对立的立场（即"语言的"与"客观的"，"后现代主义批评者"与"正统的现实主义者"）冲突的高峰出现在 20 世纪 80—90 年代之交。但结果并不像原先想象的那样是毁灭性的。哲学家在其中起了很大作用，尤其是荷兰哲学家安克斯密特。

90 年代中期，出现了"中间立场派"。他们认为，在话语以外存在着现实，它是独立于有关它的概念并作用于这些概念的；对成为虚无的现实的直接感知的不可能，并不意味着历史学家可以任意地"构建"。这种中间立场的支持者逐渐地扩大着队伍。② 与"正统的现实主义者"③不同，赞成"中间立场"的历史学家，从"语言学转向"的角度积极思考改变自己的实践。他们找到的出路是"新社会文化史"范式。这种范式通过文化概念、象征性的实践和价值定位的视角来解释不同层次的社会进程。这里除了掌握文学批评方法外，还注意了"文本的社会逻辑"，即话语的非语言特征。这些特征与传记的、社会—政治的、精神的语境有关，而在此语境中创建了文本，并带有创立者的目的、需求和世界观的目标。"新社会文化史"在实践中，文化并不是表象和符号的决定性因素，而是一组职能、工具或战略，通过它们个人可以在自己的实践活动中利用这些标志和符号。

"史学革命"的另一特征是语境方法。历史知识发展中的乐观主义引起了对语境方法的高度重视，虽然在史学的不同领域重视程度不一，形式

---

① Барг М. А. , Человек – общество – история, *Новая и новейшая история* , 1989. № 2. С. 56.

② 参见：18th International Congress of Historical Sciences. Montreal, 1995, pp. 159 – 181; Strath B. , The Postmodern Challenge and a Modernized Social History, *Societies Made up of History*, Eds. R. Björk, K. Molin. Edsbruk, 1996, pp. 243 – 262; Spiegel G. *The Past as Text: The Theory and Practice of Medieval Historiography.* Baltimore, 1997; Chartier R. , *On the Edge of the Cliff: History, Language, and Practices*, Baltimore, 1997; Вжозек, Войцехю. Интерпретация человеческих действий. Между модернизмом и постмодернизмом. *Проблемы историческ ого познания Материалы между народной конфе ренции* . Отв. Ред. Г. Н. Севостьянов. М. , 1999. С. 152 – 161.

③ 例如 Evans R. J. L. 1997.

也相异。但总的来说都指向从因果解释转向语境解释。广为流传的看法是历史语境是一种情势，它不仅为任何活动提供社会条件，而且提供具体的挑战和问题。这些挑战和问题要求在有关的活动中解决。但应指出，"普遍的语境化"既对历史学家的想象提供了必要的限制，又有利于分析社会状况，但却不利于解释社会—历史动态。①在当代社会文化史的广泛的范围内，除了众多分析历史类型、形式、跨文化互动的不同方面和事件的众多著作外，值得注意的还有对个人的和集体的同一性，历史与记忆的相互关系的研究。这种研究现今正在吸引所有社会人文学科研究者的注意，并为未来考虑更为周到的方法论跨学科合作提供方便的平台。

在强调语境对历史学发展的重要性时，同时也要注意不能予以夸大。对历史学发展产生影响的，除了语境外，还有别的东西，如客观存在的事件。历史事件，特别是重大事件必然会对历史学的发展产生重要的影响。看不到这一点就无法理解历史学的发展变化。但要看到的是，片面地强调这种外来的对历史思维全部发展史的影响的话，那也是错误的。历史不是时代的职能。历史学与任何科学一样，是由于其内部的规律，自己的逻辑发展起来的。实际上，它是内部因素和外部因素复杂的相互作用的产物，其基础是历史知识发展的内部逻辑。

"史学革命"带来的一个重要后果是激发历史学家的理论兴趣。一般说来，众多历史学家对从事理论研究是不大感兴趣的。梅吉尔曾指出："理论与历史的冲突……在很深的层次，因为没有处于具体语境里的概括化理论就是不可能的，而同时历史学家力图做的是描述、解说和阐释历史语境，或它们的总和，并不想在自己研究的基础上提出理论见解。"②既然没有构建理论的目的，历史学家在理论研究中自然不会提出这样的任务。梅吉尔提出了理论可在历史中起的四点作用：认识论的作用；批评和自我批评的作用；思辨的作用和思考研究结果的作用。其中最值得注意的是第

---

① 参见 Burke P., *Varieties of Cultural History*, Cambridge, 1997.

② Мегилл Аллан, Роль теории в историческом исследовании и историописании. *Историческая наука сегодня: Теория, методы, перспективы*, Под ред. Л. П. Репиной. М., 2011. С. 25.

一项，即历史认识论，它决定了历史认知的基本原则。①正是在历史认识论这个历史工作的重要方面，当代历史学家积极参加进去，至今已可看到，对史学实践的兴趣和理论论证在其研究和表述两个方面都在增长。②

21 世纪初以来，在世界史学中已出现大量的讨论理论问题的著作。一般来说，它们不是讨论历史过程理论或在史学中应用社会—人文科学理论的问题，而是讨论"历史理论"，讨论历史知识理论，这也与"史学革命"有关。因为它巩固了历史学的跨学科性，其表现之一是出现了新的人文学科，如理论史学。广义的理论史学包括社会科学和历史学交叉的所有领域，如历史社会学、历史心理学、宏观社会学、微观系统分析、社会文化学等；而狭义的理论史学是同时属于这两种类型的学科之一。③理论史学的构建为历史学的跨学科综合提供了新的可能性，这些可能性来自史学和社会学的中间环节。史学会利用不同社会科学的解释性的方法和理论，并以来自经典传统经验史学的事实资料为基础。

然而，也应指出，在 21 世纪初，也有一些历史学家出现了反复，即又否认理论的重要性，但这并不影响主流。多数历史学家是感到"理论的欠缺"，这促使不同国家的学者去创建"中层理论"，作为历史活动的理论。

这种理论超越历史经验，并为研究历史经验对历史学的各种概念做了论证，同时又拒绝讨论历史意义和方向问题，历史过程的普遍规律等问题，这些问题与理论史学的对象问题有关。但是这并不意味着"对理论的排斥"，而是历史学理论化的一种特殊形式。这在"史学革命"时代更不适宜这样说，因为在此时理论知识已构成当代史学实践的必要的组成部分。还有，历史中方法论综合问题本身就是理论问题。因为，为了解决具体问题，对研究战略进行挑选和运用，是在中层理论的运作范围内和它的范畴基础上实现的。

关于"史学革命"，最后还需强调指出，"史学革命"这个术语虽然

---

① 参见 Fulbrook, Mary, *Historical Theory*, N. Y. , 2002. Мегилл, Аллан. *Историческаяэпистемология*, М, 2007.

② 参见 *Meaning and Representation in History*, Ed. By Jörn Rüsen. N. Y. , Oxford, 2006.

③ Розов Н. С. , Философия и теория истории. Кн. 1. Пролегомены. М. , 2002. С. 41.

在这里讲了许多，但是实际上它只在西方的发达国家才有所应用。世界上绝大多数发展中国家是很少用于自身史学的发展的，因此我们没有必要去拘泥于这个概念本身，它的出现无非也只是要表明，历史学在 20/21 世纪之交以后发展的迅猛和质上的变化。这些是应该了解和加以研究的。

历史学家对历史学理论问题兴趣的增长，有一个明显的表现是：在 20 世纪 80—90 年代出现的全球史。这一显著的趋势显示了历史学的整合过程。

这也表明对历史宏观前景的兴趣重又增长。近半个世纪来，全球相互关系的发展带来的生态的、流行病的、人口的、文化的和心智的后果，引起了越来越多的关注和研究，从而形成了一门新的学科——全球史。它依据的是世界历史进程的相关性观念。当代面临的各种迫切问题要求丢弃过去占统治的那些模式，即用欧洲中心主义视角来构建历史过程和事件。现在要求世界史应该是真正普遍的，并要求使用新的比较分析方法，它不仅可以说明共同的和特殊的，而且可以提供有关人类历史整体性和相互关系的新观念。

全球史的发展取得了很大的进展，也涌现了不少有名的史家和著作，虽然在发展过程中也有曲折和失误，但是成就是主要的。由于这个过程很长，不可能详加阐释，这里只能提供个概貌。

全球史的出现与像曼宁（Manning P.）、萨克森梅尔（Sachsenmaier D.）这样的大家的名字有关，与 20 世纪 60—80 年代有关，即与历史知识的欧洲中心主义和民族中心主义危机有关，与"极度简单化的"现代化理论有关，与史家在下述方面的知识的全部解构有关：对时间、空间，因果关系，代表品的作用，前提性知识和真实知识的相互关系方面的知识。结果就是多中心主义，网状思维和转向相反联系，承认每个居民集团有权有自己的全球史。[1]

---

[1]　Manning P. , *Navigating World History*：*Historians Create a Global Past*, New York：Palgrave Macmillan, 2003, pp. 150, 265 – 300, 375 – 376；Sachsenmaier D. , *Global Perspective on Global History. Theories and Approaches in a Connected World*, New York：Cambridge University Press, 2011, pp. 13, 132, 160.

对这些过程起作用的既有非殖民化，又有全球化。前者促进了不同历史观的建立，后者动摇了欧洲中心主义和破坏了民族史学的边界。后殖民主义批判在此起了重要作用，打破了西方一些"铁的概念"，如进步、现代化、理性化等，并为过去的非欧洲世界提出不同发展道路的建议。由此出现了无数不同的世界史著作。①

在 20/21 世纪之交，全球史的发展出现了倒退。如果在 20 世纪 90 年代，即全球史形成时期，它直接依靠的是后殖民主义批判，那么到 21 世纪，全球史已从这种批判倒退回去。非殖民化开始受到批评。某些激进的历史知识发展计划被认为是空想。

然而，全球史的出现和发展是客观现实的反映和需要，虽会遇到挫折和阻挠，但是并不可能阻止它的前进。有关全球史的方案层出不穷。其中最有影响的一个是美国马萨诸塞工业学院教授、史学家 B. 马兹利施（B. Mazlish）的方案。它由两本文集构成。第一本名为《概念化的全球史》（1993 年），由 B. 马兹利施（B. Mazlish）和 R. 布尤特詹斯（R. Buuitjens）写成，表达出对"第三世界"国家发展前景的乐观看法。但是到 21 世纪初，B. 马兹利施等人对非洲和拉丁美洲的蓬勃发展的希望已经破灭。马兹利施提出了"新全球史"概念，把研究范围限于 20 世纪下半叶和 21 世纪初，并在很大程度上取消了殖民主义、种族主义、奴隶占有制、帝国主义。他坚持说，他的新全球史思想是全球化的直接结果，客观上是全球化对过去的西方的投影。②

比马兹利施更后退的是艾利耶（A. Lriye）。他在与别人合编的《全球史文选》中集中美化美国的形象，把美国说成是现代化的霸主，军事和信息革命的领袖；美国的活动决定了全球资本市场的强大和新技术的产生。美国的唯一对手是世界恐怖主义。西方与恐怖主义的战争是唯一的现象，这一现

---

① 参见 Sachsenmaier D. Op. cit. P. 51 – 52，30. Иггерс Г. Ван Э. *Глобальная история современной историографии*，пер. с англ. О. В. Воробьевой. М.：Канон. 2012. С. 36 – 37. Ионов И. Н. Новая глобальная история и постколольальный дискурс. *История и современность*. 2009. № 2（10）. С. 33 – 60；Ионов И. Н. Основные направления и методология глобальной истории. *Новая и новейшая история*. 2003. № 1. С. 18 – 29.

② Mazlish B.，*The New Global History*，New York. London：Routledge，2006.

象脱离新全球史语境是根本不能理解的，而这说明了新全球史的重要性。

艾利耶在文中把新全球史与帝国主义联系在一起，具体就是使新全球化具有19世纪西方殖民者的"文明使命"：它冲出民族边界"渗入世界上的'非文明'区域"。这是西方殖民主义者的"文明使命"的经典形式。艾利耶把20世纪看作"国际主义的世纪"，西方诸多世界帝国对话的世纪，并在总体上持肯定的态度。殖民主义的屠杀、种族灭绝、全面战争，或者避而不谈，或者一笔带过。他承认全球化具有贪婪性，必须加以控制。[1]支持这类观点，甚至不接受后殖民主义话语和文明对话的还有人在，如英国剑桥大学教师雷诺兹（Reynolds D.）。[2]

要创建全球史的困难在于，不大可能如实地重建过去的图景，但其中宗主国和殖民地、企业主和工人之间的历史关系可以自然地成为研究的领域。因此，从后殖民主义批判和全球史的源头上说，我们就有可能"翻转"历史图景，把"第三世界"人民放在前面。这种改变欧洲中心主义的方案就是创建另一种不同于现有的普遍史的方案。在建立全球史的努力中，许多理论都可以起到作用，例如，从属发展论、不发达理论、世界系统论等。

在全球史兴起的同时，"文化转向"的后果完全地表现了出来。一方面是对过去和现在的个人主观性的兴趣的空前高涨；另一方面是力图把这种兴趣在新的理论—方法论的基础上使之语境化，并要这种语境适合当代文明的全球性，适合文化间对话发展的目的性和多样性统一原则。

自然，当代国际史学的发展还可以举出许多应该加以研究和论述的问题，然而由于时间和我们的知识局限，就此打住了。有兴趣的读者希望能继续阅读这套书的各部专著，并提出宝贵的批评意见。

（此文原载陈启能主编《国际史学研究论丛》第4辑，社会科学文献出版社2020年版）

---

[1] Lriye A. , "The Role of International Organizations", *The Global History Reader*, Ed. By B. Mazlish, A. Lriye. New York, London：Routledge, 2005, pp. 182 – 190；Iriye A. , *Internationalism. The Global History Reader*, Ed. By B. Mazlish, A. Lriye. New York, London：Routledge, 2005, pp. 202 – 208.

[2] Reynolds D. , *One World Divisible. A Global History since 1945*, London：Allen Lane, 2000.

下　篇

当代俄罗斯的文明概念

我们这里说的"当代俄罗斯"指的是 1991 年苏联解体后的俄罗斯，也有被称为"后苏联时期的俄罗斯"的。要考察这段时期的文明概念问题，有必要简略地回顾一下在这之前的时期即苏联时期的大致情况。

一　形态方法的式微和革新

应该承认，在苏联时期的大部分时间里，"文明"问题和"文明方法"都是"空白点"，是无人问津的，甚至是被禁止的。至少从 20 世纪 30 年代以来，一套固定的"形态方法"成了苏联社会科学界，特别是史学界运用的主要方法。众所周知，社会经济形态是马克思主义学说的主要内容。因而，从表面上看，似乎"形态方法"就是由社会经济形态学说直接来的，甚至两者被等同起来。诚然，这两者之间有着不可分的联系，然而毕竟不是一回事。这里的问题是：马克思主义在苏联（包括学术界）被严重地教条化、简单化了。"形态方法"主要是这种教条化、简单化的产物。一位俄罗斯的学者在谈到形态理论时指出："一般说来，在历史学家的实践中，形态学说并不是一个社会—历史分析方法，而成了目的：具体的历史认识被用来证实历史哲学体系的正确。"他进一步指出："马克思提出的科学假设后来被变成了绝对正确的教条。"马克思本人"从一位勤勉钻研探索的思想家"变成了"一个'教皇'，一个绝对真理的代表"，"这不能不导致对马克思思想的庸俗化和直接的歪曲"。①

---

① А. Я. Гуревич, "Теория формации и реальность истории", *Вопросы философии*, 1990, No. 11, с. 36.

在相当长的时期内，"形态方法"在苏联学术界没有引起争论。然而，在 20 世纪 60 年代，由于苏共二十大的影响，苏联学术界就理论方法论问题进行了反思和讨论。特别在与"形态方法"直接有关联的苏联史学界，展开了关于史学方法论的热烈讨论，其中涉及唯物史观与史学方法论的关系、亚细亚生产方式等问题。如何克服教条化的问题在一定程度上被提了出来。在这一时期，苏联学术界越来越重视对文明问题的研究。史学界也是如此。不过，在 70 年代直至 80 年代上半期，对文明问题的研究虽然多了起来，但是并未见有人提出要用"文明方法"取代"形态方法"的。80 年代下半期，戈尔巴乔夫的"改革"引起苏联社会—政治的巨大变化，而这又导致社会指导理论，以及社会科学和历史学的不稳定。一场空前的历史科学的危机随之而来。关于这场危机的原因、程度、消除的途径等问题，在历史学家中间是众说纷纭，但有一点是比较一致的：这场危机是理论、方法论的危机，而当前存在着历史知识被非职业化的危险。这场危机有两个明显的表现：一是对苏联历史学的否定，一度甚至达到几乎全盘否定的程度。这就在相当程度上导致理论上的真空和对方法论问题的偏执追求。二是围绕如何选择对历史过程的宏观解释模式所进行的争论。争论的焦点是"形态"和"文明"两种方法孰优孰劣，应该选择哪一个的问题。

应该客观地说，在 80 年代下半期—90 年代初的这场争论中，占优势的是形态方法的支持者。如有学者强调说，如果是为了铲除对形态概念和阶级概念的简单化的、图解式的运用（这种情况几十年来确实在历史科学中存在着），那是值得欢迎的；如果是为了完全忘却阶级性思想和形态思想本身，那就是另一回事了，因为今天如果没有这些思想，从原则上说就不可能有什么广泛的概括。① 还有学者指出，有两个不同的概念应该加以区分：一个是形态方法，另一个是形态简化论（формационный редукционизм）。形态简化论是把形态方法绝对化了，从而也就歪曲了形态方法。形态简化论的主要特点是把"人类社会"活动的全部多样性完全

---

① См."О тенденции исторической науки", *Новая и новейшая история*, 1991, No. 5, c. 65.

归结为形态特征，而形态方法本身过去是，现在依然是巨大的科学成就。[①]他的结论是，形态方法在弄清推动社会发展的那些矛盾的基础上，用以分析发展的规律，其目的是研究使社会分裂的东西。文明方法把社会看作各种整体性的类型，所研究的是使社会联合的东西。总之，形态方法是用以研究社会变化的机制，而文明方法则研究社会继承性。[②] 因而，作者认为，两者是互补的。

这两种方法互补的论调逐渐多了起来。这既说明"形态方法"论者的且战且退，也说明他们在寻求"形态方法"的革新。如另一位学者也力图革新"形态方法"。他认为，"形态方法"导致历史学家在"优先选择"研究课题时的"倾斜"：过多地选择阶级斗争和农民分化，而对农民生活中的许多方面（农业生产的工艺、农民的日常生活）却很少研究。最严重的疏漏是对自然—地理因素在俄国历史上的作用的忽视。他提出的革新方案是从俄国革命前的史学传统中［索洛维约夫（С. М. Соловьёв）、克柳切夫斯基（В. О. Ключевский）］吸取养料，丰富自身。[③] 另一位在平扎市的学者写信给《祖国史》杂志说："多数学者认为形态方法是正确的和必要的"，但是"文明方法可以解释那些偏离总趋势的例外情况"。[④]

虽然在 80 年代下半期 90 年代初的这场争论中，形态方法的支持者占了上风，但"形态方法"却受到了全面的批判。它的"缺陷"（主要是方法论方面的）被指了出来，大致有：经济决定论、一线发展论、形态简化论。《哲学问题》编辑部指出："把'人的世界'的全部多样性归结为形态特征只能是'形态简化论'。"[⑤] 在批判形态方法的同时，自 90 年代初起，文明方法在俄国较快地发展起来。巴尔格（М. А. Барг）主编的《文明》文集的出版，文明研究中心在俄国科学院世界历史研究所的成立，

---

① См. Я. Г. Шемякин, "Проблема цивилизации в Советской научной литературе в 60 – 80 гг", *История СССР*. 1991, No. 5, с. 88 – 89.

② Там же, с. 100.

③ См. Л. В. Милов, *Великорусский пахарь и особенности Российского исторического процесса* М., 1998.

④ *Отечественная история*. 2001, No. 1, с. 208.

⑤ "Формации или цивилизации?（Материалы 'круглого стола'）", *Вопросы философии*. 1989. No. 10, с. 34.

西方文明研究大师［斯宾格勒（O. Spengler）］、［汤因比（A. Toynbee）、索罗金（P. Sorokin）等］的著作的翻译出版，一些有关的重要著作的出版①，无不说明文明概念的流行。然而，对文明方法的可行性，在学界还存在着不同的意见。对文明范式本身的研究也还不够。

简言之，到 80 年代以后，文明方法和文明问题的讨论逐渐多了起来，到苏联解体以后，更是进入高潮。对此，俄国学者有很好的说明。如俄罗斯科学院世界历史研究所于 1997 年出版的《文明》丛书第 4 辑的"出版说明"指出："近十年来，'文明'的概念和文明的理论在我国的历史科学、历史社会学和文化学都得到了广泛的承认。在历史知识还缺乏一个主导的范式的情况下，文明理论遂得以成为最流行的、被学术界承认的概念。"②

俄国历史学家科瓦利钦科（И. Д. Ковальченко）在历史研究从形态的单一性向文明的多样性的转变中起了重要的作用。他在 20 世纪 90 年代中期发表的晚年的著作中③认为："目前最中心的方法论问题是在研究社会—历史进程中的形态方法和文明方法的相互关系问题。"④ 科瓦利钦科的实际意思是，这两种方法各有长处，应该互补。他认为，社会的发展有其内在的因素（如社会、政治关系的性质、人类的思想—文化和精神—心理面貌等）和外在因素（如自然条件、宇宙的条件、人们的地域生活环境等）。他把根据这些因素构成的世界文明的一般历史划分为以下阶段：前工业阶段（原始公社、奴隶的、封建的）；工业阶段（资本主义的和社会

---

① *Сравнительное изучение цивилизаций мира*，М. 2000 и 2003；*История России Теоретические проблемы* Вып. 1 *Российская цивилизация：опыт исторического и междисциплинарного изучения*. М.，2002.

② *Цивилизации*，вып. 4. М.，1997，стр. 6.

③ И. Д. Ковальченко，"Теоретико - методологические проблемы исторических исследований. Заметки и размышления о новых подходах"，*Новая и новейшая история*. 1995. No. 1；его же，"Историческое познание：индивидуальное，социальное и общечеловеческое"，*Свободная мысль*，1995. No. 2；его же，"Сущность и особенности общественно - исторического развития（заметки о необходимости обновлениых подходов）"，*Исторические записки*，Вып. 1（119），М.，1995.

④ И. Д. Ковальченко，"Теоретико - методологические проблемы исторических исследований. Заметки и размышления о новых подходах"，*Новая и новейшая история*. 1995. No. 1，c. 23.

主义的）和后工业阶段（信息的）。这实际上是放大了的形态模式。其基础还是垂直的分段模式，是允许多样形式存在的人类统一性思想。

总之，自 20 世纪 80—90 年代以来，俄国学者中对俄罗斯文明问题感兴趣的人多了起来，报刊上登载了不少讨论俄罗斯文明的文章，出版了一批专著，俄罗斯文明问题也列入了中学 11 年级的教科书。探讨文明问题的学者来自多个不同的学科：有社会学家、政治学家、哲学家、文化学者、东方学学者等，自然，还有历史学家，其中不乏知名度甚高的学者。当时的形势是：过去长期由"形态方法"一统天下的垄断地位被打破了。随之而来的并不是"文明方法"的垄断。虽然也有俄国学者认为，"出现了一定的'文明方法'的绝对化"①，然而不能把这理解为"文明方法"的垄断。比较普遍的看法是："形态方法"的垄断被打破后出现的是理论—方法论的某种不确定性，是缺乏主导的理论学派和流派，是方法论的模糊性。围绕着历史是单线发展还是多线发展出现了若干不同的流派，彼此所依据的概念不尽相同。应该说，"文明方法"是其中影响较大的一个。

"文明方法"的兴起并不是偶然的。首先，如上所述，俄国在苏联解体前后出现的历史学危机表现为理论方法论上的真空。"形态方法"受到越来越多的质疑和批评。"文明"和"文明方法"受到越来越多的关注。这可以说是学者们对理论上探求对宏观历史现象和过程进行解释的反应，是寻找新的宏观历史模式的努力。

苏联解体后，俄国经历了一个十分复杂的历史过程。俄国的社会思想也处于一种十分复杂的状态。这是苏联解体这个"历史剧变"的后续变化。这种状况要求思想精英们为社会和国家的发展和前景寻求一种理论的说明和瞻望。有位俄国学者对此做了阐释。他认为，现在的俄国社会是有能力融入"世界文明"的"正常"社会的。社会思想家们必须阐明建设这样的社会的原则。这应该是建设性的理论阐述。解体以后那种情绪性的揭露性作品是不能适应社会需求的。这里没有关于社会发展的探讨性的理论知识，有的是意识形态的色彩和对西方的盲目模仿。90 年

---

① А. О. Чубарьян，"Историческая наука в России к началу XXIв. "，*Новая и новейшая история* . 2003. No. 3，с. 12.

代在激进的自由主义的"冲击风暴"失败以后，俄国的社会思想显得更为复杂。然而，接连发生的这些巨大的变化也是对以前用来研究历史和社会的方法的全面批判，而这种批判为新方法的有效的探讨和掌握扫清了道路，其中就有对文明制度和文明过程的比较研究。这位学者还警告说，"文明"成了一个时髦的词；各种各样的人，为了各自的目的，都会应用它，都会提出观点和理论。因而，需要联系充满矛盾的俄国现实进行认真深入的研究分析。①

此外，从国际学术发展的角度看，文明问题的重要性也越来越突出。近几十年来，文明和文化问题在人文社会科学的各个学科都受到特别的重视，成为研究的"热点"。如哲学研究重心向文化的转移，"新文化史学"的兴起，人类学对各门人文社会科学影响的加强，各种文化思潮、文化理论的相继问世，联合国教科文组织第 26 届大会（1991 年）决定建立一个世界文化与发展委员会，负责起草一份关于文化和发展的国际报告，如此种种无不说明：文明和文化问题正受到前所未有的重视。这并不是偶然的，而是有其历史的、现实的、社会的根源。其中重要的一点是，国际格局的变化，科学技术革命的兴起和全球人性问题的凸显等，从各个方面把人本身的价值和命运、人类生存和发展的问题，十分尖锐地凸显出来，迫使人们去反思，去探索，特别是从理论上去思考。因此可以说，文明和文化问题的研究热的兴起集中反映了对人的关注，对处于不同文明背景、不同文化环境的人们的命运的担忧和思索。这样的国际背景促进了俄国学术界对文明问题的探讨和研究。如不少俄国学者明确指出，历史研究中的"文明方法"把历史的唯一创造者——人放在历史研究的中心；②"运用文明方法时，正是人被提升到了历史研究的中心地位"。③

---

① См. Б. С. Ерасов, "О статусе и содержании теории цивилизации", *История России Теоретические проблемы* Вып. 1. *Российская цивилизация: опыт исторического и междисциплинарного изучения*, М., 2002, с. 9 – 12.

② См. М. А. Барг, "Цивилизационный подход к истории: дань конъюктуре или требование науки?", *Коммунист*. 1991. No. 3, с. 33.

③ А. А. Искендеров, "Историческая наука на пороге XXI века", *Вопросы истории*. 1996. No. 4, с. 18.

二　文明概念的历史回顾

苏联解体前"形态方法"的式微和"文明热"的兴起，并不是一件偶然的事，也不纯粹是"学术问题"。这里有着深远的社会、历史背景。我们需要简单地回顾一下。

我们知道，近代（或现代）意义上的"文明"概念出现在18世纪下半叶的西方，以后逐渐地流传于世界各地，并被国际上广泛使用。近代"文明"概念的出现，既是自古典时期以来"文明意识"发展的结果，也是近代西方社会经济、政治、文化、思想发展的产物。在古代，"文明意识"不仅在古希腊、古罗马有发展，而且在古代中国、古印度也有很大发展，稍后在阿拉伯世界也是如此。如果说，世界各地的古文明和"文明意识"是各有千秋，相互辉映的话，那么在西方出现近代"文明"概念后，情况就有所不同。当时在西方，"文明"概念往往与"西方中心论"联系在一起。17世纪时，欧洲被看成是统一的地理整体，由基督教国家组成，具有相似的社会机制和国家机制。这是欧洲中心论的开始，到18世纪下半叶已发展成为把欧洲看成是全世界社会发展的理想模式的观念。这种观念认为，所有国家、民族文化发展的道路都是相同的，而西欧是率先的模范，而非西欧的人民和文化是"不文明的""野蛮的"，因此要推行"教化"政策，也就是要对不同于西欧的社会和文化加以根本的改造，使之"文明化"。俄国的主要部分虽然也在欧洲，但地处偏远的东欧，也属于需要"教化"的国家。不过，俄国人认为，他们有一定的"民族性"，比亚洲国家要"文明"些。俄国没有达到西欧的文明水平，但已走在半道上。①

一般认为，俄国的"启蒙时代"是在18世纪下半叶。此时，西方的"启蒙思想"被系统地引进。但从"文明理论"的角度看，探讨"俄罗斯道路"的特点的任务还没有提出来，俄国自己的文明理论的构建还处于初

---

① See D. Hay, Europe. *The Emergence of the Idea*. Chicago, 1968; B. H. Никифоров, *Восток и всемирная история* M., 1975.

步的准备阶段。19 世纪时，情况有了很大的变化。民族意识的高涨，探讨俄国发展特点的热情，对俄国文明的认同需求，触动了俄国各类各派的知识精英，包括十二月党人、斯拉夫派、"官方人民性理论"的支持者，甚至西方派。俄国在文明理论上的探讨有两个明显的特点：一是特别注重两种文明理论（即线性—阶段文明理论和地域文明理论）中的地域文明理论；二是喜欢拿俄罗斯与欧洲作比较分析。在 19 世纪 20 年代时已有学者明确提出一个影响至今的问题："俄国的历史与其他欧洲国家以及亚洲国家的历史的不同在哪里？"自那时起，俄国的社会思想一直在探讨、回答这个问题。到 19 世纪 30 年代，独特的"俄罗斯道路"的思想已经相当深入社会的意识。19 世纪中期以后，有更多的俄国学者从文明的理论上，从哲学上探讨这个问题。其间出了不少有名的学者，如达尼列夫斯基（Н. Я. Данилевский）、列奥契耶夫（К. Н. Леонтьев）、米留柯夫（П. Н. Милюков）等，特别是达尼列夫斯基在其名著《俄国与欧洲》（1869 年）中提出的"文化—历史类型"的理论对 20 世纪的文明理论大家斯宾格勒和汤因比文明形态理论很有影响。

　　从以上的回顾中可以清楚地看出，文明概念和文明理论问题的探讨不是凭空出现的，不是杯中的风波，而是有着深刻的背景的。从俄国的历史看，就是与对俄罗斯的文明认同、与俄罗斯发展道路的特性、与俄国与周围世界的关系、与俄国的命运息息相关的。明白了这点对近来这次俄国学者对文明问题的关注的原因就不难理解了。

　　在苏联时期，苏联的强国之路不是通过"文明"来论证的，主要是通过社会形态和意识形态。因而在苏联的学术界，包括史学界，"文明"问题长期没有得到重视，没有被提上日程。只是在苏联的晚期，尤其是在苏联解体前后，"文明"问题才成为"热门"。苏联解体以后，文明问题的探讨更加热烈。探讨的重点是俄罗斯文明及其文明史。很明显，研究俄罗斯文明史的目的，就是要探讨俄罗斯独有的、从谁那儿也无法借用的通向未来之路的客观前提。

　　从学术、文化方面说，近年来文明问题在俄国的兴起有着多方面的原因。有国际人文学术界在 20 世纪晚期兴起的"文化热"的影响，有对冷战后美国学者亨廷顿提出的"文明冲突论"的反响，有苏联解体前"文

明方法论"讨论的延续，有纯粹学术上的兴趣原因，等等。但是，从根本
上说，这次文明问题的讨论和探讨是与俄国在新形势下对本身文明的认
同，与俄罗斯的重新崛起所面临的挑战和需要回答相关的各种问题有关。
一位俄国学者沙帕瓦洛夫（В. Ф. Шапавалов）在专论俄罗斯文明的一篇文
章中写道："研究俄罗斯文明的需求呈现出上升的趋势是和社会意识到自
我认知以及自我辨识能力的重要性相关联的，也是和社会对在此道路上将
要遇到的困难与问题之规模有所了解相关联的……看来，俄罗斯文明也能
找到应对当今时代挑战的适当答案。"① 这里，这位学者提出了社会的自我
认知能力和文明的关系问题。这对探讨文明问题很是重要。具体到俄罗斯
社会来说，这点就更为明显。经过了 20 世纪 80 年代的剧变和随后的苏联
解体，俄罗斯各界民众"对文明的自我认知能力有所提高"，"对祖国文
化传统的世界意义提高了认识"，② 因而对俄罗斯文明的兴趣得以增强就是
顺理成章的了。

三　文明概念的探讨

20 世纪 90 年代以来，"文明"概念在俄国流行起来，几乎成了口头
语。然而，略加观察就不难发现：这里的概念应用并不都是学术意义上
的，而是有不少意识形态的色彩。就史学界而言，对文明概念和文明问题
的理论探索热情甚高，可惜这些探索成果远未与具体的历史研究结合起
来。不过，无论如何，这些理论探索本身就是难能可贵的。更重要的是，
或许是由于在历史研究中尚没有主导的范式，文明理论逐渐成为被学术界
承认的若干最有影响的概念之一。

文明概念本来就是多义的、有争议的。俄国学术界围绕着"文明"的
定义问题进行了长期的争论。"文明方法"的反对者也正是强调"文明"

① В. Ф. Шапавалов， "Россия как цивилизация"，*История России Теоретические проблемы*
Вып. 1 . *Российская цивилизация：опыт исторического и междисциплинарного изучения* . М.，
2002. стр. 113.

② И. Н. Ионов， " Проблемы статуса и специфики истории российской цивилизации
（либеральная версия ）"，*Новая и новейшая история* . 2005. №. 3.

概念的不具体、不确定的特点来加以反对。然而，不具体、不确定的特点并不表明这一概念的非科学性。约诺夫（И. Н. Ионов）指出："当代文明理论和俄国文明史的基本问题是：在当代认知传统的条件下，不可能有一个统一的、没有矛盾的文明概念。"① 所以，我们目前并不是要在俄国的学者中寻找他们对文明概念的统一的定义，而是不妨先看一些有代表性的观点，俄罗斯学者的一些具体的看法。它们可谓是众说纷纭，五花八门。不同的观点主要围绕着这样一些问题：俄罗斯文明是一种什么样的文明？对俄罗斯文明应作何评价？

　　一种有代表性的看法是从文化学的角度来解读文明。已故的叶拉索夫（Б. С. Ерасов）就力主文化学的方法。如前所述，叶拉索夫强调文明的普遍性原则，指出，文明的普遍价值也就是跨地域的价值，而普遍的价值表现在世界宗教、道德、法和艺术体系上。② 由此可见，叶拉索夫对文化因素的重视。

　　这种文化学的方法可以说是在当前俄国文明研究中影响最大的。从叶拉索夫的论述来看，他继承了文明研究史上"历史—文化学派"的传统。他详细论述了这一学派对"文明"概念的定义的看法：（一）文明是实际运作的大的社会—文化系统。这些系统拥有自身固有的规律，它们并不归属于国家、民族或社会团体所有的规律。文明的规律在某种程度上可以影响这一社会—文化体系的其他成分（包括物质文化和精神文化）的运作。（二）文明有自己的社会结构和精神结构。这些结构反映了价值—意义成分和机构成分的一定的相互关系。（三）每一个文明都是单独存在的，都有自身固有的特点。文明的独特性表现在它们的精神生活内容、结构和历史命运的差异上。（四）世界文明的总数是不多的。虽然大师们提出的具体数字各不相同，但是达尼列夫斯基（Н. Я. Данилевский）、斯宾格勒、汤因比提出的文明总数都没有超过 30 个。而在现代和当代仍有生命力的

---

① Электронная версия материалов семинара А. С. Ахиезера " Социокультурная методология анализа Российского общества ": http: // scd. centro. ru／ 5. htm.

② См. Б. С. Ерасов, " Цивилизация: смысл слова и опредение термина ", *Цивилизации* , вып. 4, М. , 1997, с. 185 - 187; Б. С. Ерасов, " Россия в евразийском пространстве", *Общественные науки и современность* . 1994. №. 2, с. 22, 26, 28.

文明数目就更少了。（五）多数理论家认为，每一个超大的文化体系都依据于某个精神的出发前提，某个"伟大的思想"，某种最初的符号或最终的神圣价值。在文明形成的过程中，围绕着这些价值或思想会构建起复杂的精神体系。后者会赋予其余的成分以意义，并使它们具有美学上的或风格上的一致和统一。（六）文明有自己的运动，长达若干历史时期，其间经历周期和起伏，包括起源、生长、成熟、枯萎、衰落、崩溃等阶段。虽然经历这些变化，文明固有的特性不会改变。每一文明的运动是由它的内部规律决定的。（七）文明间的相互关系的基础是自我决定原则。虽然这种相互关系可以加速或减缓、帮助或阻挠文明的发展，但每一文明可以有选择地吸收对它有益的因素，并不会破坏它固有的特性。①

　　叶拉索夫也提出了自己对"文明概念"定义的看法。他强调了文明的普遍性原则，指出：文明的根基是个人和团体的普遍的社会—文化联系，这种联系构建了空间和时间上的关系网和大范围的统一。文明的普遍性不只是由商品—货币—生产关系或法制调节体系产生的，以社会生产的普遍的精神因素为中介的个人间的关系也可能具有普遍的形式。文明的普遍性表现为精神形式、社会组织的结构原则和机构以及精英的活动。这里，叶拉索夫特别强调文明的普遍价值，也就是跨地域的价值。这种普遍性是克服任何地域性和分立主义的，是文明的重要原则。而普遍的价值表现在世界宗教、道德、法和艺术的体系上。叶拉索夫还强调了文明能解决过去、现在和未来的相互关系，也就是继承性问题。②

　　持这种文化学方法的俄国学者还有不少，尽管他们的具体看法或着重点会有所不同。如约诺夫、哈恰图梁（В. М. Хачатурян）认为，文明是人们的社会—文化共同体。这些人是由共同的精神传统联合起来的，而这种传统使他们可以把行动准则、地方文化的价值和理想加以协调和完善；也是由物质文化的共同基础、对空间和时间的相似的接受形式、周围环境

① См. Б. С. Ерасов，" Цивилизация：смысл слова и опреденение термина "，*Цивилизации* ，вып. 4. М. ，1997，с. 181 – 182.

② Там же，с. 185 – 187；его же，" Россия в евроазиатском пространстве "，*Общественные науки и современность* . 1994. №. 2，с. 22，26，28；его же，"Цивилизация：слово，термин，теория"，*Сравнительное изучение цивилизаций Хрестоматия* . М. ，1999，с. 25.

及对它的利用方式联合起来的。① 凯勒（В. Т. Келле）也把文明看作社会
—文化构成物，并强调文化领域与社会领域（包括经济、政治、社会领
域）之有机结合。② 很明显，实际上，作者在这里是把文化看作构成文明
的出发点。谢缅尼科娃（Л. И. Семенникова）则认为文明的内容不只是
文化。她指出，文明是社会的生命活动的方式，或者说存在的方式。这种
方式由下列的共同因素所决定：地理（或自然）环境、经济运行体系
（经济）、社会组织、精神价值（宗教、意识形态）和文化、政治体系、
心态、时代特点。③ 作者在这里虽然也提到文化，但把它与别的因素并列
在一起。雅科文科（И. Г. Яковенко）则把文明与文化看作是整体与部分
的关系。他认为世界文明是相互作用的地域文明（文化）的整体。这些地
域文明（文化）是人类存在的不同战略方案，它们在时间和空间上受到
限制。④

　　我们可以看到，这种从文化学的角度给文明概念作的定义，主要有两
大特点：一是强调文明的普遍性，即超地域性；二是强调文化的作用和内
容。还有人把文明概念进行了分类。如谢缅尼科娃把"文明"概念划分为
三类：策一类概念用于专门的领域，如社会学。第二类概念数量最多，是
通过文化概念来定义文明的［斯宾格勒、别尔嘉耶夫（Ф. Бердяев）、克
罗伯（А. L. Kroeber）⑤ 等］。按这种看法，在文化发展史上，相对于野
蛮而言，文明是更高的阶段。第三类概念把文明看作历史的基本的类型学

　　① См. И. Н. Ионов, В. М. Хачатурян, *Теория цивилизации：от античности ло конца XIX – го века* Санкт – Петербург，2002，с. 6.

　　② См. В. Т. Келле，"Культура в системе цивилизованных механизмов"，*Сравнительное изучение цивилизаций мира* . М.，2000，с. 13.

　　③ Л. И. Семенникова，"Концепт цивидизации в современной историографической ситуации в России"，*История России Теоретические проблемы* Вып. 1 *Российская цивилизяция：опыт исторического и междисциплинарного изучения*，с. 33.

　　④ И. Г. Яковенко，"Российская история и проблемы цивилизационного анализа"，*История России Теоретические проблемы* Вып. 1 . *Российская цивилизяция：опыт исторического и междисциплинарного изучения*，с. 48.

　　⑤ 克罗伯（1876—1960），美国民族学家、文化史理论家，著有印第安人民族志和民族学通论方面的著作。

单位。俄国的达尼列夫斯基和英国的汤因比都是较早运用这类概念的先驱者。① 从这种分类中，可以看出从文化概念来定义或分析文明的看法影响是比较大的。

除这种文化学的看法外，另一种有代表性的看法是把"文明"概念看作历史过程的阶段和形式。如阿希叶泽（A. C. Ахиезер）就持这种看法，但他从价值判断出发。他认为，划分文明重要的根据是价值方向，它们表现为社会关系和文化的再生产。他把人类的历史划分为两大基本的价值类型，与此相应的是两大文明："传统文明"和"自由主义文明"。这是人类历史发展的两大阶段。②

在对文明概念和历史发展过程的理解中，在当代还有一个值得注意的特点，那就是在数学的混沌理论和协同学的基础上进行探讨。协同学在 21 世纪到来之际被认为是最基本的科学概念之一，而协同学演进的范式被提到了当代科学的前沿。在协同学中，发展被看成是新质成分的成长过程，而这种新质成分是与处在两歧点的事件相联系的。不少俄国历史学家认为，这种新的跨学科方法对历史发展的选择性问题的分析创造了新的条件，而且对产生于"文明断折处"的复杂过程的研究很有帮助。③

四　自由派观点和"地域文明"观点

在当代俄罗斯有关"文明"概念的争论中，最有代表性和最重要的是以下两派。它们反映出对俄罗斯当前的地位、今后的发展前景的不同看法。

其中影响比较大的一类看法可以归纳为自由派的观点。所谓自由派的

① Л. И. Семенникова，" Концепт цивилизации в современной историографической ситуации в России "，*История России　Теоретические проблемы　Вып. 1. Российская цивилизация: опыт исторического и междисциплинарного изучения*，с. 32.

② А. С. Ахиезер，" Динамика цивилизационного анализа российского общества"，*История России Теоретические проблемы　Вып. 1. Российская цивилизация: опыт исторического и междисциплинарного изучения*，с. 90 – 97.

③ А. Ю. Андреев，Л. И. Бородкин，М. И. Левандовский，" История и хаос: новые подходы в синергетике"，*Сравнительное изучение цивилизаций мира*，с. 75 – 104.

观点，是指一些俄罗斯学者，他们尽管在具体问题上的表述不尽相同，但大多把俄罗斯文明同理想的文明对立起来，认为俄罗斯不存在完整的文明，不存在成熟的文明，认为俄罗斯是一个"不文明""不够文明""处于多种文明之间"的空间，是"不同文明的堆积物"。

例如，社会学家皮沃瓦洛夫（Ю. С. Пивоваров）和政治学家富尔索夫（А. И. Фурсов）创建了一个"俄罗斯体系"的学说，[①] 用来解释俄国的政治和历史。他们对俄罗斯现有的所有定论都提出疑问，认为，西方的科学、现代的社会科学术语只能解释西方的现实，而不能解释发生在俄国和亚洲的事情。表面上，他们似乎没有使用"文明"的概念，实际上，他们的观点体系是否定俄罗斯文明的本性的。他们强调，和西方不同，政权在俄罗斯体系里不是一种历史性的机构，而是严厉的神祇，类似一种虚无缥缈的现象。由于对政权的崇拜，俄国社会经历了无数次的失败。在俄罗斯历史发展的进程中，政权控制着社会。新的政权在经常出现的纷乱中建成，接着就来控制民众。他们还认为，俄国的改革基本上都是无所作为、毫无成果的，往往是在国家积累了一定程度的财富后，为满足政府的利益而实施的。而 20 世纪 90 年代自由派所进行的改革所得到的结果则是在很大的程度上逆转了俄国的现代化进程。总之，有权势的氏族的形成，这种现象的周而复始，将导致俄国回到前文明时期。[②]

还有一种观点形容俄罗斯是一个介于"自发势力"和文明之间的存在。譬如，哲学家坎托尔（В. К. Кантор）在 1997 年写了一篇文章，标题是《就是欧洲强国。俄罗斯——走向文明的艰巨之路。历史概要》。和令人振奋的书名不大合拍的是作者的见解。其中写到，俄罗斯之所以会成为一个介于"自发势力"和文明之间的存在，是因为基督教教会于 12 世纪的分裂和俄罗斯脱离了正在形成中的西欧文明中心的结果。而随之而来的蒙古—鞑靼人的入侵使俄罗斯在经历了一个短时期的文明发展之后，再次

---

① См. Ю. С. Пивоваров, А. И. Фурсов, "Русская система", *Политическая наука Теория и методология Проблемо- тематический сборник*. Вып. 2. М., 1997.

② См. Ю. С. Пивоваров, А. И. Фурсов, "Власть, собственность и революция в России. Проблемы анализа в контексте методологических сдвигов современной науки", *Историк во времени: Третьи Зиминские чтения* М., 2000.

遭到野蛮化，致使"文明的生活中断了"。总之，俄罗斯虽然在朝着"文明"前进，但总是达不到真正的"文明交替"。①

流传得很广的一种看法是，俄罗斯并没有一个完整的文明体系，她是同时存在的几个不同的文明的堆积物，或者说是周期性地一个接着另一个地轮换的几个文明传统的堆积物。俄国知名东方学家科比山诺夫（Ю. М. Кобищанов）就持这种看法。1996 年他在《社会科学与当代》杂志的一篇论文里写道："我基于这样的看法：俄罗斯是作为一个活跃多变的文化和文明的体系而出现和发展起来的。俄罗斯从来不是任何单独一种文明的领域。"他在引用大量的民族学资料的基础上指出：在俄国，和"纯粹"的东正教、伊斯兰教以及佛教区域同时存在的还有一些过渡性质的、中间性质的、"无主的"介于多种文化之间的领域。在分析俄罗斯内部的多种文明的相互关系时，他展示了在俄国的不同地区，多神教、东正教、伊斯兰教和佛教这些文化成分是怎样组成一些混杂的不同情况凑合的堆积体的。按照科比山诺夫的看法，俄国人行事的糟糕的"不可预见性"正是同俄国文化的这种五花八门的杂烩性质分不开的。② 历史学家谢缅尼科娃也持相同的观点。她在 1996 年发表的一篇文章里写下了这样的一段话："……俄罗斯是一个特殊的、历史地由凡是存在的各种不同类型的文明形成、并由一个强大的集中制的国家联合起来的各民族的堆积物。许多有着不同的文明取向的民族同为一个国家的一个成分，这就把俄罗斯变成了一个成分驳杂的、多节体的社会。"③ 如此等等。

综观自由派学者的观点，可以看到存在这样一些片面性。其一是把一种文明视同一块"单成岩"，或者说看成是用同一种材料制作的砖块盖成的大厦。如果遇到在一种文明里同时存在着几种民族的、宗教信仰等方面的不同成分，就名之曰"不完整的文明""不同文明的堆积物"，这样组

---

① См. В. К. Кантор, "Есть европейская держава", Россия—трудный путь к цивилизации Исторические очерки. М., 1997.

② См. Ю. М. Кобищанов, "Место исламской цивилизации в этноконфессиональной структуре Северной Евразии – России". Общественные науки и современность. 1996. № 2.

③ Л. И. Семенникова, "Цивилизационные парадигмы в истории России. Статья 1". Общественные науки и современность. 1996. № 5, стр. 108.

成的国家就只能是"多节体的社会"。殊不知"文明是多样性的统一"，俄国学者沙波瓦洛夫指出，在多数情况下多样性在某些文明中是如此广泛地存在，以至于很难从理论上去充分地概括其本性。除此之外，在文明的框架内也可能存在一些系统外的成分，即由于地域原因而产生的某些和该文明具有共性的成分，它们并未完全融入该文明的机制和系统中。这些成分就好似特殊的"附加物"，对文明发展的总进程施加着不同的影响，有时在很大程度上和该文明一体化，有时则远离而去。① 二是在关于俄罗斯文明问题的讨论中自由派流露出明显的欧洲中心论观点，对人类历史长河中所形成的几大文明不能客观地实事求是地予以评价。对欧美以外的文明，无论其历史如何悠久，无论它们为人类带来了多少成果，统统都是"不文明""不够文明""野蛮化"的。以俄罗斯的历史发展为例，有学者认为，俄罗斯之所以相对于西欧落后，沦为"一个介于自发势力和文明之间的所在"，是因为在基督教教会分裂时脱离了正在形成中的西欧文明中心。也就是说，这些学者总是把西方的文明看作理想的文明，看作标准，以此来衡量俄罗斯的文明或别的文明。

　　另一类比较有影响的看法可以归入"地域文明"理论。对此，需要做些说明。前面已经提到，"文明理论"可以分为两种，即"线性—阶段文明理论"和"地域文明"。它们的发展情况大致如下。近代（现代）意义上的"文明"概念出现在 18 世纪中叶的西方。当时"文明"一词用的是单数。在这之前，即在上古和中古时期，存在的是超民族的"文明意识"。那时也曾出现一些早期的"文明理论"，如古罗马的卢克莱修（Titus Lucretius Carus）和阿拉伯的伊本·赫勒敦（Ibn Khaldum）创建的理论，但存在的时间都不长，没有形成传统。近代以后出现的"文明理论"已是一种稳定的"文明意识"，这与社会的现代化过程密切相关。18 世纪下半叶至 19 世纪上半叶，存在的主要是"线性—阶段的文明理论"，并有不同的表现形式。反映在诸如伏尔泰（Voltaire）、弗格森（A. Fergusson）、杜尔阁（A. Turgot）、孔多塞（Jean Condorcet）、孔德（A. Comte）、基佐（F.

Guizot）、黑格尔（Hegel）等人的著作中。在 19 世纪上半叶，由于历史乐观主义的危机、法国大革命的影响等原因，"线性—阶段的文明理论"逐渐衰弱。浪漫主义思潮虽然带有宗教色彩，却最早提出了"地域文明"概念。到 1819 年，"文明"一词有了多数形式（civilizations）。这表明各民族的文明结构的多样性得到了承认。到 19 世纪下半叶，"地域文明"概念已获得正式身份。这表明，过去只认为欧洲文明具有普遍意义和世界性影响，现在已扩及其他文明。法国社会学家戈比诺（Joseph Gobineau）在 19 世纪中指出，各个地域文明是平等的，而德国学者吕克尔特（H. Rückert）最早认为，"地域文明"理论中说的"地域文明"指的是独立的文化世界，这些文化世界有一定的对抗外来文化影响的能力和扩散自己的精神经验的能力。

　　一位俄国学者指出，在 19 世纪，"地域文明"概念和理论的应用经历三个阶段：第一，1813—1827 年，这是这个概念出现的阶段，当时的应用是自发的，其背景是欧洲的文明自我意识还不发达；第二，1827—1857 年，当时是试图把其他文明及其精神基础——宗教——"纳入"欧洲历史观的解释模式中；第三，1857—1869 年，在这一阶段，对非欧洲文明的生命力的积极表现越来越关注。只有到第三阶段才奠定了地域文明理论发展的坚实基础。[1] 之后，地域文明概念和理论有了很大的发展，其间也出现了若干大家。但应指出，"线性—阶段的文明理论"和欧洲中心论公式并未消亡，其影响一直存在。

　　在文明理论的发展中，"地域文明"概念和理论的提出和应用十分重要。应该说，它的出现是一大进步。它已被列为两大类文明观念之一。一般说来，"地域文明"是指某种文明，它包含了地球上的一定的地域（或区域），这个地域可以包括一个或数个国家。不同的地域文明之间自然是有差异的，但是也有共同的特点，那就是区别于野蛮状态和蒙昧时期的特点：如一定的规范和准则、理想和价值观、有序的社会结构的存在等。然而，这些共同的特点在不同的地域文明里的性质和表现却又各不相同。应

---

① См. И. Н. Ионов, "Понятие и теория локальных цивилизаций: проблема историографического приоритета". *Цивилизации*, вып. 4. М., 1997, с. 151 – 152.

该指出，一定的较稳定的结构的存在是地域文明的重要特点。

再来简单看看俄国的情况。一般说来，18 世纪时，线性—阶段的文明方法已进入俄国的历史思维，但是对发展本国的文明思维来说，还是很初步的。到 18 世纪下半叶，即俄国的"启蒙时代"时，文明的自我意识和文明理论才有了明显的发展。当时，俄国在引进西方的文明理论时完全是为了自身的"实用"需要，即为了反对农奴制，为了反思国家与社会的关系。也就是说，文明思想和文明理论的引入不是为了构建新的历史哲学，而是为了构建新的社会意识。19 世纪时，在文明理论方面，俄国逐步走出模仿西方的阶段，但直到 40 年代才出现独立的文明思想。在这一世纪，除了线性—阶段文明理论，也开始探讨地域文明。两者在整个世纪同时存在，但只有在世纪初和 60 年代，地域文明理论占据上风，其余时间占上风的都是线性—阶段文明理论。然而，在俄国却出现了达尼列夫斯基等地域文明理论的大家。

俄国的地域文明理论是与俄国民族—历史意识的形成和发展过程密切相连的，是为了寻找文明的自我认同的理论基础。俄国的思想家们努力寻找确立自己文化特点的途径，同时又不把"地域文明"与"世界文明"对立起来。在 19 世纪至 20 世纪初，这个问题在俄国学术界中一直争论不断。但对这个问题的再次热烈讨论已是在苏联解体以后。

在最近这次热闹的讨论过程中，我们可以看到一条线索，那就是学者们首先强调的是要用文明的方法来研究俄国历史，特别是强调俄国是一个独特的文明。如沙帕瓦洛夫提出，俄罗斯是不是一个独特的文明呢？意识到这一点的时机是否已成熟了呢？他指出，这不是由"上面"下指示可以解决的。这一观念"要求俄国的人民和所有认为自己是俄罗斯人的人对（共同）的未来自愿地、有意识地做好准备"[①]。沙帕瓦洛夫虽然没有明确指出俄罗斯文明就是地域文明，但是已经包含这一思想。他说，地域文明概念要求一些稳固的结构在长时间内存在，这些结构不能相对地依赖于诸如政治、经济、文化产品等因素。运用文明方法，就

---

① В. Ф. Шапавалов, "Россия как цивилизация", *История России Теоретические проблемы* Вып. 1 *Российская цивилизация: опыт исторического и междисциплинарного изучения* . М., 2002. стр. 123.

是要在历史变化的海洋中找出那些在很长的历史时期内，在文明存在的全程内不变的、恒久的东西。他认为，俄罗斯文明正拥有这样一些不变的、恒久的结构，因而 1917 年的革命、1985 年的改革和之后的苏联解体都不能根本地改变它。①

如果俄罗斯是一个独特的文明，那么是什么样的文明呢？这里有众多不同的探讨，譬如，谢苗诺夫（С. И. Семёнов）提出了一个有趣的概念"边际文明"，认为俄罗斯文明就属于这种"边际文明"。什么是"边际文明"呢？这种文明不同于东西方的古典文明，而是在几种古典文明的夹缝中诞生的。它往往形成于边境，以不同形式吸纳了起源不同的多种文明的多种成分。作者认为，俄罗斯—东欧和欧洲的巴尔干、伊比利亚半岛属于这种文明。② 舍米亚金（Я. Г. Шемякин）把俄罗斯文明和拉丁美洲文明进行比较，认为也可把它们视作"边际文明"。③

约诺夫等学者明确地把俄罗斯文明定义为"地域文明"。普罗斯库里亚科娃（Н. А. Проскурякова）指出，最近 10 年来，俄罗斯学者的文明意识明显增长，可谓出现了"文明复兴"，其表现是形成了不同的对俄国历史的解释模式。这些模式大体可以归纳为两大类：一是把俄罗斯的形象与理想的文明相对立，否认俄罗斯存在完整的、成熟的文明；二是约诺夫等人主张的，俄罗斯文明是"地域文明"，并以这种主张反对上述第一类看法。④ 持这一主张的俄国学者都强调俄罗斯文明的独立性和完整性。这种文明的完整性不仅包括俄罗斯人，而且包括属于这一文明的各民族、各文化。约诺夫指出："要确定俄罗斯的文明的完整性，就必须明白，进入这一整体的各种文化的亲缘关系和内部开放性的原因，以及跨文化的共同体和发展是如何形成的。"还强调"首先应该相信俄罗斯，相信她的文明的

---

① Там же, стр. 135 – 136.

② См. С. И. Семёнов, "Ибероамериканская и восточноевропейская обшности как пограничные культуры". *Общественные науки и современность*. 1994. №. 2.

③ См. Я. Г. Шемякин, *Европа и Латинская Америка Взаимодейсивие цивилизаций в контексте всемирной истории*. М., 2001, с. 353 – 357.

④ См. Н. А. Проскурякова, "Понятия цивилизации и модернизации в отечественной историографии". *Вопросы истории*. 2005. №. 7, с. 158.

完整性和文化的丰富。"①

　　诚然，我们还可以举出俄国学者关于俄罗斯文明的其他种种看法，但上述几种主要的看法已经可以勾画出概貌，就不需多说了。

　　最后应该指出，俄国学者关于俄罗斯文明及其概念的探讨和争论还会继续下去，正如俄罗斯文明本身还在不断地发展变化一样。所有这些，我们也还会继续关注和研究。

　　　　　　　　（本文原载《台湾大学人文社会高等研究院院讯》第四卷第一期，2009 年春）

---

　　① И. Н. Ионов，"Парадоксы российской цивилизации"，*История России Теоретические проблемы Вып. 1. Российская цивилизация：опыт исторического и междисциплинарного изучения* . М. , 2002. стр. 150，155.

涅瓦河畔

——留苏岁月的回忆与思考

在被荒漠般的波涛拍打的岸上，

站立着他，

满怀着伟大的思想，

瞩望着远方。

在他的面前，

宽阔的河水在流淌——

——摘自普希金《青铜骑士》，1833 年

"青铜骑士"是矗立在涅瓦河畔、十二月党人广场（帝俄时期的枢密院广场）上的闻名世界的彼得大帝骑马铜像，由法国著名雕塑家法利卡耐于 1768 年设计。而《青铜骑士》则是俄国伟大的诗人普希金的名诗。诗中的"他"就是彼得大帝，而在他面前流淌的河就是涅瓦河。

我的留苏岁月就是在涅瓦河畔度过的。每天上学都要从宿舍楼出发，走过涅瓦河上的建设者桥，来到瓦西里岛东岬角普希金广场（证券交易所广场）附近的历史系大楼。宿舍楼位于彼得格勒区，紧靠涅瓦河边。这样，涅瓦河成了每天必经之地。她伴我度过了五年难忘的留苏岁月。我的成长、我的青春都伴随着涅瓦河的涛声和冰凌。每当回想起这些年月，就必然会想起涅瓦河。

涅瓦河是一条美丽的河流，一条生生不息、充满活力的河流。她源自拉多加湖，流入芬兰湾，全长 74 千米。涅瓦河浩浩荡荡，充满活力，即

使在寒冬河面冰冻的岁月里，潜流依旧在冰面之下奔腾不息。

涅瓦河是圣彼得堡这座历史名城的象征，与俄罗斯的历史命运密切相连。在这里发生过许多重要的历史事件。1240 年 7 月，这里曾进行著名的"涅瓦河会战"，当时的诺夫哥罗德公亚历山大·雅罗斯拉弗维奇战胜了瑞典人，保证了罗斯西部边界的安全。亚历山大也因此得名涅夫斯基（即涅瓦河的）。1703 年，彼得大帝兴建圣彼得堡后，涅瓦河以她的宽广的胸怀、奔腾的水流、美丽的景色养育了、美化了、升华了位于河口三角洲诸岛的这座城市（苏联时期称列宁格勒）。在苏联卫国战争时期，在城市被德国法西斯军队包围的 900 天（从 1941 年秋到 1944 年初）里，从冰冻的涅瓦河通过拉多加湖的"生命之路"成了被围城市居民和军队的供应线。这条供应线保证了这座英雄城市的英雄人民最终突破重围，战胜封锁，获得了对德国法西斯军队的胜利。

涅瓦河从历史的远处流来，流经今天，流向邈远的未来。她历经历史的变迁，见证人世的变化，诉说人间的悲欢。她活在一代又一代人的记忆里，更活在一代又一代人的心中。

我是 1954—1959 年在苏联列宁格勒大学历史系学习的。在这之前，我于 1952 年从上海南洋模范中学毕业，考入北京大学中文系，一年后被选为留苏预备生，1953—1954 年，在北京俄语专科学校留苏预备部学了近一年俄语。毕业后被派往苏联学习。

在苏联学习的五年间，我成了与涅瓦河朝夕相处的挚友。当我匆匆穿越涅瓦河，在宿舍楼、教室和图书馆三点之间不断运动时，当我凭靠宿舍的窗户或普希金广场的花岗岩河堤眺望奔腾的涅瓦河水时，当我沿着涅瓦河及其支流走访并陶醉于绚丽的建筑和古迹时，我看到的、想到的只是眼前的事物，不大可能会联想起所处的时代。然而，任何个人总是处在一定的时代、一定的历史之中的。今天，当我回忆起涅瓦河边的这些岁月时，就有必要进行一些思考，把当时的所见所闻放在历史的长河中加以思考。

20 世纪 50 年代是中国向苏联派遣留学生最集中的时期。据统计，1954 年中国教育部门向苏联和东欧国家派出留学生 1518 名，其中绝大部分是派往苏联的。1950—1963 年，向苏联总共派遣了留学生 8357 名。除教育部门外，还有军委系统、共青团中央、工业部门等也派出了万余名留学生、工程技术人员等各种人员。①

　　20 世纪 50 年代向苏联派出的留学人员，学成后都回到祖国，在祖国建设的各条战线上奋斗，做出了很大的贡献。他们在共同的学习生活中与苏联同学结下了深厚的友谊，推进了两国人民之间的友好关系。

　　我只是众多留苏学生中十分普通的一员，我的回忆和思考只能是一孔之见，显然是很片面的，但愿也能或多或少对读者了解那个时代和那代人有所帮助。

　　1954 年出国时，我还不满 20 岁，虽然充满热情，却是比较幼稚的。对苏联的了解很少，却满怀憧憬和幻想。"苏联的今天就是我们的明天。"这是当时流行的口号，也是大家的信仰。"你们从北京坐火车去莫斯科，经过八天八夜，实际上是穿越两个时代，即从新民主主义时代一下子进到社会主义时代。"记得这是一位领导同志当时对我们即将出发赴苏时做的动员报告中说的话。"社会主义""明天"，这些美好的字眼对我们即将赴苏的留学生是多大的鼓舞呀！现在回想起来，这样的憧憬和美好的前景的确更加坚定了我们克服今后学习上可能遇到的各种困难的决心和报效祖国的志向，给了我们更多的动力；另一方面，鼓舞和憧憬如果缺乏对苏联现状的比较实事求是的介绍，缺乏务实精神的教育，也容易使我们陷入比较浮躁、虚热、紧张的精神状态，而不能尽早地成熟和踏实起来。一个明显的例子是，当载满留苏学子的火车开出北京后不久，就听到某个班的学生的护照集体丢失了。这个班的学生显然是为了更好地保管全班的护照，就决定收缴起来由该班的副班长集体保管，结果由于紧张，当火车停靠某个站台时，这位副班长把装有全班护照的书包丢失了。于是指挥部传下口令，要各班提高警惕，加强看管人和物。我当时是第 28 班的副班长，虽然我们并没有集体保管护照，但也是弄得挺紧张的。后来在公安部门的帮助下，那些丢失的护照终于在火车到达满洲里之前找回来了。

　　根据 1952 年中苏两国政府签订的有关中国留学生的协定，每个中国留苏大学生的每月津贴是 500 卢布，这比一般苏联大学生的奖学金要高许

① 参见宋健《百年接力留学潮》，载朱训主编《希望寄托在你们身上——难忘的峥嵘岁月》，中国计量出版社 2003 年版，第 12—13 页。

多。他们的奖学金一般是每月 300 卢布左右。我们的津贴由苏联政府支付，但其中的一半需由中国政府用付款的方式偿还。大学为我们提供了宿舍，与苏联同学或东欧国家留学生同住一室，四五人或六七人一间不等。吃饭有食堂、餐厅和小吃部，也可以自己做饭吃，宿舍楼里备有煤气灶的厨房。总之，生活是相当不错的。从市面上的一般情况看，苏联人民的生活也是可以的。他们已没有定粮配给制度，在赫鲁晓夫执政后还一度实行了面包敞开供应。当然，苏联的经济中也还存在着许多问题，如轻工业的落后，使许多轻工业产品生产不足和质量低，城市住房普遍紧张等。

　　本来，任何一个国家，就像一个人一样，存在优点和成功的同时，存在若干缺点和失败是最正常不过的事，完全没有必要加以掩饰和隐瞒，更没有必要塞住别人的嘴，不让旁人批评。可是，应该说，在当时的苏联这点做得是很不够的。现在看来，一个新生的社会主义国家，由于受到敌对势力的攻击和资本主义国家的封锁，加强对自己成就的宣传是很有必要的，但是有一个原则，即不能对自己的欠缺和失误文过饰非，甚至为此采用强力。

　　这不禁令人想起著名法国作家纪德于 20 世纪 30 年代中后期应邀对苏联访问后于 1937 年出版的《从苏联归来》一书。纪德是拥护苏联的，因而他被邀访苏，但是他没有像苏联政府所期望的那样，访苏以后只写歌颂苏联的内容，而是在这本书中也揭露了苏联的阴暗面。这就引来了许多人的责难，被戴上"反苏"的帽子。纪德批评的主要是对斯大林的个人崇拜和与此有关的种种不正常现象。纪德强调，他正是因为爱苏联才揭露这些问题。他说："苏联的朋友往往拒绝看那坏的方面，至少拒绝承认这一方面；以致关于苏联的实话往往被人带着恨说出来，而谎言则被人带着爱说出来。我的精神却是这样的：对于我所愿意永远称赞的人，我总更加严厉些。凡一味恭维的人，乃为不善表示其爱；所以，我认为说话时，不装假，不姑息，则贡献给苏联以及它所代表我们的事业的，还更重大些。"① 纪德的朋友、英国作家王尔德曾对纪德说："你的嘴是不会说谎的。"纪德以他的良知做了他认为应该做的事。时间过去了整整 70 年，世事变迁，

---

① ［法］纪德：《从苏联归来》，郑超麟译，辽宁教育出版社 1999 年版，第 16 页。

历史是否证实了纪德良知的可贵呢？纪德曾经说："在我的眼睛看来，这里头有些事情比我自身还更重要，甚至比苏联还更重要：这就是人类，它的命运，它的文化。"①

　　虽然在 30 年代苏联盛行的个人崇拜到 50 年代的苏共二十大遭到了谴责，但是浮夸的、不切实际的风气却有增无减。到 1961 年赫鲁晓夫居然提出，苏联已进入了全面地展开共产主义建设的时期，在 20 年内就可以建成共产主义。这种虚夸的口号不仅与现实相距甚远，而且十分不利于国家的建设和人民的思想修养。

　　我不由得想起一个例子。大约是 1955 年新学年开学后不久，我已进入二年级学习。一天，在宿舍楼内，有一位刚从国内派来学习的一年级中国大学生遇到我。他十分丧气和不解地告诉我，说他前几日在宿舍楼的盥洗室里洗脸，把手表摘下放在镜架上，洗完脸忘记拿了，回到同一层的房间后发现这个问题，立即回到盥洗室去拿，前后不过几分钟的时间，但手表已经不翼而飞。于是他在盥洗室等候，问了许多人，并报告了宿舍楼的管理人员，但至今毫无结果。他满脸疑惑地问我：出国前不是说苏联是先进的社会主义国家，人们的道德水准很高，怎么小偷这么厉害，几分钟的时间手表就被偷了。我只好一方面劝慰他，另一方面说些大道理，同时也劝告他要更现实地看待苏联。

　　当时苏联生产的手表、照相机已比较普遍，质量也过得去，但是式样陈旧。因此，苏联人普遍对西方的，以至我国上海的较精致的手表十分看好。我个人也有一段经历。我从上海去北京大学上学前夕，我父亲送我一块旧的伊诺卡手表。在苏联时，一次因手表零件坏了，我去涅夫斯基大街的一家表店修理。店员提出要用苏联的新表与我交换。他毫不掩饰对这块表的喜爱。我没有同意，后来还是寄回上海去配零件了。

　　社会主义建设本来是一件既伟大又艰巨的前人没有从事过的开拓性事业。不论是苏联，还是中国，都是需要在漫长的过程中不断地探索、反复地总结的，这里必然会有波折，会有失误，会有困难。如果用这样的眼光来看，苏联上述的这些问题，本来是不足为怪的。一个比较重要的教训

---

　　① ［法］纪德：《从苏联归来》，郑超麟译，辽宁教育出版社 1999 年版，第 15 页。

是，能不能用实事求是的精神来进行建设，能不能用务实求真的精神来对待存在的问题，是允许说真话、提出问题和建议，还是不让发表意见，掩盖问题，甚至加以压制。这方面的惨痛教训是不应该忘记的。

留苏五年，我们学到了许多东西，学到了知识，学到了外语，学到了如何做研究工作；在这五年里，我们怀着美好的理想，怀着对祖国的眷恋，刻苦学习，努力向前，同时也对世界、对自己有了更多的了解。总的说来，这五年是理想的五年，美好的五年，难忘的五年。

人是要有理想的。当然，我们不能脱离实际，只沉醉在彩色的想象和愿望里。我们应该有务实的精神，求真的目标，应该学会面对困难，应该实事求是。然而，这与理想并不矛盾。在 20 世纪 50 年代，也许理想和愿望多了一些。这与整个时代是吻合的。这是一首时代的畅想曲。

（载陈启能主编《国际史学研究论丛》第 2 辑，社会科学文献出版社 2016 年版）

中国对劳动解放社的研究述评

——纪念俄国劳动解放社成立 130 周年

今年是俄国第一个马克思主义组织劳动解放社成立 130 周年。1883 年 9 月 25 日，俄国一些最早的马克思主义者，主要是流亡到国外的革命家在瑞士日内瓦罗纳河畔的一家咖啡馆里聚会。他们大多是从俄国国内民粹主义组织"土地与自由社"中分裂出来的、反对使用个人恐怖手段的"民意党"的"黑土重分社"的主要成员。他们深刻反思民粹主义运动在俄国的失败，在流亡西欧的几年中广泛接触社会民主主义思想，了解和学习马克思主义，终于认识到只有马克思主义才能解救俄国。他们决心要为此而努力，第一步就是要建立一个旨在宣传马克思主义真谛的组织。这就是劳动解放社。其主要成员有：普列汉诺夫（时年 27 岁）、查苏利奇（女，时年 34 岁）、阿克雪里罗得（时年 33 岁）、伊格纳托夫（时年 29 岁）和捷伊奇（时年 28 岁）。这五人中，在劳动解放社存在的 20 年间（1883—1903），起主要作用的是前三位，因为伊格纳托夫在 1885 年就因肺病撒手人寰，而捷伊奇则在 1884 年秘密运送劳动解放社书刊时在德国被捕，在引渡沙皇政府后被流放了十几年，直到 1901 年才逃到国外，重新参加劳动解放社的工作。此外，1888 年，英格尔曼（С. М. Ингерман）也被吸收加入劳动解放社，但他于 1891 年就离开劳动解放社去了美国。[①]

劳动解放社在它的"成立宣言"，即《关于出版〈现代社会主义丛书〉问题》（普列汉诺夫起草）中明确提出了自己的两大任务："（1）通

---

① 虽然库斯科娃（Е. Д. Кускова）在她的回忆录《远去的岁月》（Давно минувшее）［载《新杂志》（Новый журнал）1958 年第 54 册第 143 页，纽约出版］中称自己曾被普列汉诺夫介绍成为劳动解放社的成员，但这一说法不被学界普遍接受。

过把马克思和恩格斯学派最重要的著作（注意到不同修养程度读者的一些原著）译成俄文的方式，传播科学社会主义思想。（2）从科学社会主义观点和俄国劳动人民的利益出发，批判在我国革命者中占统治地位的学说，并深入研究俄国社会生活中最重要的问题。"①

在劳动解放社存在的20年内，普列汉诺夫等人为俄国人民的解放斗争做出了卓越的贡献，概括起来主要有以下几个方面：一是翻译出版了不少马克思和恩格斯的经典著作，普列汉诺夫及其战友也结合俄国实际撰写了优秀的马克思主义著作，从而为在俄国传播马克思主义发挥了重大的作用。譬如恩格斯称赞普列汉诺夫的《论一元论历史观的发展》在俄国国内出版"不失为一个打破冻冰的先例"②。列宁也指出，这本著作"培养了一整代俄国马克思主义者"③。二是有力地批判了俄国民粹主义的错误理论和做法，正确分析了俄国的经济政治形势和未来革命的性质。三是为建立马克思主义的无产阶级政党作出了积极的努力，并加强了与国际工人运动和社会主义运动的联系和团结。普列汉诺夫等人代表劳动解放社参加了第二国际的成立大会和以后的会议，等等。不过，有关这些活动，国内有关著作已经做了详细的论述，这里不再赘言。下面，我们回到本文的主题上来。

一

从俄国历史的角度说，"劳动解放社"应该说不能算是一个小题目，但若从世界历史的角度看，这恐怕只能算作一个较小的题目。但是尽管如此，我们却发现：我国对它的研究并不少，各类研究作品数量相当多。我们检索了中国知网（CNKI）、CKIK、超星读秀、全国报刊索引等数据库及国家图书馆、上海图书馆、云南大学图书馆、超星数字图书馆等的文献，共检索出有关劳动解放社及普列汉诺夫等人的文献1万余篇，相关度较高的有两千余篇。如果仅以中国知网为例，有关普列汉诺夫的文献最多，约

---

① 引自《关于劳动解放社的三篇史料》，载《世界历史》1983年第5期，第92页。
② 《马克思恩格斯全集》第39卷，人民出版社1974年版，第383页。
③ 《列宁全集》第16卷，人民出版社1959年版，第267页。

有 8500 篇，直接关于劳动解放社的可检索出约 600 多篇，有关查苏利奇的有 200 多篇，有关阿克雪里罗得的有 150 多篇，关于捷伊奇的约 40 篇。不过，需要说明的是，网络检索的准确度不是很高，有不少只是意义相近，或者某个词语类同，并非直接论述我们所需论题。这种情况在检索"劳动解放社"条目时最为明显，有时仅仅是因为有"解放"两词相同而被收入，但在检索"普列汉诺夫"等人的条目时情况就要好多了。不管怎么说，即使在撤去这类文献后，我们还是可以得出结论：我国对劳动解放社的研究还是不少的，有关文献还是相当多的。

我国对劳动解放社的介绍和研究的时间很长。那么，是什么时候、又是什么人最早把劳动解放社介绍给国人的呢？根据现有的研究，应是中国共产党的早期活动家瞿秋白最早把劳动解放社介绍进来的。在 1923 年 12 月 22 日出版的《新青年》第 2 期上，瞿秋白发表了《自民治主义至社会主义》一文，其中提道"俄国发生小小的一个社会主义团体——五六个人的'劳动解放社'——朴练汉诺夫（即普列汉诺夫——笔者注）、乍苏黎池女士（即查苏利奇——笔者注）等。时在 19 世纪 70 年代（应为 19 世纪 80 年代初——笔者注）。那时俄国集中的工业资本已经有五万四千一百万卢布；他们那时的社会主义运动，尚且还只是民主运动，宣传学理和指导工会组织，绝不敢讲政党"[①]。在 1926 年 7 月 25 日出版的《新青年》月刊上，瞿秋白又在《世界革命运动年表——战壕断语（三）》中提道："1883 年——俄国马克思主义者普列汉诺夫、萨苏黎赤（即查苏利奇——笔者注）等始组织'劳动解放社'于瑞士……"[②]

瞿秋白对"劳动解放社"的介绍虽简略，但基本上是符合实际的。他正确地指出了"劳动解放社"的主要发起者普列汉诺夫和查苏利奇，并指出他们是马克思主义者；还说明"劳动解放社"是"社会主义团体"，但还不是现代意义上的"政党"。

概括地说，我国对劳动解放社的介绍和研究有以下特点：一是专题介绍和研究劳动解放社的文章相对较少，较多的是论述它的活动家普列汉诺

① 参见高放、高敬增《瞿秋白与普列汉诺夫》，《东岳论丛》1982 年第 4 期，第 94 页。
② 参见高放、高敬增《瞿秋白与普列汉诺夫》，《东岳论丛》1982 年第 4 期，第 96 页。

夫、查苏利奇、阿克雪里罗得，尤其是普列汉诺夫。在评价上，长期以来，国内的这些文章对劳动解放社的功绩都是肯定的，都指出它在传播马克思主义、批判民粹主义、促进建立无产阶级政党、在国际舞台上促进各国工人阶级团结、反对修正主义等方面的历史功绩。这与苏联方面对劳动解放社的评价基本是一致的。1983 年劳动解放社百年纪念之际，国内发表了不少文章。这些在我国改革开放后发表的文章，在思想上更为解放，因而对劳动解放社的评价也更加实事求是，比此前的相关文章在评价上要更高些。譬如，高放、高敬增指出，他们不同意《联共（布）党史简明教程》认为"劳动解放社"也存在"严重错误"的看法。他们写道："我们应当从当时的历史条件出发，实事求是地评价'劳动解放社'这个俄国第一个马克思主义团体的历史作用。我们认为它是存在着不足和欠缺，但根本不存在着什么'严重错误'。"①

必须遗憾地指出，我国发表的不少有关劳动解放社的文章，虽然在论点和评价上并无不妥，但是在具体的论述上却由于对史料掌握和研究的不足而存在不少疏漏乃至失误。举一个简单的例子，关于劳动解放社的创立和成员，许多文章都只提到是由普列汉诺夫等五人创立的，如有的说："1883 年 9 月 25 日，五个被迫流亡国外的俄国革命青年，在瑞士日内瓦……决定建立……'劳动解放社'"②；有的说，1883 年 9 月 25 日成立的"劳动解放社"的成员有普列汉诺夫等五人③；还有的说，1883 年 9 月 25 日，在日内瓦普列汉诺夫等人创办了一个进行革命活动的团体，"他们一共五个人"④；等等。

在一本新近出版的著作中，也说：在 1883 年 9 月 25 日，普列汉诺夫等 5 人，"聚集在日内瓦罗纳河畔的一家咖啡馆里，成立了'劳动解放'

---

① 高放、高敬增：《俄国劳动解放社的历史功绩——纪念劳动解放社成立一百周年》，《河南师大学报》1983 年第 4 期，第 63 页。

② 高放、高敬增：《俄国劳动解放社的历史功绩——纪念劳动解放社成立一百周年》，《河南师大学报》1983 年第 4 期，第 57 页。

③ 参见陈匡时《俄国第一个马克思主义组织——"劳动解放社"》，《华中师院学报》1984 年第 4 期，第 15 页。

④ 周邦：《"劳动解放社"的历史地位和作用》，《国际共运史研究资料》第九辑，1983 年 7 月，第 30 页。

社"等。① 然而，这样的叙述与事实是有出入的。

1883 年 9 月 25 日（公历 13 日），在瑞士日内瓦罗纳河畔的咖啡馆聚会的俄罗斯早期的马克思主义者不仅有普列汉诺夫、查苏利奇、阿克雪里罗得、捷伊奇和瓦西里·伊格纳托夫五人，还有普列汉诺夫的夫人罗札莉娅·马尔科芙娜·普列汉诺娃和瓦西里·伊格纳托夫的弟弟伊利亚·伊格纳托夫。在经过讨论，大家确定建立"劳动解放社"后，这些人应该都是成员，都是创立者，只是真正能够经常在小组中工作的，实际上只有普列汉诺夫、查苏利奇、阿克雪里罗得和捷伊奇四人。伊利亚·伊格纳托夫当时在医学院读书，很快就脱离了俄国的革命侨民圈。他的哥哥瓦西里患有肺病，常年在法国南部治疗，并于 1885 年去世。但他为劳动解放社作出了巨大的资助，捐献了他父亲留给他们兄弟姐妹的遗产。罗札莉娅·马尔科芙娜虽然积极参与劳动解放社的许多工作，但她毕竟不能全力以赴，因为她还在学医，而且要抚育孩子。应该指出，高放和高敬增的专著《普列汉诺夫评传》也写到有七人参加最初的讨论，但作者们认为"正式参加""劳动解放社"的只有五人。②

在经常参加"劳动解放社"工作的四人中，自然地形成了分工：普列汉诺夫是领袖，是主要的理论家、政论家和演说家。他撰写了重要的著作并起草了纲领性文件。阿克雪里罗得也写作，但他在知识渊博方面和文字通顺方面远不如普列汉诺夫，而且写作速度很慢。据统计，在"劳动解放社"存在的 20 年间，普列汉诺夫发表了 167 篇作品，而阿克雪里罗得只有 37 篇。③ 不过，他虽不擅演说，但很能做鼓动工作和组织工作，从俄罗斯逃亡出来的难友常去他家受到妥善的接待。查苏利奇则翻译了不少马克思、恩格斯的著作，自己也从事《国际工人协会（第一国际）史纲》的写作。她还承担"劳动解放社"的秘书职责。捷伊奇主要从事行政工作，并负责记账。

捷伊奇从波兰侨民特鲁索夫手中以廉价购进了一个印刷厂，并在阿克

---

① 马龙闪、刘建国：《俄国民粹主义及其跨世纪影响》，广西师范大学出版社 2013 年版，第 232 页。

② 高放、高敬增：《普列汉诺夫评传》，中国人民大学出版社 1985 年版，第 56 页。

③ 参见 Груииак«освобоҗдение Труда». Библиография за ц лет. М., 1934.

雪里罗得介绍的排字工格林费斯特（С. Л. Гриифест）、格佐夫（И. В. Гецов）和列夫科夫（С. JeBKoB）的帮助下开始印刷书刊。1883 年 11 月，捷伊奇开始组织把宣传品偷运进俄国的工作，具体工作主要由格林费斯特承担。

1884 年初，在德国社会民主党人的帮助下，劳动解放社成功地把大批马克思主义著作运进彼得堡，计有 250 册普列汉诺夫等人的著作，在俄国革命组织中引起巨大反响。① 然而，好景不长，承担这条线偷渡瑞士—德国边境的工作人员不幸被捕。捷伊奇决定亲自去恢复这条线路，并去德国德累斯顿大学收取两名俄国学生答应捐给劳动解放社的大笔钱款。3 月 9 日，捷伊奇用别人的护照成功进入德国，但在弗赖堡被误认为是波兰无政府主义者而被捕，并被关入当地监狱。查苏利奇和阿克雪里罗得亲赴弗赖堡营救，就在快要成功时发生了意外：当时恰在弗赖堡的彼得堡法院院长鲍格丹诺维奇（Н. М. Ъогданович）认出了捷伊奇。1884 年 5 月中，捷伊奇被押送回俄国，并被奥德赛军区法庭判决 13 年 4 个月的流放。② 捷伊奇被捕后，劳动解放社只剩下普列汉诺夫、查苏利奇和阿克雪里罗得三位还在工作的成员了。不过，印刷厂还有固定的工人，另外还有支持劳动解放社的志愿工作者，如斯洛博茨科伊（О. Е. Слободской）、沃伊纳罗芙斯卡娅（в. – ц. войнаровская）、安德斯（О. В. Андерс）、科涅娃（В. С. Конева）和意大利社会党的库利绍娃 – 图拉蒂（А. М. Ку лищова – Турати）等。在苏黎世也有阿克雪里罗得领导的由在瑞士学习的俄国学生组成的支持劳动解放社的小组。③ 总的来说，当时劳动解放社无论在工作上，还是经济上，都处于十分困难的境地。这些情况这里就不详述了。我们列出上述种种事例只是要说明，对"劳动解放社"的具体史实我们还有许多研究工作要做。

其实，关于"劳动解放社"及其主要成员的著作和通信等史料至今在

---

① Жуйков Г. С. Петербурские марксисты и группа «Освобождение Труда». М. 1975. С. 158 – 163.

② 参见 Дейч л. г. 16 пет в Сибири. М. 1924. С. 3 – 65.

③ 参见 Савельев П. Ю. П. Б. Аксельрод：человек и подитик，Новая и новейшая история. 1988. №2. С. 113.

俄罗斯等国已发表了不少。整个过程很是曲折和复杂，这里无须详述。其间有几位关键人物可略于介绍。第一是尼古拉耶夫斯基（Б. И. Николаевский）。[①] 他热衷于收藏俄国革命运动史资料，并与苏联的一些杂志（如《苦役与流放》《马克思主义年鉴》）有合作。1924—1931年，还曾担任苏联马克思恩格斯研究院的境外代表。1923年春，尼古拉耶夫斯基在柏林，提出了编辑出版《俄国革命档案丛书》的设想，得到了苏联马克思恩格斯研究院等机构的支持。苏联方面与以尼古拉耶夫斯基为核心的流亡者进行了出版丛书的谈判，最后在1923年10月8日，在丛书编辑部与苏联国家出版社之间签订了合同。尼古拉耶夫斯基随即把这一消息通知了普列汉诺娃。她就成了第二位有关的关键人物。

普列汉诺夫留有遗嘱，把他所有的财产权，包括著作的再版权都授予了他的妻子和两个女儿。在丈夫逝世半年后，因女儿有病，普列汉诺娃全家迁居国外，随即开始了对丈夫档案的收集整理。苏俄方面曾多次向她提出要求，希望她捐出普列汉诺夫的档案和藏书，均遭到拒绝。直到1927年6月，罗札莉娅·马尔科芙娜终于决定回国，并把普列汉诺夫的档案和私人藏书捐献给列宁格勒的国立公共图书馆。1928年春，普列汉诺夫的档案、藏书和艺术收藏品以及在日内瓦的工作室的实物被运回苏联。1929年6月11日，普列汉诺夫博物馆正式隆重开张。普列汉诺娃任馆长直至1939年。博物馆工作人员为出版普列汉诺夫的著作做了许多工作。[②]

还有两位关键人物是捷伊奇和梁赞诺夫（Д. Б. Рязанов）。前者在1918年后就脱离了政治活动，从事包括普列汉诺夫在内的档案文献的出版工作，也帮助创建了普列汉诺夫博物馆。后者在革命初期任教育人民委员部科学司司长和马克思恩格斯研究院院长（1921—1931）。有关普列汉诺夫著作的出版事宜，罗札莉娅·马尔科芙娜常与他谈判。

在上述这些关键人物和其他许多人的努力下，有关"劳动解放社"及其成员的档案和著作不断得以出版。主要有：《马尔托夫（Ю. О. мартов）

---

① 尼古拉耶夫斯基曾是布尔什维克，后为孟什维克。1922年被逐出城，流亡国外，1932年被剥夺苏联国籍，1940年移居美国。1963年把自己收藏的文献（计250宗以上给了斯坦福大学胡佛研究所）。

② 直至今天普列汉诺夫博物馆在现任馆长菲利蒙诺娃（Т. И. Филимонова）的领导下，也做了许多工作，如每年都举行"普列汉诺夫讲座"，实际上是小型的专题研讨会，并坚持有关的出版工作。

和阿克雪里罗得书信集》（1924 年 4 月在柏林出版）和《阿克雪里罗得档案选编》（1924 年 4 月在柏林出版）；《普列汉诺夫和阿克雪里罗得通信集》（两卷本，1925 年在莫斯科出版）；《劳动解放社》（捷伊奇和普列汉诺娃编，六卷本，1923—1928 年在莫斯科和列宁格勒出版）；《普列汉诺夫著作集》（梁赞诺夫主编，共 27 卷，约 1923 年开始出版）；《普列汉诺夫文学遗产》（卢那察尔斯基、克列托夫、尤金、约夫楚克、普列汉诺娃编，共 8 卷，1934—1940 年在莫斯科和列宁格勒出版）；《普列汉诺夫哲学著作遗产》（共 3 卷，1973 年在莫斯科出版）；《俄国第一个马克思主义组织"劳动解放社"（1883—1903）·文献、文章、资料、通信、回忆》（1984 年在莫斯科出版）；《"劳动解放社"档案选编（1883—1903 年通信集)》（共 2 卷，2009 年在莫斯科出版）等。应该说，这些文献档案集，在质量上是有差异的。总的说来，在 1929 年普列汉诺夫博物馆成立后出版的几种在编纂、注释、选材等方面都要更好些。但是，即便如此，上述提到的所有文献集都有很高的史料价值，都是深入研究"劳动解放社"不可忽视的。

二

　　下面着重评述我国学术界对"劳动解放社"代表人物的研究，主要是普列汉诺夫。首先谈谈有关普列汉诺夫研究的几个问题。

　　普列汉诺夫对中国的影响是很大的，国内对他的研究很多。如果不按互联网上比较泛化的统计，根据有的学者提供的资料，在国内"从 1949 年到 2005 年，研究普列汉诺夫的专著有 10 本，主要涉及哲学的有 4 本，还有 3 本是美学和 1 本是评传。有关著作相关章节涉及普列汉诺夫也有 10 本左右。此外，涉及普列汉诺夫的论文有 279 篇，主要是关于哲学特别是唯物史观、地理环境论、象形文字论、社会心理等，此外还有哲学史、艺术、文艺学、政治立场转变、整体评论、分段评论等"①。

　　我国对普列汉诺夫的介绍和研究也是很早就开始的。据报道，"在中

---

① 参见郭鹏《普列汉诺夫研究综述》，载《文化研究》2009 年 2 月（下旬刊），第 239 页。

国，关于普列汉诺夫的最早简要介绍是 1903 年上海广智书局出版的《社会党》一书。普列汉诺夫著作最早被翻译介绍到中国来，是 1923 年 11 月 19 日至 1924 年 2 月 27 日在北京《晨报》副刊连载的《无政府主义与社会主义》，当时的译名是《社会改造中之两大思潮》，翻译者署名'一鸿'。1924 年 8 月出版的《新青年》季刊第三期刊登了普列汉诺夫著、郑超麟译的《辩证法与逻辑》，这是中国人第一次了解普列汉诺夫对马克思主义辩证法的简明介绍"。到 20 世纪 20—30 年代，出现了普列汉诺夫著作在中国翻译出版的高潮。①

关于中国学者在研究中对普列汉诺夫的评价问题却是一个相当复杂的问题。大体说来，很长时期以来，这种研究自觉不自觉地受到外部的重大影响。一是来自苏联的影响，即受苏联对普列汉诺夫评价的影响，特别是列宁的影响。如有的学者明确地表明："列宁对普列汉诺夫一生的各阶段所作的分析，为我们科学地评价历史人物提供了榜样。本文打算以列宁的教导为指针，为科学地评价普列汉诺夫作一些尝试。"② 至于苏联学者研究的影响，则需指出：它们本身就是多变的。大体说来，在 20 世纪 20 年代，对普列汉诺夫几乎是全盘肯定的，到了 30—40 年代，则倒转过来，成了全盘否定。这种变化自然与苏联本身的政治斗争的变化有关。只是到 50 年代后期，受赫鲁晓夫的"解冻"的影响，以纪念普列汉诺夫百岁寿辰为契机，对普列汉诺夫的历史功过和理论遗产的评价才渐趋客观。一般说来，自 60 年代初中苏交恶以后，苏联学术界对我国的影响逐渐减弱，而同时国内受"左"倾思潮的影响却越来越大。当然这种划分只能说是相对的，因为思想影响既是无形的，又是潜伏的，不可能绝对化。

直至改革开放之后，我国学者在对"左"倾思潮进行反思和思想解放的过程中，对普列汉诺夫的研究，也和对其他历史问题的研究一样，力求客观真实。诚然，要真正做到这一点是很不容易的。高放曾经说："要真正客观地、公正地、准确地评价一个是非功过相当复杂的历史人物是异常

---

① 参见徐素华《普列汉诺夫诞生 150 周年学术研讨会综述》，《哲学动态》2007 年第 8 期，第 66 页。

② 陈忠雄：《试论普列汉诺夫》，《河南师大学报》1980 年第 4 期，第 21 页。

艰难的。因为评论者的认识总不免受到当时社会环境和主观条件的局限。"① 这无疑是正确的。但还应强调的是，做研究工作首先要强调研究者的"独立性"或"独立精神"。这是任何研究的根本和灵魂。也就是说，从事历史研究，研究者必须从收集、掌握、钻研尽可能多的资料入手，然后经过思考，独立地得出判断和结论。这个判断和结论自然还需要经过检验、探讨、修正。然而任何判断的得出必须是经过独立的有根据的思考得出的。这才算得上是研究，如果从"语录"出发，不管是从多么伟大的人物的"语录"出发或者以此作为"依据"，那就谈不上是研究，至多只能算作一种"阐译"。

令人高兴的是，在近三十年来国内对普列汉诺夫的研究中，这种"独立"的或"创新"的特色已经越来越明显，虽然总的说来，对于史料的掌握和钻研方面还有待进一步努力，还有很多艰巨的工作要做。同时，国内外有关普列汉诺夫的新研究、新文献，以及新的争论近些时期不断涌现，也为我们进一步的钻研创造了很好的条件。

下面举些值得注意的例子。改革开放后，我国学者一反"文化大革命"时期对普列汉诺夫的全盘否定，对他的重新评价很快就开始了。如高放在 1978 年发表论文《论普列汉诺夫功大于过》，提出对普列汉诺夫应该"四六开"，而且反对持不同意见的学者，② 坚持普列汉诺夫不仅在哲学上，而且在政治中功大于过。这是在总的评价上，当然所谓"四六开"、"三七开"等只是一种譬喻。

在不少具体问题上，学者们也都纷纷为普列汉诺夫"拨乱反正"。如有学者指出：说普列汉诺夫"很少说明政治的作用，以致对政治斗争的意义估计不足"，是不对的。"普列汉诺夫不仅没有'否认无产阶级夺取政权的必要性'，而且在俄国马克思主义者中第一个阐明了无产阶级专政的实质及其历史任务。""普列汉诺夫很重视议会斗争，但是并没有把政治斗争归结为议会斗争。可以说，他这个时期的总的策略思想是革命的、辩证

---

① 高放：《普列汉诺夫在历史上的作用（续）》，《江西社会科学》1994 年第 8 期，第 45 页。
② 参见李澄《关于普列汉诺夫研究中的几个问题》，《安徽大学学报》1984 年第 1 期。

的，而不是机会主义的"，①等等。

过去习惯地把普列汉诺夫说成是"地理环境决定论"的鼓吹者。近来已有不少学者在进一步研究的基础上提出新的看法，强调普列汉诺夫在这方面的重要贡献。如王荫庭指出，普列汉诺夫"第一次明确提出了和阐明了地理环境对社会发展作用是生产力的'函数'这一马克思主义地理环境学说的基本原理"。并指出，历史哲学中的"地理环境"与地理学中的"地理环境"是不同的两个概念，明确规定了作为一般社会学理论的唯物史观中的"地理环境"的概念，并以历史主义的结构分析原则为指导，根据大量历史资料，具体地多方面地考察了地理环境的各种要素（如土壤、气候、矿藏等）在各民族不同历史时期对社会及其各个方面（如生产力、经济关系、各种社会政治制度等）的各种作用。②

普列汉诺夫关于个人在历史上的作用的论述也引起了国内学者的高度重视和肯定。王荫庭强调，普列汉诺夫的相关论述是对"唯物史观的又一重要理论贡献。他的这些论述，不仅是创造性发展马克思理论的典范，也是唯物地改造黑格尔历史哲学'合理内核'的一个样板③。另有学者在1981年指出，普列汉诺夫有关个人在历史上的作用的论述，"有两个显著的特点：一是他往往从理论、方法论的高度来阐述问题，不是就事论事，而是结合必然性与自由、主体与客体、一般性与特殊性、必然性与偶然性等概念的辩证关系来加以阐发，这就使他的论述具有普遍的方法论意义。二是他还结合当时各种流派的不同看法进行分析批判，从而使他的论述旁征博引材料丰富，而不是干巴巴的说教"④。也有学者称普列汉诺夫是"真正开始解释个人在历史上作用问题的哲学家"。⑤

---

① 参见李振海《试论"劳动解放社"时期（1883—1903 年）普列汉诺夫的政治思想》，《天津师大学报》1987 年第 3 期，第 23 页。

② 参见王荫庭《普列汉诺夫对历史唯物主义理论的创新性贡献》，《南充政治学院学报》2008 年第 2 期，第 24 页。

③ 参见王荫庭《普列汉诺夫对历史唯物主义理论的创新性贡献》，《南充政治学院学报》2008 年第 2 期，第 23 页。

④ 陈启能：《普列汉诺夫论个人在历史上的作用》，载陈启能《史学理论与历史研究》，团结出版社 1993 年版，第 264 页。

⑤ 参见胡为雄《英雄观的变迁——从卡莱尔到普列汉诺夫再到胡克》，《中国社会科学》1994 年第 1 期，第 160 页。

还有关于对待农民的态度问题。过去普列汉诺夫常被说成对农民的革命性认识不足，态度消极。近来学者们的看法有了改变，如有的学者指出，普列汉诺夫"在这个问题上也有积极的一面"。他在 1884 年的《社会主义"劳动解放"社纲领》中强调，该社"一点也不忽视构成俄国绝大多数劳动人民的部分的农民"，在《我们的意见分歧》中提出，要"把乡村吸引到具有全世界历史运动的河床中来"。在 1883 年的《社会主义与政治斗争》中，希望俄国革命家将来要很重视在农民中发动革命运动。他要求社会主义者到农民中间进行工作，使农民成为独立的革命运动，促进社会主义运动的发展。①

自然，关于这些问题在中国学者中是有争议的，所引意见也并不是定论。但是这些例证足以说明，进入"新时期"以来，对普列汉诺夫的研究已有某些独创的见解，这是很好的现象。这种情况在有关普列汉诺夫与列宁的关系的研究中，特别是对他们两人在 1917 年分别回到俄国后对俄国革命发展问题的争论的研究中，表现得更为明显，争论得也更为激烈。有的全挺或主挺普列汉诺夫，有的正相反。限于篇幅就不详述，只举一位学者的看法作为例证。这位学者写道："历史证明，布尔什维克在十月革命后立即在俄国这样一个经济落后的国家进行社会主义革命是错误的。在这方面，普列汉诺夫对列宁的批评和警告是正确的。"但普列汉诺夫认为，"无产阶级起来夺取政权会给俄国带来'不可估量的灾难'，因而反对十月革命"，"是没有道理的"。②

总之，我国学术界对普列汉诺夫的研究从时间上说，已近一个世纪，其间虽然有起伏、有波折，但总的趋势是越来越深入、越来越客观。当然，研究无止境。我们相信，随着新的史料和研究成果的不断出现，我们的研究必然会取得更多的突破和成果。还应特别强调一点；普列汉诺夫本人是一位少有的"学术渊博、造诣高深的硕学宏儒"。③ 他在马克思主义、哲学、文学、美学、艺术史、政治学、经济学、历史学、宗教学等诸多领

---

① 参见魏学琪《普列汉诺夫早期政治思想》，《东北师大学报》1981 年第 6 期，第 98 页。

② 参见陈启懋《列宁和普列汉诺夫：世界社会主义运动中跨世纪的大辩论》，《俄罗斯研究》2008 年第 6 期，第 64、59 页。

③ 参见高放、高敬增《普列汉诺夫评传》，第 2 页。

域都有建树，都有著述或名篇。不仅如此，我们更应看到，普列汉诺夫的一大贡献是应用马克思主义的原理具体地去研究一些新的学术领域，如美学和艺术。马克思和恩格斯本人在生前没有时间和精力去专门从事许多具体学术领域的研究。他们的愿望是希望有更多的年轻的追随者能真正花时间和功夫应用马克思主义的立场、观点、方法去开拓新的学术领域。恩格斯晚年就曾对德国许多青年著作家作过这样的谆谆教导。他指出："必须重新研究全部历史，必须详细研究各种社会形态存在的条件，然后设法从这些条件中找出相应的政治、私法、美学哲学、宗教等等的观点。在这方面，到现在为止只做了很少的一点工作，因为只有很少的人认真地这样做过。在这方面，我们需要很大的帮助，这个领域无限广阔，谁肯认真地工作，谁就能做出成绩，就能超群出众。"① 现在看来，至少拉法格和普列汉诺夫在这方面是做得比较好的。譬如在文艺和美学方面，在当时就是一个知之较少的"空白"。马克思、恩格斯有关文艺问题的一些书信和手稿以及《德意志意识形态》和马克思的《1844 年经济学哲学手稿》直到 20 世纪 20—30 年代才得以公开。在这之前普列汉诺夫完成的美学著作《论艺术（没有地址的信）》和《艺术和社会生活》就起了很好的作用，也产生了很大的影响。

　　可喜的是，不仅普列汉诺夫著名的政治著作和哲学著作都较早地被介绍到中国来，他在其他领域的著作也陆续被引进，特别是有关美学和文艺方面的论著，对中国当代的文艺思想和文学理论产生了重大的影响。有学者强调指出："20 年代苏联理论界普遍认为，马克思主义美学和文艺理论的最大权威，是普列汉诺夫。"由于他的这种特殊地位，"20 年代末和 30年代初，中国以左联为中心的无产阶级革命文学运动中，作为思想武器，普列汉诺夫的文艺思想产生了关键性的影响"②。

　　国内学界对国际上有关普列汉诺夫的研究动向是很关注的。1999 年11 月 30 日，俄罗斯《独立报》发表了普列汉诺夫不为人知的所谓"政治

---

　　① 《马克思恩格斯选集》第 4 卷，人民出版社 1995 年版，第 692 页。
　　② 代迅：《不应遗忘的文艺思想史：普列汉诺夫与现代中国》，《学习与探索》2003 年第 3 期，第 101、102 页。

遗嘱"，随后在俄罗斯引起了有关其真伪的辩论。我国中央编译局编辑出版的《马恩列斯研究》2000年第2期及随后几期就刊登了"政治遗嘱"的译文和俄国学者的有关争论文章。不久，国内学者也发表了自己的看法，展开了讨论。

作为杰出的马克思主义理论家和国际工人运动活动家，普列汉诺夫不仅关注西方国家的社会和历史，同时也关注东方国家，其中包括中国。国内不少学者对"普列汉诺夫与中国"的命题进行了研究，大多是从某个特定的方面或领域切入研究的。比较全面地专述这一问题的当属高放和高敬增合著的《普列汉诺夫评传》。该书最后一章（第十八章）"热情关注东方邻邦，长期影响中国人民"专述普列汉诺夫与中国的问题，包括普列汉诺夫对中国社会和历史的研究，对中国人民反帝反封建斗争的支持，对沙皇和西方帝国主义的谴责，以及他的事迹、著作和思想在中国传播的状况。

除了普列汉诺夫外，中国学者对"劳动解放社"其他主要成员的研究要少得多。在历史上，继普列汉诺夫之后，阿克雪里罗得起的作用更大，但在中国学者的研究中，却对查苏利奇的研究更多。这里就限于对查苏利奇的研究作些分析。首先应指出，对她的研究较多，其中一个重要原因是查苏利奇曾于1881年2月16日给马克思写信，询问关于俄国农村公社及其与俄国革命前途的关系问题，即俄国的农村公社有没有可能给俄国创造一个绕过资本主义直接过渡到社会主义的可能。马克思经过慎重考虑，在是年2月底、3月初连续起草了四份草稿，最后发出一封仅六百余字的回信。马克思指出："在《资本论》中所做的分析，既没有提供肯定俄国农村公社有生命力的根据，也没有提供否定农村公社有生命力的根据。但是，我根据自己找到的原始材料对此进行的专门研究使我深信：这种农村公社是俄国社会新生的支点；可是要使它能发挥这种作用，首先必须排除从各方面向它袭来的破坏性影响，然而保证它具备自然发展的正常条件。"① 马克思的复信虽然简短，但是他在四份草稿中对俄国农村公社和俄国革命前途问题作了详细的分析，从而成为研究马克思对俄国相关问题看

---

① 参见《马克思恩格斯全集》第25卷，人民出版社2001年版，第482、483页。

法的重要文献。我们看到，国内学者对查苏利奇的研究很多是对她与马克思通信的研究，而且主要是对马克思的观点，即马克思的四份草稿和复信的研究。① 而对查苏利奇本人思想的研讨则很少。

　　谈到对查苏利奇的专门研究，值得提出的是陕西师范大学孙永亮的硕士学位论文《查苏利奇与俄国社会主义运动》。该论文完成于 2010 年 5 月。对这篇硕士学位论文，虽然不能像对待一本专著那样要求，但是应该指出，作者还是下了很大功夫，收集了许多资料，对查苏利奇一生活动和功过的论述也是相当客观和全面的，可惜的是作者掌握的英文资料较多，但缺乏对俄文资料的掌握。文中，作者对查苏利奇提出的一个评价值得注意。他强调指出："查苏利奇思想的最宝贵之处就在于她把社会主义与道德紧密结合在了一起。"② 他还指出，由于查苏利奇对革命道德的坚持，她强烈反对恐怖主义；并认为社会主义的优越性很大方面反映在道德上，而无产阶级政党也应该是一个高尚的道德载体。总之，查苏利奇对道德在革命和社会中的作用的强调和认识是值得重视的。

　　最后，我要郑重声明，本文的资料主要是由云南大学发展研究院李杰教授和他的学生提供，在此特地表示诚挚的感谢！

（本文原载《历史教学问题》2013 年第 6 期）

---

　　① 例如：郭丽兰：《给〈维·伊·查苏利奇的信〉为何四易其稿》，《学术研究》2007 年第 2 期；张有军：《从给查苏利奇的信看马克思关于俄国革命的策略》，《社会主义研究》2008 年第 1 期；冯景源：《马克思跨越"卡夫丁峡谷"理论的制定——再读马克思〈给维·伊·查苏利奇的信〉》，《东南学术》2009 年第 4 期；等等。

　　② 孙永亮：《查苏利奇与俄国社会主义运动》（陕西师范大学·硕士学位论文），指导教师：曹维安，2010 年 5 月，第 48 页。

三十年代苏联对波克罗夫斯基的批判

一

　　苏联的历史科学，如同意识形态领域的其他学科乃至政治、经济领域一样，在 20 世纪 30 年代经历了重大的转变。这一转变是通过批判波克罗夫斯基完成的。

　　米哈依尔·尼古拉耶维奇·波克罗夫斯基（1868—1932），正如他逝世后联共（布）中央发的讣告中所概括的，是"老一代的布尔什维克的最著名代表"，"世界闻名的共产党员学者，我们理论战线上的最出色的组织者和领导者，马克思列宁主义思想的不倦的宣传者"。[①] 从学术上说，他勤于笔耕，著作等身。革命胜利前他最主要的著作是于 1909—1914 年间出版的五卷本巨著《远古以来的俄国历史》。这部著作尽管存在缺点错误，却是用马克思主义系统叙述俄国历史的最初尝试。正因为它同贵族资产阶级史学不同，特别是对沙皇政权的揭露，招致其部分卷册被查封。[②] 革命胜利以后，波克罗夫斯基在担负繁忙的行政领导工作之余，还写了大量的论文和著作，其中最有影响的是曾得到列宁赞许的《俄国历史概要》[③]。从政治上看，波克罗夫斯基是 1905 年入党的老布尔什维克，亲身参加过 1905 年革命和 1917 年十月革命。革命胜利后，从 1918 年 5 月直到 1932

---

　　① 《真理报》（Правда），1932 年 4 月 12 日。
　　② 关于沙皇政权销毁该书第 5 卷第 9 分册和第 10 分册的命令和法院判决，参见《红色档案》（Красный архив）1932 年第 3 期。
　　③ 列宁对《俄国历史概要》一书的赞许，参见《列宁全集》第 36 卷，人民出版社 1959 年版，第 555 页。

年逝世，一直担任副教育人民委员的职务。他在教育人民委员部的工作曾得到列宁的肯定。①波克罗夫斯基的革命经历和他的学者身份，使他在十月革命后成为史学界的主要领导人，也是整个思想理论界的主要领导人之一。

可以毫不夸张地说，苏联早期历史科学的发展是同波克罗夫斯基分不开的。波克罗夫斯基是苏联早期史学的最主要的代表人物。他的成就和贡献，缺点和错误，都具有鲜明的时代特色。这里有两层含义，一是说波克罗夫斯基的成就和失误同时也体现出苏联早期史学的成就和失误；另一点是，脱离当时苏联史学所处的历史条件，就无法正确理解和评价波克罗夫斯基的史学观点及其功过得失。

十月革命胜利后，俄国无产阶级和劳动人民掌握了政权。艰巨的建设任务摆在他们面前。同样，创建以马克思主义为指导的新史学，培养新一代历史学家的任务紧迫地提了出来。这里包含破和立两个方面。破，是指批判、肃清在史学中长期占统治地位的贵族资产阶级旧史学的影响；立，是指用根本不同于旧史学的历史唯物主义观点来系统说明俄国历史的发展。应该说，早在革命胜利前，波克罗夫斯基就已经在这两方面都做了工作。但革命胜利后，任务的紧迫性、艰巨性、规模和条件都大不相同了。以波克罗夫斯基为代表的苏联史学发展的这个最初阶段，就是在革命刚取得胜利这样的特定历史条件下以破旧立新为主要内容的一个新时期。和任何历史发展中的新时期一样，这个阶段也充满了探索、试验、曲折、纷乱，反映出由于缺乏经验而造成的不成熟。这就是这个阶段的最本质的特点，同时也是波克罗夫斯基史学观点的最本质的特点。把握住这点，就比较容易正确地评价波克罗夫斯基。

生活的辩证法告诉我们，一个人的成绩错误、优点缺点往往是结合在一起的。波克罗夫斯基也是这样。与贵族资产阶级史学美化帝王将相、夸大国家作用、强调思想观念是历史发展动力这些唯心主义、主观主义的错误观点相反，波克罗夫斯基力图从社会经济基础出发去解释历史，强调人民群众创造历史，特别突出阶级斗争的作用，注意揭露沙皇政府的对外侵

---

① 参见《列宁全集》第 32 卷，人民出版社 1958 年版，第 113—114 页。

略扩张。所有这些无疑是应该肯定的。但与此同时，由于当时新史学还处于刚开始形成的时期，对马克思主义的掌握还刚刚开始，很多问题还有待经过实践在研究讨论中逐步解决和提高，因而在正确的做法里同时包含着许多错误。譬如，波克罗夫斯基一方面强调经济因素是历史发展的终极原因，另一方面又不能正确地理解历史唯物主义，因而突出了商业资本在俄国历史发展中的作用，甚至杜撰出一个商业资本主义的社会经济形态。这个观点他早在革命胜利前就已提出，革命胜利后不仅被史学界普遍接受，而且被当成是马克思主义的权威观点。又譬如，对贵族资产阶级史学的批判无疑是正确的，但在当时革命热情普遍高涨，现实阶级斗争又十分激烈尖锐的情况下，这种批判又往往容易过火，否定过多，从而产生一些片面性。再如，为了说明历史发展是有客观规律可循的，在不能批判地吸收旧史学所积累的丰富史料和具体研究成果的情况下，一味强调马克思主义的社会经济形态学说，结果就使史学著作产生了某种抽象化、公式化，或者说社会学化的倾向。[1] 这类例子还有很多。

　　波克罗夫斯基在培养新一代历史学家方面的功绩是明显的。有的苏联历史学家甚至说，"他教育了整个一代共产党员历史学家"[2]。但是在组织历史学家队伍的过程中，也有一些不甚妥当的做法。例如，单独组织"马克思主义者历史学家协会"，出版《马克思主义者历史学家》杂志。这样做的原意或许是为了突出马克思主义的重要，结果却不利于团结。就拿波克罗夫斯基来说，他在当时是公认的最权威的马克思主义者历史学家，但是难道他关于商业资本的理论也符合马克思主义？[3] 总之，无论是波克罗夫斯基的功绩，还是他的错误，都反映出当时所处的既充满革命激情和创新精神又缺乏经验，因而在困难中摸索前进的草创时期的时代特色。

　　还在 20 年代，就有一些历史学家，主要是波克罗夫斯基的学生，对

---

　　① 苏联有的历史学家认为，在苏维埃政权初年的历史情况下，在史学著作中出现这种社会学化的倾向是不可避免的。参见《历史问题》1962 年第 3 期，第 34 页。

　　② 《历史问题》1962 年第 3 期，第 35 页。

　　③ 有意思的是，波克罗夫斯基在纪念他 60 诞辰庆祝会上的发言中承认："我到现在还不是一个真正的无产阶级历史学家"，《在马克思主义的战斗岗位上》［На боевомпосту марксизма］（波克罗夫斯基 60 诞辰和学术活动 35 年庆祝会速记记录，波克罗夫斯基的发言），莫斯科 1929 年版，第 34 页。

他的某些错误观点提出了善意的批评。波克罗夫斯基对这些善意的批评是倾听的。1931 年 2 月，他在给联共（布）中央书记们的信中写道："几年来，我习惯于自我改正，深深地感谢所有在这方面给我以帮助的人。"① 在公开场合，他也作了一些自我批评。譬如，关于"商业资本主义"的提法，他就多次承认错误。他承认这个提法"是不通的，因为资本主义是生产体系，而商业资本并不生产什么"②。1931 年 7 月 15 日，波克罗夫斯基在《俄国历史概要》第十版"序言"里也不无遗憾地说："其实，何必多此一举地过分强调倒霉的商业资本，使它在我的书中许多地方——不必隐瞒——掩蔽了地主国家的封建实质呢？"③ 不过，波克罗夫斯基对自己的错误理论的认识是不彻底的。这除了因为一个人多年形成的错误理论并不是轻易就可以纠正的一般原因以外，还有当时的特殊的客观原因。

波克罗夫斯基威望和显赫的身份，使他在史学界拥有一种垄断地位。在他的周围有一批他的学生和追随者，这批人在史学杂志、高等学校和史学机构中占据重要的职位。他们不仅反对批评波克罗夫斯基的错误，而且阻挠波克罗夫斯基进行自我批评。这种状况自然是不利于克服缺点错误，从而也是有碍于历史科学的进一步发展的。但是这种阻碍批评的情况主要是在波克罗夫斯基死后，而且对这种状况的严重性恐怕也不能估计过重。苏联历史学家后来在讨论到这个问题时，虽然对这些赞同波克罗夫斯基错误观点的人是否已经构成一个"学派"（这里不是指正常的由于学术观点相同而形成的学派）的问题存在分歧，但都没有把这种状况看得很严重④，从中绝不可能得出这样的结论：似乎不发动一场全面的政治批判，这个"学派"及其造成的危害就无以消除。

使整个形势复杂化的，正是从 20 年代末开始的在意识形态领域的批判运动。1931 年 1 月初，中央书记卡冈诺维奇要波克罗夫斯基书面汇报历史战线的情况。直到 2 月初，波克罗夫斯基才给卡冈诺维奇回信，并在所

---

① 转引自苏联《共产党人》（*К оммунист* ）1962 年第 4 期，第 75 页。

② 波克罗夫斯基：《俄国历史概要》下册，附录一，生活·读书·新知三联书店 1978 年版，第853 页。

③ 波克罗夫斯基：《俄国历史概要》上册，生活·读书·新知三联书店 1978 年版，第 1 页。

④ 参见《历史问题》1962 年第 3 期，第 34、35 页。

附的给中央的信中解释了拖延的原因："很凑巧，因为那时共产主义研究院三位主席团委员正在对我进行攻击（我还听到一些传说，说另外一些主席团委员也在开始附和他们的意见）。"① 波克罗夫斯基又说："他们应该证明，在史学中的'波克罗夫斯基帮'是和经济学中的'鲁宾帮'或哲学中的'德波林帮'一样的。"② 1931 年 10 月，《无产阶级革命》杂志第 6 期发表了斯大林给该杂志编辑部的一封信《论布尔什维主义历史中的几个问题》。斯大林严厉批判了历史学家斯卢茨基，这封信把意识形态领域（首先是史学界）的批判运动推向了高潮。

斯大林的信虽然没有公开点名波克罗夫斯基，但由于信中把史学界的形势估计得很坏，显然同他有关。他的一些观点已经受到攻击，合作者也受到审查。波克罗夫斯基对这种气氛是很有感受的，直到临终前他的心情都不快。维诺格拉茨卡娅在后来的回忆录中写道："在米哈依尔·尼古拉耶维奇临终之前不久，我到克里姆林宫医院去看望他。他已病得很重。当时在报刊上还只刚刚开始对他'折腾'，由于命运的嘲讽，反对他的文章出自他最亲密的学生之手，是他把这些学生培养出来并引入历史科学的殿堂的。他在谈到这些人时，带着巨大的内心的委屈：'我撒下了龙种，收获的却是跳蚤，而且这些跳蚤只咬我一个人'。"③ 1932 年 4 月 1 日，波克罗夫斯基去世。他怎么也想象不到，他的死并不能使他避免被咬得遍体鳞伤的厄运。

二

对波克罗夫斯基的批判，是由对历史教学的整顿引起的，而且有一个发展过程。当时的历史教学情况，的确存在不少问题。中学里的历史课基

---

① 转引自索科洛夫《论米·尼·波克罗夫斯基的历史观点》（О. Соколов, Об исторических взглядвх М. Н. Покровского），《共产党人》1962 年第 4 期，第 78 页。

② 转引自伊凡诺娃《苏联历史科学的起始阶段：对马克思主义者历史学家干部的培养（1917—1923 年）》（Иванова, У истогов советской исторической науки［Подготовка кадров историков марксистов в 1917— 1923 гг.］），莫斯科，1968 年，第 150 页。

③ 波·谢·维诺格拉茨卡娅：《事件和永志不忘的会见》（П. С. Виноградскпя. События и незабываймыи встречи），莫斯科，1968 年，第 127 页。

本上没有作为一门独立的科目讲授。还在波克罗夫斯基在世时，联共（布）中央就采取措施改进历史教学。根据联共（布）中央1931年9月5日《关于初等和中等学校》的决议，中学里的历史课被恢复为独立科目。随后，联共（布）中央在1932年8月又指出，以历史的方法对待社会科学各科教学大纲"还不够"，并委托教育人民委员部编制标准的历史教科书。

1934年5月，这些教科书写成后送审，未获通过。同年5月16日，苏联人民委员会和联共（布）中央作出著名的《关于苏联各学校讲授本国历史的决定》（后文简称《决定》）。《决定》指出："苏联人民委员会和联共（布）中央认为，苏联各学校中的历史教学情况不能令人满意。教科书和教学本身，都流于抽象化和公式化。在本国史的教学中，不是采取生动活泼的方式和依照年代次序叙述最重要的事件和事实以及历史人物的特点，而是向学生讲授一些社会经济形态的抽象定义；这样就以抽象的社会学公式代替了本国历史的系统叙述。"[1]《决定》要求在1935年6月以前写出五本新的历史教科书：《古代史》《中世纪史》《近代史》《苏联历史》和《附属国和殖民地国家近代史》，并确定了各编写小组的人员名单。《决定》还规定从1934年9月1日起恢复莫斯科大学和列宁格勒大学的历史系。

这个《决定》，如果仅就其本身而言，在改善历史教学状况、恢复大学历史系方面，无疑是有积极作用的。问题在于，《决定》实际上是针对波克罗夫斯基的。虽然《决定》并没有点波克罗夫斯基的名，但是波克罗夫斯基一直是历史教学方面的主要负责人，而且报刊上对他的赞扬已明显减少。这就表明，《决定》在正确提出任务的同时，却蕴含某些不甚正确的倾向，酿成了后来对波克罗夫斯基的政治批判。

1934年8月，当以瓦纳格教授为首的《苏联历史》教科书编写组和以卢金院士为首的《近代史》教科书编写组分别把所拟的纲要送审后，遭到了最高领导的尖锐批判。8月8日，斯大林、日丹诺夫、基洛夫联合署名起草了《对教科书纲要的意见》，第一句就说："瓦纳格小组没有完成

---

[1] 《真理报》1934年5月16日。

任务，甚至对任务本身都没有理解。"① 8 月 9 日，斯大林、基洛夫、日丹诺夫又联合起草了《对〈近代史〉教科书纲要的意见》，指出："总起来说，我们认为近代史纲要比苏联历史纲要编写得有条理，但是在这个纲要里仍然有很多荒谬的地方。"② 这两份《意见》对苏联史和近代史上的一些具体学术问题表示了看法。譬如，关于世界近代史的分期这样的具体问题，《意见》认为，近代史的开端不应是当时采用的 17 世纪的荷兰革命和英国革命，而应是 18 世纪末的法国革命。并认为近代史应分为三个时期，即从法国革命至普法战争和巴黎公社，从巴黎公社至十月革命胜利和帝国主义战争结束，从 1918 年末至 1934 年末。③ 又如把十月革命前的俄国定为"半殖民地"。本来，党的领导人也是可以就具体学术问题发表意见的。问题在于，1934 年 8 月 14 日，联共（布）中央和苏联人民委员会正式表示赞同这两份《意见》。于是，这两份《意见》就成了党和政府的决议，成了教科书编写者必须遵守的指示。

这两份《意见》表达的主要是斯大林的看法。苏联的基洛夫传记作者斯·瓦·克拉斯尼科夫透露了一个重要而有趣的情节：1934 年夏，"斯大林把基洛夫叫到索契去见他。中央书记日丹诺夫也在那儿……在索契，斯大林和日丹诺夫正在起草对苏联史教科书的意见。他们建议基洛夫也留下个把礼拜，参加讨论斯大林提出的一些想法。基洛夫甚至感到不好意思起来，说：'约瑟夫·维萨里昂诺维奇，我能算什么历史学家呢？''不要紧，坐下，听我说！'"④

斯大林等人的两份《意见》当时并没有发表，只在少数历史学家中间作了口头传达。然而，尽管有这些具体指示和所采取的具体措施，后来完成的教科书仍然不能符合要求。苏联党和政府决定采取进一步的措施，于是波克罗夫斯基就被公开点名了。1936 年 1 月 26 日，苏联人民委员会和联共（布）中央作出决定，指出："斯大林、基洛夫和日丹诺夫同志的意

① 《真理报》1936 年 1 月 27 日。
② 《真理报》1936 年 1 月 27 日。
③ 苏联后来的历史教科书还是恢复了以英国资产阶级革命为世界近代史开端的分期法。
④ 斯·瓦·卡拉斯尼科夫：《谢尔盖·米罗诺维奇·基洛夫生平事迹》（С. В. Красников, Сергей Миронович Киров［жизнь и деятельность］），莫斯科，1960 年，第 158 页。

见，已经详尽地指出应当从哪些方面去改写纲要和所编写的教科书。然而，苏联人民委员会和联共（布）中央不得不指出，现在提交人民委员会和中央审查的历史教科书大部分是不能令人满意的。……瓦纳格教授领导的小组所编写的《苏联历史》教科书特别不能令人满意……上述教科书的编著者继续坚持那种已经不止一次被党所揭穿了的，并且显然是不可靠的历史判断和论点——其实就是尽人皆知的波克罗夫斯基的错误。"《决定》把所谓"波克罗夫斯基历史学派"的观点说成是"反马克思主义的、反列宁主义的，而在实际上是对历史科学的取消主义和反科学的观点"，而且说这些观点在某些历史学家中，特别是研究苏联历史的历史学家中是"根深蒂固的"①。《决定》决定成立以日丹诺夫为首的苏联人民委员会和联共（布）中央的联合委员会来审查、改善和改编已写成的历史教科书，还决定在报刊上公布斯大林等人的《意见》。

1936 年 1 月 27 日《真理报》还在头版头条发表了社论《我国学校里的历史教学》，把问题说得更加清楚。社论指出，苏联史教科书之所以写得比近代史教科书要坏，是因为在苏联史领域清除非布尔什维主义传统的工作做得不好，波克罗夫斯基学派的有害传统没有消除。在近代史领域，斯大林发表的《论布尔什维主义历史中的几个问题》一文向历史学家直截了当地提出了在历史著作中清除半孟什维克主义、半中派主义思想和托洛茨基主义私货的任务。社论的意思是很明白的，那就是在苏联史领域必须直截了当地提出消除波克罗夫斯基学派的有害传统的任务，这种有害传统其性质是同半孟什维克主义、半中派主义和托洛茨基主义的传统一样的。这样，对波克罗夫斯基就由不点名的批判变为直截了当的批判，而且是政治批判。

关于历史教科书的编写完成情况，这里不准备多说。只需指出，到 1937 年 8 月 22 日，《真理报》发表了《苏联政府为悬赏征求优良的中学三、四年级苏联历史教科书特设的评定委员会的决议》，在应征的四十六本教科书中只有一本获得二等奖。《决议》详细列述了应征教科书的许多缺点。在同一天发表的《真理报》社论《应该知道苏联各族人民的历史》

① 《真理报》1936 年 1 月 27 日。

还特别强调："在历史科学中开始的争取马克思列宁主义的斗争还远未结束，已被揭露的假历史学家们散布的各种有害的'理论'在我们史学界中还有生命力。"① 这就表明，编写历史教科书的任务告一段落，不仅不意味着批判运动的终止，反而越来越剧烈了。事实也正是如此。报刊上点名批判历史学家（包括一些老布尔什维克）的情况越来越多，尤其是波克罗夫斯基的学生。譬如，1935 年挨批的有扎依杰尔，1936 年有瓦纳格、弗里德兰、涅夫斯基、普里戈津、托姆辛斯基，1938 年有潘克拉托娃、哥林、塔塔罗夫、克诺林、布勃诺夫、卢金等。对波克罗夫斯基本人的批判在 1938 年后也达到高潮。

1938 年 11 月 14 日，联共（布）中央在《关于〈联共（布）党史简明教程〉出版后党的宣传工作》的决议中再次点名批判波克罗夫斯基，指出："在历史科学中直到最近还存在的反马克思主义的歪曲和庸俗化现象，是同所谓的波克罗夫斯基'学派'有联系的，这一'学派'歪曲地解释历史事实，并且违反历史唯物主义，用今天的观点而不是根据产生历史事件的条件来说明历史事实，因而歪曲了历史真相。"② 这个决议犹如最后给波克罗夫斯基判处了死刑。他的著作被从书架上拿走了，他的名字也被从苏联历史科学的发展史上抹去了，而他的许多学生则被说成是托洛茨基分子、暗害分子、恐怖分子或间谍。1939 年和 1940 年陆续出了两本全盘否定、批判波克罗夫斯基历史观点的论文集。第一卷的书名是《反对波克罗夫斯基的历史观点》，第二卷的书名改为《反对波克罗夫斯基的反马克思主义观点》。这两本书中使用的是怎样的批判调子，举两个例子就可以看出。在潘克拉托娃为第一卷写的主要的批判文章中有这样的话："所谓的'波克罗夫斯基学派'，并非偶然地成了被内务人民委员部各机构所揭露的人民敌人、法西斯主义的佣仆托洛茨基—布哈林分子、暗害分子、间谍和恐怖分子进行破坏活动的基地。"③ 在雅罗斯拉夫斯基为第二卷写的主要批

---

① 《真理报》1937 年 8 月 22 日。

② 《苏共代表大会、代表会议、中央全会决议汇编》（КПСС в резолюциях и решениях съездов, конференций и пленкнов ЦК）第 3 分册，莫斯科，1954 年，第 315 页。

③ 潘克拉托娃等：《反对波克罗夫斯基历史观点》，陈启能、李显荣译，生活·读书·新知三联书店 1962 年版，第 2 页。

判文章中也可以读到："有整整一个人民敌人的集团在波克罗夫斯基周围和在他领导下的历史战线上的栖息和进行活动。"① 这就是说，波克罗夫斯基成了整整一个反革命集团的头子。这也就是说批判运动已发展成肃反运动。

<h2 style="text-align:center">三</h2>

批判波克罗夫斯基以后，苏联历史科学的发展进入了一个新的阶段。随着新一代年轻历史学家的成长，随着理论水平的提高和研究工作的不断深入，随着前一阶段确实存在的某些缺点的逐步克服，新阶段的苏联史学整个说来比起前一时期的草创阶段，显得较为成熟。新阶段史学的进步特别明显地表现在用马克思主义观点解释苏联史和世界史的几乎所有的重大时期和许多重大问题方面取得的成绩，这是符合事物发展规律的。然而，值得注意的是，新阶段的史学发展中，出现了一些新的缺点，其中有些是前一阶段克服了的或者批判过的。这种现象很值得注意。究其原因，除了个人迷信等一般原因以外，显然同用不正常的方式批判波克罗夫斯基而造成的种种后遗症有关。

苏联人民委员会和联共（布）中央关于历史教学问题的决定，指责波克罗夫斯基的罪状之一是他取消历史科学，把历史教学搞得抽象化、公式化。的确，在苏联初期的历史教学中，存在着某种抽象化、公式化的缺点。这同波克罗夫斯基有一定的关系。波克罗夫斯基在 1926 年强调说，旧学校的一切方面，其中也包括历史学习方面，都面向过去，而"马克思主义和列宁主义不是面向过去，而是向着未来"②。他还反对系统地从最古代开始学习历史的方法。甚至他也一度主张在大学中取消讲课，认为讲师是旧学校的残余，"这有些像人的尾巴的残余，在很大程度上没有用处的工具"③。但是必须注意到，这种种情况是在革命胜利后进行的历史教学改

---

① 潘克拉托娃等：《反对波克罗夫斯基历史观点》，第 131 页。
② 转引自潘克拉托娃等《反对波克罗夫斯基历史观点》，第 133—134 页。
③ 转引自潘克拉托娃等《反对波克罗夫斯基历史观点》，第 157 页。

革中出现的。正像有的苏联历史学家（切列普宁）后来指出的，当时感到革命前那一套历史课教学制度不适用，必须进行改革。正是列宁签署了指令，把中学里的历史课改上社会课。向学生进行社会基础知识（历史、法学、经济）教育，是寻求新的教学方法的一种尝试。切列普宁写道："毫无疑问，这一改革具有积极意义。但在一定阶段上，也暴露出它的一些弱点，如不知道历史事实、忽视民族爱国主义传统。"① 由此可见，如果客观地分析苏联革命胜利后的实际情况，就可以知道，当时历史教学中存在的缺点是同客观环境分不开的，不能简单地一股脑儿算在波克罗夫斯基头上。而且波克罗夫斯基对历史教学改革中实施的社会基础课教学法的缺点，后来也有所察觉。更重要的是，在学校改革中采取轻率的极"左"措施，诸如解散教学班、鼓吹"学校消亡"等，最严重的是在 1929 年，也就是在反右倾斗争和在教育人民委员部实行自上而下的改组以后，而波克罗夫斯基对此并没有多少责任。

　　1961 年苏共二十二大为波克罗夫斯基恢复名誉后，苏联历史学家涅奇金娜在一次讨论中说："米·尼·波克罗夫斯基使自己的学生养成对研究阶级斗争史的兴趣和对历史经济问题的兴趣，并教会他们同资产阶级科学进行不调和的斗争。"② 强调为地主资产阶级旧史学所忽视的方面，注意对旧史学的批判，这对当时新史学的建立和史学干部的培养来说，是完全必要的。当然，波克罗夫斯基对马克思主义关于社会经济形态的理论并未真正理解，有不少错误的观点，这些自然是应该看到的，也是需要克服的。但反过来同样不能因为存在这些缺点而完全否定波克罗夫斯基的功绩。

　　因为夸大了他的错误，特别是把他正确的一面也否定了，结果就使得整个批判不够实事求是，特别严重的是使某些被波克罗夫斯基批判过的错误的东西反而又有所复活。这就是 30 年代以后的苏联史学在纠正波克罗夫斯基的某些错误的同时重新出现了一些过去已被批判过的错误的原因。关于这个问题，苏联历史学家杜勃罗夫斯基说得很清楚："对于米·尼·波克罗夫斯基的错误的这样一种批判方法，以及对于他的史学遗产积极方

---

① 《历史问题》1962 年第 3 期，第 37 页。
② 《历史问题》1962 年第 1 期，第 10 页。

面的一笔抹煞，所造成的倾向是个别不正确的历史观点重又抬头，人民群众的作用被缩小，个别公爵、沙皇、皇室走卒的活动被理想化。革命以前民族解放斗争的任务，有时候用非阶级的观点去论述，把民族利益同阶级利益对立起来，把真爱国主义同假爱国主义混淆起来。过去的军事艺术往往被说成仅仅是一种艺术，而不谈它为哪一个阶级服务，为什么人的利益服务。"①

可以再举一个明显的例子，批判波克罗夫斯基以后，苏联史学中大国沙文主义的倾向有所滋长。波克罗夫斯基是很注意揭露沙皇政权的阶级实质的，特别是其对外侵略扩张，尽管在这样做的时候，有时候不够准确，但在批判波克罗夫斯基以后，却走向了另一个极端。沙皇政权被肯定过多，个别沙皇和统治阶级人物被不同程度地被美化，特别是沙皇政权的对外侵略扩张被竭力辩解和掩盖。可惜的是，苏联历史学家虽然也已指出了这些现象，但它们在实际生活中并没有很快全部绝迹。例如，1967 年苏联思想出版社出版了《波克罗夫斯基选集》四卷本，其中第三卷收录的是《俄国历史概要》。可是，把《俄国历史概要》原书中波克罗夫斯基叙述日俄战争时沙皇俄国在我国犯下的暴行的一大段话删除了。这是为什么呢？这至少说明一些不良的倾向要改正并不是一件容易的事。

类似这样的情况在别的问题上也存在。联共（布）中央 1938 年的决议指责波克罗夫斯基用今天的观点来解释历史，从而歪曲历史真相。这实际上是关于历史与现实或者历史与政治之间的相互关系问题。的确，波克罗夫斯基十分强调历史为现实服务，强调应该首先研究那些对建设新生活有用的课题。这本身并没有错。但他在这样做的时候有时犯有简单化、庸俗化和非历史主义的毛病。这表现在把不同时期不同性质的现象作生硬的类比，或者在历史和政治之间直接画等号。例如，他把普加乔夫的队伍与苏维埃时期国内战争中的红色近卫军部队相比，把车尔尼雪夫斯基叫作孟什维克，称民粹派分子特卡乔夫是俄国第一个马克思主义者，而俄国 60

①　《历史问题》1962 年第 3 期，第 29 页。

年代革命小组的计划竟然"几乎一字不差地在 1917 年旧历 1 月 25 日实现了"①。这些错误的出现自然首先是由于波克罗夫斯基对马克思主义理论没有掌握好，也可以看作是在实践过程中出现的有待不断总结经验予以完善提高的问题。

需要特别指出的一点是，为了证实波克罗夫斯基在这方面的错误，当时最常引用的是波克罗夫斯基的一句话："历史是被推到过去的政治。"然而，对这句名言，苏联历史学家已经提出了不同的看法。

切列普宁提出，这句话在波克罗夫斯基的著作里是找不到的，而且同他有关这个问题的其他说法的精神不相符合。波克罗夫斯基只是说过历史是"过去的政治"，它"同现今的政治非常紧密地结合着"②。索科洛夫则认为"历史是被推到过去的政治"这句话是波克罗夫斯基在批判资产阶级史学时说的，指的是资产阶级史学的本质，而不是他本人的观点。③ 不管怎么说，问题主要不在于波克罗夫斯基有没有说过这句话，而在于怎样正确评估他在这个问题上的功过，应该怎样纠正他在这个问题上的错误。如果承认波克罗夫斯基强调历史应为现实服务这个方向是对的，那么他的某种简单化、庸俗化、非历史主义的错误就是在贯彻这个方向过程中的缺点。这些错误自然需要纠正，但如果采取一棍子打死的办法，那就会把正确的东西同时也打下去。的确，在批判波克罗夫斯基以后，苏联史学在一段时间里，就出现一种脱离现实，钻细小、琐碎、古老课题的倾向。

下面再说说理论问题。无疑，波克罗夫斯基在理论上有不少错误，其中最大的错误是关于商业资本的理论。这说明他并没有真正理解社会经济形态学说。其他如列宁关于帝国主义的理论，他也没有真正懂得。他自己就曾说过，在这个问题上他"脚踩两只船，一是希法亭的概念，另一是列宁的概念"④。这些理论错误的产生，除了波克罗夫斯基本人的原因（如他受经济唯物主义的影响）以外，还有时代的原因。许多理论问题在当时

---

① 波克罗夫斯基：《19—20 世纪俄国革命运动史纲》（М. Н. Покровский, Очерки русского революционного движения XIX —XX вв.），莫斯科，1924 年，第 44 页。

② 《历史问题》1962 年第 3 期，第 13 页。

③ 参见《共产党人》1962 年第 4 期，第 37 页。

④ 《马克思主义旗帜下》（Пол знаменим марксизма），1924 年第 12 期，第 254 页。

还处在讨论阶段。有一位反对波克罗夫斯基商业资本理论的历史学家，认为一共存在 10 种社会经济形态。这反映当时理论界整个情况，说明当时不少理论问题还没有定论，大家可以发表不同意见进行争论。批判波克罗夫斯基以后，这种情况有了改变。不少理论问题有了定论，各抒己见、热烈争论的情况不再出现。例如，社会经济形态问题，在 1938 年《联共（布）党史简明教程》出版以后，就确定为五种生产方式或五种社会经济形态。

应该怎样看待这种情况呢？可以简单地提出两点。一方面，应该看到这里面有进步的一面，有从不成熟到成熟的一面。然而，另一方面，也必须看到这里面包含不正常因素。最主要的就是有些学术问题结论的取得，并不是通过正常的学术讨论，通过艰巨的研究工作，而是在个人迷信的不正常情况下由领导人裁定的。在这种情况下，像 20 年代那样的比较充分的学术争论实际上就不再有了。

苏联的历史科学就是在这样复杂的情况下发展的。它的转变是通过对波克罗夫斯基的批判完成的。这就使它在前进的同时，付出了沉痛的代价。这从某一个侧面恰好反映了社会主义事业的艰辛。

（《世界历史》1987 年第 2 期）

普列汉诺夫论个人在历史上的作用

个人在历史上的作用，不仅是一个重大的理论问题，而且有迫切的现实意义。国际共产主义运动的历史告诉我们，这个问题解决不好，会给无产阶级革命事业带来严重的损害。在我们今天为肃清林彪、"四人帮"蓄意制造的"现代迷信"的流毒而努力的时候，更有必要从理论上阐明这个问题。这就使我们自然地想起了普列汉诺夫。这位杰出的马克思主义理论家，对这个问题有许多论述，还专门写了《论个人在历史上的作用问题》的论文（1898 年），至今读来还深受启发。

普列汉诺夫的这些论述，有两个显著的特点。一是他往往从理论、方法论的高度来阐述问题，不是就事论事，而是结合必然与自由、主体与客体、一般性与特殊性、必然性与偶然性等概念的辩证关系来加以阐发，这就使他的论述具有普遍的方法论意义。二是他还结合当时各种流派的不同看法进行分析批判，从而使他的论述旁征博引、材料丰富，而不是干巴巴的说教。

一

众所周知，普列汉诺夫早期是一个民粹主义者。他是在批判民粹主义的错误观点之后成为马克思主义者的（1883 年）。而夸大个人在历史上的作用、把"英雄"与"群氓"对立正是民粹派错误理论的中心内容之一。因此，普列汉诺夫在其早期的优秀著作中（如《社会主义与政治斗争》《我们的意见分歧》《论一元论历史观之发展》等），就已十分注意批判民粹派的这个错误观点，同时阐明马克思主义对这个问题的看法。

民粹派（其代表人物是拉甫罗夫、特卡乔夫、吉霍米罗夫、米海洛夫斯基等）认为，历史的创造者是少数"英雄"，所谓"批判地思维的人"，他们是"人类的特殊的高级种类"。他们同没有批判思维的广大群众是对立的。广大粗野的群氓只是英雄们按照自己的意愿想捏成什么就捏成什么的黏土。普列汉诺夫指出，按照民粹派的观点，"不论英雄如何热爱群氓，不论他对群氓的长期苦难和不断的困苦如何充满同情，他不能不以高高在上的目光去看他，不能不意识到一切事情是在于他——英雄，而群氓是没有任何创造因素的群众，好象是一大堆的零，只有在他们头上谦逊地站着善良的'批判地思维的'人物时，才能有积极的意义"①。

　　这是彻头彻尾的历史唯心主义观点。普列汉诺夫指出，持这种观点的人把理性、精神、思想看作是历史发展的动力。他们重复法国启蒙派的主张："意见支配着世界"；既然如此，那么能够批评旧意见和创立新意见的人，也就是"批判地思维的人"，自然就成了历史的主要推动者。普列汉诺夫得出结论说："唯心主义历史观必然会极端夸大'先进的个人'的作用。"②普列汉诺夫还多次指出，俄国民粹派的这种唯心主义观点并不是首创，而是从德国青年黑格尔分子布·鲍威尔那儿贩买来的。他写道："'英雄和群众'（'群氓'）的对立由布鲁诺·鲍威尔传到他的俄国的非婚生的孩子们，于是我们现在有幸在米海洛夫斯基的论文中看到这种对立。"③这样，普列汉诺夫就进一步揭示了民粹派这种唯心主义观点的思想渊源，并引证了马克思对自命为"批判"或"批判的批判"化身的鲍威尔的深刻揭露："改造社会的事业被归结为批判的批判的大脑活动。"④俄国民粹派也正是这样，他们把历史的发展看作"批判地思维的人"的大脑活动的结果。

　　这样一来，整个世界的命运、人类的前途都取决于某个先知的头脑了。广大芸芸众生、凡夫俗子只能诚惶诚恐地等待先知的头脑启迪智慧、透露光明。至于这个头脑里的思想又是从哪里来的，民粹派这类唯心主义

---

① 《普列汉诺夫哲学著作选集》第 1 卷，生活·读书·新知三联书店 1962 年版，第 672 页。

② 《普列汉诺夫哲学著作选集》第 4 卷，莫斯科 1958 年俄文版，第 325 页。

③ 参阅《普列汉诺夫哲学著作选集》第 1 卷，第 815 页，译文略有改动。

④ 参阅《普列汉诺夫哲学著作选集》第 1 卷，第 673 页。马克思的话见《马克思恩格斯全集》第 2 卷，人民出版社 1957 年版，第 109 页。

者是说不清楚的，最后只好诉诸上帝。这就说明，这种极端夸大个人作用的做法，势必要把神搬出来，不是把这个先知说成是上帝特选的使节；就是把他神化，当作人间的上帝膜拜。普列汉诺夫指出，"就是这样，摩西，亚伯拉罕，莱喀古士各①等人的作用就有了那种令人不可相信的规模"，"各民族的历史就变成一组'卓越的人们的生活'史"②。"伟大的人物"既然成了历史运动的原因，历史科学也就荡然无存。这样看待"伟大人物"作用的观点，被普列汉诺夫斥为"惊人的肤浅"③。

这种惊人的肤浅的观点自然经不起实践的检验。历史毕竟不是任何伟人创造的，它并不听命于伟人的摆布。普列汉诺夫有一段话很好地说明了这点："历史，一般说来，是一个十分擅长讽刺的老太婆。但是，对她也必须要持公正的态度。她的讽刺是十分刻薄的，但任何时候也不会是完全不公道的。假如我们看到，历史讽刺了这个或者那个伟大的、高贵的历史活动家，那么我们可以有把握地说，在这个伟大的、高贵的活动家的观点中或行动中存在着弱点。这些弱点后来提供了一种可能性，以便利用他的观点或行动，或者（这是一回事）利用这些行动的后果、从这些观点中引伸出来的结论来反对过去曾鼓舞过他的高尚的愿望。"④ 因此，不是英雄摆布历史，而是历史摆布英雄；不是英雄创造历史，而是历史创造英雄。任何把个人置于历史之上，把个人的作用任意夸大、制造迷信的做法和看法，都跳不出历史唯心主义的窠臼。

历史唯物主义与此相反，不是从个别杰出人物的头脑中，而是从社会存在的物质条件，从物质资料的生产方式的发展变化中，去寻找历史发展的根本原因。持这种观点的人，就必然会肯定广大群众，特别是从事物质资料生产的广大劳动群众在历史上的决定作用。因为，正如普列汉诺夫在反驳米海洛夫斯基时指出的："如果你以为，按马克思的意见，生产形式能够'自己'发展起来，那末你就大错特错了。什么是社会的生产关系

----

① 古希腊神话传说中的立法者。
② 《普列汉诺夫哲学著作选集》第 2 卷，生活·读书·新知三联书店 1961 年版，第 837 页。
③ 《普列汉诺夫哲学著作选集》第 2 卷，第 70 页。
④ 《普列汉诺夫哲学著作选集》第 5 卷，莫斯科 1958 年俄文版，第 552 页。

呢？这就是人们之间的关系。没有人们，它怎样能够发展呢！"① 他又指出，"社会关系（人类社会中的）就是人的关系；没有人的参加，没有大多数人即群众的参加，人类的历史要向前迈进一大步也是不可能的"②。

　　人民群众是物质生产发展的主要力量，也在政治斗争中起决定作用。人民是整个历史过程的主人。普列汉诺夫从西欧各国的政治史中举出许多例证来说明这个问题。他问到，是谁摧毁了巴士底狱？是谁在 1830 年 7 月和 1848 年 2 月进行了街垒战？是谁手拿武器在柏林击败了专制制度？又是谁在维也纳推翻了梅特涅？答案都是人民。"任何诡辩都不能从历史中勾掉这个事实，即在西欧国家争取自己政治解放的斗争中，决定作用是属于人民的，并且仅仅属于人民。"③ 在谈到俄国的时候，普列汉诺夫又指出："历史证明，为了夺得政治自由，同样需要人民的粗糙的手。这是不容争辩的结论。"④

　　承认人民群众在历史上的决定作用，并不因此排斥个人的作用。问题在于，不能把个人和群众分开，更不能把这两者彼此对立起来。不仅如此，即使在先进人物能代表人民群众的利益、能适应人民群众的需要并和他们行动一致的时候，他所起的进步作用也不能加以夸大，任何时候，起决定作用的只能是人民群众。先进人物只有在摆正自己同人民群众的关系，并从群众中汲取力量的时候，才能起到一定的推动历史前进的作用。普列汉诺夫在谈到无产阶级时指出，"个人，作为群众的组成部分，与群众血肉相联，并不把自己与群众对立起来，就像资产阶级的英雄喜欢把自己与群氓对立起来那样，而是意识到自己是群众的一部分，并且越是明显地感到自己和群众的紧密联系，就越觉得自在"⑤。一旦脱离群众，必然会变得一筹莫展。

---

　　①　《普列汉诺夫哲学著作选集》第 1 卷，第 759 页。
　　②　《普列汉诺夫哲学著作选集》第 2 卷，第 234—235 页。
　　③　《普列汉诺夫全集》第 3 卷，彼得格勒 1923 年俄文版，第 402 页。
　　④　《普列汉诺夫遗著》第 4 卷，第 93 页。
　　⑤　《普列汉诺夫哲学著作选集》第 5 卷，第 510 页。

二

普列汉诺夫在批判民粹派夸大个人在历史上作用的错误观点时，十分注重对他们的主观主义方法的批判。他指出："主观的社会学者为了'自己的愿望'把'规律性'驱逐出去，因此对他来说，除了指望偶然性之外就没有别的出路了。"① 普列汉诺夫批判了主观学派把历史描绘成种种偶然现象的凑合的错误观点，强调历史的发展是有客观规律可循的，并运用历史唯物主义的原理和方法来阐述有关个人在历史上作用的许多问题。

普列汉诺夫首先批判了民粹派和其他资产阶级学者对历史唯物主义的一种责难：似乎承认历史发展的规律性，就必然会否认个人的作用。他指出，如果因拼命抬高个人在历史上的作用而否认人类历史运动的规律性是一种错误的话，那么因拼命强调这种运动的规律性而否认个人的活动在历史上的作用同样也是一种错误。后一种极端性与前一种极端性同样是不容宽恕的。"为了反题而忘掉正题，也如为了正题而忘掉反题一样，同样是没有根据的。我们只有把正题与反题中间所包括的真理成分统一成为一个合题的时候，才能得出正确的观点来。"②

普列汉诺夫既反对了夸大个人在历史上作用的唯心主义，又反对了否认个人作用的宿命论和无为主义。宿命论和无为主义，同辩证唯物主义是格格不入的。"任何必然的过程是规律性的过程。"③ 但并不是认识了某种现象的必然性的人，只会消极旁观、无所作为地去坐等这个现象的发生，普列汉诺夫指出，如果认为人们只要确信某一事件必然会到来，就会丧失去促进或阻挠这一事件到来的任何念头，那就大错特错了。相反，"对必然性的认识是可以和最积极的实际行动结合得很好的"④。关于这个问题，普列汉诺夫作了详细的说明，并得出结论说："对于某种现象的绝对必然

---

① 参阅《普列汉诺夫哲学著作选集》第 1 卷，第 615 页，译文有改动。
② 《普列汉诺夫哲学著作选集》第 2 卷，第 347 页。
③ 《普列汉诺夫哲学著作选集》第 1 卷，第 661 页。
④ 参阅《普列汉诺夫哲学著作选集》第 2 卷，第 340 页，译文有改动。

的认识，只能加强同情于此种现象并认为自己是引起此种现象的一份力量的个人的毅力。"①

　　还有一种错误的见解，认为承认历史的必然性就会排斥个人的自由活动，普列汉诺夫分析了几种不同的自由观，指出不论马克思之前的旧唯物主义还是唯心主义都不能正确地解决这个问题。在18世纪的唯物主义者那儿，自由与必然性是互相对立的；19世纪的德国唯心主义者虽然把两者结合了起来，但却借助于虚构的"绝对精神"。唯有马克思主义才科学地解决了这对矛盾，并把人的实践活动结合起来考察。自由是被认识了的必然性，而当个人的"自由活动已成为必然性的自觉和自由表现时"，"他就会成为伟大的社会力量"②。

　　如果否认历史发展的规律性，在历史上看到的只有种种偶然性在起作用，那是唯心主义。但如果用历史发展的一般规律来解释历史上的一切现象，"觉得甚至各个历史事变的局部特点都是由一般法则的作用来决定"③的，那是走向另一极端，那就是宿命论。普列汉诺夫同意法国学者圣博甫的下述观点，即人们在智慧上、道义上的特征，如才能、知识、性格、胆量等，可以对历史事件的进程和结局发生显著的影响，而这些特性在极大程度上是在私人生活中偶然现象的影响下形成的，并不能只由一般发展规律来解释。例如，18世纪末法国资产阶级革命的活动家米拉波，如果不是因偶患寒热病死去，那么，事变的进程无疑会受到影响。可是，米拉波之死，并不是由法国一般发展进程所引起，而是病理作用的结果。又如，在1756—1763年七年战争期间，如果不是由于俄军总司令布图林的优柔寡断，贻误战机，普鲁士国王弗里德里希二世是很难逃脱覆灭的厄运的。可是布图林这种性格上的特点也是不能用一般历史法则来解释的。因此，应该承认，"国家的命运有时候还会由一些可说是次等偶然现象的偶然现象来决定"④。

　　由此可见，偶然性在历史上的作用是应该承认的，但同时必须看到，

---

① 《普列汉诺夫哲学著作选集》第2卷，第343页。
② 《普列汉诺夫哲学著作选集》第2卷，第343页。
③ 《普列汉诺夫哲学著作选集》第2卷，第370页。
④ 《普列汉诺夫哲学著作选集》第2卷，第361页。

偶然性是相对的，它与必然性之间有着辩证关系，普列汉诺夫特别对这方面的问题作了反复的说明。个人的特性、才能在历史上可以起很大的作用，但所以能起这种作用，却受着所处社会环境的制约。如果不是法国资产阶级革命爆发后的特殊的历史条件，拿破仑的才能和力量是无法充分施展出来的，他也不可能成为叱咤风云的历史人物。他手下的那些著名元帅，在1789年革命爆发的那一年，有的是剑术教师，有的是染色工人，有的是演员，有的是排字工人，有的是法科学生等。如果革命没有爆发，如果封建君主专制还继续存在，那么他们的军事才能就得不到施展的机会，他们在历史上的作用就会是另一种样子。因此，决定在某一特定时期的某一方面能否有杰出人物出现的，正是该时期的社会关系。而且这些人物对历史发展的影响尽管可以很大，"但这种影响表现的可能及其范围，却要依当时的社会结构以及当时的社会力量对比关系来决定。个人的性格只有在社会关系所容许的那个时候、地方和程度内，才能成为社会发展的'因素'"。① 普列汉诺夫在另一处还指出："每一个真正显出了本领的杰出人物，即每一个成了社会力量的杰出人物，都是社会关系的产物。"②

这种由社会关系制约的个人对历史发展的影响究竟有多大呢？普列汉诺夫回答了这个问题，他认为，不管杰出人物所起的作用能有多大，它都不能改变历史发展的总方向或者历史进程的总趋势。任何一个伟大人物，不论他有多大力量，都不能强迫一个社会去接受一种不适合它的社会关系。他认为德国学者兰普勒赫特说得对：俾斯麦在他威势最高的时候也不能把德国拉回到自然经济时代去。相反，杰出人物自己才是顺应着历史发展的一般趋势出现的，正是这种趋势把他们推上了历史舞台，为他们提供了用武之地。

历史的潮流像大河一样勇往直前，任何力量也阻挡不住，如果有任何个人想按自己的意志来阻挡大河前进，最后必将遭到失败，普列汉诺夫曾经引用过车尔尼雪夫斯基的一段话："轻率的政策的唯一后果将只是：静静地浸润着河水并且披覆着碧绿的繁盛的草地的河岸，将暂时被受到凌辱

---

① 《普列汉诺夫哲学著作选集》第2卷，第359—360页。
② 《普列汉诺夫哲学著作选集》第2卷，第368页。

的怒浪所撕裂和摧毁，——而河流还是走自己的路，淹没一切深渊，冲开山脊，直达它要流向的海洋。"①

那么，个人究竟能起什么作用呢？普列汉诺夫认为，大人物凭靠其头脑和性格上的特点只能改变各个事变的个别外貌和各个事变的某些局部后果。他写道："领导人物的个人特点能决定各个历史事变的局部外貌，所以我们所说的那种偶然成分在这种事变进程中始终表现着相当的作用，但这种进程的趋势归根到底要由所谓普遍原因来决定，即实际上是由生产力的发展以及依此种发展为转移的社会经济生产过程中的人们相互关系来决定。"②

普列汉诺夫接着用"一般性""特殊性""个别性"这些概念来进一步解释这个问题。他指出，决定人类历史运动的终极的和最一般的原因是生产力的发展。除一般原因外还有特殊原因，即一个民族生产力发展进程所处的历史环境，除这两种原因外，还有个别原因在起作用，即社会活动家个人特点及其他"偶然性"的作用。个别原因使事变的发展具有个别的独特的外貌，但它不能根本改变一般原因和特殊原因的作用，相反，它的影响范围、程度和方向却要受另外两种原因的制约。

大体说来，普列汉诺夫对个人在历史上作用问题的论述，主要的就是这些。还应补充一点，即普列汉诺夫不仅认为伟大的人物能在历史上起作用，而且普通的人物同样也能起作用。他指出："'伟大'一语是个相对的概念。在道义方面说，每一个如圣经上所说愿意'舍己为人'的人都是伟大的。"③

三

普列汉诺夫的上述这些观点，是在将近一百年以前写的。在这段时间里，国际共产主义运动又经历了许多复杂的事变，世界历史也有了很大的

---

① 《普列汉诺夫哲学著作选集》第 4 卷，第 327 页。
② 《普列汉诺夫哲学著作选集》第 2 卷，第 369—370 页。
③ 《普列汉诺夫哲学著作选集》第 2 卷，第 375 页。

发展，今天，我们应该如何来评价和看待他的这些论述呢？前些年，波兰有些学者曾对普列汉诺夫的论点提出了异议。他们认为，普列汉诺夫过分强调了客观性，忽视了个人的主观作用，尤其在艺术领域。他们不同意普列汉诺夫关于天才人物只能改变事变的个别外貌而不能改变事变的一般方向的论点。

我们认为，普列汉诺夫关于个人在历史上作用的论述，总的说来，还是正确的。他虽然强调了客观必然性的作用，但并没有因此抹杀个人作用，即历史发展中主观因素的作用，他认为，客观性的实现是离不开主观因素的作用的。主体和客体是相互影响和统一的，这在上面已经说过。因此，不能说普列汉诺夫忽视了这个问题。即使在文艺领域，他也是注意到要对艺术家的个人特点进行分析的。他写道："伟大的诗人之所以伟大，是因为他反映了社会发展中的巨大步伐。但是，他在反映这一步伐的同时，仍然是一个个人，在他的性格和生活中，肯定会有许多特点和方面，这些特点和方面同他的历史活动毫无关系也不发生任何影响。然而，也肯定有另一些特点，它们并不影响他的活动的一般历史性质，却赋予这一活动以个别的差异。通过详细研究诗人生活的个人特性和私人方面是可以把这些特点弄清楚的。"① 普列汉诺夫接着指出，如果认为研究这些个人的特点可以解释伟人活动的一般性质；那是错误的；但如果是为了解释伟人活动的个别特性，那就是有益的了。②

关于天才的活动不能改变事变一般方向的问题，应该指出，普列汉诺夫这里说的是指社会发展的一般方向和一般趋势。他认为这是由该社会的生产力及受其制约的生产关系的发展状况决定的。任何天才改变不了这种趋势。普列汉诺夫举例说，18 世纪末法国资产阶级革命的原因在于当时那种社会关系的特性。在这次革命中的重要人物，如罗伯斯庇尔、拿破仑尽管起了重大作用，但却不能任意改变当时的经济关系。因此，如果他们因故早亡，而他们在历史上的地位由另一些比他们差的人来担任的话，那么法国革命的进程肯定会有很大不同，但革命的最后结局终究不会与实在的

① 《普列汉诺夫哲学著作选集》第 5 卷，莫斯科 1958 年俄文版，第 233—234 页。
② 参阅《普列汉诺夫哲学著作选集》第 5 卷，第 234 页。

结局相反。例如，假设拿破仑在 1796 年意大利的阿尔科拉会战中就阵亡了，他的位置由一个举动比拿破仑温和一些的将军来顶替，其行动不会激起全欧洲的反抗，这样波旁王朝就不会在法国复辟。这种结果当然与实际上发生的结果不同；但对于法国整个内部生活来说，却与实际结果区别很小。法国社会的阶级矛盾还是那些，因而运动的最后结局终究还是一样的。总之，历史事件发展所体现的社会发展的一般趋势并不因此而改变。这无疑是正确的。分歧在于，如果不是历史进程的一般规律或一般趋势，而是指某一具体领域（譬如艺术领域）发展的一般趋势或方向，能不能因天才的活动而改变。普列汉诺夫对此也是否定的。他认为，如果拉斐尔、米开朗基罗和达·芬奇等人在早年就已去世，那么"意大利的艺术也许不会发展得那样完备，但它在文艺复兴时期发展的一般趋势终究会同是那样的。拉斐尔、达·芬奇和米开朗基罗并没有创造出这种趋势，他们自己不过是这种趋势的优秀代表人物"①。普列汉诺夫接着指出，如果某一艺术潮流的几个杰出代表人物都因时运不济而夭亡，致使这一潮流始终没有什么特色，那么这种情况归根结底也是受社会发展进程和社会力量对比关系的制约的，因为"文艺中任何一个潮流的深度都要依它对于自身所代表其趣味的那个社会阶级或阶层的意义，以及这个阶级或阶层的社会作用如何来决定"②。不仅在艺术领域，而且在社会思想、自然科学等领域，普列汉诺夫也是强调社会环境对天才的影响。③

普列汉诺夫的这些观点，一般说来，不能说是错误的，但却有不足之处，即对历史发展中主观因素作用这一方面的问题探讨和阐述得不够，例如在艺术领域，对拉斐尔、米开朗基罗和达·芬奇等的杰出才能所起的作用，就没有怎么阐述。这点，苏联的学者也是承认的。④ 对这个不足之处，我们不能苛求前人。应该看到，当时普列汉诺夫面临的任务是，批判民粹派的主观主义错误理论和方法，为在俄国宣传马克思主义理论，尤其是唯

---

① 《普列汉诺夫哲学著作选集》第 2 卷，第 369 页。
② 《普列汉诺夫哲学著作选集》第 2 卷，第 369 页。
③ 参阅《普列汉诺夫哲学著作选集》第 1 卷，第 740—742 页。
④ 参阅恰根《普列汉诺夫对马克思主义一般社会学理论的研究》，列宁格勒 1977 年俄文版，第 153、160、162 页。

物史观扫清道路。因此，在个人在历史上的作用问题上，他着重强调客观必然性，不仅是必要的，而且是有益的。普列汉诺夫的有关论述把马克思主义的原理具体化了，从而丰富了马克思主义理论。至于不足和缺点，那是不足为奇的。我们不能要求前人把什么都做完，完美无缺。马克思主义理论本身是在不断发展、不断完善的。从今天来看，普列汉诺夫的这些阐述，其论点的鲜明、材料的丰富仍然耀人眼目，不失其昔日的光辉；当然，我们也应看到它们的不足，以便继续前进。

历史的经验告诉我们，搞"英雄崇拜"或"个人迷信"的人，不仅要夸大个人的作用，同时也要抹杀个人的作用。这是同一问题的两个方面，他们在夸大个别"英雄"的作用的同时，势必要抹杀广大群众（其中包括无数天才和有才能的人）的个人作用，当年民粹派把"英雄"和"群氓"对立的时候，不就是这样做的么。这就说明，为了正确处理好个人在历史上的作用问题，当然首先要注意防止夸大个人的作用，防止出现"个人迷信"的现象；但与此同时，也要注意发挥广大群众的个人作用，让有才能的人的才华充分发挥出来。这在无产阶级掌握政权以后建设社会主义的时候尤其应该注意。早在《共产党宣言》里，马克思和恩格斯就已指出，在推翻资产阶级旧社会后建立的新社会里，"每个人的自由发展是一切人的自由发展的条件"[1]，然而，实践说明，长期以来，我们对这个问题没有重视，往往是在竭力夸大个别人的作用的同时，不注意充分发挥其他所有人的才能，做到人尽其才，广开才路。而做不到这一点，社会主义的优越性就无法发挥出来。事实上，发挥所有人的个人作用也就是发挥群众的作用。群众是由一个一个人组成的。要真正发挥群众的作用，就应该使构成群众的所有个人的作用，充分发挥出来。而真正做到这点，"个人迷信"恐怕也就很难搞起来了。总之，从理论上进一步探讨个人在各个不同的具体领域所能起的作用，研究怎样才能充分发挥个人的作用而又要防止夸大这种作用以致造成"个人迷信"，这些都是刻不容缓的任务。

普列汉诺夫虽然没有着重探讨个人的主观作用问题，但他的某些论点还是值得我们注意的。例如，他曾经论述过这样一个问题：为了使一个拥

---

① 《马克思恩格斯选集》第 1 卷，人民出版社 1972 年版，第 273 页。

有某种才能的人能运用这种才能对事变的进程产生重大影响，需要有两个条件。"第一，他所具备的才能应比别人所具备的才能更适合当时社会的需要"，"第二，当时社会制度不应阻碍具备有适合当时需要并于当时有益的特性的那个人物施展其能力"。① 普列汉诺夫还说："凡是存在有便利才能人物发挥本领的地方，那里就有才能人物出现，关于才能人物可以说，他们也如灾祸一样，简直是到处碰得见的。"② 这就说明，为了促使才能人物出现，最重要的是要有便利他施展才能的环境和条件。社会主义建设需要千百万人才贡献才能，这就是说，客观需要是有了。问题是要使这些人才真正能发挥才能，还有许多工作要做，还要革除一切陋习，扫除一切障碍：这方面的许多问题，包括理论上的问题，有待于我们去具体研究。

普列汉诺夫强调才能人物的出现归根结底是由社会发展的客观需要决定的。这一般说来是正确的。但这里要防止简单化、绝对化，要防止把社会需要和人才出现之间的关系看成是直接的、直线的关系，这是一个复杂得多的问题。普列汉诺夫强调不合理的社会环境扼杀了许多有才能的人，这是对的。但是冲破不合理的社会环境，克服障碍，终于使自己的才能得到发挥的，应该说也不乏其人。又如在社会主义社会，从社会制度上说对各种人才的需求应该是没有问题的。可是在实际上，由于政策上的失误、工作中的错误或者制度上的缺陷，人的才能得不到发挥的情况也是存在的，对这种现象要作具体分析，一般说来，它归根结底还是可以从种种社会关系的变化上得到解释的。

普列汉诺夫的另一个论点也需要补充说明。他说："当社会要有一个坚毅军事统治者的这种需要已获得满足时，社会的结构就堵截了其余一切能干军人成为军事统治者的途径，于是这种结构力量就成了障碍其他能干军人表现其才能的力量。"③ 他接着说："在人类智慧发展史中，因某一个人物获得成功而使另一个人物不能获得成功的情形，是要稀少得无比。但是……当一定的社会局势在其精神代表人物面前提出相当任务的时候，那

<hr>

① 《普列汉诺夫哲学著作选集》第 2 卷，第 366—367 页。
② 《普列汉诺夫哲学著作选集》第 2 卷，第 859 页。
③ 《普列汉诺夫哲学著作选集》第 2 卷，第 365—366 页。

末这些任务在杰出人物尚未把它们解决以前是始终引起杰出人物注意的。而当他们已能解决这种任务时，他们的视线就会转到另一种对象上去。"①这里，把社会需要和人才出现之间的关系描述得似乎也有些机械、简单。不能把每一种社会需要简单地理解成一把椅子，当某个天才占据了这把椅子之后，别的才能人物就只好默默无闻了。事实上，例如，当无产阶级革命运动需要产生领袖的时候，这样的领袖是会出现的。但当这个合适的领袖出现以后，并不因此妨碍其他的领袖人物发挥才能。无产阶级的领袖应该是一个集体。至于在文学艺术方面，同时齐名的天才作家、艺术家群星灿烂的局面，在历史上更是屡见不鲜的。这点普列汉诺夫自己也承认。总之，有关个人在各个具体领域发挥作用的问题还需要进一步具体探讨。至于在无产阶级专政条件下如何防止"个人迷信"的问题以及在社会主义建设中如何更好地发挥每个人的聪明才智的问题，更是需要我们去研究，而不能期待从普列汉诺夫著作中去找什么现成的答案了。

　　普列汉诺夫有关个人在历史上作用问题方面的错误，主要在于他本人后期的理论脱离实践上。由于他 1903 年转向孟什维克主义的错误立场，并在俄国革命的战略、策略上采取机会主义的观点，他不能正确地估价俄国广大农民的革命作用，对俄国无产阶级的作用也估计不足。他本人思想上骄傲自满、轻视和脱离群众的错误也越来越严重。另外，他在后期的某些著作中，还错误地把一些正确的论述用来反对布尔什维克。但是，总的说来，普列汉诺夫关于个人在历史上作用的论述还是应该肯定的，值得我们认真学习。

（《世界历史》1981 年第 1 期）

---

　　①　《普列汉诺夫哲学著作选集》第 2 卷，第 366 页。

普列汉诺夫论 19 世纪空想社会主义

一

　　普列汉诺夫不仅是国际共产主义运动中一个著名的活动家，而且是一个知识渊博、造诣很深的学者。他的政治道路尽管曲折坎坷①，他的哲学著作却不能因此而简单地一笔抹杀。不仅他早期的优秀哲学著作应该肯定，就是对他后期的哲学著作也应科学地分析，采取慎重的态度。我们在探讨普列汉诺夫关于 19 世纪空想社会主义的论述时，必须首先明确这一点。因为，普列汉诺夫虽然在早期的优秀著作《论一元论历史观之发展》中有专门一章论述空想社会主义者，但他关于 19 世纪空想社会主义的专门著作却写于 1911 年和 1913 年（《十九世纪法国的空想社会主义》和《十九世纪的空想社会主义》）。

　　19 世纪上半叶西欧的空想社会主义，作为一种流派来说，有其共同的特点，但同时在不同的国家（英、法、德）又各有不同之处。普列汉诺夫有时把它作为一个共同的流派加以考察（如在《论一元论历史观之发展》中），有时又按国家分别论述（如在《十九世纪空想社会主义》中）。一般说来，正如普列汉诺夫所指出的，英国空想社会主义者对经济问题的研究比较注意，对资本主义矛盾和阶级剥削实质的看法也较为深刻；法国空想社会主义者则比较注意社会问题，在这方面的贡献较大；德国空想社会主义者对经济问题几乎没有什么注意，但他们却具有另一个为英法一般空

---

　　①　普列汉诺夫的一生，一般可分为三个时期；1883 年以前为革命民粹主义者；1883—1903 年为马克思主义者；1903 年以后转向孟什维克主义，1914 年第一次世界大战爆发后堕落为社会沙文主义者。

想社会主义者所缺乏的特点，即他们号召革命斗争。这些不同的特点是由各国的社会经济情况决定的，但同时它们又只是相对的。也就是说，这些不同的特点，是他们的共同点在各国不同情况下的不同表现。同时从普列汉诺夫的论述看，他也并非着重于探讨这些不同的特点。因此，我们在下面考察的，主要是普列汉诺夫对19世纪空想社会主义某些共同点的论述。

二

普列汉诺夫基本上正确地分析了19世纪空想社会主义的历史起源，比较了各国不同的空想社会主义学派代表人物的学说，指出他们的功绩和局限性，并且简明扼要地阐明了他们学说的内容和主要特点。这样的分析研究是建筑在掌握了大量具体材料的基础上的。普列汉诺夫曾经特地到巴黎的国立图书馆去收集资料，并且研究了德国社会民主党的无数档案文献。因此，他的这些著作对了解各派空想社会主义者的观点有很大的科学价值。

在19世纪空想社会主义历史起源的问题上，普列汉诺夫指出两个方面。一个是理论上的影响，主要是18世纪法国启蒙学者，尤其唯物主义者的学说；另一个是实践上的影响，其中最有决定意义的是18世纪末英国的产业革命和法国资产阶级革命（特别是它的恐怖时期）。前者在英国的影响最深，后者则在法国。① 可惜普列汉诺夫在这个问题上没有深入分析，而且从他对19世纪空想社会主义的具体分析来看，他在这个问题上具有不彻底性，这在下面还要谈到。

普列汉诺夫多次谈到19世纪空想社会主义者的功绩，指出他们超过前人的地方。归纳起来，这些功绩主要有以下几点。首先19世纪上半叶的空想社会主义者，虽然和18世纪的唯物主义者一样，对社会发展持有唯心主义的观点，从而同样陷入了"环境决定人，人决定环境"的循环圈子中，然而普列汉诺夫强调指出：空想社会主义者并没有简单地重复他们前驱者的观点。他们对于从启蒙学者那里承继过来的理论已经大为不满，

---

① 参见《普列汉诺夫哲学著作选集》第3卷，生活·读书·新知三联书店1962年版，第645页。

而且力图摆脱唯心主义的狭窄圈子并立足在更现实的基础上。在这方面，圣西门尤为突出。① 他企图建立社会科学的基础，在历史发展中找寻规律性，并且认为关于人类社会的科学应该成为如同自然科学一样精确的科学。圣西门主要研究了从罗马帝国崩溃以后的西欧历史，并得出结论说："确定所有制的规律在所有规律中是最重要的；社会大厦正是建立在它上面的。"② 然而，归根结底圣西门还是陷入了 18 世纪思想家的矛盾圈子，因为他过分强调了生产者智慧的发展对制造生产工具的作用，从而认为"教育"知识是历史运动的基本因素。而知识发展的规律又由什么决定呢？还是只能求助于人的天生的属性。于是人性由环境决定，环境又由人性决定，还是那个致命的矛盾圈子。

其次一个功绩，也可以圣西门为代表，那就是关于阶级斗争的观点。早在 1803 年，圣西门就在他的第一部重要著作《一个日内瓦居民给当代人的信》中，谈到了"有产者"和"无产者"的斗争，并用这些阶级的斗争来解释法国革命的进程和结局。在以后的一系列著作《组织者》《给陪审官先生们的信》《论实业制度》《实业家的教义》《对文学、哲学和实业问题的意见》中，这些观点获得了进一步的发展。他的学生梯叶里完全接受了他的历史观点，圣西门并且认为基佐窃取了他的观点。不管事实如何，总之圣西门关于阶级斗争的观点在复辟时代的法国历史学家（梯叶里、米涅、基佐）那儿又有了发展。

除了上述两点外，普列汉诺夫还指出，空想社会主义者对进步的信念，比 18 世纪的启蒙学者也有进步。他说："其实，社会主义的特点不是相信进步，而是确信进步可以使'人剥削人'的现象消灭。圣西门主义者在其言论和著作中都坚定地重复这一信念。"③ 应该说明的是，所有这些在圣西门学派的学说中表现得较为明显的特点绝不仅限于这一派。普列汉诺夫关于其他学派在这方面的观点也作了分析。

---

① 普列汉诺夫认为圣西门对人类历史发展的解释贡献很大，曾想写一篇专门论述他的观点的文章，但未如愿。

② 转引自《普列汉诺夫哲学著作选集》第 4 卷，莫斯科 1958 年俄文版，第 458 页注释。

③ 《普列汉诺夫哲学著作选集》第 3 卷，第 678 页。普列汉诺夫在注中指出，圣西门本人对这种信念还只是一些暗示，而圣西门主义者在某些方面大大超过了自己的老师。

　　此外，普列汉诺夫还谈到了 19 世纪空想社会主义者的另一重大功绩，那就是他们的经济观点。对空想社会主义者经济思想的考察，可以说是普列汉诺夫本人的一大贡献。他自己在 1911 年 11 月 20 日给考茨基的信中说："我觉得，我考察法国社会主义史时所持的观点，跟以前大多数社会主义史家大不相同。这里有相当大的部分是谈空想社会主义的经济思想。"① 除了法国空想社会主义者外，普列汉诺夫还考察了英国空想社会主义者的经济观点，他并指出，在这方面英国的空想社会主义者比法国和德国的都要先进得多。这和当时英国的社会情况是分不开的，普列汉诺夫对此作了简略的说明。他指出了资本主义在英国的发展，特别是产业革命所造成的后果：一方面是生产力的巨大发展，另一方面是工人阶级状况的极度恶化。这就使英国空想社会主义者清楚地看到资本主义社会的惊人矛盾：贫富悬殊，两极分化。1805 年，霍尔（1745—1825）就已指出了这点。他当时已经明确看到"穷""富"阶级之间利益的对立。在对这些阶级的理解上，英国的空想社会主义者也要比法国的进步。霍尔把"穷人"阶级理解为靠出卖自己的"劳动"为生的人，也就是无产者；而把资本家和土地占有者列为"富人"阶级。这两个阶级之间的关系是一种买卖关系。"富人"是劳动的购买者，他力求多得工人劳动所创造的产品，而工人则是出卖劳动者，他也力求多得这些产品。由此就产生了斗争。② 欧文对这点也是明确的，不过他并不主张工人阶级应获得它创造的全部产品，他提出工人阶级所得的份额不应太小。③ 他的学生汤普逊也指出，产品的分配制度应该同产品生产的基本规律相符，也就是说，劳动创造的价值应该归于劳动者。④ 普列汉诺夫此外还提到格雷、布雷、霍吉斯金等人，并且指出，马克思对英国社会主义者在政治经济学概念上所达到的明确性评价很高，认为甚至比李嘉图多走了很重要的一步。⑤

　　至于法国的空想社会主义者，他们只是逐渐弄清楚在英国早为霍尔所

---

　　①　转引自《普列汉诺夫哲学著作选集》第 3 卷，第 859 页。
　　②　参见《普列汉诺夫哲学著作选集》第 3 卷，第 648 页。
　　③　参见《普列汉诺夫哲学著作选集》第 3 卷，第 658 页。
　　④　参见《普列汉诺夫哲学著作选集》第 3 卷，第 662、665、669 页。
　　⑤　参见《普列汉诺夫哲学著作选集》第 3 卷，第 662、665、669 页。

明确了的观点。而且他们即使理解了当代社会最主要的矛盾是资本和雇佣劳动利益之间的矛盾，也从来没有达到像汤普逊、格雷或霍吉斯金所有的那种明确性。① 圣西门虽也指出了阶级矛盾，但他不是说企业主剥削工人，而是说"游手好闲阶级"（主要是贵族和官僚）剥削企业主和工人。企业主在他看来正是工人利益的天然保护者和代表。他的学生们超过了他，对经济问题也更感兴趣。他们把靠地租过活的土地所有者和资本家算作"游手好闲阶级"，可是他们认为企业主并不是资本家，因为在他们看来，只有靠资本的利息为生的人才是资本家，而企业主的利润和工资是一样的。例如，安凡丹就经常这样说。② 傅立叶比他们更进一步，他看到了工人和企业主之间的利益对抗，并且断言，工人的贫困化是工业企业发展的基础。③ 路易·勃朗把问题提得更为鲜明，他提出资产阶级与人民的对立，但他的这两个概念却是含混不清的。④ 在这个问题上，让·雷诺和比埃尔·勒鲁的观点较为明确。例如雷诺指出，人民是由两个在地位和利益上都不相同的阶级组成的，即无产阶级和资产阶级。无产阶级是生产全国财富，可是除了自己劳动的报酬以外别无收入的人，而资产阶级则是拥有资本并靠资本收入为生的人。但雷诺和勒鲁却把农民以至乞丐都算作无产阶级，因此勒鲁在统计当时法国的无产阶级时，所得出的数字竟达三千万之巨。⑤ 此外，勒鲁把拥有一公顷土地的小私有者也算作无产者，这就和上述的定义相矛盾了。⑥

不仅在对阶级的理解上，而且在对无产阶级和资产阶级对抗性的理解上，也就是对剥削实质的理解上，法国空想社会主义者要比英国的落后。圣西门主义者安凡丹在谈到资本利息的问题时指出，在工业发达的国家这种利息要比工业落后的国家低得多，由此他得出结论说，整个"游手好闲阶级"的收入随着工业的发展会不断减少，而企业主和工人的国民收入部

① 参见《普列汉诺夫哲学著作选集》第 3 卷，第 662、665、669 页。
② 参见《普列汉诺夫哲学著作选集》第 3 卷，第 618、623、626 页。
③ 参见《普列汉诺夫哲学著作选集》第 3 卷，第 618、623、626 页。
④ 参见《普列汉诺夫哲学著作选集》第 3 卷，第 618、623、626 页。
⑤ 当时法国只有 3450 万人口。
⑥ 参见《普列汉诺夫哲学著作选集》第 3 卷，第 627—631 页。

分就会日渐增大。安凡丹以工人的生活比以前有了改善作为根据，可是这只能说明他的政治经济学知识极为肤浅，不懂得资本主义社会中工人的相对贫困。[1] 傅立叶完全不同意圣西门主义者的这种乐观主义的观点。他指出工人阶级状况的日益恶化，并指责企业主的罪恶。但是他也不能揭示资本主义社会阶级剥削的实质，虽然他锐利的眼光已看出资本主义社会的某些病症。例如他把资本主义社会周期性的工业危机叫作多血症，并且指出社会的贫困是由财富引起的。

我们之所以用较多的笔墨剖析普列汉诺夫对 19 世纪空想社会主义者经济观点的论述，因为这正是他超出前人之处，正是他作品的突出优点。但同时必须指出，普列汉诺夫的分析还缺乏深度，因为他较多的只是限于各派观点本身的比较和介绍。

三

普列汉诺夫对 19 世纪空想社会主义者的局限性也有专门的阐述，尤其在《十九世纪法国的空想社会主义》一文中。他着重指出，这些思想家几乎都反对阶级斗争，对政治采取冷漠的态度。

初看起来有些奇怪，既然各派空想社会主义者都程度不同地看到社会上阶级的对立和阶级斗争的进行，为什么他们又不把实现自己的计划和当前的阶级斗争联系起来呢？普列汉诺夫对这个问题是这样解释的：这是法国大革命影响的结果。他说："这些思想家的和平倾向，是对 1793 年的革命激情的一种心理反应。"[2] 当时的革命斗争，特别是"1793 年大灾难"吓坏了他们，促使他们去寻找各种办法以结束革命。因此，他们越是承认阶级斗争，就越是反对这种斗争，就越是宣传阶级调和。他们几乎一致声称：虽然穷人和富人的利益目前处在对立的地位，但却是可以协调的。

和这种反对阶级斗争、否定政治的倾向相联系的，就是 19 世纪空想社会主义者所采取的错误策略。普列汉诺夫以傅立叶为例指出了这些思想

----

① 参见《普列汉诺夫哲学著作选集》第 3 卷，第 618—619 页。
② 《普列汉诺夫哲学著作选集》第 3 卷，第 672 页。

家的策略特点：一是不问政治，二是完全否定阶级斗争。这两个特点中，前者是由后者产生的。① 而这种策略的表现形式则是"政客手腕"。对此，普列汉诺夫作了如下的分析。空想社会主义者虽然不问政治，却并不是闭目无视当时社会上存在的政治力量。他们正是看到了当时的阶级斗争，才认为必须结束这种斗争，并且把自己所提出的"理想社会"的方案作为达到这一目的的手段。各派的具体方案尽管有许多不同，但在实现它们的策略上却是一致的。他们既然看到了当时的政治力量，那在实现自己的方案时就得利用这些力量，可是他们对政治斗争又取否定态度，于是剩下来的就只有"政客手腕"了，而且活动的对象必然是"上层阶级"。普列汉诺夫指出："否定政治，从逻辑上说，无论过去和现在都必然会导致玩弄政客手腕。"② 事实上也正是这样。只要一有机会，这些空想社会主义者就向"上层"兜售自己的"万灵方案"，例如圣西门之向拿破仑，傅立叶之向路易·菲利普。

普列汉诺夫进一步指出："空想社会主义者的策略同他们的历史唯心主义是紧密地联系着的"，"他们的政客手腕同这种唯心主义也不是没有联系的"。③ 那么，这种联系是怎样的呢？如前所述，空想社会主义者虽然力图在社会发展中寻找规律，然而他们"不仅不承认事物的过程决定思想的过程，反而以为思想的发展是人类历史发展的最深刻的原因"④。而思想发展之所以能决定事物发展又在于真理的不可战胜的力量。这样，阶级斗争和政治就根本不需要了，因为被发现的真理可以同样被一切社会阶级所接受，而上层阶级由于受过教育和有空闲时间，反而更容易掌握真理。

这种历史唯心主义观点，是空想社会主义者的主要局限性。由于这种观点，他们就不能揭示社会发展的客观规律。普列汉诺夫指出："凡是把智力的发展看作是历史运动的最深刻的原因的人，都必然只考虑人们的自

---

① 参见《普列汉诺夫哲学著作选集》第 3 卷，第 59 页。
② 《普列汉诺夫哲学著作选集》第 3 卷，第 613、637、636 页。
③ 《普列汉诺夫哲学著作选集》第 3 卷，第 613、637、636 页。
④ 《普列汉诺夫哲学著作选集》第 3 卷，第 613、637、636 页。

觉活动，而自觉活动正是我们称之为自由活动的那种活动。"① 也就是说，社会的发展归根结底是由人的自由活动决定的。既然真理的不可战胜的力量能决定社会的命运，那么只要有人发现这个真理，一切问题就都解决了。至于由什么人在什么时候发现，那就完全是偶然的了。傅立叶的学生孔西得朗认为，如果 18 世纪末有人发现足以吸引一切法国人的社会改革方案的话，那么历史就会不同了，而这是完全可能的，因为这样一种方案的出现取决于偶然的情况。② 傅立叶自己也这样相信：他发现道德吸引力的规律就是由于偶然性，和牛顿一样，也是由于一只苹果。③ 这种对偶然性的信仰在其他空想社会主义者那儿也同样存在，甚至最清醒的欧文"也对偶然性抱有一定程度强烈的信仰……他为实现自己的社会主义计划甚至不惜向这一世界中极愿维持人剥削人制度的有势力的人呼吁"④。

可是怎样确定某一被发现的体系是科学的呢？标准是什么呢？19 世纪空想社会主义者回答说："是某一体系同'人的本性'的一致。"⑤ 但正如普列汉诺夫指出的："援引人的本性，即援引脱离特定社会关系的一般人的本性，就等于抛弃历史现实的基础，而指靠抽象的概念。这条路直接通向空想。"⑥ 普列汉诺夫接着指出，空想社会主义者在拿人性概念作为社会建设的标准的时候，他们自然就认为有可能想出一种完善的社会体系，只要这种体系完全适合某个改革者所理解的人性就行。由此，普列汉诺夫得出结论说："任何人企图从某种抽象原则出发来建立一个完善的社会体系，他就是空想主义者。"⑦ 并且认为，"科学社会主义不同于空想社会主义的主要特点"在于："科学社会主义的信徒们把实现自己的理想看作是历史的必然性的事情，而空想主义者则把自己的主要希望寄托于偶然性。宣传社会主义的方法也与此相应地而有所不同：空想主义者是东碰西撞地行

---

① 普列汉诺夫：《恩格斯的著作〈科学社会主义的发展〉俄译本第三版序言》，《普列汉诺夫哲学著作选集》第 3 卷，第 42 页。

② 参见《普列汉诺夫哲学著作选集》第 3 卷，第 635、636 页。

③ 参见《普列汉诺夫哲学著作选集》第 3 卷，第 635、636 页。

④ 《普列汉诺夫哲学著作选集》第 3 卷，第 37 页。

⑤ 《普列汉诺夫哲学著作选集》第 3 卷，第 637 页。

⑥ 《普列汉诺夫哲学著作选集》第 3 卷，第 637 页。

⑦ 《普列汉诺夫哲学著作选集》第 3 卷，第 638 页。

动，今天去找开明的君主，明天去找有进取心和贪图利润的资本家，后天又去找不自私的人类之友，等等。科学社会主义的信徒们则有着以唯物主义历史观为最深刻的基础的严整而彻底的纲领。他们不期待社会的各阶级都同情社会主义。"①

这里，普列汉诺夫的意见是不够全面的。指出空想社会主义和科学社会主义在实现理想和宣传方法上的不同，是必要的，但却不够，把这列为两者的主要不同点也是不恰当的。看来，普列汉诺夫强调上述区别，主要是区分了空想主义和科学社会主义。他说："那个时候的社会主义者更经常的和更喜欢的还是保持十八世纪所留传下来的抽象观点。他们都从这个观点来看当时的一些很重要的实际问题。因此——也仅仅因此——我们就把他们叫做空想主义者。"② 但如果拿空想主义的特点来说明空想社会主义和科学社会主义的主要区别，那是不够的。显然，两者不仅在实现理想和宣传的方法上不同，而且对社会主义本身的理解也根本不同。

除了英、法的空想社会主义以外，普列汉诺夫还简要地谈到德国的社会主义。他指出德国的社会主义有两派，一派是在法国空想社会主义的影响下形成的，在这一派中他较详细地阐述了毕希纳，特别是魏特林的观点；另一派则是在德国哲学，特别是费尔巴哈的影响下形成的，这一派普列汉诺夫称为"真正的社会主义或哲学的社会主义"③。我们知道，恩格斯也是把德国的共产主义分成这样两派的。但有一点必须指出，恩格斯在谈到"捍卫共产主义的党"④（即第二派）时，没有提及"真正的社会主义"。而在《共产党宣言》中，马克思和恩格斯是把德国的"真正的"社会主义与空想社会主义分开的，他们把它列入反动的社会主义。⑤

此外，普列汉诺夫在论述德国空想社会主义时，还错误地把洛贝尔图斯也算作上述第一派的代表。洛贝尔图斯的经济学说虽也有空想的成分，

① 《普列汉诺夫哲学著作选集》第 3 卷，第 47 页。
② 《普列汉诺夫哲学著作选集》第 2 卷，生活·读书·新知三联书店 1961 年版，第 784—785 页。
③ 《普列汉诺夫哲学著作选集》第 3 卷，第 684 页。
④ 《马克思恩格斯全集》第 1 卷，人民出版社 1956 年版，第 588—592 页。
⑤ 参见《马克思恩格斯选集》第 1 卷，人民出版社 1972 年版，第 277—280 页，不过有一点需要说明，即普列汉诺夫原来打算另写一篇论文细述德国的这个派别，但他未能这样做，因此我们无从得知他的具体观点。

他甚至也指出了资本主义社会的某些矛盾，但他绝不是一个社会主义者。洛贝尔图斯的观点是反动的，他鼓吹所谓的普鲁士"国家社会主义"。我们知道，普列汉诺夫对洛贝尔图斯的评价一直是过高的。还在 19 世纪 80 年代初，当他还没有彻底从民粹主义者转变为马克思主义者时，就在一篇介绍洛贝尔图斯经济理论的长篇论文中作了这样的夸大的估价。普列汉诺夫把洛贝尔图斯划入空想社会主义者的行列不是偶然的疏忽。这不仅由于他对洛贝尔图斯经济学说的阶级实质始终认识不清，从而把他理想化了，而且由于他在考察各种社会思想的时候，对它们所代表的社会阶级和经济利益往往缺乏深入分析，因此有时只注意到这些思想本身的相似性，而忽略了它们实质上的差别。我们现在就来谈谈普列汉诺夫的这个错误。

四

每一种新的社会思想，一方面固然有它在思想上的继承性，但更重要的却是该时代社会经济关系的反映。列宁指出在研究社会思想时，正是应该把它归结为社会经济关系。要是不这样归结，即使纯理论的思想，也是弄不清楚的。[1] 普列汉诺夫在考察 19 世纪空想社会主义时，恰恰对这个问题注意不够。因此，他的研究虽然材料很丰富，经常列举各派空想社会主义者的观点加以比较，但在分析具体问题时却往往停留在思想本身，而未能联系这些思想所反映的阶级状况和经济关系作深入的探讨，在某些问题的阐述上甚至因而犯有错误。例如，关于空想社会主义和科学社会主义的继承问题就是如此。诚然，在这个问题上，普列汉诺夫有时也能正确地说明两者的关系，如他曾这样写道，空想社会主义的发现"对于历史过程之许多最重要的方面，例如对于阶级斗争在西欧社会现代历史中的作用，投射了极其明亮的光芒，从而为科学地说明社会现象作了准备。但是它们也仅仅是为科学的说明作了准备而已"[2]。然而，有时他却抹杀了空想社会主义与科学社会主义之间的质的差别，夸大了继承性，从而低估了马克思主

---

① 《列宁全集》第一卷，人民出版社 1955 年版，第 375 页。
② 《普列汉诺夫哲学著作选集》第 3 卷，第 40 页。

义所引起的革命变革的根本意义。

在《阶级斗争学说的最初阶段》一文中，普列汉诺夫在引用了恩格斯关于《共产党宣言》的基本思想的段落后①，指出：恩格斯在这里"不完全正确"，因为"这个思想的某些很重要的成份在很早以前的社会政治著作中就出现过了"②。他强调，那种认为只有到 1830 年至 1850 年间才对阶级斗争的历史意义有了最明确的认识的意见是错误的，"实际上，关于阶级斗争是历史发展最重要的推动力的观点，在十九世纪二十年代已经达到这样的明确程度，这种程度也许只在《宣言》作者们的著作中才被超过"③。普列汉诺夫在这里忽略了马克思、恩格斯对于阶级斗争学说作出的重大的原则性新贡献。他甚至说："马克思和恩格斯对阶级斗争、对政治在阶级斗争中的作用，以及对国家政权从属于统治阶级的看法，与基佐及其同道者对这些问题的看法是相同的。全部差别就在于一方是保护无产阶级的利益，而另一方是保护资产阶级的利益"，"对于《宣言》的作者说来，阶级斗争的概念是严整的历史学说的组成部分，而基佐、梯叶里、米涅及其他与他们同时代的资产阶级理论家的历史学说，是不能自圆其说的"④。显然，这样归结马克思主义关于阶级斗争的学说和基佐等人之间的差别是极其不够的。这不仅说明普列汉诺夫忽视了两者之间的质的区别，低估了马克思主义在这个问题上所起的革命变革作用，而且表明他在马克思主义关于阶级斗争、国家和革命的学说方面是不彻底的。要知道，这篇文章写于 1900 年。看来，普列汉诺夫过多地注重各种社会思想表面上的相似性，而未能探究其实质上的差别。例如，他强调说："《宣言》中有些地方用了基佐的小册子中的语言，或者也可以说，基佐有些小册子多多少少也用了《宣言》的语言。"⑤ 还应补充一点，即普列汉诺夫这里虽然只提到梯叶里、基佐和米涅，但在某种程度上也适用于空想社会主义者。

---

① 参见《马克思恩格斯选集》第 1 卷，第 232 页。
② 《普列汉诺夫哲学著作选集》第 2 卷，第 515 页。
③ 《普列汉诺夫哲学著作选集》第 2 卷，中译本的译文似不确切，笔者认为把 pasβe（难道、也许）译成"以致"，语气肯定些。这同上下文也有矛盾。
④ 《普列汉诺夫哲学著作选集》第 2 卷，第 540—541 页。
⑤ 《普列汉诺夫哲学著作选集》第 2 卷，第 540 页。

因为他曾一再指出，圣西门对这些思想家的影响是很大的，而且认为基佐、梯叶里、米涅等所有这派法国历史学家的历史观点，都正是圣西门首先加以系统宣传的那些观点。①

由此可见，对社会思想的分析如果只停留在思想本身，那不仅很难深入下去，而且往往容易发生谬误。我们知道，某种思想的发展由于社会阶级情况的变化常常会随之发生质的变化。如果只注意思想本身的继承关系和观点本身的异同，就容易忽视这种质的差别。例如，普列汉诺夫在论述法国空想社会主义者对阶级斗争的否定时，就列举了圣西门、傅立叶以及他们两人的学生，甚至路易·勃朗和普鲁东的观点，强调他们都反对阶级斗争和否定政治，却忽视了他们所以达到这点的阶级基础却是不相同的。19世纪上半叶的空想社会主义随着阶级斗争的发展，其性质日益起了变化。马克思和恩格斯在《共产党宣言》中指出："批判的空想的社会主义和共产主义的意义，是同历史的发展成反比的。阶级斗争愈发展和愈具有确定的形式，这种超乎阶级斗争的幻想，这种反对阶级斗争的幻想，就愈失去任何实践意义和任何理论根据。所以，虽然这些体系的创始人在许多方面是革命的，但是他们的信徒总是组成一些反动的宗派。这些信徒无视无产阶级的历史进展，还是死守着老师们的旧观点。因此，他们一贯地企图削弱阶级斗争，调和对立。"② 可见，同样的观点，老师和学生在不同的时期宣传，意义就是完全不同的了。然而，普列汉诺夫却没有作这样的分析，他只强调老师和学生观点的继承关系和相似内容。如他把普鲁东、路易·勃朗这两个小资产阶级利益的代表者，在19世纪中叶反对阶级斗争的理论，同19世纪初伟大的空想社会主义者的观点相提并论，显然是不恰当的。

应该指出，普列汉诺夫在从理论上一般论述社会思想和社会存在的关系时，是能明确说明前者由后者决定的。他在分析19世纪空想社会主义时，也不是完全没有涉及社会经济情况。问题在于这样的分析十分薄弱，更重要的是没有彻底贯彻到对具体问题的分析中去。诚然，我们可以说，

① 参见《普列汉诺夫哲学著作选集》第3卷，第615页。
② 《马克思恩格斯选集》第1卷，第283页。

普列汉诺夫给自己定的任务主要是从思想逻辑的发展上来考察空想社会主义的一些问题，但是如果缺乏对社会经济和阶级情况的深刻分析，也就不可能深入理解社会思想的发展。这个错误在普列汉诺夫早期的作品中已有反映，到他的孟什维克主义时期就更严重了。列宁在读了普列汉诺夫 1910 年出版的《尼·加·车尔尼雪夫斯基》一书后，强调指出，普列汉诺夫在分析车尔尼雪夫斯基的观点时，"由于只看到唯心主义历史观和唯物主义历史观的理论差别，而忽略了自由主义者和民主主义者的政治实践的和阶级的差别"①。这也正是普列汉诺夫在分析 19 世纪空想社会主义者的观点时的不足之处。

　　然而，瑕不掩瑜。总的说来，普列汉诺夫对 19 世纪空想社会主义的研究，虽然有这些缺点错误，还是应该肯定的。他的有关论著的科学价值不应抹杀。

（《史学月刊》1981 年第 1 期）

---

① 《列宁全集》第 38 卷，人民出版社 1959 年版，第 611 页。

普列汉诺夫"政治遗嘱"真伪辨

命运给了我很好的头脑，
却给了很坏的健康。

——格·瓦·普列汉诺夫

一　缘　起

1999 年 11 月 30 日，俄国《独立报》在其附刊《永久保存》中发表了从未为人所知的普列汉诺夫的政治遗嘱《普列汉诺夫的最后见解》。同时发表的还有《独立报》主编维塔利·特列契雅考夫（Виталий Третьяков）的按语，至 1999 年底之前是利佩茨克州国家方志博物馆分馆"普列汉诺夫博物馆"高级研究员、主任亚·萨·别列然斯基（А. С. Бережанский）对"政治遗嘱"的鉴定，"政治遗嘱"收藏人、物理学—数学副博士尼·伊·尼热戈罗多夫（Н. И. Нижегородов）关于收藏经过的介绍，还有列·捷伊奇（Л. Дейч）回忆记录"政治遗嘱"经过的短文。

以上四人中，除了《独立报》主编，其余三人都是与这份突然出现的名人遗嘱直接有关的。我们看到，这位主编维塔利·特列契雅考夫在按语中很客观地写道："坦率地说，在读它（指'政治遗嘱'）的时候产生的第一个和主要的问题是：这的确是真实的文件吗？证据在哪儿？"因为编辑部怎么也找不到证据：在编辑部手中没有文件原件的任何副本（复印的、摄影的或电子版的）。公布文件者应该意识到自己对遗嘱有关人（这里指普列汉诺夫）的责任。普列汉诺夫早已归天，自然既无能力去肯定，也无能力去否定自己生活中的任何重要事实，特别是制定遗嘱，何况是政治遗嘱。所以公布文件者应该提交原件的副本，现在提交的只是打字机打出来的文件。

特列契雅考夫还明确指出，他认为，别列然斯基对"政治遗嘱"的真实性的"鉴定和注释""多半是不充分的"。他还知道，文件的收藏人尼热戈罗多夫什么也没有交给俄罗斯联邦政府。尼热戈罗多夫所要求的"历史学家和政治学家的更为深入的研究"也并无实际措施，只是对显然包含这些专家在内的广大读者的呼吁。《独立报》编辑部虽然用了五个版刊载这个文件，但是它并没有肯定这份"遗嘱"的真实性。至于同时发表的其他文件，下面再陆续做出分析。

现在先简要地回顾一下普列汉诺夫的政治遗嘱被发现和收藏的经过。正如前所述，"政治遗嘱"是由尼热戈罗多夫交给《独立报》编辑部的。那么，尼热戈罗多夫又是如何得到它的呢？据他说，是由利佩茨克建筑中等技术学校理论力学教师 Г. 巴雷舍夫（Г. В. Барышев）交给他的。巴雷舍夫自己说，他是普列汉诺夫的大姐柳鲍芙·瓦连京诺夫娜·普列汉诺娃（Любовь Валентиновна Плеханова）① 的远房亲戚。20 世纪 50 年代，尼热戈罗多夫也在这所学校学习，是巴雷舍夫的学生。两人关系很好。巴雷舍夫有次对尼热戈罗多夫说，1918 年 4 月，由于结核病普列汉诺夫生命垂危。他在病床上，向自己的老朋友列夫·捷伊奇口述了自己的"政治遗嘱"。这份"政治遗嘱"在任何地方、任何时候都没有公布过。它很长时间保存在普列汉诺夫的侄子谢尔盖·普列汉诺夫（Сергей Плеханов）手里。1937 年底，谢尔盖被流放到西伯利亚的一个集中营，在那儿他遇到了同在服刑的巴雷舍夫。在谢尔盖预感到自己死期将至时，就把已经解密的"政治遗嘱"转交给了巴雷舍夫，或者是告诉他所藏的地点，同时还给了他其他一些文件，并告诉了解密方法。

在 20 世纪 50 年代，巴雷舍夫解密了"政治遗嘱"，并一直保存着直到去世。尼热戈罗多夫与巴雷舍夫保持着紧密的和彼此信任的关系，1960

① 柳鲍芙·瓦连京诺夫娜·普列汉诺娃（1835—1912）是格奥尔格·普列汉诺夫的父亲瓦连京·彼得洛维奇·普列汉诺夫的第一任妻子薇拉·伊凡诺芙娜（1815—1854）生的大女儿。格奥尔格·普列汉诺夫是她父亲的第二任妻子玛丽娅·费德罗芙娜生的第一个儿子。玛丽娅·费德罗芙娜原姓别林斯基，不过据考证，与维·格·别林斯基并无任何亲属关系，至多只能设想，他们祖先都来自奔萨省的别林村。普列汉诺夫一生十分尊崇别林斯基，遗言自己死后必须埋葬在圣彼得堡的沃尔科沃公墓的别林斯基墓旁。这遗言也得到了落实。

年 9 月终于得到巴雷舍夫的允许阅读"政治遗嘱"，并且得以转抄下来。之后，他又看到了另一份文件，即 1918 年 6 月 30 日，谢尔盖·普列汉诺夫根据捷伊奇口述记录的《写作"政治遗嘱"的经过》一文。尼热戈罗多夫还写了《这个文件如何落到我手中》的短文，详细讲述了有关情况。如前所述，这些文章大多连同"政治遗嘱"都于同一天在《独立报》附刊《永久保存》上发表了。但需要补充的是，尼热戈罗多夫并没有找到"政治遗嘱"文件本身，因巴雷舍夫已于 1974 年去世了。尼热戈罗多夫提供发表的只是他在大学时代转抄的记录。《独立报》发表的"政治遗嘱"，其最后一段没有刊登，这是根据立遗嘱人的要求：最后一段"什么时候都不要发表"，"而应交给俄国未来的民主政府"，但是尼热戈罗多夫认为目前也不宜交给俄罗斯联邦政府。

　　"政治遗嘱"公布后，由于普列汉诺夫的重要历史地位和事件本身的突然性，在俄罗斯学术界引起了关于其真实性的争论。有些学者，如经济学家 Г. Х. 波波夫（Попов）就在《独立报》发文①表示支持文件的真实性。但是同时，发表反对意见的也大有人在。

二　疑窦重重

　　对《独立报》发表的普列汉诺夫"政治遗嘱"的真实性表示怀疑和反对的学者纷纷发表反对意见，其中较有代表性的有圣彼得堡国立萨尔德科夫－谢德林图书馆下属普列汉诺夫博物馆馆长，历史学副博士塔吉雅娜·伊凡诺芙娜·菲莉蒙诺娃（Татьяна Ивановна Филимонова），哲学博士叶列娜·彼特连科（Елена Петренко），历史学博士斯塔尼斯拉夫·秋秋金（Станислав Тютюкин），历史学博士阿那托利·切尔诺巴耶夫（Анатолий Чернобаев），圣彼得堡国立大学女大学生戈尔奇耶科（Е. В. Гордиенко）等。他们的反对意见大致有以下几点。

　　菲莉蒙诺娃着重强调，关于存在普列汉诺夫"政治遗嘱"的任何信

---

　　①　参见 Г. Попов，"Георгий Плеханов и его политическое завещание"，*Независимая Газета*．1 марта 2000 гола．

息，专门收藏保管普列汉诺夫生平资料、文学遗产、有关信息的机构普列汉诺夫博物馆（在其不同领导阶段）的所有工作人员都一无所知。保存在普列汉诺夫博物馆内的普列汉诺夫的寡妇罗札莉娅·马尔科芙娜·普列汉诺娃（Розалия Марковна Плеханова）档案库内也一点没有提到此事。与普列汉诺夫博物馆始终保持友好关系的普列汉诺夫的亲属们也都不知此事。更重要的是，普列汉诺夫确定的自己的遗产继承人：他的妻子和两个女儿莉迪娅和叶芙根尼娅也从来不知此事。

完全不可理解的是，罗札莉娅·普列汉诺娃，作为普列汉诺夫的夫人、志同道合者、战友，在丈夫生病直至最后离世的几个月里，她时时都在他的身边，没有离开。1918 年春，普列汉诺夫已患喉结核说话十分困难，那年 4 月可以说已经病入膏肓，作为医生的罗札莉娅·普列汉诺娃怎么可能会让她丈夫去口授长达三万字（27 张打印纸）的"政治遗嘱"呢？也就是坐视自己的丈夫去做力所不及甚至可能致命的口授工作而不管呢？普列汉诺夫本人又怎么能有精力这样做呢？

此外，如果这份"政治遗嘱"确实存在的话，怎么可能相信，普列汉诺夫有可能瞒过自己的妻子向捷伊奇口授呢？又怎样理解，在口授完成后，为什么遗嘱的口授人不仅要对其亲爱的妻子保密，而且还要交给与她们关系一般的侄子谢尔盖。更令人不解的是，谢尔盖毕竟与罗札莉娅·普列汉诺娃家庭一直保持联系，为什么长期以来对她们守口如瓶呢？

事实上，如果"政治遗嘱"确实存在的话，只有保存在罗札莉娅·普列汉诺娃手中是最保险的。对普列汉诺夫来说，他最了解和信任的是自己的妻子，而罗札莉娅也最懂得这份"政治遗嘱"的意义和来之不易。再者，1928 年正式成立的普列汉诺夫博物馆一直以来都保存着比所谓"政治遗嘱"要危险得多的文件。例如，在所谓密柜中就保存着罗札莉娅·普列汉诺娃与丈夫的私人通信。另据普列汉诺夫的孙子克洛托·巴托－普列汉诺夫（Клод Бато Плеханов）证明，那里还保存着斯大林写给罗札莉娅·普列汉诺娃个人的几封信。罗札莉娅·马尔科芙娜·普列汉诺娃每次出国，甚至休假，都要随身带上这些文件。那里还存有直到最近还未向研究人员开放的秘密文件。

还有一个事实可以证明普列汉诺夫的"政治遗嘱"不存在。克洛托·

巴托－普列汉诺夫在巴黎的家在 20 世纪 50 年代初曾被窃，偷走的众多文件内容也已弄清，其中并没有"政治遗嘱"。

在普列汉诺夫博物馆里的确保存有一份普列汉诺夫的遗嘱，是该馆"第 1093 全宗"，上面有罗札莉娅·普列汉诺娃作的标注："若尔日①的最后想法。"这份遗嘱，据罗札莉娅回忆，普列汉诺夫原本是想约捷伊奇来做记录的，但未如愿，捷伊奇去了彼得格勒。过了些时候，普列汉诺夫的病情有了发展。罗札莉娅回忆道："我的病人也感觉到，力气越来越没有了，于是特别焦急地说，列夫·格里戈里耶维奇②不顾普列汉诺夫的要求，既没有重抄遗嘱，也没有寻找见证人。为了安抚他，我不得不自己担负起这个沉重的使命。"罗札莉娅抄写的遗嘱全文如下："我，签署以下文件时，神志清醒，记忆清楚，现以遗嘱方式表达自己的意愿如下：我至今已经出版的全部著作和以后可能出版的著作的版权，赋予我的妻子罗札莉娅·马尔科芙娜，她娘家姓是鲍格拉特（Боград），还赋予我的两个女儿莉迪娅·格奥尔格耶夫娜和叶芙根尼娅·格奥尔格耶夫娜。我所有的动产也赋予这三人：图书、物品等，我为此而签名。这份遗嘱，由于我有病在身，我委托 В. Ф. 施彼尔加才（В. Ф. Шпергазе）来书写。"③ 不过，这份遗嘱不只是这些内容。里面还谈到了 2000 法郎这笔小小的资产（这笔款项的债券存放在日内瓦金库里）。它的继承人是与上述的人一致的。④

罗札莉娅·马尔科芙娜 1924 年在《曙光》发表的回忆文章中谈到，她认为没有必要让自己的丈夫写"政治遗嘱"和给孩子们的告别信。她写道："……我承认，我心中没有力量，向他说出这些死前的责任。我只能

----

① "若尔日"（Жорж）是英文"George"（乔治）的俄文音译。普列汉诺夫的名字是格奥尔格，与英文的 George 按字母的音译相同。俄国人的名字有昵称，如伊凡的昵称是瓦尼亚。若尔日就有普列汉诺夫的名字格奥尔格的昵称的意义。有的俄国学者把它说成是普列汉诺夫的外号，这是不妥的，因为外号都是有意义的，有所指的，如《水浒传》中的豹子头林冲、大刀关胜等，而这里"若尔日"只是一个名字，或昵称。

② 捷伊奇的名字和父名。

③ Архив Дома Плеханова в С. － Петербурге，Ф. 1093，Оп. 1. Ед. Хр. 529. 转引自 А. С. Бережанский. Плеханов: Жизнь, судьба, завещание，РОССПЭН，М. 2016. С.，146.

④ 参见 Т. Филимонова，"Документ составлен нашими современниками"，Свободная мысль － XXI. （Теоретический и политический журнал），2000. №6. С. 82.

尽力而为，让他尽可能地减少死亡将临的感觉。"①

三 谢尔盖之谜

谢尔盖·格里戈里耶维奇·普列汉诺夫是格·奥·普列汉诺夫的侄子。在后者众多的兄弟姐妹及他（她）们的下一辈中，只是普通的一员，并无突出之处，也与后者无什么特殊关系。须知，格·奥·普列汉诺夫有16个兄弟姐妹，前10个是他父亲的前妻所生，后6个是他的亲生母亲所生。这一代兄弟姐妹的子女人数更多，与格·奥·普列汉诺夫都是亲戚关系，谢尔盖也是如此。谢尔盖是格·奥·普列汉诺夫父亲前妻所生的最后一个孙子。可以说，在格·奥·普列汉诺夫生前，两人间并无特殊关系。谢尔盖一生主要是从军。1916年12月，他被派到彼得格勒任武备中学的教导员。二月革命后，他转而支持临时政府。正是在这段时间，他与从国外回来后在芬兰疗养的普列汉诺夫家庭建立了联系。

之后谢尔盖参加了红军，并住在莫斯科。20世纪30年代大清洗时，谢尔盖因出生、交友等莫须有的罪名被人举报而于1937年9月15日被捕，并被判关入西伯利亚的劳改营十年。他死于1938年7月2日。正如前述，本来谢尔盖与格·奥·普列汉诺夫并无特殊关系，现在，却在后者去世73年后，戏剧性地因为所谓"政治遗嘱"收藏者的身份联系在了一起，并引起了有关人员的注意。这也许可称为历史上一件小小的奇事或趣闻。

问题是在谢尔盖·格里戈里耶维奇·普列汉诺夫被捕和流放管制期间，"政治遗嘱"都留在他手中，他是如何逃过苏联警察机关的严密搜查的呢？据尼·伊·尼热戈罗多夫说，在Г.巴雷舍夫拿到之前，"政治遗嘱"的文本以代码的形式输入《打字自学手册》，是用打字机打印在标准的打字纸做成的小册子上的。这种形式的文件并不是容易随身携带的，也是比较容易被发现的。难道训练有素的苏联警察机关是这么容易被骗过的吗？这是很难令人相信的。

---

① *Диолог: 1991 г*. № 15. С. 105.

还应指出一点，谢尔盖一辈子主要是一个沙俄军官，并无政治观念和信仰。他既不反对或支持孟什维克或布尔什维克，更谈不上对马克思主义的信仰。他无党无派，没有参加十月革命。到莫斯科后，由于命运的安排，他一度与著名的政治家、法学家、立宪民主党创建者和领导人之一，第二届和第三届杜马代表，临时政府宫廷部委员戈洛文（Ф. А. Головин）同住一处。他甚至与戈洛文同住过 7 号公共住宅。这虽然成为他的一大罪状，但完全不能说明他的政治倾向。总之，像他这样一个没有明确的政治信仰的人，不仅不了解也对像戈洛文这样的人不感兴趣，他也同样不了解像普列汉诺夫这样的人，不了解他的历史价值和政治影响，自然也不懂得他的"政治遗嘱"（如果确实存在的话）的历史意义。他也就不可能如此精心地去保护它、收藏它、转交它，等等。这是不言自明的。可是，为什么谢尔盖偏偏都这样做了呢？这不都出自编制者的想象和自圆其说吗？

四　尼热戈罗多夫的面目

在这整部戏剧中，尼·伊·尼热戈罗多夫是"政治遗嘱"的收藏者。如果"政治遗嘱"确有其事，那他的功劳可谓大矣，但如果不是真的，他帮助作假，也就足见他的品质如何了。

我们看看他写给普列汉诺夫的孙子、驻法兰西共和国大使克洛特·巴托－普列汉诺夫的信就可见一斑。

信件摘录如下：

尊敬的克·巴托先生，

很高兴通知您，您的伟大的祖父格·奥·普列汉诺夫的"政治遗嘱"已于 1999 年 12 月 1 日在莫斯科出版的《独立报》的副刊《永久保存》上刊发了。首先，"政治遗嘱"的发表是经过《独立报》主编历时两个月的对文本真实性的研究并得出结论：文件确是属于格·奥·普列汉诺夫的。

得出这样结论的还有亚·别列然斯基（利佩茨克普列汉诺夫博物

馆主管），A. 戈尔杰耶夫（A. Гордеев）教授和其他一些专家。①

我们不会忘记，《独立报》主编维塔利·特列契雅考夫在发表格·奥·普列汉诺夫的"政治遗嘱"的按语中首先就是客观地指出："坦率地说，在读它（指'政治遗嘱'）的时候产生的第一个和主要的问题是：这的确是真实的文件吗？证据在哪儿？"他从来没有片言只字的肯定意见。尼·伊·尼热戈罗多夫的弥天大谎，恰恰暴露了他的别有用心和不良品质。

1999 年 12 月 21 日，克洛特·巴托给尼热戈罗多夫回信说：

> 至于我的爷爷"格·奥·普列汉诺夫的'政治遗嘱'"，那我应该对您说，我从来没有听说过这个文件。奶奶在与我的所有谈话中也从未提到过，同样在她与爷爷几乎每天都要交换的信件中也没有任何这样的信息。
>
> 我为这个问题咨询过阿姆斯特丹和圣彼得堡，普列汉诺夫博物馆（馆长是塔吉雅娜·菲莉蒙诺娃博士）关于普列汉诺夫的管理情况，但是，我怀疑这份文件的真实性，从来没有人听说过它。
>
> 它是怎样，又在何处被发现的？②

克洛特·巴托的态度是很坚决的。他还为尼热戈罗多夫来信的事专门给塔吉雅娜·菲莉蒙诺娃写信报告，并强调指出："我不明白，像'格·奥·普列汉诺夫的政治遗嘱'这样的文件，为何至今不为所有的人知道，包括我的奶奶、妈妈和姑姑。根据这个原因，不管它的内容是什么（我任何时候也没有看见过和读过它）。我觉得它都是伪造的。"③

---

① 转引自 Елена Петренко，Татьяна Филимонова，Станислав Тютюкин，Анатолий Чернобаев. "Существовало ли'завещание'". *Независимая Газета*. 4 Марта 2000.

② 转引自 Елена Петренко，Татьяна Филимонова，Станислав Тютюкин，Анатолий Чернобаев. "Существовало ли'завещание'". *Независимая Газета*. 4 Марта 2000.

③ 转引自 Елена Петренко，Татьяна Филимонова，Станислав Тютюкин，Анатолий Чернобаев. "Существовало ли'завещание'". *Независимая Газета*. 4 Марта 2000.

我们可以看到，在这件看似小事的事实中尼热戈罗多夫的真实面目暴露得十分清楚。他是十分急于假戏真做，十分急于找到关键人物来证实他的赝品，其实这正好暴露了他自己的真面目。

尼热戈罗多夫还特地长篇大论地写了《这个文件如何落到我手中》的长文，可是文章虽长，真正讲到问题本身的却不多，而把自己的家谱讲得很详细，强调自己的曾祖母是普列汉诺夫父亲的女农奴。似乎这与普列汉诺夫的"政治遗嘱"也有关系。

五　主角登场

这整场戏的主角无疑是"政治遗嘱"的鉴定人亚·萨·别列然斯基。因此，对他的行动要多加些注意。别列然斯基在1998年11月就到普列汉诺夫博物馆来工作。见到馆长塔吉雅娜·菲莉蒙诺娃不是问"关于普列汉诺夫有什么新资料没有？"而是问馆长关于普列汉诺夫的"政治遗嘱"知道些什么。菲莉蒙诺娃的回答是，如果有这样的遗嘱，普列汉诺夫博物馆早就公布了。

别列然斯基十分自信，坚信"像普列汉诺夫这样的人不可能在离世之前，不向俄罗斯发出预告，等待她的是什么"。别列然斯基这次到博物馆时就相信存在普列汉诺夫的"政治遗嘱"。所以他这次来，就专门阅读了罗·马·普列汉诺娃全宗中有关格·奥·普列汉诺夫在俄罗斯最后岁月（1917—1918年）的文件，以及罗·马·普列汉诺娃与她丈夫的亲戚间的家庭信件，其中包括谢尔盖·格里戈里耶维奇·普列汉诺夫及其孩子们在1936—1937年间的信件，也就是尼热戈罗多夫和别列然斯基所传说的谢尔盖保存"政治遗嘱"的那些年。

在《独立报》发表普列汉诺夫的"政治遗嘱"以前，别列然斯基曾把它投给《消息报》。《消息报》就专门发信征求塔吉雅娜·菲莉蒙诺娃的意见，并附上"政治遗嘱"。但信中没有说明要求发表者是谁，也没有附上尼热戈罗多夫的前言和别列然斯基的注释。菲莉蒙诺娃在回信中做了分析，否定了这是普列汉诺夫的"政治遗嘱"，指出，"如果允许自己不考虑我以上所说的话，那么普列汉诺夫就不再是普列汉诺夫了"。1999年

11 月 1 日,《消息报》编辑在得到菲莉蒙诺娃的否定意见后,回信给别列然斯基说决定不刊载这份"政治遗嘱"了。

　　11 月 4 日,莫斯科社会民主党一成员电话告知菲莉蒙诺娃说,别列然斯基可能是文件的发布者。于是菲莉蒙诺娃电话警告别列然斯基,这类行为是违法的。菲莉蒙诺娃写道:"应该承认,亚列山大·萨摩伊洛维奇①不再否认自己参与'遗嘱'的准备,虽然他声明不是他'写'的。但'遗嘱'说出的思想他个人认为'有意思',因此愿意听取这样一些学术界的代表如 C. B. 秋秋金等的意见。但是我关于把'文件'发表在学术出版物的建议他未安排,而 1999 年 11 月 30 日在《独立报》上公布了这一伪造的文件。"②

　　别列然斯基在《独立报》上发表了《"遗嘱"正是属于普列汉诺夫的》的鉴定,其中列举了一些理由,如"遗嘱"的内容是他在 1917 年言论的一个总结,"遗嘱"的术语和用语都是普列汉诺夫式的(这些问题在下面还会分析),最后一点很有意思,这一点是说,普列汉诺夫有三年时间是身边带着武器的。这点除了他自己别人不会去回忆。可是有人反驳说,同样地,除了普列汉诺夫从坟墓里站出来,证明自己确实带过武器,还有谁可证明。在目击者都已不在世的情况下,这些细节的无可指责只是由于它的无从证明性。③

六　捷伊奇的回忆

　　如果说,围绕普列汉诺夫的"政治遗嘱"问题的争论,别列然斯基是主角的话,那么,这个问题的关键人物却是捷伊奇(1855—1941),因为据说,普列汉诺夫的"政治遗嘱"就是口授给他的。捷伊奇是普列汉诺夫的老朋友、老战友。早在民粹主义时期就是战友,到劳动解放社时更是共

---

　　①　别列然斯基的名字和父名。

　　②　Т. И. Филимонова,"Белые одежды"А. С. Беружанского или о том, как делаются "открытия" в исторической науке, *Липецая Газета*,2000 г. 23 и 30 июня. 别列然斯基因此文与菲莉蒙诺娃打起了官司,法庭决定可公开发表别列然斯基的回答文章。学术问题自然不能通过法庭解决。别列然斯基只能决定把菲莉蒙诺娃开除出争论对象。实际上,他也做不到,在他的著作*Плеханов: Жизнь, судьба, завещание*中是无法不提菲莉蒙诺娃的。

　　③　参见 Гордиенко Е. В. Оставил ли Завещание Поеханов — "духовный отец"Ленина? / http：//mrija2. narod/ru/publiz. htm.

同的发起人。捷伊奇不仅与普列汉诺夫个人，而且与他的家庭关系都非常
密切。十月革命后，捷伊奇从 1918 年起，就与罗札莉娅·马尔科芙娜·
普列汉诺娃保持长久的和密切的合作关系。在整整 23 年间都是如此。捷
伊奇与罗·马·普列汉诺娃一起从事出版工作，他是普列汉诺夫博物馆的
创始人之一。他如果要隐藏或转移"政治遗嘱"有个很好的机会。1922—
1923 年，为了与普列汉诺夫的继承人谈判把他的图书和遗产转交苏联的问
题，捷伊奇出差去了次法国，但并没有这样的事发生。此外，在捷伊奇的
档案（保存在普列汉诺夫博物馆 1097 全宗）中也没有他参与普列汉诺夫
"政治遗嘱"写作的任何痕迹。

那么，对捷伊奇来说，问题就是以他的名义出现的回忆录《遗嘱书写
的历史》，后改为《弥留之际的口授（列夫·捷伊奇的回忆）》。这是捷伊
奇于 1918 年 6 月 30 日口述，由谢尔盖·普列汉诺夫记录的。

为了验证谢尔盖·普列汉诺夫记录的捷伊奇的回忆是否属实，也是验
证普列汉诺夫是否确实向捷伊奇口述了"政治遗嘱"，我们拟采取历史研
究最基本的方法之一，即从历史时间的准确性做起。

先看一下捷伊奇的回忆中所列的时间表。根据捷伊奇的回忆，捷伊奇
是 1999 年 3 月中在巴库听到罗·马·普列汉诺娃说的，若尔日情况不好，
已无好转的希望，他希望见到捷伊奇。4 月初，捷伊奇到达普列汉诺夫所
在的芬兰捷里奥克（Териок）市的皮特凯—雅尔维（Питка‐Ярви）疗养
院。普列汉诺夫上午口述，有时加上午饭后，开始时瞒着罗札莉娅·马尔
科芙娜，后来她勉强同意。口授持续了两个多星期才结束。完事后，捷伊
奇立即就回彼得格勒了。

根据别列然斯基的统计，主要依据捷伊奇本人的记事本，捷伊奇在普
列汉诺夫病危时，去过疗养院三次。第一次是 1918 年 2 月 3—5 日，第二
次是 1918 年 4 月 2 日。这两次时间很短，不可能记录"政治遗嘱"。第三
次 1918 年 4 月，这次应是记录"政治遗嘱"的那次，但罗札莉娅·马尔
科芙娜和捷伊奇都不愿意公开讲。①

---

① 参见 А. С. Бережанский, *Плеханов: Жизнь, судьба, завещание*, РОССПЭН, М. 2016. C. ,
150–151.

现在来看看其他更为广泛性的史料。在普列汉诺夫博物馆保存有一份遗嘱草稿《我的著作的出版者们需知》。这份遗嘱是在 1918 年 3 月 25 日，普列汉诺夫在捷伊奇在场的情况下写成的。这是保存在权威机构两位当事人都在场的重要文件，是当事人手写的，另一当事人在场见证的无可怀疑的文件。它保存在普列汉诺夫博物馆，其编号是 РНБ. АДП. Ф. 1093. Оп. 1. Ед. Хр. 526.

这份遗嘱的内容如下：

> 我授予我的朋友列夫·格里戈里耶维奇·捷伊奇为我的已出版的和将来出版的著作进行谈判，签订条款和获取稿费的全权。
>
> 格·普列汉诺夫
> 1918 年 3 月 25 日。芬兰捷里奥克市皮特凯—雅尔维疗养院

这张纸的背面——还有捷伊奇手写的注释：

> 除了这份事务性文件，这是普列汉诺夫写的最后的文件，我还有一份他的“私人性质的短笺”，以后看时间再公布。
>
> 列·格·1918 年 5 月 18 日①

这里，捷伊奇再次说明，遗嘱《我的著作的出版者们需知》是“最后的事务性文件”。这样，问题就来了。既然普列汉诺夫和捷伊奇都肯定 3 月 25 日完成的遗嘱是“最后的事务性文件”，那么根据别列然斯基引用的捷伊奇的《回忆》，4 月初，捷伊奇到达芬兰捷里奥克，去看病重的普列汉诺夫并花了两个多星期根据普列汉诺夫的口授记录了“政治遗嘱”，岂不是完全违背了大家的共识和普列汉诺夫的意愿吗？作为普列汉诺夫的挚

---

① 参见 Т. И. Филимонова，“Белыи одежды” А. С. Беружанского или о том，как делаются “открытия” в исторической науке，*Липецая Газета*，2000 г. 23 и 30 июня.

友，捷伊奇会违背原先的决定，违背 3 月 25 日这个最后工作日期，不顾好友的病情去做这样繁重的口授工作吗？

还有些问题也是无法解释的。根据捷伊奇的回忆，他是 4 月初去疗养院为病重的普列汉诺夫记录"政治遗嘱"的，可是如上所述普列汉诺夫的遗嘱《我的著作的出版者们需知》写于 3 月 25 日，内容也完全不同。捷伊奇说，还有一份普列汉诺夫的"私人性质的短笺"，可是"政治遗嘱"可以认为是"私人性质的短笺"吗？可以把写得如此慷慨激昂的，占有《独立报》两张半报纸版面，面积有 59 厘米 × 41 厘米的普列汉诺夫的"政治遗嘱"看成是"私人性质的短笺"？

历史研究工作自然以史料为据。根据上述情况，我们看得很清楚：普列汉诺夫临死前的"遗嘱"是《我的著作的出版者们需知》，是他手写的，原件存于普列汉诺夫博物馆内，捷伊奇不仅在场，而且在纸的背面留了字。这是捷伊奇确认的普列汉诺夫的"最后的事务性文件"。此外，还有一份普列汉诺夫的"家庭遗嘱"，即"若尔日的最后想法"。这些文件都是原件，保留至今，是完全可信的。那么，既然已有"最后的事务性文件"，又哪来什么"政治遗嘱"？如果有的话，它为什么既不存在于普列汉诺夫的档案中，也不存在于捷伊奇档案中？而且既然罗札莉娅·马尔科芙娜也"知道"它的存在，为什么不予保存？从史料的角度看，这份"政治遗嘱"，既无普列汉诺夫的手迹，又无他的签名，也无捷伊奇的任何手迹，只是一份普通的打字机打印的文件，可信度何在？

至于捷伊奇的回忆《弥留之际的口授》，可以肯定的是：它的内容是不真实的，但这份回忆不是捷伊奇自己写的，也不能肯定，他本人是否过目。因此，一般来说，只有两种可能：一种是它本身就是伪造的；另一种是捷伊奇在某种我们不了解的情况下说了假话。只有一点值得注意，记录捷伊奇口授的人恰恰又是那位谢尔盖·格里戈里耶维奇·普列汉诺夫，即格·奥·普列汉诺夫的侄子。为什么这位对政治不感兴趣的人在这份"政治遗嘱"的关键时刻总是会扮演某种不可或缺的角色呢？这不很奇怪吗？

七　普列汉诺夫成了当代人

下面对普列汉诺夫的"政治遗嘱"的内容做些分析。塔·伊·菲莉蒙诺娃一言中的，语中要害。她指出："遗嘱"的词汇、概念、结构是由普列汉诺夫著作和当代出版物中的引文的折中地混合而成的，因而文件的编纂性质十分明显。① 譬如，"对历史的责任""俄国人""泛突厥主义思想和亚美尼亚人民的种族灭绝"等，以及诸如"劳动是所有财富的源泉，而如果它是自由的和有利的"等说教。这完全不符合普列汉诺夫的文风。

普列汉诺夫不仅是少有的杰出的思想家，而且是著作等身的优秀的著作家。他的文风严谨朴实，精致优美。可以说，"政治遗嘱"整篇的结构、题材、修辞、词汇、逻辑等完全与普列汉诺夫不同，更不必说内容观点了。"文如其人"，这是编造不出来的。

更为明显的是，"政治遗嘱"中的"所得税应是累进的，但是不应使经营者感到窒息"，"海关政策应该鼓励俄国生产者并促进本国商品提高质量"，"长期租赁——对俄国人是无偿的，而对外国公民是有偿的——正是最近几十年土地使用的唯一形式"，"知识分子作为社会中最有学识的阶层带给群众教育，人文的和进步的思想。她是民族的荣誉、良心和头脑……"这些用语和内容都不属于20世纪初的普列汉诺夫时代，而更像是20世纪90年代末报纸、杂志的术语和说法。

至于"俄国需要各种政治力量的团结，需要所有生产领域的多种成分，需要个人的主动精神，需要资本主义的创业精神，需要质量和技术精神所不可缺少的竞争，需要公正的政治，上层建筑需要民主化和人道化"这大段话，更是明显反映出"政治遗嘱"发表时的俄罗斯情况。像"多种成分""人道化""国际冲突"等词汇，在普列汉诺夫作为政论家的词典里是不存在的。他也绝不可能使用"在经济、政治

---

① 参见 Т. И. Филимонова，"Белыи одежды" А. С. Беружанского или о том，как делаются "открытия" в исторической науке，*Липецая Газета*，2000 г. 23 и 30 июня.

和社会领域的权利平等"这样的话语，在用词上普列汉诺夫是十分精致、确切、慎重的。

有些思想，像"社会人道化""阶级对抗趋于和解""知识分子是未来社会主义变革的领导者"等是在普列汉诺夫去世之后才成为社会民主主义的思想传统的。这种探索到 20 世纪 20 年代才开始，而形成概念则要到 50 年代。这与普列汉诺夫之间还隔着相当长的时间距离。他怎么能未卜先知呢？

《关于列宁及其他一目失明的领导人》这一节，其内容明显让人感受到列宁《给代表大会的信》的影响。列宁在此信中，对他的亲密的战友们作了批评性的论述。在"政治遗嘱"中，普列汉诺夫居然也这么做了，自然很不可信。譬如，普列汉诺夫虽然的确不止一次承认列宁的杰出的才能，但是笼统地称他为"伟大的人物"却不大可能。同样不可能的是，普列汉诺夫认为有必要专门去评价加米涅夫和季诺维也夫。他从未把他们看成是重要的政治活动家，至于对他根本不认识的布哈林作出预言，认为布哈林在列宁去世后有成为"布尔什维克专政的重要人物"的可能性，更是难以想象。最可疑的是，"政治遗嘱"中还提到列宁在 1924 年才公之于众的有关托洛茨基的评价。别列然斯基对此极力作出解释。别列然斯基想证明，普列汉诺夫应更早就知道托洛茨基。他举出列宁的文章《论高喊统一而实则破坏统一的行为》中就包含了几乎在"政治遗嘱"中提到的有关托洛茨基的所有地方。但是毕竟最符合的正是列宁 1924 年的那篇文章。别列然斯基也提不出任何实证，以证明普列汉诺夫引用的正是在此之前的某篇文章。

"政治遗嘱"还有一个明显的破绽，一般说来，马克思主义者原则上是不对未来作预测的，尤其是具体到一定的发展时期的预测。这对普列汉诺夫来说，也不会例外。可是在"政治遗嘱"中却不是这样。它的第七节题为"论国家、社会主义和俄国的未来"，作者在其中大谈特谈俄国的未来发展。我们读到："而如果历史的意志使俄国第一个走上社会主义道路，那这事就要渐进地和分阶段地进行。第一阶段（25—30 年）——早期社会主义……第二阶段（25—30 年）——成熟的社会主义阶段……第三阶段（50—100 年）……"① 这显然是不符合常规的，也不会是事实。

综上所述，我们应该可以得出结论：这份所谓普列汉诺夫的"政治遗嘱"是伪造的。

（载陈启能主编《国际史学研究论丛》第 3 辑，社会科学文献出版社 2019 年版）

---

① См. А. С. Бережанский. *Плеханов : Жизнь, судьба, завещание* РОССПЭН. М. 2016. С., 243 – 245.